国家出版基金项目
NATIONAL PUBLICATION FOUNDATION

敦煌石窟全集

第一卷

莫高窟第266～275窟
考古报告

敦煌研究院 编

樊锦诗　蔡伟堂　黄文昆　编著

文物出版社

北京　2011

封面设计　周小玮
责任印制　张道奇
责任编辑　黄文昆
　　　　　李　诤

图书在版编目（CIP）数据

敦煌石窟全集. 第1卷，莫高窟第266～275窟考古报告/敦煌研
究院编. —北京：文物出版社，2011.8
　ISBN 978-7-5010-3173-3
　Ⅰ. ①敦…　Ⅱ. ①敦…　Ⅲ. ①敦煌石窟－研究－文集
Ⅳ. ①K879.214-53
　中国版本图书馆CIP数据核字（2011）第083939号

敦煌石窟全集
第一卷

莫高窟第266～275窟考古报告

敦煌研究院 编

樊锦诗　蔡伟堂　黄文昆　编著

文物出版社 出版发行

北京市东直门内北小街2号楼
邮政编码：100007
http://www.wenwu.com
E-mail：web@wenwu.com
北京燕泰美术制版印刷有限责任公司制版印刷
新　华　书　店　经　销

＊

开本：787×1092　1/8　印张：97.5　插页1
2011年8月第1版　2011年8月第1次印刷
ISBN 978-7-5010-3173-3　定价：2280.00元（全二册）

The Dunhuang Caves

I

Caves 266-275 of Mogao Grottoes

DUNHUANG ACADEMY

Fan Jinshi, Cai Weitang, Huang Wenkun

Cultural Relics Press

Beijing 2011

序　言

　　位于甘肃省河西走廊西端的敦煌莫高窟、西千佛洞和瓜州榆林窟，因相同的地理位置、历史条件、题材内容、艺术特征，共属敦煌佛教石窟艺术范畴，统称为敦煌石窟（插页1）。

　　敦煌莫高窟自前秦建元二年（公元366年）始建，经北朝、隋、唐、五代、宋、回鹘、西夏、元相继开凿修建，现存洞窟735个，其中有彩塑和壁画的洞窟493个（其中南区488个，北区5个；北区另有243个供僧侣居住的僧房窟、修行的禅窟、埋葬的瘗窟、仓储的仓廪窟，窟内均无壁画、塑像），并保存着唐、宋木构窟檐5座及窟前的舍利塔群（插页2）。敦煌西千佛洞有北朝、隋、唐、五代、宋、回鹘、元洞窟22个。瓜州榆林窟有唐、五代、宋、回鹘、西夏、元洞窟42个，窟前有20座佛塔和化纸楼。敦煌石窟，尤其是莫高窟，规模宏大，历史悠久，内容丰富，艺术精湛，保存良好，具有珍贵的历史价值、艺术价值和科技价值。1961年，莫高窟、西千佛洞和榆林窟被国务院公布为第一批全国重点文物保护单位。1987年，敦煌莫高窟被联合国教科文组织世界遗产委员会批准列入世界文化遗产名录。

　　敦煌石窟的建筑、彩塑、壁画，历经千余年，由于自然和人为的原因，已患有多种病害，科学的保护工作纵能延长它的岁月，却很难阻止其逐渐发生劣化，无法使其永存。20世纪以来，包括敦煌石窟研究在内的"敦煌学"各研究领域，取得了很多研究成果。仅敦煌研究院研究介绍敦煌石窟的出版物，已有近200种。然而，迄今为止还没有一部科学、完整、系统地著录敦煌石窟全面资料的出版物。及早规划并编辑出版多卷本记录性的考古报告《敦煌石窟全集》，对于永久地保存文化遗产——敦煌石窟的科学档案资料，无疑是十分必要的。这对于推动历史文化遗产的研究、满足国内外学者和学术机构对敦煌石窟资料的需求，都具有重要意义。而且，在石窟遗存逐渐劣化甚至坍塌毁灭的情况下，科学而完整的档案资料将成为文物修缮乃至复原的依据。

　　1957年，在文化部副部长郑振铎主持下，制订了编辑出版《敦煌石窟全集》（以下简称《全集》）的计划，由学者、艺术家组成编委会。编委成员（按姓氏笔画为序）为王乃夫、王冶秋、王振铎、王朝闻、叶浅予、刘敦桢、吴作人、张珩、周一良、金维诺、赵万里、赵正之、夏衍、夏鼐、宿白、常书鸿、梁思成、董希文、谢稚柳、翦伯赞，共二十人。1958年至1959年先后召开过三次编委会议，制订了出版规划纲要、选题计划、编辑提纲和分工办法等文件的草案。1959年已经编出第285窟的样稿。

　　1962年，宿白先生带领北京大学历史系考古专业学生到敦煌莫高窟实习，指导学生按照石窟寺考古学的方法，选择典型洞窟作全面的实测和文字记录。期间，他在敦煌文物研究所（敦煌研究院前身）做学术讲座"敦煌七讲"，系统阐述中国石窟寺考古学的理论和方法。从此，敦煌文物研究所开始了敦煌莫高窟的考古学记录工作，先后绘制了第248窟、285窟的测绘图，写出第248窟的文字记录，开始编撰第248窟考古报告的初稿，终因"文化大革命"而被迫中断。

　　20世纪80年代，敦煌研究院逐渐恢复了石窟考古和编写报告的工作，1994年再次草拟考古报告《全集》编辑出版计划，并在院考古研究所成立了报告的编写小组。2004年，成立了由本院考古研究所、保护研究所、数字中心、信息资料中心的专业人员组成的《全集》工作委员会，并确定了报告编写的体例。莫高窟北区除第461~465窟外，其他洞窟已单独编辑出版了考古报告，不在《全集》计划之内。

由于敦煌石窟规模宏大，编写多卷本记录性考古报告，是一项浩繁、艰巨、长期的工程。完成这样的工程，首先要确定《全集》分卷的原则，制订科学、周密的分卷计划成为首要解决的问题。根据过往的经验，多卷本考古报告的分卷有多种不同的方法：第一种方法是按洞窟编号的顺序，以相同或相近的分量，依次分为多卷；第二种方法是先重点，后非重点洞窟分卷；第三种是以洞窟开凿时代的早晚作为脉络，兼顾崖面布局形成的现状，依次组合各卷的洞窟；此外还有按编辑出版的先后确定卷数，甚至还有不分卷的意见。我们认为，认真编制分卷计划，以推进《全集》工程的实现是我们的责任。

敦煌石窟的形成，经历了从早到晚的历史过程。崖面上石窟群布局的现状似呈现不同时代参差错杂的现象，石窟的修造并无统一计划。但依据文物遗迹现状仍不难看出，"洞窟开凿的早晚和它的排列顺序有极密切的关系"（"敦煌七讲"），北朝至唐代前后各时代洞窟建造的位置和排列大致有序；同时代洞窟或成组、或成列，大致形成特定的区域。至五代、北宋以后，在崖面基本饱和的条件下继续开凿洞窟，或向崖面的两端和上下发展，或在洞窟与洞窟之间插空补缺，或改造、重绘前代洞窟。另外，石窟分期断代的研究表明，不同时代的洞窟既有区别，又有联系；相同时代的洞窟既有建筑形制、塑绘内容、艺术特点、制作材料和制作方法的共同特征，又在建造规模、洞窟结构、艺术水准和保存状况等方面存在差异。上述石窟群形成过程中的复杂因素，是制订《全集》分卷规划时需要周密考虑的。为了使多卷本的《全集》具有科学性、系统性、学术性，避免编排不当造成撰写时的混乱、重复或遗漏，避免各卷分量的畸轻畸重，我们以洞窟建造时代前后顺序为脉络，结合洞窟布局走向，以典型洞窟为主，与邻近的同时代或不同时代的若干洞窟形成各卷的组合。这是我们编辑出版计划分卷编册的基本原则。

《全集》的规模大约将达到一百卷，第一卷《莫高窟第266~275窟考古报告》，即包括公认敦煌凿建最早的"早期三窟"。各卷逐窟记录洞窟位置、窟外立面、洞窟结构，依据叠压打破关系分层叙述洞窟内容，包括题记、碑刻、保存状况，注意观察对于考古学研究具有意义的各种迹象。此外，全面、准确的测绘图和详备的照片图版是本书中与文字并重的组成部分。莫高窟各卷之后，将依次分编西千佛洞、榆林窟各卷。作为"全集"，本书亦不限于对现状的记录，在附录中尽可能收录、汇集前人调查、记录的成果，以及有关洞窟研究文献的目录，还包括相关的科学分析实验报告等。

《敦煌石窟全集》的编辑出版，可能需要几代人的努力才能最终完成，因此我们没有理由将这项无比重要的工作再事推延。从现在开始，我们将分卷陆续编辑出版这套石窟寺考古报告的全集。这对我们是全新的工作，一切在探索和尝试中进行。我们自知水平有限，缺点和疏漏在所难免，只希望在实践中积累经验，不断提高我们的工作水平，将力求完备的文物资料留存于世。

目　录

插图目录

图版目录

插页

I　测绘图版

II　摄影图版

数码全景摄影拼图

第一章 绪 论

本卷将报告敦煌莫高窟第266~275窟等11个编号洞窟，即第266、267、268、269、270、271、272、272A、273、274、275窟。其中第268窟本身包括五个编号，即第267、268、269、270、271窟，以第268窟为主室，其他4个编号属于该主室南壁和北壁的4个禅室；第272窟包括2个小窟，即第272A、273窟，分别位于第272窟外壁的门南和门北。换言之，本卷内容实际上以第268、272、275窟这三个洞窟为主，并纳入相邻的第266窟和第274窟。第266窟与第268窟毗邻，第274窟位于第275窟外壁南侧，不便与其他洞窟编在一起，就其开窟、绘画时代而言，也与第268窟表层壁画接近，故编入本卷一并报告。

一 本卷洞窟概况

本卷所报告的第266（P.118g，C.236，S.200）、268（P.118h，C.235，S.201）、272（P.118j，C.234，S.202）、274（O.118k，C.233A，S.203）、275（P.118m，C.233，S.204）窟[1]等窟，位于莫高窟南区石窟群中段自下而上第三层洞窟崖壁上，坐西向东，左右毗邻。南邻北魏第265、263、260、259、257等窟[2]；北连隋代第457、456、455等窟；上承盛唐第264、460、458等窟，晚唐第459窟；下接隋代第56、59窟，初唐第57、58、60等窟和五代第61窟（图1~6；图版Ⅰ：1，Ⅱ：1~3）。

莫高窟第266、268、272、274、275窟，从开窟至今，除因年代久远遭受自然因素的损毁之外，也遇到人为的破坏。本卷洞窟的南北两端，即第268窟以南、266窟窟前和自第275窟以北，历史上经历了大规模的崖面崩坍。本卷洞窟的上方崖面也曾受到严重毁损。上述因素造成各窟前部壁面和顶部不同程度的残损。又因明代嘉靖十八年（1539年）以后，嘉峪关封闭，世居敦煌的民众内迁，莫高窟因无人管理而造成木结构窟檐和栈道逐渐坍塌，塑像和壁画遭受自然和人为的破坏。清代末年，为解决各窟之间的交通，在无栈道设施的洞窟内，大多开凿通达邻窟的穿洞，以便上下左右通行，本卷各窟未能幸免（图3、4）。各窟皆因开凿穿洞而使壁画遭到破坏。

历史上曾经对本卷洞窟有过不同程度的重修，现代更进行了大规模的维修加固。第266窟窟内现存壁画为原作，西壁龛内外塑像经近代重修。第268窟的壁面有三个层次，底层素壁无画，仅涂白粉；下层壁画保存在主室西壁、南壁、北壁、窟顶；上层为后代重绘壁画，包括主室南北壁和四个禅室（即第267、269、270、271窟）。第272窟下层为开窟时的原作；上层系后代重绘，主要在主室四壁的下段和甬道。第274窟地面因后代堆积物及重修而改变原状。第275窟除开窟时的原作外，曾经有二次重修：第一次重绘东壁

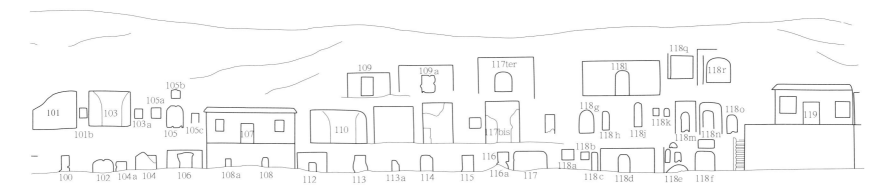

图1　第266~275窟附近崖面立面图（据伯希和1920~1924年《敦煌石窟图录》，部分）

---

[1] "P."表示伯希和编号，"O."表示奥登堡编号，"C."表示张大千编号，"S."表示史岩编号。

[2] 依据敦煌文物研究所《敦煌莫高窟内容总录》，文物出版社，1982年。下述诸窟所注时代皆据此。

118l
460
118q
459
118r
458
117f
265
118g
266
118h
268
118ibis
272A
118i
272
118iter
273
118k
274
118m
275
118n
457
118o
456
118p
455
117b
62
118a
60
118b
59
118c
58
118d
57
118mbis
56
118bis
119a
477
61
117
118e
478
118f
55
118ter
117e
484
483
482
481
489

图2　第266～275窟周围崖面立面图（据奥登堡1914～1915年绘，部分；经整理，标注窟号）

窟门南侧中段壁画；第二次则对原窟室进行了改建，于窟内砌筑土坯隔墙，将窟室分隔为前、后两部分，除绘制隔墙壁画外，又补绘后部原作残毁部分，在前部装修龛像、重绘壁面。

1963至1966年，国家拨款对莫高窟进行了大规模的危崖加固修缮工程，其中对本卷洞窟进行了窟顶支撑和加固维修，封堵了穿洞。1964年对第266、272、275窟窟顶进行了支撑加固，第266窟残损的南壁、东壁、窟顶前部和甬道修补完整，水泥铺设地面；第272窟窟外崖面得到加固，甬道经过修补，地面铺设水泥方砖；第274窟修补南壁、东壁和窟顶前部。1965年对第268窟窟顶进行了支撑加固，修补壁面残破处。敦煌文物研究所为各窟陆续安装了木质窟门，1987年，为各窟安装了单开铝合金窟门（图版II：3）。对第275窟，进行过多次维修，在塌毁的原东壁部位构筑砌体。1991年，由敦煌研究院保护研究所对窟内土坯隔墙进行拆除，将隔墙西向面壁画搬迁到北壁东端和东壁的砌体墙面上。

在第266～275窟外立面崖壁上，曾有岩孔遗迹存在，这说明窟外原建有栈道（图5）。现窟前建有水泥栈道，较之窟室地面略低。

对本卷洞窟，特别是对第268、272、275窟，除敦煌研究院自敦煌艺术研究所成立以来数十年的工作成果之外，做过调查记录的主要还有伯希和、奥登堡、张大千、何正璜、谢稚柳、石璋如、罗寄梅、史岩、李浴等[3]，从洞窟编号、文字记录、照片拍摄、石窟测

[3]　伯希和（P. Pelliot，1878～1945），法国人，1908年到莫高窟调查，对石窟进行编号、记录，绘制了石窟立面图和平面图，拍摄石窟壁画和塑像照片，抄录石窟中的汉文和其他少数民族文字题记，对石窟的年代和壁画内容作了一些考订，最早以近代科学的方法对敦煌石窟进行系统性的考古调查。1920至1924年间编著出版《敦煌石窟图录》一至六册（Les Grottes de Touen-Houang, I-VI）。1981～1990年，法国法兰西学院亚洲研究所中亚和高地研究中心整理出版了《伯希和敦煌石窟笔记》（Grottes de Touen-Houang Carnet de Notes de Paul Pelliot），共六卷。奥登堡（C. Ольденбург，1863～1934），俄国人，1914～1915年，带领俄罗斯第二次东土耳其斯坦考察队到敦煌，在伯希和考察的基础上，对莫高窟作了比较全面、系统、详尽的综合性考察。除了对伯希和的测绘图进行补充、修改，新编、增编了一些洞窟编号外，还逐窟进行了拍摄、测绘和记录，对重点洞窟作了临摹。在测绘石窟南区单个洞窟平、立面图基础上，最后拼合出了总平面图和总立面图，形象地记录了莫高窟当年的真实情况。这些成果直到近年才被整理为《俄藏敦煌艺术品》（3～6卷），由上海古籍出版社出版（2000～2005年）。奥登堡考察期间也劫走部分石窟

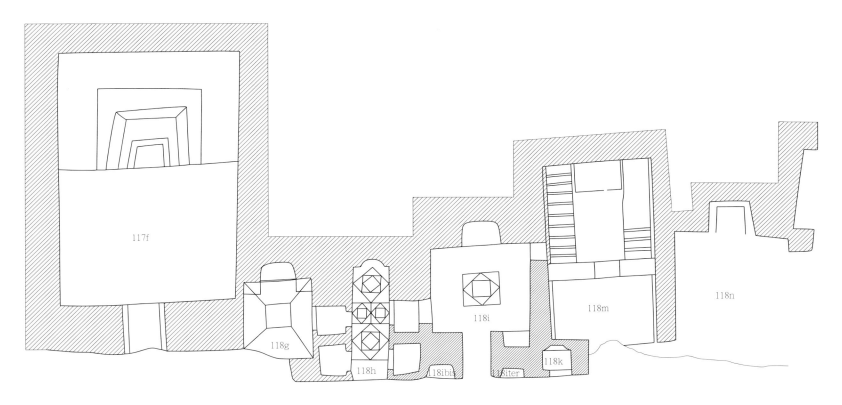

图3　第266~275窟及相邻洞窟平面图（据奥登堡1914~1915年绘，部分）

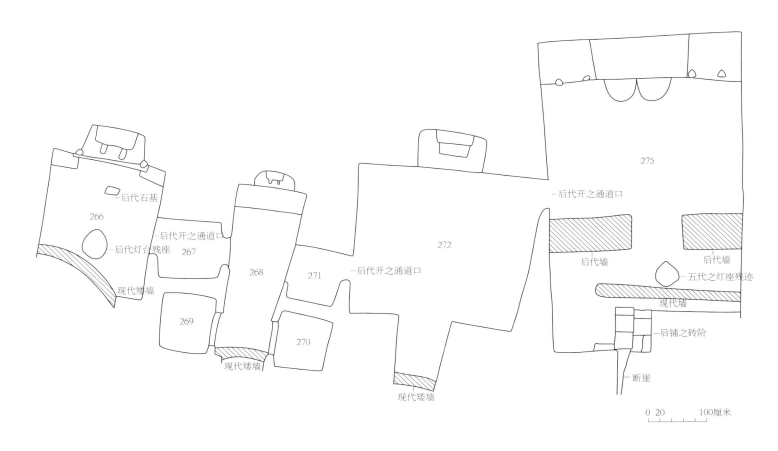

图4　第266、268、272、275窟平面图（1962年绘）

文物。陈万里（1892~1969），1925年随福格博物馆第二次中国西北考察团对敦煌石窟进行了考察，他的《西行日记》（北京朴社，1926年），是我国学者对敦煌石窟的第一次科学考察记录。张大千（1899~1983），1941~1943年，在敦煌石窟临摹壁画期间，对莫高窟、西千佛洞、榆林窟等进行了调查、编号、测量、记录，对洞窟年代作了初步判断。1985年出版了他的《漠高窟记》。谢稚柳（1910~1997），1942~1943年，随张大千对莫高窟及其周围几处石窟进行调查，以张大千编号为序，逐窟记录内容和供养人题记，并附有尺寸。1955年整理出版为《敦煌艺术叙录》，为研究者提供了方便。1942年的西北史地考察团和1944~1945年的西北科学考察团，向达、劳干、石璋如、夏鼐、阎文儒等先后到敦煌进行考古调查，对大部分石窟登录内容，抄录碑文、题记，考证洞窟年代等。这些考察资料，后来进行了整理、公布和研究，发表了一系列重要的研究成果。其中包括向达〈莫高、榆林二窟杂考〉（《文物参考资料》1951年第5期），夏鼐〈敦煌千佛洞的历史和宝藏〉、〈敦煌考古漫记〉（《考古通讯》1955年第1~6期），阎文儒〈莫高窟的石窟构造及其塑像〉（《文物参考资料》1952年第4期），劳干〈敦煌及敦煌的新史料〉（《大陆杂志》1951年第1卷第3期），等等。石璋如（1902~2004），1942年作为西北史地考察团历史组成员在莫高窟进行调查时，按照张大千编号，以考古学方法逐窟测绘平面图、剖面图，进行文字记录，拍摄石窟照片资料。1996年出版《莫高窟形》全三册。何正璜（1914~1994），1943年发表〈敦煌莫高窟现存佛洞概况之调查〉，使用张大千编号，扼要记录各窟内容，是我国初次公布的莫高窟内容总录（《说文月刊》第3卷第10期）。1951年，宿白、赵正之、莫宗江、余鸣谦到敦煌石窟勘察，1955年由陈明达根据各位的笔记成文〈敦煌石窟勘查报告〉（《文物参考资料》1955年第2期）。

　　石窟内容调查、登录是石窟研究的基础性工作。史岩（1904~1994），1943年任敦煌艺术研究所研究员，调查完成《敦煌石室画像题识》，是莫高窟供养人题记最早的汇录。同时，他又对莫高窟南区和北区洞窟进行了统一编号，附有全部洞窟立面示意图，并撰有《千佛洞初步踏查纪略》。李浴（1915~2010），1944至1945年在敦煌艺术研究所工作期间撰有《莫高窟各窟内容之调查》，作洞窟记录，补记了一部分张大千漏编洞窟。罗寄梅，原中央通讯社摄影记者，应常书鸿所长邀请，1943年来敦煌，拍摄大量石窟照片。

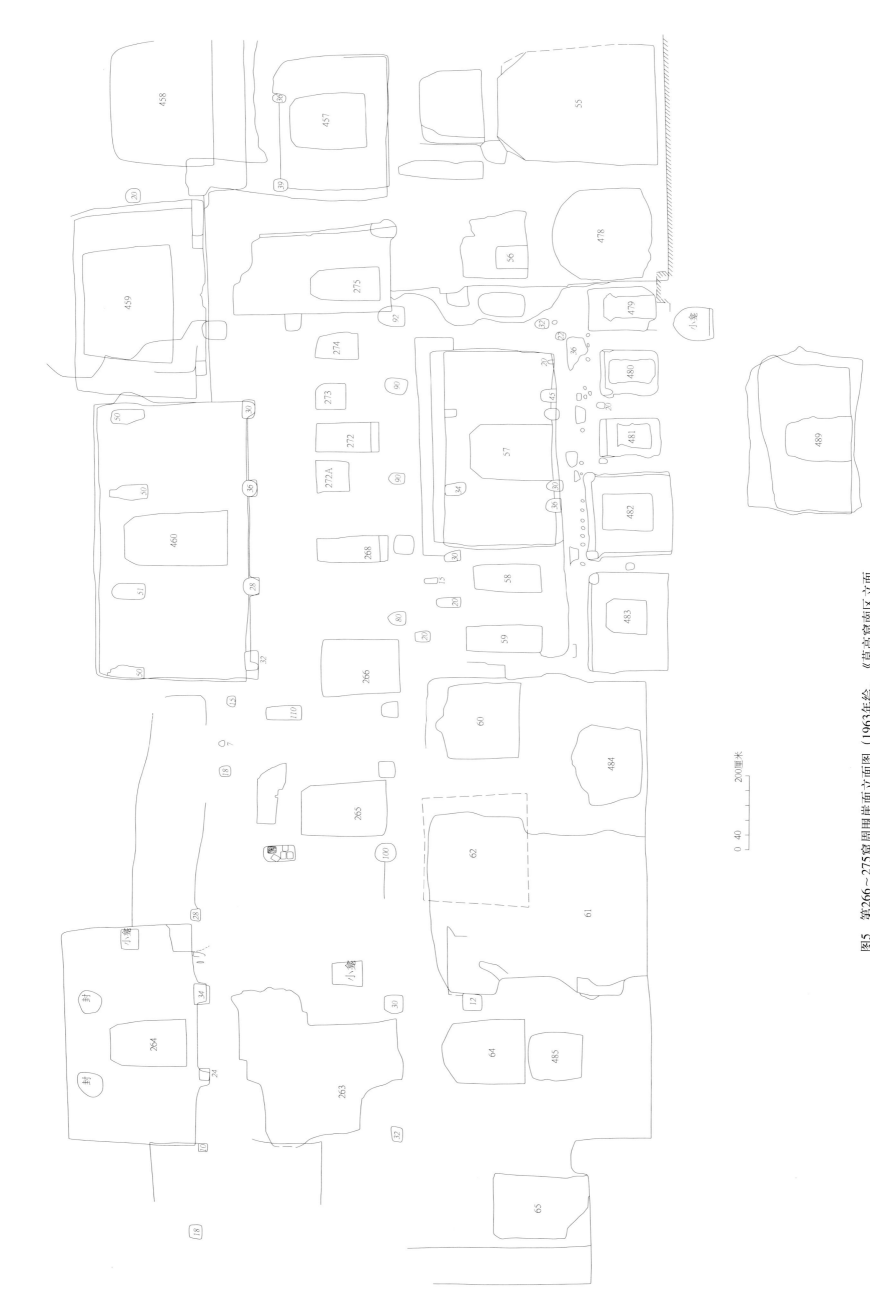

图5 第266～275窟周围崖面立面图（1963年绘，《莫高窟南区立面图》部分。图中除标示窟号外，斜体数字为岩孔深度，单位厘米）

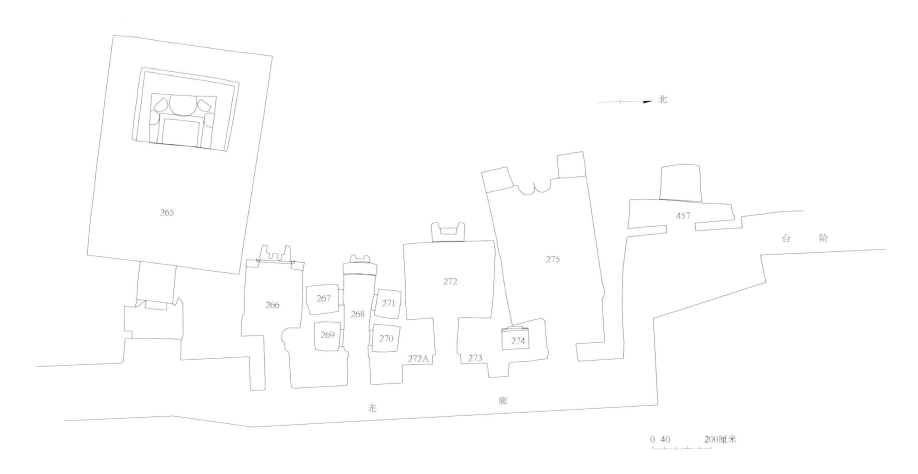

图6　第266～275窟及相邻洞窟平面图（现状）

绘、壁画临摹等方面，进行了全面的或侧重某一方面的记录（详见本书附录一、二）。同时，对于这几个洞窟，诸如洞窟形制、洞窟时代、壁画内容、造像特征、绘画技法、颜料分析等方面，学术界也进行过比较深入的研究，取得了丰硕的成果（详见本书附录三）。

二　本卷编写经过

本卷"莫高窟第266～275窟考古报告"为敦煌研究院院级社科类科研课题项目，列为《敦煌石窟全集》的第一卷。本报告是在前人对莫高窟石窟调查、记录、研究的基础上，按照石窟考古报告全面记录的要求，对本卷洞窟重新进行考古调查的成果。报告的形成，可追溯到20世纪60年代初，中间经历了时断时续的漫长过程，前后持续了近半个世纪。

1962年，北京大学历史系考古专业宿白先生带领学生樊锦诗、马世长、段鹏琦、谢德根到莫高窟进行考古实习，选择莫高窟北朝包括第275窟在内的几个早期石窟，按照考古工作的要求进行了文字记录和洞窟实测，写出考古实习报告。期间，宿白先生为敦煌文物研究所作了学术讲座，对石窟考古的开展给予指导和规范。

1963年，在莫高窟南区石窟维修加固期间，由敦煌文物研究所贺世哲、李永宁测量，记录了窟外崖面上窟口及岩孔等遗迹，绘成了《莫高窟南区立面图》。

20世纪80年代后期开始，先后组织人员对莫高窟第268、272、275窟进行了传统的手工测绘，后又增加相邻窟龛至11个编号洞窟作为《敦煌石窟全集》第一卷的内容，并尝试文字记录的撰写。1994年，考虑到这是一项浩大、复杂和长期的系统工程，敦煌研究院重新制订了《敦煌石窟全集》分卷的计划。

2002年，研究院确定由樊锦诗、蔡伟堂等承担《敦煌石窟全集》第一卷（莫高窟第266～275窟考古报告）的编写任务，并与文物出版社达成共识。

2004年8月，研究院由与编写石窟考古报告相关的考古研究所、保护研究所、数字中心、信息资料中心等部门多学科的专业人员及文物出版社编辑，组成《敦煌石窟全集》考古报告工作委员会，确定了《敦煌石窟全集》分卷编写体例。

2006年12月，打印装订成册的报告校样分别呈送专家审阅，征求意见。

2007年，根据专家的审稿意见，开始进行全面的修改。就专家对测绘图提出的指导意见，决定对本卷洞窟重新测绘。4月，对三维激光扫描数据采集技术在石窟考古测绘中的应用进行试验，进而研究该技术与考古绘图技术的衔接。7月，经敦煌研究院与承担三维激光扫描测绘的北京戴世达数码技术有限公司反复磨合，决定由研究院考古研究所按学科要求予以实施。此后三年，报告编写人员与绘图人员一起，对照洞窟，反复核查，修改图纸。

在测绘工作的基础上，遵照专家提出的指导意见，自2009年8月起，编写人员再次对报告文稿进行全面改写，直至定稿。

本卷编写工作由樊锦诗、蔡伟堂、黄文昆承担。

2007年之前基于传统方法的测绘图，先后由研究院考古所测绘人员吴晓慧、李铸、孙晓刚、吕文旭、祁卫东、罗华庆、宁强，以及北京大学考古系实习学生杨晔、俞永炳等参加，并由吴晓慧、吕文旭、李铸、赵蓉、祁卫东、胡秀珍等清绘，成为本卷测绘工作的基础。

本卷测绘图（包括随文的插图），由研究院考古所吴晓慧、吕文旭、胡秀珍、诺日卓玛、赵蓉绘制。测绘工作由研究院考古所与北京戴世达数码技术有限公司共同完成。公司方面由陈重、王卫负责，先后参加洞窟扫描和绘图工作的人员有何川、段奇三、胡安、易丹阳、李兢等。用作本卷插页的"敦煌莫高窟及周边地区卫星影象图"（2003年）和"敦煌莫高窟近景摄影立面图"（2003年），由研究院保护研究所提供。研究院过去的测绘成果，由研究院考古研究所提供。20世纪以来见于发表的部分测绘成果，采自有关出版物。

本卷报告图版拍摄预案由吴健参加拟订，之后编写人员根据报告内容确定图片目录，由宋利良完成拍摄任务。另有少量数码照片由吕文旭补充拍摄。

本卷绘图使用的洞窟数码拼接照片和作为图版的数码全景摄影拼图，由研究院数字中心拍摄制作完成，孙洪才、赵家斌洞窟摄影，赵良、丁晓宏电脑制作合成。

本卷附录一"本卷洞窟调查记录与文献摘录"，由蔡伟堂集录。附录二"本卷洞窟历史照片选辑"中的历史照片，一部分为李贞伯、祁铎、盛巽海、孙志军、宋利良等拍摄，由数字中心提供；另一部分为20世纪40年代罗寄梅在敦煌拍摄，由罗寄梅夫人刘先女士提供。李约瑟在敦煌拍摄照片由英国剑桥大学李约瑟研究所提供。附录三"本卷洞窟相关论著资料目录"，由研究院信息资料中心卢秀文、王平先、夏生平、祁晓庆分别编录中外文研究论著资料。附录四"本卷洞窟碳十四（^{14}C）年代测定报告"，由研究院保护研究所苏伯民、于宗仁采集标本，北京大学考古文博学院科技考古与文物保护实验室承担并提供报告。附录五"三维激光扫描技术在敦煌石窟考古测绘中的应用"由陈重撰文。附录六"莫高窟早期三窟壁画和彩塑制作材料分析"的写作，由研究院保护研究所范宇权、于宗仁、赵林毅承担，李最雄、苏伯民审定。本卷提要由王平先担任英译，经梅缵月审校。

总之，本报告是一项集体性成果，是在院内外各有关部门和机构的大力支持、积极配合及共同努力下完成的。本报告的编写得到北京大学考古系宿白教授的指导和关心，金维诺、徐苹芳、杨泓、马世长等先生也都曾为本书审稿。文物出版社为本书出版给予了支持。在报告出版之际，谨向曾给予我们指导、支持和帮助的老师、同仁、朋友和以上提到的院外协作单位、本院相关部门及所有参加工作的人员，表示诚挚的感谢。

三　本卷编写体例说明

（一）报告文本

本卷报告按独立的洞窟分章，共分为六章。除第一章绪论外，第266窟、第268窟、第272窟、第274窟、第275窟分别为第二章至第六章。第267、269、270、271窟附属于第268窟，编入第三章。第272A、273窟附属于第272窟，编入第四章。

各章按窟外立面、洞窟结构、洞窟内容、小结分节叙述。

窟外立面，因加固工程被遮盖，给考察带来困难，大都只能依据工程前的早年记录简述。

洞窟结构主要记录窟内状况，按地面、西壁、北壁、南壁、东壁、窟顶、甬道、附窟等依次叙述。

洞窟内容的叙述次序，按遗迹的早晚时代层次，由早至晚分层叙述。各层之中，按洞窟结构顺序依次叙述。塑像、壁画内容之外，还记录了洞窟重修、崩坍、残损等遗迹，以及制作工艺和材质等。

最后小结，对石窟遗迹进行概述，并就叠压关系、历史沿革、遗迹内容等相关问题，试作分析说明。

本书结语，除对全书内容综述外，对各窟塑像、壁画、内容、题材进行分层、分类统计，综述洞窟构造、洞窟内容，分析洞窟特征以及所体现的外来影响和本地传统等诸因素，并就考古分期、洞窟时代略作探讨。

本书附录，包括本卷洞窟过往的调查记录的摘录，作为当前调查的补充，包括文字记录、测绘图及与本卷洞窟相关的论著资料，列目备查，以补本卷论述之不足。附录还刊载本卷洞窟碳十四（^{14}C）年代测定和壁画彩塑制作材料的化学分析等。

（二）测绘图

1．基于三维激光扫描的测绘技术

本卷报告中的测绘图，是运用三维激光扫描技术和相匹配软件环境中绘制完成的。此次测绘工作，我们采用法如（FARO）LS 880扫描仪。扫描记录的点间距在1～2毫米左右。所得数据既反映了洞窟的结构形态，又反映了洞窟中的塑像和壁画。利用丰富的点云数据，辅之以数码照片，描绘出准确的考古测绘图。关于扫描和绘图具体情况，请参阅本卷附录五"三维激光扫描技术在敦煌石窟考古测绘中的应用"。

2．本卷测绘图

本卷测绘图包括：

（1）平面图

洞窟的地面多不平整，并存在灯台座之类的地面遗迹，因此，测绘时选取尽可能低的高度作水平断面，将地面轮廓投影在该断面上，即为该窟地面的投影面。洞窟中遇有佛龛、佛坛等建筑结构，选取略高于该结构的高度作水平断面，将上述遗迹投影在该断面上，为该窟的另一平面图，并以不同线型与地平面重叠。窟顶投影，以不同颜色的线型，重叠在地平面上。

（2）剖面图

各窟均绘制纵剖面图和若干横剖面图。沿洞窟纵深方向的剖切面为纵剖面，与纵剖面垂直的为横剖面。剖面图均在平面图上标注剖线，以英文大写字母表示。纵剖面图上标注不同高度的平面图剖线。剖面图均注明剖视方向。本卷剖面图一律不表示被遮挡的轮廓线，只表现在特定角度上可见的投影线。

（3）立面图

各壁立面图均为铅垂方向的正投影。由于洞窟多不规整，故壁面转角的角度不可避免存在差异。

（4）平、立面关系图

各壁立面图的平面基线，往往与该窟标准基线不相平行，为此，本卷各窟均绘制平、立面关系图，在平面图上标注立面基线，及其与标准基线之夹角，供读者参考，以正确使用测绘资料。

此外，各窟佛龛和塑像绘制正视图、侧视图、剖视图，以及佛龛展开图。本卷洞窟的塑像，除近代改动较大的第266窟三尊像和严重残损的第272A窟禅僧之外，其余10身塑像均绘制了正视角度的等值线图。

窟顶绘制投影图（附于平面图中）、仰视图和展开图。

不同历史层位的遗迹，分别绘在该层位立面图、仰视图和展开图上。

各窟绘制带有透视角度的透视图，以帮助对洞窟形制的理解。

本卷洞窟联合平面图，表现各窟之间在平面上的关系，标示各窟的测绘基点和基线，以及基点的GPS三维数据。GPS三维数据同时也标示在各窟平、立面关系图上。

上述测绘图，展开图、透视图和少数局部图除外，均以方格网给予参照，以利结构和遗迹的准确定位。方格网依据三维激光扫描的点云生成，网格大小视绘图比例而定（100厘米、50厘米或25厘米见方），标注数值以厘米为单位。各窟平面图纵深方向的0线与测绘基线重合，其于窟内基点上的垂直线为横向的0线。铅垂方向的方格网与平面控制网垂直，以地面轮廓投影的水平断面高度为铅垂方向的0线。

书中引用过去的测绘成果及其他出版物发表的线图，为保证印刷效果，均依据原图进行了清绘。

（三）图版

本卷图版分为两个部分，为了多色印刷，我们将测绘图中反映本卷各洞窟整体结构和内容的平面图、剖面图、立面图集中在书后编为测绘图版，为图版I。测绘图中有关洞窟遗迹的各种局部图，作为插图插入正文，基本上都是实测的成果。

本卷图版II为摄影图版，主要用彩色反转片拍摄，适当补充数码照片，从洞窟外景到窟内，表现洞窟结构、塑像、壁画、各立面相互关系、遗迹重层叠压以及考古学方面值得注意的其他现象，全方位拍摄照片，以全景和局部取景构图，力求再现现存石窟文物的全貌。图版照片的拍摄年份，均于图版照片的右下注明。

图版后附有敦煌研究院数字中心制作的洞窟数码全景摄影拼图，有第266、268（含第267、269、270、271窟）、272、275窟，不包括第272A、273、274窟。这是采用当前数码技术拍摄制作的洞窟全景照片，一定程度避免了照相镜头的透视变形。

本卷附录中，过往洞窟调查记录附图中的照片资料，以及历史照片选辑，作为本卷图版的重要补充。鉴于石窟文物历年发生的变化、受到的残损，以及遗迹因维修而发生的改变，需要利用这些照片作为参照。

第二章　第266窟

第一节　窟外立面

第266窟坐西向东，方向为东偏南11度，高程1336米，南邻第265窟，北接第268窟，上方偏北有第460窟，下方为第60窟和第59窟（图1、2、5、6；图版I：1；图版II：2、3）。

第266窟早年因崖面崩塌，洞窟东南角残毁，外立面仅甬道以北部分残存，且被20世纪60年代莫高窟大规模危崖加固工程的挡墙砌体覆盖。据1963年敦煌文物研究所考古组调查测绘的《莫高窟南区立面图》（图5），加固工程施工前洞窟前部南侧敞开，曾形成高205厘米、宽194厘米近方形的敞口，现已被砌体及后安装的窟门封闭。此窟窟口北沿距第268窟窟口南沿约210厘米，窟口南沿距第265窟窟口北沿约238厘米，窟口下沿下距第60窟前室顶约72厘米，窟口上沿距上方第460窟前室地面南下角约198厘米。

在1963年《莫高窟南区立面图》中，第266窟窟外崖面南、北两侧下方，各有1个岩孔，与其南侧的第265窟和北侧的第272、275窟下方岩孔处于同一水平高度上，其位置、形状、尺寸见第六章"岩孔遗迹情况表"。

第二节　洞窟结构

第266窟由前部甬道和后部窟室两部分组成。受崖面崩塌影响，此窟东南角自窟顶至地面坍毁。前部甬道的南壁和顶部已不存，仅残存北壁。后部窟室的东壁（即前壁）南侧和南壁东端、窟顶东披下部南侧和南披东端，以及地面东南角均已不存。北壁壁面中部被近代穿洞破坏。四壁下部磨损较甚。其余部分保存基本完好。窟室平面近方形，顶部似介于穹窿形与覆斗形之间，西壁（正壁）开一龛。窟室高264.8厘米、南北宽199.3厘米、东西进深约237.7厘米（图7、8；图版I：2～5；图版II：4）。

一　甬道

甬道顶部、南壁、地面残毁，现仅存北壁西侧部分残迹。经现代维修，地面现铺设有高于窟内地面11厘米的水泥方砖。现存北壁东西残长约73厘米，壁面上部残损向里凹进，现代维修时于表面涂墁厚1～2厘米的白灰层。在北壁西端残存转角，由地面向上11厘米白灰层剥落处，可见底层的砾石崖体（图版I：2、5）。

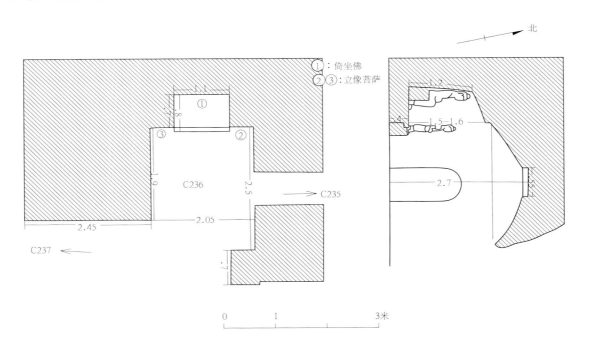

图7　莫高窟C235、C236（第268、266窟）平面及剖面图（部分）（据石璋如《莫高窟形》图一九六，1942年）

图8 第266窟透视图（向西北）

二 窟室

（一）地面

窟内地面东南角残毁，西北角和西南角分别依壁设一长方形塑像台座。北侧台座高14～15厘米、南北宽45～47.7厘米、东西深25.5～29厘米，南侧台座高15厘米、南北宽42～45厘米、东西深26.5～29.5厘米。台座表面抹草泥。窟内地面西边长200厘米（包括北侧、南侧台座）、北边长235.6厘米（包括北侧台座）、南边残长201.5厘米（包括南侧台座，东端残）、东壁仅存窟口北侧部分，底边残长29厘米（图7；图版Ⅰ：2；图版Ⅱ：5）。

窟室地面经现代铺设水泥面。在四壁底边前各留有一定宽度（约12～13厘米）未铺水泥面，其中西壁龛前水泥面破损，宽约33厘米，浮土清理后，显露出泥土地面，自下而上分为二层：下层泥土中杂以草屑、麻刀等，厚度超过1厘米；上层为细泥，内无屑加物，厚约0.1厘米。在残破的泥土面下能看到崖体砾石面（图9；图版Ⅱ：6-2,3）。

窟室地面有二处残存的灯台基座遗迹，其中一处在西壁中部以东130～140厘米处，其范围东西70厘米、南北35～60厘米。中部有一圆柱形残迹，直径15.8厘米，高出现水泥地面约8～10厘米。圆柱形下部周围呈缓坡状。灯台基座表面积结一层黑色油垢（图版Ⅰ：2；图版Ⅱ：5-2,3）。另一处在距离西壁中部约50厘米稍偏北处，呈长方形，似石质，南北长21～24厘米、东西宽12～13厘米，高出地面约5厘米，表面残留有积结的黑色油垢层，或亦为灯座，但形态与其他灯座不同。

（二）壁面

窟室东西壁略窄于南北壁。各壁结构如下：

1. 西壁

西壁呈方形，北边高205厘米（包括北侧台座），南边高198厘米（包括南侧台座），顶边长207.2厘米，底边稍窄于顶边。西壁中间开一大龛，龛外南北两侧各设塑像台座一个（图版Ⅰ：4、5、7；图版Ⅱ：5-1）。

圆券形大龛、敞口。龛口左右两侧塑龛柱、作圆柱形。北侧龛柱高89.7厘米、南侧龛柱残高70厘米、龛柱圆径约6厘米，两龛柱柱身中段稍宽于上下两端。北侧龛柱上端塑出柱头，下端均塑出柱础，龛柱以上为龛梁和龛楣。龛柱柱头以上，绕龛口上沿于壁面上塑作龛梁，圆径约3～6厘米，中间被龛内塑像身光浮塑而成的尖端打破，分隔为南北两段。龛梁上方于西壁上部绘尖拱形龛楣，宽47～62厘米，楣尖向上伸展到窟顶西披，其在西壁与窟顶西披转折处加泥填充，将龛楣的绘画面垫平，左右两端弧形边缘隆起于壁面约4厘米，长约12～14厘米。龛口高162.6厘米、宽115.3厘米。龛口下坛沿向前凸出壁面8～11.5厘米，高15.9～17厘米，横长125.4～129.9厘米，下距地面高21.3～22.7厘米。龛底宽103厘米，南侧深61厘米，北侧深63厘米，由前而后渐窄，龛壁转角处圆缓。龛内中间依后壁塑像。龛底设方形座。座底面前边长63厘米，北边长30.5厘米，南边长25厘米，座上依壁塑像。龛底敷草泥面，上涂白粉，在龛壁底边前和佛座底边前残留较多白粉涂抹痕迹（图版Ⅱ：14-1）。

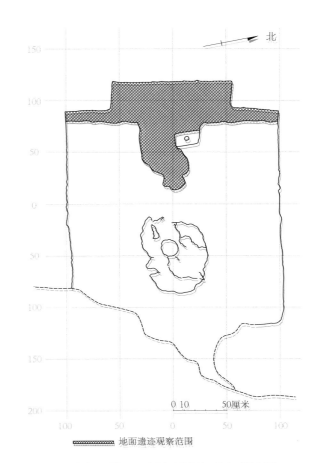

图9　第266窟地面遗迹观察范围图

2、北壁

北壁呈横长方形，东边高193厘米，顶边长252.4厘米。壁面东端从下向上逐渐外张，顶边中部至西端稍向上隆起。北壁中部距西壁80～85厘米，被近代所开穿洞打破，穿洞高162厘米、宽70～75厘米、下沿高于地面18～20厘米，通向第267窟（第268窟南壁西侧禅室），现已封堵，抹以白灰面（图版Ⅰ：5、9；图版Ⅱ：15、16）。

3、南壁

南壁呈横长方形，东端崩塌，现存壁面顶边残长208.2厘米，东部残损处高203.6厘米。壁顶边中部稍向上隆起。壁面平直（图版Ⅰ：10；图版Ⅱ：17）。壁面西侧上部有一处残破，距西边约42厘米、距顶边约41厘米，高、宽约11厘米，露出崖体的砾石层，可见砾石层之上抹厚0.05～1.2厘米的粗草拌泥，泥层之上加抹厚0.01厘米的细泥。相对平整、光洁的细泥面，即为绘制壁画的地仗。相同情况亦见于壁面下部的底边。

4、东壁

东壁中部甬道口及东壁南侧壁面均已坍毁，现仅存北侧部分壁面，顶边残长49.6厘米，南边残高199.6厘米。因甬道北壁残损，东壁北侧南边略呈弧形内凹（图版Ⅰ：11；图版Ⅱ：18）。

（三）窟顶

窟顶略似覆斗形，自四壁顶边以上垂直高度48～58.4厘米。顶部中央有上凹的方井，南北长56～56.9厘米，东西宽52.4～53.3厘米，向上凹进5.6～8.3厘米，四边侧面基本垂直。窟顶四披呈圆弧面，各披之间过渡圆转，无折角分界，与第272窟情况相仿（图版Ⅰ：2、12；图版Ⅱ：22-1、23）。东披下部南侧和南披东端坍毁。

第三节　洞窟内容

窟室凿成后在岩体上抹草泥，找平，作成壁面。第266窟甬道残破过甚，已不见壁画痕迹，残存的北壁上现代涂有白灰。窟室内西壁龛内塑佛像，龛内外画壁画，西壁前北侧、南侧台座上各塑菩萨像；北壁和残存的南壁、东壁、窟顶画壁画。

第266窟壁画未见重层，应均为同一时期完成的作品。窟内塑像应与壁画同层，但明显经过近现代的重修[1]，如西壁龛内主尊佛像上半身和龛外两侧胁侍菩萨的上半身，已非原状，重新泥塑之外，整体经过了重新妆色。

洞窟内容分别叙述如下。

[1]　近现代的重修，可能性较大的是20世纪初至30年代敦煌道士王圆箓主持的洞窟维修。

一 西壁

西壁中间圆券形大龛内塑主尊佛像，龛外南北两侧台座上塑二胁侍菩萨像；龛柱、龛梁和龛楣皆彩绘装饰纹样。龛内壁面绘头光、身光和弟子、飞天、仙人；龛外两侧上部绘弟子，下部壁面多被菩萨塑像遮挡，点缀小花（图版I：7；图版II：5-1）。

（一）佛龛

1．塑像

主尊佛像1身，善跏趺坐（倚坐）于方座上，高132.5厘米。头部、双手和袈裟都经后代重妆。头部改变较大，颈以下大致保持原有体积，在重修中亦多有改变。现状肩宽约44.5厘米，双臂屈肘，小臂平抬，双手前伸，按于扶手上，已非原有姿态；双腿分开，两胫自然下垂，跣足，双脚平踏于龛底；内着僧祇支，外披双领下垂式[2]袈裟，衣纹已被改动，均重涂以红褐色。面部、颈部、胸部和手足均重涂白色。佛座依附西壁，近似长方体，佛座前面高约37厘米、宽约64厘米，北侧面西边高38厘米、上边长31.9厘米，南侧面西边高38厘米、上边长28厘米。座前面露出部分涂白色，南北侧面及上面均抹草泥，表面粗糙不平，皆重修塑像时所为（图10；图版II：7、10-3,4）。

图10　第266窟西壁龛内塑像

1　正视　2　侧视（向南）　3　剖视（向北）

---

[2]　袈裟着法，所谓"双领下垂"，因袈裟领口宽松低垂，其形态看似汉装长垂的衣领，其实有很大不同。国内石窟考古文献中多作此俗称，为便于理解，本书循例而为。

2．壁画

　　龛内西壁中间塑像身后绘头光、身光，南、北侧壁面各绘上下两排4身弟子，龛顶身光两侧、弟子上方各绘1身飞天，佛座两侧与两侧下排弟子之间的壁面上各绘1身仙人（图版I：8）。

　　（1）龛内西壁

　　1）头光

　　佛头光呈长圆形，上宽下窄，横径63.6厘米，自内向外共五圈；第一圈横径21.7厘米，土色；第二圈宽出5.5厘米，黑色；第三圈宽出5.2厘米，呈灰色；第四圈宽出4.6～5.5厘米，绘火焰纹，相间敷土红、绿、黑、白等色；第五圈宽出4.6～6.8厘米，绘火焰纹，相间敷黑、灰两色（图11；图版II：6、7）。

　　2）身光

　　佛身光呈宝珠形，下部起于佛座，上部尖端加泥浮塑，伸展至龛梁之上约1.5厘米，横径约123厘米，自内向外五圈；第一圈横径56厘米，土色地，下部两端各绘绿色莲蕾；第二圈宽出4.5～5.5厘米，饰斜条纹（似火焰纹），相间敷黑、灰、绿、白色；第三圈

0　　　5　　　　　　　　　25厘米

图11　第266窟西壁龛内塑像头光、身光

宽出5.5厘米，在黑地色上绘白色莲花纹，两侧各3朵；第四圈宽出6.4～7厘米，绘火焰纹，相间敷红、绿、白、黑、土色；第五圈宽出11～16.5厘米，亦绘火焰纹，红、绿、白、黑、土色相间搭配，焰朵较大（图11；图版Ⅱ：6、7）。

（2）龛内北壁

1）弟子

下排西起第一身弟子，位于下排内侧，立姿，高75.8厘米（包括头光），头部稍侧向左。双手合掌于胸前。内着白边土色僧祇支，外披红边橙黑两色双领下垂式袈裟，里面蓝色。袈裟下露出长裙。双脚漫漶。头光圆形，两圈，内圈黑色，外圈土色。

下排西起第二身弟子，位于下排外侧，立姿，高80.5厘米（包括头光）。头部稍侧向右，红唇。左臂屈起，左手于左胸前半握执扇形物；右手在下由袈裟领口内伸出，于腹前提净瓶。内着红色僧祇支；外披红、绿、白、黑、灰等色菱格纹通肩式袈裟，领口松垂，里面黑色。袈裟下露出长裙。双脚呈八字形外撇（模糊）。头光圆形，两圈，内圈蓝色，外圈黑色。

上排西起第一身弟子，位于上排内侧，立姿，表现为从主尊身光后探出，因位于下排第一身弟子之后，仅露出腹部以上，可见高38厘米（包括头光），稍侧向左。左臂屈起，左手于左肩前拇指、中指相捻，执一枝忍冬；右手于胸前提净瓶。内着黑色僧祇支，外披土红色双领下垂式袈裟，里面黑色。头光圆形，三圈；内圈白色，中圈蓝色，外圈绿色，饰莲花。

上排西起第二身弟子，位于上排外侧，立姿，表现为在下排西起第二身弟子之后露出上半身，可见高44厘米（包括头光），头部稍侧向右。双臂屈起，双手于胸前托圆盘状莲花，上面黑色，底面土色。内着黑边土色僧祇支，外披黑边橙红两色双领下垂式袈裟，里面绿色。头光圆形，黑色（图12-1；图版Ⅱ：8、11）。

弟子肤色灰白，面部眉眼、嘴唇可辨，双眼黑色画迹鲜明。

0   5   25厘米

图12　第266窟西壁龛内弟子
1　龛内北壁弟子　2　龛内南壁弟子

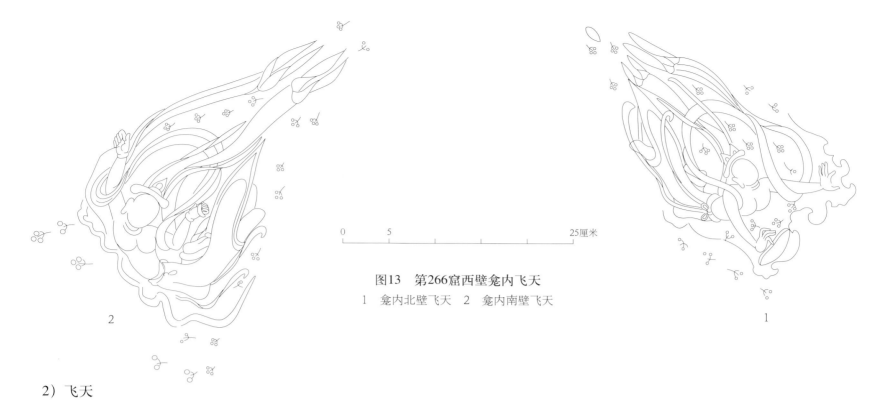

图13　第266窟西壁龛内飞天
1　龛内北壁飞天　　2　龛内南壁飞天

2）飞天

飞天高30厘米、宽18厘米（包括帔巾），朝外侧（东北）飞行。上身下俯，抬头，稍侧向左。左臂伸向前方，左手扬掌；右臂稍屈，右手于下方提莲花。下身向后上方高高扬起。头戴宝冠，白色宝缯向上飘扬。上身袒裸。帔巾一面白色，另一面蓝色，在头上呈环状，绕双臂向身后上方婉转飘扬。下身着黑色长裙，裙腰翻卷，白色腰带于右侧腰际打结后向后方飘扬。肤色白。飞天下方，红地上黑线勾勒云气纹（图13-1；图版II：6）。

3）仙人

以白色线在土红地色上勾勒仙人形象，现白线多已脱落，形象模糊不清。立姿，高49.5厘米（包括头光），侧身向右。右臂屈起，右手在右肩前仰掌，作平托状；左手高举过头，手指向上伸展。双腿微屈，左脚在前，右脚在后。上身和双腿袒裸（图14-1；图版II：10-2）。

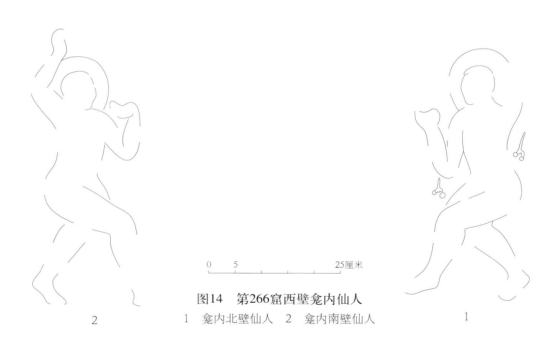

图14　第266窟西壁龛内仙人
1　龛内北壁仙人　　2　龛内南壁仙人

（3）龛内南壁

1）弟子

下排西起第一身弟子，位于下排内侧，立姿，高约77厘米（包括头光），头部稍侧向右。双手合掌于胸前。双脚分开，脚尖外撇。披黑边土色通肩式袈裟。袈裟下露出长裙。头光圆形，两圈；内圈蓝色，外圈白色。

下排西起第二身弟子，位于下排外侧，立姿，高78厘米（包括头光），头部稍侧向左。双手合掌于胸前。双脚分开，脚尖外撇。内着红边土色僧祇支；外披土黑两色双领下垂式袈裟，里面蓝色。袈裟下露出长裙。头光圆形，两圈，内圈黑色，外圈土色。

上排西起第一身弟子，位于上排内侧，立姿，表现为从主尊身光和下排第一身弟子之后露出上半身，可见高40厘米（包括头光），头部稍侧向右。右手在胸前仰掌，手指微屈；左臂屈肘平抬，左手于胸腹之际半握。内着红边土色僧祇支；外披橙红两色双领下垂式袈裟，里面土色。头光圆形，黑色。

上排西起第二身弟子，位于上排外侧，立姿，表现为在下排西起第二身弟子之后露出上半身，可见高38厘米（包括头光），头部稍侧向左。双手于胸前合掌，右手从袈裟领口内伸出。内着红边土色僧祇支；外披红边黑色通肩式袈裟，领口松垂。头光圆形，两圈，内圈蓝色，外圈绿色（图12-2；图版II：9）。

弟子肤色灰白，面部眉眼、嘴唇可辨，双眼黑色画迹鲜明。

2）飞天

飞天高35厘米，宽22厘米（包括帔巾），朝外侧（东南）飞行。上身前俯，回首稍侧向左。头戴宝冠，宝缯在头两侧向上方扬起。双臂外张，屈肘，高举。两腿向上方扬起，屈右腿。上身袒裸。帔巾一面蓝色，另一面黑色，在头上呈环状，绕双臂婉转向上飘扬。下身着红边黑色长裙，裙腰翻卷。肤色白。飞天下方，红地上黑线勾勒云气纹（图13-2；图版II：6）。

3）仙人

以白色线在土红地色上勾勒仙人形象，现白线多已脱落，形象模糊不清。立姿，高49厘米（包括头光），侧身向左。右臂稍屈，右手高举过头，手指向上伸展；左臂屈起，左手在左肩前仰掌，作平托状。双腿微屈，右脚在前，左脚在后。上身和双腿袒裸（图14-2；图版II：10-1）。

龛内两壁空间在土红地色上点缀小花、流云、莲蕾。

3．龛外

（1）龛柱

龛口两侧龛柱柱身原敷色剥落，现状均为土色。龛柱下端均塑出三瓣莲的仰莲柱础，施白色。北侧柱身上端塑出柱头，为三瓣莲的覆莲，覆莲上耸起上大下小略呈圆柱状的莲房，高12厘米，覆莲施褐色，莲房施红色。南侧龛柱柱头已毁。

（2）龛梁

龛柱以上的龛梁绘彩带纹，南北两段大致对称，以白、绿、黑、土和红色相间敷色，彩带上饰白点鳞纹等，其尾端稍外撇，与

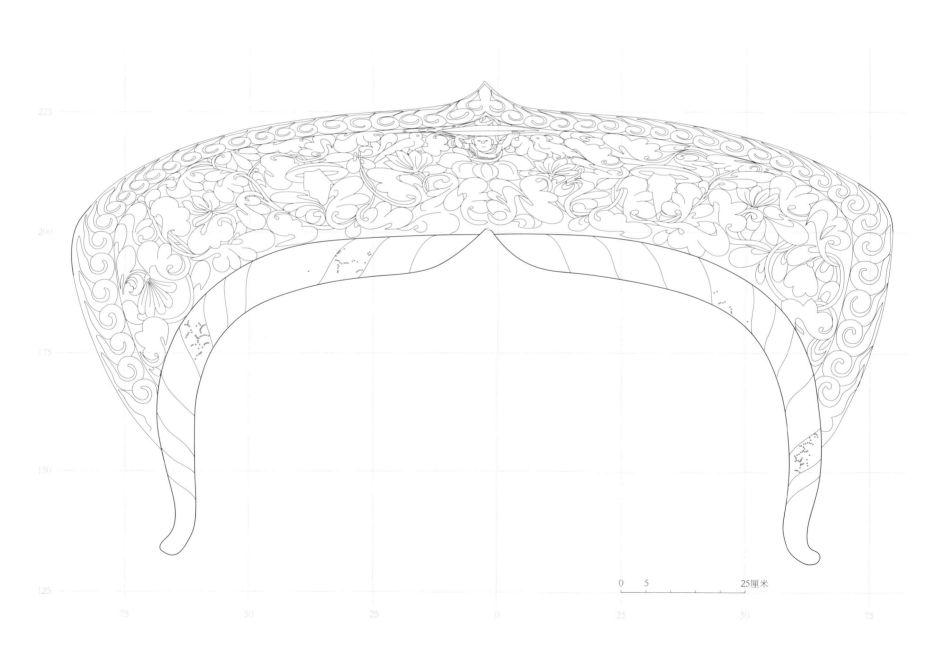

图15　第266窟西壁龛楣

绘于西壁壁面上的上卷白色三叶忍冬形龛梁尾相衔接。

龛口外沿与龛梁之间的狭窄壁面，仅2～3厘米宽，其间绘连续波状忍冬纹。

（3）龛楣

龛梁上方在西壁上部至窟顶西披绘龛楣，其楣尖部分向上伸展到窟顶西披左右两列飞天之间，及于千佛画面底部。龛楣图案主题为交茎套联忍冬，其中穿插莲花化生和禽鸟形象。龛楣外缘绘火焰纹图案，宽出7～9.5厘米（图15、24；图版Ⅱ：6、13-1,2）。

（4）龛口下坛沿

龛口下坛沿凸出部分的立面以土红色勾出边框，在白地色上绘波状忍冬纹。其中仅中间纹饰保存略好，北侧残毁，南侧模糊，残存四组纹样。

凸出的坛沿以下壁面涂白粉，素面无画。

（二）西壁北侧

1．塑像

西壁龛外北侧台座上塑胁侍菩萨像1身，头部和冠饰，上半身和帔巾、衣裙，均经近代改塑、重塑、重妆，面部、身躯和四肢均涂白色，下半身大略保存原形。菩萨像，立姿，高142厘米（包括冠），稍侧向右。右臂屈起，右手置于胸前，左臂下垂。双脚分开，立于台座上。头戴花鬘冠，缯带垂至肩部。袒上身，饰项圈、腕钏。帔巾披覆双肩，遮覆前胸，左侧绕左臂下垂，右侧自右肩垂下。下身着长裙，裙腰翻出，腰带由双腿之间垂下。长裙虽经后代涂刷褐色，但透过剥落的颜色仍依稀可见下层原作所绘菱格纹（图16；图版Ⅱ：12-4、13-4）。

2．壁画

龛外两侧胁侍菩萨塑像上方壁面各画一弟子。

龛外北侧弟子1身，立姿，膝下部分被胁侍菩萨塑像遮挡，可见袈裟下摆和左脚，高78.6厘米（包括头光）。头部稍侧向右。双手合掌于胸前。内着土红色僧祇支，外披土色通肩式袈裟，里面黑色，衣纹用土红色线勾勒。头光圆形，黑色（图17-1；图版Ⅱ：12-2）。

（三）西壁南侧

1．塑像

西壁龛外南侧台座上塑胁侍菩萨像1身，与北侧菩萨像情况基本相同。二像在龛外两侧左右对称，分别为龛内主尊佛像的左胁侍和右胁侍。菩萨像，立姿，高137.4厘米（包括冠），稍侧向左。左臂屈起，左手置于胸前，右臂下垂。双脚分开，立于台座上。头戴三珠宝冠，缯带垂至肩部。上身着僧祇支，饰项圈、腕钏。帔巾敷搭双肩，右侧帔巾下垂环于腹下，上旋绕左肘下垂；左侧帔巾垂至腹前向右，经右肘在身体右侧垂下。下身着长裙，裙腰翻出，腰带自双腿之间垂下。长裙重涂褐色（图18；图版Ⅱ：12-3、13-3）。

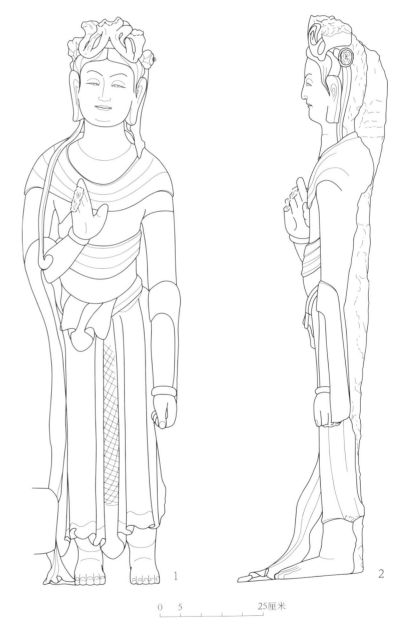

0 5   25厘米

图16　第266窟西壁龛外北侧塑像
1　龛外北侧塑像正视　2　龛外北侧塑像侧视

图17　第266窟西壁龛外弟子
1　龛外北侧弟子　2　龛外南侧弟子

南北二身菩萨像双脚脚跟之间露出木质构件，下端
插入台座，其上在长裙之内，推测为原塑像的木质骨架
（图版Ⅱ：14-2）。

2. 壁画

龛外南侧弟子1身，立姿，膝下被胁侍菩萨塑像遮
挡，可见袈裟下摆和右脚，高73厘米（包括头光）。双
臂屈起，双手展开一经卷。头部稍侧向左并微颔首，双
眼下视，作诵经状。内着僧祇支，外披黑边土红两色双
领下垂式袈裟，衣纹用土红色线勾勒。头光圆形，黑色
（图17-2；图版Ⅱ：12-1）。

两侧弟子肤色灰白，面部眉眼、嘴唇画迹甚浅。

西壁龛内外弟子合计10身。

龛外南北两侧壁面空间点缀小花，花形为一小枝上
分三叉，各开一朵小花，由黑、白两色搭配组成，呈向
下飘落状。龛内小花形式同此。另有三叶忍冬、莲蕾。
作为壁面顶边的装饰，四壁均绘连弧状的卷幔，土色，
边缘勾黑色粗线，垂弧之间有黑色束结。卷幔与窟顶下
边垂幔相连接。西壁与西披转折处可见龛楣北侧二个垂
弧、南侧一个垂弧，各宽12～14厘米、高5～7厘米。

图18　第266窟西壁龛外南侧塑像
1　龛外南侧塑像正视　2　龛外南侧塑像侧视

二　北壁

壁画分上中下三段布局，上段绘千佛；中段绘男供养人行列；下段绘药叉。壁面中部因近代开穿洞，壁画被破坏。分别叙述如下（图版I：9；图版II：15、16）。

1. 上段

高140～142厘米。壁面顶边绘一列卷幔，为连续16个垂弧，各宽12.5～18厘米，高3.5～5.5厘米。卷幔下方自上而下共绘十一排千佛，最上一排千佛仅东端1身大部残损，其余各排有较多残损。上起第一排36身，第二排至第十一排依次残存32身、26身、25身、25身、25身、24身、24身、24身、22身、20身。北壁现存千佛共计283身。根据现存的遗迹，推测被穿洞破坏之前实绘千佛的数量：上起第一至六排各36身；第七排35身，西端空一格；第八、九排各34身，西端各空二格；第十、十一排各32身，东西两端均较之上两排又多空一格；合计，北壁原有千佛383身。

千佛左右成排，上下成列，排列整齐。上下各排间皆以黑色横线相分隔，间距12.5～13厘米（最下一排间距14厘米），每排各千佛大小基本相同，相邻千佛的身光相接处上方，等距离刷高2.5厘米、宽0.5厘米的白色题榜，题榜颜色多已脱落，不见字迹。题榜间距6.5～7厘米。

千佛通高9.5～10厘米（包括头光），两膝间距5.5～6厘米，造型、姿态相同，大都为正面，仅壁面东端一列千佛头部稍侧向右。结跏趺坐，双手于腹前相叠，施禅定印。头顶隐约可见有肉髻，肉髻底部饰以白色小点。颈部勾弧线一道。千佛均着通肩式袈裟。头后有圆形头光，横径3.5～4厘米；身后有纵椭圆形身光，横径6.5～7.5厘米，等于或大于两题榜的间距。头光与身光两圆顶端相切，或头光略高出身光。

千佛上方画横径1.5～2厘米、高约1厘米的一黑一白两横道，示意为由盖顶和垂幔两部分组成的华盖。垂幔两端还画白色小点组成的悬挂流苏，末端缀以红色圆珠，向外侧飘起。华盖上与黑色横线相接，或稍低于黑色横线。

千佛坐下为圆形莲座，下边微弧，高0.5～1厘米，横径4.5～5.5厘米，绘有覆莲瓣。

千佛上述情况列表如下。

单位：厘米

地色	千佛各排画面高	头光	身光	华盖		千佛单体通高（包括头光）	两膝间距	莲座			题榜			
		横径	横径	高	横径			形制	高	横径	颜色	高	宽	间距
土红	12.5～13,最下排14	3.5～4	6.5～7.5	1	1.5～2	9.5～10	5.5～6	圆形覆莲座，下边微弧	0.5～1	4.5～5.5	白	2.5	0.5	6.5～7

千佛画面均填土红色为地。千佛头光、身光的颜色有黑、土、白、蓝四种，袈裟的颜色有土、黑、白、红四种，莲座有黑、蓝二色。整壁未见使用绿色，但少数千佛白色袈裟上可见绿色颜料残迹。千佛左右四身一组，各个部位采用不同的颜色搭配，形成四种颜色组合，有规律地连续排列，且上一排某种颜色组合的千佛，相对其下一排同样颜色的千佛向左（或向右）横移一个位置。这样，同一颜色组合的千佛就在壁面上连成了道道斜线。现将上述千佛颜色搭配情况列表示意如下。

头光	黑	土	白	蓝
身光	土	白	蓝	黑
袈裟	红	白	黑	土
莲座	蓝	黑	蓝	黑

千佛画迹可见绘制步骤，多处隐约可见画迹之下横向和纵向的土红色起稿弹线，横线隐在各排黑色横线之下，以及肉髻底部、下颏、衣领下缘、手及莲座上边，共五道，分别界定头顶、嘴（或下颏）、胸、手、座等部位；纵线为各千佛形象的中轴线，贯通肉髻、鼻梁、下颏，直至手和莲座的中央，为千佛排列、绘制准确定位。土色部位则清晰可见起稿的土红色轮廓线。

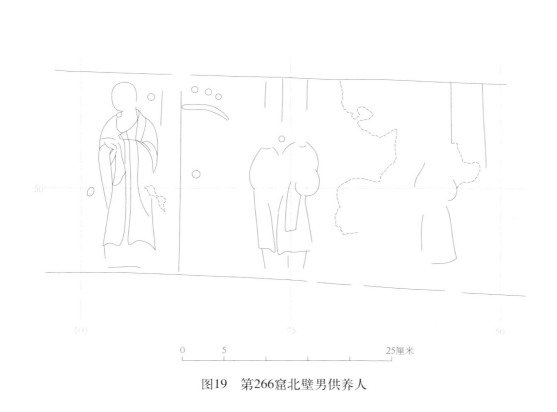

图19　第266窟北壁男供养人

图20　第266窟南壁千佛（第五排第八身）

千佛头部轮廓、眼眶、鼻、两颊、耳、颈、胸以及双手均施以晕染。头部轮廓画圈，双眼画小圈，两颊勾成八字形，其间连以横线为鼻端，两耳涂三横道或点，颈项亦作八字形，其间勾一横道，中间勾一竖道为胸部中线。下方，涂三竖道表现双手相叠时的手指关节结构。晕染均已变色，呈黑色（原来可能为肉红色）。两眼眶内和鼻梁点染白色，形同"小"字。全身肤色均呈灰色，现黑色晕染和白色点染格外醒目。千佛头顶肉髻大都已不清晰。

千佛四种颜色的袈裟，红、白、黑三色均平涂，留出手部；红、白两色上加以黑色细线勾勒领缘、袖缘。土色袈裟除有土红色起稿线外，并以白色染领缘、袖缘，领缘多呈"V"形。蓝色身光作二圈，内圈灰白色（或土色），外圈蓝色。其余身光各色皆平涂。

千佛上方壁面顶边，有与窟顶北披下边垂幔相连接的卷幔，高1～4厘米。在空白处缀以小花，花形与西壁的小花相同，由黑、白两色搭配组成，呈向下飘落状。

2．中段

高24～25厘米。北壁中段绘男供养人行列，皆立姿，高20～23厘米，面朝西壁（图19；图版Ⅱ：20-1）。

西起第一身，为比丘。头部只存轮廓，五官不清。双手于胸前似持一长柄香炉。内着黑色僧祇支，外披红色袈裟，里面白色。

西起第二身男供养人，衣着白色，似为圆领窄袖束腰的裤褶装。

西起第三、四身男供养人，形体较小，并立。手中持一伞盖，举到第二身供养人头上方。衣着红色。第二、三、四身供养人似为一组。

西起第五身男供养人，形体高大，衣着白色。

西起第六身男供养人，举伞形物至前一身上方。衣着红色。

西起第七身男供养人被穿洞破坏，仅见红色衣裾一角。第五、六、七身供养人似为一组。

穿洞以东又有大约7身男供养人，均模糊不清，由残痕可见均衣着红色。

以上供养人前残存白色题榜，约高24～25厘米，宽2～2.5厘米。

3．下段

高30～40厘米。药叉高约30厘米，画迹甚残，仅见几处颜色、帔巾残痕，轮廓不清，药叉数量及形象均模糊不清。

三　南壁

壁画分上中下三段布局，上段绘千佛；中段绘女供养人行列；下段绘药叉。壁面东端坍毁。分别叙述如下（图20；图版Ⅰ：10；图版Ⅱ：17）。

1．上段

高140～145厘米。壁面顶边绘一列卷幔，残存连续13个垂弧，各宽14～17.5厘米，高5～7厘米。卷幔下方自上而下共绘十一排千佛，现各排千佛分别残存29身、28身、28身、28身、27身、27身、25身、24身、24身、23身、25身，第七排西端绘2朵莲蕾（占1身千佛位置），第八、九排西端各绘1朵莲蕾（各占2身千佛位置）。南壁千佛共计残存288身（图版Ⅱ：19）。

千佛表现与北壁上段千佛相同，第四、六排西端1身头部稍侧向右。千佛情况部分细节见下表。

单位：厘米

地色	千佛各排画面高	头光	身光	华盖		千佛单体通高（包括头光）	两膝间距	莲座			榜题			
		横径	横径	高	横径			形制	高	横径	颜色	高	宽	间距
土红	12.5～13,最下排15	3.5～4	6.5～7.5	1	1.5～2	9.5～10	5.5～6.5	圆形覆莲座，下边微弧	0.5～1	4.5～5.5	白	2.5	0.5	6～6.5

千佛的颜色搭配、组合及着色、晕染情况均同于北壁上段千佛（图版Ⅱ：22-2）。

千佛上部壁面顶边，有窟顶南披下端延伸下来的垂幔，高约5厘米。在空白处点缀小花，花形与西壁的小花相同，由黑、白两色搭配组成，呈向下飘落状。

2．中段

高24～25厘米。南壁中段绘女供养人行列，皆立姿，形象比较模糊，高19～23厘米，面朝西壁，现残存八组。自西向东，第一组为比丘尼，其后七组均为女供养人（图21；图版Ⅱ：20-2）。

图21　第266窟南壁女供养人

第一组，即西起第一、二、三身，均为比丘尼，其中第一身稍高，皆朝向西，稍侧向左。第一、二身着土红色袈裟，里面黑色；第三身着黑色袈裟，里面白色。

第二组，即西起第四、五身女供养人，其中第四身较高大，高约25厘米，头部不清；双手于胸前捧供物（圆盘状）；身着白色大袖襦，白色长裙，披红色边白色披风。西起第五身高20厘米，双臂前伸，双手提前者衣裙之后摆，身着黑色窄袖上衣，齐胸束白色长裙，肩披土红色帔帛，沿体侧长垂及地。

第三组，即西起第六、七身女供养人，形象、服饰、姿态、持物分别与第二组大致相同，第六身着黑色长裙。

第四组，即西起第八、九身女供养人，形象、服饰、姿态、持物分别与第二组大致相同。其中第八身手捧莲花，着黑色长裙，下摆土红色。第九身着白色窄袖上衣，齐胸束红色长裙，灰色帔帛。

第五组，即西起第十、十一身女供养人，形象、服饰、姿态、持物分别与第二组大致相同。其中第十身着白边土红色大袖襦，齐胸束黑色曳地长裙，披白色披风。第十一身双手提前者衣裙之后摆，着黑色窄袖上衣，红色长裙，土红色帔帛。

第六组，即西起第十二、十三身女供养人，形象、服饰、姿态、持物分别与第二组大致相同。其中第十二身着白边土红色大袖襦，黑色长裙，下摆白色边。第十三身双手提前者衣裙之后摆，着土红色窄袖上衣，白色长裙，黑色帔帛。

第七组，即西起第十四、十五身女供养人，形象、服饰、姿态、持物分别与第二组大致相同。其中第十四身着土红色大袖襦，黑色长裙，白色披风。第十五身手提前者衣裙之后摆，着黑色长裙，余模糊不清。

第八组，即西起第十六、十七身女供养人，形象、服饰、姿态、持物分别与第二组大致相同。其中第十六身着白色大袖襦，黑色长裙，土红色披风。第十七身着白色窄袖上衣，土红色长裙，黑色帔帛。

以上各组供养人前方均有1方白色题榜，高10~15厘米，宽2.2厘米。各组中后随较小的供养人身前或身后上方亦有1方小题榜，长约6~8厘米，宽约2厘米。

3．下段

高34厘米。药叉残高约26厘米，磨损严重，形象难以辨识、数量不清。隐约可见药叉袒裸上身，似有土色或黑色帔巾及其他饰物。

四　东壁

东壁残存的窟口北侧壁画，布局与题材略同南、北壁。上段绘千佛；中段绘供养人行列；供养人以下至地表，壁画大部残毁，仅北下角残存壁画痕迹（图版I：11；图版II：18）。

1．上段

高138~143厘米。壁面顶边卷幔仅残存北端3个垂弧，各宽15~19厘米，高3.5~5厘米。卷幔下方自上而下共绘十一排千佛，上起第一排残存2身，第二排残存3身，第三排至第十一排各残存7身。东壁千佛共计残存68身（图版II：21）。

千佛表现与北壁上段千佛相同。千佛情况部分细节见下表。

单位：厘米

地色	千佛各排画面高	头光	身光	华盖		千佛单体通高（包括头光）	两膝间距	莲座			题榜			
		横径	横径	高	横径			形制	高	横径	颜色	高	宽	间距
土红	12~12.5，最下排13	3.5~4	6.5~7.5	1	1.5~2	9~10	5~6	圆形覆莲座，下边微弧	0.5~1	4.5~5	白	2.5	0.5	6~7

千佛的颜色搭配、组合及着色、晕染情况均同于北壁上段千佛。

2．中段

残高24厘米，残宽49厘米。供养人高约20厘米。残存4身男供养人，立姿，均着土红色圆领束腰裤褶装，持花拱于胸腹前。均朝向北，为北壁男供养人行列之延续。壁画残损，形象细部不清。像身前均有1方白色题榜，高9厘米，宽2~2.5厘米（图22；图版II：21）。

3．下段

高约32厘米，在北下角残存一块壁画，有极模糊的药叉形象。

五　窟顶

窟顶作覆斗式装饰，中央方形天井绘斗四套叠莲花忍冬，四披布局自上而下分别画垂幔、千佛、飞天、天宫栏墙和垂幔，格局较规整（图版I：12、13；图版II：23）。分别叙述如下。

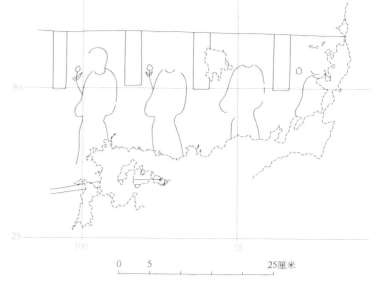

图22　第266窟东壁北侧男供养人

（一）方井

斗四莲花方井。窟顶中心回入的方井四周外沿边长约64～66.5厘米。斗四方井由三个正方形格错角套叠组成，其中外框方格绘于四披上端，内部二方格以壁画影作。由内向外，第一方格四边支条内沿边长27～29厘米，支条宽5.3～5.8厘米，方格内敷绿色地，绘圆形莲花。莲花直径约28厘米，中央为土色莲房，有土红色十字起稿线，将圆心分为四等分；外围两圈白色莲瓣，外圈莲瓣模糊，起稿线清晰，将圆分为十六等分，莲瓣以黑色线条勾勒，黑色外廓。第二方格四边支条内沿边长37.9～39.5厘米，支条宽5.9～6.5厘米，与第一方格错角相套。四盆角内土色地上各绘四分之一白色莲花、土色莲房。第三方格四边支条内沿边长53.5～57厘米，支条宽4.5～6.2厘米，与第二方格错角相套，土色。四盆角内敷绿色地，惟东南角绿色剥落而略呈土色，各绘四分之一白色莲花、土色莲房，黑色外廓。三个方格支条均勾绿色边，铺土红色地，上以黑色和绿色相间绘单叶波状忍冬纹，绿色忍冬纹大多剥落，仅残存痕迹。第一、二格处于同一平面上，支条均绘画影作而成；第三格（外框）支条绘于方井外四周，方井内沿东、南、西、北四侧壁立面高6～8厘米，分别长56厘米、52.8厘米、56.2厘米、52厘米，均以土色为地，绘双叶交茎桃形套联忍冬纹（图23；图版Ⅱ：24）。

（二）四披

1．垂幔

由莲瓣纹、垂角纹和连弧帷幔组成的垂幔，高约15厘米。莲瓣纹由连续的覆莲莲瓣组成，以不同颜色表示瓣叶和瓣心，由左向右，依次为黑叶蓝心、蓝叶黑心、红叶土心、土叶红心，四色一组相间排列。垂角纹为两层相叠相错的倒三角形连续排列，土、蓝二色相间，土红色线勾边，垂角尖均挂圆珠。垂角之间又饰白色垂带。帷幔下缘作连续的弧线，黑色（图版Ⅱ：24）。

图23　第266窟窟顶藻井及内侧立面展开图

2．千佛

垂幔之下绘二排千佛，其中西披高34厘米，南、北披各高24.5～27.8厘米，东披高31～32.7厘米。四披上排绘46身，下排58身，共计104身（图24～27；图版Ⅱ：24～26）。

千佛表现与北壁上段千佛相同。千佛情况部分细节见下表。

单位:厘米

地色	千佛各排画面高	头光	身光	华盖		千佛单体通高（包括头光、莲座）	两膝间距	莲座			题榜			
		横径	横径	高	横径			形制	高	横径	颜色	高	宽	间距
土红	12～18	4.5～5	8.5～9	1	1.5～2	11.5～14	6～7.5	圆形覆莲座，下边微弧	0.5～1.5	4.5～6	白	2.5～3.5	0.5～0.7	7.5～9

千佛的颜色搭配、组合及着色、晕染情况与北壁上段千佛略有不同，颜色搭配情况列表示意如下。

头光	黑	土	白	蓝
身光	土	白	蓝	黑
袈裟	红	蓝（绿）	黑	土
莲座	白	黑	白（绿）	黑

千佛肤色呈浅褐色，头部轮廓、眼部、鼻部、颊部晕染呈深褐色，双眼与鼻梁涂白色。

千佛画面上排之西北角绘1朵白色莲蕾，上排之西南角和下排之东南角各绘1朵土色莲蕾，上排之东南角绘1朵黑色莲蕾。

3．飞天

千佛之下绘一周飞天，高20.5～27厘米；其中西披6身，于龛楣尖拱两侧各3身相向飞行；东披4身，面朝中央火焰宝珠，两两相对飞行；南披5身，北披6身，均由东向西飞行；四披飞天共计21身。飞天的姿态、服饰基本相同，均头戴宝冠，袒上身，饰项圈、腕钏、帔巾，下身着长裙，双脚裸露裙外。飞天周围点缀忍冬、莲蕾、小花。

1）西披

龛楣北侧飞天朝南飞行，自南而北，依次叙述如下（图24；图版Ⅱ：25-1）。

南起第一身飞天，位于龛楣尖拱北侧，表现为下部被龛楣遮挡，稍侧向右，抬头。上身前倾，双臂向左右外侧张开上抬，右手持一束四枝花卉，左手握帔巾。左腿舒展，向后上方扬起；右腿屈膝，右脚露出于左股之上。帔巾一面为红色，一面为绿色，在头后上方呈环状，绕双臂婉转向上飘扬。土红色长裙，裙腰翻出。

南起第二身飞天，稍侧向右，回首俯视，头部稍侧向左。上身前倾，右臂屈肘，右手翻腕，掌心向下，手指稍屈；左臂向上伸直，左手平托一盘状莲花高举过头。左腿舒展，向后上方扬起；右腿屈膝，右脚露出于左股之上。宝冠缯带于头两侧向后上方飘扬。臂饰钏。帔巾在头后上方呈环状，绕双臂向上婉转飘扬。土红色长裙，裙腰翻出，腰带在腹前系后，飘向后方上下。

南起第三身飞天，稍侧向右。上身前倾，右臂屈肘，右手举至肩前，手中提花绳；左手在下，握花绳另一端。左腿舒展，向后上方高高扬起，与上身形成折角，右腿屈膝，右脚露出于左股之上。宝冠缯带于头两侧向后上方飘扬。帔巾一面为土红色，一面为绿色，在头后上方呈环状，绕双臂向上婉转飘扬。黑色长裙，土红色边，裙腰翻出。

龛楣南侧飞天朝北飞行，自北而南，依次叙述如下。

北起第一身飞天，位于龛楣尖南侧，表现为下部被龛楣遮挡，稍侧向左，略仰视。上身前倾，左臂稍屈，左手平托一盘状莲花举至头左侧上方。右臂屈起，右手举至右肩侧，半握帔巾。右腿扬起，左腿稍屈，左脚露出于右股上。绿色宝冠，红色缯带自头两侧向后上方飘扬。饰浅褐色项圈。帔巾一面为土红色，一面为绿，在头后上方呈环状，绕双臂向上婉转飘扬。土红色长裙。

北起第二身飞天，表现为下部被龛楣遮挡部分，稍侧向左，回首，头部稍侧向右，略下视。上身稍前倾，双臂屈起，左、右手各举至肩前仰掌。右腿舒展，向后方扬起；屈左腿，左脚露出于右股之上。宝冠缯带自头两侧飘向后上方。帔巾一面为蓝色，一面为黑色，在头后上方呈环状，绕双臂向上婉转飘扬。绿色长裙，土红色边，裙腰翻出。

图24　第266窟窟顶西披

　　北起第三身飞天，稍侧向左，略仰视。上身前俯，双臂屈起，双手合捧海螺作吹奏状。右腿舒展，向后上方扬起；屈左腿，左脚露出于右股之上。宝冠缯带自头两侧飘向后上方。帔巾一面为红色，一面为绿色，在头后上方呈环状，绕双臂向上婉转飘扬。黑色长裙，白色边，裙腰翻出，腰带于腹前打结飘向腿下后方。

　　2）北披

　　飞天朝西飞行，由西向东，依次叙述如下（图25；图版Ⅱ：25-2）。

　　西起第一身飞天，稍侧向右，回首，头部稍侧向左，略仰视。上身稍仰，右臂屈起，右手举至肩上，掌心向下，手指微屈。左手伸向左后方，平托一盘状莲花。左腿舒展，伸向后方，与上身形成近90度角。右腿屈膝，右脚露出于左股之上。宝冠缯带自头两侧向后飘扬。帔巾一面为绿色，一面为黑色，在头后上方呈环状，绕双臂向上飘扬。土红色长裙，绿色边，裙腰翻出，白色腰带于腹前打结，于双腿间飘向后方。

　　西起第二身飞天，稍侧向右，略低头，下视。上身端直，双臂外张，屈肘，双手于两肩之上提花绳，于身前垂下。左腿舒展，向后扬起，与上身成近90度角；右腿屈膝，右脚露出于左股之上。宝冠缯带于头后飘起。帔巾一面为绿色，一面为红色，在头后左侧上方呈环状，绕双臂向上，婉转飘扬。黑色长裙，土红色边，裙腰翻出下垂，腰带于腹前打结，婉转飘于腿下。

　　西起第三身飞天，稍侧向右，回首，头部稍侧向左，稍下视。上身端直，微后仰。双臂外张，右臂屈肘，右手举至头右侧，平托一白色盘状莲花；左手高举至左上方，托另一盘状莲花。左腿舒展，向后扬起，与上身成近90度折角；右腿屈膝，右脚露出于左胫之上。宝冠缯带于头后飘起。帔巾一面为绿色，一面为黑色，在头后左侧上方呈环状，绕双臂婉转向上飘扬。土红色长裙，绿色边，裙腰翻出，腰带于腹前打结，一条飘于双腿之间，另一条婉转飘在腿下方。

　　西起第四身飞天，稍侧向右，回首，头部稍侧向左。上身端直，微后仰。双臂外张，屈肘，右手举至右肩上，平托一白色盘状莲花；左手举至左上方，平托一黑白两色盘状莲花。左腿舒展，向后扬起，与上身形成近90度角；右腿屈膝，右脚露出于左胫之上。宝冠缯带于头后飘起。帔巾为土红色，在头后左侧上方呈环状，绕双臂婉转向上飘扬。黑色长裙，白色边，裙腰翻出，腰带于腹前打结，一条飘于双腿之间，另一条飘在腿下方。

　　西起第五身飞天，稍侧向右，稍低头，下视。上身稍前倾，左臂外张，屈肘，左手在左肩上平托一黑白两色盘状莲花；右臂垂下，右手在右前下方提一黑白两色盘状莲花。左腿舒展，向后上方扬起，与上身成钝角；右腿屈膝，右脚露出于左股之上。上身饰项圈、璎珞、腕钏。帔巾一面为黑色，一面为绿色，颜色脱落较甚，在头后上方呈环状，绕双臂婉转向上飘扬。红色长裙，白色边，颜色脱落较甚，裙腰翻出，腰带于腹前打结，飘至双腿之下。

图25　第266窟窟顶北披

　　西起第六身飞天，稍侧向右。上身前倾，左臂高举，屈肘，左手在头顶上方提花绳；右臂平抬伸向右前方，右手执花绳另一端，花绳呈双弧状垂下。左腿舒展，向后上方扬起，与上身成钝角；右腿屈膝，右脚露出于左胫之上。未见冠饰。帔巾一面为白色，一面为土红色，在头后左侧上方呈环状，绕双臂婉转向上飘扬。黑色长裙，白色边，颜色脱落较甚，裙腰翻出。

　　3）南披

　　飞天朝西飞行，由西向东，依次叙述如下（图26；图版Ⅱ：26-1）。

　　西起第一身飞天，稍侧向左，头稍仰起。上身前伏，怀抱曲颈琵琶于胸前，左手控弦，右手作弹拨状。右腿舒展，向后上方扬起；左腿屈膝，左脚抬起于右股之上。宝冠缯带自头两侧向后上方飘扬。上身饰腕钏。帔巾一面为白色，一面为黑色，在头上方呈环状，绕双臂向上婉转飘扬。红色长裙，绿色边，裙腰翻出，腰带于腹前打结，在两腿下飘向后方。

　　西起第二身飞天，稍侧向左，回首，头稍侧向右、低头。上身稍向左倾，双臂屈肘，双手于胸前持竖笛，作吹奏状，左手在上，右手在下。双腿舒展，向后上方扬起，左脚稍低于右脚。宝冠缯带自头两侧向后上方飘扬。上身饰项圈、臂钏、腕钏。帔巾一面为土红色，一面为绿色，在头上方呈环状，绕双臂向上婉转飘扬。黑色长裙，蓝色边，裙腰翻出，腰带于腹前打结飘向腿下后方。

图26　第266窟窟顶南披

图27　第266窟窟顶东披

西起第三身飞天，稍侧向左，回首，头部稍侧向右。上身稍前倾，双臂向前屈起，双手于左肩前持横笛，作吹奏状。右腿舒展，向后上方扬起；左腿屈膝，左脚露出于右股之上。宝冠缯带自头后上方飘扬。帔巾一面为白色，一面为蓝色，在头上方呈环状，绕双臂向上，婉转飘扬。土红色长裙，绿色边，沿双腿飘向后上方。

西起第四身飞天，稍侧向左，头微仰起。上身前俯，双臂前抬，屈肘，双手合捧一褐色海螺，置于嘴唇作吹奏状。右腿舒展，向后上方扬起，左腿屈膝，左脚露出于右股之上。宝冠缯带自头后上方飘扬。帔巾一面为红色，一面为绿色，在头上方呈环状，绕双臂向上，婉转飘扬。黑色长裙，白色边，裙腰翻出，腰带于腹前系结，飘向后方。

西起第五身飞天，稍侧向左，回首，头稍侧向右，下视。上身略右转前倾，右臂高举，屈肘，右手于头后上方左侧反掌平托一盘状莲花；左臂外张，稍屈，伸向前下方翻腕，左手提一盘状莲花。右腿舒展，向后上方扬起，左脚露出于右胫之上。宝冠缯带自头两侧向后上方飘扬。上身饰项圈、璎珞、腕钏。帔巾一面为白色，一面为黑色，在头右上方呈环状，绕双臂向后上方婉转飘扬。土红色长裙，绿色边，颜色多脱落，裙腰翻出，腰带于腹前系结，在双腿下飘向后方。

4）东披

东披中间绘火焰宝珠，宝珠已残，仅存上部火焰，宝珠两侧各绘2身飞天，均朝向中间火焰宝珠飞翔。

宝珠北侧飞天朝南飞行，自南而北，依次叙述如下（图27；图版Ⅱ：26-2）。

南起第一身飞天，稍侧向左，头微仰。上身前倾，双臂平抬，屈肘，双手在面前共握一束五枝花。右腿舒展，向后上方扬起，左腿屈膝，左脚露出于右胫之上。宝冠黑色缯带自头上向后上方飘扬。上身饰项圈、璎珞、腕钏。帔巾一面为白色，一面为土红色，在头上方呈环状，绕双臂婉转向上飘扬。黑色长裙，土红色边，裙腰翻出，腰带于腹前打结，一条飘在腿下方，另一条从双腿之间飘至上方。

南起第二身飞天，稍侧向左，回首，头部稍侧向右。上身稍前倾，左臂稍屈，左手稍回勾，在左下方提一黑白两色盘状莲花；右臂稍屈，向右方抬起，右手向后扬掌。右腿舒展，向后上方扬起；左腿屈膝，左脚露出于右股之上。宝冠缯带自头上向后上方飘扬。帔巾一面为黑色，一面为白色，在头上方呈环状，绕双臂婉转向上飘扬。土红色长裙，白色边，裙腰翻出，腰带于腹前系结，一条飘在双腿之间，另一条飘在腿下后方。

宝珠南侧飞天朝北飞行，自北向南，依次叙述如下。

北起第一身飞天，稍侧向右。上身稍前倾，左臂残，右臂稍屈，右手在前方向上举起，扬掌。一腿舒展，向后上方高高扬起。宝冠缯带自头两侧向后上方扬起。帔巾一面为白色，一面为黑色，在头后上方呈环状，绕双臂婉转向上飘扬。白色长裙部分残，颜色多脱落。

北起第二身飞天，稍侧向右。上身较端直，双臂屈起，双手于胸前捧笙作吹奏状。双腿舒展，向后上方扬起。宝冠缯带自头后飘向后上方。袒上身，饰项圈。帔巾一面为绿色，一面为土红色，在头后上方呈环状，绕双臂婉转向上飘扬。黑色长裙，白色边。

4．天宫栏墙

飞天之下绘天宫栏墙，高12～16厘米，表示飞天飞行在天宫的上空。东披大部已毁，仅存北端少许栏墙的残迹。西披大部被龛楣占据，仅两端画出栏墙少许。其余南、北两披栏墙保存完整。栏墙影作成方形或长方形体积的凹凸式结构，凸出的纵向构件可见正面、侧面和下面，凹入的横向构件只见正面。凸出构件的正面、侧面和凹入构件的正面，绘莲花忍冬纹或莲花卷草纹图案。各面地色不同，有蓝、黑、土、红、白等色，一般在蓝、土地色上绘黑色花卉图案，黑、红地色上绘白色花卉图案，白色线勾勒轮廓。白地色上纹饰大多漫漶（图24～27；图版Ⅱ：25、26）。

5．垂幔

天宫栏墙之下又绘垂角纹和连弧帷幔组成的垂幔，高约15～20厘米。东披大部残毁，仅存北端少许残迹，南披东端残损，西披龛楣两侧画出少许，北披保存完整（图24～27；图版Ⅱ：25、26）。

垂角纹为两层相叠相错的倒三角形连续排列，土色垂角在前，蓝色垂角在后，土红色线勾边，垂角尖均垂挂圆珠。垂角之间又饰白色垂带。帷幔敷黑色，下缘作连续的弧线，弧度平缓。垂幔之下露出壁面顶边的一列卷幔，亦作连续垂弧，弧度稍大、幅度较宽。

第四节　近现代遗迹

西壁龛内主尊佛像和龛外两侧胁侍菩萨像均经近代重修妆銮，佛像的头部、双手、袈裟以及菩萨像上半身的头部、冠饰、手臂和部分帔巾均经重塑，头部、身躯、四肢和衣饰均重新涂色。

在西壁龛内地面分布四个凿窝：东北凿窝（1号），东距龛沿18厘米，北距龛内北壁12厘米，直径6厘米，深3厘米，内填草屑麻刀泥（图版Ⅱ：14-1）；西北凿窝（2号），位于佛座北面与西壁转角处，直径3厘米，深1.5厘米，内填细沙；西南凿窝（3号），位于龛内南壁与西壁转角处，直径3厘米，深1厘米，内填细沙；东南凿窝（4号），东距龛沿16厘米，南距龛内南壁17厘米，直径7厘米，深3厘米，内填似黑色油垢泥土黏结物。其中1号凿窝与2号凿窝相距39厘米，4号凿窝与3号凿窝相距35厘米，1号凿窝与4号凿窝相距75厘米。其打凿时代不明，可能是为了树立支架悬挂帐幔之类。

北壁中部约于近代开凿穿洞，向北与第267、268窟相通。20世纪60年代危崖加固工程中将其封堵，抹以石灰面。

1948年至1962年，敦煌文物研究所（原敦煌艺术研究所）在调查记录洞窟壁画和塑像时，在窟室各壁面用阿拉伯数字编号，墨书于壁画的下边或塑像座上。在本窟的题写现存9处，其中塑像2处，壁画7处，具体位置如下表：

序 号	类别	位 置	墨书内容（编号）
1	塑像	西壁龛内主尊佛座前面南下角	1
2		西壁龛外南侧菩萨像台北向面	3
3	壁画	南壁上段千佛西侧下边	1—1
4		南壁中段供养人西侧下边	2—1
5		北壁中段供养人下边线（穿洞西侧）	2—2
6		西壁龛内北壁东侧下部	1—3
7		西壁龛外北侧下部	1—4
8		北壁上段千佛东侧下边	1—5
9		东壁门北上段千佛南侧下边	1—6

从上述壁画编号情况看，此窟壁画的编号顺序，是自上而下分段，由南壁起依次经西壁、北壁至东壁。窟顶壁画未予编号。

20世纪50年代，为崖体崩塌形成敞开的窟口敷泥，进行修整，并涂白灰。

窟内地面于20世纪60年代维修，随后铺设水泥。现有的甬道地面、南壁和窟室东壁南侧壁面及南壁东端、窟顶东南角为20世纪60年代危崖加固工程时修建，甬道北壁、窟室东壁经维修；窟门为1987年安装。

第五节　小结

第266窟平面略呈方形，早期曾因崖体崩塌，洞窟外立面和窟室东南角，包括甬道以南的窟室东壁和南壁东侧以及窟顶、地面的相应部位残毁，20世纪60年代以来进行了维修、加固。

窟内西壁开一圆券形大龛，浮塑龛楣、龛柱，龛内塑主尊善跏坐佛，龛外两侧塑二胁侍菩萨立像。塑像均经近代重修，但三尊塑像下半身还一定程度保存原作样式，而头部、上半身、佛袈裟、菩萨帔巾等经过较大幅度的重塑、重妆，并对佛和菩萨的面部、肌肤涂白色，衣饰涂红色，已面目全非，改变严重。其重妆技法与用色，参证莫高窟其他洞窟，可能系清末、民国时代所为。

西壁龛内外绘佛像头光、身光，弟子，飞天。龛楣外周饰火焰纹，其内于忍冬花叶中表现莲花化生及禽鸟，几乎全以壁画直接绘制在西壁上部和窟顶西披上，仅于壁面与顶披交接处填泥将龛楣画面展平，其于南北两端弧形边缘处隆起，作立体的表现，处理的手法值得注意。

北壁、南壁、东壁壁画布局均为上中下三段，上段约占壁面三分之二，绘制千佛，以下两段分别绘供养人行列和药叉。绘画技法多样。西壁龛内、龛外壁画头光、身光、弟子、飞天、龛楣图案和北、南、东三壁壁画千佛，以及窟顶方井内莲花纹样、四披千佛、栏墙、垂幔，均直接在泥壁上起稿、晕染（勾染），后填土红为地色。四披飞天和壁面中段供养人及西壁龛下坛沿则敷白粉为地仗，然后描绘。西壁10身弟子似均未经晕染，在泥壁上用土红色起稿，然后敷色，肌肤部分罩以白粉，于其上描绘眼、唇。壁画千佛，亦在起稿后在肌肤部分先罩白粉，再施晕染，且除作"小字形"白色点染外不再作进一步描绘。窟顶飞天、佛龛下坛沿和壁面中段供养人则画在白粉地色上。斗四方井支条的纹样均画在土红地色上。

窟顶与本卷第四章第272窟窟顶形制相似，四披之间、四披与四壁之间过渡圆转，并无折角，但彩绘装饰按覆斗式窟顶布局，在中央凹入的方井影作叠涩斗四莲花忍冬纹华盖式藻井，周围画千佛、飞天、栏墙、垂幔。仔细观察，顶部造型具有穹窿式窟顶的余绪。

窟内壁画未见重层叠压现象，应为一次性的原作。窟内外没有发现开窟纪年题记，根据敦煌研究院对莫高窟隋代洞窟的分期排年，认为第266窟属于隋代第一期，大致相当于隋代建立至灭陈的这段时期，即公元581～589年[3]。窟内壁画中的人物形象、服饰，以及装饰图案、绘画技法、敷色等，均与上述历史时期的各窟大体相同，但据窟顶结构的特点，石窟开凿的时代应该较早。

窟室地面存留灯台遗迹，为洞窟建成后某一时代所立，其中东端一处灯台与本组洞窟第268、275窟灯台相似，它们之间在形制和制作方法、制作时间上，应有一定的共同性。

---

[3] 樊锦诗、关友惠、刘玉权《莫高窟隋代洞窟分期》，《中国石窟·敦煌莫高窟》第二卷，文物出版社、平凡社，1981年。

第三章　第268窟（含第267、269、270、271窟）

第一节　窟外立面

第268窟坐西向东，方向为东偏南8度，高程1337米，南邻第266窟，北接第272窟，上方为第460窟，下方为第57、58窟（图1~6；图版I：1；图版II：2、3）。

第268窟早年因崖面崩塌，外立面受到破坏，又于20世纪60年代莫高窟大规模危崖加固工程中被修建砌体覆盖。据现存残迹和历史照片，此窟甬道北侧已无存，损毁及于窟口和窟室北壁前端的上方。在1963年敦煌文物研究所考古组调查测绘的《莫高窟南区立面图》（图5）中，第268窟窟口呈纵长方形，高187厘米，宽72厘米；窟口北沿距第272窟窟口南沿约228厘米，距第275窟窟口南沿约606厘米；窟口南沿距第266窟口北沿约210厘米，窟口上沿距第460窟前室地面约180厘米；窟门下沿距第57窟前室顶边146厘米，所反映的应是此前未经过维修时的情况。

第268窟窟外崖面下方有1个岩孔遗迹，与北侧第272、275窟和南侧第266、265窟下方岩孔基本处于同一水平高度上，详见第六章"岩孔遗迹情况表"。

第二节　洞窟结构

此窟有五个编号，由第268窟（主室）及其南北两侧壁附属的四个小窟（编号第267、269、270、271窟）组成，视为一个洞窟。第268窟包括甬道和窟室。甬道北侧已毁，仅存南侧不多的壁面残迹。窟室东壁北侧壁面不存，仅残存东壁南侧狭窄的壁面，窟顶东部已残，其余部分保存基本完好。窟室平面近似纵长方形，由东向西逐渐展宽，平顶。窟室高166~183厘米、南北宽85~120厘米、东西进深323厘米。窟室西壁（正壁）开一龛，南北两侧壁壁面对称地各开二小窟。四个小窟之中，北壁西侧为第271窟、东侧为第270窟，南壁西侧为第267窟、东侧为第269窟。四个小窟平面皆近方形，平顶。其中第267窟南壁、第271窟北壁被近代穿洞破坏，第270窟顶部、第269窟顶部东侧、第271窟窟门西侧残破（图28、29；图版I：14~17；图版II：27、28）。

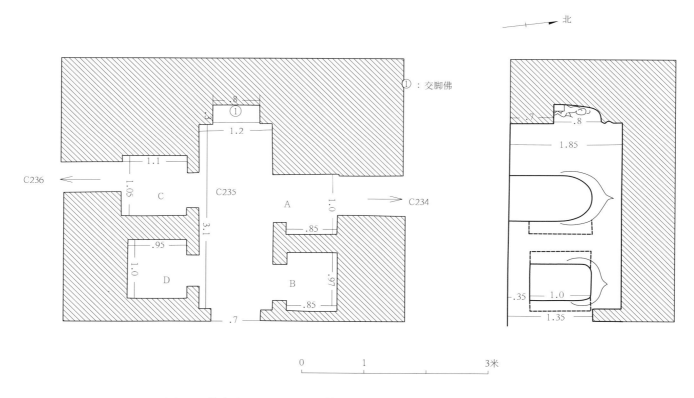

图28　莫高窟C235、C236（第268、266窟）平面及剖面图（部分）
（据石璋如《莫高窟形》图一九六，1942年）

一　主室（第268窟）

（一）甬道

根据对现存遗迹的观察，窟口甬道已不完整，甬道顶、甬道北壁包括窟室东壁北侧坍毁无存，现状窟室北壁东端向前延伸约15厘米，大致可及于外壁崖面。延伸部分经现代抹草泥维修，较平整，与窟室北壁壁面齐平，仅下部距地面4.5厘米处凸出一石块，高约8厘米，宽约13厘米，凸出壁面约4厘米，应该是甬道北壁和窟室东壁北侧仅存的遗迹（图版II：58-3,4）。据此估计，原有甬道北壁东西残长约15厘米。

窟室东端残存约略与南壁垂直的一段很窄的东壁，南北宽12.5～16厘米，形成一个不大的拐角。其北端转折向东，即为现存东西残长约20厘米的甬道南壁，表面抹白灰面，下部抹草泥。近地面处，草泥层下可见崖体砾石面。原窟门高、宽不详，甬道进深估计为15～20厘米或稍多。

甬道地面残破，经20世纪60年代以来的维修，铺设水泥地面，与今栈道在同一水平面上。

（二）窟室

1．地面

主室（第268窟）地面南北短，西端宽于东端。西边长120厘米，北边残长约315厘米，南边长312厘米，东壁残存窟门南侧的部分底边残长16厘米，现存窟室东端地面南北宽约85厘米（图版II：70-1）。

窟内地面经后世某时期改造，大约从西壁前方37～46厘米处开始直至甬道，下挖约15厘米，又经20世纪60年代以来铺设水泥，

图29　第268窟透视图（向西南）

西壁前保留的一段原有地面，高出现水泥地面10～13.5厘米，形成窟室西端连接西、南、北壁的平台，其中部上面有黑色油垢残迹（图版Ⅰ：14；图版Ⅱ：27～29、70-2）。原地面的痕迹还表现在东壁与南壁转角处，遗迹高出现水泥地面13厘米；南壁东端第269窟窟口下部后世修筑的门槛与原地面交接的痕迹，高出现地面12厘米（图版Ⅱ：58-2）；原地面的痕迹在第269窟窟门以西延伸20厘米（图版Ⅱ：56-2、70-3），类似的痕迹同样出现在第267窟窟口东西两侧（图版Ⅱ：89）。南壁下部残留的原地面痕迹，大体与西端平台齐平，表明地面原状平整，并无平台，高出现地面约13厘米。

在主室东南角残存一处高出现地面约13厘米略呈长方形的灯台座，东西长42～46厘米，南北宽33～35厘米。其中部偏西有一灯柱断面残迹，略呈圆形，径约15厘米（图版Ⅱ：70-4~6）。此处灯台与第二章第266窟窟室地面的灯台遗迹相似，它们之间在形制和制作方面有一定的共同点，应有制作时代上的联系。

2. 壁面

（1）西壁

西壁壁面呈纵长方形（图版Ⅰ：16-1；图版Ⅱ：29、30），北边高162厘米，南边高161厘米，顶边长111.6厘米，底边稍宽于顶边。上段正中开一龛。下段中部有一处高34厘米、宽26厘米的椭圆形深度残破，系人为所致，似曾被掏挖，后于近现代以草泥填补。其下方现存白粉层上涂刷红色，亦非原壁面遗迹，似晚清至民国所为，一并受损于掏挖。

龛为圆券形敞口浅龛，高93厘米，中宽68.4厘米，底宽68厘米，深25～26.7厘米。龛底平面为马蹄形，后高前低，表面抹泥，平整光滑。龛底中间依壁设方形座，座底面前边长29.5厘米、后边长32厘米、北边长13厘米、南边长13厘米，座上依壁塑像。龛壁圆转无折角。佛座前至龛口前沿积结油垢，油垢流淌痕附着于龛下壁面（图版Ⅱ：31、35-3）。

（2）北壁

北壁壁面呈横长方形（图28；图版Ⅱ：40-1），东端残高176厘米，顶边残长291厘米。北壁开二小窟，自西而东为第271窟和第270窟。壁面西侧距西壁87～100厘米开第271窟的圆拱形窟门，窟门高137厘米、宽63～78厘米。壁面东侧开第270窟的圆拱形窟门，西距第271窟窟门东沿69～74厘米，窟门高115厘米、宽61～63厘米。

（3）南壁

南壁壁面呈横长方形（图版Ⅰ：17；图版Ⅱ：40-2），东边高164厘米，顶边残长314厘米。南壁开二小窟，自西而东为第267窟和第269窟。壁面西侧距西壁92.5厘米开第267窟的圆拱形窟门，窟门高127厘米、宽62厘米。壁面东侧开第269窟的圆拱形窟门，西距第267窟窟门东沿81～85厘米，窟门高124厘米、宽60～61.8厘米。

（4）东壁

东壁甬道口北侧及门上已残毁，仅存门南侧，残宽12.5～16厘米，残高168厘米（图版Ⅰ：16-2；图版Ⅱ：57、58-1,2）。残毁的东壁北侧尚存遗迹，已见甬道结构部分叙述，据此，东壁北侧原宽约稍多于11厘米，厚约稍多于15厘米。鉴于东壁北侧坍毁痕迹相对齐整，考虑东壁北侧有可能原状系土筑而成。

3. 窟顶

窟顶为平顶，纵长方形（图版Ⅰ：14；图版Ⅱ：59～61），东端残，残损范围约占窟顶四分之一，现补以石灰泥。西部和中部保存完整。窟顶西、北、南边尺寸已见于前述壁面顶边，东端残宽约81厘米。全顶浮塑斗四套叠平棋，共四组，西部、中部三组保存完整，第四组大半残损。沿窟顶四边浮塑的外框，北边支条残长285厘米，南边支条残长255厘米。西起第一、三、四组均为横贯南、北的方形大平棋，第二组则包括南、北两个小平棋。面积仅及大平棋之半。四组平棋情况依次叙述如下。

平棋泥塑外框支条，宽3～6.5厘米，其内又浮塑二个或四个错角相套的正方形格，构成斗四平棋。泥塑支条断面均略呈倒梯形，高2～5厘米。内层方格的四角均在其外层方格四边大致中间的位置。每两组平棋间共用南北向的外框支条。从西向东，第一组为一方形大平棋，东西97～100厘米，南北93～104厘米（泥塑支条均有一定的宽度，所述方格的尺寸均为泥塑支条内缘的尺寸），外框方格内浮塑四个错角相套的方形格。第二组作横长方形，东西42～47厘米，南北86～92厘米，中间由一东西向的泥塑支条分隔为两个小平棋，平棋内均浮塑二个错角相套的方格。北侧小平棋东西43.5～44.7厘米、南北43.5～44.8厘米，南侧小平棋东西42.7～43.9厘米、南北41～44厘米。第三组为一方形大平棋，东西81～82厘米，南北76～85厘米，外框方格内浮塑二个错角相套的方格。第四组大半已毁，南北宽约75厘米，沿南、北两壁顶边残存15～47厘米长、3厘米宽的外框方格泥塑支条，西边中间残存内层方格浮塑支条构成的一角，表明原状是与第一或第三组相仿的方形大平棋。窟顶各组平棋的尺寸，详见下表。

		外框方格		第二方格		第三方格		第四方格		第五方格	
		边长	支条宽	边长	支条宽	边长	支条宽	边长	支条宽	边长	支条宽
第一组		93~104	3.5~6	65~70	4~5	47~50.5	3.5~4.5	33.5~35	2~3	21.5~23	2.3~3
第二组	北	43.5~44.8	3.5~5	28.5~31.4	2.3~3	19~21.5	2~2.5				
	南	41~44	3.5~5.5	28~30	2.5~3.5	18.5~21.6	2~2.7				
第三组		76~85	3~5	54.5~58	3~4	36~40	3~4				
第四组		40~76	4~5								

二 附属小窟

（一）第271窟

主室（第268窟）北壁西侧小窟（图版I：18；图版II：72），坐北向南，平面近方形（图版I：18-2[1]），高160~164厘米，东西宽99~100厘米，南北进深83厘米。

小窟内地面高出主室现地面12厘米，基本平整，四边均较直，北边长99厘米；东边长81.7厘米；西边南端因南壁西侧残毁而延伸至与主室北壁相交处，长约86.5厘米；小窟内南端宽约99.5厘米。地面中部残留油垢痕迹，呈黑色，形状略方，南北54厘米，东西40~45厘米（图版I：18-2；图版II：71-4）。

小窟内四壁上部均稍内倾。

北壁东边高153厘米、西边高159厘米、顶边长88.5厘米，壁面西半部被近代所开穿洞打破。穿洞由北壁西端、地面以上开凿，高128.5厘米，宽47.6~61.5厘米，通向第272窟，现已封堵加固，涂白灰面（图版I：18-1）。

东壁较直，南边高161厘米、顶边长74厘米。

西壁南边高161厘米、顶边长64.5厘米、下部长约72.5厘米（图版I：16-1）。

南壁顶边长87厘米，窟门东侧底边残长22厘米。中部辟门，与第267窟（主室南壁西侧小窟）窟门相对。门道进深13厘米。窟门西侧残至西壁，门道顶部和门东侧下部略残。门道地面东端存少许土筑门槛残迹，残高4厘米、东西残长12厘米。从门道东侧壁涂抹白灰的痕迹看，原门槛高出小窟内地面约22厘米（图版II：79-2）。从南壁残存的壁画可以看出原有门两侧壁面应大体对称。

顶部为平顶（图版I：18-2；图版II：80），呈不规则长方形，略有倾斜，南高北低。四边尺寸已见于前述壁面顶边，南、北两边稍长，东边较短，西边最短。南边斜度较大，且中部略向南弧凸。四角均较圆钝。

（二）第270窟

主室（第268窟）北壁东侧小窟（图版I：19；图版II：81），坐北向南，平面近方形（图版I：19-2），高160厘米，东西宽91~99厘米，南北进深84~92厘米。

小窟内地面大致平整，东边稍短，四角圆钝，北边长86.6厘米，东边长82厘米，西边长90厘米，南边长98厘米。地面中部有油垢残迹，略呈圆形，直径34厘米，表面呈黑色（图版I：19-2）。

小室内四壁上部均稍内倾。

北壁东边高152厘米、西边高152厘米、顶边残长38厘米（图版I：19-1）。

东壁上部残，经现代维修加固，表面抹白灰，南边残高120厘米，北边残高134厘米，壁面宽约80厘米（图版I：16-2）。

西壁南边高153厘米、顶边长75厘米。据测绘数据可知，西壁厚度（即与相邻的第271窟东壁之间）为26~30厘米。

南壁东上角残，顶边残长35厘米，东边残高119厘米。中部辟门，与第269窟（主室南壁东侧小窟）窟门相对。门道进深13厘

---

[1] 附属小窟第271、270、267、269窟的平面图（图版I：18-2、19-2、20-2、21-2），剖面G-G、I-I、K-K、M-M，平面高程与第268窟平面图D-D剖面完全一致。

米。门道设土筑门槛，厚10厘米，西端表面积结黑色油垢，余均现代抹草泥，高出小窟内地面16厘米，高出主室现地面34厘米（图版Ⅱ：71-3）。

顶部应原为平顶（图版Ⅰ：19-2；图版Ⅱ：88），东半部坍毁，仅存西半部，北边残长37厘米，南边残长36厘米，中间进深80厘米。经现代维修加固，东半部向上内凹；包括西半部在内，整体表面涂抹白灰。

（三）第267窟

主室（第268窟）南壁西侧小窟（图版Ⅰ：20；图版Ⅱ：89），坐南向北，平面近方形（图版Ⅰ：20-2），高175厘米，东西宽97～106厘米，南北进深100～109厘米。

小窟内地面，高出主室现地面约15厘米，中部稍低于四角和四边。北边长97.5厘米，东边长101.4厘米，西边长102.4厘米，南边长107厘米。地面中部有油垢残迹，略呈长方形，南北82厘米，东西54厘米；居中有一圆形残迹，直径41厘米（图版Ⅰ：20-2；图版Ⅱ：71-2））。

小窟内四壁，东、西、北壁上部稍内倾，南壁中部稍内凹。壁面转折处均较圆钝。

南壁西边高166厘米、东边高164厘米、顶边长93厘米（图版Ⅰ：20-1）。壁面西半部被近代所开穿洞打破。穿洞由南壁西端、地面以上开凿，高155厘米，宽59.5～66厘米，通向第266窟，现已封堵加固，涂白灰面。

西壁北边高166.3厘米、顶边长87.5厘米（图版Ⅰ：16-1）。

东壁北边高165.9厘米、顶边长86.8厘米。

北壁顶边长77.6厘米。中部辟门，与第271窟（主室北壁西侧小窟）窟门相对。门道进深21厘米。北壁由门道分别向东、西两侧逐渐增厚，小窟内西北角和东北角平面均呈钝角。壁面东下角现代用白灰泥修补。门道西顶部圆拱形门券，系加草泥塑成。门道顶部残破处，露出横向木条一段，长11厘米，外敷草泥，当用以加固塑造的门券。侧壁下部用白灰泥修补，应表明此处原设有门槛，高22厘米左右（图版Ⅱ：71-2）。又，门道券顶西侧壁中段内沿转角处部分泥层剥落，露出砾石岩面，可见泥层厚约1厘米。

顶部为平顶，近方形，四边尺寸已见于前述壁面顶边（图版Ⅰ：20-2；图版Ⅱ：95）。

（四）第269窟

主室（第268窟）南壁东侧小窟（图版Ⅰ：21；图版Ⅱ：96），坐南向北，平面近方形（图版Ⅰ：21-2），高163厘米，东西宽94～106厘米，南北进深80～91厘米。

小窟内地面，高出主室地面约15厘米，大体平整，东西稍宽，南北略窄。北边长101.5厘米，东边长79.4厘米，西边长89.8厘米，南边长94厘米。地面中部残留油垢痕迹，略呈圆形，直径约51厘米，表面黑色（图版Ⅰ：21-2）。

小窟内四壁，东西两壁下部基本垂直，上部稍内倾。南壁上部稍内倾。壁面转折较圆钝。

南壁西边高160.7厘米、东边高157厘米、顶边长71厘米（图版Ⅰ：21-1）。

西壁北边高155厘米、顶边长82.3厘米。据测绘数据可知，西壁厚度（即与相邻的第267窟东壁之间）为23～36厘米。

东壁北边高157厘米、顶边长72厘米（图版Ⅰ：16-2）。

北壁顶边长79厘米。中部辟门，与第270窟（主室北壁东侧小窟）窟门相对。门道进深11厘米。门道顶部东侧可见加草泥塑成圆拱形门券，痕迹明显，所加泥层高约3.5厘米。门道西侧亦加草泥，由地面以上高约11厘米处起，宽约5～15厘米（自上而下渐宽），筑成门道西壁。此处草泥层的上段又经过现代修补；现地面以上高约26～49厘米处以下，即草泥最宽处，为原有壁面，残破处露出成束的芦苇。门道设土筑门槛，厚10厘米，高出小窟内地面13～17厘米，高出主室现地面34厘米，表面积结黑色油垢。门槛外侧底边与原地面之间接缝清晰可辨，并向东西延伸（图版Ⅱ：71-1）。

顶部为平顶，近方形，四边尺寸已见于前述壁面顶边，南、西、北边稍内凹（图版Ⅰ：21-2；图版Ⅱ：102）。除西侧小部分外，泥层大部脱落，露出崖体面。东南角残破。

第三节　洞窟内容

第268窟主室及附属的四个小窟壁面遗迹存在重层现象。

主室西壁仅见一层壁画。上段的佛龛、塑像与壁画同层，但在下段表层壁画之下透出部分底层的画迹，模糊太甚，辨认困难，或属同一次绘制活动中的改绘，暂作同层看待[2]。龛内塑像头部和双脚经过近现代的重修，仅加施薄泥作局部修补，基本保持原状。

主室北壁、南壁壁画明显可见两层，表层壁画剥落处露出下层壁画。

主室残存的东壁南侧，砾石层之上有约1厘米厚的草泥层，壁画已不存。

主室窟顶未见重层，浮塑平棋结构与壁画同层。

四个小窟内的壁画，与主室表层壁画同层。小窟内壁画所在的泥层与主室绘画泥层相衔接，全窟（包括主室和小窟）上层泥壁应该是同期完成的。但泥层残破处仍有重层的迹象。

南壁东端上部，顶边向下35～67厘米、东边向西19～31厘米、厚1～1.2厘米的壁画泥层残破脱落，露出底层壁面。底层壁面仅涂白粉，抹光，未见画迹，白粉层薄如蛋壳（图版II：55）。

上述迹象可知，初创的下层壁画是在底层白色素壁上涂盖约1厘米厚的泥层，然后绘制的。绘制前，先在粗草泥上涂刷泥浆，凝成极薄的细泥层，厚不过0.05厘米，作为壁画的地仗。

北壁、南壁的表层壁画，则是在下层壁面上涂刷白粉，厚约0.05～0.1厘米，然后于白粉层上绘制；而在诸小窟中，则直接利用无画迹的原有泥层作画，并不一一涂刷白粉。

北壁东侧小窟（第270窟），窟内南壁东侧，与门道东壁转角处，地面以上约58厘米处有部分残破，残破范围高7.8厘米、宽4.2厘米，可见两层泥面，剥落的泥层厚约1厘米，露出的底层泥面上绘一道纵向的白线，距门沿约1厘米，可见长度7.5厘米。壁画仅存于南壁上部，其下至地面，泥层表面脱落，可见为粗草泥面（图版II：103-3,4）。

南壁东侧小窟（第269窟），在门道西壁南侧边沿，地面向上55厘米处，有部分残破，范围高13厘米、宽8厘米，亦可见两层泥面，剥落的泥层厚1.1厘米，露出的底层泥面平整，表面涂白粉，未见画迹（图版II：103-1,2）。其上方张大千书写编号的部位，情况与此相同。

依据第270、269窟门道和主室南壁东上角的壁面叠压迹象，推测主室南北两壁表面壁画层之下，另有底层壁面。底层壁面涂白粉，或如第270窟南壁门沿保留泥面，画白线，未发现其他画迹。

然而，南壁西侧小窟（第267窟），门道西壁中段残破处，可见泥层下露出的砾石面，泥层厚约1厘米，未见重层，或可说明重层不一定遍及全窟。

现将主室西壁、窟顶和北壁、南壁下层壁画归入第一层，主室北壁、南壁表层壁画和附属四个小窟内的壁画作为第二层，洞窟内容依次分层叙述如下，暂不涉及壁面的叠压。上述底层壁面，仅涂刷白粉，或偶见白线，未见画迹，无可资叙述的内容。

一　第一层塑像和壁画

主室第一层塑像和壁画内容包括西壁塑像和壁画，北壁、南壁下层壁画，窟顶壁画。分壁面叙述如下。

（一）西壁

西壁内容分为上、下两段布局（图版I：23；图版II：29、30）。上段圆券形龛内居中塑1身交脚佛像（图30；图版II：31、32）。龛内塑像身后壁面绘头光、身光和华盖，两侧龛壁相对称自上而下绘2身胁侍菩萨、2身供养菩萨（图版I：24）。龛外两侧壁面对称地自上而下绘2身飞天、4身供养菩萨。龛内和龛外壁画均以土红色为地。下段白地色上绘二排供养人，共12身。分段叙述如下。

1．上段
高102.5厘米。内容分龛内与龛外两部分（图版II：35-1,2）。

（1）龛内

1）塑像

---

[2]　据贺世哲先生所述："北凉供养人画像下层还有一层供养人像，现在只脱落出一身，着红色服装，形象看不清。在这一层壁画下面，还有一层白灰皮，薄如蛋壳，抹得很光，未绘画。"（贺世哲〈敦煌莫高窟北朝石窟与禅观〉，《敦煌石窟论稿》，甘肃民族出版社，2004年，p. 6）在我们的考察中，未曾发现在主室西壁"壁画下面，还有一层白灰皮"的迹象。类似的迹象见于窟室东端。谨此说明。

图30　第268窟西壁龛内塑像
1　正视　2　侧视（向南）　3　剖视（向北）

主尊佛像1身，交脚坐于方座上，高79厘米，头高21厘米、宽16厘米，面高11.5厘米、宽11.5厘米，肩宽29厘米，腰际宽14.9厘米，膝距宽41.3厘米（图30；图版I：98-1；图版II：32、33）。佛像头顶经过重修，现状肉髻耸起，正面刻一圆形涡纹；发覆于额前，波状发纹，正中有一圆形右旋涡纹，肉髻和头发上刷过一层极薄的泥浆，隐约可见泥浆下有浅红的敷色[3]。面相方圆，微颔首，额间泥塑的白毫已脱落，弯眉、细目半启，上眼睑较鼓，眼角稍上挑，鼻梁挺直，鼻翼精致小巧，嘴角上翘呈微笑状，上唇薄，下唇厚且呈两瓣状，下颏方圆。双耳长垂，耳垂稍外张，左耳垂下端略残。脸左侧有一处圆形破损。面部、五官表层亦刷过一层极薄的泥浆，泥浆下露出原色为肉粉色。颈部刻弧线两道。肩部宽平圆润，腰细，挺胸收腹。右臂大半残失，仅存上臂的上部；左臂屈肘，小臂向前抬起，但前半已残失，残断处露出芦苇捆扎的木质骨架。两股分开，双膝外张，两胫相交，右胫叠于左胫前，双脚竖立，脚尖着地，脚趾稍回勾，足心向外，脚跟贴于方座。佛像内着土红色袒右僧祇支，有绿色衣边；外披土红色袈裟，覆盖左肩、左臂、左胸、腹部及下部双腿，领口宽松，于右肩、臂敷搭少许。右臂从领口伸出，右侧胸前大半袒露。袈裟以阴刻细线表现衣纹，分布均匀，有薄衣贴体之感。袈裟的衣缘塑出波状褶襞并加刻阴线，施绿色，由右胁斜上至左肩，衣端至背后顺左肩垂下，衣角于左臂外侧贴壁浮塑。悬裳遮覆方座上部，衣摆自两胫相交处向左右展开，衣纹略呈放射状，于座侧两边出波状小褶。方座前面高14厘米、宽29.5厘米，侧面西边高12.7厘米、宽13厘米，表面涂土红色（图版II：34-2,3）。

2）壁画

i　头光、身光

佛像头后绘头光，略呈圆形，身后绘宝珠形身光（图31；图版I：24；图版II：32、34-1）。头光自肩以上高33厘米，横径37.5厘米。纹饰分三圈，自内向外，第一圈横径18.5厘米，土色，刷有白粉，无纹饰；第二圈宽出4～5.5厘米，土红色地，绘黑色纹饰，罩以白粉，纹样漫漶不清；第三圈宽出5～5.5厘米，绿色地上以黑色绘火焰纹，仅存火焰底部黑线，呈连弧形。

身光总高约84.8厘米，最宽处67厘米，上部尖端达于龛顶。纹饰分四圈，自内向外，第一圈横径41厘米，土红色勾边框，黑色地

---

[3]　第268窟西壁主尊，张大千、谢稚柳均记为：原塑，头"经补"或"后补"，史岩记为"原作，后世修治"，敦煌文物研究所《敦煌莫高窟内容总录》记为："宋补塑头部"。见本卷附录一。

图31　第268窟西壁龛内塑像头光、身光、华盖

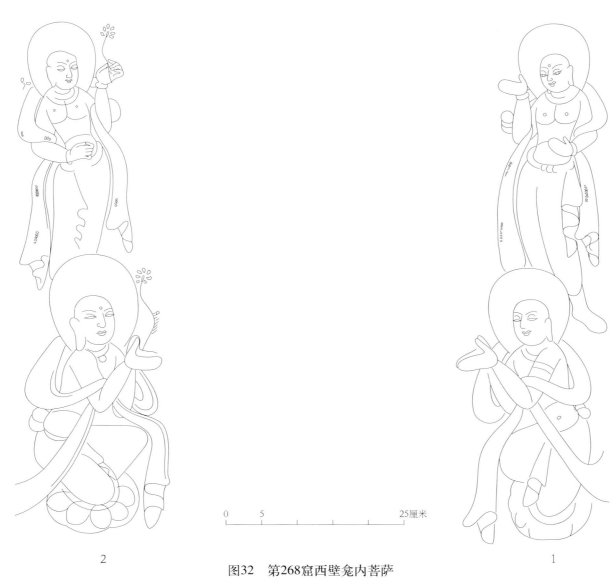

2

图32　第268窟西壁龛内菩萨

1　龛内北侧胁侍菩萨、供养菩萨　2　龛内南侧胁侍菩萨、供养菩萨

上绘白色纹饰，纹样不清；第二圈宽出4厘米，绿色地上以黑色线绘火焰纹，仅存少数火焰底部连弧形黑线；第三圈宽出4.5厘米，土红色打底，黑色地上以白色线绘纹饰，纹样不清；第四圈宽出4.5～5厘米，其上端呈尖拱状，土红色打底，刷白粉，以黑色勾绘火焰纹，较模糊。

ii 华盖

佛像身光之上，在龛顶绘圆形伞状华盖（图31；图版Ⅱ：34-1）。华盖横径43厘米。纹饰分三圈，由上而下，第一圈为盖顶中心，横径13厘米，敷色已脱落，露出黑色和地仗的土色；第二圈宽出5.5～7厘米，黑色地上似有白色线描，模糊不清，黑地色大片脱落，露出地仗的土色；第三圈宽出6～9厘米，为华盖外缘部分，其与第二圈表现为被身光尖端遮去中间部分，绿色地，饰黑色圆圈纹。华盖边缘连弧折角处各饰一珠串，珠串长3～4厘米，末端缀一较大圆珠。

iii 胁侍菩萨

北侧（左）胁侍菩萨，立姿。通高45厘米（包括头光）。稍侧向右，面朝佛像。面部浑圆。左臂屈肘，左掌贴于腹部。右手上举于头前，掌心向前。袒上身，肤色白。绿色帔巾自两肩顺臂而下，左侧帔巾自身前经上臂绕过肘部，顺身体左侧垂下；右侧帔巾自肩后回折，搭右肘顺身体右侧垂下；帔巾上均匀地装饰成串的黑点纹，每组三至六点。下身着长裙，土红地色上敷色脱落。右足表现为被下部供养菩萨头光遮挡。白色圆形头光，已无纹饰（图32-1；图版Ⅱ：35-2；36-3）。

南侧（右）胁侍菩萨，与左侧胁侍菩萨相对称，立姿，可见高度38厘米（包括头光）。身体稍侧向左，面朝佛像。面部浑圆。右臂屈肘，右手半握贴于腹部。左臂屈肘，左手于头前执一枝曲茎花卉。服饰、敷色、头光均与左侧胁侍菩萨相同，双足表现为被下部供养菩萨头光遮挡（图32-2；图版Ⅱ：35-1、36-2）。

图33 第268窟西壁龛内南侧供养菩萨

iv 供养菩萨

北侧供养菩萨，位于左胁侍菩萨之下，身体稍侧向右，胡跪。通高40厘米（包括头光、莲台）。面部浑圆，五官晕染，额点白毫，长耳垂肩。上身略前倾，双手合掌于胸前。右腿屈起，左膝跪于莲台上，双足不露。袒上身，肤色灰，戴白色项圈、臂钏。帔

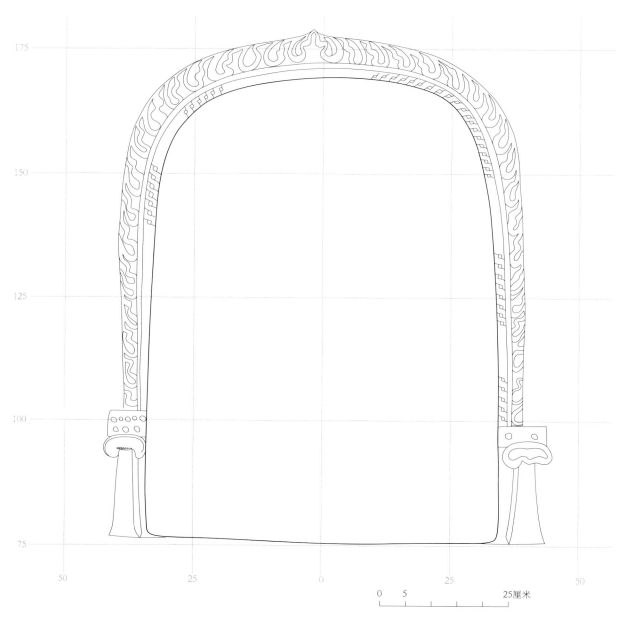

图34 第268窟西壁龛楣、龛柱

巾呈浅褐色，自肩后呈弧形向前绕过双肘，顺身体两侧自然下垂。下身着绿色长裙，腰束带，于左侧打结。帔巾、裙腰、裙带均以黑色线勾边。白色莲台呈圆形，横径14厘米，上以黑色线勾勒覆莲瓣。白色头光（图32-1；图版Ⅱ：35-2、37-3）。

　　南侧供养菩萨，位于右胁侍菩萨之下，身体稍侧向左，胡跪。通高40.6厘米（包括头光、莲台）。与北侧下部供养菩萨南北相对，形象、姿态、肤色、服饰大体相同。双手合掌于胸前，持曲茎黑色小花。左腿屈起，右膝跪于莲台上。绿色帔巾自肩后呈弧形向前绕过双肘顺势下垂。下身着绿色长裙，腰带于右侧打结，裙腰稍外翻。白色莲台横径12.9厘米，上以黑色线勾勒出覆莲瓣（图32-2、33；图版Ⅱ：35-1、37-2）。

　　佛座两侧以及南、北胁侍菩萨上方，各饰1朵莲蕾，高6～14.5厘米，宽6～7厘米。佛座左侧莲蕾为绿色，上有黑色线勾勒莲瓣，尖部饰一绿色圆点。佛座右侧莲蕾与左侧莲蕾略同，尖部有绿色圆点。左右两侧上部菩萨上方，左侧莲蕾为绿色，黑色线勾勒莲瓣，上方可见莲蕊；右侧莲蕾为白色，上方可见莲蕊，颜色多已脱落。

　　龛内诸像之间壁面空余处填充小花，小花多有数瓣花叶，下有曲茎。

　　龛底有红色和白色的点状颜色痕迹，或为龛内壁画和塑像彩绘时所洒落。

　　（2）龛外

　　1）龛楣、龛柱

　　龛口上部圆拱形外沿绘龛楣，龛楣之下绘龛柱（图34）。

　　龛楣通高约77厘米，跨壁面南北宽78.7厘米，略呈环带状，由龛沿宽出3～8厘米。其中龛楣内侧与龛口边沿之间有1～2厘米宽的壁面间隙，于黑色地上以白色绘绳索纹，已模糊。龛楣内侧边缘为土红色，宽1～1.5厘米。龛楣由下而上逐渐加宽，顶部正中凸起楣尖，饰火焰纹，以黑色粗线打底，用土红色线画出朵朵火焰，再以白线勾描。火焰纹整体以拱尖的1朵火焰为界，左右两侧分别为17和18朵，相对均匀排列。

图35　第268窟西壁龛外飞天、供养菩萨
1　龛外北侧飞天、供养菩萨　2　龛外南侧飞天、供养菩萨

龛柱高22~25厘米，上承龛楣。龛柱由柱身和柱头组成，柱头上方还有横长方形枋头状结构。柱身下宽上窄，收分明显。北侧柱高19.5厘米，南侧柱高20.5厘米，均由土红地色上留出壁面土色地仗，其上薄施白色，素面。柱头上沿稍弧，左右两端涡形内卷，高4.3~5厘米，宽8~9.5厘米。柱头上方的横长方形结构，北侧的高4厘米、宽9.5厘米，南侧的高5厘米、宽7.5厘米，均于白地色上饰红、绿彩色圆点。南侧的饰圆点两排，北侧圆点颜色脱落较多。

2）飞天

图36　第268窟西壁龛外北侧飞天

北侧上部飞天（图35-1、36；图版Ⅱ：37-1），身体及头部稍侧向右，朝向佛龛。宽31厘米，高19.5厘米。上身前倾，右手半握前伸上举，左臂伸向左后方，左手半握回勾。下身在后扬起，左腿舒展，屈右腿，右脚露出于左胫之上，整体略呈"V"形；头戴宝冠，饰耳环。袒上身，饰项圈、对兽形胸饰、腕钏，均呈绿色。绿色帔巾在头后呈环状，向下绕过上臂，向后飞扬，其上饰数组珠串式白色点纹。下身着长裙，裙裾裹腿。白色头光。画裙，用土红色打底，留出地仗土色，以黑色线勾画，再薄施白粉覆盖土色。腰带在右侧打结后飘扬。面部勾染[4]，鼻梁、眼睑点染白色，以强调形体的高光，形如"小"字。上身和双臂皆薄染白色。

南侧上部飞天（图35-2；图版Ⅱ：36-1），身体及头部稍侧向左，朝向佛龛。宽22厘米，高18厘米。与北侧上部飞天相对，形象、姿态、肤色、服饰大体相同。右臂伸向右后下方，右手回勾下按。右腿舒展，屈左腿，左脚露出于右胫之上，整体呈"V"形，上身下身形成的夹角较小。下身着裙，腰带飘垂。白色头光。裙的画法与左侧上部飞天略同，以白色线勾边。

3）供养菩萨

北侧中部供养菩萨（图35-1；图版Ⅱ：35-2），稍侧向右，朝向佛龛，胡跪。通高33厘米（包括头光、莲台）。上身略前倾，双手合掌于胸前。右腿屈起，左膝跪在莲台上，作供养礼拜状。袒上身，肤色白，饰项圈、腕钏，红色帔巾自肩后呈环状向前绕臂穿肘，在身体两侧飘下。下身着绿色长裙，腰束带，于左侧打结垂下，裙腰稍外翻，双足不露。白色莲台圆形，横径11.3厘米。头光二圈，内圈白色，外圈敷粉透出土红色。

北侧下部供养菩萨（图35-1；图版Ⅱ：35-2），稍侧向右，朝向佛龛，胡跪。通高48厘米（包括头光、莲台花茎）。双手合掌于胸前。右腿屈起，左膝跪于白色莲台上，作供养礼拜状。袒上身，肤色灰，饰项圈、腕钏，绿色帔巾自肩后呈环状向前绕臂穿肘，在身体两侧飘下。下身着土色长裙。绿色莲台，通高23厘米（包括莲茎），横径12厘米，以黑色线勾勒出莲瓣，下有土色长茎及白色三叶忍冬纹。头光二圈，内圈白色，外圈白色脱落，露出土红色。

南侧中部供养菩萨（图35-2；图版Ⅱ：35-1），稍侧向左，朝向佛龛，胡跪。通高31厘米（包括头光、莲台）。与北侧中部供养菩萨相对，姿态、服饰大体相同。上身稍后仰，双手合掌于胸前，持一枝小花。左腿屈起，右膝跪于莲台上。腰束带，于右侧打结。白色莲台横径11厘米。头光二圈，内圈白色，外圈呈灰色。

南侧下部供养菩萨（图35-2；图版Ⅱ：35-1），稍侧向左，朝向佛龛，胡跪。通高49.5厘米（包括头光、莲台）。与北侧下部供养菩萨相对，姿态、肤色、服饰大体相同。双手于胸前合捧一枝小花。左腿屈起，右膝跪于莲台上。腰束带，于右侧打结，裙腰稍外翻。绿色莲台，通高26厘米（包括莲茎），横径11.8厘米。莲台下绘白色莲茎及三叶忍冬纹。头光内圈白色，外圈白色脱落，露出土红色。

以上飞天及供养菩萨周围空余壁面，点缀数朵小花，形同龛内小花。南侧飞天前上方又绘1朵黑色莲蕾，加染白色。

由西壁上段菩萨、飞天画迹可以观察到（图36），壁画以壁面泥层固有的土色为地仗，视内容或部位不同，选择加施土红色、黑色、白色为地色。人物外露肌肤的部分均在原土色地上，以土红色线起稿，线较粗，勾绘头部和肢体的轮廓，然后勾染头形、眼圈、两颊、鼻翼、耳廓和颈项、肩、腰、胸、腹、脐及臂、手、脚。勾染用色（推测为肉红色）均已变色，现呈黑色。勾染后罩以白粉，两身胁侍菩萨敷粉稍厚，透出其下用勾染造型的面部五官和肢体结构，具有凹凸感。敷粉后勾勒细部，惜多已漫漶，北侧胁

[4] 敦煌早期壁画人物造型的晕染技法，与勾勒相结合。一般起稿后，在人物头部、面部和身躯、肢体轮廓勾以较粗的色线（原应为肉红色，年久变为黑色），经敷罩白粉后可透出于白粉呈现柔和的肤色，既表现色泽又具立体感，应系西域凹凸画法影响下的一种表现。这种勾染系以勾代染，染色作线性而不分浓淡。特别是最早期（据敦煌研究院分期排年为莫高窟北朝一期）的作品中，实际上只染不晕，表面白粉脱落后露出粗细线条的大小黑圈和黑线。需要表现深浅层次时，则采用叠晕法，即以不同深浅的勾染相错叠加，用于表现胸、乳、腹、脐和面部。这些勾染的画法延续到隋代，也用于衣饰造型，表现袈裟、长裙的裙襞，属没骨画技法。

侍菩萨可见嘴唇和额上白毫，龛外北侧下部供养菩萨隐约可见眉、眼、鼻、嘴的细节。此外，多以所谓"小字脸"的形式点染眼睑、鼻梁的高光部位。北侧中部供养菩萨则省略了大部分的勾染，仅见土红色起稿线，可能是没有完成的作品。龛内外下部的供养菩萨肤色灰暗，有可能是勾染、罩染时用色比较浓厚，变黑之后色泽加重，原来应该是较深的肉红色。西壁上段壁画呈现的土红地色，实际上是在主要内容描绘之后填涂而成的。

2．下段

高60厘米。中间有发愿文题榜1方，高35厘米，宽32厘米，仅残存上部，略呈土色，未见字迹，下部有一椭圆形破损，因近代修补，情况不明[5]。破损处下部中间有一方土红色榜直达壁面底部，残存部分高11厘米、宽12厘米；涂彩时代似较晚，所用颜料与第266窟晚清至民国之际修补所用颜料近似。两侧白色地上绘供养人像二排，共12身，两侧上、下排各3身。北侧为男供养人，南侧为女供养人。形象多已模糊，面部不清。依次叙述如下。

（1）北侧男供养人

1）上排

南起第一身，比丘，位于中间发愿文之北，立姿。高25.8厘米。身体朝向南，似回首，头部稍侧向左。屈右肘，右手张开，举至右肩前；左臂稍屈，左手置腹部左侧，细部不清。内着系带僧祇支，外披敷搭双肩式袈裟，深红色袈裟衣摆下露出绿色裙裾，跣足。肤色呈肉粉色。

南起第二身，立姿。高27.5厘米。稍侧向右，双手似拢袖，拱于胸前。身着交领宽袖曳地长袍（深衣袍），土色，薄染白粉，土红色勾边，两侧边再加描粉红色粗线；领缘、袖口及下摆边缘均为绿色，袖口露出里面为白色，绿色下摆略呈喇叭形外撇。肤色同第一身。前上方有1方题榜，残高13.2厘米，宽2.5厘米，未见字迹。

南起第三身，立姿。高27.5厘米。姿态、肤色、服饰同第二身。前上方有1方题榜，残高17.4厘米，宽2.6厘米，未见字迹（图37-1；图版Ⅱ：38、39-1）。

2）下排

南起第一身残高13.9厘米，第二身残高17.3厘米，第三身残高13.9厘米。均稍侧向右，上身稍前倾，与上排供养人立姿有所不同；面部不清，仅见头部轮廓，双手合掌拱于胸前，下身模糊不清。第一身着深红色交领长袍；第二身着交领土色袍，土红色勾边；第三身模糊，袍服敷粉，浅色。肤色与上排三身相同，均呈肉粉色。前方难辨有无题榜（图版Ⅱ：38）。

（2）南侧女供养人

1）上排

北起第一身，比丘尼，位于中间发愿文之南，立姿，高24.5厘米，稍侧向右。似朝向南，面对南侧的女供养人。屈右肘，右手张开，举至右肩前；左臂、左手不清，似下垂。似披浅红色敷搭双肩式袈裟，袈裟衣摆下露出绿色裙裾，跣足。肤色为肉粉色。

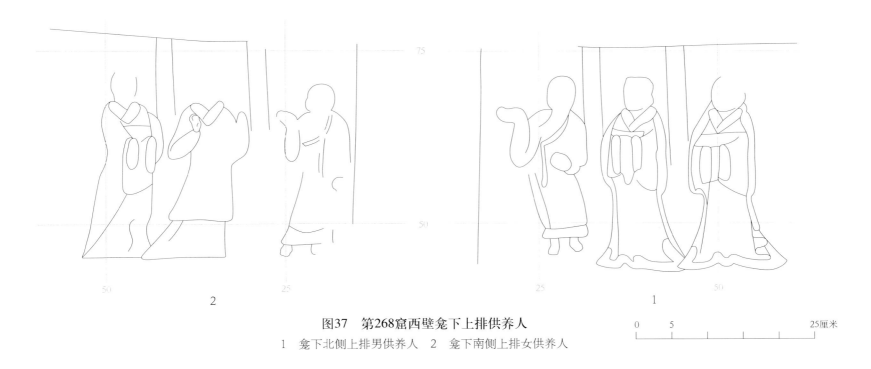

图37　第268窟西壁龛下上排供养人
1　龛下北侧上排男供养人　　2　龛下南侧上排女供养人

0　　　5　　　　　　　　　25厘米

[5]　对于这一迹象，20世纪40年代张大千记为："西壁龛下，有一小洞，盖为后人打开者"；谢稚柳记为："原为泥壁封闭，后经打开者"。但更早些时的伯希和却记为：在中央部分，看起来相当厚，凸起的画层上"又绘画了一座窣堵波，完全属于吐蕃的佛塔一类"；稍后奥登堡记为：西壁龛下经重绘，"中间有塔"。由此可知此部位曾经多次被掏挖和封堵，发愿文亦早已因此而受到破坏。增画藏式佛塔亦应在宋代以后，毁于奥登堡记录之后的30年中。见本卷附录一。

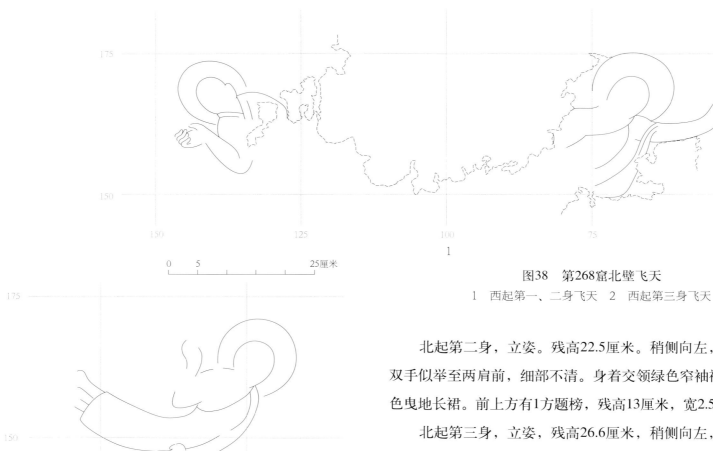

图38　第268窟北壁飞天
1　西起第一、二身飞天　2　西起第三身飞天

北起第二身，立姿。残高22.5厘米。稍侧向左，朝向北。头部已残，双手似举至两肩前，细部不清。身着交领绿色窄袖襦，下摆及膝；下着土色曳地长裙。前上方有1方题榜，残高13厘米，宽2.5厘米，未见字迹。

北起第三身，立姿，残高26.6厘米，稍侧向左，朝向北。头部不清，双手似拢袖，拱于胸前。身着交领宽袖襦，土色，土红色线勾边，领缘、袖口均为绿色，下摆及膝；下着土色曳地长裙，薄染白粉。前上方有1方题榜，高11.7厘米、宽2.5厘米，未见字迹（图37-2；图版Ⅱ：38、39-2）。

2）下排

北起第一身，轮廓不清楚。

北起第二身，立姿。残高13.8厘米。稍侧向左，朝向北。头部已残，手似拢袖，拱于胸前，身着土色交领大袖襦，袖缘粉红色；下身不清，似有长裙。

北起第三身，残高10厘米，稍侧向左，朝向北。仅存身躯中部，似拱手，衣着绿色，细部不清。

3身供养人均磨损严重，漫漶不清，与上排女供养人比较身形较短，前方难辨有无题榜。

又，南侧上排女供养人的画层之下，第一、二身之间和第二、三身之间，均隐约可见一身人物形象的深红色画迹，颜色与北侧第一身供养人衣着近似。画迹模糊，似被白粉覆盖，之后图上表层的供养人。

西壁下段壁画均以白色为地，据两侧上下排人物衣着均有预留地仗土色的迹象，可知白色铺地是在起稿大体完成之后（图版Ⅱ：38）。

（二）北壁

北壁、南壁壁画未分段，为叙述方便按内容大致分上中下三段。北壁上段即窟顶以下绘一排3身飞天，中段绘三组人物，下段绘3身力士；各段之间并无分界。此外，在北壁二小窟外绘窟门装饰门楣、门柱等。壁画主要分布于壁面西端和两小窟之间，东侧小窟以东残毁。（图版Ⅰ：25；图版Ⅱ：40-1）。以上壁画均直接绘于壁面泥层土色地仗上。

1. 上段

西起第一身飞天，位于壁面西端，残宽约19.3厘米，高20厘米，稍侧向右，向西飞行。上身前倾，屈右臂，右手张开置于右肩前，肤色因变色而呈黑色。身穿土红色袈裟。腰、腹以下全残。有圆形头光（图38-1；图版Ⅱ：41-1）。

西起第二身飞天，位于西侧小窟门楣西侧上方，残宽30.9厘米，残高25.7厘米，稍侧向左，与第一身相背向东飞行。上身前倾，左臂前伸，左手略上抬，肤色变黑。土红色袈裟，帔巾绕左上臂飘下。肩、胸以下全残。有圆形头光（图38-1；图版Ⅱ：41-2、42-1）。

西起第三身飞天，位于东侧禅室门楣西侧上方，宽37.4厘米，高25.5厘米，稍侧向左，向东飞行。上身前倾，左臂轮廓不明，右臂似屈起，右手抬至头后方。下身上扬，两足露出，稍分开。身着土色袒右式袈裟，土红色勾边，绿色下摆。有绿色圆形头光（图38-2）。

第三身飞天前方和身后西侧禅室门楣东侧上方分别有绿色和黑色（土红色打底）莲蕾（图版Ⅱ：42-2），其中绿色莲蕾被现代张大千"二三五"编号牌榜覆盖一部分。飞天头后方及腹部下均有黑色痕迹，不明何物。

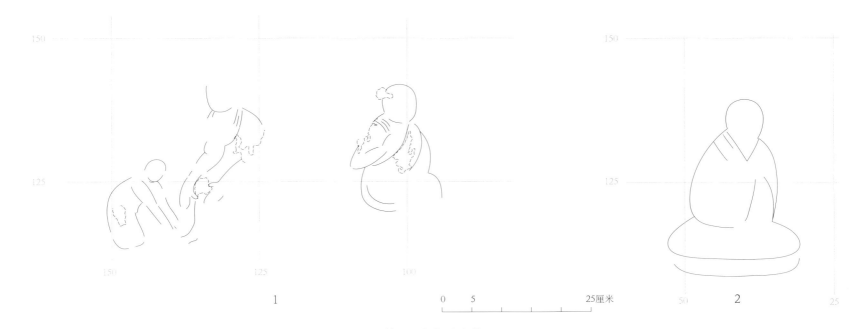

图39 第268窟北壁坐像
1 西起第一、二组坐像 2 西起第三组坐像

2．中段

壁面西端与西禅室之间隐约可见三组人物，形象多已模糊。

西起第一组，多人，位于壁面西端，残甚，形象难以辨识，其中坐像1身，僧形，稍侧向右，略朝西，肤色变黑，似袒右，披土红色袈裟。其右侧膝前另有1身形体较小人物，亦作僧形，稍侧向左，朝东，对前者作俯身跪拜状，头部五官可辨，身躯模糊（图39-1；图版Ⅱ：44）。

西起第二组，位于第一身坐像以东，甚残，为坐像1身，僧形，稍侧向左，略朝东，右臂屈起，右手举于肩前，肤色变黑，披土红色袒右式袈裟（图39-1；图版Ⅱ：44-1、45-2）。

西起第三组，位于东西两个小窟之间，为坐像1身，高33.5厘米。稍侧向左，略朝东，双手似置于腹前，结跏趺坐，肤色变黑，披绿色通肩式袈裟，以土红色线勾边，坐下白色莲座（图39-2；图版Ⅱ：43）。

3．下段

力士[6]均立姿，手舞足蹈。上身和双腿裸露，饰项圈、腕钏，绕帔巾，下身围腰布，跣足，肤色均因变色而呈黑色。

图40 第268窟北壁力士
1 西起第一、二身力士 2 西起第三身力士

---

[6] 身形健硕，袒裸上身、下肢，围腰布、短裙或穿犊鼻裤，动作夸张有力，系药叉、力士、金刚、神王及护法天部之属，难以细分，一般习称"力士"。

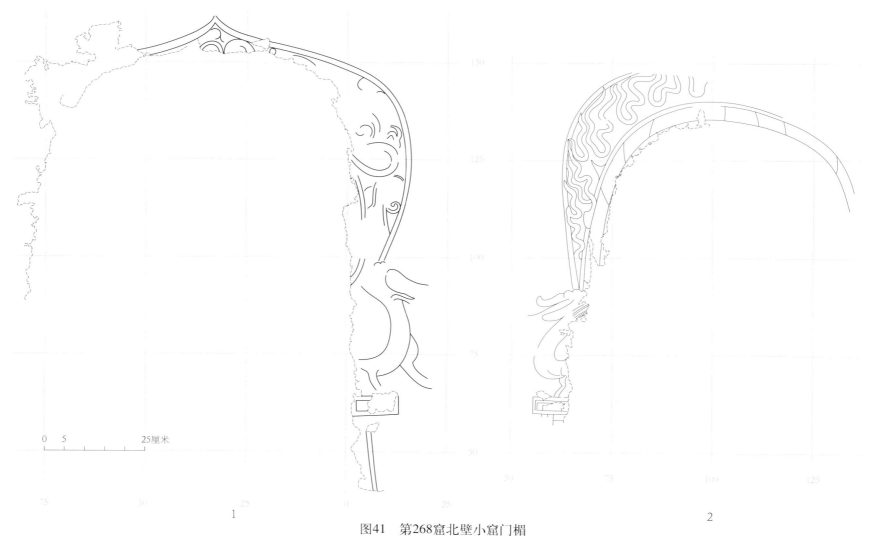

图41　第268窟北壁小窟门楣
1　北壁西侧小窟门楣　2　北壁东侧小窟门楣

西起第一身力士，位于壁面西端，身高72.8厘米，稍侧向右，略朝西。右臂向斜下方伸出，右手握帔巾回勾；左臂抬高，左手举至头左侧回勾。左膝稍屈，左脚着地；屈右膝，右脚提起，露出于左胫之后，脚尖向下。饰项圈，左肩斜挂带状物至右胁。围土色腰布，以土红线勾勒。绿色帔巾在头后呈环状，左侧绕左臂飘下，右侧绕右臂，握于右手垂下。有圆形头光（图40-1；图版Ⅱ：45-1）。

西起第二身力士，位于第一身力士以东，身高72.7厘米，稍侧向左，略朝东。五官可见晕染，鼻、眼点染处呈灰白色，右耳长垂。双臂屈起，双手举至面前合掌；右膝稍屈，右脚着地；屈左膝，左脚提起，在右胫后露出，脚尖向下。围绿色腰布。红色帔巾由颈后呈环状，绕两臂肘婉转飘下，右侧帔巾末端上卷。有圆形头光（图40-1；图版Ⅱ：45-1）。

西起第三身力士，位于东西两个小窟之间，残高约62.3厘米。稍侧向左，略朝东。头右侧缯带婉转飘下。左臂向前方高举，左手握帔巾；右臂在侧后方屈肘，右手置右肩前。左腿立地支撑，下部残；右腿稍屈提起，胫下部残。围绿色腰布。帔巾在头后呈环状，一端顺右肩下垂再绕右臂飘下，另一端经左手婉转飘下。有土色圆形头光。（图40-2；图版Ⅱ：45-3）。

4．小窟窟外装饰

东西二小窟圆拱形门上均绘有尖拱形门楣、门楣尾装饰、门梁和门柱。

西侧小窟门楣，由残存门沿（西侧大部残毁）宽出8～19厘米。门楣中间和西侧大部分被现代重修的石灰面覆盖，残存土红色勾勒的门楣轮廓及波状忍冬纹。门楣东侧下方可见部分门楣尾龙形装饰及门柱柱头。龙立柱头之上，龙首向东，曲项，右前爪立于柱头上，左前爪抬起，龙身施绿色。柱头呈横长方形（残），下有部分立柱残迹（图41-1；图版Ⅱ：46-1）。

东侧小窟门楣，由门沿宽出3～20厘米，因未被表层壁画覆盖，画迹较清晰，东侧漫漶，上端拱尖部分被现代张大千"二三五"洞窟编号牌榜覆盖。门楣以土红色线勾勒，绘火焰纹。门楣西侧下方可见门楣尾龙形装饰及门柱柱头画痕。龙立柱头之上，龙首向西，曲项，两前爪立于柱头上。柱头为横长方形相叠（残），上大下小。门梁径约2.5～3.5厘米，以土红、黑、绿、白等色绘彩带纹，现存残痕，等距离斜向土红色线清晰可辨（图41-2；图版Ⅱ：46-2）。

（三）南壁

南壁壁画情况与北壁基本相同，上段即窟顶以下绘一排4身飞天，中段绘三组人物，下段绘3身力士，各段之间无分界。另绘南壁二小窟窟门装饰门楣、门柱等（图版Ⅰ：26；图版Ⅱ：40-2）。以上壁画均直接绘于壁面泥层土色地仗上。

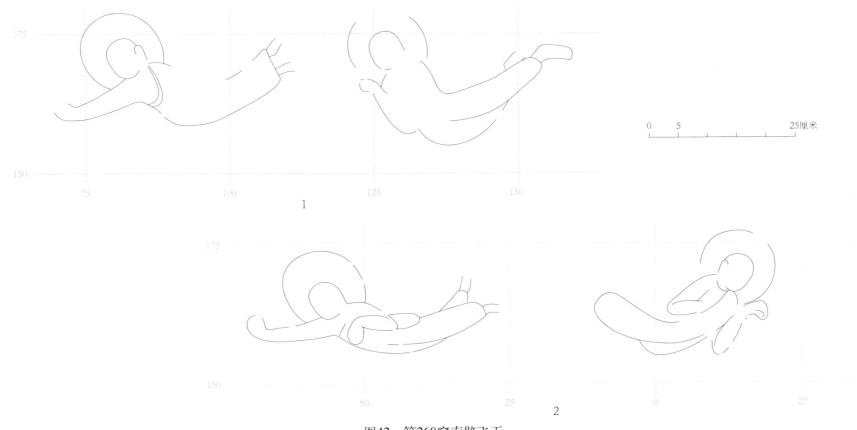

图42　第268窟南壁飞天
1　西起第一、二身飞天　2　西起第三、四身飞天

1．上段

西起第一身飞天，位于壁面西端，宽39厘米，高24厘米，稍侧向右，向东飞行。上身前倾，双手合掌于胸前。肤色因变色而呈黑色。下身向后方扬起。左腿舒展，右腿微屈，双足外露。有圆形头光，披土红色袈裟（图42-1；图版Ⅱ：48-1）。

西起第二身飞天，位于西侧小窟门楣西侧上方，长约41.7厘米，高20厘米，稍侧向右，向东飞行。上身前俯，右臂伸向前方；左臂不明。肤色呈黑色。下身向后上扬，双腿舒展，双足外露，分开。身着土红色袒右式袈裟。有土红色圆形头光（图42-1；图版Ⅱ：48-2）。

西起第三身飞天，位于西侧小窟门楣东侧上方，残长32厘米，高22厘米，稍侧向左，向西飞行，与第二身飞天相对。上身前倾，两臂屈起，两手似捧物置于胸前。肤色呈黑色。下身向后方扬起，双腿舒展，双足外露，分开。披土色袒右式袈裟。有土色圆形头光（图42-2；图版Ⅱ：49-1）。

西起第四身飞天，位于东侧小窟门楣西侧上方，长43厘米，高18厘米，稍侧向右，向东飞行。上身前俯，右臂向前方伸直，右手似握拳回勾；左臂紧靠身侧屈起，左手置于左胸侧。肤色呈黑色。身体舒展。双脚外露，分开。披土红色袒右式袈裟（图42-2；图版Ⅱ：49-2）。前方绘1朵莲花，粉红色花瓣，土色花房。

2．中段

壁面西端与西禅室之间的三组人物，每组均只见1身。西起第一身只隐约可见少许痕迹，难以分辨。西起第二身人物，可见模糊轮廓，肤色呈黑色，披土红色袈裟，似结跏趺坐（图版Ⅱ：51）。

西起第三身，位于东西二禅室之间，高33.5厘米。双手置于腹前，结跏趺坐。披土色通肩式袈裟，坐下白色莲座。敷色残损，可见土红色轮廓线（图43；图版Ⅱ：50）。此像两侧各绘2朵莲蕾，仅隐约可见红色及绿色残痕。

3．下段

力士均立姿，情况与北壁力士一致。

西起第一身力士，位于壁面西端，残高35.5厘米，隐约可见头部、上身及两臂，下身被表层说法图覆盖。稍侧向左，略朝西。双手合掌举于头前。隐约可见圆形头光。帔巾顺肩向下绕臂（图44-1；图版Ⅱ：54）。

西起第二身力士，位于第一身力士以东，残高约67.3厘米，略朝西，回首稍侧向右。左

图43　第268窟南壁西起第三身坐像

图44　第268窟南壁力士
1　西起第一、二身力士　2　西起第三身力士

臂高举，左手向左上方扬掌；右臂垂至右下方，右手回勾。两腿分开站立，膝稍屈，双脚被表层壁画覆盖。有圆形头光。饰项圈、腕钏。右肩斜挂带状饰物至左胁。帔巾于头后呈环状向前绕右肩而下。围腰布。有圆形土色头光（图44-1；图版Ⅱ：52）。

西起第三身力士，位于东西两个小窟之间，高67厘米，稍侧向右，略朝东。双手于胸前合掌。左腿微屈站立；右腿屈膝稍抬，右脚提起，露出于左胫之后，脚尖向下。帔巾在肩后呈环状，绕双肘后自然飘下。围土色腰布。有绿色圆形头光（图44-2；图版Ⅱ：53）。头前有1朵莲蕾。

北壁、南壁壁画飞天、力士和坐姿人物的肌肤部分几乎全为黑色，应该是变色所致。仔细观察，全黑之中稍有深浅之分，仍可辨识人物头部、身躯和手臂轮廓的勾染。勾染之外又施罩染，变黑的是勾染和罩染所用的肉红色。肉红色使用的浓厚，造成全黑的

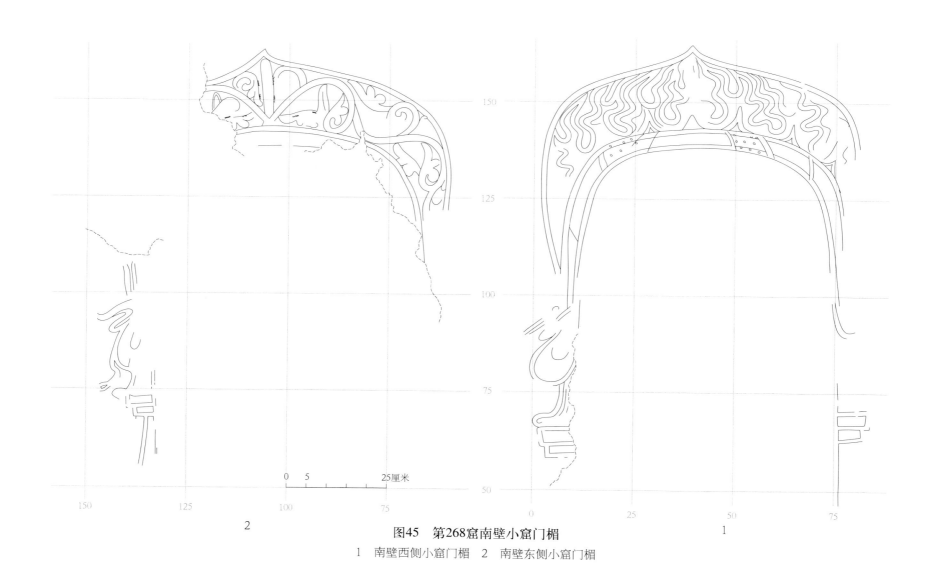

图45　第268窟南壁小窟门楣
1　南壁西侧小窟门楣　2　南壁东侧小窟门楣

效果。这一特点似乎说明，北壁、南壁与同层西壁、窟顶在壁画技法上存在差异。

4．小窟窟外装饰

东西二小窟圆拱形门上均绘有尖拱形门楣、门楣尾装饰、门梁和门柱。

西侧小窟门楣，由门沿宽出2.8～28.7厘米。绘火焰纹，纹饰的敷色已脱落，保存土红色线描。东侧门楣尾尚存残迹，为龙形，残高约31厘米。龙首向东，曲项，龙爪立于门柱柱头上。西侧门楣尾甚残，已无法识别形状。门梁径3～5厘米，绘彩带纹，尚存部分斜向土红色线，及有规律地施以不同颜色的残迹，现存少许土红、黑、白、绿色及圆点纹（图45-1）。门柱上方柱头由上长下短的二横长方形构件相叠而成，高7.9厘米，上宽8.5厘米，下宽7.5厘米。门柱已残毁不清（图版II：47-1）。

东侧小窟门楣，因未被表层壁画覆盖，画迹较清晰，东侧部分残，残存部分由门沿宽出6.3～26.8厘米，绘波状忍冬纹。门楣中间和西侧纹饰较完整，下端残（图45-2）。东侧门楣尾的龙头昂首向东，曲项，立于柱头上，高约25厘米。门柱下粗上细，有收分，柱头仍由二横长方形构件组成。西侧门楣尾、门梁、门柱均残毁。门梁绘彩带纹，残存部分可见土红、黑、白、绿色及圆点纹（图版II：47-2）。

（四）窟顶

窟顶自西向东浮塑四组共5方平棋，并施彩绘（图版I：27；图版II：59）。

1．西起第一组平棋

西起第一组平棋是由五个不同大小的方格错角套叠组成通顶宽的大平棋（图46；图版II：60）。由内向外叙述如下。

图46　第268窟窟顶西起第一组平棋

第五方格内以石绿为地色，中心绘一圆形莲花。莲花由两个同心圆组成。内圆直径10.5厘米，白色线勾边似为土色，大部泥皮破损；外圆直径19.9厘米，土红色打底，黑地色上以白色勾勒莲瓣，多已脱落，尚可见九瓣。第五方格四边支条施土红地色，还隐约可见绘有白色圆点组成的小花，但多已脱落。

第四方格与第五方格错角相套，四岔角以土红为地色，各绘1朵莲蕾，有黑色花萼，宽8～10厘米，高5.5～7厘米。其中南北两角莲蕾为绿色，加涂白色；东西两角莲蕾预留土色，以土红色勾边，再加涂白色，西角莲蕾仅有薄粉残存。第四方格四边支条保持土色，土色上薄施白粉，内缘沾染格内涂布的土红色。

第三方格与第四方格错角相套，四岔角于土色上薄施白粉为地，各绘1朵莲蕾，宽11.7～15.4厘米，高8.5～14厘米，其中西南角、东北角黑色莲蕾均有三瓣叶，莲蕾顶部和底部两侧各一瓣，又分别在莲蕾两侧饰一对黑色或白色卷叶；东南角莲蕾为绿色，有白色叶瓣和卷叶；西北角莲蕾为黑色，无叶瓣、卷叶。第三方格四边支条施土红色，以白色绘波状卷叶纹。

第二方格与第三方格错角相套，四岔角南、西、北角以土红为地色，各绘1朵火焰，火焰中心各有一预留土色的莲蕾形宝珠。东角留出土色为地，仅以土红色勾外框，其中以土红色绘一火焰宝珠，现状除莲蕾形宝珠外，颜色浅淡难辨。火焰宝珠纹高17.6～20.4厘米，宽19.7～22厘米。第二方格四边支条施绿色，剥落处露出土红色。

第一方格与第二方格错角相套，四岔角以白色为地，各绘1身飞天。其中东北角和东南角的两身飞天，头部靠近三角形的顶角；西北角和西南角的两身飞天，头部靠近三角形长边的中央。4身飞天，姿态、服饰基本相同。头稍侧向右，上身端直，两臂平抬，向左右两侧张开，双手握拳；双腿向后方扬起，与上身形成约90度折角，左腿伸展，右腿微屈，右足于左胫上露出，双足裸露裙外。袒上身，戴项圈，下身着长裙，裙裾至胫部裹紧。帔巾在头后呈波折形回绕至两臂，右侧绕右臂，左侧绕左臂或经左手向后、向上飘扬。头光圆形。飞天肤色呈赭红色，外轮廓及细部均经勾染，呈深褐色。飞天周围空白处，点缀绿色卷叶或绘莲蕾、忍冬。

西北角飞天，高22厘米（包括头光），宽37厘米，向西南飞行。绿色长裙。黑色帔巾。土色头光薄施白粉。飞天周围空余处，点缀黑色莲蕾和绿色莲蕾、卷叶纹饰（图版II：62-1、63-4）。

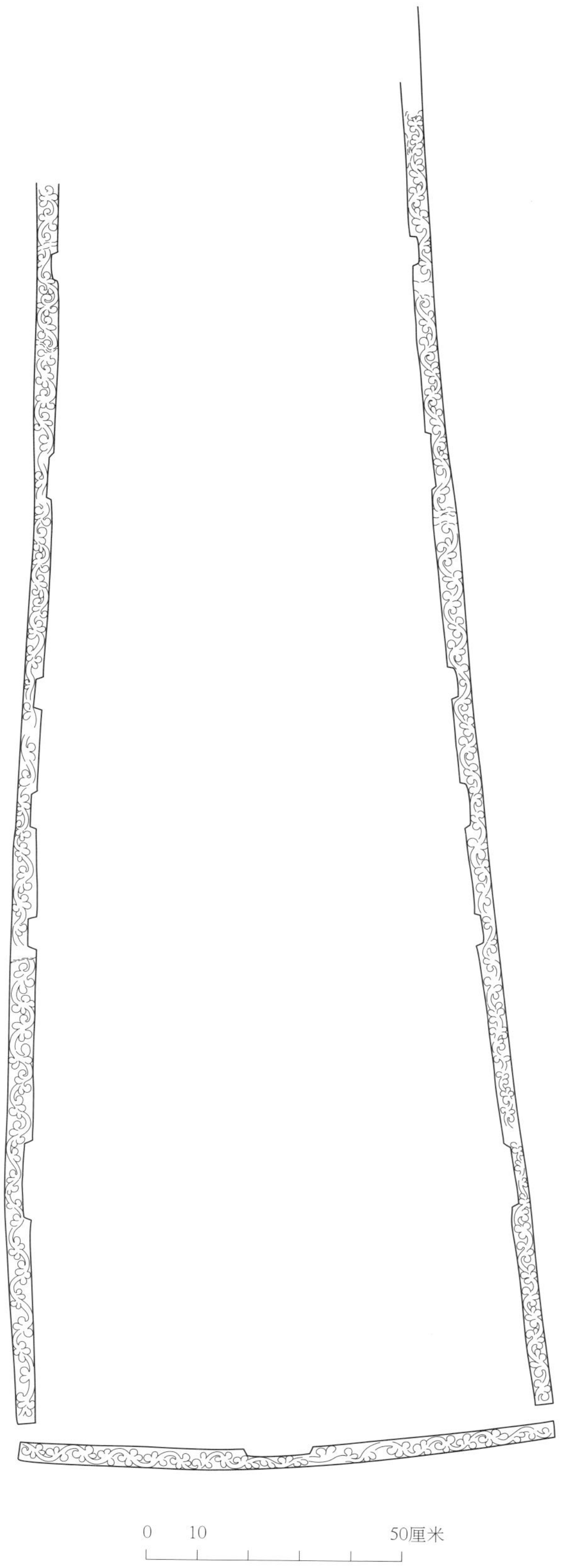

西南角飞天，高25厘米（包括头光），宽35厘米，向南飞行。土色长裙薄施白粉，用土红色线勾描。黑色帔巾。绿色头光。飞天周围空余处，点缀黑色莲蕾、绿色叶瓣和绿色卷叶纹饰（图版II：62-1、63-3）。

东北角飞天，高21厘米（包括头光），宽33厘米，头部、肩胸和双脚残，向东南飞行。土色长裙薄施白粉，用土红色线勾描。绿色帔巾。黑色头光。飞天周围空余处，点缀绿色忍冬、卷叶纹饰（图版II：63-2）。

东南角飞天，高21厘米（包括头光），宽30厘米，向西南飞行。下身着黑色长裙。粉红色帔巾、头光。飞天周围空余处，点缀绿色忍冬、卷叶纹饰（图版II：63-1）。

整体平棋外框现存西边、北边、南边贯通的泥塑支条，均施土红色，内侧面均以土红色为地，绘单叶波状忍冬纹（图47）。第一组平棋与第二组平棋间共用南北向浮塑外框支条，土色地上残存白色波状卷叶纹。

2．西起第二组平棋

西起第二组平棋分为南侧、北侧2方小平棋，均由三个方格错角套叠组成，与第一组平棋第一至第三个方格的纹饰及敷色略同（图版II：61-2）。分别由内向外叙述。

图47　第268窟窟顶平棋外框内侧面展开图

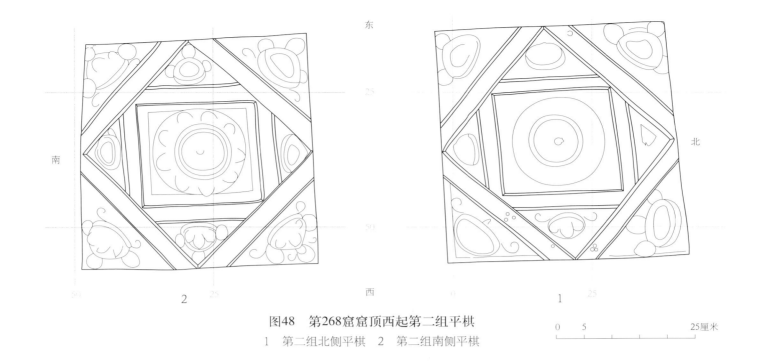

图48　第268窟窟顶西起第二组平棋
1　第二组北侧平棋　　2　第二组南侧平棋

　　北侧小平棋，第三方格内绘圆形莲花，直径16.5厘米，分内外两圈，用土红色线描绘；内圈土色，中心有一土红色圆点；外圈于土红地色上染黑色；莲花周围铺绿色，露出白地色；第三方格四边支条土色薄施白粉。第三方格与第二方格错角相套，四岔角以土红色为地，仅北角留出地仗土色，略呈三角形，西、南、东角皆绘1朵绿色莲蕾，白色打底，黑色花萼，西角以黑色线勾莲瓣；第二方格四边支条土红色打底涂黑色，多已脱落，残存少许圈点纹。第二方格与第一方格错角相套，四岔角为土色，各绘1朵莲蕾，以黑色线勾轮廓、花萼，土红色打底罩白粉，再以土红色勾染一圈；其中西北、东北两角莲蕾各有三瓣绿色叶，西南角底部两侧用黑线勾叶瓣（图48-1）。

　　北侧小平棋与南侧小平棋间共用东西向浮塑外框支条，土红色地上白色绘波状卷叶纹。

　　南侧小平棋亦相似，第三方格内绘圆形莲花，分内外两圈，内圈土色，用土红色勾绘外周轮廓和中心一圆点；外圈涂白色，可见黑色线勾勒莲瓣九瓣；莲花周围铺绿色，露出白地色；第三方格四边支条土红色。第三方格与第二方格错角相套，四岔角以土色为地，各绘1朵莲蕾，以黑色勾染轮廓，留出土色中心，再涂盖白粉，边缘留出黑色轮廓线、花萼，然后以土红色勾染一圈，东、西角莲蕾各有三瓣白色叶；第二方格四边支条土色薄施白粉。第二方格与第一方格错角相套，四岔角为土红色，各绘1朵白色莲蕾，黑色花萼，西南、东南角莲蕾各有三瓣绿色叶，西北角莲蕾有三瓣白色叶（图48-2）。

　　第二组平棋与第三组平棋间共用南北向浮塑外框支条，土色地上残存白色波状卷叶纹。

　　3．西起第三组平棋

　　西起第三组平棋是由三个方格错角套叠组成通顶宽的大平棋（图49；图版Ⅱ：61-1、62-2）。由内向外叙述如下。

　　第三方格内，中心绘圆形莲花，直径29.4厘米，分内外两圈；先后用土红色线和黑色线勾勒；内圈土色，直径16厘米，中心有两个土红色圆点；外圈涂黑色，已大部剥落。莲花对应方格四角绘四瓣白色叶。莲花周围铺绿色。第三方格四边支条施土红色，分别饰小花纹，每朵六瓣或七瓣。

　　第三方格与第二方格错角相套，四岔角内绘饰两种纹样，东、西角内各绘1身莲花化生，高13.5～14.5厘米，宽12～15厘米。西角土色地，化生面部有勾染，黑色圆形头光，白色莲蕾，黑色花萼，两侧四瓣绿色叶。东角白色地，化生有白色圆形头光，白色莲蕾上有绿色残痕，黑色花萼，两侧二瓣红色叶。南、北角内土色地，均以土红色勾绘火焰纹，高15～16.5厘米，宽24～26厘米，火焰中心饰三角形叶纹。第二方格四边支条以黑色为地，白线勾勒波状忍冬纹，大部脱落。

　　第二方格与第一方格错角相套，四岔角以土红色为地，各绘1身飞天，飞天的朝向一致，均作逆时针方向飞行，头部均靠近三角形的顶角，姿态、服饰基本相同。头稍侧向右，上身端直，双腿向后方扬起，与上身形成约90度折角，左腿伸展，右腿微屈，右足于左胫上露出，双足裸露裙外。祖上身，下身着长裙。帔巾在头后呈波折形或环状回绕至两臂，右侧绕右臂飘下，左侧绕左臂，或绕左臂经左手向后或向上飘扬。头光圆形。飞天外轮廓及细部均经勾染，情况与第一平棋略同，但画工较粗、保存程度较差。分述于后。

　　西北角飞天，高20.6厘米，长29厘米，向东北飞行。右臂向前平伸，右手回勾；左上臂外张屈起，左手置于左胸前。黑色长裙。红色帔巾。土色头光。画面下部两侧，绘绿色卷叶纹及黑色细线卷云纹（图版Ⅱ：64-4）。

　　西南角飞天，高20.5厘米，长29厘米，向西北飞行。两臂平抬，向左右两侧张开，右手向上回勾，左手向下回勾。绿色长裙。黑

图49　第268窟窟顶西起第三组平棋

色帔巾。土色头光。在飞天右手前方有1朵红色莲蕾，莲萼黑色，莲蕾顶上有道道黑色细线，以示花蕊。画面空余处以黑色细线勾卷云纹（图版II：64-3）。

东北角飞天，高18.5厘米，长35厘米，向东南飞行。较模糊。右臂伸向右下方，手掌朝下；左臂在身侧屈肘，左手举至左肩上方。敷色脱落，长裙、帔巾均呈土色。绿色头光。画面空余处以黑色细线勾卷云纹（图版II：64-2）。

东南角飞天，高19厘米，长27.8厘米，向西南飞行。黑色长裙。绿色帔巾。土色头光。画面两侧空余处绘绿色叶瓣及黑色细线勾卷云纹（图版II：64-1）。

以上4身飞天、2身化生的肤色均曾勾染肉粉色，现状见于面部、颈部、上身、手、足，皆呈黑褐色。

第三组平棋与第四组平棋间共用南北向浮塑外框支条，施绿色。

4．西起第四组平棋

西起第四组平棋也是由方格错角套叠组成通顶宽的大平棋，大部残毁，仅在第三组平棋以东有少许残留（图版II：61-1）。从残存情况看，其第二方格与外框第一方格相套形成的西南岔角内，土色为地，以土红色线勾绘火焰纹，火焰中心饰三角形（桃形）叶纹；火焰旁另有一黑色卷叶纹。与此相对称的西北岔角，据西侧边沿残迹可知饰莲花化生，残存化生黑色头光和绿色叶瓣以及土红色画迹。中间尚存第三方格与第二方格错角相套形成的西岔角，可见土红地色上，绘绿色莲蕾、黑色花萼，余皆残毁。第二方格支条施土红色。

二　第二层壁画

主室第二层（即表层）壁画仅见于北壁和南壁。两壁的附属小窟内，根据与主室在结构和壁面层次上的关系，将其壁画归入第二层，即与主室表层壁画视为同层。

（一）主室

主室的第二层壁画存在于北壁和南壁，均在下层即第一层壁画上涂一层白粉层，厚约0.1厘米，然后在白粉层上绘画。

1. 北壁

壁画剥落严重，其残存画迹范围大体在东侧小窟以西，东侧小窟上方及以东仅涂白粉层且留出下层门楣画迹。残存的壁画分上下两段布局。上段绘千佛，下段仅在近西壁处存有供养人残迹（图版I：28；图版II：40-1）。

（1）上段

高105厘米。自上而下共绘八排千佛。西端距西壁约39厘米壁面顶端处的部分壁画残损，露出下层草泥。壁面西起224厘米以东已无画迹。现存千佛上起第一排28身，第二排26身（以上二排在东、西小窟上方）；第三排至第八排依次残存21身、15身、17身、17身，颜色多脱落，露出下层壁画；壁面西端保存情况稍好，东、西小窟之间千佛已很难辨认。北壁残存千佛计156身。

千佛左右成排，上下成列，排列整齐，均绘于白粉层上，背景填土红色为地。上下各排间皆以白色横线相分隔，现依稀可见少许，间距12.5～13厘米；每排各千佛大小基本相同，相邻千佛的身光相接处上方，等距离刷有高2.4厘米、宽0.6厘米的题榜，题榜颜色不一，且大多脱落，不见字迹。题榜间距5.4～7.3厘米。

千佛通高10～12厘米（包括头光、莲座），两膝间距6～6.7厘米，造型、姿态相同，均作正面，结跏趺坐，双手相叠于腹前，施禅定印。肉髻均模糊不见。大部分颜色脱落、变色，肤色均以土红为地色，薄施白粉，个别残迹可见黑色细线描眉、眼，红色细线两道绘红唇，白色竖线染鼻梁（例如上起第二排西起第五、六身）。另以三横道（或点）染双耳，其与双眼、鼻梁、下颏的点染多已变色，现呈黑色。千佛均披圆领通肩式袈裟，衣纹模糊不清。千佛头光圆形，横径4～5厘米；身光椭圆形，横径6.5～7.5厘米，等于或大于两题榜的间距。头光与身光顶端相切，或头光略高出身光。头光、身光颜色多有脱落，边缘均以白线勾勒。颜色脱落处多露出白粉层，绿色脱落或变色处多呈暗灰色（图版II：65、66-1、67-1）。

每身千佛头上均绘有华盖，仅以一道黑色或两道不同颜色的横线示意，高约1厘米，横径2～3厘米。

千佛坐下为圆形莲座，下边微弧，高0.5～1.2厘米，横径5～6厘米。

千佛上述情况列表如下。

单位：厘米

地色	千佛各排画面高	华盖		千佛单体通高（包括头光、莲座）	两膝间距	莲座			题榜			
		高	横径			形制	高	横径	颜色	高	宽	间距
土红	12.5～13	1	2～3	10～12	5～6.7	圆形莲座，下边微弧	0.5～1.2	5～6	白	2.4	0.6	5.4～7.3

千佛袈裟、头光、身光、莲座等各部位使用不同的颜色，形成四种不同的搭配，有规律地左右四身一组，连续排列。千佛袈裟的颜色有蓝、黑、绿、土红色四种，头光、身光的颜色均有绿、白、蓝、黑四种。莲座基本为黑、蓝二色。部分莲座呈现白色或青白色，系个别在白色地上漏涂蓝色，或颜色脱落露出地色，或为变色所致。千佛排列中，上一排某种颜色搭配相对其下一排同样的颜色搭配，向左（或右）横移一个位置，于是同一颜色组合的千佛就在壁面上形成了道道斜线。现将上述千佛颜色搭配情况列表示意如下。

头光	绿	白	蓝	黑
身光	黑	绿	白	蓝
袈裟	蓝	黑	绿	土红
莲座	黑	蓝（白）	黑	蓝（白）

（2）下段

高25～26.3厘米，下距现地面约32～46厘米。壁面上段千佛之下绘供养人行列，见于西侧小窟以西，画面甚残，数目不清。现仅残存西端供养人1身及题榜5方，题榜高8～13.7厘米，宽1.5～1.8厘米（图版II：66-2）。供养人颜色脱落，露出下层壁画。供养人行列下方壁面为素壁。

东、西小窟之间下段表层壁画均已脱落，露出下层壁画。

2．南壁

壁画剥落严重，其残存画迹范围大体在东侧小窟以西。东侧小窟上方及以东仅涂白粉层且留出下层门楣画迹。残存的壁画布局与北壁略同，分上下两段布局。上段绘千佛。下段西端绘1铺说法图，说法图以东绘供养人数身（图版Ⅰ：29；图版Ⅱ：40-2）。

（1）上段

高103～106厘米。自上而下共绘八排千佛。壁面西起225～233厘米以东已无画迹。现存千佛上起第一排33身，第二排32身，第三排27身（以上三排在东、西小窟上方）；第四排至第八排依次残存21身、22身、20身、19身、20身，颜色多已脱落，露出下层壁画，壁面西端保存情况稍好于东、西小窟之间。南壁残存千佛计194身。

千佛表现与北壁上段千佛相同。千佛情况部分细节见下表。

单位：厘米

地色	千佛各排画面高	华盖				千佛单体通高（包括头光、莲座）	两膝间距	莲座			题榜			
		盖顶		垂幔				形制	高	横径	颜色	高	宽	间距
		高	横径	高	横径									
土红	12～13.5	0.6	2.3	0.6	2.5	10～11.5	6～7	圆形覆莲座，下边微弧	0.7～1.1	5.5～6	白	3～4	0.6～0.8	5.5～6.8

千佛的颜色搭配、组合及着色、晕染情况均同于北壁上段千佛，总体上比北壁更为模糊，惟华盖表现稍见丰富，一道黑色或交替以黑色、白色两道分别表示盖顶和垂幔；其中白色多用薄粉。个别华盖侧端可见悬挂二三粒白色小点组成的流苏，末端缀以红色圆形大珠，例如上起第二排西起第六身、第七排西起第三身。莲座均为黑、蓝二色（图版Ⅱ：67-2、68、69-1）。

（2）下段

高约60厘米，宽约87厘米。

1）说法图

高59厘米，宽55厘米。说法图绘于白地色上。图中佛坐像1身，居中而坐，两侧立2身胁侍菩萨（图50；图版Ⅱ：69-2）。

ⅰ 坐佛

坐佛通高46.2厘米（包括头光、莲座）。正面，头上有半圆形肉髻，面部模糊不清。右臂屈起，右手于右胸前作施无畏印；左手置于腹前，掌心向上。肤色大致呈白色，隐约透出土红色描绘痕迹，面部脱落处露出黑地色，与头光地色相连。结跏趺坐。腿部残，颜色已剥落，露出下层力士画迹。内着灰色僧祇支，外披双领下垂式袈裟，现均呈灰色。圆形头光染色两圈，内圈于黑地色上薄施白粉，外圈于白粉之上外缘染土红色。坐下束腰莲座，束腰部可见三个面，黑色、土色相间，所表现的应为六面或八面，下承以二层（或三层）叠涩和覆莲基座。

图50　第268窟南壁西侧说法图

ii　胁侍菩萨

二胁侍菩萨，立姿，身材修长，稍侧向佛。西侧（左）胁侍菩萨通高45厘米、东侧（右）胁侍菩萨通高51厘米（均包括头光、莲台）。西侧菩萨两臂屈起，右手在面前拈一枝花；左手置于左肩前，颜色脱落，腰部以下模糊不清。东侧菩萨左臂屈起，左手于左肩前回勾至额下；右臂下垂，右手抚于腹部。肤色呈浅灰色。菩萨均有桃形头光，戴三珠宝冠，两侧缯带打结处各饰一朵花。袒上身，饰项圈、腕钏，胸前挂璎珞。黑色帔巾顺双肩飘下，环过腹前绕双肘下垂。下身着黑色裙，腰带在两腿间垂下。足踏黑色覆莲台。

佛、菩萨身后有两株菩提树，用土红色描绘。西侧菩萨之西侧饰一枝莲花，上下盛开两朵，另有三朵黑色花蕾。

2）供养人

高38厘米，下距现地面约34厘米。在说法图以东至西侧小窟之间，刷发愿文题榜并绘供养人。发愿文题榜1方，高21.6厘米，宽12.5厘米，红地，字迹漫漶。发愿文东侧及下方各残存3身供养人。东侧供养人皆稍侧向右，朝向西，残高11.5～15.3厘米，模糊不清，着红色圆领黑色长袍，双手拢在袖中拱于胸前，头西侧各有1方题榜，高约10厘米，宽2.1厘米。下方供养人西起第一身为跪姿，残高8厘米，西侧有题榜1方，约高10.7厘米、宽2.5厘米；西起第二、三身供养人皆立姿，残高11厘米，双手拢袖拱于胸前，着黑色长袍，均为男供养人。题榜约高5厘米、宽1.5～2厘米。供养人行列下方壁面为素壁。

东、西小窟之间下段表层壁画均已脱落，露出下层壁画。

（二）附属小窟

1．第271窟

小窟内在下层泥面上绘制壁画。北壁、东壁、西壁分上下二段布局，上段绘说法图和千佛，下段绘供养人。南壁分上中下三段，上段绘千佛，中段有一方残画，下段绘供养人。顶部帐顶图案为1铺说法图。

（1）北壁

北壁为小窟正壁。壁面西半部被近代所开穿洞打破。保存的壁画有上段残存的说法图和千佛，以及下段供养人行列残迹（图版I：30；图版II：73）。

1）上段

i　说法图

上段高112厘米。上段下部绘说法图1铺，上距北壁顶边约24厘米，图高88厘米，通壁宽，其底边距地面43～45厘米（图版II：74）。地色为土红色。由于穿洞将说法图大部毁坏，现仅存中间顶端的华盖残迹和东侧1身胁侍菩萨。

（i）华盖

绘于说法图中间顶部，宽36厘米，盖顶绿色，顶边圆弧；盖顶下沿为土红色，上饰帐顶山花蕉叶纹饰，由3颗宝珠和2瓣仰莲瓣组成。宝珠（西端一颗残）作桃形，上有尖拱；红色火焰，中心有白色宝珠。仰莲瓣（仅存东侧一瓣）施黑色，中心白色，以土红色线和白色线勾边。其东侧檐下残存垂幔，施土红色，其上以黑色绘覆莲瓣，现存二瓣（原状应五瓣）。

（ii）胁侍菩萨

说法图原构图应为一佛二菩萨，现仅存东侧（左）胁侍菩萨，立姿，通高57厘米（包括头光、莲台）。稍侧向右，朝向中间主尊（图51）。菩萨右臂屈起，右手于右肩前似托一物（模糊）；左臂自然下垂提一物（模糊）。双脚呈八字形外撇，立于圆形仰莲台上。头戴宝冠，冠上饰三颗绿色宝珠，黑色缯带下垂至肩上。面部五官不清。面部和身上肤色皆颜色脱落，露出土色，可见土红色线描。袒上身，饰白色项圈、臂钏、腕钏。黑色璎珞自肩部下垂至腹部穿绿色璧分开下垂。白色帔巾勾土红

图51　第271窟北壁说法图东侧菩萨

色线，自肩部下垂，左侧帔巾至腹部环曲向上，然后绕右臂自然飘下，右侧帔巾垂至膝部环曲向上，绕左臂后垂下。下身着裙，呈土色，勾黑色细线，踝饰钏。有头光，敷色分两圈，内圈黑色，以白色细线勾边，外圈土色。菩萨头光东侧有1方高13.4厘米、宽2.7厘米的绿色题榜。头光西侧另有1方土色题榜，仅存下端残迹。菩萨东侧绘2朵莲蕾，绿色，圆形，白色莲萼。周围空间点缀黑色小花。菩萨右肘下方绘一束忍冬，可见二绿色叶。

ii 千佛

说法图上方绘千佛，高23～56厘米。壁面顶边以白色绘一列卷幔，上接顶部盝形帐顶，为连续8个垂弧，各宽9～10.5厘米、高2～3厘米。卷幔下方自上而下共绘五排千佛。现存千佛上起第一排15身，第二排15身（以上二排在说法图上方），第三排至第五排依次残存8身、5身、4身（以上三排在说法图上部两侧，东侧较完整，西侧大部被毁，仅残存第三排及第四排1身）。北壁残存千佛计47身。

千佛左右成排，上下成列，排列整齐，以土红为地色。上下各排之间皆以白色横线分隔，间距9.5～12厘米。每排各千佛大小基本相同，相邻千佛的身光相接处上方，等距离刷高2.2～3.4厘米、宽0.5～0.8厘米的白色题榜，题榜上端与白线相接，题榜数目一般比千佛的数目多一方，题榜与题榜的间距5～6厘米。

千佛通高8.5～10厘米（包括头光、莲座），两膝间距5～6厘米。造型姿态相同，均正面结跏趺坐，不露足，双手相叠置于腹前，施禅定印。头顶有低肉髻，肉髻与头发之间饰三四颗白色小圆珠。面部和身躯的肤色多变为暗灰色。据观察，千佛面部有较粗黑色线勾染轮廓、五官，于其上薄施白粉，又于前额至鼻梁、双眼上下各点染一道较厚的白色竖线，形成所谓的"小字脸"。两耳染三道（或三点）。千佛服饰均为圆领通肩式袈裟，圆领垂至胸前，袈裟蔽覆全身。其中黑色、红色袈裟还能看到从左肩经过前胸敷搭右肩的穿法。上身衣纹呈垂弧形，白色袈裟衣纹以黑线勾勒，较为清晰。千佛的头光圆形，身光椭圆形，两圆顶端相切，身光横径等于或略大于两题榜的间距，致使左右相邻的千佛身光边缘多相互叠压。头光、身光的敷色大多脱落，变色，外缘以白线勾勒。

千佛的华盖上端紧贴或稍低于上方白色分隔线，画不同颜色的两横道，上横道示意为华盖的盖顶，高0.4～0.6厘米，横径2.5厘米；下横道表示为华盖下部的垂幔，高0.4～0.6厘米，横径2.5～3.2厘米。垂幔两端悬垂白色流苏，飘向外侧，其下端又各悬红色圆珠。盖顶和垂幔一黑一红，相邻千佛华盖的颜色相错，若前者上红下黑，后者则为上黑下红。华盖的画法比较自由，其中红色一道在土红地色上描一笔薄粉，呈淡红色；有些则直接借用背景的土红色；黑色一道的位置作规律的高低变化，形成黑、红两色交错的效果；还有些简单地只画一道黑色。

千佛坐下为圆形覆莲座，下边微弧，高0.5～1.2厘米，横径5厘米，且勾勒莲瓣。莲座颜色有黑色和绿色两种，在相邻千佛的莲座上交替出现。

千佛上述情况列表如下。

单位：厘米

地色	千佛各排画面高	华盖				千佛单体通高（包括头光、莲座）	两膝间距	莲座			题榜			
		盖顶		垂幔										
		高	横径	高	横径			形制	高	横径	颜色	高	宽	间距
土红	9.5～12	0.4～0.6	2.5	0.4～0.6	2.5～3.2	8.5～10	5～6	圆形覆莲座，下边微弧	0.5～1.2	5	白	2～3	0.5～0.8	5～6

千佛按袈裟、头光、身光、莲座不同颜色的搭配，左右四身一组，有规律地连续排列。千佛袈裟的颜色有红、白（或绿）、黑、土四种，头光、身光的颜色均有黑、土、白、绿四种，莲座基本为黑、绿二色。白衣或绿衣的千佛共用同色的身光、头光和佛座，且在排列中的位置相同，交替出现于相邻的组中。在排列中，上一排某种颜色搭配相对其下一排同样的颜色搭配，向左（或右）横移一个位置，使各种颜色搭配的千佛在壁面上形成了道道斜线。现将上述千佛颜色搭配情况列表示意如下。

头光	黑	土	白	绿
身光	土	白	绿	黑
袈裟	红	绿、白	黑	土
莲座	绿	黑	绿	黑

2）下段

北壁东侧下段紧接说法图下缘，绘供养人，残高30厘米。可见2方题榜，一方残存高约24厘米、宽约2.7厘米，另一方高19.3厘米、宽3.2厘米。二题榜之间有一道白色线描，应为1身女供养人的背部轮廓线。其前残存花枝形白色线描，似其手中所持。西侧题榜以西尚可见类似花枝形白色线描二处。壁面东端尚存2身女供养人，身着交领大袖襦，大袖长垂（一红色衣缘、一黑色衣缘），双手于胸前拢袖中，长裙似系至胸部，下摆及地，甚残。二人似为前面仅存少许轮廓线者之侍女。

供养人画迹以下至地面高约20厘米，为素面。

（2）东壁

东壁上段壁画保存基本完整，下段较模糊（图版Ⅰ：31；图版Ⅱ：75）。

1）上段

图52　第271窟东壁说法图

i　说法图

上段高116.8厘米。上段下部居中绘说法图1铺，上距东壁顶边约62厘米，图高约53厘米、宽约55厘米，其底边距地面45厘米。地色为土红色。图中绘一佛二菩萨，坐佛居中，两侧各立一胁侍菩萨，大体完整，有的部分敷色脱落，残破处露出泥层（图52；图版Ⅱ：76）。

（i）坐佛

坐佛通高46厘米（包括头光、莲座），正面。两手举于胸前，掌心相对，右掌在前，左掌在后，似转法轮印。结跏趺坐于莲座上，双足足心向上。头上有较小的低平肉髻，肉髻和头发的颜色已变色，呈黑灰色。面长圆，眉弓与鼻的轮廓线相接；眼下视；嘴部模糊不清；两耳较长。眉、眼、鼻、下颏、头部外轮廓以及颈、胸、手、足均有晕染痕迹，并薄施白粉，晕染变色后，现呈黑灰色。颈、胸部肤色亦变为黑灰色。内着土色僧祇支，有浅红色衣边；外披土红色通肩袈裟，右手从领口中伸出，白色衣边，下摆呈三个圆弧形。袈裟末端搭在左臂上，褶襞晕染变成黑色，有白色线描。头光圆形，两圈，内圈土色，外圈黑色。身光宝珠形，上有尖拱，三圈，内二圈

图53　第271窟东壁说法图主尊

分别为土色、黑色，外圈分内外施土红和绿色，罩以白粉。头光、身光均可见白色细线勾勒。圆形莲座，白色（图53）。身光左侧上方与左胁侍菩萨头光之间在土红地色上有1方白线勾边的题榜，高5.5厘米，宽1.8厘米。

（ii）左胁侍菩萨

坐佛南侧（左）胁侍菩萨，立姿，通高38.5厘米（包括头光、莲台）。稍侧向右，朝向坐佛。右手于胸前作执物状（持物不清），左手下垂，双脚外撇，立于白色圆形莲台上。头戴花冠。面长圆，下颌稍尖，五官不清，颈细长，肤色于土色上薄施白粉，呈灰白色，白粉下露出土红色线描。袒上身，颈戴项圈，饰臂钏、腕钏；璎珞从肩两侧垂下，在腹部分开下垂。白色帔巾从两肩垂下，左侧帔巾至膝部环曲向上搭右臂后自然垂下；右侧帔巾垂至腹部环曲向上，绕过左臂垂下。下身着黑色长裙，踝部饰钏。头后圆形头光，三圈，内圈土色，中圈黑色，外圈土红色，以黑线勾边。菩萨右侧有一高10厘米、宽1.8厘米的题榜，于土红色地上留出土色。

（iii）右胁侍菩萨

坐佛北侧（右）胁侍菩萨，立姿，通高38厘米（包括头光、台座）。稍侧向左，朝向坐佛，稍向左出胯。左手于胸前作执物状，右手下垂握璎珞，双脚外撇，立于白色圆形莲台上。头戴花冠，已残，缯带在冠两侧打结，然后下垂至肩部外扬。面长圆，下颌稍尖，五官不清，颈细长。肤色于土色上薄施白粉，呈灰白色，白粉下露出土红色线描。袒上身，颈戴项圈，饰臂钏、腕钏；璎珞呈白色细线上点缀红色珠饰，自两肩垂至腹部交于一圆形物（璧？）后分开下垂至膝部环曲向上，右端握于右手，左端在腰部被帔巾遮住。帔巾从两肩垂下，左侧帔巾至膝部环曲向上搭右臂自然飘下；右侧帔巾垂至腹部环曲向上，绕过左臂飘下。下身着黑色长裙，踝部饰钏。头后残存黑色圆形头光。菩萨左侧有一高9厘米、宽1.7厘米的土色题榜。

说法图上部，坐佛身光上方和两侧胁侍菩萨上方，土红地色上，黑色斑点似表示天降花雨。

ii 千佛

说法图上方和两侧绘千佛。壁面顶边以白色绘一列卷幔，上接顶部盝形帐顶，为连续7个垂弧，各宽12.4～18.8厘米、高12.3～4.3厘米。现存千佛上起第一排至第四排均为11身，第五排10身，南端1身的位置上绘1朵绿色莲蕾，白色莲萼（以上五排在说法图上方）；第六排8身，第七至第十排均为4身（以上五排在说法图两侧）。东壁千佛计78身。

千佛表现与北壁上段千佛相同。千佛情况部分细节见下表。

单位：厘米

地色	千佛各排画面高	华盖		千佛单体通高（包括头光、莲座）	两膝间距	莲座			题榜			
		高	横径			形制	高	横径	颜色	高	宽	间距
土红	10～14	0.6～1	1.8～3.3	8.4～10.8	5～6.7	圆形覆莲座，下边微弧	0.7～1	4.3～6.4	白	2～3.5	0.5～0.7	6～8

千佛的颜色搭配、组合及着色情况均同于北壁上段千佛，但稍有不同；千佛袈裟的绿色与北壁的不同，用色甚浅，有的在淡淡的绿色上以黑色线描衣纹，很多几乎是白色，没有北壁那样绿色与白色规律性的交替。说法图北侧的五排千佛颜色搭配、排列出现错乱，兹列表于下：

第六排	头光	黑	土	黑	土
	身光	土	黑	土	黑
	袈裟	红	绿、白	红	土
	莲座	绿	黑	绿	黑
第七排	头光	土	黑		
	身光	黑	绿		
	袈裟	绿、白	红		
	莲座	黑	绿		
第八排	头光	黑	绿		
	身光	绿	白		
	袈裟	红	土		
	莲座	绿	黑		

第九排	头光	绿	白	
	身光	白	土	
	袈裟	土	黑	
	莲座	黑	绿	
第十排	头光	白	土	
	身光	土	黑	
	袈裟	黑	绿、白	
	莲座	绿	黑	

2）下段

东壁下段通壁宽绘供养人行列，高约30厘米，南部残。中间是1方高28厘米、宽18厘米的长方形白色题榜，未见字迹，可见土红色栏线。其南侧有4方题榜，残存3身男供养人。其北侧有4方题榜，之间有4身女供养人。题榜宽约2～2.8厘米，高13～17厘米，刷白色，土红色线勾边，未见字迹。

南侧的男供养人，面向北，甚残，隐约可见着土红色长袍，似持花。

北侧的女供养人，姿态、服饰均一致，头部已模糊。均稍侧向左，朝南。南起第二身保存稍好，以此为例：头部不清，身穿交领大袖襦，大袖垂至膝部，双手拢在袖中拱于胸前；长裙裙腰系至胸部，下摆曳地呈喇叭形，肩披披风。足部均残。手持花，面前可见花蕾。女供养人服饰与北壁的女供养人完全相同，且保存稍好。四人衣服的颜色不同，从南到北的第一身红色襦，土色长裙薄施白粉，黑色披风；第二身土色襦薄施白粉，黑色长裙，土红色披风；第三身土红色襦，裙腰于土色上薄施白粉，黑色披风；第四身土红色襦，黑色裙腰，土色披风薄施白粉。

供养人以下至地面高约20厘米，为素面，且表面剥落。

（3）西壁

西壁内容与东壁大体对称（图版I：32；图版II：77）。

1）上段

i 说法图

上段高112～118厘米。上段下部居中绘说法图1铺，上距西壁顶边69～72厘米，图高约46厘米、宽约60厘米，其底边距地面43～48厘米。地色为土红色。图中绘一佛二菩萨，中为坐佛，两侧各立一胁侍菩萨，残损较甚，敷色脱落较多，露出泥层（图54；图版II：78）。

（i）坐佛

坐佛通高45厘米（包括头光、莲座），正面。两手举于胸前，似掌心相对，左掌在前，右掌在后，如转法轮印。结跏趺坐于圆形莲座上，双足足心向上。佛头上有较小的低平肉髻。面长圆，五官不清，仅少许残痕，为黑色晕染上薄施白粉。内着僧祇支，似土色，黑色衣缘。外披土红色通肩袈裟，右手从领口中伸出，白色衣边，因剥落而露出泥层土色，下摆呈三个圆弧形。袈裟末端搭在左臂上，呈黑色。头光圆形，四圈，从内向外分别为黑、浅红、白、绿色；身光椭圆形，三圈，从内向外分别为土、黑、绿色，外周以白色勾边。身光左侧上方有一在土红地色上白线勾边的题榜，高5厘米，宽1.5厘米。

（ii）左胁侍菩萨

坐佛北侧（左）胁侍菩萨，立姿，通高33厘米（包括头光、莲台）。稍侧向右，朝向坐佛。两臂与两手均已残毁，足踏圆形莲台，莲台似黑色莲瓣。头戴宝冠，其上可见黑色冠饰，下有白色冠沿。上身残破严重，依稀可见袒上身，戴白色项圈，白色帔巾下垂至腹部和腿部呈两道曲线向上，分别绕左、右臂下垂。下身着黑色裙，踝部饰钏。头后有土色圆形头光，外周有土红色轮廓。菩萨右侧有1方高10厘米、宽2厘米的题榜，于土红色地上留出土色。

（iii）右胁侍菩萨

坐佛南侧（右）胁侍菩萨，立姿，通高34.5厘米（包括头光、莲台）。稍侧向左，朝向坐佛。左臂屈起，左手举于左肩前，细部不清；右臂自然下垂。双脚外撇，立于圆形莲台上。头戴宝冠，冠饰不清，面长圆，下颏尖而圆，五官不清。颈细长。肤色脱落，现呈土色。袒上身，戴项圈，饰臂钏、腕钏。黑色璎珞自两肩垂下，至腹部打结后分开垂下，至膝下分别环曲向上。肩披白色帔巾，右侧垂至膝下环曲向上，绕左肘飘下；左侧垂至腹下环曲向上，搭右臂垂下。下身着长裙，多呈土色，可见部分土红色痕迹，

图54　第271窟西壁说法图

以及黑色裙摆和勾边；裙腰系白色腰带。踝部饰钏。莲台为白边土色莲房，黑色莲瓣。头后有头光，二圈，内圈黑色。外圈土色上薄施白粉，外周以白色勾边。菩萨左侧有1方高10.3厘米、宽2厘米的题榜，于土红色地上留出土色。

ⅱ　千佛

说法图上方和两侧绘千佛。壁面顶边以白色绘一列垂幔，上接顶部盝形帐顶，为连续6个垂弧，各宽6.7～11.6厘米、高3.2～4.4厘米。现存千佛上起第一排至第五排均残存10身，第六排残存8身（以上六排在说法图上方）；第七排残存5身；第八排残存1身，第九排残存2身，第十排残存1身（以上四排在说法图两侧）。西壁残存千佛计67身。其中，第六至第十排南起第一身千佛北侧、第一至第五排南起第二身的位置，均空缺未画，留出土红地色。说法图北侧千佛被现代修补的石灰面遮盖，仅见第七排残存2身、第九排残存1身。

千佛表现与北壁、东壁上段千佛大体相同。在少数未完成或颜色脱落处可知千佛面部的画法：先用土红色打底，或用土红色粗线画圈，于其上用黑色粗线描绘，再薄施白粉。黑色、土红色袈裟上可见清晰的白色线描。千佛情况部分细节见下表。

单位：厘米

地色	千佛各排画面高	华盖		千佛单体通高（包括头光、莲座）	两膝间距	莲座			题榜			
		高	横径			形制	高	横径	颜色	高	宽	间距
土红	10～13	0.6～1.4	1.7～3.3	8.5～10.9	5～6.8	圆形覆莲座，下边微弧	0.5～1.3	4.4～6	白	2.5～3.5	0.5～0.8	5.3～7.2

千佛的颜色搭配、组合及着色、晕染情况均同于北壁上段千佛。

2）下段

西壁下段通壁宽绘供养人行列，高约28厘米。中间是1方高27厘米、宽17厘米的长方形题榜，白色，未见字迹。左右两侧供养人行列甚残。北侧残存1方题榜，残宽2厘米，残高18厘米，白色。题榜南侧有斜向土红色和黑色直线画痕。南侧存2方白色题榜，一方宽1.6厘米、高16.2厘米，另一方宽2.6厘米、高6.7厘米，后者紧贴前者北侧上部。南侧尚存4身供养人白色画迹，依稀可见各人手中所持花枝。

供养人行列以下至地面高约16厘米，为素面。

（4）南壁

南壁中部辟门，门上和门两侧绘壁画，门东侧下段即坐禅图之下绘供养人，门西侧大部残毁（图版I：33；图版II：79）。

1）上段

上段高64厘米。壁面顶边残存白色垂幔，上接顶部盝形帐顶，东起残存6个连续垂弧，各宽8.8～11.5厘米、高3～3.8厘米。现存千佛上起第一排残存10身，第二排残存9身（以上二排在门上）；第三排残存4身，第四排残存3身，第五排残存4身（以上三排在门两侧）。南壁残存千佛计30身。其中壁面西侧经现代以白粉修补后每排千佛西端仅露出1身残迹。千佛的形象、特征，以及颜色搭配、组合和着色、晕染情况等均同北壁、西壁，此不详述；唯其中按排列应施绿色的袈裟，除西侧残存2身施绿色之外，余皆未施彩，涂白粉后于其上用黑色粗线描绘衣纹。

2）中段

中段高约48厘米，门东侧千佛之下有一幅残画（坐禅图），残宽20～24厘米，模糊不清，内容不详，依稀可见僧人在树下坐禅，着覆头衣，结跏趺坐，双手相叠于腹前。画面白色铺地，有土红色和黑色画痕。

3）下段

门东侧下段残存1身供养人，仅有衣着的土红色线描痕迹，供养人身后有高16厘米、宽2.7厘米的白色题榜1方，无字迹。

（5）顶部

顶部彩绘影作盝形帐顶，正中绘1铺说法图，其外影作四披绘装饰图案，四边卷幔垂至四壁上沿（图版I：34-1；图版II：80）。

1）说法图

说法图东西宽64厘米，南北高43厘米，铺白色地。图中一佛四菩萨，其身后两侧绘宝树（图55）。

i　坐佛

坐佛通高42.5厘米（包括头光、身光），居中，正面。两臂屈肘，双手在胸前，右手扬掌作施无畏印，左手五指向下作与愿印。结跏趺坐，只露右足，脚心向上置于左胫上。以土红色描绘，面长圆，头顶残存圆形肉髻，面部五官未画，仅有土红色轮廓，可见起稿的中轴线（弹线），颈下有弧纹一道。内着僧祇支，黑色领边；外披双领下垂式袈裟，稍染土红色，黑灰色（黑色上加施白粉）衣边，下摆呈三个圆弧形，袈裟末端搭于左臂，呈黑色。头后有圆形头光，四圈，从内向外分别为白、土红、黑、绿色。身光为宝珠形，四圈，从内向外为土红、白、绿和黑色；头光和身光均在绿色内沿以蓝色线勾边。

ii　左侧第一身菩萨

图55　第271窟顶部说法图

坐佛东侧（左侧）菩萨，立姿，通高31厘米（包括头光）。稍侧向右，朝向坐佛。右手于胸前平托一朵莲花，如盘状，黑、白两色；左手下垂握帔巾。双足外撇。头戴红色宝冠。祖上身。面部、上身、手、足晕染后罩以白粉，肤色呈灰白色。土红色帔巾顺两肩而下，左侧至腹下环曲向上绕右肘垂下，右侧至膝下环曲向上经左手飘下。下身着黑色长裙。头光圆形，白色，点缀土红色圆点并以土红色线描边。

iii　左侧第二身菩萨

位于第一身菩萨东侧，立姿，通高32厘米（包括头光）。稍侧向右，朝向坐佛，出右胯。右手于胸前平托一朵黑白两色盘状莲花，左手下垂。双足外撇。戴深灰色宝冠。祖上身。长圆脸，面部、上身、手、足画法同第一身。绿色帔巾顺两肩而下，分别绕左右两臂飘下。有黑色圆形头光。

iv　右侧第一身菩萨

坐佛西侧（右侧）菩萨，立姿，通高29厘米（包括头光）。身体稍侧向左，回首，头稍侧向右，面对第二身菩萨。右手于胸前平托一朵黑白两色盘状莲花，左臂屈起至胸前，左手不清。双足外撇。头戴红色宝冠，白色缯带。祖上身。面部、上身、手、足画法同左侧菩萨。帔巾呈浅土红色，顺两肩而下，左侧至腹下环曲向上绕右臂垂下；右侧绕右臂垂至膝下环曲向上绕左臂垂下。下身着黑色长裙。头光圆形，白色，点缀土红色圆点并以土红色线描边。

v　右侧第二身菩萨

位于第一身菩萨西侧，立姿，通高28.5厘米（包括头光）。稍侧向左，朝向坐佛，稍出左胯。左手于左肩前托黑白两色盘状莲花，右手下垂握帔巾。双足外撇。戴深灰色宝冠。祖上身。长圆脸，面部、上身、手、足画法同左侧菩萨。帔巾蓝绿二色（以绿色打底，两边加描蓝色，露出中缝绿色线），顺肩而下，左侧绕左臂垂下，右侧绕右臂握于右手垂下。下身着土红色长裙。头后有黑色圆形头光。

vi　宝树

坐佛和两侧菩萨身后均绘宝树，以土红色描绘，深色勾枝干，浅色绘树叶，黑色、土红色勾绘花朵、花萼。

说法图西侧边沿与菩萨之间空隙处，以及坐佛左侧与菩萨之间空隙处，点缀黑色点，表示花朵。

2）装饰图案

影作的盝形四披，以土红色粗线勾边框，再加描绿色线。各披高（饰带宽）11～15厘米不等，绘交茎套联双叶忍冬纹。忍冬叶作黑、红两色，北披、西披、南披少数红色叶中见少许绿色。红色细线描花茎。双叶成对，茎叶相连，交茎套联组合，变化丰富。南北两披和东西两披分别大体对称。

盝形帐顶四披的外缘，与四壁连接处绘一周卷幔装饰，为白色连续的垂弧纹，垂弧大多延至四壁上沿，连弧之间不见帐带。东、西、南三面垂幔上点缀黑、红色点。

2．第270窟

窟内在下层草泥壁面上绘制壁画。北壁分上下二段布局，上段绘说法图和千佛；东壁、西壁、南壁分上中下三段，上段绘千佛，东壁、西壁中段绘说法图，南壁中段素白无画，四壁下段绘供养人。顶部崩毁，仅存少许壁画残迹。

（1）北壁

北壁为小窟正壁。壁面东上角残毁，经现代修补。上段绘千佛和1铺说法图，下段绘男、女供养人行列（图版Ⅰ：35；图版Ⅱ：82）。

1）上段

i　说法图

上段高117厘米。上段下部居中绘说法图1铺，高78.5厘米，宽83～87厘米。地色为土红色。图中一佛二菩萨（图56）。

（i）坐佛

坐佛通高58厘米（包括头光、须弥座），居中，正面。右手在右胸前扬掌作施无畏印；左手于左胸前五指向下、掌心向前，作与愿印。坐于须弥座上，屈两膝，右胫压左胫，露双足；右脚在左胫上，左脚在右胫下，似为交脚坐。头顶低平肉髻，残存土红色画迹。面长圆，五官不清，依稀可见左眼和嘴。肤色染成浅红色，表面罩白粉。内着土色僧祇支，领缘为黑色。外披土红色通肩式袈裟，领口较低，领缘、衣边为白色，里面为黑色。袈裟从右肩绕过胸、腹部搭于左肩，覆盖左臂，悬裳垂覆须弥座束腰部，下摆圆弧略呈覆莲瓣状。头光圆形，横径18厘米，三圈，从内向外分别为白色、绿色、黑色。其中内圈外周以土红色线描边，外圈在土红色地上涂黑色。身

图56　第270窟北壁说法图

光宝珠形，横径35厘米，四圈，从内向外分别为浅红、土红、土色、火焰纹。其中外圈火焰纹以土红、黑、绿、白色描绘。身光顶端被华盖垂幔遮盖。须弥座束腰上下各叠涩二层，施土、白、黑色。须弥座下承以白色仰莲。

华盖横径30厘米，高12.5厘米，上部为白色圆形盖顶，略作俯视角度，周沿土红色，沿上帐顶山花蕉叶纹饰，由三颗火焰宝珠和二瓣仰莲瓣组成。沿下为垂鳞、垂角和垂幔。垂鳞为黑色、土红色相间；垂角白色，土红色描边，垂角下端悬黑色圆珠；垂幔土红色打底染黑色，并于垂角之间涂薄粉绘帐带。华盖两侧及上方绘宝树，在土色地上用土红色线勾描。

（ii）左胁侍菩萨

坐佛东侧（左）胁侍菩萨，立姿，通高58厘米（包括头光、莲台），甚残，模糊。稍侧向右，朝向坐佛，稍出右胯。左臂屈起，左手抬至左肩前，右臂下垂，立于白色圆形仰莲台上。头戴三珠宝冠，帔巾尚能看到垂至腹部和腿部呈环状的部分以及两臂外侧下垂的部分。下身着裙。有圆形头光，三圈，从内到外分别为白、黑、白色。中圈黑色脱落严重，露出打底的土红色。菩萨右侧与坐佛之间有1方高17厘米、宽2.7厘米的浅红色题榜。

（iii）右胁侍菩萨

坐佛西侧（右）胁侍菩萨，立姿，通高57.5厘米（包括头光、莲台）。稍侧向左，朝向坐佛，身材修长，稍出左胯。右手置于右肩前，掌心向前；左臂下垂，左手执花枝，双足外撇，踏于白色圆形仰莲台上。戴白色三珠宝冠，绿色珠，土红色火焰。缯带垂至肩上。额宽，下颏尖圆，眉眼细长，鼻挺直，嘴较小，耳长垂。用土红色线勾勒，以黑色点染，于其上薄施白粉，肤色略呈灰白色。袒上身，颈戴项圈；胸前挂一珠串，红珠、白珠相间；饰腕钏。肩部又垂下璎珞，至腹部相交作花结，之后垂至膝部分开环曲向上至腰侧。璎珞以土红色打底，腰部以上涂成白色，腰腹之际盖以薄粉，花结以下被长裙黑色覆盖，隐约可见土红色画迹。披覆双肩的白色帔巾较宽，自肩前下垂，左侧垂至腹下环曲向上，搭右臂后垂下；右侧垂至膝部环曲向上绕左臂垂下。下身着黑色长裙。头后有圆形头光，三圈，从内向外分别为绿、黑、土色。其中内圈外周以土红色线起稿，白色线勾边，外圈土色上薄施白粉。

菩萨左侧与坐佛之间有1方高19厘米、宽2.5厘米的浅红色题榜。

菩萨身后有一束莲花忍冬。菩萨左右空间点缀黑色小花、莲蕾。

ii 千佛

说法图上方绘千佛,高约39～56厘米。壁面顶边以黑色绘一列卷幔,上接顶部盝形帐顶,残存西起连续3个垂弧,各宽8.5～9.2厘米、高2.9～3.2厘米。卷幔下方自上而下共绘四排千佛。现存上起第一排残存9身,第二、三排各残存10身(以上三排在说法图上方),第四排残存4身(在说法图两侧)。北壁残存千佛计33身(以上各排最东端一身均仅存少许残迹)。

千佛左右成排,上下成列,均以土红为地色。上下各排间皆以白色横线分隔,间距12～13.7厘米。在白线下,千佛与千佛之间上方等距离刷一方高3.2厘米、宽0.6厘米的白色题榜,题榜与题榜间距为5～6.5厘米。说法图两侧的千佛尺寸稍大,其余大小基本相同。

千佛通高约10厘米(包括头光、莲座),两膝间距5～6.2厘米,造型、姿态相同,均正面结跏趺坐,不露足,双手相叠于腹前,施禅定印,细部不清。头顶少数可见低平肉髻。面长圆,披通肩式袈裟,圆领垂至胸前。头顶、颈部、领口部位可见横向土红色弹线。依据弹线于泥壁上用土红色粗线勾轮廓,包括头部、肢体、袈裟、头光。然后用黑色点染面部、肌肤、耳朵(三道),再敷以稀薄的白粉,因而多呈灰白色。最后以黑线简单描双眼和鼻梁,形如"小"字。描绘较潦草,多有省略。千佛的头光为圆形,横径4～4.5厘米,身光近椭圆形,横径7.5～8厘米。

千佛上方仅少数可见华盖,由二种不同颜色的横道示意,上道横径2厘米、高0.5～0.6厘米,下道横径2～3厘米、高0.6厘米,上为盖顶,下为垂幔。垂幔两端各饰白色小点组成的流苏。盖顶和垂幔一黑一红,其中红色系在土红地色上薄施白粉。

千佛坐下为圆形莲座,下边微弧,横径4.2～6厘米,高0.7～1厘米,分黑色、白色两种,交替出现。

千佛上述情况列表如下。

单位:厘米

地色	千佛各排画面高	华盖				千佛单体通高(包括头光、莲座)	两膝间距	莲座			题榜			
		盖顶		垂幔										
		高	横径	高	横径			形制	高	横径	颜色	高	宽	间距
土红	12～13	0.6	2	0.5～0.6	2～3	10	5～6.2	圆形莲座,下边微弧	0.7～1	4.2～6	白	3.2	0.6	5～6.5

千佛以其袈裟、身光、头光、莲座颜色的不同搭配,左右四身一组,按规律排列,示意如下表,但绘制草率,不规则处较多。其中蓝色甚浅,与白色区别不大。

头光	黑	蓝	白	土
身光	蓝	白	土	黑
袈裟	红	土	黑	蓝
莲座	白	黑	白	黑

说法图上部两侧即上起第四排的4身千佛,尺寸、颜色组合不同于以上的三排。说法图西侧二身千佛,外侧为白色头光、蓝色身光、红色袈裟、蓝色莲座,内侧为蓝色头光、白色身光、土色袈裟、白色莲座;东侧二身千佛,内侧为黑色头光、白色身光、红色袈裟、白色莲座,外侧为土色头光、白色身光、土色袈裟、蓝色莲座。

2)下段

北壁下段通壁宽绘供养人行列,高约22厘米,白色地。中间有1方高21.5厘米、宽16厘米的长方形发愿文题榜。两侧供养人行列均朝向中部。东侧绘7身女供养人,均拢手拱于胸前,最后二身身材稍矮小。西起第一至五身穿大袖衣,第六、七身窄袖衣,皆着长裙,裙腰束至胸前。其中第三、六身为黑色衣,第四、七身为黑色裙,余皆为红色。每人头前各有一方题榜,高4.3～5.3厘米,宽约1厘米。西侧残存5身男供养人,甚残,仅能看到红色长袍,圆领,腰束带,拢手拱于胸前,其余已无法看清。每人头前有1方高4.6～5.7厘米、宽0.8～2厘米的题榜。题榜共7方,大体均匀分布,表明原应有7身男供养人。题榜均白色,泛红,可能白粉之下以红色衬底。

供养人行列下有近2厘米粗的红色边线,以下高约15厘米,残,残存部分可见边线以下仍为白色地。

(2)东壁

东壁上部残毁,壁画脱落、磨损较甚。隐约可见其上段绘千佛,中段绘说法图,下段绘供养人(图版I:36;图版II:84)。

1）上段

上段高约57厘米。千佛已模糊不清，残存部分约高8~12厘米和宽66~73厘米，仅残存最下一排的6身，形象都十分模糊，可见土红地色，北起三身的敷色分别为白色头光、红色袈裟，土色头光、白色袈裟，白色头光、黑色袈裟。千佛以下与中段说法图之间以一道红色粗线界隔。千佛以下应另有2身千佛，分别画在说法图上部两侧，现仅存北侧1身。东壁残存千佛计7身。

2）中段

中段说法图高约72厘米，通壁宽。图中白色地，隐约可见一佛二菩萨，图北侧上部千佛1身。

画面居中坐佛1身，模糊不清，隐约可见着红色袈裟，为双领下垂式，内有僧祇支。身光作莲瓣形，四圈，从内向外为白、黑、土、黑色，以土红色勾边线。南侧胁侍菩萨1身，仅存胸部少许残痕。北侧胁侍菩萨1身，稍侧向左，朝向坐佛。头戴花冠，左手似举至胸前左侧，右臂似垂下。颈下饰项圈，胸前挂红黑相间的珠串。肩挂帔巾。头光三圈，从内向外依次为黑、蓝、土红色。

图北侧上部千佛1身，甚残，依稀可辨。另，北侧上部依稀可辨黑色线描枝杈，为宝树画迹。

图北侧下部佛座与菩萨之间可见二瓣黑色忍冬叶。说法图下以一道红色边线与下段界隔。

3）下段

下段高25厘米。仅能见到北侧供养人行列，高约23厘米，甚残。仅北端2身男供养人的服饰尚能分辨。供养人前有残高4.3厘米、宽0.7厘米的题榜。其余有更为模糊的供养人5至6身。南侧供养人全部残毁。

供养人行列下有一道红色粗线，现存残长12厘米。以下有高约14厘米的空余壁面，残毁。

（3）西壁

西壁保存较完整。上段绘千佛，中段绘说法图1铺，下段绘供养人行列（图版Ⅰ：37；图版Ⅱ：85）。

1）上段

上段高40厘米。壁面顶边以黑色绘垂幔，残存4个垂弧。自上而下绘三排千佛，每排11身，共33身。千佛以下另有4身千佛，画在说法图内，上部两侧各2身。西壁千佛计37身。

与北壁、东壁相比，画法略同，千佛排列比较整齐，保存程度较好，各排均可见头顶、颈部、领口土红色横向弹线；面部、肌肤黑色点染及加描"小"字清晰可见。北侧数身头部经过反复改画。

千佛上述情况列表如下。

单位：厘米

地色	千佛各排画面高	华盖				千佛单体通高（包括头光、莲座）	两膝间距	莲座			题榜			
		盖顶		垂幔				形制	高	横径	颜色	高	宽	间距
		高	横径	高	横径									
土红	12~15	0.5~1.2	2~3	0.7~1	2~3	9~10	5.5~7	圆形覆莲座，下边微弧	0.7~1.4	4.5~5	白	2.5~3	0.5~0.7	6~7

千佛头光圆形，横径4.3~5厘米；身光椭圆形，横径6.5~8厘米。华盖敷色为黑、红两色，部分红色上薄施白粉。上述千佛头光、身光、袈裟、莲座颜色搭配情况列表如下。

头光	黑	蓝	白	土
身光	蓝	白	土	黑
袈裟	红	土	黑	蓝
莲座	蓝	黑	蓝	黑

2）中段

中段说法图高约74厘米，宽约85~89厘米。白色地。中央为坐佛，两侧立左、右胁侍菩萨（图57；图版Ⅱ：86）。

ⅰ 坐佛

坐佛通高72厘米（包括身光、莲座）。居中，正面。双手置于腹前，施禅定印，结跏趺坐于莲座上。头顶有低平肉髻，肉髻及发上的颜色已脱落，呈土色。面长圆，五官不清。面部及颈、胸、手部肤色均呈肉粉色。内着土色僧祇支，黑色领边；外披土红色通肩式袈裟，双领垂至胸腹间，袈裟蔽覆全身，不露足，领缘、衣边均为浅蓝色，里面黑色。下摆呈三个圆弧。圆形莲座，土色座面，周缘染红色，座身施白色，土红色线勾勒仰莲瓣。

图57　第270窟西壁说法图

坐佛的头光圆形，横径26厘米，四圈，从内向外分别为土、黑、浅蓝、土红色。身光宝珠形，横径39厘米，三圈，中圈、内圈皆为土色，以土红色线分界；外圈黑色，内缘与头光顶边相切，以细白线勾勒火焰纹，颜色剥落处露出地仗土色。身光之上有宝树，原敷色脱落，现略呈白色，其中以土红色勾绘树枝。

ii　左胁侍菩萨

坐佛北侧（左）胁侍菩萨，立姿，通高约60厘米（包括头光、莲台），身高50厘米。身材修长，稍侧向右，朝向坐佛，稍出右胯。左手于胸前执物，右臂自然下垂，右手提净瓶。净瓶为侈口，长颈，鼓腹，圈足外撇。双足呈八字形外撇，踏于圆形仰莲台上。头戴花冠，缯带由头两侧垂至肩，用稀薄的白粉描画。肤色均呈灰白色。袒上身，颈下饰白色项圈，胸前挂珠串，黑红两色圆珠相间。饰腕钏。土红色璎珞自肩部饰物下垂，经胸前至腹部相交于一五瓣花形饰物下垂，至膝下向外侧环曲向上绕至身后。肩上饰物有土红色飘带披垂于肩、臂两侧，尾端稍上卷。帔巾展宽披覆两肩，向下垂至腿部和膝部环曲向上，分别绕左、右臂后自然下垂。下身着黑色长裙，裙腰翻出，中间有白色腰带垂下。莲台围以白色仰莲瓣。菩萨与坐佛之间有1方残高14厘米、宽2.8厘米的题榜，土红色勾边。帔巾和题榜均白色，稍泛红。圆形头光，三圈，自内向外分别为黑、浅蓝、土红色。

菩萨两侧空隙间点缀黑色圆点，表现花朵，下有浅色枝叶。

iii　右胁侍菩萨

坐佛南侧（右）胁侍菩萨，立姿，通高62厘米（包括头光、莲台），身高50厘米。身材修长，稍侧向左，朝向坐佛，稍出左胯，与左胁侍大体对称，形象、服饰相似。头微低，右手于右肩前持柳枝，左臂自然下垂，左手提净瓶。腹部饰物作六瓣花形。菩萨与坐佛之间有1方高16厘米、宽3.3厘米的题榜。

菩萨两侧饰圆点形花朵，花呈黑色，下有浅色枝叶。

iv　千佛

说法图上部两侧白地色上均绘有千佛2身，共4身，形象、姿态、衣着、尺寸与上段千佛略同，头光、身光、袈裟的颜色搭配与上段的千佛不同。其中，南起第一身为黑色头光、白色身光、白色袈裟（以土红色打底，上涂盖白色，留出土红色领缘、衣边）、白色莲座，第二身为白色头光、黑色身光、白色袈裟（灰色领缘、衣边）、黑色莲座，第三身为白色头光、黑色身光、白色袈裟（略泛红）、黑色莲座，第四身为红色头光、白色身光、黑色袈裟、白色莲座。千佛均以土红色线勾轮廓；面部、肌肤以黑色点染，薄施白粉，呈灰色；脸上描"小"字绘眼、鼻。因无弹线及分格界定，描绘比较自由。

3）下段

下段供养人行列高22.8厘米，通壁宽。中间是1方发愿文题榜，其南侧绘男供养人，北侧绘女供养人。

发愿文题榜无字迹，下部残，残高14.5厘米、宽8.2厘米，白色，泛红，土红线勾边。北侧女供养人高度差别不大，约略高17厘米左右，头残、身体残损不清，着装有黑红两色；下身着长裙，裙腰束于胸部，南起第七身披风曳地。由题榜数量推知原绘有8身。南侧6身男供养人，头顶位置比对侧女供养人稍高。头上冠饰已不清，身着圆领红袍，双手于胸前拱于袖中，膝以下均残。每身前各有1方题榜，高约6.5～8.5厘米、宽1.3～1.5厘米。

壁面下段供养人行列以下残损严重，情况不明。

（4）南壁

南壁中部辟门。壁面东上角残毁，现代以白灰修补。上段门上绘千佛。中段门两侧千佛以下刷成白色，门西侧无画，门东侧千佛下仅11厘米残存壁面，以下泥面残损，曾经以草泥修补；泥面剥落处，露出底层泥面，可见底层泥面上靠近门沿画白色竖线。下段门西侧残存1身男供养人（图版I：38；图版II：87）。

1）上段

壁面上段高61厘米，东部残损。壁面顶边绘一列卷幔，现存西起3个连续垂弧；垂幔土红色，下边涂黑色宽缘，各宽11～14厘米、高3.5～4.5厘米。卷幔下方自上而下共绘四排千佛。千佛上起第一、二排均残存7身，第三排残存6身（以上三排在门上方），第四排残存3身（在门两侧，其中西侧2身、东侧残存1身）。南壁残存千佛计23身。以上第三排千佛中间是一宽20.5厘米、高5.5厘米的横长方形白色题榜，在留出的土色地上涂白色（其西侧绘千佛4身，东侧仅残存2身）。千佛以土红为地色，形象与排列组合类同北壁、西壁。

千佛上述情况列表如下。

单位：厘米

地色	千佛各排画面高	华盖				千佛单体通高（包括头光、莲座）	两膝间距	莲座			题榜			
		盖顶		垂幔										
		高	横径	高	横径			形制	高	横径	颜色	高	宽	间距
土红	12.5～14	0.5～1	2.5～3	0.5～1.6	2.5～3.5	10～11.5	5.5～6.7	圆形覆莲座，下边微弧	0.5～1	5.5～6	白	2.5～4	0.5	5.5～7.5

千佛头光圆形，横径4～5厘米；身光椭圆形，横径7～8厘米。千佛袈裟、身光、头光、莲座颜色搭配情况与西壁相同。

2）下段

南壁下段门西侧白色地上绘1身男供养人，残高18厘米，稍侧向左，朝向西，应是西壁下部男供养人行列的延续。头部、面部不清，身穿土红色圆领窄袖长袍，可据此了解西壁男供养人的服装。

供养人足下有土红色边线，以下仍铺白色，高约14厘米，似为素壁。

门道壁面均于下层泥面上敷白色地，东侧壁残存土红色画迹。

（5）顶部

窟顶几乎全部残毁，现状为现代维修加固后的白灰泥面。西南角和北边西段残存少许壁画残迹，联系南、北、西三壁所见顶边卷幔，顶部原绘应为帐顶装饰图案（图版I：34-2；图版II：88）。

3．第267窟

窟内在下层草泥壁面上绘制壁画。南壁分上中下三段，上段绘千佛，中段绘说法图，下段绘供养人。东壁、西壁、北壁均分上下两段，分别绘千佛和供养人。窟顶绘帐顶。

（1）南壁

南壁为小窟正壁，西部因近代开穿洞将壁面打破，三段壁画的西侧大半被毁。上段千佛、中段说法图残存画面较清晰，下段壁画模糊（图版Ⅰ：39；图版Ⅱ：90）。

1）上段

上段高37厘米，绘千佛三排，大部毁于穿洞。现存千佛上起第一排残存14身（在穿洞上方，行列完整），第二排残存6身（其中穿洞以西残存1身、以东残存5身），第三排残存4身（均在穿洞以东）。南壁残存千佛计24身。

千佛左右成排，上下成列，排列整齐。以土红为地色。上下各排之间皆以白色横线分隔，间距11.5～13.7厘米。在白线下，千佛与千佛之间上方等距离刷有高2.5～3.5厘米，宽0.6～0.8厘米的白色题榜，题榜的上端与白线相接，两题榜间相距5.5～6.5厘米，很多脱落，不甚清楚。

千佛通高10～11.5厘米（包括头光、莲座），两膝间距6～7厘米，造型、姿态相同，均正面，双手相叠于腹前，施禅定印；结跏趺坐，不露足。头顶有低平肉髻，肉髻与头发之间饰一串白色小点，一般仅见三颗。颈部有一道弧纹，两耳点染三点。面长圆，头部先以土红色粗线画圈起稿，在面、颈、胸、手部染浅红色（如肉粉色），于其上晕染，再薄施白粉，用黑色细线画五官，红色点嘴唇，最后以白色点染眼、鼻处高光，形如"小"字。画面颜色斑驳残损，白色脱落较多，勾染变为黑色，因白粉覆盖呈灰色。千佛服饰均为通肩式袈裟，圆领垂至胸前。袈裟蔽覆全身，可见衣纹白色细线。千佛的头光为圆形。身光为椭圆形。

千佛上方所绘华盖与横向白线相接，或稍低于白线，由两种不同颜色的横线示意，上为盖顶，横径2～3厘米，高0.5～0.8厘米；下为垂幔，横径2～3厘米，高0.5～0.8厘米，两端各向外侧飘出白色小点组成的流苏，末端缀以红色圆珠。华盖两横道一黑一红，相邻华盖颜色相错，若前者为上红下黑，则后者为上黑下红，其中红色上常薄施白粉，与土红地色有所区分，绘流苏上的红珠亦用此法。

千佛坐下为圆形莲座，下边微弧，横径约5厘米，高1～1.5厘米。颜色或黑或白，相间排列。其中黑色多脱落，露出土红地色。

千佛上述情况列表如下。

单位：厘米

地色	千佛各排画面高	华盖				千佛单体通高（包括头光、莲座）	两膝间距	莲座			题榜			
		盖顶		垂幔										
		高	横径	高	横径			形制	高	横径	颜色	高	宽	间距
土红	11.5～13.7	0.5～0.8	2～3	0.5～0.8	2～3	10～11.5	6～7	圆形莲座，下边微弧	1～1.5	5	白	2.5～3.5	0.6～0.8	5.5～6.5

千佛以其袈裟、身光、头光、莲座颜色的不同搭配，左右四身一组，有规律地连续排列。千佛袈裟颜色有四种，即黑、白、红和土色，均以土红色起稿，其中土色袈裟薄施白粉，白粉下因有黑色晕染而多呈灰色；黑色袈裟则多因颜色脱落而露出地仗土色和土红色起稿线。头光、身光颜色均有三种，即白、黑、土色。每身佛的各个部位分别使用不同的颜色，形成固定的组合。在排列中，上一排某种颜色搭配的千佛，相对其下一排同样颜色搭配的千佛向左（或右）横移一个位置，这样，各种颜色组合的千佛在壁面上就形成了道道斜线。现将上述千佛颜色排列情况列表示意如下：

头光	黑	白	白	土
身光	白	白	土	黑
袈裟	红	土	黑	白
莲座	白	黑	白	黑

2）中段

千佛以下，中段绘说法图，高86厘米，原应通壁宽，现宽约33～42厘米。以土红为地色。由于被后代所开穿洞破坏，此铺说法图仅剩东侧一菩萨、一弟子、一飞天及残存的主尊身光及覆莲座少许（图58；图版Ⅱ：91）。原图似应绘一佛二弟子二菩萨及二飞天。

ⅰ 右侧弟子

东侧（右侧）弟子1身，立姿，通高60厘米（包括头光、莲台），身高50厘米。稍侧向左，朝向主尊。双手合十于胸前。双足呈八字形外撇，立于白色圆形莲台上。面长圆。面部白粉斑驳脱落，露出土色地仗、土红色起稿粗线，泛出黑色勾染，肤色呈灰色（包括面部和颈、胸、手、足）。颈部有二道弧线。披黑色袈裟，土红色领缘、衣边，里面白色；袈裟为对襟式，于身前稍敞开，右侧衣角翻出里面搭于左前臂上。下身穿白色裙，垂至两踝。莲台中部莲房圆凸，土色，外圈莲瓣为白色。有圆形头光，两圈，内圈白色，外圈黑色，以黑色线和土红色线勾边。

ii　右胁侍菩萨

东侧（右侧）菩萨1身，立姿，通高66厘米（包括头光、莲台）。稍侧向左，朝向主尊。两小臂屈起，双手于胸前捧一扁圆形器物，土色。双脚八字形外撇，立于莲台上。面部及颈、胸、腹、臂、手、足肌肤染色情况与弟子略同，肤色呈灰色。头戴三珠宝冠，冠两侧白色缯带婉转上扬。袒上身，戴项圈，饰腕钏。肩上圆形饰物有白色飘带顺双肩、上臂垂于两侧，末端上卷；白色璎珞垂于胸前，下挂至膝下向左右呈环状绕至身后。白色帔巾覆双肩而下，垂至腹下、膝部环曲向上绕左、右肘垂下。下身着裙两层，外裙黑色，稍短，及于膝下，白色腰带在腹中间打结垂下；内裙为红色，长及踝上，裙摆呈尖角状。踝饰钏。有圆形头光，两圈，内圈黑色，外圈白色。莲台三

图58　第267窟南壁说法图东侧

圈，中央莲心呈灰色，中圈白色，外圈莲瓣呈黑色（图59）。

iii　右侧飞天

图中东侧弟子、菩萨上方现存1身飞天，高23.5厘米，宽34厘米（包括帔巾）。向西飞行，头部向右侧倾至右肩，下视。上身基本端直，双手高举头上托一盘状莲花。腰胯部作近90度折屈，两股略呈水平状，小腿向上扬起，脚尖向上。面长圆，眉眼细长，嘴角微上挑，似微笑，均以黑色细线描绘。发际、眉弓、鼻翼、面颊、下颌、胸肌、乳头、腰、腹、脐、臂、手、脚皆于白粉下透出黑色晕染，肤色呈灰色。头戴三珠宝冠，缯带飘向后上方。袒上身，颈戴白色项圈。白色帔巾于头后呈环状绕两臂向后上方飘扬。下身着黑色长裙，随肢体向后上方飘起，下摆呈尖角状在露出的两足间上扬；白色腰带在腹中部打结。白色云气纹环绕在飞天下方。

弟子以西，主尊身光外圈有部分残存，白色、土色相间，饰火焰纹，其中略有土红色和黑色的勾描点染。以下部分残存主尊莲花台座，

图59　第267窟南壁说法图右胁侍菩萨

可见白色圆形座面和白、黑两色相间的覆莲瓣；残存的四瓣中，一瓣为黑色，余三瓣为白色。

3）下段

下段高约45厘米，白色地，由于敷色脱落，壁画已无法辨认。但根据东壁、西壁下段均绘朝向南壁的供养人行列，推测此处原画也是供养人行列，而且是供养人行列的引首，中间应有发愿文题榜。现残存的壁面东侧下段表面，绘有20世纪50年代敦煌文物研究所的编号牌榜。

（2）西壁

西壁南侧受南壁穿洞影响，壁面磨损较多，部分壁面毁损处经现代用白灰修补（图版I：40；图版II：92）。

1）上段

上段高约120厘米。壁面顶边绘一列卷幔，有连续4个垂弧（最南端垂弧画在顶部，未及西壁），各宽12～17厘米、高2.7～5.2厘米。卷幔画黑色宽边。卷幔下方自上而下共绘九排千佛。现存千佛上起第一至第六排均残存13身，第七至第九排各残存12身。西壁残存千佛计114身。

千佛表现形式及表现方法与南壁千佛基本相同，南侧下部残损严重，许多形象已模糊不清。表面敷色磨损后，各排千佛均可见起稿时的土红色弹线，可见头顶、颈、领口、手、莲座座面等五道横线以及中轴、两膝等三道纵线。经弹线定位，用土红色线起稿，头部和手部画圆圈，颈部至领口画两道短弧线，两肩经两腋、躯干两侧画两道长弧线，于胸际（两肩至脐）画"V"字形线。然后染色。黑色和红色袈裟上可明显看出白色细线的衣纹。

千佛上述情况列表如下。

单位：厘米

地色	千佛各排画面高	华盖				千佛单体通高（包括头光、莲座）	两膝间距	莲座			题榜			
		盖顶		垂幔										
		高	横径	高	横径			形制	高	横径	颜色	高	宽	间距
土红	12～13.8	0.5～1	2～2.5	0.5～1	2.5～3	9～12	6～7.8	圆形莲座，下边微弧	0.8～1.5	5～6	白	2.5～3.5	0.5～0.9	6～7

千佛袈裟、身光、头光、莲座颜色的搭配排列情况与南壁相同。

2）下段

西壁下段绘供养人行列，高约30厘米。现大多磨损脱落，仅见残存6方白色题榜及部分红色衣着画迹，推知为男供养人。近北端可见数条土红色竖线，系上段千佛纵向弹线的延长部分。

（3）东壁

东壁与西壁大体对称，保存较好（图版I：41；图版II：93）。

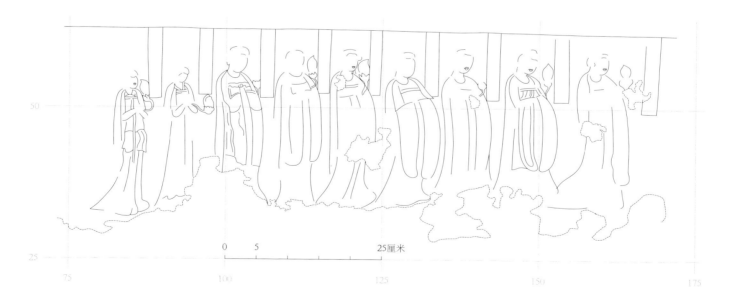

图60　第267窟东壁供养人

1）上段

上段高115厘米。自上而下共绘九排千佛，保存完整，由于壁面顶部稍小于底部，因此每排千佛的数目不完全一致，上起第一至第四排每排13身；第五至第九排每排14身（其中各排最北端一身的右侧部分画在北壁）；东壁千佛计122身。

千佛表现和绘画方法与南壁、西壁千佛基本相同，情况列表如下。

单位：厘米

地色	千佛各排画面高	华盖				千佛单体通高（包括头光、莲座）	两膝间距	莲座			题榜			
		盖顶		垂幔				形制	高	横径	颜色	高	宽	间距
		高	横径	高	横径									
土红	12～14	0.5～1	2.5～3	0.5～1	2.5～3	9～12	6～7	圆形莲座，下边微弧	1～1.5	5～6	白	2.5～3	0.5～1	5.5～7.5

千佛颜色搭配及排列情况与南壁、西壁大致相同，惟土色袈裟画法有所区别。南壁、西壁千佛土色袈裟于起稿后多只在两侧肩臂染灰色，中间留出土色；而东壁则多将袈裟全部染成灰色。列表示意如下。

头光	黑	白	白	土
身光	白	白	土	黑
袈裟	红	灰	黑	白
莲座	白	黑	白	黑

2）下段

千佛以下绘供养人行列，高31～33厘米。共9身女供养人，身高23～25.5厘米不等（图60）。稍侧向左，面朝南。头饰、五官不清，可见有涂红唇者。南起第一至七身，身材修长，上身穿圆领襦服，宽袖长垂及膝，双手拢袖于胸前，手执花枝。下身着长裙，裙腰束至胸上。外披披风。第八、九身（北端），较矮小，上身着窄袖衣，双手持花；下身着长裙，衣摆呈喇叭形。第九身可见红唇。每身前各有1方题榜，约高11～13厘米、宽2厘米。供养人服饰颜色情况如下表。

	襦	裙	披风
1	白	红	红
2	土	黑	红
3	红	黑	黑
4	土	黑	红
5	红	土	黑
6	黑	黑	红
7	土	红	黑
8	土	白	红
9	土	黑	红

供养人行列以下至地面约高17～20厘米，壁面残损，敷色无存。

（4）北壁

北壁中间辟门，门东侧下段部分壁面、门沿东侧及西侧下部残，经现代修补。（图版I：42；图版II：94）。

1）上段

上段高117厘米。壁面顶边可见顶部帐顶边缘卷幔之黑色宽边，为连续3个垂弧，各宽9.4～13.5厘米、高0.7～2厘米，以及连弧之间的帐带下端。卷幔下方门上及门两侧绘千佛，自上而下共九排千佛。千佛上起第一至第三排各11身（以上三排在门上），第四排5身，第五至第九排各4身（以上六排在门两侧，其中第四排门西侧2身，东侧3身；其余每排两侧各2身）。北壁千佛计58身。

千佛表现和绘画方法与南壁、西壁、东壁千佛基本相同，描绘比较草率，情况列表如下。

单位：厘米

地色	千佛各排画面高	华盖				千佛单体通高（包括头光、莲座）	两膝间距	莲座			题榜			
		盖顶		垂幔										
		高	横径	高	横径			形制	高	横径	颜色	高	宽	间距
土红	12～13	0.5～1	2.5	0.5～1	2.5	9～11.8	5.5～7.5	圆形莲座，下边微弧	0.8～1.2	5～6	白	2.5～3	0.5～1	6.5～8

千佛各排均与东、西壁衔接。千佛的形象、服饰、头光、身光、华盖、莲座及颜色组合排列同南壁、西壁，其中多数土色袈裟在土红色线起稿后不再染色，肩、臂外侧直接被身光白色涂盖。

小窟拱券门上方，在第三排千佛下方，壁面涂布土红地色时留出方形门额，薄施白粉。

（5）顶部

顶部近方形，彩绘影作帐顶，土红地色，中央绘斗四方井，四周绘卷幔（图版I：43-1；图版II：95）。

1）斗四方井

顶部中央方井由两个正方形格错角套叠组成。

由内向外，第二方格内白色铺地，绘直径38厘米的圆形莲花，三圈。内圈莲房呈灰黑色，透出一周直径1～1.5厘米的土红色圆圈，共八个，应为莲子，外周以土红色线勾边；中圈白色，剥落处露出土红地色；外圈黑色，隐约可见有线描的莲瓣痕迹，敷色脱落处露出白地色、土红色粗线起稿。方格内缘边长34.8～35.8厘米。第二方格四边支条宽5.5厘米，土红色地，白色线描边，绘单叶波状忍冬纹，纹样敷色多已脱落。

第一方格与第二方格错角相套，四岔角于白地上各绘1朵土红色火焰。方格内缘边长50～54厘米。第一方格四边支条宽7厘米，土红色地，白色线描边，绘双叶波状忍冬纹，方格外边长64～68厘米。

2）卷幔

平棋外侧四周绘结带束起的连弧形卷幔，宽约12～17厘米，东、南、西三面每边4个垂弧，北面3个垂弧，涂黑色宽边。垂弧之间有黑色帐带打结下垂。每个垂弧中绘1朵莲花，围以忍冬、卷草，土红色地，白色细线勾勒，花形各不相同。西边和北边的卷幔垂弧部分延伸至西壁、北壁的顶端。

4．第269窟

小窟内壁画有重层现象。西壁表层壁画之下透出画在下层草泥壁面上未完成的画迹。据观察，该画迹叠压在表层壁画白色地仗之下；小窟内四壁和顶部在壁面预铺薄层白粉，绘制表层壁画，与主室（第268窟）南、北侧壁表层壁画作法略同。除顶部大部残毁外，四壁壁画基本保持完整。壁画内容均分为上下二段，上段约占壁面面积的85%，其中南壁上段绘说法图，西壁、东壁、北壁上段绘千佛；下段除北壁素白未见画迹之外，其余三壁均绘供养人行列。顶部影作方形帐顶。

（1）南壁

南壁为此窟正壁。壁面上段中部偏东有一片纵长的残泐，宽约10.5～32厘米，高约95厘米，东距壁面东边约18.8～29厘米，经现代抹草泥修补，说法图画面受到破坏（图版I：44；图版II：97）。

1）上段

上段高137厘米，通壁宽绘1铺说法图（图61），在白地色上铺土红背景色。图中为一佛二菩萨十二弟子（现存11身）。

i 坐佛

坐佛残高约63厘米（包括头光），正面。头部右上侧和身体右侧均残毁，五官皆已不清。左前臂平伸，掌心向前，若与愿印；右臂残毁，仅见右手置右胸前扬掌，若施无畏印。结跏趺坐于须弥座上，右足足心向上，叠置于左胫上。肤色呈白色，惟右足呈黑灰色。内着交领衣，土色，领缘颜色为左黑右绿；外披土红色袈裟，白色边缘，里面黑色，由右向左搭于左肩和左臂，双领下垂，袈裟衣摆呈波状褶襞。圆形头光，三圈，从内向外分别为红、白、黑色。椭圆形身光分四圈，由内向外分别为蓝、土、红、蓝白两色，其中第一、二圈薄施白粉，第二圈饰小圆圈，第四圈饰简化的小莲花纹，由中间的大圆点和一周小圆点组成。

坐佛上方华盖横径57.5厘米，伞状，伞面有多瓣瓜棱状隆起，各瓣分别施黑、红、绿、蓝、白等色；华盖顶部中央饰莲花火焰宝珠，周边饰莲花（山花）、宝珠（蕉叶）；伞面上多饰有与身光上相同的简化小莲花纹；华盖边缘呈上凹的连弧状，连弧相交处均有黑色挂钩，悬挂环绕伞盖的珠串，挂钩之间珠串的垂弧部各挂一铃铎。华盖东半部多残。

华盖之后上方的空间绘宝树，用薄粉描绘树枝及树叶，点缀黑色小花，树枝上花叶繁密。

长方形须弥座，座基四层叠涩内收，自下而上施白、黑、白、土红色。束腰部白色，由三列联珠纹界隔，分为左右二栏，各饰1朵黑色圆形莲花，莲心白色。束腰以上为外展的二层叠涩，自下而上施白、红色。座下承以莲花，绘黑色覆莲瓣。

ii 胁侍菩萨

左胁侍菩萨，位于坐佛西侧前排外侧，立姿，通高62厘米（包括头光、莲台）。稍侧向右，朝向坐佛。两手于胸前捧一盘状莲花。双足呈八字形外撇，立于莲台上。肤色为灰黑色。头戴三珠宝冠，饰腕钏，上身斜披红色络腋。帔巾由背后绕过右上臂，过肘，环抱腹下上旋，绕左臂垂下；另一侧绕过左上臂至膝下环曲向上，再绕右臂垂下。下身着土红色长裙，裙腰翻出黑色里面，黑色腰带在腹部打结下垂，裙摆为黑色。有土红色圆形头光，以黑色线勾边。足下莲台，台面为土、蓝二色，下有黑色重层覆莲瓣。头光西侧有1方题榜，高8厘米，宽1.5厘米，呈黑色，未见字迹（图61-1）。

右胁侍菩萨，位于坐佛东侧前排外侧，立姿，通高63厘米（包括头光、莲台）。稍侧向左，朝向坐佛。双手于胸前捧火焰宝珠。双足呈八字形外撇，立于莲台上。眉眼细长。肤色为灰黑色。头戴三珠宝冠，宝缯于头两侧婉转飘下。袒上身，饰项圈、腕钏。帔巾自身后向前绕右上臂垂至腹部呈环状上旋，搭左臂下垂；另一侧从左肘垂至膝上，上旋绕右臂，因右臂残，细部不清。下身着白色长裙，裙腰翻出浅红色（红色地上薄施白粉）里面，黑色腰带在腹前打结下垂，裙摆垂至踝上，跣足。头后有圆形头光，蓝、白二色，以黑色线勾边，饰圆点。足下莲台，台面为白、蓝二色，下为黑色重层莲瓣。头光西侧有1方题榜，高9.6厘米，宽2厘米，呈黑色，未见字迹（图61-2）。

iii 弟子

弟子分别绘于坐佛两侧，前后分三排。其中前排位于左、右胁侍菩萨内侧，各1身；中排分列两侧，各3身，绘于前排上方；后排左侧2身，右侧残存1身，绘于中排上方；共残存11身弟子。推测原绘有12身弟子。弟子除前排西侧一身为正面外，其余皆侧身朝向坐佛，西侧稍侧向右，东侧稍侧向左，肤色均呈黑色。

西侧（左侧）前排弟子，立姿，通高56厘米（包括头光、莲座）。正面。眉眼下斜，呈八字形。双手于胸前捧一长方形黑色盒状物。双足呈八字形外撇，立于覆莲台上。内着土红色僧祇支，外披黑色袈裟，衣边白色。有绿色圆形头光，以黑线勾边，饰圆点组成的小莲花纹。莲台白色莲房，黑色莲瓣。头光西侧有1方题榜，高8厘米，宽2.3厘米，呈黑色。

西侧中排内侧弟子，立姿，表现为在坐佛背光后探身，胸部以下被前排弟子遮挡，可见高21厘米（包括头光）。内着黑色僧祇支，白色领缘；外披土红色袈裟，白色衣边。有黑色头光。头光西侧有1方题榜，高6.8厘米，宽2厘米，呈黑色。

西侧中排中间弟子，立姿，表现为在前排菩萨、弟子身后露出上半身，可见高21.2厘米（包括头光）。眉眼细长。左臂屈起，左手抬至左肩前。身着蓝色袈裟。有土红色头光。头光西侧有一方题榜，高6.5厘米，宽2厘米，呈黑色。

西侧中排外侧弟子，表现为在前排菩萨身后露出上半身，可见高24.8厘米（包括头光）。眼睛细长，高颧骨，尖下颏。双手于胸前捧莲花。内着白色僧祇支，外披黑色袈裟，土红色领缘。有蓝白二色头光，上饰圆点组成的小莲花纹。头光西侧有1方题榜，高7厘米，宽0.5厘米，呈黑色，其西半部透出土红地色。

西侧后排内侧弟子，表现为胸以下被中排弟子遮挡，可见高16.5厘米（包括头光）。眉眼细长。内着僧祇支，颜色脱落，白色衣缘；外披绿色袈裟，黑色衣缘。有蓝白二色头光，上饰小圆莲花纹。头光西侧有1方题榜，高5.4厘米，宽2厘米，呈黑色。

西侧后排外侧弟子，表现为胸以下被中排弟子遮挡，可见高17.5厘米（包括头光）。眉眼细长，鼻直。内着黑色僧祇支，白色领缘；外披红色袈裟，白色衣边。头后有黑色头光。头光西侧有1方题榜，高7厘米，宽2.3厘米，呈黑色（图61-1）。

东侧（右侧）前排弟子，立姿，通高62厘米（包括头光、莲台）。稍侧向左，朝向坐佛。五官不清。内着土红色僧祇支；外披黑色袈裟，绿色衣边，下着白色裙。有白色圆形头光，白色脱落处露出土红地色。黑色莲台。

东侧中排内侧弟子，表现为在前排弟子身后，露出上半身，身体稍侧向左，头部和身体左半部残毁。着黑色袈裟，白色衣边，余均不清。

东侧中排中间弟子，表现为被内侧弟子、前排菩萨遮挡，可见高20.5厘米（包括头光）。右手于右肩前托火焰宝珠。面圆，长耳垂肩。内着土红色僧祇支；外披土红色通肩袈裟，红色脱落处露出白色地，蓝色衣边。有白色头光，白色脱落处露出土红色地。头

图61　第269窟南壁说法图弟子、菩萨
1　南壁说法图西侧弟子、菩萨　2　南壁说法图东侧弟子、菩萨

光西侧有1方题榜，高9.5厘米，宽2厘米，呈黑色。

东侧中排外侧弟子，表现为被中间弟子、前排菩萨遮挡，可见高28厘米（包括头光）。右手于右肩前握条状物。内着蓝色僧祇支；外披黑色袈裟，白色衣缘，白色脱落处露出土红地色。有绿、蓝二色头光，上饰圆点组成的小莲花及黑、白圆点。头光西侧有1方题榜，高8.5厘米，宽2厘米，呈黑色。

东侧后排内侧弟子已无存。

东侧后排外侧弟子，表现为肩以下被中排弟子遮挡，可见高15厘米（包括头光）。眉眼细长。身着绿色僧祇支；外披白色袈裟，黑色衣边。有黑色头光，颜色多脱落。头光东侧有1方题榜，高7.8厘米，宽2.5厘米，呈黑色（图61-2）。

弟子肤色经黑色晕染、白色敷盖后，均呈灰黑色；眉眼五官经黑色线描；嘴唇点染后现呈白色。

2）下段

下段高21～23.8厘米。说法图以下在白色地上绘供养人行列，残高18厘米。中间为高22～23厘米、宽20厘米的长方形发愿文题榜，有土红色竖线界栏，未见字迹。发愿文西侧绘男供养人5身，身体均稍侧向右，朝向中间，东起第一身为比丘，身着黑色双领下垂式袈裟，土色衣边，以土红色线勾边，薄施白粉。长圆脸，双手似拱于腹前；其余男供养人，均着红色衣，甚残。发愿文东侧绘女供养人5身，身体均稍侧向左，朝向中间。由于漫漶较甚，仅依稀可见女供养人均身材修长，肤色变黑，双手拱于胸前，不露手；其中西起第一身模糊不清；第二身外披黑色披风，下着喇叭形长裙；第三身残高16厘米，黑色襦服衣袖宽大；第四身残高18厘米，土色衣，黑色裙；第五身残高18厘米，土色衣，黑裙。供养人身前均有题榜，题榜高8～19厘米，宽1.5厘米。

供养人行列下沿以土红色粗线描边，以下至地面高1.5～3厘米，残。

（2）西壁

西壁上段千佛大体保存完整，最上一排千佛大半画在顶部。下段供养人行列模糊（图版I：45；图版II：98）。

1）上段

上段高137厘米。自顶部西边起绘千佛共十一排。上起第一排绘千佛12身，第二至第十一排均为13身。西壁绘千佛计142身。其中第一排千佛画面延伸至顶部，其北端千佛位置上绘一朵莲蕾。

千佛左右成排，上下成列，均绘于白地色上，背景涂土红色。上下各排间千佛皆以黑色横线分隔，间距12～13厘米。相邻千佛之间上方刷高2.5～3厘米、宽0.5～1厘米的黑色题榜；黑色脱落处露出土红背景色和白地色，题榜的上端与黑线相接，间距5.5～6.5厘米，很多脱落，不甚清楚。每排题榜的数量比千佛多一方。

千佛通高9～11厘米（包括头光、莲座），两膝间距5.5～7厘米，造型、姿态相同，均正面，双手相叠于腹前，施禅定印。结跏趺坐，不露足。头顶有低平肉髻，肉髻多不清晰，肉髻与头发之间饰黑色小点，至多仅见三颗。千佛起稿系在白色地上分别以土红、黑、蓝等色起稿，颇不一致。面长圆，两耳垂肩。头部、面部、颈、胸、手部晕染呈黑色，肤色呈灰黑色，上排个别保存稍好的千佛面部可见白色线描双眼、嘴及额上白毫。千佛服饰为通肩式袈裟。千佛的头光为圆形，横径4厘米；身光为椭圆形，横径6.5～7厘米，头光稍高于身光，身光的横径等于或略大于题榜的间距，左右相邻的千佛身光边缘相互叠压。

千佛上方华盖用黑、红两种不同颜色的横道示意，横径2～2.5厘米、高0.5～1.2厘米，上为盖顶，下为垂幔，垂幔两端各向外侧飘出黑色小点组成的流苏，末端缀以红色圆珠。相邻华盖颜色相错，若前者为上红下黑，则后者为上黑下红。

千佛坐下为圆形莲座，下边微弧，横径约5～6厘米，高1～1.5厘米，绘有覆莲瓣。

千佛上述情况列表如下。

单位：厘米

地色	千佛各排画面高	华盖				千佛单体通高（包括头光、莲座）	两膝间距	莲座			题榜			
		盖顶		垂幔										
		高	横径	高	横径			形制	高	横径	颜色	高	宽	间距
土红	12～13	0.5～1	2～2.5	0.5～1	2～2.5	9～10	5.5～7	圆形莲座，下边微弧	1～1.5	5.5～6	白	2.5～3	0.5～1	5.5～6.5

千佛以其袈裟、身光、头光和莲座颜色的不同搭配，左右四身一组，有规律地连续排列。每身佛的各个部位分别使用不同的颜色，形成固定的组合。在排列中，上一排某种颜色搭配的千佛，相对其下一排同样颜色搭配的千佛向左（或右）横移一个位置，这样，各种颜色组合的千佛在壁面上就形成了道道斜线。此壁千佛中的蓝、绿两种敷色，除绿色头光之外，头光、身光和莲座都出现了蓝绿两色叠加，还有绿白两色叠加的身光，蓝色袈裟则在白地色上以蓝色直接染出结构和褶襞，皆不同于平涂画法。现将上述千佛颜色排列情况列表示意如下。

头光	黑	绿	红	蓝、绿
身光	蓝、绿	红	绿、白	黑
袈裟	红	蓝	黑	绿
莲座	蓝、绿	黑	蓝、绿	黑

上段表面千佛画层之下，隐约可见白色分层之下的画迹分为两个部分，一为上部居中的长方形构图，另一在下部北侧，描绘一人一马（图版I：54）。

长方形构图，中间上方距壁面顶边约31厘米，相当于表层上起第四排千佛南起第六、七身头顶的位置，有一段高3～4厘米、横长16厘米的黑色锯齿状的画迹，经敷白粉后呈灰色，表面残存千佛壁画的土红地色，有可能是表现尊像上方的华盖盖顶。其下方，下距壁面底边101厘米，相当于表层上起第六排千佛南起第六、七身头部的位置，有一段残高2.5～4厘米，横径16厘米，下边微弧的黑色线段，似表现圆形的莲座。上述莲座与华盖之间，相当于上起第四、第五排千佛南起第六身左侧的位置，有一片黑色半月形画迹，似为尊像右侧的身光。距壁面北边18～20厘米，相当于第五、第六排千佛南起第十、十一身之间，有一段纵向残长18厘米，宽约1.5厘米的白色边线。

由白色边线推测画面长方形构图的范围，中央出现身光、莲座和华盖，似应该是1铺尊像居中的说法图（图版I：46）。

上距壁面顶边89～95厘米，北距壁面北边9～11厘米，相当于上起第九、第十排千佛南起第八至十一身的位置，高约28厘米，宽约30厘米，以土红色线白描一人一马。马首南向，备有鞍鞯，马尾下垂，后蹄立地，前蹄奋起。马身旁立一人，手握马缰，面向南。此图仅以线描，未施色彩（图版I：46；图版II：99）。

2）下段

下段高20～22厘米。通壁宽绘供养人行列，高13～15厘米，为11身男供养人，均侧向右，朝南行进，后随一马。男供养人肤色灰黑，多已剥落，身着土红色裤褶装，窄袖，双手拢在袖中拱于腹前，与南壁西侧男供养人相衔接，朝向、动态、衣着均一致。最后一身供养人身后绘一匹黑马，备鞍鞯，作行进状，已十分模糊。供养人身前均有题榜，题榜高约7～9厘米，宽1～2厘米（图62）。

供养人行列下沿以土红色粗线描边，以下至地面高4～6厘米，残。

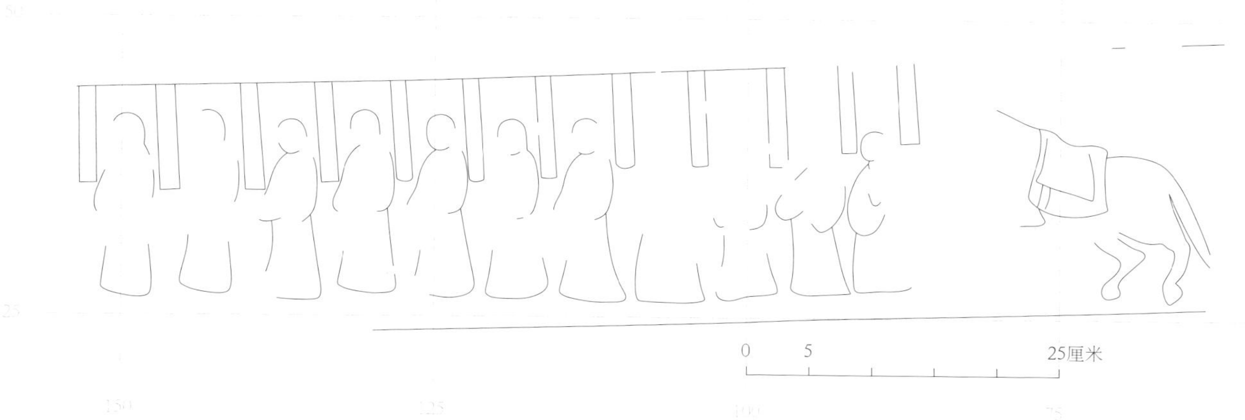

图62　第269窟西壁男供养人

（3）东壁

东壁与西壁内容相同，顶部及南上角残，但壁画磨损较少（图版I：47；图版II：100）。

1）上段

上段高136厘米。壁面顶端残，现存十排千佛，其中上起第一排残存11身，第二至第十排均为12身。东壁现存千佛计119身。

千佛左右成排，上下成列，表现形式及绘画方法与西壁千佛基本相同。保存较好的千佛细部，可见用白色细线仔细描画的白毫、眼睛和嘴，甚至点有红唇。着蓝色袈裟的千佛显示，右侧衣褶自右肩斜下，左侧衣纹自左肩呈数道弧线斜向散开。头光大体为圆形，顶端略见尖拱；头光高出身光0.8～1.5厘米，皆以黑线勾边（图63）。

千佛情况列表如下。

单位：厘米

地色	千佛各排画面高	华盖				千佛单体通高（包括头光、莲座）	两膝间距	莲座			题榜			
		盖顶		垂幔										
		高	横径	高	横径			形制	高	横径	颜色	高	宽	间距
土红	13.5～14.5	1～1.3	2～2.5	1～1.2	2～2.5	9～12	5～7	圆形莲座，下边微弧	1～2	4.5～6.5	白	2.5～4	0.8～1	5.5～6.5

千佛袈裟、身光、头光和莲座的颜色搭配及排列情况与西壁千佛相同，其中绿色袈裟敷色甚浅，且多已脱落。

2）下段

下段高21厘米。壁画供养人行列，与南壁东侧相衔接，绘12身女供养人，残高10～15厘米，均稍侧向左，朝向南。敷色大部脱落，露出白地色，据残存少许敷色残迹可分辨出，南起第一身着白色大袖襦、黑色披风；第二身着黑色大袖襦；第四身着黑色裙、土红色披风；第五身着红色衣、黑色披风；第六身着黑色大袖襦、土色披风；第七、八两身残留黑色残迹，似分属于长裙和上衣；第九身着红色衣、黑色披风；第十身着黑色衣；第十二身着黑色长裙。供养人面部肤色均呈灰黑色，身前均有题榜，题榜约高7～8厘米、宽1.5厘米（图64）。

供养人以下至地面高4厘米，残。

（4）北壁

北壁中间辟门，门东边上段残，门上东侧上方部分残。门两侧下段与东、西壁供养人行列对应的部位涂白粉层，未画（图版I：48；图版II：101）。

上段高127～134厘米。门上及门两侧壁面共绘十排千佛，因壁面上窄下宽，故每排千佛的数目不同。上起第一排11身（东端有一朵莲蕾），第二、三排均13身（以上三排在门上，其中第三排西端有一朵莲蕾），第四排7身，第五至第十排各5身（以上七排在门两侧，其中第四排门西侧4身、东侧3身，以下六排均为门西侧3身、东侧2身）。北壁残存千佛计74身。

图63　第269窟东壁千佛（第二排北起第六身）

千佛形象、服饰、身光、头光、莲座的形式、色彩以及千佛的颜色组合均同于西壁、东壁。有关情况列表如下。

单位：厘米

地色	千佛各排画面高	华盖				千佛单体通高（包括头光、莲座）	两膝间距	莲座			题榜			
		盖顶		垂幔										
		高	横径	高	横径			形制	高	横径	颜色	高	宽	间距
土红	12～13.5	1～1.2	2～3	1～1.2	3～4	8～11.5	5.5～7.5	圆形莲座，下边微弧	1～2	4.5～6.5	白	2.5～3.5	0.8～1	5.5～7

（5）顶部

顶部近方形，壁画大部残毁，仅存西边和西南角少许，尚能看到残存的帐顶藻井图案一角和周围的莲蕾，最宽处仅27厘米。帐顶垂幔周围绘莲蕾。顶部北边残存千佛（图版I：43-2；图版II：102）。

1）帐顶图案

顶部影作以方井为天顶、围以帷幔的方帐，大部分已残毁，保存的只有西侧边缘和西南一角，包括方井外框的二圈边饰以及彩绘的帐幔。由内而外：

方井外框内边饰仅存一角，土红地色。隐约可见以黑色线描绘花纹，模糊，宽2.8厘米。

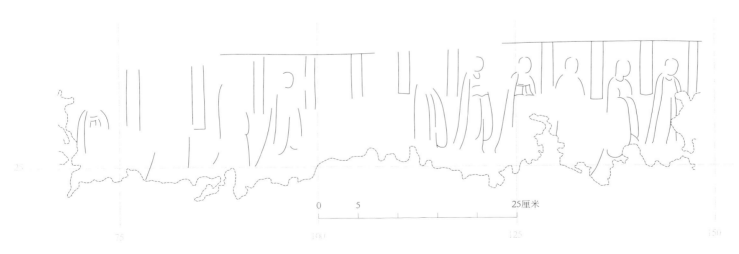

0　　　5　　　　　　　25厘米

图64　第269窟东壁女供养人

方井外框（最外圈）边饰，宽约3厘米，在白色地上染蓝色，黑色细线描绘单叶波状忍冬纹。

方井以外，帷幔分垂鳞、垂角和垂幔。

垂鳞高约4厘米，作莲瓣形，分染四色，按红、蓝、黑、白顺序排列，每瓣内饰莲花纹。

垂角重层相叠，高约5厘米，白色，以黑色线描忍冬叶纹，上层垂角边缘染蓝色。

垂幔下缘作连续垂弧，黑色，宽出垂角尖端2～2.8厘米。

2）莲蕾

帐顶图案外围，垂幔之下，在土红地色上绘莲蕾。莲蕾圆形，直径3～5厘米，分别染黑色和蓝绿二色，相间排列。西边可见7朵（4朵黑色、3朵蓝绿二色），北端残存1朵绽开的莲花，与下方西壁千佛相衔接。南边残存3朵（2朵黑色、1朵蓝绿二色），高悬于南壁说法图的上方。莲蕾上有放射状花蕊，下有花萼及枝茎。

3）千佛

顶部西北角残存千佛1身，通高12.4厘米（包括头光及莲座），右半部残毁，姿态、衣着等情况与西壁、东壁、北壁略同，敷色为红色头光、绿色身光、黑色袈裟、白色莲座。据此千佛位置推测，顶部壁画北边原应绘有一排千佛，若与北壁千佛相对应，应共有11身。

三　近现代遗迹

第271窟北壁西侧和第267窟南壁西侧，分别有近代开凿的穿洞，以通往邻窟。第271窟北壁穿洞与第272窟相通，第267窟南壁穿洞通往第266窟。1965年莫高窟危崖加固工程期间，穿洞均被封堵，抹石灰面。

第268窟北壁东侧上方，即东侧小窟第270窟窟口上方，有张大千于1943年书写的洞窟编号牌榜，先在壁面上刷一层白粉，然后用土红色粗线条勾勒长方形边框，高20厘米，宽37厘米，框内墨书"二三五"，自右至左横书。又在边框西边线外侧刷土红地，高20厘米，宽4.5厘米，上端墨书"P.118h"，下部墨书"魏"。此题写框叠压第270窟门楣。另在边框的上边线下西端，用铅笔书写"P.118u"和用淡墨书写"P.118u"，而且后者"P"被框在方框内（图版II：104-1）。

在第268窟北壁西侧小窟即第271窟门道东壁，有张大千于1943年书写的洞窟编号。先在壁面上刷一层白粉，然后墨书"二三五北耳洞隋"，自上而下竖书，高42厘米，宽6厘米（图版II：104-2）。

在第268窟南壁西侧小窟即第267窟门道西壁，有张大千于1943年书写的洞窟编号。先在壁面上刷一层白粉，然后墨书"二三五南耳洞隋"，自上而下竖书，高44厘米，宽6厘米。

在第268窟南壁东侧小窟即第269窟门道西壁，有张大千于1943年书写的洞窟编号。先在壁面上刷一层白粉，然后墨书"隋二三五南耳洞"，自上而下竖书，高40厘米，宽6厘米（图版II：104-3）。

在第267窟南壁下方东侧现存敦煌文物研究所题写的编号榜一方，高13.5厘米，宽25厘米，白地，左右上三边勾勒红色粗线，下边为红色宽带。榜中央墨书"267隋"，下边红色宽带上书写"C.235耳 P."（按："C."表示张大千编号，"耳"表示"耳洞"；"P."表示伯希和编号）。

1948年至1962年，敦煌文物研究所（原敦煌艺术研究所）在调查记录石窟内容和统计洞窟壁画和塑像时，在窟室各壁面用阿拉伯数字编号，墨书于各壁面或每幅画的下边，在第267～271窟的题写现存25处，具体位置如下表。

序　号	窟　号	位　　置	题写内容（编号）
1	268	南壁上段千佛西侧下边	1—1
2		西壁龛外南侧上段供养菩萨北下方	1—2
3		西壁龛内北壁东侧下部	1—3
4		西壁龛外北侧供养菩萨下方	1—4
5		北壁下段东侧小窟门西侧	1—5
6		西壁龛下供养人北侧下部	2—1

7		东壁千佛南侧下方	1—1
8	271	南壁门西侧千佛下方	1—2
9		北壁千佛东侧下方	1—4
10		南壁门西侧下部	1—1
11		西壁上段说法图北侧下方	1—2
12	270	西壁下段供养人北侧下方	2—1
13		北壁上段说法图东侧下部	1—3
14		北壁下段供养人东侧下方	2—2
15		东壁千佛南侧下方	1—1
16		南壁说法图下方	1—2
17	267	西壁千佛北侧下方	1—3
18		北壁门东侧千佛下方	1—4
19		东壁上段千佛南侧下方	1—1
20		东壁下段供养人南侧下方	2—1
21		南壁上段说法图西侧下方	1—2
22	269	南壁下段供养人西侧下方	2—2
23		西壁上段千佛北侧下方	1—3
24		西壁下段供养人下方	2—3
25		北壁门东侧千佛下方	1—4

从上述壁画编号情况看，主室第268窟自南壁起依次编号，其中西壁分为上下两段编号。南北两壁四小窟，除第270窟东壁壁画残毁未编号外，其他各小窟均按照东、西、南、北壁依次编号，其中第269、270窟又分为上下两段编号。

第四节　小结

第268窟主室纵长，平棋顶，两侧壁对称开凿第267、269、270、271四个小窟，主室正壁开龛塑像可供礼拜，侧壁小窟内底层素面无饰，专供僧人于其中禅定修行。主室空间相当狭窄，高度和宽度均显促迫，虽有礼拜对象，仍突显禅窟的洞窟性质，即印度所谓的毗诃罗窟。

从本窟壁面和壁画层位叠压情况来看，至少有三层：

一、由主室南壁东侧上部及第269窟窟口门道两侧壁可知，其底层仅在泥面上涂白粉，未见绘画，为窟内所知最早的遗迹。底层壁面遗迹同见于附属小窟内，如第270窟南壁东侧，但只见泥面上的白色边线。凡此，表明禅室同属于最早的建筑遗构。由于底层遗迹未见壁画装饰，因而本章对于内容的分层叙述未予涉及。

二、底层壁面之上覆盖约1厘米厚的泥层，于其上绘第一层（下层）壁画，为窟内最早的壁画遗迹。现基本保持原状的主室西壁塑像、壁画和窟顶平棋结构及其彩绘装饰，应与两侧壁下层壁画同属于窟内最早的塑绘遗迹，一并归于窟内绘塑遗迹的第一层，其内容、风格一致，应属于同一时期的规划和布局。迹象表明，下层壁面延伸至4个小窟内，可能对小窟内部壁面进行过修整，但不曾在小窟内绘制壁画，保持其禅室的性质。

三、南北两侧壁均在下层壁画上涂厚约0.1厘米的白粉层，将下层壁画覆盖，并于其上绘表层（第二层）壁画。与此同时，在4个小窟内绘制壁画。小窟内的壁画，除第269窟之外，均直接在泥壁上起稿绘制。第269窟内则在泥壁上涂布白粉层，其西壁发现同时期改绘的重层现象，或许因此而改变作画的地仗。4个小窟内绘制壁画之后，禅室的性质有所改变。

窟内的下层遗迹，西壁龛内主尊为交脚坐佛像，多认为是弥勒佛[7]。其头部经后代重修。龛内绘胁侍菩萨、供养菩萨，龛外两侧

---

[7]　关于现存交脚佛像的佛名问题，现有的研究资料多数支持弥勒佛的意见。

绘供养菩萨和飞天，龛下（壁面下段）绘男女供养人。佛龛两侧龛柱涡卷形结构的柱头和柱头上方的横长方形结构，有可能是受希腊爱奥尼亚柱式影响的简化形式。南北两侧壁不分段，自上而下绘飞天、坐姿人物和力士。其中坐姿人物有两位禅定僧人的形象，与专为修禅设置的小窟相呼应。窟顶按纵列安排四组斗四平棋，其中描绘莲花、火焰、飞天纹样。四个附属小窟（禅室），均保持素壁，未作壁画装饰，仅在窟门上绘门楣装饰。以上壁画均直接绘于壁面泥层上，其中西壁上段绘成后填涂土红地色（背景色），下段涂白色，南北壁则保留泥层土色为地。南、北壁人物肤色均呈黑色，细观有黑、红二色，变色情况不详。南、北壁人物的形象、衣饰及绘制方法，均与西壁、窟顶有所不同，值得注意。

表层壁画的内容，在主室两侧壁和四小窟内大体作上下两段布局，上段表现千佛，下段绘供养人，小窟内则多在上段同时表现说法图。小窟的顶部影作帐顶，中心为装饰莲花和火焰宝珠的方井或者说法图。

此外，在西壁龛下女供养人画层之下，隐约可见二身人物画迹，我们认为应该是同一时期改画所致。对此存在不同的意见，可以做进一步的研究。类似的情况还有上述第269窟内的重层壁画。底层的画迹明显是未完成即告放弃的草稿，画迹符合说法图构图的要素。第269窟西壁改绘之后，与第267窟取得了一致，仅在正壁绘说法图，余三壁均只绘千佛，而与第270、271窟在正壁及两侧壁均绘有说法图的布局相异。也许正是为了同一侧壁二小窟在布局上的一致，方有改绘之举。

此窟未发现确切纪年资料。敦煌研究院20世纪80年代初对莫高窟早期洞窟的分期排年认为，此窟下层壁画属莫高窟北朝第一期，即相当于北凉统治敦煌时代（公元421年至439年）[8]，但学术界存在不同意见。窟内迹象显示，此窟在后世曾经过重修，在较短时期内完成表层壁画。表层壁画题材内容、绘画风格技法较为一致，在数十年来的研究成果中，均将其时代视为隋代，与第266窟同期，迄无异议。

此窟地面已非开窟时的原状，据西壁前和东南角保留原地面遗迹，以及四个禅室地面的情况看，主室现在水泥层下的地面，大约比原地面低16厘米，改造地面的原因不详。改造的时间也难以判断，似应与四小窟的门槛、窟内的灯台设置一并考虑，应该属于时代更晚的一次重修。

---

[8] 樊锦诗、马世长、关友惠《敦煌莫高窟北朝洞窟的分期》，敦煌文物研究所《中国石窟·敦煌莫高窟》第一卷，文物出版社、平凡社，1980年，pp. 186-188。

第四章　第272窟（含第272A、273窟）

第一节　窟外立面

第272窟坐西向东，方向为东偏南5度，高程1337米，包括开凿在外壁的附窟第272A窟和第273窟。其南邻第268窟，北接第275窟，上方为第460窟，下方为第57窟（图1、2、5、6；图版I：1、49；图版II：2、3-1）。

在莫高窟危崖加固工程前1963年敦煌文物研究所考古组调查测绘的《莫高窟南区立面图》中，第272窟窟口外沿呈纵长方形，高196厘米，宽75～83厘米，南沿高165厘米，北沿高176.5厘米。此窟与第268、第275窟基本在同一水平高度上，窟口底较二窟高约20厘米。窟门外南北两侧各开一龛，即第272A窟和第273窟，两龛大小相近，水平高度亦相同，龛底下距第272窟窟门底边约60厘米，龛顶与第272窟门道顶大致齐平。北侧小龛编号第273窟，龛残高82厘米、宽64～67厘米。南侧小龛敦煌文物研究所原未编号，现补编为第272A窟，其残高86厘米、宽70厘米[1]。第272窟窟口南沿距第268窟窟口北沿226厘米，北沿距第275窟南壁330厘米。其上偏南105厘米处为第460窟，两窟的上下间距为275厘米，其下偏南80厘米处为第57窟，两者的垂直间距为245厘米。再下为第480、481窟和第482窟。现地面之下约510厘米处为第489窟。第272窟窟口下沿距现地表766厘米，距原河床1246厘米[2]。

第272窟外立面，除窟口上方崩塌，甬道前部和第272A窟上部、第273窟顶部残损之外，大致保存完整。门顶和两个附窟顶部曾于现代（约1944年至1956年间）架设木料、涂墁草泥、白灰进行修补。20世纪60年代大规模的莫高窟危崖加固工程中，筑挡墙遮盖洞窟外立面，但在第272窟外壁与挡墙之间尚留有约5厘米的间隙，由第273窟现有门框处可伸手触及外壁。据1943年的照片可知，洞窟建成后，曾在崖面上铺墁草泥，形成泥壁，于其上涂刷白灰。照片显示第272A窟以南至第268窟附近、第273窟下方至北侧第274窟窟口处，外壁泥层均有保存。1956年以后的照片则反映出敦煌艺术研究所成立以后将外立面泥壁修补完整的情况。见本卷附录二之（一）、（三）。

第272窟窟口下方约20厘米即为现代栈道地面。据1963年《莫高窟南区立面图》可知，此窟窟外两侧、第272A、273窟下方，与第266、268、275窟下方岩孔大致相同水平高度上，各有1个梁孔，详见第六章"岩孔遗迹情况表"（图5）。

第二节　洞窟结构

第272窟平面近方形，窟顶近似穹窿形，西壁开龛（图65、66、图版I：50～53；图版II：105）。东壁中间开甬道。窟室高230厘米、南北宽290～313厘米、东西进深269～274厘米。

一　甬道

甬道进深127～131厘米，南北宽76～89厘米，高185～189厘米。甬道地面的水泥方砖为20世纪60年代以后铺设。南壁高169～175.5厘米，上边长136厘米，下边长130厘米；北壁高164.7～168厘米，上边长141.4厘米，下边长130厘米，壁面东端均已残破，其下部尤甚，现代补以白灰面，后又改为泥面。甬道顶呈圆券形，与南北两侧壁相接处圆转，东端残毁，现代经修补，抹白灰面，后又改为泥面；其西端顶部圆转向上，与窟顶东披以圆弧面和缓衔接。

二　窟室

（一）地面

---

[1]　第272A窟和第273窟为第272窟开凿于外壁的附窟，其结构情况见本章第四节。补编窟号的情况详见樊锦诗、蔡伟堂〈关于敦煌莫高窟南区洞窟补编窟号的说明〉，《敦煌研究》2007年第2期。

[2]　原河床，指20世纪60年代考古发掘时的河床位置，见潘玉闪、马世长《莫高窟前殿堂遗址》，文物出版社，1985年。

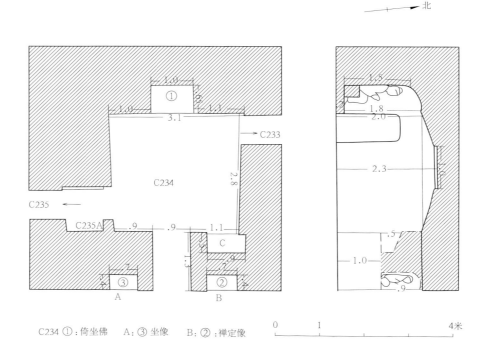

图65　莫高窟C233、C234（第272、275窟）平面及剖面图（部分）
（据石璋如《莫高窟形》图一九五，1942年）

C234 ①：倚坐佛　　A：③坐像　　B：②禅定像

窟室地面近似方形，西边长313厘米，北边长274厘米，南边长269厘米，东边长290厘米。南、北边长稍短于东、西边长。四边交接处较圆缓。四边基本平直，稍有弯曲。地面上的水泥方砖均是现代（20世纪60年代以后）铺设（图版I：50、51；图版II：105）。从四壁底边前未铺水泥砖的地面露出泥土面痕迹可知，原地面为土地面，系于开凿的砾石面上铺设泥土地坪，1964年以前的老照片均可佐证。

（二）壁面

窟内四壁，中部微有弧形内凹，四壁顶部与窟顶相接处转折圆缓，无明显分界。

1. 西壁

西壁即窟内正壁，上边长307厘米，南边高184厘米，北边高176.7厘米，中部开一穹窿顶大龛。龛内中部依后壁塑像（图版I：52；图版II：106）。龛下沿距地面20～21.7厘米。龛口高179厘米、宽112厘米，上部呈圆拱形。龛内底部平面近似横长方形，龛口处宽108.7厘米，后壁底边宽113厘米，进深66厘米（北侧）～67厘米（南侧），后壁与南北两侧壁转角圆缓。龛内三壁面均由约165厘米的高度起向上逐渐内收，至顶部成穹窿形。龛顶中心至龛底高182.7厘米。龛口拱形部分伸入窟顶西披，相对龛前沿外出（即向东突出29厘米）。龛内底面清除浮土露出草泥面，表面平整。在龛内各壁底边和佛座底边前，可见各壁下段涂布白粉层延及部分龛底面，其上可见绘制壁画时洒落的零星颜料斑点。龛内佛像脚踏平台前有一片黑色硬块，当为灯油痕迹（图版II：107）。

2. 北壁

北壁顶边中部稍上弧，壁面较平整。上边长272厘米，东边高168厘米。西部被后代所开穿洞打破，穿洞高176厘米、宽58～67厘米，通向第275窟，现已封堵，抹以白灰面，后又改为泥面（图版I：53；图版II：130）。

3. 南壁

南壁上边长256.9厘米，东边高170厘米，东部被后代所开穿洞打破，穿洞高130厘米、宽约53～68厘米，距南壁东边36～51.4厘米，通向第271窟，现已封堵，抹以白灰面，后又改为泥面（图版II：135）。

4. 东壁

东壁即前壁，上边长287.4厘米，壁面中间为甬道口，甬道口北沿距北边110～116厘米，南沿距南边87.8～89.4厘米，甬道口宽83～90厘米，高197厘米（图版II：140）。甬道口高过东壁，将东壁分为甬道北侧、甬道南侧两部分。

图66 第272窟透视图（向西南）

东壁甬道口两侧各经后代开凿壁龛1个，部分打破原有壁画，莫高窟维修加固工程中将其封闭，表面抹成草泥壁面。甬道口北侧草泥面，北起壁面北边，上距壁面顶边20～25厘米，南距甬道口34厘米，下距地面80厘米。甬道口南侧草泥面位于东壁南上角，上起壁面顶边，南至壁面南边，下距地面96厘米，北距甬道口38厘米（图版Ⅱ：155[3]）。张大千记东壁，"左、右有二小方洞"；其左，"高一尺五寸，深一尺四寸，广二尺四寸"；其右，"高九寸，深一尺，广一尺六寸"。云："洞内仅涂泥，无画。此二小方洞，盖为后人打开者。"[4]谢稚柳所记与张氏相仿，尺寸略同，谓："洞内用泥涂，无画，原为泥壁封闭后经打开者。"[5]曾有传说，这两个壁龛是1920年白俄入住此窟时所为。又于此处燃火，壁画因而被烟熏黑（尤以东北角及窟顶为甚，图版Ⅱ：150-4,5）[6]。据史岩记录[7]，此窟"白俄住入，前壁左右均被凿壁橱"。石璋如将东壁甬道口北侧壁龛编号为"C234附洞C"，并记录如下：此壁龛"位于C234窟主室东壁北端，座东向西，东西深0.50公尺，南北宽0.90公尺，计0.45平方公尺，合0.14坪。高0.50公尺，距地面1.00公尺。内无塑。此洞张、谢无编号。"[8]然而，奥登堡于1915年完成的测绘图中已经记录有第272窟东壁北侧的壁龛，情况与石璋如记录相同，可见壁龛年代较早，"白俄"凿龛之说不可靠，但居住的可能性存在。至于东壁南侧壁龛，奥氏、石氏均无记录，其"打开"时间较晚，理应在石氏记录之后，张氏、谢氏、李氏记录之前。

（三）窟顶

窟室顶部投影近似方形，中心有上凹的斗四方井，周围有呈圆弧面的四披。中心藻井至壁面顶边垂直高度约50厘米。窟顶纵、横方向断面线均呈弧形，窟顶中段水平断面略呈圆形；与典型的覆斗式有所不同，窟顶形制大致介于穹窿形与覆斗形之间。四披之间和四披与四壁之间的转折都较圆缓。其中，由于西壁窟口和东壁甬道口分别辟至窟顶西披和东披，致使西披和东披下部中间均

[3] 2010年4月，敦煌研究院保护研究所对两个壁龛作了一定程度的清理，测得北侧壁龛高49厘米、宽82厘米、深44厘米，距地面94厘米；南侧壁龛高37厘米、宽54.5厘米、深34.5厘米，距地面106厘米。编者补记于此，并选用几张照片收入本卷图版。
[4] 张大千《漠高窟记》，见本卷附录一之（三）。
[5] 谢稚柳《敦煌艺术叙录》，见本卷附录一之（四）。
[6] 另据赵正之等1951年勘察记录："1923年白俄军队约五百五十余人流窜至莫高窟，占据南端第二层洞窟以为营房，在壁画上刻画及在窟中砌火炉做饭取暖，将洞窟熏得漆黑一片"（赵正之、莫宗江、宿白、余明谦〈敦煌石窟勘察报告〉，《文物参考资料》1955年第2期，p.51）。
[7] 史岩《千佛洞初步踏查纪略》手稿，1943年8月记录。见本卷附录一之（七）。
[8] 石璋如《莫高窟形》上册，1942年8月15日测。见本卷附录一之（五）。

有一段略呈弓形的凹缺。中心方井向上凹进5.5～11厘米，内缘西边长88.8～94厘米、北边长90～94厘米、南边长86.7～91厘米、东边长88.8～93厘米，其内错角相套，再塑第二、第三方格。第二方格四边支条内缘，西北边长62.9厘米，西南边长56厘米，东北边长62.8厘米，东南边长60.8厘米；支条宽5.5～6厘米、高2.6～2.8厘米。第三方格四边支条内缘，西边长39.3厘米，北边长35.8厘米，南边长35.6厘米，东边长38.9厘米；支条宽5～6厘米、高1～1.6厘米。第二、第三方格支条外沿四角均没入前一格四边之中，呈抹角状。方井中心有一直径约1.5厘米，深4厘米的圆形凹窝；顶东南角至东北角有一条宽0.2～0.7厘米不等的弧形曲折裂缝（图版I：50；图版II：142、150）。

第三节　洞窟内容

第272窟窟室凿成后在岩体上抹草泥，找平，绘制壁面。窟室西壁龛内塑佛像，龛内、外壁面和西壁、北壁、南壁、东壁，窟顶披面和方井浮塑结构中，以及甬道顶部和左、右壁，均绘壁画。

本窟遗迹按叠压关系分为上下二层。

窟室四壁和西壁龛内壁面，均分为上下两段。各壁上段和窟顶不存在叠压关系，仅见一层壁画，龛内塑像及顶部浮塑、壁画均与此同层，包括窟外两个附加的小龛（第272A、273窟），均与洞窟开凿同期，是为第一层。

各壁下段可见重层现象。西壁龛内各壁下段均涂白粉层，未曾绘画，仅在左、右龛口边沿及底边画土红色边线。现存近龛口处供养人画迹，形象漫漶，服饰模糊，仅见绿色领缘、袖缘（图版II：152）。其时代不详，系后代绘于下层素白壁面上。

西壁龛外两侧壁面和北壁、南壁、东壁的下段，与上段同层的壁画，被后代用白粉涂盖，之后在白粉层上绘制上层壁画。白粉涂盖范围自下层壁画上、下段之间的边饰至壁面底边。四壁上层壁画与现存甬道壁画同层，是为第二层。

据观察，在西壁下段白粉层下透出或在白粉层剥落处露出若干土红色横线，这些水平方向的直线系用界尺画出，粗细不一，均被覆盖在上层壁画白粉层地仗之下。上述横线自上而下为：1．下层壁画上、下段之间边饰的下边，似经过重描（粗线），此线同见于北壁、南壁和东壁；2．位于1线以下9厘米，似属于下层，用途不明，其余三壁隐约可见，惟不见于东壁北侧；3．位于1线以下20～21厘米（粗线），在西壁南侧水平高度与龛底平齐，在北侧稍高于龛底，怀疑与龛内侧壁下段表层画迹有关；4．位于1线下方35厘米处，仅见于西壁北侧（包括龛下，细线），恰好相交于下层壁画三角垂帐纹的垂角尖端，有可能是下层壁画的定位线。以上1、2、3线均叠压在下层壁画（三角垂帐纹）之上，其中1、2线有可能与上层壁画同层；3线被上层壁画覆盖，似属于下层和上层之间的另一白粉层。此外，西壁龛内壁面下段的表层供养人画迹，与四壁下段上层画迹有可能不同层，或早于后者，情况不明，与上述土红色横线的问题一并存疑。

西壁龛内主尊塑像肩部以上经过重新塑造，应与原状相差较大，有可能属于近现代的重修。塑像的僧祇支曾经过重绘，袈裟领缘、下摆和里面曾加涂石绿色。

洞窟内容依次分层叙述如下。

一　第一层塑像和壁画

第一层塑像和壁画，包括窟室西壁龛内塑像和壁画，四壁上段壁画和下段下层被覆盖的三角垂帐纹，以及窟顶浮塑和壁画。窟外小龛留待专节叙述。

（一）西壁

西壁中部大龛内居中塑1身善跏坐佛像。龛内壁面分上下两段。上段绘壁画，塑像身后绘头光、身光；身光两侧（即龛之两侧壁）绘2身胁侍菩萨；胁侍菩萨上方绘10身弟子，身前绘3身供养菩萨，上方龛顶绘圆形华盖。下段壁面铺白色地，素壁无画，上下左右四边涂土红色边框。龛外两侧壁面分上、下两段布局，南、北对称；上段绘供养菩萨残存38身；下段绘横向饰带和三角垂帐纹（图版I：55、56；图版II：105～107）。

1．佛龛
（1）龛内
1）塑像

图67　第272窟西壁龛内塑像
1　正视　2　侧视（向南）　3　剖视（向北）

主尊佛像1身，善跏趺坐于方座上，高139厘米，肩宽51厘米，腰宽28.5厘米，双膝间距54厘米。除两手断损脱落、肩部以上重修之外，其余保存基本完好（图版I：98-2）。头部重修后现状高28.5厘米。头顶可视为原作，高肉髻，佛发阴刻横向波纹、中间涡纹、两侧竖向波纹。面方圆，颈部粗短。从其两手的断裂处可窥见塑像的制作过程，是以木条为骨架，外缚菁草，以细麻绳缠扎，外抹草泥，草泥外抹一层厚约0.4厘米的细泥，然后塑造细部结构，最后彩绘。

佛像挺胸收腹，肩部宽平，腰窄。屈双臂，肘部稍外张，左小臂略向下前伸，右小臂略抬起，手残，据两臂动态推测为说法印[9]。双腿分开，膝部稍外张，小腿自然下垂，双足平踏于长方形足台上。佛像内穿僧祇支，贴泥条塑出宽2厘米的衣缘，上阴刻细线二道。外披土红色袈裟，右臂由领口伸出。袈裟敷搭右肩、臂，绕右肘，向左覆盖躯体，上搭左肩，衣端由左肩垂下，末端呈二尖角状。胸前衣缘、左侧袖缘和左肩下衣端，均浮塑波状皱褶，间刻阴线。衣摆平垂于脚踝上，露出裙摆。袈裟衣纹贴泥条塑造，泥条间和泥条上加刻阴线，自右侧腰际向左略呈放射状，在腹部以下两腿间和两胫前面形成层叠的"U"字形垂弧。泥条上面的阴线，刻划在泥条的中间。泥条聚拢时，合并成"Y"字形。Y字形夹角处，多用塑刀在泥条上横压出几道短弧，下接长长的阴线，表现褶襞相交形成的凹窝。泥条间的阴线，表现宽褶之间的细纹；刻至相对宽阔、平展处，顺势回转成弯钩，造型手法颇具装饰性（图67；图版II：108~111）。衣摆、裙摆均浮塑出波状小褶，大致左右对称。座高47~48厘米、上宽66厘米、下宽65.4厘米、进深17~25厘米。足台前宽51~52厘米、前高7.2~8.9厘米、后宽53.6厘米、后高8.5~8.9厘米、深22.9厘米。

2）壁画

i　头光

头光近似圆形，横径65.5厘米，五圈。从内向外，第一圈横径16厘米，土红色，无纹饰。第二圈宽出5.2厘米，在黑色地上以白

---

[9]　参见注[14]，见图版II：155-6。

色细线勾画火焰纹。第三圈宽出5.3厘米，绿色。第四圈宽出8.3厘米，土红色地上环列化佛[10]，计17身。每身化佛通高约6.3～10厘米（包括头光及莲座），双膝间距4～5厘米，均于莲座上结跏趺坐，双手相叠于腹前，施禅定印，身着通肩式袈裟。头光横径4厘米，身光横径7厘米。化佛颜色搭配及排列情况见下表，其中土色头光勾土红色宽边，两端化佛之下各有1朵黑色莲蕾，白色萼。周围土红地色上点缀白色三叶小花。第五圈宽出4.3～8厘米，绘黑、绿、白、土四色相间排列的火焰纹，共24朵，上有白色细线勾勒（图68-1；图版Ⅱ：108、111、112）。

头光	白	绿	白	土
身光	土	黑	绿	白
袈裟	黑	土	黑	绿
莲座	绿	黑	绿	黑

ii 身光

身光呈宝珠形，光尖顶部高出头光10厘米，横径103厘米，展开宽度120厘米、高141厘米，五圈。从内向外，第一圈，横径62.7厘米，土色地上有黑色点、线描绘似为波折纹。第二圈，宽出5～6.5厘米，薄粉层下透出白色勾绘火焰纹。第三圈宽出6厘米，土色地上绘黑绿白三色忍冬，组成四叶波状忍冬纹。第四圈宽出8厘米，土红色地上绘飞天，两侧各5身，姿态各异，冠饰不清，均祖上身，饰项圈、腕钏、帔巾，下身着长裙，有圆形头光（图68-1；图版Ⅱ：108、111、112）。分别叙述如下。

北侧上起第一身飞天，稍侧向右，胯稍右出。右臂伸直高举，持花；左臂屈肘，左手抚于腹前。双腿略扬起，与上身成一钝角，右腿稍屈，右脚提起于左胫之上。黑色帔巾在头后呈环状，绕双臂飘下。绿色裙。土色头光。

北侧上起第二身飞天，身体稍侧向左，腰胯左出，上身稍向右倾，回首向右，稍仰视。左臂屈肘，左手举至头左侧；右臂垂下，右手回勾握帔巾。下身较舒展，近似直立，舒右腿，左膝稍屈，左脚略提。黑色帔巾经头后绕两肘飘下。黑色裙。白色头光。

北侧上起第三身飞天，身体稍侧向右，胯右出，回首向左。双手于右肩前合掌。身体较舒展，屈右膝，右脚提起。白色帔巾经肩后绕两臂飘下。土色裙。绿色头光。

北侧上起第四身飞天，稍侧向左，腰胯左出。左臂屈起，左手高举于头上；右臂在身侧垂下，右手回勾握帔巾。右腿舒展，左腿屈膝，左脚提起。绿色帔巾经肩后绕两臂飘下。白色裙。黑色头光。

北侧上起第五身飞天，稍侧向右，胯右出，上身后仰。右肘高抬屈下，右手回勾于右肩前；左臂下垂，左手握帔巾。双腿稍扬起，右膝稍屈，提右脚。黑色帔巾经头后绕双臂飘下。绿色裙。土色头光。

南侧上起第一身飞天，稍侧向左，上身端直，腰胯左出。左手执花枝，高举至头上；右臂伸向身后，手握帔巾。双腿扬起，与上身成钝角，左腿稍屈。土色帔巾经头后绕双臂飘下。黑色裙。白色头光。

南侧上起第二身飞天，身体稍侧向右，腰胯稍右出，上身稍后仰，回首向左。双手在右肩前合掌。双腿自然垂下，右膝稍屈，右脚提起。白色帔巾经头后绕两臂飘下。绿色裙。土色头光。

南侧上起第三身飞天，稍侧向左，胯左出，上身稍后仰。左臂内屈，左手抬至左胸前扬掌；右臂稍屈，右手抚于腹前。身体较舒展，双腿下垂，左脚抬起稍高。绿色帔巾经头后绕两臂飘下。白色裙。黑色头光。

南侧上起第四身飞天，稍侧向右，胯右出，回首向左，两肩和头部回向左侧，双臂伸向左侧下方，双手相合。双腿向左侧扬起，右膝稍屈，右脚提起。黑色帔巾经头后绕双臂飘下。土色裙。绿色头光。

南侧上起第五身飞天，稍侧向左，胯向左出，回首向右，两肩和头部回向右侧，稍仰视。两臂张开，分别伸向右上方、右下方，两手分握帔巾。双腿较舒展，左膝稍屈，左脚提起。绿色帔巾自头后经双手飘下。黑色裙。白色头光。

北侧第五身飞天下方，绘1朵莲蕾，黑色，白色花蕊。其下另有1朵莲蕾，较小。周围土红地色上点缀白色三叶小花。

飞天描绘系在土色地仗上先以土红色线起稿，以黑色勾染轮廓，包括头部、眼圈、面颊、鼻、耳、颈项、胸肌、乳、腰、腹、脐、臂、手、脚，肌肤处薄施白粉。黑色帔巾亦以稀薄白粉染色。项圈、帔巾、长裙、头光多以白色细线勾勒。

身光第五圈宽出7～8厘米，上端中央略呈尖拱状，土色地上绘黑、土、白、绿四色相间排列的火焰纹。其中土色火焰用土红色起稿，再盖以白色。绿色、黑色火焰以白色细线勾勒。

iii 华盖

[10]　《佛说观无量寿佛经》云：佛顶"其圆光中有五百化佛，如释迦牟尼"。

2

1

0 5 25厘米

图68 第272窟西壁龛内塑像头光、身光、华盖
1 龛内头光、身光 2 龛内华盖

圆形华盖绘于穹窿形龛顶上，展开直径73厘米，五圈，各圈以土红线勾描。自内向外，第一圈直径15厘米，土色地上有黑色画迹，模糊[11]；第二圈较第一圈宽出4厘米，白灰二色，其中内沿白色，外周透出深色地，呈灰色；第三圈宽出2.4厘米，绿色。第四圈宽出5.5厘米，均分为四段，相间装饰两种纹样，分别为白色地上绘菱格纹（东南一段纹样模糊）和褐色地上绘星云纹。第五圈宽出16.6厘米，均匀描绘三角垂帐纹，按黑、绿、白、灰四色相间排列，垂角计20个，垂角尖端挂黑色圆形垂铃。垂角之间以土红色画帐带，土色地上敷薄粉，表现垂幔，并以白线勾边。伞盖周围土红地色上饰白色、绿色莲花、莲蕾及白色三叶小花，白色细线勾云气及莲花上的莲蕊（图68-2；图版Ⅱ：112、113）。

iv　胁侍菩萨

佛像左右两侧龛壁各绘1身胁侍菩萨，土红色地。

（i）左胁侍菩萨

龛内北壁（左）胁侍菩萨，立姿，通高118.5厘米（包括头光、莲台）。稍侧向右，胯稍右出，头略前倾。右臂贴身体右侧下垂；左臂屈肘，左手置于腹前。双脚分开，脚尖外撇，立于莲台上，身体重心在右腿。面呈长圆形，额部点白毫，二目半启，俯视。下颏丰腴。头戴三珠宝冠，缯带在冠两侧束结后，上旋至宝冠中间白色圆珠，再连接左右圆珠；绿色缯带由冠两侧婉转飘至头后；黑色缯带从头部两侧飘垂而下，婉转至身后。袒上身，饰耳环，白色项圈下垂三圆珠，挂对兽胸饰，肩上白色璎珞垂至腹部，腕饰钏。帔巾在头后呈环状，绕过两肘婉转飘下，末端呈尖角状（左单，右双）。帔巾两面分别饰绿色、黑色横纹，并以土红色线描褶襞。下身着白色长裙，裙腰系带，腰带在左侧打结后垂下，裙摆在两侧呈尖角状外撇。圆形覆莲台，台面浅红色莲房，其下为绿色覆莲瓣。头光近似椭圆形，横径25厘米，两圈；内圈绿色，横径21厘米；外圈橙色，宽出3～3.5厘米（图70；图版Ⅱ：114、116）。

（ii）右胁侍菩萨

龛内南壁（右）胁侍菩萨，立姿，通高114厘米（包括头光、莲台）。稍侧向左，胯稍左出，头略前倾。左臂贴身体左侧下垂；右臂屈肘，右手于右肩前仰掌，作缦网相。双脚分开，脚尖外撇，立于莲台上，身体重心在左腿。面型、形象描绘、敷色及服饰、莲台均与左胁侍菩萨基本相同。宝冠绿色缯带右侧高高上扬，左侧婉转飘向头后；黑色缯带从头部两侧飘下，胸前无对兽胸饰，白色长裙腰带在右侧打结后垂下。头光近似椭圆形，横径24厘米，两圈；内圈绿色，横径21厘米；外圈橙色，宽出3厘米。菩萨在土色地仗上先以土红色线起稿，轮廓勾染呈黑色，包括头部、眼圈、面颊、下颏、鼻、耳、颈项、胸肌、乳、腰、腹、脐、臂、手、脚，肌肤部位薄施白粉，上眼睑、鼻梁染白色。（图69、71；图版Ⅱ：115、117）。

v　弟子

（i）左侧弟子

龛内北壁弟子[12]共5身，其中4身位于左胁侍菩萨头光上方，1身位于菩萨头光东侧。弟子均胡跪，通高26.5～28厘米（包括头光、莲台）。稍侧向右。上身略前倾，双手合掌于胸前，掌中各执一枝三叶小花。屈右膝，左膝跪于莲台上。面部、身躯、四肢及肌肤的勾染着色情况略同于胁侍菩萨。第二至五身披袒右式袈裟，下身着长裙。有头光，身下白色莲台（图70；图版Ⅱ：114）。

胁侍菩萨头光上方西起第一身弟子，黑色袈裟，绿色长裙，土色头光。其袈裟为左袒，与其他弟子不同。白色莲台。

西起第二身弟子，绿色袈裟，黑色裙，白色头光。

西起第三身弟子，黑色袈裟，白色裙，黑色头光。

西起第四身弟子，白色袈裟，黑色裙，绿色头光。

胁侍菩萨头光东侧弟子，黑色袈裟，绿色裙，黑色头光。

（ii）右侧弟子

图69　第272窟西壁龛内南侧胁侍菩萨

---

[11]　据关友惠回忆：中心画莲花，莲瓣线纹已脱落。

[12]　僧形，或应称比丘，有关论著多称弟子，姑从之。

图70　第272窟西壁龛内北侧胁侍菩萨、弟子、供养菩萨

0　　5　　　　　　　　　　25厘米

图71　第272窟西壁龛内南侧胁侍菩萨、弟子、供养菩萨

图72　第272窟西壁龛内南侧弟子

龛内南壁弟子共5身，其中4身位于右胁侍菩萨头光上方，1身位于菩萨头光东侧。弟子均胡跪，通高28～30厘米（包括头光、莲台）。稍侧向左。上身略前倾，除胁侍菩萨头光上方西起第一身外皆双手合掌于胸前，掌中多执一枝三叶小花。屈左膝，右膝跪于莲台上。勾染着色情况与龛内北壁弟子相同。多披袒右式袈裟，下身着长裙。有头光，身下白色莲台（图71、图版Ⅱ：115）。

胁侍菩萨头光上方西起第一身弟子，屈左肘，左手于左肩前仰掌；右肘稍屈，右手置于腰际。袈裟敷搭右肩一角。黑色袈裟，土色裙，绿色头光。

西起第二身弟子，绿色袈裟，白色裙，黑色头光。

西起第三身弟子，上身端直，回首，面朝向右。白色袈裟，绿色裙，土色头光。

西起第四身弟子，白色袈裟，黑色裙，白色头光（图72）。

胁侍菩萨头光东侧弟子，黑色袈裟，白色裙，黑色头光。

以上弟子所着黑色袈裟多染出衣纹。北壁和南壁西起第四身弟子的白色袈裟以及北壁西起第二身弟子的绿色袈裟，均以淡薄的敷色透出长裙的黑色，表现织物纤薄的质地。

vi　供养菩萨

（i）左侧供养菩萨

龛内北壁供养菩萨1身，位于左胁侍菩萨身前下方，胡跪，通高35厘米（包括头光、莲台）。稍侧向右。上身略前倾，双手合掌于胸前；屈右膝，跪左膝。面部、身躯、四肢及肌肤的勾染着色情况略同于胁侍菩萨、弟子，惟面颊染色较宽。冠饰不清。袒上身，颈饰白色项圈。白色帔巾在头后呈环状，绕双臂飘下。下身着绿色长裙，裙腰外翻。头后圆形头光在土红地色上薄施白粉。身下莲台均有白色莲房，外圈在土红地色上薄施白粉表示莲瓣。白色帔巾绕臂处亦以薄色作透明表现。脐部叠染清晰可见。绿色裙上勾描白色细线（图70；图版Ⅱ：114）。

（ii）右侧供养菩萨

龛内南壁供养菩萨2身。分别位于右胁侍菩萨身前上方和下方，胡跪。稍侧向左，微低头。上身略前倾，双手合掌于胸前；屈左膝，跪右膝；面部、身躯、四肢和肌肤和莲台的勾染着色情况略同于龛内北壁供养菩萨。冠饰不清，袒上身，颈饰白色项圈，绿色帔巾在肩后呈环状，绕双臂婉转飘下。下身着长裙，裙腰外翻。头后有圆形头光（图71；图版Ⅱ：115）。

上方供养菩萨，通高31厘米（包括头光、莲台）。双掌中夹一枝三叶小花。绿色帔巾，白色裙。黑色头光。白色裙染出衣纹。

下方供养菩萨，通高34厘米（包括头光、莲台）。帔巾染黑色，罩白粉，呈灰色。土色裙。绿色头光。

龛内南北两壁空余处饰白色三叶小花和黑色、白色莲蕾。黑色莲蕾，白色萼，白色细线描花蕊。

（2）龛外

1）龛楣、龛柱

环龛口边缘，在土红色地上绘涂宽1.8厘米的白色饰带，饰绿色、黑色相间的圆点。其外，上部绘龛梁、龛楣，下部画龛柱。龛梁、龛楣上部延伸至窟顶西披（图73；图版Ⅱ：107）。

龛梁径4～5.7厘米，饰绿、黑、红、白四色相间的彩带纹，间隔的斜线均作弧形，以影作圆形梁体。四色彩带均施圆点纹。

龛楣由龛梁宽出10厘米，顶端中央呈尖拱形，最宽处宽124厘米，下端内收。龛楣绘火焰纹，呈黑色，脱落较甚。脱落处可见先在土红地色上薄施白粉，再以黑色画火焰。龛楣尾端绘兽首柱头，红首以黑色点染，施薄粉，画绿眼、白吻、黑舌，白色细线描兽牙。北侧兽首高13厘米、宽8.4厘米，南侧兽首高15厘米、宽11厘米。兽首形柱头下，南侧龛柱高65.5厘米、宽4厘米，北侧龛柱高70.8厘米、宽3.7厘米，土红色，薄粉描边，部分脱落。

2）发愿文题榜

西壁龛下高20厘米，上沿有龛口底边土红色边线，宽约1厘米。其下中间上部有发愿文题榜1方，高约15厘米，宽43厘米，不见字迹。题榜南侧另有题榜2方，宽约2.5厘米，残高12厘米。龛下壁面可见一道横向土红色细线距龛口底边8～10厘米，如前所述，有可能是龛外两侧三角垂帐纹垂角尖端的定位线（图版Ⅱ：118）。

图73　第272窟西壁龛楣、龛柱

2．西壁北侧

（1）上段

上段高126～128厘米、宽94～95厘米。北侧下部因北壁西端近代开穿洞而受到破坏，经现代修补，抹白灰。其余部分保存尚好，以土红色为地绘供养菩萨[13]四排，第一、二排各5身，第三、四排各残存4身。西壁北侧残存供养菩萨计18身。大体作菩萨形，头上束髻或戴三珠宝冠，额有白毫，饰耳环、项圈、腕钏（少数腕饰双钏），袒上身或斜披络腋；袒上身者均有帔巾在头后呈环状，绕双臂婉转飘下；下身着长裙，跣足；头后圆形头光。姿势、动态多样（图74；图版Ⅱ：119～122）。自上而下、由南至北依次叙述如下。

第一排第一身菩萨，通高约32厘米（包括头光、帔巾）。头部稍侧向右。右臂屈起，右手半握抬至头前方；左臂屈肘，左手于左胸前扬掌。结跏趺坐，右脚在外，置于左膝前，脚心向上。束髻。袒上身，项圈下垂三圆珠。下身长裙以红色和黑色染出衣纹，裙腰翻出，腰带由腹前垂下。黑色帔巾。绿色头光，头光上端绘于窟顶西披。

第一排第二身菩萨，通高28厘米（包括头光、帔巾）。头部稍侧向左。右手半握伸向右下方；左臂横过胸前，左手仰掌举至头右侧上方。结跏趺坐，左脚在外，脚心向上。头戴宝冠，缯带自冠两侧向左上方高高飘起。袒上身。黑色裙，裙腰翻出，腰带由腹前垂下。薄施白粉绘帔巾。白色头光，头光上端绘于窟顶西披。

[13]　供养菩萨，或云听法菩萨，因大体作菩萨形，故称之，其尊格尚不明了，有可能是表现闻法赞叹的天人。包括龛内主尊两侧胡跪供养的形象，有关论著多称供养菩萨，暂且依之。

图74　第272窟西壁龛外北侧供养菩萨

第一排第三身菩萨，通高29厘米（包括头光）。稍侧向右，回首，头部稍侧向左。右肩前双手相合，姿态若执横笛吹奏状。右膝跪地，左腿屈起，左足着地。束髻。上身斜披袒右黑色白缘络腋，项圈下垂一圆珠。绿色裙。土色头光，头光上端绘于窟顶西披。

第一排第四身菩萨，通高30厘米（包括头光、帔巾）。头部稍侧向右。双臂屈肘，右前臂向右侧平伸，右手半握，手心向上；左手置于腹前，手心向里，姿态若横抱琵琶弹奏状。结跏趺坐，左脚在外，脚心向上。头戴宝冠，缯带自冠两侧飘起，左侧向上方高高扬起，右侧婉转飘向头后。袒上身，胸前挂璎珞。白色裙，裙腰翻出。绿色帔巾。黑色头光，头光上端绘于窟顶西披。

第一排第五身菩萨，通高29厘米（包括头光、帔巾）。稍侧向右，上身略前倾。双手于胸前合掌。双膝跪地。袒上身。土色裙，裙腰翻出，以土红色勾染衣纹，薄施白粉。黑色帔巾。绿色头光，头光上端绘于窟顶西披。

第二排第一身菩萨，通高32厘米（包括头光、帔巾）。头部稍侧向右。双臂屈肘，前臂平抬，右手在右前方握帔巾，左手于左胸前扬掌，拇指与食指相捻。结跏趺坐，左脚在外，脚尖向下。头戴宝冠，缯带自冠两侧婉转飘向头后。袒上身，胸前挂璎珞。黑色裙，裙腰翻出，腰带由腹前垂下。帔巾以黑色勾染，薄施白粉，左侧绕左臂飘下，右侧绕右臂经右手上扬。白色头光（图75）。

图75　第272窟西壁龛外北侧供养菩萨（第二排南起第一身）

第二排第二身菩萨，通高29厘米（包括头光）。半侧向右，微低头。双臂伸直，右手扬掌高举在头前上方，左手半握伸向前方。左膝跪地，右腿盘过左股，右足着地。上身斜披袒右黑色络腋。绿色裙。黑色头光，颜色多已脱落，露出土红地色。

第二排第三身菩萨，通高34厘米（包括头光、宝冠、帔巾）。头部稍侧向右。双手合掌于胸前。结跏趺坐，左脚在外，脚尖向下。头戴宝冠，缯带自冠两侧婉转飘向肩后。袒上身。白色裙，裙腰翻出，腰带由腹前垂下。绿色帔巾。黑色头光，颜色多已脱落。

第二排第四身菩萨，通高29厘米（包括头光）。头部稍侧向右。右臂伸直，右手在右前方竖起食指；左臂抬高，屈肘，左手半握置于膝上。双腿摆向左侧，双膝屈起而坐，两脚分开着地。上身斜披袒右白色绿缘络腋，衣薄透体，衣端搭至右肩后。黑色裙，颜色几脱落殆尽。绿色头光。

第二排第五身菩萨，通高28厘米（包括头光、帔巾）。半侧向右，微低头，上身略前倾。双手合掌于胸前，夹白色曲茎三瓣小花。左腿部残毁，略呈跪姿。头戴宝冠，缯带自冠两侧飘起，左侧飘向头后，右侧飘向右上方。袒上身。黑色裙。薄施白粉绘帔巾。白色头光。

第三排第一身菩萨，通高31厘米（包括头光、帔巾）。头部稍侧向左。右臂伸向右下方，右手在右膝上方握帔巾；左上臂横过胸前，稍屈肘，左手在右肩上方扬掌。结跏趺坐，左脚在外，脚尖向下。束髻。袒上身。绿色裙，裙腰翻出，裙带由腹前垂下。白色帔巾，左侧绕左臂婉转飘下，右侧绕右臂经右手垂下。黑色头光，颜色几脱落殆尽，略呈红色。

第三排第二身菩萨，通高32厘米（包括头光、宝冠、帔巾）。头部稍侧向右。双臂屈肘，右手托钵状莲花于右肩前，左手置于腹前。结跏趺坐，左脚在外，脚尖向下。头戴宝冠，缯带自冠两侧飘起，左侧向左上方扬起，右侧飘向头后。袒上身，胸前挂璎珞。红色裙，裙腰翻出，裙带由腹前垂下。绿色帔巾。黑色头光。

第三排第三身菩萨，通高32厘米（包括头光、帔巾）。身体半侧向右，回首，头部半侧向左，稍低头。右肘高抬过肩，右手折回于右肩前捻指；左臂伸直，左手于右前方扬掌。右腿屈膝，右足尖着地；左腿半舒，伸向前方，叠于右胫之上，左足伸至右前方。袒上身。白色裙。黑色帔巾。绿色头光。

第三排第四身菩萨，通高33厘米（包括头光、宝冠、帔巾）。稍侧向右。双手于胸前捧物。结跏趺坐，左脚在外，脚尖向下。头戴宝冠，缯带自冠两侧飘起，左侧飘向左方，右侧婉转飘向头后。袒上身。黑色裙，裙腰翻出，腰带由腹前垂下。帔巾以黑色勾染，薄施白粉。白色头光。

第四排第一身菩萨，通高33厘米（包括头光、宝冠、帔巾、莲座）。头部稍侧向左，两肩稍侧向右。双手于右肩前合掌。结跏趺坐于莲座上，左脚在外，脚心向上。头戴宝冠，缯带自冠两侧婉转飘向头后。袒上身，项圈下垂一圆珠。黑色裙，颜色大部脱落，裙腰翻出，腰带由腹前垂下。薄施白粉绘帔巾，绕双臂，左侧婉转上扬，右侧婉转飘下。白色头光。圆形莲座，红色座面，绿色莲瓣，下有橙色莲茎，绿色、黑色莲叶。莲茎由下方绿色水池生出，高15厘米。

第四排第二身菩萨，通高31厘米（包括头光、莲座）。稍侧向右，稍低头。右臂伸直，右手在右下方扬掌。左臂残，左肘高抬齐肩，左手回勾至左肩前，仅存部分手指。左肩部剥落，露出土红地色；土红色铺地时于其北侧留出一片，可见土色地仗上的土红色起稿画迹。盘右腿坐于莲座上，左膝向外侧屈起，左脚内收踏莲座。束髻。上身斜披袒右黑色白缘络腋，络腋末端于左肩后垂下敷搭在左膝上，项圈下垂一圆珠。绿色裙，透出黑色勾染衣纹。土色头光。圆形莲座，红色座面，黑色莲瓣（略呈灰色），下有橙色莲茎，绿色、黑色莲叶。莲茎由下方绿色水池生出，高14.5厘米。

第四排第三身菩萨，通高34厘米（包括头光、帔巾、莲座）。头部稍侧向右。双臂屈肘，双手分置于胸前左右。结跏趺坐于莲座上，左脚在外，脚心向上。头戴宝冠，缯带自冠两侧婉转飘向头后。面部、胸部剥落处露出土红色头部和颈项的草稿，上身衣着描绘似未完成，红色络腋披搭左肩垂覆于身体左侧，而胸前似有表示斜披的起稿线。项圈下垂一圆珠。长裙似原为白色，因大部脱落，露出土红地色。绿色帔巾。黑色头光。圆形莲座，红色座面，绿色莲瓣，下有橙色莲茎、绿色及黑色勾描莲叶。莲茎由下方绿色水池生出，高14厘米。

第四排第四身菩萨，残毁，仅有右手残迹可见于第三身菩萨头光以北、绿色帔巾之上。

第四排菩萨下方水池形成一道横向绿色边饰，高7～7.5厘米，残长76厘米，上饰涡纹，莲茎由其中生出。上边有橙色边线。

供养菩萨绘画、敷色的方法、步骤与龛内壁画略同。其中第一排第一、二、三身，第二排第二、三、五身，第三排第二、四身，面部敷色均于白粉层下以土红打底。以白色点染眼睑、鼻梁时，亦常以白色勾描头顶、面庞。头上发髻多数不清，被头光敷色覆盖。宝冠均为白色，冠上宝珠分别饰染绿色、黑色小点，缯带分段绘绿、黑两色横纹。长裙、帔巾多以白色细线强调褶襞和边缘。黑色、白色、绿色裙均勾染出衣纹。绿色裙在白地色上勾染衣纹，或染色后以薄粉勾染，或在黑色勾染后铺绿色。第一排第二身，第二排第一、第五身，第三排第四身，第四排第一身，帔巾在土红地色上以薄粉勾染，有的加染稍厚的白粉，有的先部施以黑色勾染。

在上述供养菩萨之间的空白处缀饰黑色、白色莲蕾，以及白色三叶小花。莲蕾下有白色花萼，黑色莲蕾上以白色细线画花蕊。

（2）下段

下段高38厘米。在上段绿色水池下方，有一道横向图案饰带，高6.5厘米，因被表层白粉涂盖，白粉剥落处仅见土红色勾描残迹，图案主题不明。饰带之下，白色地上绘三角垂帐纹，由上边长13厘米、两斜边长30厘米的垂角组成，在南部和北端表层壁画剥落处，依稀可见残迹，大体为白色。垂角为倒等腰三角形，底边在上，顶角在下，顶角约25～26度。垂角下端距地面13厘米（图版Ⅱ：129-1）。

3．西壁南侧

（1）上段

上段高128～134厘米、宽89～97厘米。以土红色为地绘供养菩萨四排，每排绘供养菩萨5身。西壁南侧绘供养菩萨计20身。与西壁北侧供养菩萨一样，大体作菩萨形，衣着、装饰基本相同，均腕饰双钏，姿势、动态多样（图76；图版Ⅱ：123～128）。自上而下，由北至南依次叙述如下。

第一排第一身菩萨，通高31厘米（包括头光、宝冠、帔巾）。头部稍侧向左。双臂屈肘，右手置于右腹前，掌心向前；左手扬掌举至左肩前。结跏趺坐，右脚在前，脚心向上。头戴宝冠，缯带自冠两侧飘起，左侧飘向头后，右侧扬起飘至头部右上方。袒上身，胸前挂璎珞。黑色裙，裙腰翻出，腰带由腹前垂下。绿色帔巾。白色头光，头光及宝冠顶端绘于窟顶西披。

第一排第二身菩萨，通高31厘米（包括头光）。稍侧向左，回首，头部稍侧向右。左臂向左侧平抬，屈肘，左手张开举过头顶，现缦网相；右臂向下，右手置于右股上半握。双腿屈膝，右胫向后回收于臀下，脚尖着地；左胫伸向前，左脚平踏。束髻。上身斜披袒右黑色绿缘络腋。土色裙。绿色头光，头光顶端及于窟顶西披。

第一排第三身菩萨，通高30厘米（包括头光、宝冠、帔巾）。头部稍侧向左。双臂屈肘，右手在右胸前扬掌，左手于左肩前托一盘状莲花。结跏趺坐，右脚在外，脚心向上。头戴宝冠，缯带自冠向两侧飘起，左侧婉转飘至头后，右侧向右上方飘扬。袒上身，项圈下垂三圆珠。白色裙，裙腰翻出，腰带由腹前垂下。薄施白粉绘帔巾。头光两圈，内圈红色，外圈黑色；头光及宝冠顶端及于窟顶西披。

第一排第四身菩萨，通高29.5厘米（包括头光）。稍侧向左。双臂屈肘，右手在右侧胸前，掌心向内；左臂抬起，左手于面前回勾半握。胡跪，左腿屈起，左脚着地；跪右膝。束髻。上身斜披袒右白色络腋，衣薄透体，末端自左肩后垂至左膝上。绿色裙。土

图76　第272窟西壁龛外南侧供养菩萨

色头光，头光顶端及于窟顶西披。

第一排第五身菩萨，通高30厘米（包括头光、宝冠、帔巾）。头部稍侧向左，略俯视。右手抚于腹前，左臂屈肘，左手托盘状莲花在左肩前。交脚坐，两胫相交，右脚在前，左脚在后，脚尖均向下。头戴宝冠，缯带自宝冠向两侧飘起，左侧婉转飘向头后，右侧向右上方扬起。袒上身，项圈下垂五圆珠。红色裙，以黑色勾染衣纹，裙腰翻出，腰带由腹前垂下。薄施白粉绘帔巾。白色头光，头光及宝冠顶端绘于窟顶西披。

第二排第一身菩萨，通高29厘米（包括头光、宝冠）。半侧向左。两臂屈肘，右手半握，置于腰际；左臂抬起，左手在左肩前扬掌，掌心朝向右方。似胡跪，右腿屈起，右脚着地；跪左膝，左脚尖在臀后支于地上。头戴宝冠，缯带自宝冠向两侧飘起，左侧飘向左方，右侧婉转飘向头后。上身斜披袒右白色绿缘络腋，左肩后的络腋末端披垂于左胁下，里面黑色。绿色裙，腰带垂于腿间。薄施白粉绘头光。

第二排第二身菩萨，通高31.5厘米（包括头光、帔巾）。上身稍侧向左，回首，头部稍侧向右，略作俯视状。屈右臂，右手在胸前，掌心向内；左臂伸向左下方，左手于左膝上方回勾，握帔巾。结跏趺坐，右脚在外，脚尖向下。袒上身。红色裙，以黑色勾染衣纹，裙腰翻出，腰带由腹前垂下。薄施白粉绘帔巾。白色头光。

第二排第三身菩萨，通高31厘米（包括头光、帔巾）。稍侧向左，略低头。右臂屈起，右手于右肩前托盘状莲花；左臂平抬，左手举至头左上方半握，掌心向前。胡跪，左腿屈起，左脚着地；跪右膝，臀部坐于右脚跟上。袒上身，项圈下垂珠串及二圆珠。白色裙，裙腰翻出。黑色帔巾。绿色头光。

第二排第四身菩萨，通高29.5厘米（包括头光、宝冠）。半侧向左，回首，头部稍侧向右。右臂屈肘，右手半握置于腰际；左臂屈起，左手于左肩前仰掌。双足下垂坐姿，双腿摆向左侧，屈膝，双脚落地；右腿在前，右胫回收；左胫直立，脚掌着地。头戴宝冠，缯带自宝冠向两侧垂下，左侧婉转飘起上扬至头光左侧上方，右侧婉转飘至头后。上身斜披袒右红色绿缘络腋，肩后末端披垂于左胁下，项圈下垂大小圆珠。透明白色裙。黑色头光。

第二排第五身菩萨，通高32厘米（包括头光、帔巾）。头部稍侧向左，略低头。右肘向右侧上方高抬，右手折回半握，置于右肩前，小指翘起；左臂垂下，稍屈，左手抚于腹前。结跏趺坐，右脚在外，脚尖向下。束髻。袒上身，项圈下垂一圆珠。绿色裙，裙腰翻出，腰带由腹前垂下。白色帔巾。薄施白粉绘头光。

第三排第一身菩萨，通高29厘米（包括头光）。稍侧向左。右臂前伸，右手伸向左下方回勾；左臂屈起，左手仰掌置于左肩前。结跏趺坐，右脚在前，置于左胫上；左脚尖于右胫上络腋下露出。束髻。上身斜披袒右绿色黑缘络腋，项圈下垂一圆珠。白色裙，腰带由腹前垂下。头光两圈，内圈红色，外圈黑色（图77）。

第三排第二身菩萨，通高31厘米（包括头光、帔巾）。稍侧向左，回首，头部稍侧向右。右臂横过胸前，右手前伸至左膝上方，掌心向内；左臂高抬，左手举至头光左侧上方，扬掌。双足下垂坐姿，双腿摆向左侧，屈膝；右腿在前，右胫回收，脚尖向下；左胫直立，脚尖着地。头戴宝冠，缯带自宝冠向两侧，左侧婉转飘向头光左侧上方，右侧婉转飘向头后。袒上身，项圈下垂二圆珠。红色裙，薄施白粉。黑色帔巾。绿色头光。

第三排第三身菩萨，通高32厘米（包括头光、帔巾）。上身稍侧向左。双臂平抬前伸，在左侧前方合掌。结跏趺坐，右脚在外，脚心向上。袒上身，胸前挂璎珞。红色裙，黑色勾染衣纹，裙腰翻出，腰带由腹前垂下。绿色帔巾。白色头光。

第三排第四身菩萨，通高30厘米（包括头光）。稍侧向右，回首，头部稍侧向左。右臂屈肘，右手于腹前扬掌，拇指与食指相捻；左臂伸直，左手伸至左下方回勾，半握。双膝跪

图77　第272窟西壁龛外南侧供养菩萨（第三排北起第一身）

地而坐，左腿在前，左脚收至臀下。头戴宝冠，缯带向宝冠两侧飘起，左侧婉转飘向头后，右侧至头光右侧扬起。上身左袒，斜披白色绿缘络腋，衣端自右肩垂下搭于右腿上，项圈下垂一圆珠。绿色裙。薄施白粉绘头光。

第三排第五身菩萨，通高32.5厘米（包括头光、帔巾）。稍侧向左，回首，头部稍侧向右。双臂伸直，双手合抱右膝。双腿摆向左侧，跪左膝，左脚露出于臀后；右腿屈起，右脚着地。束髻。袒上身，项圈下垂一圆珠。白色裙。帔巾薄施白粉，呈土色。头光两圈，内圈红色，外圈黑色。

第四排第一身菩萨，通高33厘米（包括头光、宝冠、帔巾、莲座）。头部和上身稍侧向左。双臂上抬，双手合掌举至左侧头前上方。结跏趺坐于莲座上，右脚在外，脚心向上。头戴宝冠，缯带自宝冠两侧垂下，婉转飘至身后。袒上身，胸前挂璎珞。绿色裙，裙腰翻出，腰带由腹前垂下。白色帔巾。薄施白粉绘头光。圆形莲座，勾白色线分为红色座面、红色莲瓣，下有橙色莲茎，红色、绿色莲叶。莲茎由下方绿色水池生出，高12.5厘米。

第四排第二身菩萨，通高28厘米（包括头光、莲座）。半侧向左，头稍仰。双臂抬起，屈肘，双手于面前合捧盘状莲花。胡跪，跪左膝，右腿屈起，右胫稍前回收，右脚踏于莲座上。束髻。上身右袒斜披绿色白缘络腋，左肩后衣端披垂至左股上。白色裙。头光两圈，内圈红色，外圈黑色。圆形莲座，红色座面，绿色莲瓣，下有橙色莲茎，绿色、黑色莲叶。莲茎由下方绿色水池生出，高14厘米。

第四排第三身菩萨，通高34厘米（包括头光、帔巾、莲座）。头部稍侧向左。右臂稍屈，于腹前立掌；左臂平伸，屈肘，左手高举至头光左侧，食指指向左前方。结跏趺坐于莲座上，右脚在外，脚尖向下。头戴宝冠，缯带自宝冠两侧婉转飘至头后。袒上身，项圈下垂一圆珠，胸前挂璎珞。红色裙薄施白粉，裙腰翻出，腰带由腹前垂下。黑色帔巾。绿色头光。圆形莲座，红色座面，白色莲瓣，下有橙色莲茎，绿色、黑色莲叶。莲茎由下方绿色水池生出，高13厘米。

第四排第四身菩萨，通高32厘米（包括头光、莲座）。头部稍侧向左。右臂屈肘，右手托莲花于右肩上；左臂抬起向左前方平伸，扬掌。在莲座上盘右腿而坐，右脚露出于左踝之后；左腿屈起，左胫稍回收，左脚踏于莲座上。上身斜披袒右红色绿边络腋，末端自左肩后披垂而下，遮覆左膝；项圈下垂一圆珠，胸前挂璎珞。黑色裙，腰带由腹前垂下。白色头光。圆形莲座，红色座面，绿色莲瓣，下有橙色莲茎，绿色、黑色莲叶。莲茎由下方绿色水池生出，高14厘米。

第四排第五身菩萨，通高34厘米（包括头光、宝冠、帔巾、莲座）。头部稍侧向右。右臂稍屈，右手置于腰际半握；左臂抬起屈肘，左手于左肩前拈璎珞。结跏趺坐于莲座上，右脚在外，脚尖向下。头戴宝冠，缯带自宝冠两侧婉转飘至头后。袒上身，肩挂两道璎珞，一道垂至胸腹之际；另一道垂至腹下。绿色裙，加薄粉勾染衣纹，裙腰翻出，腰带由腹前垂下。白色帔巾。薄施白粉绘头光。圆形莲座，于土红地色上染黑色，施薄粉，描白线，下有橙色莲茎，红色、绿色莲叶。莲茎由下方绿色水池生出，高16厘米。

第四排菩萨下方绿色边饰（水池）高6～7厘米、长99厘米，上饰涡纹，莲茎由其中生出。上边有橙色边线。

西壁南侧供养菩萨描绘稍比北侧工整，画法略同。可见多种透明画法，如第一排第四身与北侧第二排第四身白色络腋，前者仅描出白色边线，身躯胸、腹部的勾染完全不加白粉覆盖，以示完全透明。第一排第四身和第三排第四身白色络腋遮覆绿色裙时，多将白粉加厚，以表现衣内物体色相的变化。另如第一排第三、第五身手中盘状莲花下的盛器，仅稍染以稀薄的白粉，若有若无，应被其遮挡的人物肩部、土红色背景，依然清晰可见，似表示器物为透明的玻璃质地。第一排第三身手中莲花染色自下而上为白、黑、白、绿，上有白色细线花蕊；其余莲花多为白、绿两色；第四排第二身的莲花为黑、白、绿三色，上描红色花蕊。帔巾的描绘往往只用薄粉轻染，透出土红地色，表现为纤薄如罗纱的质地。此外，第三排第五身以极细的黑色细线勾勒白色长裙的衣纹和裙内的肢体，同样表现出质地的轻薄。

在上述供养菩萨之间的空白处缀饰黑色、白色、绿色莲蕾，以及白色三叶小花。莲蕾下有白色花萼，黑色莲蕾上以白色细线画花蕊。

（2）下段

下段高40厘米。与龛外北侧相同，在上段绿色水池下方，有一道横向图案饰带，高6.5厘米，因被表层白粉涂盖，仅靠近南端露出少许红色画迹，图案主题不明，以红线间隔。饰带之下，白色地上绘三角垂帐纹，由垂角上边（底边）长13厘米、两斜边长30厘米的垂角组成，在南部表层壁画剥落处，依稀可见残迹。顶角约25～26度。垂角下端距地面12厘米（图版II：129-2）。

（二）北壁

北壁呈横长方形，壁画分上下两段布局，上段中央绘说法图，说法图周围绘千佛；下段于图案饰带下绘三角垂帐纹（图版I：

57；图版Ⅱ：130）。壁面西端被后代开穿洞打破，壁画受到破坏，波及穿洞以东约8～30厘米处（图版Ⅱ：134）。壁面下部漫漶较甚。以下分别叙述。

1．上段

北壁上段高125～128厘米。

（1）说法图

上段下部中间，绘1铺说法图，高74厘米，宽70～76厘米，距北壁西边104厘米，距地面50.8厘米，以土红为地色。图中一佛二菩萨四弟子四飞天。下部较残（图78；图版Ⅱ：131、132）。

1）坐佛

坐佛高45厘米，正面，居中。头顶有白色的头发、肉髻，面型浑圆，眼睑、鼻梁染白色，并以黑色细线描绘眼、鼻、嘴、耳。双耳长垂，颈粗，有弧线两道。右肘稍外张，屈起，右手于右胸前扬掌，结施无畏印，作缦网相；左手于腰际握袈裟一角。结跏趺坐于双狮座上，双膝间距27厘米，右腿在前，左脚叠于右胫之上，脚心均向上。内穿土色僧祇支，黑色领缘。外披黑色袈裟，绿色衣边，橙色里面，其敷搭右肩，顺右臂而下，回至腹前，蔽覆下身；左侧由左肩垂下，蔽覆左侧胸、腹，绕左前臂，衣端握于左手

图78　第272窟北壁说法图

中。袈裟衣纹用土红色起稿，黑色勾染。悬裳覆于座前，呈三垂弧状，似未完成，多处留出土色及土红色起稿线，部分黑色勾染脱落难辨，可见白色细线勾描。胸、腹至悬裳清晰可见起稿时的纵向定位线，为弹线，上起华盖，下至狮座，也是整幅说法图的中轴线。头光圆形，横径19厘米，两圈，内圈为密集排列呈放射状的白色线；外圈绿色，饰圈点组成的小莲花。身光略呈宝珠形，横径37厘米，四圈，由内向外分别为橙、绿、黑、橙色，第二、三圈绿色和黑色上均以白色细线勾绘火焰纹。

身光之上有华盖，呈圆形伞状。盖顶中央似稍下凹，左右顶面绿、黑两色，均稍隆起。盖顶周沿轮廓为黑色，装饰三个白色宝珠形蕉叶。其下伞面由绿、土、黑三色组成，黑色和绿色上绘白色小圆圈纹，土色上勾土红色线似云气纹，曾以黑色点染。黑色和白色的线描表现出纵向呈弧线的伞骨，以及下沿连续弧形的伞面边缘。华盖之后绘宝树，在土色地上，道道弯下的黑色弧线表示枝条，枝条间点画花、叶。连续的白色小点描画出华盖、宝树的轮廓。

佛座方形，以橙色勾轮廓。座面白色。座身正面略呈正方形，上部表现为被悬裳遮盖，其中心方形，白色，饰绿色圆点，基本脱落，露出草泥层，仅剩白色边缘及圆点残痕；其左边、右边、下边各为梯形，左、右施绿色，下边为黑色，均饰白色小圆圈纹，黑色脱落严重。座两侧绘双狮，漫漶，仅残存少许土红色轮廓线及染色、画痕。

2）胁侍菩萨

坐佛两侧绘胁侍菩萨各1身。

东侧（左）胁侍菩萨，立姿，通高47厘米（包括头光、莲台），稍侧向右，朝向坐佛，稍低头，稍出右胯。右手垂下贴于右股，左臂稍屈，左手置于腰际。头戴白色三珠宝冠，黑色缯带自冠两侧飘下，左侧飘向左上方，右侧婉转飘向头后。袒上身，饰项圈（下垂三圆珠）、璎珞、腕钏；下身着绿色长裙，裙摆外撇。白色帔巾在头后呈环状，绕双臂婉转飘下。画帔巾，在留出的土色地或土红色地上薄施白粉，然后画密集排列的白色横纹，再分段加画绿色横纹。帔巾两侧下端形状模糊，似呈尖角状。白色璎珞略施黑色横纹。土色头光。下方残存莲台橙色座面残迹。

西侧（右）胁侍菩萨，形象及冠戴衣饰与东侧菩萨相同，姿势、动态与东侧菩萨对称，通高46厘米（包括头光、莲台），稍侧向左，稍出左胯。左手垂下，右手置于腰际，宝冠缯带右侧向右上方扬起，左侧婉转飘向头后。胸前项圈下垂三圆珠。帔巾两侧下端呈尖角状（左双，右单）。下方残存莲台橙色座面及白色莲瓣残迹。

3）弟子

坐佛两侧、菩萨上方共绘4身弟子，两侧各2身。

东侧西起第一身弟子，表现为胸部以下被菩萨遮挡，可见形象高11厘米（包括头光），稍侧向右。穿绿色通肩袈裟，双手手指从领口伸出，右手可见四指，左手见二指。黑色头光。

东侧西起第二身弟子，表现为下半身被菩萨遮挡，可见形象高13厘米（包括头光），稍侧向右。右臂屈起，右手于右肩前仰掌；左臂屈肘，左手回勾，置于胸腹之际。穿黑色通肩袈裟。薄施白粉绘头光。

西侧东起第一身弟子，表现为胸部以下被菩萨遮挡，可见形象高11厘米（包括头光），稍侧向左。穿黑色袒右式袈裟。绿色头光。

西侧东起第二身弟子，表现为下半身被菩萨遮挡，可见形象高15厘米（包括头光），稍侧向左。右手于身侧垂下，半握。穿白色袒右式袈裟，衣端敷搭右肩。绿色头光。

4）飞天

佛身光及华盖两侧、弟子上方共绘4身飞天，两侧各上下2身。

东侧下起第一身飞天，宽19厘米（包括头光），稍侧向右，朝西飞行。上身前倾，双肩稍左扭，双手合掌于左肩前。双腿舒展，向上扬起，与上身形成钝角，右脚露出于左胫之上。袒上身，饰耳环、项圈、腕钏；下身着白色长裙，腰带顺两腿飘向后方。绿色帔巾在头后呈环状，右侧绕右臂婉转飘下，左侧绕左臂婉转飘扬。黑色头光。

东侧下起第二身飞天，宽20厘米（包括头光），朝向、身姿、衣饰与第一身飞天大同小异。右臂屈起，右手举至右肩前，掌心向上；左臂伸直，向左侧高抬，左手握帔巾。项圈下垂三圆珠。土色裙，裙腰翻出。黑色帔巾，右侧绕右臂婉转飘下，左侧绕左臂经左手飘扬。绿色头光。

西侧下起第一身飞天，宽18厘米，稍侧向左，朝东飞行。上身前倾，头稍侧向左，稍仰视，双肩稍左扭，双手合掌举至面前。双腿舒展，向上扬起，与上身略成直角，左脚抬起在右胫之后。衣饰与东侧飞天略同。黑色裙，裙腰翻出，腰带顺两腿飘向后方。薄施白粉绘帔巾，右侧绕右臂随体向后飘扬；左侧绕左臂婉转飘下。白色头光。

西侧下起第二身飞天，宽21.5厘米，朝向、身姿、衣饰与第一身飞天大体相同，头稍侧向左，稍俯视。上身前倾，双臂伸直，向左右两侧平抬，左手在前回勾，拇指与食指相捻；右手在后握帔巾；右腿舒展，左腿稍屈，左脚抬起在右胫之后。绿色裙。白色帔巾，左侧绕左臂婉转飘向左上方，右侧婉转绕经右手飘出。土色头光，用红色描边。

说法图中人物大体在细泥地仗上以土红色线起稿，用黑色勾染，肌肤部位多加染橙色，然后以较薄的白色铺罩，与黑色勾染重叠或交接处略显晕染的效果，橙色于白粉下透出呈肉粉色。之后，用白色点染上眼睑和鼻梁以及头顶（如弟子），用工细的黑色线具体勾勒眼、鼻、嘴等细部（佛、菩萨、弟子）。值得注意的是，图中人物肌肤部位于上述过程完成后，多再罩以白粉，但未作进一步的描绘，大部分黑色勾染受到遮盖，形体结构因而模糊。佛衣黑色袈裟衣纹经土红色线起稿后用黑色勾染。菩萨、弟子、飞天的衣、裙、帔巾多勒以白色细线，以突出轮廓边线并增加衣纹的装饰性。

（2）千佛

壁面上段说法图的上方和两侧绘千佛，仍以土红色为地，与说法图并无分界。千佛画面共七排，上方二排绘于窟顶北披，其中下排千佛的下端绘于北壁上沿。北壁自上而下共绘五排千佛，西端部分毁于穿洞，现存千佛第一排残存18身，第二排残存17身（以上二排在说法图上方），第三至第五排各残存10身（以上三排在说法图两侧）。北壁残存千佛计65身。

千佛左右成排，上下成列，排列整齐，上下各排间皆以白色横线相分隔，间距23～25厘米，每排各千佛大小基本相同，相邻千佛的身光相接处上方，等距离刷高4.5～6.8厘米、宽1～1.5厘米的白色题榜，题榜颜色多已脱落，不见字迹。题榜间距10～12厘米（图版Ⅱ：133）。

每排千佛均可见有起稿时的横向定位弹线，界定每身坐佛的头顶、颈项、双手、腿部的位置。除在敷色剥落处显露之外，下排东侧一些未完成的画面尤有清晰的表现。

千佛通高19～21厘米（包括头光），两膝间距8.5～10厘米，造型、姿态相同，均为正面，但第一至第四排千佛的东端一身，头部稍侧向右，结跏趺坐，不露足，双手于腹前相叠，施禅定印。头顶隐约可见肉髻，肉髻底部偶见饰白色小点。额中央有白毫，两耳垂肩，颈部两道弧线。千佛均披袈裟，交替为双领下垂式或通肩式，双领下垂式袈裟前胸可见内着僧祇支。千佛头光圆形，横径7～8厘米；身光椭圆形，横径12～13厘米，等于或大于两题榜的间距。头光与身光两圆顶端相切，或头光略高出身光。身光均为两圈，内圈色彩稍浅于外圈，边缘均以白线勾勒。

千佛上方华盖与横向白线相接，或稍低于白线，涂上下不同两种颜色的横道，分别示意盖顶和垂幔，横径3～5厘米，高约1.5厘米，垂幔两端均悬挂白色小点组成飘向外侧的流苏，末端缀以黑色圆珠。

千佛坐下为圆形莲座，下边微弧，高1～1.5厘米，横径7～8厘米，绘有覆莲瓣。

千佛上述情况列表如下。

单位：厘米

地色	千佛各排画面高	华盖				头光	身光	千佛单体通高（包括头光、莲座）	两膝间距	莲座			题榜			
		盖顶		垂幔												
		高	横径	高	横径	横径	横径			形制	高	横径	颜色	高	宽	间距
土红	23～25	1.5	3.5～5	1.5	3～5	7～8	12～13	19～21	8.5～10	圆形覆莲座，下边微弧	1～1.5	7～8	白	4.5～6.8	1～1.5	10～12

千佛按其头光、身光、袈裟、华盖、莲座颜色的不同搭配，左右八身一组，有规律地连续排列。千佛袈裟的颜色有四种，即绿、黑、红和土色。其中黑色袈裟系在留出的土色地上勾染黑色衣纹，均为双领下垂式，衣缘勒以白色细线，内穿僧祇支交替为绿色和土色。红色袈裟染色前衣边先勒以黑色细线。绿色袈裟染色后衣边勒以白色细线。头光、身光颜色也有四种，即绿、白、土和黑色。其中黑色头光分两圈，内圈为土色；土色头光用土红色粗线描边；白色身光，外圈下以红色衬底；土色身光，外圈在土红地色上薄施白粉；黑色身光，内圈为土色；绿色身光，内圈为白色。华盖有红色、黑色，其中红色即在土红地色上薄施白粉，黑色有部分亦薄施白粉。莲座分黑、绿两色，交替变化使用。每身佛的各个部位分别使用不同的颜色，形成固定的组合，且上一排某种颜色搭配的千佛，相对其下一排同样颜色搭配的千佛向左（或右）横移一个位置，这样，各种颜色组合的千佛就在壁面上形成道道斜线。北壁千佛的最下两排，即第四、第五排未最后完成。其中第四排二身、第五排四身未完成黑色袈裟的勾染。现将上述千佛颜色排列情况列表示意如下。

头光	土	白	绿	黑	土	白	绿	黑
身光	白	土	黑	绿	白	土	黑	绿
袈裟	绿	黑	红	黑	绿	黑	土	黑
衣式	通肩	双领	通肩	双领	通肩	双领	通肩	双领
莲座	黑	绿	黑	绿	黑	绿	黑	绿

从壁画剥落处和未完成部分可知，千佛依据土红色起稿线绘制，先在肌肤部位敷白色，头部轮廓、眼圈、面颊、鼻、颈部二道和双耳、胸廓、双手以黑色粗线勾染，又在眼、鼻点染白色。最下两排（第四、第五排）的千佛（第四排最东端二身除外），在上述染色之后，在头、胸和手的部位涂盖罽有微量红色的白粉，但未作进一步的绘制，有可能是后代重修的痕迹。分隔各排的白色横线，系在千佛壁画完成后用界尺所画，同时涂题榜（图版Ⅱ：151-1）。

北壁东上角壁画千佛受到近现代烟熏污染，部分色调加重、变暗。第一排东起第三身土色袈裟已成黑色，应与沾染烟炱有关。

2. 下段

下段高51.5～53厘米。在上段说法图、千佛下方，有一道横向图案饰带，高10厘米，被表层白粉涂盖，壁画大量剥落，白粉未脱落处显示出部分下层纹样勾描的轮廓，可判断图案系由四组纹样组成，由东向西第一组长45.7厘米，为波状忍冬纹；第二组长54.5厘米，表层磨损较甚，土红地色，有等距离的竖道；第三组长69厘米，为四叶交茎环套忍冬纹；第四组被穿洞破坏，残长24.5厘米。饰带上下以橙色线间隔。

与西壁龛外两侧下段相同，饰带之下绘三角垂帐纹，垂角上边长约13厘米，下部甚残，约高30厘米。说法图下方的两个垂角，依稀显示其内部居中各有较小的土红色相似三角形，与垂角底边（上边）重合（图版Ⅱ：130、131）。

（三）南壁

南壁呈横长方形，壁画布局及题材与北壁相同，南北大体对称（图版Ⅰ：58；图版Ⅱ：135）。壁面东部被后代所开穿洞破坏，经现代封堵、修补（图版Ⅱ：139）。东上角有一长约50厘米，宽约0.3厘米的曲折裂缝，下起穿洞顶部，上端延伸至窟顶，经南披东端，至东披南部（图版Ⅱ：138）。以下分别叙述。

1. 上段

南壁上段高119～136.7厘米。

（1）说法图

上段千佛壁画下部中间绘1铺说法图，高约76.5厘米，残宽64～71厘米，距南壁西边约97厘米，构图略同于北壁说法图，同为一佛二菩萨四弟子四飞天，壁画绘制、人物形象、用线、敷色均类同（图79；图版Ⅱ：136、137）。图东端部分受到穿洞破坏。

1）坐佛

坐佛高44厘米，正面，居中。造型特点、姿态、衣着、色彩与北壁说法图中坐佛相同。头顶白色肉髻较明显。面部白粉层和黑色勾染大部脱落，残存眼睑、鼻、嘴的细线描绘痕迹，唇上可见染有红色。黑色勾染的头部轮廓、颈部二道弧线，僧祇支领缘、袈裟衣纹、施无畏印作缦网相的右手和握衣角的左手，较为清晰。跌坐双膝间距27.7厘米。土色僧祇支上清晰地显示出用于起稿的纵向定位弹线（中轴线），上起华盖，下至佛座，均有迹可寻。袈裟的绿色衣边装饰成串的白色小点纹，未见于北壁说法图中。左侧上部袈裟领缘有尖角状褶襞，在北壁说法图中几乎完全脱落。座上悬裳描绘完整，与北壁稍有不同，衣摆两边作垂弧状，中间平垂，有波状小褶。头光略呈圆形，横径18.5厘米，内圈呈放射状密集白色细线与北壁相同；外圈绿色中未饰小花。宝珠形身光横径38厘米，第二、三圈绿色和黑色上的白色细线火焰纹较为清晰。

身光之上的华盖，画法和形制均与北壁说法图有所不同。此图不用北壁图中略带俯视的角度，亦不作富立体感的弧形表现，而作正视角度。华盖自上而下由盖顶、盖沿和帷幔组成。盖顶隆起，中央稍下凹，绿色。盖沿只见土色地仗上的土红色起稿线，未作进一步的描绘。沿上中间和两端有三笔白色点染，尚未绘成宝珠形（蕉叶）装饰。沿下帷幔，上层为黑色垂角、绿色帐带；中层为

图79　第272窟南壁说法图

白色垂幔，下边平直；下层为黑色垂幔，下边用白色细线勾勒波曲连弧的褶纹。下边之下，又出现了略带仰视的透视画法，表现伞盖帷幔远端的下边，亦有波曲连弧的白线，帷幔的里面为土色。华盖之后未画宝树。

　　佛座与北壁说法图的相同，保存稍好。座面白色，未被悬裳覆盖的左右两端依稀可见画痕，为顺斜边方向密集的斜线纹，似表现吉祥草之类的敷物。方形座身正面，中心方形为白色，上饰绿色圆点，有部分脱落。左右两边梯形为绿色，饰白色圈、点纹。下边梯形残存少量黑色痕迹和白色小圆圈纹，露出土色地仗和土红色起稿线、定位线，及所施薄粉。座两侧绘双狮，形体、敷色完整，分别露出半身，高12.7－13.3厘米。左右对称，均朝向外侧。昂首，呈蹲伏状，眼圆睁，张嘴露齿。狮身敷橙色。眼、口染白色，颌下有白色长须。前爪一前一后支地。狮子的描绘止于方座座身的侧沿，示意后半身隐于座内或座后。

　　2）胁侍菩萨

　　坐佛两侧绘胁侍菩萨各1身。

　　西侧（左）胁侍菩萨，通高48.4厘米（包括头光、宝冠、莲台），保存稍完整，站立的姿态和衣着形制与北壁说法图中左胁侍菩萨一致，宝冠和缯带、帔巾飘扬的形状相同。右手垂下贴于右股，左臂屈起，左手半握，置于左肩前，掌心向里。双脚分开外撇，脚下踏覆莲台。宝冠两侧白色缯带加画绿色和黑色横纹。白色项圈下垂一圆珠。白色裙，裙摆呈尖角形外撇。绿色帔巾，两侧下端呈双尖角。黑色头光。莲台完好，橙色台面，绿色覆莲瓣，莲瓣上以白线勾叶瓣纹理。

东侧（右）胁侍菩萨，右侧部分（包括头光右端、右肩、右臂和右腿、右脚部分及莲台右端）残毁，其形象及冠戴衣饰、莲台与西侧菩萨相同，姿势、动态与西侧菩萨对称，与北壁说法图右胁侍菩萨一致，通高49.5厘米（包括头光、莲台），稍侧向左，稍出左胯。左手垂下贴于左股，右臂残毁。白色三珠宝冠多脱落，白色缯带加画黑色和绿色横纹，左侧婉转飘下，右侧残毁。项圈下垂三圆珠。白色裙。绿色帔巾，左侧下端呈三尖角，右侧已不见。黑色头光。莲台大部尚存，橙色台面，绿色覆莲瓣，白线勾莲瓣叶脉。

3）弟子

坐佛两侧、菩萨上方共绘4身弟子，两侧各2身。

西侧东起第一身弟子，表现为胸部以下被菩萨遮挡，可见形象高14厘米（包括头光），稍侧向右。左臂屈起，左手于左胸前半握，掌心向内；右臂垂下。穿黑色袒右袈裟。头光两圈，内圈土色，外圈红色。

西侧东起第二身弟子，表现为腰腹以下被遮挡，可见形象高13厘米（包括头光），稍侧向右。双臂屈起，左手半握于左胸前，掌心向内；右手食指点向右前方。穿绿色袒右袈裟，衣角绕右肩经后背敷搭左肩。白色头光。

东侧西起第一身弟子，表现为胸部以下被菩萨遮挡，可见形象高11厘米（包括头光），稍侧向左，略俯首。穿白色袒右袈裟，绿色头光。

东侧西起第二身弟子，右侧残毁，可见形象高10厘米（包括头光），稍侧向左。左臂抬起，屈肘，左手举至头上，握拳回勾。右肩、臂及右胸残毁。穿黑色袒右袈裟。土红地色上薄施白粉绘头光。

4）飞天

佛身光及华盖两侧、弟子上方共绘4身飞天，两侧各上下2身。形象、身姿、衣饰及描绘均与北壁说法图中对应位置的飞天基本相同，无耳饰，均可见裙腰翻出。

西侧下起第一身飞天，宽20厘米（包括头光），稍侧向右，朝东飞行。双手于胸前合捧一物。绿色裙。白色帔巾在肩后呈环状，右侧绕右臂婉转高扬至头上方。土红地色上薄施白粉绘头光。

西侧下起第二身飞天，宽19厘米，稍侧向右，仰首，朝东飞行。右肘外张，小臂回收，右手置于右肩前，掌心向内；左臂伸直，向左侧高抬，左手回勾握帔巾。黑色裙。土红地色上薄施白粉绘帔巾，右侧绕右臂婉转高扬至华盖西侧上方。白色头光。

东侧下起第一身飞天，宽20厘米（包括头光），稍侧向左，朝西飞行。略平视，双臂屈起，右置于胸前，左手抬至左前方。绿色裙。黑色帔巾，右侧绕右臂向后上方飘扬；左侧折回搭左臂。头光两圈，内圈土色，外圈于土红色地上薄施白粉。

东侧下起第二身飞天，宽22厘米，稍侧向左，朝西飞行。右臂屈肘向外侧抬起，右手握起，举至右肩外侧；左臂伸直向下，左手推掌。项圈下垂二圆珠。白色裙。绿色帔巾。头光两圈，内圈土色，外圈黑色。

南壁说法图中人物描绘、染色与北壁说法图略有不同，橙色加染较重，最后铺罩白粉时比较注意避开勾染的黑色，使形体结构相对清晰；因橙色打底稍厚，或有意羼入橙色，白粉层因而偏红。弟子袈裟、飞天长裙、帔巾，均勒以白色细线，引人注意。左胁侍菩萨的绿色帔巾上可见到同坐佛绿色领缘上一样的成串白色小点纹。

图80　第272窟南壁千佛（第二、三排西起第一至八身）

（2）千佛

壁面上段说法图的上方和两侧绘千佛，与北壁上段相同，与说法图无分界。千佛画面共七排，上方绘于窟顶南披的二排，其中下排千佛大部绘于南壁上沿，归入南壁叙述。南壁自上而下共绘六排千佛，东侧部分毁于穿洞，现存千佛第一排20身（此排均延伸至窟顶南披），第二、第三排各22身（以上三排在说法图及穿洞上方），第四、第五排各残存11身，第六排残存10身（以上三排在说法图的西侧和穿洞东侧）。南壁残存千佛计96身。

千佛表现形式及表现方法与北壁上段千佛基本相同。上下各排间以白色横线相分隔，现仅在上起第二至第四排上可见残存的白线，第五排仅西端可见残痕。千佛均为正面，惟第一排最西端一身千佛头部稍侧向右（图版II：138）。

每二至第六排千佛均可见起稿时的横向定位弹线，以四条横线界定千佛的头顶、颈项和结禅定印双手的上、下沿（图80；图版II：151-2,3）。

千佛上述情况列表如下。

单位：厘米

地色	千佛各排画面高	华盖				头光	身光	千佛单体通高（包括头光、莲座）	两膝间距	莲座			题榜			
		盖顶		垂幔		横径	横径			形制	高	横径	颜色	高	宽	间距
		高	横径	高	横径											
土红	23~25	0.5~1	3.5~4.5	0.5~1	3.5~4.5	7~8	12~13	18~20	8.5~10	圆形覆莲座，下边微弧	1~1.5	7~8	白	4.5~7.5	1~1.5	9~11.5

千佛线描、染色情况与北壁相同。按头光、身光、袈裟、莲座颜色的不同搭配，左右八身一组，有规律地连续排列，与北壁千佛略同，惟头光颜色作反向排序。现列表示意如下。

头光	土	黑	绿	白	土	黑	绿	白
身光	白	土	黑	绿	白	土	黑	绿
袈裟	绿	黑	红	黑	绿	黑	土	黑
衣式	通肩	双领	通肩	双领	通肩	双领	通肩	双领
莲座	黑	绿	黑	绿	黑	绿	黑	绿

第四、五、第六排千佛未最后完成。其中第四排1身、第五排2身、第六排3身未完成黑色袈裟的勾染。第五排1身、第六排1身则黑色头光、黑色袈裟均未完成。第六排千佛，除东端1身外，残存的9身，均在头、胸和手的部位涂盖屡有微量红色的白粉，覆盖该处的黑色勾染，但未作进一步的绘制，有可能是后代重修的痕迹。

2．下段壁画

下段高51~53厘米。在上段说法图、千佛下方，有一道横向图案饰带，高约10厘米，在表层白粉涂盖之下，透出部分纹饰波状茎蔓的痕迹。东部大半毁于穿洞，穿洞以东至东端稍明显，壁面西端次之，中间模糊不清。从透出的纵向界隔线痕迹判断，图案仍由多组纹样组成。

边饰以下，与西壁、北壁下段相同绘三角垂帐纹，表层白粉层残落处可见下层壁画垂角及垂角之间的帐带，垂角上宽21~14厘米，下部甚残，残高约29厘米，略同于西壁、北壁，个别垂角内部可见有底边重合的红色相似三角形痕迹（图版II：136）。

（四）东壁

东壁甬道北侧、甬道南侧，壁画布局各分上、下二段，上段绘千佛，下段绘横向饰带和三角垂帐纹，分别与南、北壁内容衔接（图版I：59；图版II：140）。甬道两侧后代壁龛封堵后，北侧自壁面北边起，距地面高80厘米，修补的草泥面宽约82~105厘米、高24~75厘米；南侧南上角，修补的草泥面高约10~75厘米、宽约53~88厘米，壁画均受到破坏。东壁壁画情况分别叙述如下。

1．甬道北侧

（1）上段

上段高116～123厘米。壁面上段绘千佛五排，自上而下，第一排9身（此排在壁龛残迹上方，千佛的华盖、头光、肉髻不同程度绘于窟顶东披），第二排残存5身（其中4身大部残毁），第三排残存3身（其中1身残毁过半），第四排残存9身（其中6身大部残毁。以上三排保存较好者均在壁龛残迹以南），第五排9身。东壁甬道北侧残存千佛计35身。

千佛表现形式及表现方法与北壁、南壁上段千佛基本相同。第一排保存较好，但除南端数身外，均受到烟熏污染，由南向北逐渐加剧。黑色烟炱多附着于土色头光、袈裟上。第五排保存完整，但磨损较甚，千佛头、胸部均被涂盖屦有微量红色的白粉，但未作进一步的绘制（图版Ⅱ：141-1）。

千佛上述情况列表如下。

单位：厘米

地色	千佛各排画面高	华盖				头光	身光	千佛单体通高（包括头光、莲座）	两膝间距	莲座			题榜			
		盖顶		垂幰												
		高	横径	高	横径	横径	横径			形制	高	横径	颜色	高	宽	间距
土红	23.5～24.5	0.6～1	3.5～4.5	0.6～1	3.5～4.5	6.5～7.5	12～13.5	19～21	8.5～10	圆形覆莲座，下边微弧	1～1.5	7～8	白	5～5.5	1～1.5	9.5～11

千佛线描、染色情况及颜色搭配、排列情况均与北壁相同。

（2）下段

下段高约47～53厘米。在上段千佛下方有一道横向图案饰带，高约10厘米，被表层白粉涂盖，上沿有橙色边线，下沿橙色边线仅见于南端，中部可见橙色纵向界隔线。纹样由南北两段组成，北段长52.5厘米，纹饰不明；南段长63.5厘米，仅南端有略显波状茎蔓痕迹。

与西壁、北壁、南壁相同，饰带之下绘三角垂帐纹。被表层壁画覆盖，隐约可见垂角、帐带画痕，应略同于西、南、北壁。纹饰以下壁面残毁（图版Ⅱ：141-2）。

2．甬道南侧

（1）上段

上段高117～124厘米。壁面上段绘千佛五排，自上而下，第一至第三排各残存4身（以上三排在壁龛残迹以北，其中第一排南侧3身大部残毁），第四、第五排各8身（以上二排在壁龛残迹以下），东壁甬道南侧残存千佛计28身。

千佛表现形式及表现方法与北壁、南壁、东壁甬道北侧上段千佛基本相同。上起第一至第三排受到烟熏污染，第四、第五两排磨损较甚。各排北端1身千佛，均因壁面空间狭窄而未能完整表现，肩、臂、腿和身光的右侧不全，其中第二排以下壁面北边均有宽0.3～1.5厘米的残损。

千佛上述情况列表如下。

单位：厘米

地色	千佛各排画面高	华盖				头光	身光	千佛单体通高（包括头光、莲座）	两膝间距	莲座			题榜			
		盖顶		垂幰												
		高	横径	高	横径	横径	横径			形制	高	横径	颜色	高	宽	间距
土红	23～25	0.5～2	3.5～4	0.5～2	3.5～4	6.5～8	11.5～13	19～20	8.5～10	圆形覆莲座，下边微弧	1～1.5	7～8	白	4.5～6	1～1.5	9.5～11

千佛线描、染色情况及颜色搭配、排列情况均与北壁、东壁甬道北侧相同。烟熏污染致使部分变色，千佛第三排北起第一身土

色头光变黑，黑色袈裟加重；第二身千佛土色袈裟变黑，另头光绿色脱落。第五排北起第三、第五、第七身千佛黑色袈裟及第七身黑色头光未完成勾染。第三排北起第四身、第四排第二至第七身、第五排第一至第七身千佛，头、胸部均被涂盖羼有微量红色的白粉，但未作进一步的绘制。

（2）下段

下段高约47～52厘米。在上段千佛下方有一道横向图案饰带，高约9厘米，被表层白粉涂盖，橙色边线及纵向界隔线较清晰，可知饰带由南北两组纹样组成。北段长45.5厘米，隐约可见波状茎蔓。南段长46厘米，纹样难以判断。

饰带之下绘三角垂帐纹。隐约可见垂角痕迹，略同于西壁、北壁、南壁及东壁北侧下段壁画。壁面纹饰以下残毁。

（五）窟顶

窟顶结构近似穹窿形，但壁画装饰作覆斗式布局。顶部中央塑成一斗四方井。方井之外，按四披装饰，自内向外可分三个层次，环绕天宫伎乐、供养菩萨（西披）、飞天（北、南、东披）、千佛（北、南、东披）。西壁龛口辟至窟顶西披，龛楣、龛梁大部绘于西披。东壁甬道口辟至窟顶东披（图版Ⅰ：60、61；图版Ⅱ：142）。由于近现代窟内烟熏的影响，窟顶壁画沾染烟炱，普遍色调变暗，变黑。以下分别叙述。

1．方井

斗四方井由三个正方形格错角套叠组成（图81；图版Ⅱ：143）。由内向外叙述如下。

第三方格内绘水池莲花。中心为一圆形莲花，内外三圈，内圈直径19厘米，橙色，可见圆点状莲子残迹，似表现莲房，大片被熏黑。中圈宽出3.5厘米，白色，难辨纹饰。外圈宽出3.5～4厘米，土色地上以黑色绘莲瓣，薄施白粉，外周边沿露出土红色起稿轮

图81　第272窟窟顶藻井及外框内侧立面展开图

廓线。莲花之外施绿色，表示水池，四角各绘一黑色莲蕾，白色花萼，薄施白粉。方格四边支条在土红地色上以白色、黑色绘星云纹。支条侧面呈灰黑色。

第二个方格与第三方格错角相套，四岔角均绘火焰纹，在橙色地上以黑色绘火焰。火焰中心绘三角形宝珠，在土色地上以土红色线起稿，黑色绘五叶忍冬，勒以白色细线，三角形两腰涂绿色宽边。方格四边支条在土红地色上绘绿黑两色单叶波状忍冬纹，颜色多已脱落。支条内侧面白色，外侧面黑色，绘有点状纹饰。

第一方格与第二方格错角相套，四岔角内，在白地色上各绘1身飞天。4身飞天头部均靠近三角形的长边，姿态、服饰基本相同。飞天均稍侧向右，顺时针方向飞行，上身微微前倾，双腿舒展，向后上方扬起，右脚高抬于左胫之上。袒上身，饰腕钏。下身着长裙，腰带由腹前飘至双腿之下，帔巾在头后呈环状，绕两臂婉转飘扬。头后均有圆形头光。

西北角飞天，高23厘米（包括头光），朝西南飞行。双臂伸直，向左右高抬；双手握帔巾，左手回勾。项圈下垂一圆珠。黑色裙，黑色大部脱落，薄施白粉，裙腰翻出。黑色帔巾，右侧经右手婉转飘下，左侧绕左臂婉转经左手回卷。绿色头光（图版II：149）。

西南角飞天，高22厘米（包括头光），朝东南飞行。双臂伸直，向左右高抬，右手仰掌，左手回勾握帔巾。项圈下垂一圆珠。黑色裙，裙腰翻出。帔巾以黑色勾染后薄施白粉，左侧绕左臂婉转经左手飘扬，右侧经右臂婉转飘下。白色头光。

东北角飞天，高23厘米（包括头光），朝西北飞行。左臂稍屈，左手抚于腹前，右臂伸直，向右侧高抬，半握。白色裙，勾黑色线。绿色帔巾薄施白粉，绕双臂后，右侧婉转飘下，左侧飘向后方。黑色头光。

东南角飞天，高23厘米（包括头光），朝东北飞行。双臂伸直，向左右高抬。右手半握，左手回勾握帔巾。绿色裙，裙腰翻出。白色帔巾绕双臂后，右侧婉转飘下，左侧经左手飘扬。黑色头光。

四岔角内飞天周围白地上均点缀黑、绿两色逗点形纹饰，似表现云气、天花。

方井内沿侧面，即第一方格支条的内侧面，皆绘垂角纹，由正、倒三角形交替连续组成，其中西面为绿色正三角、土色倒三角，北面为灰色正三角、白色倒三角，南面为白色正三角、黑色倒三角，东面为绿色正三角、白色倒三角。其中西面土色倒三角、南面黑色倒三角内部均有一较小的相似三角形，其左侧底角相互重合，相似三角形均薄施白粉呈灰色。

第一方格（外框）支条下面以壁画影作，支条宽8～10厘米，四边均绘忍冬纹边饰。其中，西边长111.3厘米、东边长111.8厘米，同为绿、灰（黑色罩白粉）两色四叶波状忍冬纹，西边为土红色地；东边地色为土红色地上染黑色，纹样绿色大都脱落，露出红色地。北边长110.8厘米，在白地色上绘绿、黑两色双叶波状忍冬纹；南边长110.2厘米，在白地色上绘绿、黑、灰三色四叶交茎环套忍冬纹。上述边饰与披面壁画相衔接。

前述北壁下段饰带东起第一组图案纹样，可能与方井北边支条上的双叶波状忍冬纹相似；第三组图案纹样，可能与南边支条上的四叶交茎环套忍冬纹相似。

2. 天宫伎乐

方井之外四披绘一周天宫伎乐。天宫伎乐包括天宫建筑和建筑内的伎乐天。

（1）天宫建筑分上下两部分，上部建筑绿色，开紧密排列的圆拱形门，门高24～27厘米、宽21～26厘米，每披6座，共24座。门楣弧度较平缓，相间施白色和浅红色，其上饰绿色和黑色相间的点状纹。两圆拱间共用一门柱。柱头宽大，柱身低矮，分别呈横、竖长方形，呈"T"字形，分别饰红、白两色，交替排列，白色部分饰绿色、黑色点状纹，红色部分呈橙色。红色楣拱门内染较深的土红色；白色楣拱门内染色较浅，预留地仗的土色，或呈灰色、浅红色，也有正常的土红色，其中黑色的成分有可能系烟炱污染所致。

下部建筑为凹凸式栏墙，高9～12.6厘米，栏墙下有高4～5厘米的帷幔。栏墙由上下两层长方体叠筑而成，凹凸相间，表现出立体感。凹面一般高9.5厘米、宽13～16厘米。凸面一般高9.5厘米、宽14～16厘米，可见其正面、侧面、底面等三面。长方体的颜色有土、白、绿、黑四色，上下左右交错变化，排列有一定的规律性。其中西披栏墙凸出的正面为黑绿两色，侧面为土黑两色，底面为土色；凹入面为土白两色。北披、南披栏墙凸出的正面为白土两色，侧面为土黑两色，底面为土色；凹入面为黑绿两色。东披栏墙凸出的正面为白绿两色，侧面为土黑两色，底面为土色；凹入面为黑土两色。长方体以土红色线勾边，各面多有白色细线勾画的几何形纹样。其中凹面和凸出的正面纹样一致，侧面为方框纹，底面为斜格纹。各拱门下部多透出为栏墙起稿的横向土红色弹线，以定位凸出正面的上沿。

栏墙之下，垂角纹与竖条纹相间排列，表示栏墙下方的帷幔。垂角纹为绿色地黑色垂角；竖条纹为白绿黑三色。垂角以绿色为地，大多数为黑土两色的倒三角形，其内黑色部分为一侧底角重合的较小相似三角形。南披东段有5个绿色地白色垂角。西披和北披

图82　第272窟窟顶西披

可见部分垂角下端缀一圆珠。

因西壁龛楣、龛梁延伸至西披栏墙、帷幔中间，栏墙的2个凸出面和3个凹入面及其下方的帷幔未能完整表现。

（2）伎乐天

在栏墙之上，22座圆拱门之内各绘1身立姿伎乐天。另有2座，其中一座画一天人头部，另一座画莲花。有8座圆拱门处于斜披四角，受画面空间所限，建筑形状不甚完整。天人姿态各异，多作奏乐或舞蹈状，均以土红色线起稿，染色后于裙褶及帔巾、头光边缘勒以白色细线。线描、染色情况与西壁龛外供养菩萨、南北两壁说法图中飞天、南北东三壁千佛基本相同。天人腿部膝以下均被栏墙遮挡。天人周围空间均点缀白色三叶小花。四披之间以浅红色粗线界隔，西南、东北界隔线受黑色烟炱污染。

1）西披

自北而南，依次分别叙述如下（图82；图版Ⅱ：144）。

北起第一身伎乐天，上身向右侧倾，头部稍侧向右，稍俯视，胯向左出。双肩稍左扭，双臂屈起，两手举至左肩前，执一白色横笛置于唇边，作吹奏状。头上似缩发髻。袒上身，饰耳环、项圈、腕钏；下身着绿色裙，裙腰翻出，腰带由腹前垂下。白色帔巾在头后呈环状，绕双臂飘下，左侧末端和右侧末端均向左上卷。头光于土色上敷薄粉，透出土红色起稿线。土色背景上可见起稿时的土红线描，显示正式作画时对人物动态有所修改。

第二身伎乐天，头部稍侧向右，胯向右出。左臂屈起怀抱琵琶，左手置于左胸前作弹拨状；右侧小臂平抬，右手半握控弦。袒上身，饰耳环、腕钏；下身着黑色裙，裙腰翻出，腰带由腹前垂下。薄施白粉绘帔巾，在头后呈环状，绕双臂婉转飘下。白色头光。帔巾呈半透明状。琵琶则只用细线、薄粉轻描淡写，若有若无，主要靠人物动态来表现（图83）。

第三身伎乐天，僧形，稍侧向左，双眼圆睁，鼓腮。上身稍后仰，稍仰视。双臂屈起，双手合捧海螺，置于唇边作吹奏状。斜披白色袒右式袈裟，衣端自左肩绕颈后敷搭右肩垂下，末端呈二尖角。头光呈土色，薄施白粉，透出土红色起稿线。

第四身伎乐天，头部稍侧向右，胯稍向右出。左臂屈起外张，左手举至头左侧，半握，执一曲茎三叶小花；右臂伸直，右手垂下回勾，握帔巾。袒上身，饰耳环、项圈（下垂一圆珠）、腕钏；下身着白色裙，裙腰翻出。绿色帔巾在头后呈环状，左侧绕左臂婉转飘下，右侧绕右臂经右手回卷。黑色头光。

第五身伎乐天，上身稍向后仰，头部稍侧向左，稍仰视，胯向左出。身前挂腰鼓，左臂稍屈，左手于腰际左侧；右臂屈起，右手举至右肩前，双手作击鼓状。袒上身，饰耳环、项圈（下垂一圆珠）、腕钏；下身着土色裙，描土红色轮廓线。帔巾呈灰黑色，在头后呈环状，绕双

图83　第272窟窟顶西披伎乐天（北起第二身）

图84 第272窟窟顶北披

臂婉转飘下。绿色头光。

第六身伎乐天，上身向右侧倾，面色红润，头部稍侧向右，抬头仰视，胯向左出。左臂屈起，肘部外张平抬，左手举过头顶，握拳；右臂伸直，向右侧垂下，右手回勾握帔巾。袒上身，饰耳环、项圈；下身着黑色裙，裙腰翻出，腰带由腹前垂下。薄施白粉绘帔巾，在肩后呈环状，左侧绕左臂婉转飘下，右侧绕右臂经右手回卷。白色头光。

2）北披

由西向东，依次分别叙述如下（图84；图版II：145、148-1）。

西起第一身，形体较大，画面空间只容纳胯部以上，形象特殊，体态魁梧健壮。头大，侧向左，面朝向东，深目，高鼻呈鹰勾式，厚唇。上身倾向左侧，胯右出。左臂伸向左下方；右侧只见右肩及上臂少许，稍外张。袒上身，饰项圈，下身着白色裙，裙腰翻出，腰带在右侧打结。绿色帔巾自头后婉转绕左上臂再绕左腕。黑色头光。

第二身伎乐天，稍侧向右，上身稍前倾，略低头、俯视。双臂伸直推向前下方，右手半握，左手回勾。袒上身，饰耳环、项圈、腕钏，下身着土色裙，描土红色轮廓线。以黑色线勾帔巾边缘，在头后呈环状，左侧帔巾绕左臂飘下，右侧帔巾绕右臂再绕右腕婉转飘下。绿色头光。

第三身伎乐天，头部稍侧向左，胯向左出。胸前挂腰鼓，右上臂平抬，右手举至头光右侧握拳；左肘稍外张，左手于腰际左侧张开，双手作击鼓状。袒上身，饰耳环、项圈、腕钏；下身着裙，于土色地上用黑色勾染，裙腰翻出，腰带由腹前垂下。薄施白粉绘帔巾，在头后呈环状，绕双臂婉转飘下。白色头光。

第四身伎乐天，稍侧向右，上身稍前倾，稍低头，胯稍向左出。双臂屈起拢于胸前，双手执白色竖笛，上端置于唇前，作吹奏状。袒上身，饰耳环、项圈、腕钏；下身着绿色裙，裙腰翻出。白色帔巾自头后呈环状，绕双臂飘下，末端向左上卷。土色头光。

第五身伎乐天，稍侧向左，上身稍后仰，胯向左出。双臂屈起内拢，双手合掌于胸前，持物不明，似作吹奏状。头上缩发髻。袒上身，饰耳环、项圈、腕钏；下身着白色裙，裙腰翻出。绿色帔巾在头后呈环状，绕双臂飘下，右侧末端回卷。黑色头光。

第六身伎乐天，稍侧向右，上身前倾，俯视。右臂抬起，右手举至头光右侧，回勾握一带状物（似花绳），带状物经右上臂垂下；左臂伸直，左手于前下方以拇指和食指拈带状物一端回勾。袒上身，饰耳环、项圈、腕钏；下身着土色裙，土红色勾轮廓线，受黑色烟炱污染。土色帔巾以黑色勾染边缘，受烟炱污染，在头后呈环状，右侧绕右臂婉转飘下，左侧绕左臂经腹前，向左侧身后飘扬。绿色头光。

3）南披

由西向东，依次分别叙述如下（图85；图版II：146、148-2）。

西起第一身伎乐天，身体稍侧向右，上身稍前倾，回首，头部稍侧向左，稍仰视，胯向左出。双手于右肩前合掌，执一枝曲茎白色三叶小花。袒上身，饰耳环、项圈、腕钏；下身着绿色裙，裙腰翻出，腰带由腹前垂下。白色帔巾在头后呈环状，右侧绕右臂婉转飘下，左侧绕左臂经腹前飘下，末端向左上卷。薄施白粉绘头光，透出地仗土色和暗红色背景画迹。

第二身伎乐天，头部稍侧向右，略俯视，上身略前倾，胯稍左出。左臂稍屈，左手抚于腹前；右臂伸向右侧下方，右手握帔

图85　第272窟窟顶南披

巾。袒上身，饰耳环、项圈（下垂一圆珠）、腕钏；下身着白色裙。绿色帔巾在头后呈环状，左侧绕左臂飘下，右侧绕右臂婉转，经右手回卷。黑色头光。

第三身伎乐天，稍侧向左，胯稍左出。双臂屈起，怀抱四弦曲颈琵琶，左手控弦，右手作弹拨状。袒上身，饰耳环、腕钏；下身着裙，呈土色，浅黑色勾染，薄施白粉。裙腰翻出。黑色帔巾在头后呈环状，绕双臂婉转飘下。绿色头光。

第四身伎乐天，稍侧向右，上身稍后仰，胯稍右出。左臂稍屈，肘部外张，左手置于腰际；右臂屈起，右手举至右肩前外侧，手心向上，五指稍屈，执一枝白色三叶小花。袒上身，饰耳环、项圈（下垂一圆珠）、腕钏；下身着黑色裙，裙腰翻出，腰带由腹前垂下。薄施白粉绘帔巾，在头后呈环状，绕双臂婉转飘下。白色头光。

第五身伎乐天，头部稍侧向左略仰视，上身稍后仰，胯稍左出。左臂稍屈垂下，左手于腰际左侧，手心向下；右臂屈起，肘部稍外张，右手举至右肩前，仰掌。袒上身，饰耳环、项圈、腕钏；下身着绿色裙，裙腰翻出，腰带由腹前垂下。白色帔巾在头后呈环状，绕双臂婉转飘下，右侧末端向内上卷。土色头光。

第六个圆拱门，受壁面位置所限，仅绘出半个，其内绘一朵莲花，露出大半，莲房呈土色，莲瓣白色，白色细线画莲蕊，作放射状。

4）东披

自北而南，依次分别叙述如下（图87；图版Ⅱ：147）：

北起第一身，作僧形，形体较大，仅头部、肩部及头光即充满圆拱形建筑内的空间；头高10.3厘米，稍侧向左，面相浑圆，大耳垂肩。着绿色通肩式袈裟，白色领缘。头光呈浅红色。

第二身伎乐天，僧形，头部稍侧向右，略仰视，胯向右出。双臂屈起，左肘部稍外张，双手仰掌，举至两肩外侧，左手执一枝白色小花，右手托一白色物。披袒左黑色袈裟，衣端自右肩绕颈后敷搭左肩垂下。绿色头光。

第三身伎乐天，头部稍侧向左，稍低头，上身稍后仰，胯向左出。双臂屈肘，怀抱琵琶，右手控弦，左手作弹拨状。袒上身，饰耳环、腕钏；下身着白色裙。绿色帔巾在头后呈环状，绕双臂于身体两侧婉转飘下。黑色头光。

第四身伎乐天，上身稍侧向右，略向左倾，头部稍侧向左，胯向左出。两臂屈起相拢，双手于头部右侧执横笛，作吹奏状。袒上身，饰耳环、项圈、腕钏；下身着绿色裙，裙腰翻出。白色帔巾在头后呈环状，右侧绕右臂婉转飘下，左侧绕左臂经腹前飘下，末端上卷。土色头光。

图86　第272窟窟顶东披伎乐天（南起第一身）

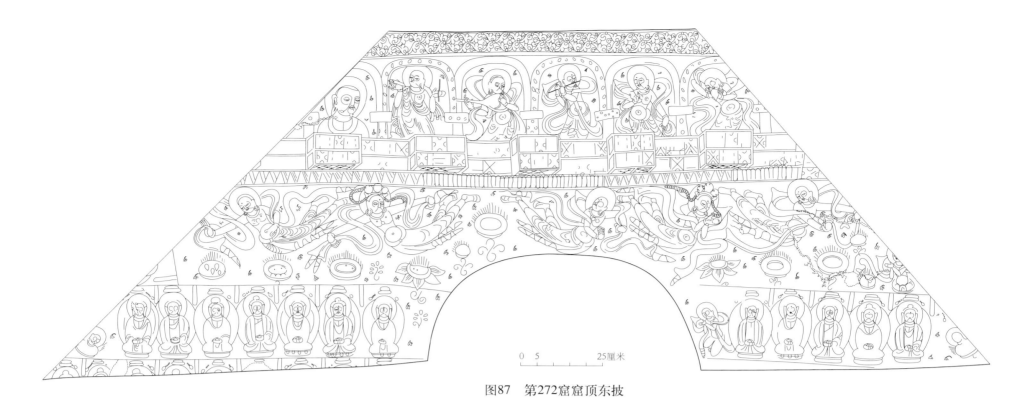

图87　第272窟窟顶东披

第五身伎乐天，稍侧向右，稍低头，上身稍后仰，胯向右出。右臂屈起，右手置于右胸前，扬掌；左臂伸直，向左方外侧下垂，左手半握。袒上身，饰项圈（下垂一圆珠）、腕钏；下身着土色裙，以黑色勾染，裙腰翻出。薄施白粉绘帔巾，在头后呈环状，右侧绕右臂婉转飘下，左侧绕左臂，经左手飘下。白色头光。

第六身伎乐天，稍侧向右，上身向右前倾，俯视。右肘高抬过头顶，小臂折回向下；左臂屈起，小臂平抬，双手合捧一乐器，似海螺，置于唇部，作吹奏状。袒上身，饰耳环、腕钏；下身着土色裙，薄施白粉，裙腰翻出。红色帔巾描黑色边，在头后呈环状，绕双臂婉转飘下。绿色头光（图86）。

3．供养菩萨

西披天宫栏墙之下，龛楣南北两侧绘8身供养菩萨，北侧、南侧各4身，以土红为地色，与其下方西壁龛外两侧供养菩萨相连续，并与南、北披飞天及千佛的位置相对应，其中北侧南起第一身菩萨和南侧北起第一身菩萨表现为被龛楣遮挡大部，其余6身，形象、姿态、服饰基本相同，北侧菩萨稍侧向右，南侧稍侧向左；均上身略向前倾，双手于胸前合掌（北侧菩萨在右肩前，南侧菩萨在左肩前），各执一枝曲茎莲花，花蕊纤细。胡跪（北侧菩萨左膝跪地，右腿屈膝稍抬；南侧与之相反）。袒上身，下身着长裙，裙腰翻出，腰带垂于腿间。帔巾在头后呈环状，绕双臂飘下（图82；图版II：144）。其线描、染色情况与下方西壁龛外供养菩萨基本相同。依次分别叙述如下。

北侧南起第一身菩萨，仅于龛楣北侧露出头部和上身的左侧。可见高15.8厘米，稍侧向右，似与其身后菩萨同一姿态，袒上身，无头光。

北侧第二身菩萨，通高31厘米（包括头光、帔巾），执白色莲花。饰耳环、项圈、腕钏。土色裙，红色勾染，薄施白粉。黑色帔巾。绿色头光。

北侧第三身菩萨，通高30厘米（包括头光），执红色莲花。饰耳环、项圈（下垂一圆珠）、腕钏。黑色裙。薄施白粉绘帔巾，右侧绕右臂婉转飘下，左侧绕左臂经腹前飘下，末端卷起。白色头光。

北侧第四身菩萨，通高28.7厘米（包括头光、帔巾），执白色莲花。饰耳环、项圈（下垂一圆珠）、腕钏。绿色裙。白色帔巾，绕双臂婉转飘下。头光二圈，内圈土色、外圈浅红色。

南侧北起第一身菩萨，仅于龛楣南侧露出头部和上身右侧少许，可见高16.4厘米。稍侧向左，袒上身，无头光。

南侧第二身菩萨，通高25.9厘米（包括头光、帔巾），执一枝白色三叶小花（与其余5身执曲茎莲花不同）。饰耳环、项圈、腕钏。绿色裙。白色帔巾，右侧绕右臂婉转飘下，左侧绕左臂婉转上扬。红色头光。

南侧第三身菩萨，通高24.5厘米（包括头光、帔巾），执白色莲花。饰项圈、腕钏。黑色裙。薄施白粉绘帔巾，绕双臂婉转飘下。白色头光。

南侧第四身菩萨，通高26.3厘米（包括头光、帔巾），执红色莲花。饰耳环、项圈、腕钏。土色裙，薄施白粉。黑色帔巾，绕两臂婉转飘下。绿色头光。

以上黑色裙以黑色勾染，留出土色；土色裙以土红色勾染，薄施白粉；绿色裙在白色地上以绿色勾染，或先以黑色勾染，罩白粉后染绿色，绿色较浅。裙褶、腰带常勒以白色细线。菩萨手执红色莲花，仅以白色细线在土红地色上勾勒花形，不再施彩。

供养菩萨周围土红地色上点缀白色三叶小花。北侧第四身菩萨身后有一白色莲蕾，略呈椭圆形，白色花蕊。

4. 飞天

天宫栏墙之下，北披、南披、东披绘飞天计17身，以土红为地色，高21～25厘米。飞天朝向有所不同，北披6身和东披北侧2身大都稍侧向右，朝西、朝北飞行；南披6身和东披南侧3身大都稍侧向左，朝西、朝南飞行。姿态、服饰基本相同，上身端直或前倾，与向后上方扬起的双腿形成折角。袒上身，饰耳环、项圈、腕钏；下身着长裙，裙腰翻出，腰带飘至两腿间。帔巾在头后呈环状，绕双臂飘扬。其线描、染色情况与西披、西壁供养菩萨基本相同，黑色裙、土色裙、绿色裙的描绘特点亦同。依次分别叙述如下。

（1）北披

飞天朝西飞行，从西向东，依次叙述如下（图84；图版Ⅱ：145、148-1）。

西起第一身飞天，宽40.2厘米，高21.8厘米（帔巾不包括在内，以下同），头部稍侧向右。上身稍前倾，右臂向下伸直，右手在右侧下方回勾握帔巾，左臂屈起，肘部向左侧外张，左手举至头上左侧，回勾半握。双腿舒展，向后上方扬起，左脚稍抬高。项圈下垂一圆珠。白色裙。绿色帔巾，左侧绕左臂婉转向上飘扬，右侧经右手婉转飘在身下。黑色头光。

图88　第272窟窟顶北披飞天（西起第四身）

第二身飞天，宽35厘米，高21厘米，头部稍侧向右，稍下视。上身稍前倾，右臂抬起屈肘，右手举至头右侧，半握；左臂稍屈，左手抚于腹前，手心向里。双腿舒展，向后上方扬起，左脚抬高。戴白色三珠宝冠，缯带自冠两侧飘起，左侧飘向后上方，右侧婉转飘向头后，饰黑色、绿色横纹。项圈下垂一圆珠。土色裙，薄施白粉。黑色帔巾，右侧绕右臂飘在身下，婉转回折；左侧绕左臂，向上婉转飘扬。绿色头光。

第三身飞天，宽30厘米，高22.7厘米，回首，头部稍侧向左。上身稍后仰，右臂屈起，肘部稍外撇，右手置于右肩前，手心向上；左臂伸直，伸向左上方，左手扬掌。双腿舒展，向后上方扬起，左脚抬高。项圈下垂一圆珠。黑色裙。帔巾右侧绿色，绕右臂婉转飘向前方；左侧于土红地色上薄施白粉，婉转绕左臂向上飘扬。白色头光。

第四身飞天，宽36厘米，高22厘米，稍侧向右，昂首仰视。上身稍前倾，右臂屈肘平抬，小臂回收，右手置于右肩前，仰掌；左臂稍屈，左手抚于腹前左侧。双腿舒展，向后上方扬起，左脚抬高。戴白色三珠宝冠，宝珠上有绿色点染，被黑色烟炱污染，缯带自冠两侧飘起，婉转飘向后上方，饰黑色、绿色横纹。项圈下垂一珠饰。绿色裙。白色帔巾，右侧绕右臂，向下婉转折回；左侧绕左臂，婉转向上飘扬。头光呈浅红色（图88）。

第五身飞天，宽40厘米，高23厘米，头部稍侧向右。上身稍前倾，右臂向下伸直，右手握拳；左臂抬起屈肘，小臂回收，左手举至头左侧扬掌。双腿舒展，向后上方扬起，左脚略抬高。项圈下垂一圆珠。白色裙。帔巾右侧于土红地色上薄施白粉，绕右臂再绕右腕向内婉转飘回；左侧绿色，绕左臂婉转向上飘扬。黑色头光。

第六身飞天，宽42厘米，高25厘米，头部稍侧向右。上身稍前倾，右臂向下伸直，右手握拳；左臂抬起屈肘，左手举至头左侧半握。双腿舒展，向后上方扬起，左脚抬高。戴白色三珠宝冠，缯带自冠两侧飘起，婉转飘向后方，饰黑色、绿色横纹。项圈下垂三圆珠。土色裙，受烟炱污染。黑色帔巾，右侧绕右臂婉转经右手折回，左侧绕左臂婉转向上飘扬。绿色头光。

（2）南披

飞天朝西飞行，从西向东，依次叙述如下（图85；图版Ⅱ：146、148-2）。

西起第一身飞天，宽33厘米，高22厘米，上身端直，回首，头部稍侧向右，稍下视。左臂屈肘外张，小臂折回，左手置于左胸前，扬掌；右臂抬起屈肘，右手举至面前右侧，扬掌。双腿舒展，向后上方扬起，右脚抬高。项圈下垂一圆珠。白色裙。薄施

图89　第272窟窟顶南披飞天（西起第四身）

白粉绘帔巾，右侧经右腕婉转向上飘扬；左侧绕左臂婉转飘下。黑色头光。

第二身飞天，宽45厘米，高25厘米，头部稍侧向左，俯视。上身前倾，右臂抬起屈肘，小臂折回，右手于右胸前扬掌；左臂伸直，向左前方下探，左手握帔巾。双腿舒展，向后上方扬起，右脚抬高。戴白色三珠宝冠，缯带自冠两侧婉转飘下，末端飘向头后，饰黑色、绿色横纹。项圈下垂三圆珠。土色裙。黑色帔巾，右侧绕右臂向上婉转飘扬，左侧绕左臂向下婉转经左手回卷。绿色头光。

第三身飞天，宽31厘米，高23厘米，稍侧向左。上身稍前倾，双臂屈起，双手于胸前合捧一莲花。双腿舒展，向后上方扬起，右脚抬高。项圈下垂一圆珠。黑色裙。绿色帔巾，右侧绕右臂向上飘扬，左侧绕左臂婉转飘向前方。白色头光。

第四身飞天，宽30厘米，高25厘米，头部稍侧向左。上身稍前倾，右臂屈起，右手举至右肩外侧平托一绿色莲花；左臂稍屈，上臂平抬，小臂稍垂下，左手握帔巾。左腿向前（左侧）平抬，屈膝，胫部折回，左脚在腹下，脚尖向下；右腿向后扬起，右脚抬高至与头部齐平。戴白色三珠宝冠，宝珠上有绿色点染，缯带自冠两侧婉转向下，飘向头后，饰黑色、绿色横纹。项圈下垂一圆珠。绿色裙。白色帔巾，右侧绕右臂向上飘扬，左侧绕左臂经左手，末端向内回卷。土色头光（图89）。

第五身飞天，宽25厘米，高21厘米，稍侧向左。上身前倾，两臂屈起，双手于胸前合掌。双腿舒展，向后上方扬起，右脚抬高。白色裙。薄施白粉绘帔巾，右侧绕右臂向上飘扬，左侧绕左臂婉转飘于双腿下方。黑色头光。

第六身飞天，宽36厘米，高24厘米，头部稍侧向左。上身前倾，双臂稍屈，向左右两侧张开上抬，右手举至右肩外侧握帔巾，左手垂至左前方握帔巾。双腿舒展，向后上方扬起，右脚抬高。戴三珠宝冠，缯带自冠两侧婉转飘下，饰黑色、绿色横纹。项圈下垂二圆珠。土色裙。黑色帔巾，右侧经右手婉转向上飘扬，左侧经左手折回婉转飘向身下。绿色头光。

（3）东披

东披北侧2身飞天，自北至南，依次叙述如下（图87；图版II：147）。

北起第一身飞天，宽46厘米，高23厘米，头部稍侧向右，俯视，朝北飞行。上身前倾，右臂向右前方伸直平抬，右手扬掌；左臂屈肘，左手抚于腹前。双腿舒展，向后上方飘起，左脚抬高。黑色裙。绿色帔巾，右侧绕右臂婉转经右手回卷，左侧绕左臂婉转向上飘扬。白色头光。

北起第二身飞天，宽47厘米，高22厘米，朝北飞行，回首向。上身前倾，双臂伸直，向左右张开，平抬，屈腕回勾，双手握帔巾。双腿舒展，向后上方飘起，左脚抬高。戴白色三珠宝冠，缯带自冠两侧飘起，左侧婉转向外侧飘下，右侧婉转飘向头后上方，饰黑色、绿色横纹。项圈下垂一圆珠。土色裙。白色帔巾，绕双臂向下，婉转经双手飘扬，右端呈二尖角。绿色头光。

甬道口以南，南侧3身飞天朝南飞行。自南至北，依次叙述如下（图87；图版II：147）。

南起第一身飞天，宽40厘米，高23厘米，上身稍侧向左，回首稍侧向右，略下视。上身前倾，双臂向前方两侧伸直，屈腕回勾，双手提一串花绳。双腿舒展，向后上方扬起，右脚抬高。黑色裙。绿色帔巾，右侧绕右臂经腹前婉转飘向腿下后方，左侧绕左臂婉转飘向前方，末端延伸至南披，呈二尖角。白色头光。

南起第二身飞天，宽32厘米，高23厘米，稍侧向左。上身稍前倾，双臂屈起，双手合掌，举至胸前。双腿舒展，向后上方扬起，右脚抬高。戴白色三珠宝冠，缯带自冠两侧飘起，右侧婉转向上飘扬，左侧飘下回卷，饰黑色、绿色横纹。绿色裙。白色帔巾，右侧绕右臂婉转向上飘扬，左侧绕左臂婉转飘向下方。薄施白粉绘头光。

南起第三身飞天，宽44厘米，高20厘米，回首稍侧向右，仰视。上身稍前倾，左臂平抬，屈肘，小臂折回，左手于左前方回勾握帔巾；右臂垂下，屈肘，小臂稍抬；右手于胸前方握拳。双腿舒展，向后上方扬起，右脚抬高。项圈下垂一圆珠。白色裙。帔巾右侧绿色，绕右臂向后上方飘扬，左侧于土红地色上薄施白粉，绕左臂经左手，婉转飘向左侧前方。黑色头光。

在飞天周围空白处，点缀白色三叶小花。飞天下方又绘莲蕾、莲花、化生。分别叙述如下。

北披西起第四、五身飞天之间下方，绘1朵白色莲蕾，略呈椭圆形，白色花蕊。第六身飞天东侧下方，绘1朵莲蕾、1朵圆莲。莲蕾黑色，略呈椭圆形，白色花蕊、花萼。圆莲，莲房呈黑色，其上可见数个莲子，白色莲瓣、花蕊，受到烟炱污染。

南披西起第二身飞天下方，绘1朵黑色莲蕾，略呈桃形，白色花蕊。第六身飞天腿部下方，绘2朵黑色莲蕾，白色花蕊、花萼、曲茎、卷叶。

东披飞天下方绘4朵莲蕾、4朵圆莲、2朵莲花和1身化生。北起第一身飞天右手下方一莲蕾，黑色，其上似有莲子，白色花蕊、花萼；飞天腹部下方一圆莲，土色莲房，白色莲瓣、花蕊、花萼，受烟熏污染。北起第二身飞天右手下方一圆莲，土色莲房，绿色莲瓣，白色花蕊、花萼；飞天腹部下方一莲花，浅红色莲房，白色五片覆瓣、花蕊、曲茎；飞天腿下方一白色莲蕾，白色花蕊、曲茎。北起第二身飞天和南起第三身飞天之间、二飞天双脚之下，甬道口上方偏北，绘一圆莲，浅红色莲房，绿色莲瓣，白色花蕊、花萼、曲茎。南起第二身飞天下方一莲花，浅红色莲房，绿色五片覆瓣，白色花蕊、曲茎。南起第一身飞天腹部下方一圆莲，浅红色莲房，黑色莲瓣，白色花蕊、花萼、曲茎；飞天右手下方一圆莲，浅红色莲房，绿色莲瓣，白色花蕊、曲茎；飞天左手下方一白色莲蕾，白色花蕊、曲茎；其下方偏南，另一白色莲蕾，白色花蕊。

东披飞天画面南端一莲花化生，化生自莲花露出腹部以上，通高16厘米（包括头光、莲花），稍侧向右。双手合掌于胸前。袒上身。薄施白粉绘帔巾，在头后呈环状，左侧绕左臂婉转飘下，右侧绕右臂飘向右上方回卷。绿色头光。白色莲花。

图90　第272窟北披千佛（上排东起第六身）

5．千佛

窟顶北披、南披和东披，飞天之下，南北两披各绘两排千佛，东披绘一排千佛，各披千佛的下部均延伸至下方的北壁、南壁和东壁的上端，与壁面千佛相连续（图版Ⅱ：145、150-2~5）。分别叙述如下。

（1）北披

北披下部绘千佛，与北壁千佛统一布局。千佛上下两排，其中下排千佛的下部（高1.5~6.5厘米）延伸至北壁上沿，连接北壁第一排千佛。上排千佛19身（因披面走窄，东端比下排少一身），下排千佛20身。北披千佛计39身。

千佛表现形式及表现方法与北壁上段千佛相同，画迹保存状况稍好（图90）。受北壁穿洞破坏及修补的影响，下排西端4身千佛下部残损。千佛画面不同程度受到烟炱污染，东侧相对严重。

千佛情况列表如下。

单位：厘米

地色	千佛各排画面高	华盖				头光	身光	千佛单体通高（包括头光、莲座）	两膝间距	莲座			题榜			
		盖顶		垂幔												
		高	横径	高	横径	横径	横径			形制	高	横径	颜色	高	宽	间距
土红	23~24.5	0.5~1	3~4.5	0.5~1	3~4.5	6~8	13.5~14	19~19.5	8~10	圆形覆莲座，下边微弧	1~1.5	6~8	白	5.5~8	1.5~1.8	11~12.5

千佛线描、染色以及颜色搭配、排列情况与北壁上段千佛相同。

（2）南披

南披下部千佛情况与北披相仿，但下排千佛因大部分延伸至南壁，在南壁上段千佛中已有叙述。在此仅记录上排绘千佛13身。

千佛表现形式及表现方法与南壁上段千佛相同，画迹保存状况稍好。其中西起第一身绘于西、南两披交界处，顺势作斜向表现。千佛禅定手印的画法可见不同的表现，西起第二、三、十一身表现为双手前后相叠，其余10身均作双手上下相叠。

千佛情况列表如下。

单位：厘米

地色	千佛各排画面高	华盖				头光	身光	千佛单体通高（包括头光、莲座）	两膝间距	莲座			题榜			
		盖顶		垂幔												
		高	横径	高	横径	横径	横径			形制	高	横径	颜色	高	宽	间距
土红	21.5~24	0.5~1	3~4.5	0.5~1	3~4.5	6~7.5	11~13	16.5~19	8~10	圆形覆莲座，下边微弧	1~1.5	6~8	白	5.5~7	1.5~1.8	8.5~11

千佛线描、染色以及颜色搭配、排列情况与南壁上段千佛相同。

西起第十三身以东千佛的位置上绘莲花化生、莲蕾，与下排第十四至十九身千佛位置相对应，计4身化生、1朵莲蕾（另有3朵莲蕾绘于飞天下方）。自西向东，分别叙述如下。

西起第一身莲花化生，化生于莲花中露出腹部以上，通高14厘米（包括头光、莲花），稍侧向左，面朝西。双手合掌于胸前。袒上身，饰项圈。土红地色上薄施白粉绘帔巾，在头后呈环状，右侧绕右臂婉转向上飘扬，左侧绕左臂婉转飘下。白色头光。黑色莲花，仰莲瓣，白色花萼。

第二身莲花化生，化生仅露出头部，通高10厘米（包括头光、莲花），稍侧向左，面朝西。黑色头光。绿色莲花，白色花蕊、花萼。

第三身莲花化生，化生仅露出头部，通高9.5厘米（包括头光、莲花），稍侧向左，面朝西。白色头光。绿色莲花，仰莲瓣，白色花蕊、花萼。

第四身莲花化生，化生仅露出头部，通高8.5厘米（包括头光、莲花），稍侧向左，面朝西。绿色头光。黑色莲花，仰莲瓣，白色花蕊、花萼。

第四身化生东侧绘一莲蕾，略呈桃形，绿色，白色花蕊、花萼、曲茎。

（3）东披

东披下部甬道口两侧绘千佛一排，续接东壁上段千佛，其中北侧7身千佛、1身莲花化生，南侧5身千佛、1身供养菩萨、1身莲花化生。东披千佛计12身，另有莲花化生2身、供养菩萨1身。

东披千佛表现形式、表现方法，包括线描、染色以及颜色搭配、排列情况，均与东壁上段千佛相同。

东披北侧千佛对应于东壁北侧上段第一排南起第一至第七身千佛。部分受到烟炱污染，由南往北逐渐加重。

对应于第八、第九身千佛之间的位置绘1身莲花化生，位于东披北端尖角处，化生仅露出头部，通高11厘米（包括头光、莲花），稍侧向左，面朝南。绿色头光。黑色莲花，白色花蕊。

东披南侧千佛对应于东壁北侧上段第一排北起第二至第六身的5身千佛，保存完整。

对应于北起第一身千佛的位置绘1身供养菩萨，通高20厘米（包括头光、帔巾），稍侧向右。双手于胸前合掌。左膝跪地，右腿屈膝稍抬起。袒上身。下身着裙，裙呈土色。黑色帔巾在头后呈环状，绕双臂飘下。绿色头光。

对应于第七、第八身千佛之间的位置绘1身莲花化生，位于东披南端尖角处，化生仅露出头部，通高12厘米（包括头光、莲花），稍侧向右，面朝北。头光二圈，内圈土色，外圈白色，黑色莲花，仰莲瓣，白色花蕊、花萼。受到烟炱污染。

二 第二层壁画

（一）主室

第272窟主尊塑像佛衣经过彩绘，龛内北侧、南侧壁面下段加绘男女供养人。主室四壁下段和甬道均经过重绘，即在下层即第一层壁画上涂一层白粉层，厚约0.1厘米，然后在白粉层上绘制上层（第二层）壁画。上层壁画磨损，漫漶较甚。据残痕判断，在主室西壁龛外南侧、南壁和东壁甬道南侧，壁面下段均绘男供养人；西壁龛外北侧、北壁和东壁甬道北侧，下段均绘女供养人。甬道顶部绘立佛，南、北两壁各绘观音1铺。分别叙述如下。

1．西壁

西壁龛内、龛外均有时代较晚的遗迹，叠压在第一层遗迹之上（图版I：62、63）。

（1）龛内

龛内主尊佛像的僧祇支和袈裟衣缘经过重新彩绘（图91）。

僧祇支染浅蓝色，于其上用黑色绘团花纹，领缘纹样不明。

袈裟胸前领缘、左臂下方袖缘和垂至踝上的裙摆，均施以绿色。

龛内南北壁下段，在原有下层白地色上涂白粉层，于其上绘供养人。白粉层覆盖至上段壁画土红色背景的下边，叠压部分约高

图91　第272窟西壁龛内塑像妆銮（第二层）

1.5厘米。南、北龛沿土红色边线上端被白粉层隔断，隔断部分高1.5厘米。隔断纵向边线和覆盖上端边线的一道白粉明显较为浓厚，推测有可能是为了扩大可供绘画的白色地仗。

　　壁画供养人仅存残迹（图版I：63），隐约可见北壁1身、南壁存3身，均立姿，着交领大袖衣，领缘、袖缘呈绿色。人物前方有题榜，呈色较地色为深。

　　龛内北壁距龛口外沿约13厘米可见一男供养人残迹，残高9.5厘米，稍侧向右，面朝西，双手于胸前合掌，肉粉色绘头、颈、胸和双手，绿色绘左衽衣领和长垂的大袖袖口。前方题榜1方，约高13厘米、宽2厘米（图版II：152-2,4）。

　　龛内南壁距龛口外沿约7厘米可见题榜1方，约高13厘米、宽2厘米。题榜西侧可见女供养人残迹3身。西起第一身残高7厘米，稍侧向左，面朝西，似双手于胸前合掌，肉粉色绘头、颈、胸、手，绿色绘右衽衣领和大袖袖口。第二身位置稍居上，仅可见肉粉色双手合掌和绿色的大袖袖口，残高6厘米。第三身位于第二身东侧下方，隐约可见浅土红色的头发和绿色右衽衣领。从三人站位情况看，第一身似为主要供养人，第二、三身并列于其身后，或为随从身份。第一身女供养人前方另有1方题榜，约高13厘米、宽2厘米。供养人题榜均不见字迹（图版II：152-1,3）。

　　上述龛内两壁下段画迹，笔意简率，敷色单纯，之外不见其他绘画痕迹，且画面区域的边缘线延伸到龛外两侧，有可能属于一次未完成的行为。值得注意的是，上述画迹似又经过一次白粉层覆盖，覆盖范围稍超出前次，其痕迹亦可见于龛内南、北壁上段壁画土红色背景的下边，壁面底边的土红色边线同时也受到覆盖，有可能是四壁下段敷粉绘制表层壁画时所为，龛内供养人画迹即因曾被粉层覆盖而格外模糊。龛内供养人画迹明显晚于下层壁画，但又似与四壁下段表层画迹有所不同，具体绘制时代不明。

（2）龛外

西壁下段表面白粉层自地面起覆盖下层壁画三角垂帐纹及上下段之间的横向边饰，高45厘米。北侧上角毁于北壁穿洞，修补后涂以白灰。白粉层上有壁画残迹。

龛外北侧残存零星墨线勾绘。高32.5厘米、距离与北壁转角处约20厘米，有两道纵向波曲状黑色线条，约长21.8厘米，应该是女供养人双手并拢合掌时宽大长垂的袖口边缘，其上方若干黑色勾染应属于胸前衣饰的描绘。相仿高度、距北壁43厘米处有同样的两道纵向波曲黑色线条，其上方依稀可辨衣领、颈部、面庞和头饰的痕迹。距北壁73厘米、相当于北侧一身面颊的高度，有一黑色点染的花朵，有可能被一女供养人捧持于面前，其上方似可见少许头饰画迹。按壁面布局推测，其南侧应该还有1身女供养人，但已无痕迹可寻。残存的3身女供养人，均立姿，稍侧向南，高约41厘米，领边黑色，宽袖自胸前垂下，袖缘衣褶呈波曲状。距地面15厘米、相当于女供养人胫部的高度，可见较宽的横向土红色线，多已剥落，似有断续，怀疑是女供养人足下的地毯。据画痕位置推测，西壁龛外北侧下段可能原有女供养人4身（图版Ⅱ：129-1、153-1~3）。

龛外南侧表层壁画残迹不易发现，距离壁面南端约6厘米、自白粉层顶边以下，有一道长27厘米、宽4.2厘米的绿色残痕，距南壁约36厘米处另有一道长17.8厘米、宽3.5厘米的绿色残痕，有可能是残存的供养人题榜。在后一道绿色残痕的北侧、相当于北侧女供养人头部的高度，有两处黑色画迹，其中北侧为三片花瓣；南侧的稍高，相距约10厘米，是一道弯曲的线描，怀疑是供养人颈后的领缘，前者是其持在手中的花朵。供养人可能是男性，立姿，朝向北侧。该绿色残痕以南、靠近绿色题榜残痕，与上述花朵残痕高度相仿稍低，另有黑色画痕，较模糊，可能也是花朵残痕。据画痕位置推测，西壁龛外南侧下段可能原有男供养人4~5身（图版Ⅱ：129-2、153-4）。

2．北壁

北壁下段（第一层壁画说法图、千佛下方）表面白粉层覆盖下层壁画三角垂帐纹及上下段之间的横向边饰，高45厘米，现存残宽203厘米，西侧毁于穿洞，穿洞修补边缘涂以白灰；下部残损，露出泥层，东端尤甚。白粉层上有壁画残迹（图版Ⅱ：130、131、154-2~5）。

下段表层残存少许黑色画迹，色彩和高度约与西壁画迹一致。东起第一处距与东壁转角处48厘米、高10厘米，第二处距东壁100厘米、高15厘米，第三处距东壁155厘米、高10厘米，第四处距东壁183厘米、高27厘米，似亦为壁画供养人残痕。虽已无法辨明其形象，仍可推测应与龛北侧供养人相同，为女供养人行列。

3．南壁

南壁下段（第一层壁画说法图、千佛下方）表面白粉层覆盖下层壁画三角垂帐纹及上下段之间的横向边饰，高43厘米，被穿洞隔为东西两段，穿洞修补边缘涂以白灰，现存东段残宽36.8~51.4厘米、西段残宽164.7~168厘米；上部有绿色和黑色画迹，下部近地面处残损，露出泥面，底边处部分露出砾石层（图版Ⅰ：64；图版Ⅱ：135、136、154-1）。

下段高26~29厘米，分别距壁面西端约88.8厘米、115.5厘米、146厘米，可见三道黑色横向下弧线，弧度平缓，长度相仿；若南壁下段接续西壁南侧绘男供养人行列，则其高度按比例大致处于人体的腰部，怀疑是男供养人的腰带。上述第二道下弧线上方，残存少许绿色和黑色画迹，按人体比例关系，怀疑绿色是人物领缘的残迹。相仿高度、距西壁10厘米、35厘米、50厘米和80厘米处有六道绿色斜线和三道黑色画痕，怀疑与衣缘或袖缘有关，大约分属3~4身个体，则南壁下段有迹可寻的男供养人计6~7身。

4．东壁

东壁甬道口两侧下段，表面白粉层覆盖下层壁画三角垂帐纹及上下段之间的横向边饰，残高15~25厘米。北侧下段北下角残损，经现代修补，抹草泥；南侧下部残损，露出泥面，部分露出砾石层；两侧上部残存少许画迹（图版Ⅰ：65；图版Ⅱ：140）。

北侧下段距壁面北端约12厘米，可见土红色画迹，有两条略带倾斜的纵向波曲线条，应为女供养人长垂的袖缘，另有多处画迹，应分属于胸、颈、面部及头上装饰。画迹显示，女供养人为立姿，朝向北侧。以南，还有多处土红色的画痕，可能属于另一女供养人。同时也能看到一些黑色画迹，涉及头上或肩上的结带以及网状的衣饰。东壁北侧下段壁画为起始于西壁北侧女供养人行列的后续，推测应有5身或更多（图版Ⅱ：141-2）。

南侧下段距壁面南端26.5厘米，有一道黑色横向下弧线，弧度平缓，与南壁三道下弧线形状、高度基本相同，其上方有两段衣纹线描残迹；正上方另有一点绿色残迹，与南壁第二道下弧线上方的绿色画迹位置相仿，怀疑同样表现的是男供养人的领缘和腰带。据此，东壁南侧下段壁画为起始于西壁南侧男供养人行列的后续。

（二）甬道

甬道北壁、南壁和顶部现存壁画，是在下层（第一层）壁画之上涂刷白粉层绘制而成的，大部残毁。南、北壁表层壁画剥落处可看到下层的土红色画迹，磨损处隐隐透出粉层下的红色。南壁壁画保存较多，辨识为如意轮观音变，据此推测与之相对、形式类似的壁画为不空绢索观音变。顶部西侧残存壁画立佛及接续两壁壁画的坐佛。依次分别叙述如下。

1．北壁

北壁仅存西侧上部壁画，自顶边以下、西边以东残高108厘米、残宽38～70厘米，绘一经变图，应为不空绢索观音变（图92；图版I：67-2；图版II：156、159）。以东及以下残毁，经修补，抹白灰面。

图中主尊菩萨大半残毁，仅存右侧部分，残高55厘米（包括头光、莲座），头部仅存右耳残迹，可见缯带在右耳上方作红色花结，头上有冠饰。绿色帔巾，白色线勾褶纹。圆形头光，绘绿、黑、白等色波状纹，上边饰火焰纹。身光三圈，由内向外，第一圈，绿色，勾土红色弧线；第二圈，宽出2厘米，以土红色线在白色地上勾半花纹；第三圈，宽出4～5厘米，绘半花、三角、花瓣交错相叠，花内填黑色，三角中饰红点，花瓣饰白绿黑三色。外周以黑绿两色绘火焰纹。身光之外围以曼陀罗花环，花朵分别为绿、红、白、黑四色。主尊上方高悬华盖，残存的西半部高约22厘米，盖顶边沿饰火焰宝珠，中央耸起幢形圆顶；盖周悬帷幔，下沿呈连弧形，垂幔饰上璎珞、帐带等。华盖后方可见宝树绿色、灰色树叶。

主尊菩萨右侧（西侧）残存眷属4身，均坐姿。

上起第一身为天王（毗沙门），可见高约37厘米（包括头光），正面。右臂屈起，右手于右肩外侧托一覆钵式塔；左臂稍屈，肘部外张，左手置于腰际，握宝杵，其上端饰有火焰宝珠、杵身饰莲花纹。仅见左腿，盘起。头戴红色高冠，上身穿红色明光铠甲，灰绿两色帔巾绕两臂婉转垂下。头后有圆形头光，二圈，内圈绿色，外圈白色，周边饰黑色火焰纹。

图92　第272窟甬道北壁残画（第二层）

第二身为菩萨，可见高25厘米（包括头光），头部稍侧向左。双手合掌举于胸前。头戴花鬘冠，缯带在冠两侧系结垂下。袒上身，饰耳环、项圈、腕钏，帔巾在头后呈环状，向前绕双臂，敷色脱落，呈白色。头光圆形，三圈，由内向外，第一圈，横径8.5厘米，绿色；第二圈宽出1.5厘米，白色；第三圈，宽出2厘米，饰白绿两色莲瓣纹。身光三圈，自内而外，第一圈绿色；第二圈，宽出约2.5厘米，白色；第三圈，宽出3厘米，绿黑白三色绘火焰纹（或莲瓣纹）。

第三身形象、姿态不明，画迹仅见圆形头光，内圈绿色，外圈饰莲瓣纹。

第四身似为明王，姿态不明，画迹仅见绿色头光部分，头光上方三个尖角，似为火焰身光。以下残毁。

图西边绘边饰，宽5.5～7.3厘米，绘红地半团花纹。

图上方绘坐佛一排，已延伸至甬道顶部北侧。

2．南壁

南壁残存西侧壁画，自顶边以下、西边以东，残高约120厘米，残宽20～100厘米。与北壁对称，绘如意轮观音变（图93；图版I：67-1；图版II：157、160）。下部残毁，露出泥面，底部露出砾石面；以东经修补，抹白灰面。

仅存图中左侧部分，主尊菩萨大部残毁，坐姿，残高66厘米（包括头光、莲座），正面，头略向右倾。残存左侧上、中、下三臂，上臂自左肩出，屈起，手举至头左侧托红色如意轮，上有火焰珠；中臂屈肘，小臂平抬，手置于胸腹前；下臂伸直，手垂至左侧下方结印。腿部漫漶。戴花鬘宝冠，冠正中饰化佛，两侧各饰一莲花，绿色勾弯眉、髭须，颈部两道。斜披土红色络腋，袒右肩，绿色耳饰，绿色项饰、臂钏、腕钏。莲座仅残存部分绿色莲瓣画痕。圆形头光，绘绿、黑、白等色波状纹，上边饰火焰纹。身光三圈，由内向外，第一圈，绿色，勾土红色弧线；第二圈，宽出2厘米，以土红色线在白色地上勾半花纹；第三圈，宽出4.5厘米，

0　　10　　30厘米

图93　第272窟甬道南壁残画（第二层）

绘半花、三角、花瓣交错相叠，花内填黑色，三角中饰红点，花瓣饰白绿黑三色。外周以黑绿两色绘火焰纹。身光之外围以曼陀罗花环，花朵分别为绿、红、白、黑四色。主尊菩萨上方高悬华盖，残存的西半部高约20厘米，盖顶边沿饰火焰宝珠，中央耸起幢形圆顶；盖周悬帷幔，下沿呈连弧形，垂幔饰璎珞、帐带等。华盖后方可见宝树绿色、灰色树叶。

主尊菩萨左侧（西侧）残存眷属4身，均坐姿。

上起第一身为天王，表现为腰腹以下被下方菩萨遮挡，可见高约37.7厘米（包括头光），正面。绿眼圆睁，张口露齿。左臂屈肘，左手置于左胸前；右臂稍屈，肘部外张，右手置于腰右侧，执剑。仅见右腿，被主尊身光遮挡。头戴花鬘宝冠，上身穿红色明光铠甲，胸系带。灰绿两色帔巾绕两臂垂下。头后有圆形头光，外周勾黑、红、绿三圈，边缘饰黑色火焰纹。

第二身为菩萨，可见高29.7厘米（包括头光），头部稍侧向右。双手合掌举于胸前。头戴花鬘冠。红色绘耳环、项圈、腕钏。帔巾敷搭双肩。头光圆形，三圈，由内向外，第一圈，横径10厘米，绿色；第二圈宽出1厘米，呈浅红色；第三圈，宽出2厘米，饰白绿两色莲瓣纹。身光三圈，自内而外，第一圈横径19厘米，绿色；第二圈，宽出1.5厘米，呈浅红色；第三圈，宽出3.5厘米，绿黑白三色绘火焰纹（或莲瓣纹）。

第三身为菩萨，可见高约25.4厘米，头部稍侧向右，右臂屈肘高抬，右手置于头右侧上方。斜披土红色络腋，袒右肩。其余约略与上方菩萨相同，细部不清。

第四身为明王，仅残存头光和身光的一部分，绿色头光上方有黑色描绘身光的火焰，呈尖角状斜向右上方。

图西边绘边饰，宽约7厘米，绘土红地半团花纹。

图上方坐佛残存1身，已延伸至甬道顶部南侧。

3．顶部

甬道顶西部残存壁画，自西端起，残深50～95厘米，以东残毁，经修补，抹石灰面。

南北居中，头东足西，绘立佛1身，胸以上残毁，残高83厘米。右臂自然下垂，贴于身侧，右手掌心朝前，五指伸直，指尖向下；左臂屈起，左手于胸腹前左侧握衣角。双足分开，呈八字形外撇，踏于莲台上（图94；图版I：66；图版II：158、161-1,2）。身披土红色袒右式袈裟，衣褶呈垂弧纹，灰白色衣边；下身着长裙，裙摆垂至踝上，衣褶作密集的垂直条纹，呈灰白色。跣足。身光纵长，上端

0   10   30厘米

图94　第272窟甬道顶部残画（第二层，展开）

不明，横径54厘米，六圈，由内向外，第一圈横径37厘米，白色；第二圈宽出1～1.2厘米，黑色；第三圈宽出1.5～2厘米，绿色；第四圈宽出1.2～1.5厘米，土红色；第五圈宽出1.2～1.4厘米，白色；第六圈宽出2.5～3厘米，绿色。莲台高12.5厘米、横径42.5厘米，台面呈椭圆形；土红色仰莲瓣，覆莲瓣呈灰色。莲台南北两侧各绘一花朵，红色四瓣，周围叶瓣呈浅灰色。

顶部南北两侧，各绘南北两壁观音图上方的一排坐佛。

顶部北侧自西端起残存4身坐佛，高17～18厘米不等，均结跏趺坐，禅定相，未绘出双手。白色肉髻，披土红色双领下垂式袈裟，面部、肌肤呈肉粉色。圆形头光、身光。第一、三身为灰色头光、绿色身光，第二、四身为绿色头光、灰色身光。红色莲座，用白色细线勾勒莲瓣。西起第二、第三身之间有土红色题榜1方，高16厘米，宽3.4厘米。第四身左侧残毁。部分画面被现代涂白粉覆盖作洞窟编号榜，第二至四身坐佛及题榜被覆盖，白粉层下透出画迹。

顶部南侧仅存西端1身坐佛，高18厘米，形象与北侧坐佛相同，面部不清。灰色头光、绿色身光。坐佛左侧有1方灰色题榜，高17厘米，宽6厘米。右侧有1方红色题榜，高18厘米、宽3厘米，应属于已残毁的西起第二身坐佛。

三　近现代遗迹

第272窟西壁龛内主尊佛像头部重修时间疑为近代，工艺不佳，在与身躯的比例上显得过小，补塑后涂刷泥浆，流至胸前，僧祇支第二层彩绘纹样上可见泥浆流下的条条竖纹。

在第272窟北壁西端和南壁东侧，均有近代开凿的穿洞，分别与第275窟和第271窟（第268窟北壁西侧禅室）相通，于1964年莫高窟危崖加固工程时被封堵，抹白灰面（图版II：134、139），后又改为泥面。在东壁南北两侧的壁龛，已见本章第二节所述（图版II：155[14]）。北侧壁龛形成较早，年代上限无考，有可能曾为1920年顷白俄入住所使用。南侧壁龛凿成后曾被封闭，于1942、1943年间被打开，大约20年后再封闭。

在甬道顶券面北侧，有张大千于1943年的洞窟编号榜，覆盖上层壁画的3身坐佛（图版II：162-1）。张氏编号，先在壁画上刷一层白粉，然后用土红色粗线条勾勒长方形边框，高15厘米，宽39厘米，框内墨书"二三四"，自右至左横书。在方框东边线外侧，以土红色线勾成高12厘米、宽5厘米的纵长框，横向墨书二行，上书"P.118j"，下书"魏"。后来又在方框上边线西端，用铅笔书写"P.118t"，用淡墨书"P.118J"字样，而且"P"被框在方框内，此行字样叠压在张氏编号土红色边线上。

1948年至1962年，敦煌文物研究所（原敦煌艺术研究所）在调查记录石窟内容和统计洞窟壁画和塑像时，在窟室各壁面用阿拉伯数字编号，题写于各壁面或每幅画的下边，在本窟的题写现存有7处，具体位置如下表：

序　号	窟　号	位　置	题写内容（编号）
1		东壁门南千佛南侧下方	1—1
2		南壁千佛西侧下方	1—2
3		西壁龛外南侧供养菩萨北侧下方	1—3
4	272	西壁龛内北壁胁侍菩萨东侧下方	1—4
5		西壁龛外北侧供养菩萨北侧下方	1—5
6		北壁千佛东侧下方	1—6
7		东壁门北千佛南侧下方	1—7

从上述壁画编号情况看，窟室是从东壁门南侧开始，按照东、南、西、北壁的顺序依次编号，最后至东壁门北侧结束。

第四节　窟外小窟

第273窟和第272A窟为两个小龛，分别位于第272窟外壁甬道口的北侧和南侧，坐西向东，方位与第272窟相同，均为东偏北5

---

[14] 编者又记：2010年4月清理中，于南侧壁龛内填充物中发现一泥塑左手残件，其内筋材料用芦苇，与此窟主尊左腕骨架用芦苇相同，可与左臂断茬相接，推测为主尊塑像脱落的左手。另在此次修复加固工作中，对主尊佛像座旁残留的一泥塑残块作了仔细观察和研究，剔除表面后加的泥层，发现为主尊塑像右手残件。经尝试复原，将上述左、右手残件与塑像两臂相接，使缺失双手的塑像进一步恢复了原貌（见图版照片），可知佛像右手施无畏印，左手与愿印。

度，龛口底边均下距今栈道地面97厘米（图版Ⅰ：49）。两龛大致左右对称，高度、大小、形制、内容相仿。以下分别叙述。

一　第273窟

第272窟外壁甬道口北侧小龛，敞口，龛口顶部残损，现状略呈方形，残高82厘米，宽64～67厘米（图95；图版Ⅰ：68；图版Ⅱ：162-2）。龛口南沿距第272窟甬道口北沿37厘米。龛内残高84厘米、宽70厘米、进深43厘米。顶部略作圆券形。底部平面略呈马蹄形。顶部、侧壁上部均经修补，抹以石灰面。

龛内西壁塑像1身，为禅僧像（图95；图版Ⅰ：98-4；图版Ⅱ：162-4），高82.6厘米，肩宽42.6厘米，两膝间距68.6厘米。面形方圆，颧骨凸出，两腮稍内凹，呈苦修相，额部有一圆形凸起，似表现白毫。眉细长，双目微启，鼻梁较直，双唇紧闭，嘴角上翘。颈部肌肉下陷，喉结及颈部肌腱凸显。胸部宽厚，腰部收细。双臂下垂，屈肘向内，似双手置于腹前结禅定印，现状小臂及双手均已残损；结跏趺坐，胫部残毁。身着红色覆头袈裟，白色衣缘。头上右侧可见三道阴刻弧线衣褶。袈裟自右向左披搭于左肩，衣端覆于左肩后，沿左臂外侧垂下（浮塑于龛壁），末端呈一尖角，衣纹刻阴线。胸前袈裟敷色多已剥落，小臂以下露出泥胎，已风化，轮廓不清。

龛内壁面迹象可见在凿成的砾石面上涂墁草泥，草泥面上刷一层泥浆，干燥后涂白粉层地仗，于其上绘制壁画。现壁画无存，大面积露出白粉层。粉层残破处露出草泥层，仅北侧西上角残留零星土红地色痕迹。

塑像腹前腿上有较坚硬的烧土和油垢积结层，略呈圆形，厚约3～4厘米，应是后代燃灯油迹。

二　第272A窟

第272窟外壁甬道口南侧小龛，敞口，龛口上部残损，残高86厘米、宽70厘米，形制与第273窟相同（图96；图版Ⅰ：69；图版Ⅱ：162-3）。龛口北沿距第272窟甬道口南沿23～28厘米。龛内残高87厘米、宽70厘米、进深35厘米。底部平面略呈马蹄形，龛内侧壁残损，顶部已毁，现以水泥、石灰维修、加固，据现存遗迹及壁面走向，推测其原状形制与第273窟相同。

龛内西壁塑像1身，头部已毁，上身表面大部剥蚀，下身及两小臂亦均残毁，残高67厘米，两膝间距69厘米。残存迹象显示，胸部宽厚，腰部收细，双臂下垂，两肘贴腰，肘间距53厘米，稍屈向内，结跏趺坐，披裹僧衣，与第273窟塑像一致，应同为禅僧像

图95　第273窟西壁塑像

1　正视　2　侧视（向南）　3　剖视（向南）

（图96；图版Ⅱ：162-3）。

从塑像残破处，可知塑像的制作过程。塑像上身颈、胸、肩部可见以成束的芦苇为芯，外敷草泥；下身腿、腹部可见木棍骨架，外敷草泥。草泥中杂有砂石颗粒。草泥塑形大体完成后，于其外涂以厚约0.6厘米的细泥层，最后敷彩。腋下深凹处残留的土红色痕迹，与第273窟禅僧袈裟颜色相同。左肩后外侧的龛壁上亦浮塑出垂下的衣端。

龛壁上部残毁，经现代修补后抹石灰面。塑像肩部高度以下壁面残存原草泥层，右侧壁及两侧壁面下部残存少许白粉层地仗，未见画迹。

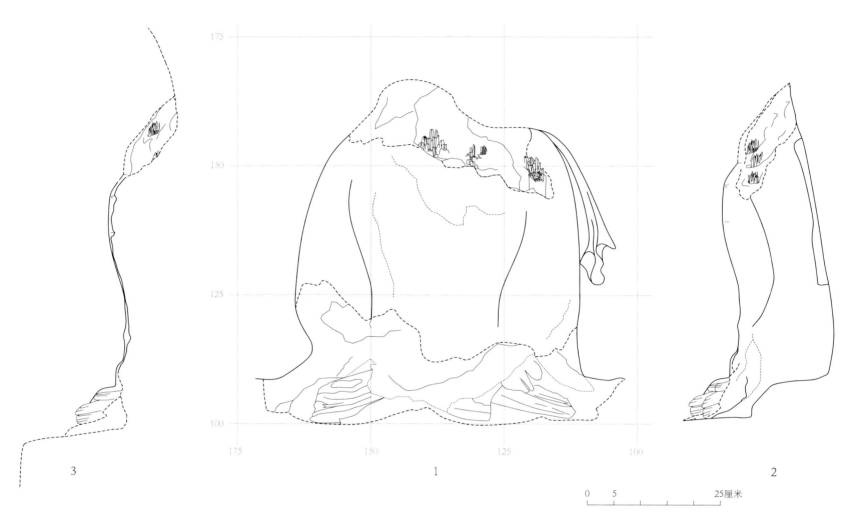

图96　第272A窟西壁塑像
1　正视　2　侧视（向南）　3　剖视（向南）

第五节　小结

第272窟平面方形，窟顶略呈穹窿形，中央有上凹的方井，正壁开大龛造主尊佛像，为殿堂式的礼拜窟。外壁门两侧各凿一禅僧龛，与第268窟于主室内两侧壁开坐禅小窟的做法不同。

第272窟虽然在现代维修加固工程中窟前崖面受到遮盖，但外立面仍有踪迹可寻，大体完整，残存外壁双龛。甬道结构相对完整，是莫高窟早期洞窟中保存外立面和甬道的罕见遗存。甬道圆券形的顶部及顶部后端与窟顶东披圆转过渡的形制值得注意。

第272窟窟顶，在结构上四披面过渡圆缓、无明显折角，具有穹窿形窟顶的特征，被认为是西域穹窿顶洞窟形制的余绪，而顶部壁画则按照覆斗式窟顶四披的形式布局。这样的洞窟形制被认为是覆斗式窟的早期样式，属于穹窿顶向覆斗顶演变的"过渡形式"，且并不被建筑学家视为覆斗式洞窟形制的真正开始[15]。但在前述第266窟，窟顶形制有类似的表现。更值得注意的是西壁佛龛的顶部，表现为完全的穹窿形，在敦煌石窟中堪称孤例，似更有力地证实了与甘肃以西中亚佛教石窟文化的密切关系。

西壁龛内塑主尊善跏趺坐的佛像，即未来世下生成道的弥勒佛，两侧绘胁侍菩萨和弟子，龛内外壁面描绘数量众多的供养菩萨（天人），一直排列到窟顶，强烈表现了诸天赞颂的盛况。南北两壁千佛中央各绘佛说法图1铺，说法图中主尊佛于狮子座上结跏趺坐说法，与西壁龛内以主尊塑像为中心的说法场面相呼应，有可能表现的是弥勒三会的内容。规律的千佛画面铺满了北、南、东三个壁面的上段，贤劫千佛与弥勒下生形成有机的结合。各壁面下段均绘三角垂帐纹。顶部围绕斗四构建的莲花藻井绘天宫伎乐和飞

[15]　段文杰《早期的莫高窟艺术》，《中国石窟·敦煌莫高窟》第一卷，文物出版社、平凡社，1980年；萧默《敦煌莫高窟的洞窟形制》，《中国石窟·敦煌莫高窟》第二卷，文物出版社、平凡社，1981年；傅熹年主编《中国古代建筑史》第二卷，中国建筑工业出版社，2001年。

天，表现高居天宫栏墙上或飞起在空中的诸天赞颂供养。外壁两个龛内的禅僧，则示意通过观想禅定，以求往生兜率天见弥勒，与主室内容相互关联。

从窟内现存壁画遗迹来看，大体有上下两层。

下层（第一层）壁画为开窟时的原作，主要保存在窟室西壁佛龛内外、四壁的上段和窟顶，包括四壁下段被上层壁画覆盖的画迹。龛内塑像与下层壁画同层，亦为开窟时的原作，但头、面部经近代修补加工，衣饰局部妆彩。

第272窟第一层壁画画风严谨、规则而不失生动，是艺术性很高的早期绘画作品，而且主体部分较少受到晚期的破坏，保存相对完好。特别是西壁龛外两侧多达四十余身的供养菩萨，姿态多样、神情各异，生动传神，受到美术界的关注。

由于不可避免的残损，加之部分壁画没有最后完工，可以观察到表现人物的壁画技法。以千佛和供养菩萨为例，绘画的步骤为：一、起稿。按照设定的布局，先以弹线定位，再以土红色线描起稿。二、勾染。用粗线画大圈勾头部、腹部的轮廓，画小圈勾眼眶，以曲线勾面颊、鼻翼、耳廓、颈项、胸肌、腰际、两臂、两脚和手掌的结构，圆点画乳、脐，现存的上述勾染现均呈黑色。三、染色。人物的肌肤，一般以土色（即壁面上的泥层本色）为地，也有的先以红色打底，在完成勾染之后罩以较稀薄的白粉（薄施白粉），深色的勾染由白粉层下透出，表现面部五官和肢体的结构，兼具色彩感和立体效果。描绘衣裙时，往往用某一色勾染衣纹，如土色地上用黑色、红色或绿色勾染，然后罩以薄粉，分别表现三种不同颜色的织物；有时直接利用土色地仗和红色起稿线，或者用黑色稍加勾染，或者薄施白粉。四、定稿。窟内壁画的黑色定稿线难寻踪迹，可能多与变为黑色的勾染相重合，仅在南北两壁说法图中可见佛、菩萨面部五官的细致描绘，另外偶见于白色长裙的衣纹。勾勒的白线比较醒目，衣裙、帔巾的褶纹和边缘，以及冠饰、胸饰、臂饰、头光、身光的轮廓，多勒以白色细线。

壁画用色以红、黑、白、土为主，少量使用绿色，均为叠加色（叠染），基本不用混合色。偶尔出现黑白混合的灰色，或土红加白的浅红色（橙色），似乎没有增加新的颜料。薄施白粉的运用值得注意，上述叠染之外，有时直接用薄粉造型，长裙、帔巾在薄粉下透出肢体的勾染，具有薄纱透体的效果，表现织物的质地纤薄。还应当注意到壁画中的透明画法，有的属于构图或整体色调的需要，有的是为了造型的方便（先画好人体再添持物、道具、衣饰），有的是为了表现某种器物的特殊质地，例如持物中一些碗、钵、盘，可能是玻璃质地的表现。

上层（第二层）壁画见于主室东西南北四壁的下段，另外保存在甬道的南壁、北壁和顶部。这些涂刷白粉后重绘的壁画只是添加供养人，并改绘甬道顶部和两壁的壁画。甬道后来前部坍毁，壁画受到破坏，仅残存西侧部分。甬道两侧壁壁画观音变相内容与窟室壁画弥勒信仰主题的关联值得注意。

西壁龛内壁面下段残存壁画，与其有关的遗迹延伸至龛外西壁下段两侧，叠压下层壁画，又被上层壁画叠压，残存画迹为供养人形象，但画面不完整，时代不明，究与上层壁画同期，或属于其前的另一时代，有待考证。

关于第272窟的开窟时代，目前未发现确切的纪年资料。据敦煌研究院对莫高窟北朝洞窟的分期研究，认为此窟下层壁画与第268窟同属莫高窟北朝第一期，即相当于北凉统治敦煌时代（公元421年至439年）[16]，但学术界尚存在不同意见。

位于第272窟外壁的第272A窟和第273窟，过去的分期曾归入北朝第二期[17]，似不确。经测绘证实，二龛大小、高度、内容、形制均一致，在第272窟外立面上分居两侧，规整对称，同第272窟浑然一体，是在统一规划下建造的。

此窟上层壁画明显覆盖在下层壁画之上，二者叠压关系清楚，其重修时代，被认为是曹氏归义军时期，向无异议。

上层壁画完成之后，第272窟甬道前部和外壁第272A、273窟顶部有所残损，于20世纪60年代以前经过维修。在窟内北壁西端和南壁东部，于近代被开凿穿洞所破坏，20世纪60年代敦煌文物研究所在加固维修工程中将穿洞封堵。东壁两侧后代所凿壁龛，大约也在维修工程中封堵。

---

[16]　樊锦诗、马世长、关友惠《敦煌莫高窟北朝洞窟的分期》，《中国石窟·敦煌莫高窟》第一卷，文物出版社、平凡社，1980年。
[17]　敦煌文物研究所编《敦煌莫高窟内容总录》（文物出版社，1982年）中，将第273窟的时代定为"北魏"。

第五章　第274窟

第一节　窟外立面

第274窟坐西向东，方向为东偏南4度，高程1338米，南邻第272窟及第273窟，北接第275窟，上方为第459窟，下方偏南为第57窟（图1～3、5、6、97；图版I：1；图版II：3-1）。

第274窟窟口残，从1943年照片看到，窟口南侧、下边尚完整，下方残存部分泥壁。窟口顶部和北边崩塌，北边以下残毁至两侧大窟（第272、275窟）窟口底部一线。在20世纪60年代莫高窟危崖加固工程中，南侧和下部曾经过修补，涂墁草泥，抹石灰面。窟口略呈纵长方形。据1963年敦煌文物研究所考古组调查测绘的《莫高窟南区立面图》，窟口北边高100厘米，南边高104厘米，上宽60厘米，下宽70厘米。窟口底部高于第272窟和第275窟窟口约55厘米，略低于第273窟；窟口北沿距第275窟窟口南沿54～62厘米，南沿距第273窟窟口北沿64厘米。危崖加固工程后，洞窟外立面被砌筑物遮覆，留出窟口，安置窟门（图版II：163-1）。

第二节　洞窟结构

第274窟平面略呈横长方形，人字披顶，西壁上段开一龛。窟高134厘米、南北宽91～92厘米、东西进深69～70厘米（图105；图版I：70、71；图版II：164）。洞窟前部残，北壁东边及东上角残损，南壁东上角残损，窟顶前部残毁，东壁仅存南侧下段和北侧下部一角。

窟口门道底高出窟室地面9～14厘米，南北宽约61厘米，残深18厘米。门道南侧下部保存残高70～80厘米、宽15厘米的一段壁面。以上被现代草泥层覆盖，情况不明。门道北侧壁已毁。

窟内地面高低不平，中间凸起，呈漫坡状，延伸至四壁底边，前高后低，距离西、北、南三壁底边1～4厘米不等。地面西边长90.5厘米、北边长70厘米、南边长69厘米、东边长约91厘米（图版I：70、71）。

地面中部凸起处有一灯台，台面圆形，顶面较平，柱体略呈倒圆锥形。露出部分高15厘米，下端直径14厘米，最大直径19厘米，顶面高出地面约25厘米，下端距西壁32厘米、距南壁31厘米。灯台表面积有黑色油垢（图版I：70、71；图版II：164、165-2）。此灯台保存较完整，可以此为例推测本卷洞窟第266、268、275窟灯台上部制作情况。

地面东北角残破，就此做了局部清理。窟口门道地面向下18厘米、现地表向下10厘米至砾石面，上铺泥土层，厚约2厘米，似原地面。原地面以上至现地面，夹有黑色、红色烧土及油结层，厚约6厘米。现地表为坚硬光滑的细泥（似红土）面，厚约1厘米，为重修地面。

地面西北角略有残破，可见在砾石面上铺泥层，厚约1.5厘米，表面可见黑色油垢，似原地面。其上积有红色烧土，厚约1厘米。再上为现地表，即细泥面（似红土），较坚硬，为重修地面。此处残破延伸至北壁西下角，高约7厘米，砾石面上铺泥层，厚约1厘米。

窟门门道北端地面，高于窟内东北角清理出的砾石面18厘米，表面亦残留黑色油垢。

上述门道地面向下约10厘米，从东壁底部伸出一木质构件的头端，露出部分长约2厘米，截面呈半圆形，直径8厘米；构件下面紧贴现地面，隆起高4厘米，是作门砧还是门框构件，详情不明。迹象显示，东壁底部、门道地面高出窟内地面类似门槛的构筑，并非开凿时预留崖体，而应该是用泥土、砾石堆筑而成的。

西壁上边长80厘米、南边高122厘米、北边高122厘米。在距地面43～44厘米高处，有一条横向凸棱（坛沿），高约8～12厘米，上、下均作斜坡面，其下面至西壁进深约8厘米。凸棱将西壁分为上下两段。在坛沿凸棱之上，开一尖拱楣圆券形龛。龛高60厘米、宽54厘米、深14厘米。龛口拱顶平缓，南北两端弧转。龛内西壁与左右侧壁、龛顶与龛壁，均转角圆缓（图版I：71-1；图版II：163-2）。

西壁南北两上角，与窟顶相交处各有一小孔穴，深约1.5厘米，直径1厘米，用途不明。

北壁略呈圭形，上端西斜边长32厘米，东斜边残长38厘米，东边高112厘米（图版163-4）。

图97　第274窟透视图（向西南）

南壁略呈圭形，上端西斜边长29厘米，东斜边残长41厘米，东边残高约111厘米（图版I：71-2；图版163-3）。

东壁大部残毁。门道以下高7～14厘米。门道南侧残高81～90厘米、宽14～16厘米。门道北侧，自窟底砾石面向上，尚存残高32厘米，残宽1～4厘米的残迹，高出门道底14厘米；从残迹判断，东壁门道北侧原宽约15厘米（图版I：79）。

西、北、南三壁向上均内敛，壁面中部稍凹入。

窟顶两披斜面均呈横长方形，西披、东披上边长75.5厘米，东披前部残毁（图版I：80；图版II：170）。

第三节　洞窟内容

窟室西、北、南、东壁和窟顶，均于岩体砾石面上铺泥层，各分上下两段绘制壁画。西壁以凸棱状的坛沿分隔上下段，上段龛内塑像已失，龛内外壁面绘头光、弟子、龛楣等；西壁下段为发愿文题榜及供养天人。其余三壁上段及窟顶两披均绘千佛。南、北壁下段绘供养人行列，东壁下段因残损而内容不明。

南、北壁壁画千佛，未敷色或画迹脱落处，露出下层画迹。迹象表明，下层壁画直接绘于泥面上。在下层壁画之上，重新涂刷白粉层，然后绘制上层壁画。

在北壁、南壁上段，上述壁画叠压情况清晰可见。西壁、东壁、窟顶及南北两壁下段均未见下层壁画。从洞窟内容布局、整体风格以及具体描绘、染色情况看，现存西壁、东壁、窟顶壁画与北壁、南壁上层壁画属于统一的构思，应视为同层。以下分别叙述。

一　西壁

西壁上段中间开龛，龛内塑像，龛内壁面绘塑像头光、弟子，龛外上方绘龛楣、龛梁、宝树，龛外两侧绘弟子，周围空间绘小花。龛下凸棱前面绘波状忍冬纹。凸棱以下为壁面下段，于中央为发愿文题榜，两侧绘供养天人（图版I：73、74；图版II：165）。

1. 上段

（1）佛龛

1）塑像

龛内西壁、南壁、北壁原来塑1铺三尊像，现已全部毁失，仅存残迹。

龛内西壁塑像，据壁面上部头光的位置推测，原塑像坐姿，约高50厘米，仅留残迹于壁面。残迹泥层略呈圭形，高50厘米；上端头部宽约6厘米，肩部宽约20厘米，下部底座处宽约34厘米。

龛内北壁、南壁塑像，据残存在壁面上的痕迹判断均为立姿，约高48厘米。其中南像残迹由地面向上30厘米，与西壁转角处向东4厘米处，有一木楔钉入壁中，直径1厘米，凸出壁面0.5厘米，似为固定塑像之用。

西壁龛底抹泥，西、南、北壁底边前均有塑像残迹。

龛口沿南北两侧原浮塑龛柱，现已残毁，仅见痕迹于壁上。龛口南侧龛柱高38厘米，北侧龛柱高38厘米，柱头上接壁画龛梁、龛楣尾。

2）壁画

头光为宝珠形，延伸至龛顶前沿，横径28厘米，六圈。由内向外，第一圈横径14.5厘米，白色；第二圈宽出1.8厘米，内黑色、外橙色；第三圈宽出1.5厘米，内黑色、外绿色，黑色脱落露出土色，绿色脱落露出打底的橙色；第四圈宽出1.2～1.8厘米，白色，内勾黑色线；第五圈宽出1～1.8厘米，绿色；第六圈宽出1～1.6厘米，白色，顶端呈尖角状。

龛内弟子4身，南北两侧各2身，均立姿，僧形，分别从左右朝向主尊，大体对称，绘于土红地色上，各披双领下垂式袈裟，圆形头光。描绘弟子使用晕染技法。以土红色线起稿后，晕染头、面、颈部和手，均呈黑色，罩以薄粉，然后以黑色勾轮廓、五官，最后用白色晕染轮廓，点红唇。人物肤色呈黑灰色。北侧二身弟子和南侧第二身弟子明显可见面颊的黑色晕染。

北侧第一身弟子，通高40.8厘米（包括头光），稍侧向右。略颔首，面部仅见双唇，涂红色。右臂屈起，右手置于右肩前，半握，食指指向上方；左臂屈肘，左手置于胸腹间，似持一物。踝以下残。内着绿色僧祇支，黑色袈裟，土色衣边。头光横径9.5厘米，二圈，内圈绿色，外圈蓝色（图98-1）。

北侧第二身弟子，表现为胸以下被前方弟子遮挡，仅见头、肩部及上身左侧部分，可见高18.6厘米（包括头光），稍侧向右。内着土色僧祇支，白色袈裟。头光横径8.3厘米，土色。

南侧第一身弟子，通高40.9厘米（包括头光），稍侧向左。略颔首，面部长圆形。双手似拢于腹前。踝以下残。黑色袈裟。头光横径9.7厘米，二圈，内圈绿色，外圈蓝色（图98-2）。

南侧第二身弟子，表现为胸以下被前方弟子遮挡，仅见头、肩部及上身两侧部分，可见高18厘米（包括头光），稍侧向左。白

图98　第274窟西壁龛内弟子
1　龛内北侧弟子　2　龛内南侧弟子

色袈裟。头光横径8厘米，土色。

龛顶头光两侧各绘一花蕾，黑色花心，白色花萼，白色、黑色叶瓣随风，形如忍冬，状似云气。

龛内壁面空间土红地色上点缀带茎三叶黑色小花。

（2）龛外壁画

龛梁绘于龛口上沿，南北横宽57厘米，自龛口宽出2～4.2厘米，随龛沿走向，中部平缓，两端圆转向下，渐收窄，饰白、土、绿、黑四色彩帛纹，左右对称排列，两端为土红色，彩帛斜格内绘鳞纹。龛口边沿施土红色。

龛楣绘于龛梁外侧，宽出2.4～7.2厘米，南北横宽67厘米，上端拱尖部分延伸至窟顶西披。龛楣饰火焰纹，以土、红、黑、白、蓝色描绘。龛楣尾作向外上卷的三叶忍冬纹，白色，勾黑色线，土红色点染。南侧龛楣尾较残（图99）。

龛外弟子2身，南北两侧各1身，均立姿，僧形，内着僧祇支，外披双领下垂式袈裟，圆形头光，绘于土红地色上。描绘、染色方法与龛内弟子相同。

北侧弟子，高43.2厘米（包括头光），稍侧向右，朝向佛龛。双臂屈起，右手置于右肩前，掌心向内；左手置于左侧胸前，掌心向外。脚残。土红色僧祇支，黑色袈裟。头光横径9.7厘米，二圈，内圈绿色，外圈土红色（图100-1）。

南侧弟子，高约41.3厘米（包括头光），头稍侧向左，朝向佛龛，较残。双臂屈起，双手于胸前靠拢，仰掌若托捧状。脚残。衣装敷色脱落，均呈土色，土红色线勾描，略见白色衣边、黑色里面。头光横径9厘米，呈土色（图100-2）。

宝树绘于龛楣两侧、弟子上方土红地色上，以绿色绘树枝，土红色绘树叶，枝叶茂盛。

龛下凸棱前面绘波状忍冬纹，大部脱落，残留少许白色藤蔓、叶瓣画迹。

图99　第274窟西壁龛楣

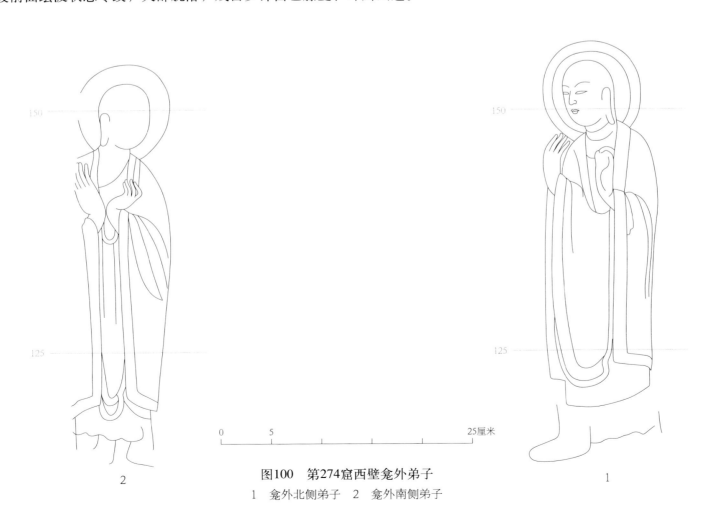

图100　第274窟西壁龛外弟子
1　龛外北侧弟子　2　龛外南侧弟子

2．下段

凸棱以下，中部为发愿文题榜1方，上接凸棱下面里边，题榜方形，高33.3厘米，宽33.6厘米，着色脱落，不见字迹，大部呈泥面本色；题榜下部曾被窟内流沙堆积遮盖的部分显示敷有薄粉。

题榜两侧各绘1身供养天人，均跪姿，约高34厘米，侧身向内，甚残。仅在曾被流沙堆积遮盖的壁面下部，保存画面的白色地，天人下身的黑色长裙、黑色下打底的红色，黑色的大朵莲花和红色线描的小花，其余只有泥面上难以辨认的绘画痕迹，北侧天人痕迹稍多（图101）。隐约可见天人上身稍前倾，双手似在胸前作礼拜状，双腿胡跪。袒上身。帔巾在颈后呈环状，绕双臂后沿身体两侧垂下。头后均有宝珠形头光。天人周围壁面空间，均有多枝长茎黑色莲花、白色小花及黑白两色的忍冬花叶。

下段壁面的北边、南边、底边均有土红色边线。

二　北壁

图101　第274窟西壁龛下北侧供养天人

北壁画面漫漶，东侧残损。壁画布局分上下两段，上段绘千佛；下段绘供养人，上下段之间以边饰界隔，其中上段壁画可见上下两层（图版I：76；图版II：167）。以下分别叙述。

1．上段

（1）下层壁画

下层壁画遗迹，见于窟内北壁、南壁的上段。在两壁泥面上，直接绘画千佛，可见地色呈土色。因在上层壁画覆盖之下，仅见零星画迹，为千佛轮廓粗疏的土红色起稿线，以及用于定位的弹线，未见染色和敷彩。定位线多为纵向中轴线，横向定位线痕迹较少，亦较稀疏，均为土红色弹线。

北壁上段，自上而下，可见残存六排千佛，残高70厘米，残宽34～42厘米，东侧残毁，下部模糊。上起第一排残存5身，第二排残存4身，第三排残存2身，第四排残存5身，第五排残存3身，第六排残存4身。北壁残存千佛计23身（图版I：75）。

现存千佛起稿线，仅隐约可见部分头部、上身轮廓和头光、身光，以及定位线痕迹。定位线多为纵向的中轴线，间距6～7厘米。千佛头顶可见横向定位线。千佛高约8厘米（包括头光）。

（2）上层壁画

上段高105厘米。自上而下共绘十排千佛，均以土红为地色。其中第一排绘于壁面上端三角形部位，中间1身千佛，位于第二排西起第六身千佛上方，黑色头光，土色身光，红色通肩式袈裟，黑白两色莲座下边微弧。其两侧2身莲花化生，分别位于下排第五、第七身千佛上方；东侧1身甚残，仅存黑色莲花画痕；西侧1身黑色莲花，白色头光。最西侧为2朵莲蕾，分别位于下排第三、第四身千佛上方；西起，第一朵白色，黑色花萼、花蕊；第二朵黑色，黑色花萼、花蕊。以下均绘千佛，第二排残存7身，第三排至第七排各残存8身，第八排至第九排各残存7身，第十排残存5身。北壁残存千佛计67身。

千佛自第二排起，左右成排，上下成列，排列整齐。上下各排间皆以黑色横线相分隔，间距9～10厘米；每排各千佛大小基本相同，相邻千佛之间上方，等距离刷高2～2.5厘米、宽0.5～0.6厘米的黑色题榜，题榜颜色多已脱落，不见字迹。题榜间距4～5厘米。

每排千佛均可见土红色弹线，有纵向的中轴线和头顶、下颌、上身、手部、腿部、莲座等部位的横向定位线，此外还有为千佛题榜定位的纵向定位线。因千佛敷色乃至地色剥落严重，上述定位线显示较为清晰，下层的定位线亦同时显现，壁面上同为土红色的纵横弹线相杂，不易分别。

千佛通高7～8.5厘米（包括头光），两膝间距4～5厘米，造型、姿态相同，均作正面，结跏趺坐，双手相叠于腹前，施禅定印。均着通肩式袈裟。头光圆形，横径3～3.5厘米；身光椭圆形，横径5～6.5厘米，等于或大于两题榜的间距。头光与身光顶端相切，或头光略高出身光。身光、头光均为两圈，内圈色彩稍浅于外圈，边缘可见黑色勾勒。

千佛头上均有华盖，华盖与横向黑线相接，或稍低于黑线，由两道不同颜色的横线示意，高约0.5～0.8厘米，横径2～2.5厘米，上为盖顶，下为垂幔，垂幔两端各向外侧飘出白色小点组成的流苏，末端缀以红色圆珠。盖顶或垂幔不同程度漫漶。

千佛坐下为圆形覆莲座，下边微弧，高0.5～1厘米，横径4～5厘米，绘出覆莲瓣。

千佛上述情况列表如下。

单位：厘米

地色	千佛各排画面高	华盖				头光	身光	千佛单体通高（包括头光、莲座）	两膝间距	莲座			题榜			
		盖顶		垂幔												
		高	横径	高	横径	横径	横径			形制	高	横径	颜色	高	宽	间距
土红	9~11	0.5~0.8	1.5~2	0.5~0.8	2~2.5	3~3.5	5~6.5	7~8.5	4~5	圆形覆莲座，下边微弧	0.5~1	4~5	黑	2~2.5	0.5~0.6	4~5

千佛以其袈裟、头光、身光、华盖、莲座颜色的不同搭配，左右四身一组，有规律地连续排列。千佛袈裟、头光、身光颜色有四种，即红、土、黑色和白色；华盖有红、白二色；莲座有黑、白两色。每身佛的各个部位分别使用不同的颜色，形成固定的组合。且上一排某种颜色搭配的千佛，相对其下一排同样颜色搭配的千佛向左（或右）横移一个位置，这样，各种颜色搭配的千佛就在壁面上形成了道道斜线，在壁面上产生装饰效果。现将上述千佛排列情况列表示意如下。

头光	黑	红	土	白
身光	红	土	白	黑
袈裟	土	白	黑	红
莲座	白	黑	白	黑

此壁千佛绘制较为简率，除起稿时土红色的头部轮廓线外，面部仅罩薄粉，均不作五官描绘。黑色题榜先以土红打底。华盖上下两道横线，上线稍短，下线较长，其中一道薄施白粉，上下交替。以黑色线勾莲座上沿，黑色莲座均薄施白粉，呈灰色。

2．下段

下段高25厘米，壁画联珠纹边饰以下壁面绘供养人行列，颜色脱落，残存白色痕迹，隐约可见大致轮廓。供养人残存7身，为男供养人，立姿，残高15~16厘米，均稍侧向右，面西，冠饰不明，裤褶装，双脚残。其中仅见第一身双手捧一圆形物于胸前。每身供养人前均有1方题榜，高9.5~11厘米，宽1.8~2.2厘米（图102）。

下段壁面底边有一道土红色边线。

三　南壁

南壁保存状况比北壁稍好，仍较漫漶，东端漫漶尤甚。中部有裂缝自壁顶端东斜边起，贯至下边。壁画布局分上下两段，布局、题材与北壁完全相同。上段绘千佛，下段绘供养人行列，上下段之间以边饰界隔，但边饰仅见起草画痕，未曾描绘纹饰。与北壁类同，上段壁画亦有上下两层（图版Ⅰ：78；图版Ⅱ：168）。以下分别叙述。

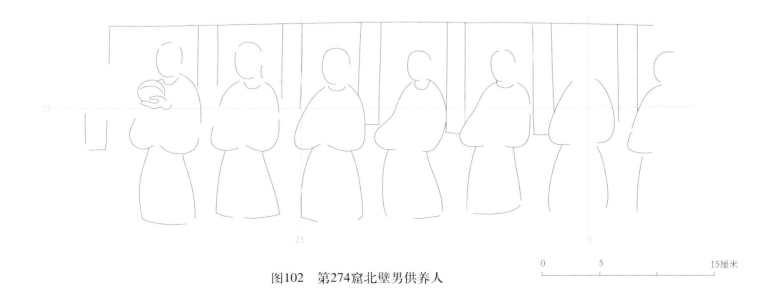

图102　第274窟北壁男供养人

1. 上段

（1）下层壁画

南壁上段，自上而下，残存七排千佛，残高76厘米，残宽8～50厘米，东侧残损，下部模糊。上起第一排残存5身，第二排残存8身，第三排残存7身，第四排残存5身，第五排残存4身，第六排残存4身，第七排残存3身。南壁残存千佛计36身（图版I：77）。

千佛起稿线勾头部、身体轮廓及头光、身光、莲座。中轴线间距6～7厘米。千佛高约8～9厘米（包括头光、莲座）。横向定位线除头顶线外还偶见下颌线。

两壁下层壁画千佛，虽有定位弹线，但只经过初步的起稿，未作具体描绘和敷彩，比较潦草、随意，不甚规则，千佛上下左右间距较大，且画迹似未铺满壁面，无疑是未完成的作品。

（2）上层壁画

上段高104厘米。自上而下共绘十排千佛，均以土红为地色。第一排绘于壁面上端三角形部位，均为莲花化生和莲蕾。其中3身莲花化生居中，分别位于第二排西起第四至第六身千佛上方，化生露出的头、颈、胸部均为土色，可见土红色起稿线；西起，第一身黑色衣，白色莲花，白色头光；第二身黑色莲花，黑色头光；第三身黑色莲花，白色头光。三朵莲蕾分居左右，分别位于下排第三、第七、第八身千佛上方，西起，第一朵留出土色；第二朵黑色，黑色花蕊；第三朵白色，黑色花蕊。以下均绘千佛，第二至第五排各残存10身，第六至第七排各残存11身，第八排残存10身，第九排残存6身（在凸棱以东），第十排残存7身（在凸棱以下）。南壁残存千佛计85身。

千佛表现及表现方法，包括起稿步骤均与北壁千佛基本相同。由于表层壁画保存稍好，下层画迹（包括定位弹线）所见较少。上下各排间以黑色横线分隔，题榜亦为黑色。千佛未作线描细部刻画，惟见土红色定稿线，敷色也有遗漏。

千佛情况列表如下。

单位：厘米

地色	千佛各排画面高	华盖				头光	身光	千佛单体通高（包括头光、莲座）	两膝间距	莲座			题榜			
		盖顶		垂幔												
		高	横径	高	横径	横径	横径			形制	高	横径	颜色	高	宽	间距
土红	9.5~10	0.5~0.8	1.5~2	0.5~0.8	2~2.5	3~3.5	5~6	7~8.5	4.5~5.5	圆形覆莲座，下边微弧	1~1.5	4~6	黑	2~2.5	0.5	4.5~5.5

千佛的颜色组合、搭配均与北壁千佛相同，具体排列上稍有差别，现列表示意如下。

头光	黑	土	红	白
身光	土	红	白	黑
袈裟	红	白	黑	土
莲座	白	黑	白	黑

2. 下段

下段高27.5厘米，壁画联珠纹边饰以下壁面绘供养人行列。画面按保存情况可分上下两部分，上部似长期暴露在外，敷彩剥落褪色，仅依稀可见画痕；下部可能受到流沙掩埋，清理之后部分敷色尚存。上下两部分区分明显。所绘为7身女供养人，立姿，残高17～19厘米，均稍侧向左，面西，均着黑色曳地长裙，白色裙带垂至两腿间，披白色披风（图103）。西起第一身大部残失，仅存下身裙裾残迹；第三至第七身上身已难辨认；第一至第三、第五、第六身身前各有1方题榜，约高13厘米、宽2.3厘米。

下段壁面底边有一道土红色边线。

四 东壁

东壁壁画几近残毁，仅门南侧残存画迹，仍分为上下两段。门南侧上段残高67厘米，下段高25厘米。迹象表明，上段下部残存六排千佛，分别对应于南壁第五至第十排。其中第五、第六排各残存2身，第七至第十排各残存1身。东壁残存千佛计8身（图版I：79；图版II：169）。

凭借零星残迹难以了解千佛的整体情况，但可推知形象描绘、排列组合应与南壁、北壁千佛情况基本相同。据观察，第六

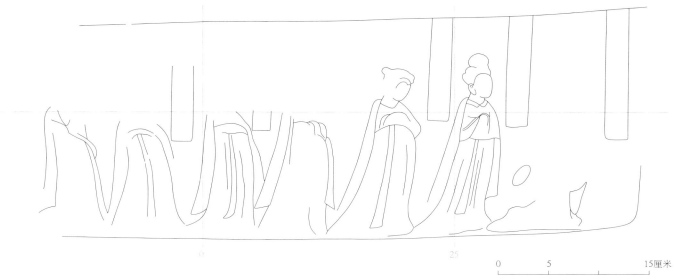

图103　第274窟南壁女供养人

排南起第二身为黑色头光、白色身光、红色袈裟；第八排第一身为红色头光、土色身光、黑色袈裟；可见颜色搭配与南、北壁有所不同。

门南侧千佛下方可见一道土红色横线，残长4厘米，距底边高21厘米，应为分隔上、下段联珠纹边饰下沿的边线残迹。门北侧残迹上亦发现大体在相仿高度上有土红色横线，残长3厘米。

下段壁面底边隐约可见土红色边线。

五　窟顶

窟顶东西两披绘千佛，两披之间绘中脊图案（图I：80、81；图版II：170-2）。

1．西披千佛

西披保存完整，上边绘中脊图案，北边、南边、下边绘联珠纹边饰，西壁火焰纹龛楣延伸至西披下部，楣尖伸入西披7.5厘米。千佛画面高20～21厘米、宽70～72厘米，绘千佛二排，每排13身。西披绘千佛计26身（图版II：170-1）。

千佛左右成排，上下成列，排列整齐，均以土红色为地，与南壁、北壁千佛在形式、技法上基本相同。两排之间以黑色横线相分隔；千佛之间题榜先以土红打底，涂成黑色。

由于敷色简率且多已脱落，土红色起稿线和定位线较为明显。定位线均为弹线，纵向定位线除千佛中轴线外可见较多相邻身光界隔线亦即题榜定位线；横向定位线之多堪称繁复，甚者可达十条，分别为华盖、头顶、鼻、下颏、颈、胸、手、腿、莲座及图像的上沿或下沿，还不止于此，应该存在若干定位不准又重弹的情况。

千佛情况列表如下。

单位：厘米

地色	千佛各排画面高	华盖				头光	身光	千佛单体通高（包括头光、莲座）	两膝间距	莲座			题榜			
		盖顶		垂幔												
		高	横径	高	横径	横径	横径			形制	高	横径	颜色	高	宽	间距
土红	10～12	0.5～0.8	1～2	0.5～0.8	2～2.5	3～3.5	5～6	7.5～8	4.5～5	圆形覆莲座，下边微弧	0.6～1	3.8～4.5	黑	1.5～2.5	0.5	4.5～5

窟顶西披千佛的敷色、颜色搭配和排列情况与南壁千佛相同。

2．东披千佛

东披下部残毁，仅存上部及下部南侧一角。上边绘中脊图案，北边、南边残存联珠纹边饰。千佛画面残高10～23厘米、宽70～72厘米，绘千佛二排，上排13身，下排残存2身。东披残存千佛计15身。

千佛情况与西披基本相同。千佛保存状况较差，画面较模糊，敷色及颜色搭配、排列情况同于西披和南壁千佛。华盖的上下两道敷色区分不明显。位于画面中间，上排北起第七、第八身千佛之间的身光界隔线向上延伸至中脊，与西披上排北起第七身千佛中轴线上延至中脊的纵向定位弹线几乎连成一条直线。东西两披千佛均为每排13身，但并非东西一一对位，因此东披南端有一道纵向的空隙，与西披北端的一道空隙位置相反。

3. 中脊图案

窟顶东、西披在顶脊处相交，结构上并未留出中脊，以壁画影作中脊面，为一条宽7～7.5厘米的图案装饰带；薄施白粉为地，绘波状单叶忍冬纹，白色藤蔓上下波曲弧形中各一叶白色或黑色的四瓣忍冬，藤蔓与忍冬之间又出一黑色或白色叶瓣，上下弧成组，连续四个图案单元（图104）。

图104　第274窟窟顶中脊忍冬纹

各壁画边沿，壁面转折处，包括西壁上段北边、南边，北壁上段西边（被西壁凸棱隔断）、上下段之间及顶端两斜边，南壁上段西边（凸棱下西边未画）、上下段之间（仅见黑色圆珠四个，似为联珠纹起稿）及顶端两斜边，窟顶西披下边、西披北边、东披北边、西披南边、东披南边，均绘联珠纹边饰，宽2～3厘米，土色地，白色勾边，白色联珠，较多脱落，甚模糊。

第四节　小结

第274窟是一个小窟，进深较小，平面略呈横长方形，窟顶为人字披形，正壁坛沿凸棱上开圆券形龛，龛内塑像三尊，龛内外壁画六弟子，龛下发愿文题榜左右绘供养天人。北、南、东壁和窟顶两披绘千佛，北、南壁下段分别绘男、女供养人行列。

西壁龛内塑像已不存，目前龛内壁面和龛底可见三身塑像的残痕，均为比较平整的泥土面，未见预留岩体，也没有土塑的残余堆积，只是壁面上有几处曾被粘连带走泥层，经现代维修时以草泥修补。据此迹象，各塑像的残失都是一次性完整地脱落。根据奥登堡于1914～1915年在莫高窟的洞窟调查记录，曾在第274窟清理沙土时发现一尊弥勒坐佛[1]。可略知塑像脱落的情况。联系到龛内南侧塑像位置上残留的木楔，龛内塑像有可能是预制后使用楔枘结构及黏土粘贴的方法固定在壁面上，牢固程度有限。小型窟龛空间狭窄，很难在供奉的位置上就地雕塑，大多会采取预制而后安装的方法。

据奥登堡的记载，此窟主尊塑像既为弥勒坐佛，应为善跏坐姿。两身胁侍尚难确定，龛内外未见菩萨画像，所塑可能是立姿的胁侍菩萨像。

从南、北壁重层壁画千佛的情况，可知曾有两次绘制的过程。其中上层壁画千佛为完整壁面的绘制，且与西壁、窟顶壁画属于统一的布局和设计，其中南壁千佛的敷色排列即与窟顶千佛完全一致，种种迹象均可表明为同层遗迹。而下层千佛的绘制，内容约略与上层相同，但仅限于简单的起稿，并未完成，显然刚刚开始即告废止。据此推测，很可能第一次的设计不久即被否定，重新进行了第二次设计，重新确定千佛位置，壁画方得以最终完成，因而造成重层壁画的现象。两次起稿作画的步骤和方法几乎完全一样，应该是同一时代的遗迹，或稍有先后之别，早晚时间相去不远。因而，不存在区分时代意义上的"第二层"。

第274窟没有纪年题记，根据敦煌研究院对莫高窟洞窟分期排年的研究，将第274窟划分为隋代第一期洞窟[2]，至今没有不同的意见。

第274窟位于第275窟的外壁。自第266窟至第275窟以北，可见一系列隋代石窟遗迹，包括重修、增修和新建，第267～271窟和第275窟被认为经隋代重修，第266窟和第275窟北邻的第455、456、457窟均被认为是隋代石窟。第274窟的凿建与此具有密切的关系。

此窟残损严重，东壁大部、窟顶前部残毁，两侧壁东侧残损，现存壁画在风蚀、日晒下不同程度剥落、漫漶。流沙曾堆积窟内淹埋部分下段壁画。窟内原地面系在岩体砾石层上铺设泥土筑成。后代曾在原泥土地面中央建灯台，地面积聚较多油垢、烧土，破坏了地面的平整，中间灯台周围高于壁前地面。

[1]　"佛龛受严重风蚀并埋满沙土。在清理沙土时发现一弥勒座佛。"参见奥登堡著，季一坤译《敦煌千佛洞叙录》，《俄藏敦煌艺术品》第6册，上海古籍出版社，2005年，p. 176。
[2]　樊锦诗、关友惠、刘玉权《莫高窟隋代石窟分期》，《中国石窟·敦煌莫高窟》第二卷，文物出版社、平凡社，1981年。

第六章　第275窟

第一节　窟外立面

第275窟坐西向东，方向为东偏北2度，高程1337米，南邻第274、272窟，北接第457窟，上方为第459窟，下方为第56窟（图1～6；图版I：1；图版II：1、2-2、3-1）。

依据20世纪60年代以来对莫高窟的测绘和此前的照片、文字记录，结合现存状况，可知第275窟外立面的基本情况。第275窟窟外北侧崖面崩毁，外立面尚存南侧下部崖面，该崖面上有后代开凿一小窟，现编号为第274窟（详见本卷第五章），小窟窟口北沿距第275窟窟口南沿90厘米，窟口南沿距第273窟窟口北沿63厘米[1]。第275窟外壁与第272、268窟等相邻洞窟外壁同处于一个大体平整的立面，并基本处于同一水平高度。实测尺寸依据1963年敦煌文物研究所调查测绘的成果《莫高窟南区立面图》。图中显示出第275窟前部敞口的形态及残损后形成的窟口，残存的窟口顶部南北残宽80～206厘米、底部残宽222厘米，窟口高342～414厘米。窟底下距现在地表约726厘米，上距第459窟前室地面72～130厘米。北壁东端残断处，上部残厚108厘米，下部残厚63厘米（其北面为第457窟前室南壁），残高350厘米。窟口南沿距第272窟窟口北沿300厘米。其下距第56窟窟顶190厘米，再下系第478、479窟和第55窟至地表。

据现存迹象观察，第275窟原窟室南壁东上角、东壁门上、甬道南壁以北、甬道顶、东壁门北侧、窟顶前部、北壁东端、地面前端北侧，均已坍毁，洞窟前部几乎完全敞开。

1963年《莫高窟南区立面图》上作为窟门的，是洞窟内晚期修筑的隔墙门。该隔墙将当时敞开的窟室分隔为前后两部分，隔墙以东的窟室前部仍暴露在外。此外，甬道、东壁南侧门上部早已坍塌，而图中窟口有完整而平直的南边线，这是因为，1956年以前，敦煌文物研究所曾于东壁南侧上部补修土坯墙一段，宽约120厘米，高约160厘米，厚近40厘米，上边连接窟顶。测绘时表现的是修补整齐的窟口南边。上述修补的土坯墙，现已被后来构筑的砌体所取代。

第275窟窟口崖面上下有3个岩孔。其中南上方岩孔呈方形，残，高40～43厘米，残宽47厘米，用途不明。窟口南、北下角2岩孔，与第268、272窟崖面下方一排岩孔大致处于同一水平高度，且有规律地分布（图5）。推测这些岩孔，是为解决各窟之间的交通而架设栈道所凿的地栿孔，其功用是插入木栿梁，起承托作用，上铺木板。详见下表。

岩孔遗迹情况表

单位：厘米

编号	位置	形状	高	宽	深	备注
1	第275窟窟口北下角	圆角长方形	55	30～48	不明	
2	第275窟窟口南下角	圆角长方形	70	56	92	北沿距1号岩孔南沿182厘米
3	第273窟下方	圆角长方形	60	42	90	上沿距第273窟窟口下沿102厘米，北沿距2号岩孔南沿140厘米
4	第272A窟下方	长方形	43	22～30	90	上沿距第510窟窟口下沿103厘米，北沿距3号岩孔南沿210厘米
5	第268窟下方	方形	54	52	泥封，不明	上沿距第268窟窟口下沿15厘米，北沿距4号岩孔南沿140厘米
6	第266窟窟口北下角	呈桃形，下部平	48	36	80	南距第266窟窟口北沿38厘米，北沿距5号岩孔南沿153厘米
7	第266窟窟口南下角	方形	44	36～44	不明	北距第266窟窟口南沿25厘米，北沿距6号岩孔南沿203厘米
8	第265窟窟口北下角	方形	44	45	124	南距第265窟窟口北沿6厘米，北沿距7号岩孔南沿120厘米
9	第265窟窟口南下角	圆形	55	50	100	北距第265窟窟口南沿21厘米，北沿距8号岩孔南沿174厘米
10	第263窟窟口北下角	方形	50	50	30	南距第263窟窟口北沿14厘米，北沿距9号岩孔南沿364厘米
11	第263窟窟口南下角	长方形	30	40	32	北距第263窟窟口南沿130厘米，北沿距10号岩孔南沿310厘米

---

[1]　石璋如《莫高窟形》（1942年）记第275窟（C233窟）时，称此小窟为"附洞A"，其南"另有一残龛a"，南北80厘米，东西深20厘米，高70厘米，"无塑无画"（图105）。据与此同时期照片，第274窟以南至第273窟，其间崖面较平整，敷有泥壁，张大千于上书写二窟编号，并无残龛痕迹，恐石氏误记。见本卷附录二之（一）。

第二节　洞窟结构

第275窟窟室平面纵长方形，窟顶作两披的盝形，西壁前依壁塑像，南壁和北壁上部各开3个小龛，龛内均塑像。东壁中间开甬道。窟室高344～358厘米、南北宽334～355厘米、东西进深556～560厘米（图105～107；图版I：82～85；图版II：171、172）。

一　甬道

甬道顶、北壁均已坍毁，仅残存南壁下部。南壁底边东西残长114厘米，上边残长102厘米，残高203～212厘米，余皆不存。残存部分于岩体上涂墁泥层、白灰层为壁面。甬道地面大部坍毁，经现代修复，铺以水泥方砖（图版II：232-1）。

二　窟室

（一）地面

窟室地面东西长，南北短，西端略宽于东端（图版I：82、83；图版II：174）。西壁前居中设塑像方形台座，其底面前边长160厘米、后边长176厘米，东西进深73～78厘米。方座两侧各设一狮子台座。台座一侧接方形座，另一侧分别接南、北壁，东西进深76～87厘米，底边南北长90～96厘米。窟室底部西端通宽356厘米。塑像方座前尚有两个近半圆形足台，分上、下二层，下层南北直径56～58厘米，东西半径39～40厘米；上层南北直径38～41厘米，东西半径30～31厘米。南壁底边长554厘米（包括台座）。北壁东端已毁，底边残长524厘米（包括台座）。东壁仅存甬道口南侧部分，底边长110厘米。

塑像台座以东约280厘米（晚期隔墙以东20厘米门北侧），地面有一燃灯台底座残迹，底宽约60厘米，作漫坡状堆积，横截面呈圆形，高15厘米，表面积淀油垢，中部有一短柱形物，似灯柱残迹，残高约5厘米，其内插一木芯。可以观察到包围在木芯外周各种物质的层次，由内而外依次为泥层、石灰层、草泥层、石灰层、油垢积结层等，截面圆形，直径16厘米（图版II：174-2,3）。

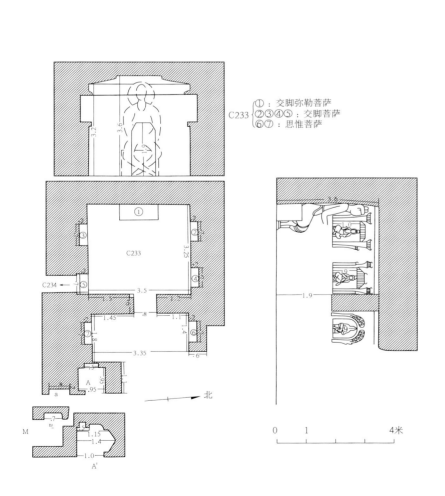

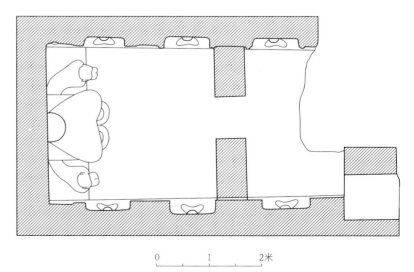

图105　莫高窟C233、C234（第275、272窟）平面及剖面图（部分）
（据石璋如《莫高窟形》图一九五，1942年）

图106　第275窟实测图
（据《中国石窟·敦煌莫高窟》第一卷，1980年）

图107　第275窟透视图（向西南）

现地面全部铺设水泥方砖，至西、北、南壁和东壁南侧前留有约10～19厘米的间隙。由此间隙所见壁面底部情况判断，水泥方砖下的地面为此窟凿建时的原泥土地面。

（二）壁面

1. 西壁

窟内壁面自下而上逐渐前倾（图版 I：84；图版 II：173）。西壁北边高322厘米、南边高324厘米，在两边顶端的高度上壁面宽320厘米；壁面上端与窟顶平顶及南、北披相衔接，呈梯形，两侧为斜边，北斜边长82厘米，南斜边长92厘米；壁面中间高356～360厘米，顶边即平顶西边南北长156厘米。西壁顶边现存横向木质构件，应为构筑顶部的构件，可能是横枋的骨架。壁前正中倚壁塑主尊大像1身及其狮子座。塑像方座后部与壁面相接处高95厘米、上部宽161厘米。二狮子台后部与壁面相接处均高5厘米，宽90～96厘米。

2. 北壁

北壁东端已坍毁，壁面西高东低（图版 II：189～191）。顶边残长473厘米，东边残高291厘米。在地面向上175～178厘米处，有一条横贯全壁凸出于壁面5厘米的凸棱，东西残长507厘米，高10～12厘米。凸棱上面平，略与壁面垂直，稍向外坡下；正面略与壁面平行，稍前倾；下面呈斜面，与下方壁面成钝角。凸棱塑作而成[2]。凸棱上方横列分布3个龛，龛内各塑1身像。

西起第一龛，方形龛口，西高94厘米，东高95厘米，上宽72厘米，下宽78厘米，龛口西沿下角距西壁71厘米，龛口上沿距北壁顶边42～46厘米。龛顶平，略呈前高后低的披形。龛底面略呈横长方形，后高前低，稍坡下，深20厘米，东、西边略外张（图版 II：220-1）。中间贴壁塑像，龛底设方形座。座底面前边长30厘米、后宽36.6厘米，西侧南北深12.5厘米、东侧南北深10.5厘米。龛顶上方

---

[2]　据历史照片，北壁、南壁西起第三龛下凸棱残破处，露出成束的芦苇骨架，可知凸棱的塑造情况，见本卷附录二之（二）。经过修补之后，该残迹被敷泥掩盖。

和龛外两侧塑成屋顶和子母双阙。屋檐向前伸出壁面14～17厘米，双阙顶檐伸出壁面10～12厘米，阙身凸出壁面2.5～3.5厘米。

第二龛，形制与第一龛基本相同，龛口西高95厘米、东高97厘米、上宽81.5厘米、下宽85厘米，龛口西沿下角距西壁227厘米，龛口上沿距北壁顶边32～34厘米。龛底进深22厘米，方形座底面前边长31厘米、后宽35厘米、西侧南北深12.5厘米、东侧南北深12厘米（图版II：220-2）。龛顶上方和龛外两侧塑成屋顶和子母双阙。屋檐向前伸出壁面12厘米，双阙顶檐伸出壁面10～12厘米，阙身凸出壁面2.5～4厘米。

第三龛圆拱形龛口高94厘米、中宽82厘米、下宽85厘米。龛口西沿下角距西壁389厘米，龛口上沿距北壁顶边34厘米。龛顶为圆券形。龛底面略呈横长方形，后高前低，深20厘米（图版II：220-3）。中间贴壁塑像，龛底设圆形束腰座，横径29厘米。龛口上方和龛外两侧塑成双树龛楣和龛柱，凸出壁面2.5～3.5厘米（各龛尺寸详见本章表一"第275窟各龛结构尺寸表"）。

3. 南壁

南壁东端上部壁面略有崩毁（经现代修补），下部保存完整（图版I：85；图版II：209～211）。顶边残长514厘米，东边残高265～317厘米。在地面向上184～187厘米，与北壁相对应位置上，有一条横贯全壁凸出于壁面5厘米的凸棱，东西残长482厘米，高10～11厘米，形制与北壁凸棱相同。凸棱塑作而成。凸棱上方开凿3个龛，龛内塑像，与北壁三龛遥相对称。

西起第一龛，形制与北壁第一、第二龛基本相同，龛口西高97.5厘米、东高94.5厘米、上宽75厘米、下宽83厘米，龛口西沿下角距西壁69厘米，龛口上沿距南壁顶边29厘米。龛底进深20～21厘米，方形座底面前边长29厘米、后宽31.5厘米、西侧南北深12.5厘米、东侧南北深12厘米（图版II：220-4）。龛顶上方和龛外两侧塑成屋顶和子母双阙。屋檐向前伸出壁面13～16厘米，双阙阙身凸出壁面3～4厘米。

第二龛，形制与第一龛及北壁第一、第二龛基本相同，龛口西高95厘米、东高90厘米、上宽83厘米、下宽86厘米，龛口西沿下角距西壁227厘米，龛口上沿距南壁顶边31厘米。龛底进深26厘米，方形座底面前边长32厘米、后宽37厘米、西侧南北深12厘米、东侧南北深12厘米（图版II：220-5）。龛顶上方和龛外两侧塑成屋顶和子母双阙。屋檐向前伸出壁面12～16厘米，双阙阙身凸出壁面2.5～4厘米。

第三龛形制与北壁第三龛基本相同，龛口高92厘米、中宽82厘米、下宽85厘米。龛口西沿下角距西壁397厘米，龛口上沿距南壁顶边30厘米。龛底进深22厘米，圆形束腰座横径31厘米（图版II：220-6）。龛口上方和龛外两侧塑成双树龛楣和龛柱，凸出壁面2.5～3.5厘米（各龛尺寸详见表一"第275窟各龛结构尺寸表"）。

此外，在南壁下部，自西端向东246厘米，后代开凿一穿洞，与第272窟相通。穿洞高166厘米、上宽52厘米、中宽60厘米，现已封堵（图版II：225-3）。从穿洞断面观察，南壁仅厚8～10厘米。在此穿洞上沿起，向上有一纵向裂缝，长约23厘米，宽约1～2厘米。

4. 东壁

东壁仅存甬道口南侧下部壁面（图版II：229、230），残高175～180厘米，上边残长98厘米。在距地面高58厘米、距离南壁5厘米处，有直径约5厘米的圆形破孔，与第274窟相通，现已封堵。由小孔观察，此处两窟之间岩壁仅厚5厘米左右。

东壁上部及北侧壁面全部崩毁，原状不明。

5. 隔墙

在北壁由西壁向东327厘米、南壁由西壁向东330厘米（西壁底边以东约320厘米）处，晚期（与第三层壁画同期）曾用土坯砌筑一堵通连地面、窟顶和南北两壁的隔墙，将原窟室分隔成前、后（东、西）两部分。土坯隔墙中间略偏北辟门。1991年，由敦煌研究院保护研究所拆除了土坯隔墙并对隔墙上的壁画进行了技术性搬迁，原窟室空间得以恢复。今窟顶、北壁、南壁尚残存土坯隔墙留下的印迹，参考有关资料，可知隔墙底部南北宽338厘米，中部宽340厘米，与南北壁顶相接处宽325厘米；与窟顶披面相接的南斜边长约90厘米、北斜边长约92厘米，与平顶部位相接的顶边长约145厘米；南边高319厘米，中部高350厘米，北边高315厘米；隔墙厚50～66厘米，门高180厘米、宽90厘米，门顶呈盝形。隔墙门北侧宽103厘米、门南侧宽145厘米。

隔墙以西形成的后室，地平面略呈方形，由西向东稍渐窄。除西壁保持原有格局外，北壁底边长327厘米、上边长305厘米、西边高322厘米、东边高319厘米；南壁底边长330厘米、上边长301厘米、西边高324厘米、东边高319厘米；隔墙即成为重修后的后室东壁。

（三）窟顶

窟顶由中脊处的纵长平顶和北披、南披三部分构成，略作两披的盝形，东端已崩毁（图版I：82；图版II：243）。

1. 平顶

平顶上凹，于现存南披北边和北披南边上凹8～12厘米，东西残长352厘米，南北宽145～150厘米，表面全部崩毁，经晚期修补，现状凹凸不平。现存西端与西壁交接处的横向木质构件或为构筑顶部平脊周边类似枋的结构（图版II：246）。

2. 北披

北披东西残长357厘米，宽65～92厘米。北披上部距西壁215厘米至347厘米，在与平顶相交处残存一段塑成的纵枋，其底面南高北低，倾斜角度与北披一致，凸出披面15厘米，残长132厘米，宽18～20厘米。其余部分均已损毁。纵枋原状似应沿平顶侧边（斜披上边）东西贯通。

北披披面上塑出断面为半圆形的椽子，上端与纵枋相连，下接北壁顶边，现仅存距西壁约205厘米以东的6根椽子，其残损情况各不相同，残长36～73厘米，椽径8～10厘米，凸出披面约5厘米，椽间距15～20厘米。

3. 南披

南披结构与北披相同，东西残长390厘米，宽73～90厘米。上部与平顶相接处，原有纵枋损毁，仅距西壁342厘米（晚期隔墙以东）残存长30厘米、宽17厘米的纵枋一段。

南披披面上自西端起现存13根椽子，残长35～58厘米，椽径9～11厘米，凸出披面3～5厘米，椽间距15～25厘米，以东无存。

第275窟窟顶损毁严重，经过晚期修补，作部分改造并补绘，后来应再次遭遇崩毁，现代经敦煌文物研究所修补。

第三节　洞窟内容

第275窟窟室凿成后在岩体上铺设草泥层，在西壁前塑像，壁面绘壁画；在北壁、南壁列龛内塑像并在龛外周沿塑作阙形或树形龛楣、龛柱装饰，两壁龛内外均绘壁画；东壁现存部分残留壁画；窟顶塑作纵枋、椽子、望板并加彩绘。

现存各壁及塑像遗迹显示，窟内曾经过后代数次不同程度的重修，其叠压关系明显，层位大致清楚，可分出三个层次。现由下而上分别叙述如下。

一　第一层塑像和壁画

窟室西壁塑像（包括台座、双狮），壁面分上下两段绘壁画。南、北壁分三段，上、中两段对应于西壁上段，以凸棱分界；上段开列龛，塑作龛形，龛内塑像，龛内外绘千佛、菩萨。其中北壁西上角残损，东部龛内外被改绘；南壁上端经补绘，东部龛内外被改绘。南、北壁中段绘故事画及供养人、供养菩萨行列，东端残损并被改绘。四壁下段均绘三角垂帐纹，东壁下层壁画仅残存下段。窟顶残存部分塑出的枋、椽、望板及部分彩绘装饰。分别叙述如下。

（一）西壁

西壁壁前居中依壁雕塑1身交脚坐菩萨像，下有方形座，座两侧低台上塑双狮。壁面上段塑作三角形靠背，绘胁侍菩萨、供养菩萨。塑像上方、北侧靠背上方大部、南侧北上角残，经晚期补绘。下段绘三角垂帐纹（图版I：87；图版II：173）。

1. 塑像

位于西壁中间，主尊菩萨像1身，交脚坐于方座上，通高337厘米（包括头光、足台），身高313厘米，肩宽110厘米，腰宽64厘米，膝宽163.8厘米（图108、110；图版I：98-3；图版II：175～177、179）。菩萨像面型浑圆，额际较宽。眉宇间有白毫，向内凹入，近似圆形，径约4厘米，上距额发下缘7厘米。双眉修长，眉梢上挑，眉棱微隆，眉头与鼻梁相连。两眼略鼓，内嵌有黑色饰

图108　第275窟西壁塑像（第一层）

1　正视　2　侧视（向南）　3　剖视（向北）

物，上眼睑近平，下眼睑微弧，眼角稍上挑。鼻梁高隆，直通额际，鼻孔较小，内有黑色填充物。双唇闭合，上唇略厚，下唇稍薄，嘴角深陷且向上微翘。两耳宽大、长垂，耳垂各有一白色长条形凹入，似穿孔。现存面部呈土色，残留斑驳的黑色（原有的施色变黑）；上眼睑、前额、发际残存红色。耳部土红色较艳，似后代重妆。颈部较粗（图版II：178-1,2）。

菩萨上身略向前倾，挺胸，双肩宽厚。双臂屈肘，肘部稍外张，上臂贴壁，左小臂前伸，左手置于左膝，掌心向上，伸五指，除拇指外，其余四指均残断，手指残断处露出草芯、泥胎；右小臂抬起向前平伸，小臂残断处露出木质骨架和泥胎[3]。菩萨双腿屈膝

[3]　在奥登堡1914~1915年所拍照片中，可见当时对菩萨像左右手已进行过补塑。左手将手指补全，右手补塑小臂和右手，其右手扬掌，掌心向前，五指张开，作施无畏印。补塑工艺粗糙，造型恶俗，后敦煌文物研究所将补塑拆除。参见本书附录一之（二）。

3   2

外张，两胫内收，两踝于方座前相交，右脚在左脚之前，跣足，两脚小趾分别支于半圆形双层足台上（详细尺寸见表二"第275窟塑像尺寸表"）。

　　菩萨头顶束髻，发际中分。头后的垂发经耳后披于双肩之上，末端回卷呈圆饼状。头戴三珠化佛宝冠。冠高28.8厘米、正面横径约41.6厘米、侧面横径约21厘米。宝冠正面表现一圆形宝珠，横径23厘米，分内外两圈。外圈绿色（脱落严重），内圈横径13.8厘米，呈黑色（斑驳处露出红色），中央浮塑一身化佛，结跏趺坐，通高15厘米（包括头光、莲座），双手前后相叠置于腹前，施禅定印，身着通肩袈裟，坐绿色莲座，莲座下弧。正面宝珠下部绘一弧形饰物与内圈相切。冠南侧和北侧各表现一圆珠，横径20～21厘米，敷白色，中心各浮塑一朵六瓣小花，小花四方阴刻曲线，每组三条，连至宝珠边缘，呈左旋状；宝珠边缘阴刻二道细线，敷绿色。冠梁有六道装饰，似珠串，左右对称，各三道（图109-1,2；图版Ⅱ：178-3~5）。冠梁两侧残存有小孔痕迹，似原有簪笄之类

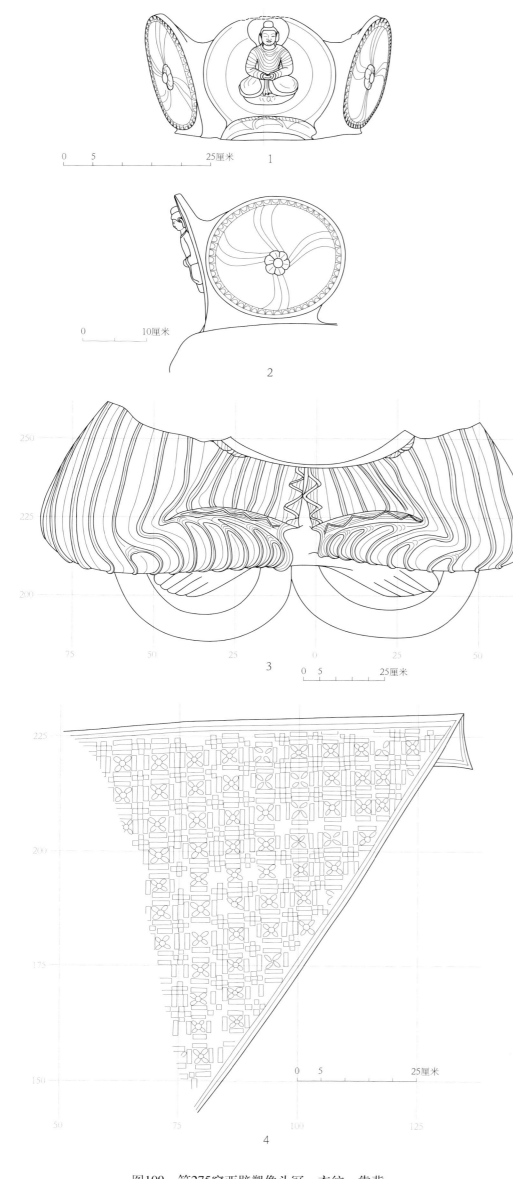

图109　第275窟西壁塑像头冠、衣纹、靠背

1　塑像头冠（正视）　2　塑像头冠（侧视）　3　塑像腿部衣纹（俯视）　4　塑像靠背北侧

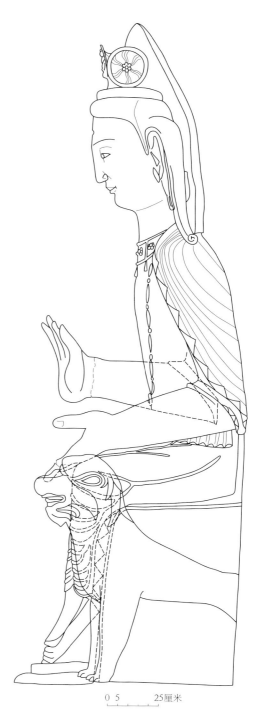

图110　第275窟西壁塑像侧视（向南，1962年）

饰物插入，推测与此窟南北两壁西起第一龛内菩萨塑像头冠两侧簪饰相似。

菩萨袒上身，胸前浮塑项圈。项圈宽约10.5厘米，由宽约1厘米的凸棱分为四格，其中各塑出一朵六瓣花，其中绿色格内黑色花瓣绿色花心，黑色格内绿色花瓣黑色花心。凸棱亦以黑绿两色相间涂染。三条分格的纵向凸棱下端各悬珠饰，二圆珠下末端饰物上窄下宽，长7厘米。璎珞自两肩垂至腹际，下距裙腰3厘米，以管珠（14枚）、圆珠（12枚）相间组成，下端正中饰六瓣小花，管珠略呈梭形，阴刻数条斜线纹。现存珠面敷色黑、绿相间，圆珠似呈红色。两上臂绘臂钏，宽约5厘米（图版Ⅱ：175、176）。帔巾披覆于双肩，垂覆上臂后婉转搭双肘向下，于身后贴壁垂至方座上，经座面隐于股下，露出于座前，末端垂至两胫下，呈双角，角尖圆锐，有波状皱褶（图版Ⅱ：181）。肩肘部帔巾边缘作折角波状皱褶，宽约5～6厘米。折角内饰平行阴刻线纹，施绿色。胸前装饰及帔巾敷色似经晚期增色。下身着裙，裙腰翻出垂至腹下，呈垂弧状，边缘刻出连续圆弧状小褶。长裙贴体，蔽覆双腿至踝，褶纹在胫前呈层叠的U字形垂弧，为贴泥条兼刻阴线，阴线刻在泥条上面和泥条之间，作法与第272窟龛内塑像略同，泥条聚拢时，合并成Y字形，泥条上横压短弧数道表现褶襞的凹窝；现状大体呈土色，部分经晚期重妆（图67、108）。裙前面开启，边缘作折角波状皱褶，宽5～6厘米，施以较密集的阴刻线纹（图109-3；图版Ⅱ：179）。

菩萨头后泥塑圆形头光，横径123厘米，厚3～13厘米，离开壁面，前倾，上端距壁面30厘米，下端距壁面3厘米，置于肩后（图版Ⅱ：176、177、180）；头光上边缘高出宝冠12.5厘米。此头光或表明菩萨头光和头部系塑造成型后安装上壁。

齐菩萨肩部稍低，西壁浮塑倒三角形靠背边缘，靠背上宽280厘米，肩部北侧可见长84厘米、南侧可见长92厘米，两侧斜边下段表现为被塑像遮挡，可见部分北侧斜边长103厘米，南侧斜边长101厘米。凸起的边缘上阴刻二条平行的边线。靠背上边南北两端各有铺覆物折下的一角。靠背绘铺覆物四叶散点棋格纹图案，每格内填以四叶小花，周围以方笔绘长、短点，组成大、小棋格，土色地，黑色点纹（图109-4；图版Ⅱ：185、187）。

菩萨足台下层高5～6厘米，上层高7～8厘米，边缘转折圆缓（图版Ⅱ：179-1）。

菩萨坐下方座，南北两侧低台上塑二狮。方座前窄后宽，前低后高，座前面高88厘米，上宽153厘米；后面高95厘米，上宽161厘米。座前面、侧面泥层上涂以白粉，上边、侧边均描土红色边线。方座左、右（北、南）狮子，皆朝向前（东）面，北侧狮子头部稍侧向右，南侧狮子头部稍侧向左（图111；图版Ⅱ：182、183）。二狮昂首挺胸，大眼圆瞪，张口露齿，舌尖微翘，小耳，颏下有须；颈下胸前成绺成片的长毛以浮塑加阴刻线表现，前腿浑圆，直立，身体后部弯屈向南或向北与方座的北侧面和南侧面连接，表现狮子后身隐入方座（图版Ⅱ：184-3,4）。狮子全身涂白色，整体比例，头小、腰细、腿长；头宽约27厘米、前后长约36厘米；露出躯干部分长约80厘米，腿长约50厘米，立于方形低台上，台高5厘米。

菩萨右小臂残断处，可见其手臂是在木棍外裹芦苇，以细麻绳捆扎成骨架，然后以掺入麻纤维的草拌泥塑形，再以厚约1.5厘米的细泥，塑造形体和衣饰的表面和细部，最后于其上刷一层细泥浆，以备彩绘。从左手手指残断处可知，手指仅用芦苇作芯，敷泥塑形。裙和帔巾的褶纹多为阴刻线，或贴泥条、阴刻线兼施；衣裙边缘的折角状皱褶则用泥塑形，加阴刻线。鼻孔内和眼睛瞳仁均镶嵌黑色装饰物。

半圆形足台系草拌泥堆塑而成。二狮子身体后部与方座相接处有裂缝，可见系以木棍作骨架，裹以芦苇，敷草拌泥，外抹厚约5厘米的麻刀泥（内杂有碎麻）塑成，表面涂泥浆。

主尊菩萨保存较好，面部金饰被后代刮去，现残留有刀刮痕迹。宝冠化佛的身上细微处残留金粉。主尊北侧狮子表面似有刀刮痕迹，又在表面涂一层泥浆，头部原有阴刻线已模糊不清，身躯阴刻线残存部分；南侧狮子保存较好，惟左爪大部残毁，仅存一趾，露出木质骨架（现已用泥修复）。

2．壁画

西壁主尊塑像的北侧和南侧壁画布局大致对称，皆分为上下两段。依次分别叙述如下。

（1）主尊北侧壁画

1）上段

上段残高179～187厘米、宽30～114厘米，靠背以上大部残毁，绘胁侍菩萨1身，残存供养菩萨7身（图112、113；图版Ⅱ：185、186-2），均以土红为地色。以下分别叙述。

ⅰ 胁侍菩萨

左胁侍菩萨，立姿，通高114.5厘米（包括头光、莲台），朝向主尊，头部稍侧向右，稍低头，上身稍向左倾（微后仰），胯稍向右出。左臂屈起，左手举至左肩前，扬掌；右臂垂下，肘部贴于腰际，右手向前，屈中指、无名指，手心有一红点。双脚分开，外撇，立于莲台上。头戴白色宝冠，冠正面中间饰一宝珠，用绿色勾边，下有绿色冠梁。四条缯带分别于冠两侧束结，向外侧飘扬；其中右侧两条婉转飘下，左侧一条婉转飘下，另一条较浅，飘向头光之上。薄施白粉绘缯带，左右各有一条饰黑色横纹。上身袒裸，敷以白色，透出深色勾染。颈戴项圈，胸前有对兽形饰物，二兽各衔红色珠链之一端，珠链下垂呈"U"字形。饰臂钏、腕钏。身前挂三条璎珞，一条由两肩垂下，至左侧胯部，呈黑褐色，饰波状花朵纹；一条由两肩垂下，及于膝上，呈黑褐色，饰珠串纹；一条自身后向前，左侧绕左上臂、右侧经右臂外侧，搭挂膝部璎珞，垂至膝下，绿色，饰波状小花纹。绿色帔巾在肩后呈环状，向前绕双肘飘于身体两侧。下身穿黑色长裙，腰带于左侧腰际束结，腰带在两腿间垂下。跣足。莲台呈椭圆形，台面白色，莲瓣绿色。黑色头光。在菩萨右（南）侧、塑像靠背

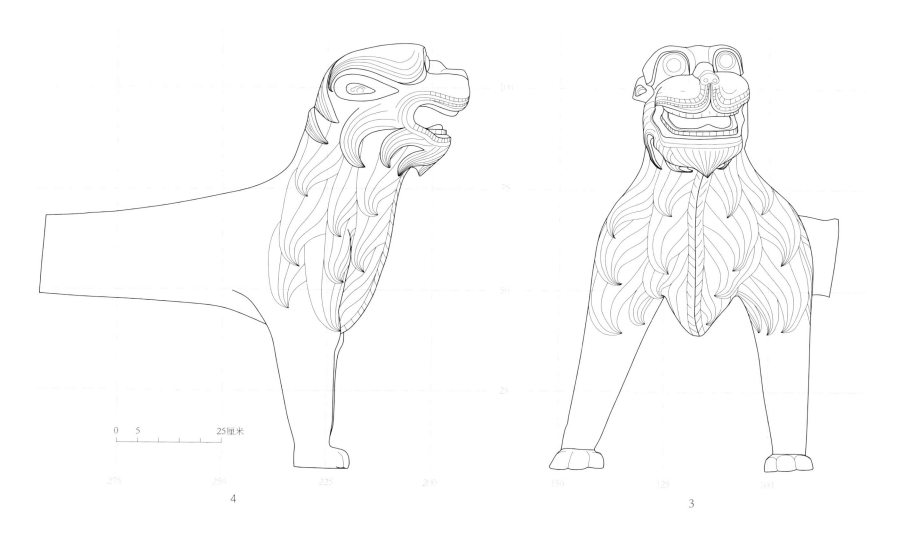

图111 第275窟西壁塑像座两侧狮子（第一层）

1 像座北侧狮子正视 2 像座北侧狮子侧视（向南）
3 像座南侧狮子正视 4 像座南侧狮子侧视（向北）

下，有1方白色题榜，高20厘米，宽4厘米，未见文字。

在胁侍菩萨身前土红地色上，绘一株曲茎四叶忍冬花。

ii　供养菩萨

主尊靠背上方和胁侍菩萨外侧绘供养菩萨，其中靠背上方残存一排4身，胁侍菩萨外侧3身。北侧供养菩萨计7身。由上而下、自南向北叙述。

靠背之上，第一身供养菩萨，腹部以上残毁，残高19厘米（包括莲座），结跏趺坐，右足外露。下身着黑色裙，腰带于右侧腰际系结。白色帔巾饰红色横纹，残存左端垂至左膝下，右侧婉转绕右臂垂下。坐下莲座，白色座面，绿色莲瓣。

第二身供养菩萨，腹部以上残毁，残高14厘米（包括莲座），左手置于腹前左侧。半跏趺坐，盘右腿，左足外露于座沿。黑色络腋，绿色裙。坐下莲座，白色座面，黑色莲瓣。

第三身供养菩萨，腹部以上残毁，残高13厘米（包括莲座），半跏趺坐，盘右腿，左足外露。黑色裙。坐下莲座，白色座面，绿色莲瓣。

第四身供养菩萨，胸部以上残毁，残高16厘米（包括莲座），结跏趺坐，左足外露。灰黑色衣，白色裙，裙上以土红色线勾衣纹。坐下莲座，白色座面，黑色莲瓣。

第五身供养菩萨（即靠背以北、胁侍菩萨外侧上起第一身供养菩萨，以下分别为第二、第三身），高49厘米（包括头光、莲座），头部稍侧向右，略下视。左臂屈肘，左手抚于腹部；右臂屈起，右手举至面前右侧，手心向上，平托一物，似盘状莲花，莲花为绿色。结跏趺坐，左足外露。头戴三珠宝冠，缯带在冠两侧打结，薄施白粉绘缯带，右侧下垂，左侧向上飘扬。袒上身，敷白色，颈饰项圈，挂璎珞。绿色帔巾在肩后呈环状，左侧绕左臂婉转向上高扬，右侧绕右臂婉转飘向右方，末端转折向下。黑色裙，腰带于右侧腰际系结。坐下莲座，白色座面，绿色莲瓣。黑色头光。

第六身供养菩萨，高47厘米（包括头光、莲座），头部稍侧向右，微低头，上身稍向后仰。左臂屈肘，小臂向内平抬，左手置于腹前，掌心向里；右臂屈起，右手举至右肩前，仰掌。结跏趺坐。头戴白色三珠宝冠，白色缯带于冠两侧束结后飘出，饰黑色横纹，左侧婉转垂下，右侧婉转向上高高扬起。上身右袒，斜披绿色络腋，饰项圈、臂钏、腕钏。白色裙。坐下绿色莲座，表现为中部被下方第七身供养菩萨遮挡。深红色打底薄施白粉绘头光。

第七身供养菩萨，高53.5厘米（包括头光、莲座），头部稍侧向右，下视，左肩稍抬高，稍后仰。左臂屈肘外张，左手举至左肩前，扬掌；右臂伸向右侧下方，右手及于胁侍菩萨裙摆，手心向下。半跏趺坐，盘左腿，右足外露。戴三珠宝冠，白色缯带在冠两侧束结后，分别飘向左右外侧，饰黑色横纹，左侧向外上扬。袒上身，饰项圈。薄施白粉绘帔巾，在头后呈环状，绕双臂飘下。黑色裙薄施白粉。坐下莲座，座面白色，绿色莲瓣。黑色头光。

胁侍菩萨和供养菩萨的眉弓、眼睑、面颊、下颏、耳轮、颈部、胸部、腹部、臂、手、脚均勾染轮廓，现呈黑褐色。罩白粉为肤色，其中第四、第六身呈

图112　第275窟西壁北侧胁侍菩萨（局部）

图113 第275窟西壁北侧胁侍菩萨、供养菩萨

灰色。

在北侧菩萨之间空隙处，点缀填绘带茎叶小白花。

2）下段

下段自狮子台面以上，高55～57厘米，绘三角垂帐纹，其上沿与上段之间绘一条边饰。

边饰高15～17厘米，长86厘米，在红地色上勾出宽约1厘米的白色上、下边线，两线之间以白色点、线绘星云纹图案。

边饰以下壁面，在白地色上，绘三角垂帐纹。垂角上边宽13～16厘米，高38～44厘米，垂角之间各有一条宽约2厘米的土红色帐带。垂角共5个，敷色从北向南依次为灰、白、红、灰、灰色。灰色垂角系先以土红色打底，于其上敷薄粉，现薄粉剥落处露出土红色。白色垂角勾红色边线。红色垂角以灰色（薄粉）线勾边（图版Ⅱ：188-1）。

三角垂帐纹以下至狮子台面高10～12厘米，白地无画。

（2）主尊南侧壁画

1）上段

上段残高196～231厘米，宽25～117厘米，顶端已残毁，绘胁侍菩萨1身、供养菩萨12身（图114、116；图版Ⅱ：186-1、187），均以土红为地色。以下分别叙述。

ⅰ　胁侍菩萨

右胁侍菩萨，立姿，通高112厘米（包括头光、莲台），朝向主尊，头部稍侧向左，稍低头，上身稍向右倾（稍后仰），胯稍向左出。左臂垂下，肘部贴于腰际，左手向前，屈中指、无名指，手心有一红圈；右臂屈起，右手置于右肩前，仰掌，手心向前，指尖向上。双脚分开，外撇，立于莲台上。服饰及莲台、头光与北侧胁侍菩萨基本相同。三珠宝冠中间饰绿色大珠，两侧为白色珠，珠上绘莲瓣，绿色冠梁上饰连珠。缯带于冠两侧束结后，右侧缯带垂至肩后，左侧两条缯带婉转飘向外侧，左右各有一条饰黑褐色横纹。袒上身，敷以白色，颈戴项圈（下垂三圆珠），胸前有对兽形饰物，二兽各衔红色珠链之一端，珠链下垂呈"U"字形。饰臂钏、腕钏。右腕钏饰圆珠。身前三条璎珞与北侧略同，较之更清晰，敷色一绿一红一黑。红色璎珞环于腹下；黑色璎珞及于膝部；绿色璎珞最长，自右肩垂下，至右侧胯上折向左，搭挂红色、黑色两条璎珞后垂至膝下呈环状，向上经左胯下绕向身后。在菩萨左（北）侧、塑像靠背下，有1方白色题榜，高20厘米，宽4厘米，未见文字（图115）。

在胁侍菩萨身前土红地色上，绘一株曲茎四叶忍冬花。

ⅱ　供养菩萨

主尊靠背上方和胁侍菩萨外侧绘供养菩萨，其中靠背上方残存二排，每排4身（图版Ⅱ：186-1），胁侍菩萨外侧4身。南侧供养菩萨计12身。由上而下、自北向南叙述。

靠背之上，第一排，第一身供养菩萨，仅存右腿部分，残高11厘米（包括莲座），结跏趺坐。着黑色裙。坐下莲座，白色座面，黑色莲瓣。

第二身供养菩萨，胸部以上残毁，残高25厘米（包括莲座），稍侧向左，结跏趺坐。袒上身（土色），下身着白色裙，其上以红色线勾衣纹，腰带于右侧腰际系结。土红色帔巾绕右臂飘下，垂于身体右侧。白色莲座。

第三身供养菩萨，头顶残，残高34厘米（包括头光、莲座），头部稍侧向右。左臂屈起，左手抬至左肩前，扬掌，掌心稍侧向右；右臂稍屈，小臂稍抬，右手伸向右侧前方，手心向下。结跏趺坐。头戴冠（大部残），白色缯带自冠两侧飘出，饰黑褐色横纹，右侧缯带垂至右肩下，左侧缯带在左肩上方婉转飘下。上身右袒，斜披土红色络腋。下身着绿色裙。坐下莲座，白色座面，莲瓣似原施黑色。黑色头光。

第四身供养菩萨，通高38厘米（包括头光、莲座），稍侧向左。双臂屈起，双手于胸前合掌，拇指向上，其余四指向前。胡跪，左腿屈起，右膝跪地。头戴宝冠（大部残），白色缯带在冠两侧向外飘起，饰横纹，左侧婉转飘下，右侧向上飘扬。袒上身，饰项圈、臂钏、腕钏。绿色帔巾在肩后呈环状，左侧绕左臂婉转向上飘扬，右侧绕右臂婉转飘下。下身着红色裙。绿色莲座，座面白色。黑色头光。

第五身供养菩萨（即靠背之上第二排北起第一身供养菩萨，以下分别为第二至第四身），通高44厘米（包括头光、莲座），头部稍侧向左，稍低头。右臂屈肘外张，小臂向上，右手举至右肩前，仰掌；左臂屈肘，小臂平抬向内，左手抚于腹前，手心向里。结跏趺坐，露右足。头戴三珠宝冠（大部残），白色缯带自冠两侧婉转飘下，饰横纹。袒上身，饰项圈、臂钏、腕钏，胸前有对兽形饰物。绿色帔巾在头后呈环状，右侧绕右臂飘下，左侧绕左臂婉转上扬。下身着红色裙。坐下白色莲座。黑色头光。

第六身供养菩萨，通高43.5厘米（包括头光、莲座），头部稍侧向右。右臂屈起，右手举至右肩前方，立掌，掌心向左；左臂

图114　第275窟西壁南侧胁侍菩萨、供养菩萨

屈肘，小臂平抬向内，左手置于腹前，掌心向
上，平托一绿色物。结跏趺坐，右足外露。头
戴白色三珠宝冠。白色缯带在冠两侧束结后飘
出，饰横纹，右侧自然垂下，左侧婉转飘下。
上身右袒，斜披土红色络腋。颈戴项圈，下垂
二圆珠。胸前有兽形饰物（仅见右侧部分）。
饰臂钏、腕钏。下身着土色裙。坐下红色莲
座，座面白色。绿色头光。

　　第七身供养菩萨，通高44.5厘米（包括头
光、莲座），头部稍侧向左。右臂屈肘，小臂
抬起，右手置于右胸前，掌心向左；左臂稍
屈，小臂向左侧平伸，左手掌心向上。结跏趺
坐，右足外露。头戴白色三珠宝冠，白色缯带
自冠两侧束结后向外婉转飘下，饰横纹。袒上
身，饰项圈（下垂四圆珠）、臂钏、腕钏、胸
前挂兽形饰物。绿色帔巾在头后呈环状，左侧
绕左臂上扬，右侧绕右臂婉转飘下。下身着黑
色裙。坐下土色莲座。红色头光。

　　第八身供养菩萨，通高44.5厘米（包括头
光、莲座），稍侧向左。两臂屈起，左手抬向
左前方，扬掌；右手举至右肩前，仰掌。结跏
趺坐，右足外露。头戴白色三珠宝冠；白色缯
带自冠两侧束结后垂下，至双肩上婉转向上飘
扬，饰横纹。上身右袒，斜披黑色络腋。饰
项圈、臂钏、腕钏。下身着绿色裙。坐下莲
座，白色座面，红色莲瓣。头光呈土色。

　　第九身供养菩萨（即靠背以南、胁侍菩
萨外侧上起第一身供养菩萨，以下分别为第
二至第四身），通高42.5厘米（包括头光、莲
座），稍侧向左。双臂稍抬起，屈肘，双手
举至面前合掌，拇指上翘，余指并拢前伸。
胡跪，左腿屈起，右膝跪于台座上。头束高
髻。袒上身，饰项圈、腕钏。下身着黑色
裙。白色帔巾在肩后呈环状，向前绕双臂，
在身体两侧飘下。莲花台座，白色座面，绿
色莲瓣。黑色头光。

图115　第275窟西壁南侧胁侍菩萨

　　第十身供养菩萨，居第一身前方稍低，表现为腿部被胁侍菩萨遮挡，通高49.5厘米（包括头光、莲座），稍侧向左。双臂屈肘，双
手举至胸前合掌，拇指上翘，余指并拢前伸。胡跪。头戴白色宝冠，红白两色缯带在冠两侧束结后向外飘下。袒上身，饰项圈（下垂三
圆珠）、臂钏、腕钏。红色帔巾在肩后呈环状，右侧绕右臂飘下，左侧绕左臂婉转飘起。下身着绿色裙。白色莲座。头光呈土色。

　　第十一身供养菩萨，位于第一身下方，通高53.7厘米（包括头光、莲座），头部稍侧向左，稍低头。左臂屈肘，小臂向内平抬，
左手置于腹前，手心向上；右臂屈起，右手举至右肩前，仰掌。结跏趺坐，露右足。头戴白色三珠宝冠，白色缯带在冠两侧束结，
饰横纹，左侧缯带飘垂至左肩外，右侧向上扬起，高过头光。上身右袒，斜披土红色络腋。饰项圈（下垂一圆珠）、臂钏、腕钏。
帔巾呈土色，在肩后呈环状，向前绕双臂于身体两侧飘下。下身着黑色裙。坐下莲座，白色座面，绿色莲瓣。黑色头光。

图116　第275窟西壁南侧供养菩萨

第十二身供养菩萨，通高47.2厘米（包括头光、莲座），稍侧向左。双臂屈肘，双手举至面前合掌，拇指上翘，余指并拢前伸。结跏趺坐，右足外露。头戴白色三珠宝冠，白色缯带在冠两侧束结后婉转飘向外侧，再转折垂下。袒上身，饰项圈、腕钏。黑色帔巾在头后呈环状，向前绕双臂，于身体外侧飘下。下身着绿色裙。坐下莲座，白色座面，土色莲瓣。绿色头光。

第四、第七、第十二身肤色为白色，第二身土色，第九身绿色，余皆为灰色，其中第三身呈深灰色。第六、第七、第八身供养菩萨宝冠三珠以浓重黑线勾勒，似后代所为。黑色、绿色长裙均以白色细线勾勒衣纹。

在南侧菩萨之间空隙处，点缀填绘带茎叶小白花。

2）下段

下段自狮子台面以上，高54～55厘米，绘三角垂帐纹，其上沿与上段之间绘一条边饰。

边饰高12～15厘米，长95.7厘米，在白地色上勾出宽约1厘米的红色上、下边线，两线之间绘竖向红色粗线，线宽约2.5厘米，间距5～8厘米。

边饰以下壁面，在白地色上，绘三角垂帐纹，垂角上边宽12～18厘米，高37～38厘米，垂角之间各有一条宽约2厘米的土红色帐带。垂角共5个，敷色从南向北依次为红、白、红、白、红色。红色垂角以薄粉勾边线，白色垂角勾红色边线（图版II：188-2）。

三角垂帐纹以下至狮子台面高12～13厘米，白地无画。

（二）北壁

北壁呈横长方形，以横贯壁面的凸棱为界，凸棱及以上壁面为上段；凸棱以下为中段；下段以边饰与中段分界（图版I：88；图版II：189～191）。现存北壁东端已坍毁。壁面西部略高，东部略低，以底部为最宽。在上段西起第三龛上部有一裂缝向下延伸，经龛楣、龛内北壁、龛下，至地面以上15厘米止，长约270厘米（已修补）。

1. 上段

上段高140～151厘米。横向凸棱之上，自顶边向下127～141厘米的壁面上开凿3个龛，龛内塑像，龛内及龛外壁面绘壁画。凸棱施彩绘。龛饰上方、窟顶以下多残。

（1）北壁西起第一龛

方形龛，龛内塑像、绘画，龛外东西两侧浮塑子母双阙（又称正阙和子阙，或正阙和副阙），龛上双阙之间连以屋顶。龛口西下角距离地面190厘米，距离西壁71厘米（图117；图版II：192）。

1）龛内

i 塑像

菩萨像1身，交脚坐，通高81厘米（包括宝冠）。面型浑圆，双眉弯曲，眉梢上挑，眼细长、微启、下视，鼻梁高直，嘴角微上翘。左臂屈肘，小臂伸向前下方，左手于左膝上方仰掌；右臂屈起，右手抬至右肩前，扬掌，手心稍侧向左，指尖向上，双手作缦网相。双腿屈膝外张，膝间距45.8厘米，两胫内收提起，两踝交于座前，右踝叠于左踝之前（图版I：99-1）。头戴三珠宝冠。三珠施绿色，正面圆心莲花及周沿涂黑色，上有星形装饰；两侧面圆珠作法轮装饰，上有仰月形装饰。冠梁右侧存簪饰。头发于额际中分梳向头顶绾髻，垂发经耳后披至肩上。耳饰下垂及肩。袒上身（呈灰黑色），饰项圈，项圈较宽，下端略呈桃尖形，塑竖道纹饰，下垂三穗状饰物。由圆珠与管珠（表面饰绳纹，是否"管珠"待考）相间连成的璎珞自两肩经胸前垂至腹际裙腰上，下端坠饰一稍大圆形珠饰。土红色白边帔巾披覆双肩，顺上臂垂下，婉转绕肘部飘垂于身体两侧。帔巾边缘及末端尖角作波状皱褶，刻阴线褶纹。下身着绿色黑边长裙，裙腰翻出垂于腹前呈黑色，边缘有连弧形小褶；裙前面中间开启，裙边皱褶呈波状，刻阴线衣纹，黑色染皱褶。跣足（肉色），双脚距龛底4.5～5.5厘米（图117；图版II：193）。

坐下方形座，平面略呈梯形，前低后高，稍向前倾斜，前（南）高17厘米，上部宽31厘米，后（北）高20～23厘米。方座前面，在白地色上画土红色粗线边框，内勾画土红色曲线，似云气纹。

头后浮塑圆形头光，横径32厘米，分内外两圈彩绘，内圈黑色，外圈呈土色，残存火焰纹画迹。头光于龛壁浮起1.5～3厘米。塑像头部全部浮起于头光之上，其间填充草泥，与头光相连（图版II：198-1）。

身后贴壁浮塑倒三角形靠背，靠背上宽66.5厘米，上边几与塑像双肩齐平，肩部东侧可见长19.8厘米，西侧可见长20.6厘米；两侧斜边下段表现为被塑像遮挡，可见部分西侧斜边长21.8厘米、东侧斜边长24.3厘米。靠背周围边缘凸起，施绿色，内呈暗灰色，以黑色线绘斜格纹。靠背上边东西两端各有铺覆物折下的一角，绿色。

交脚菩萨像（详细尺寸见表二"第275窟塑像尺寸表"），保存基本完好，惟左手拇指已失，其余指尖似经重修，面部较之其他各龛菩萨略显清瘦。眼珠镶嵌饰物，现呈绿色，曾经后代重修。

ii 壁画

龛内北壁和东、西壁皆以土红色为地绘画（图119）。

北壁于三角形靠背两端上方各绘立姿侍者（供养天人）1身，其膝以下部分表现为被靠背遮蔽，东侧侍者可见高21厘米（包括头光），西侧侍者可见高19厘米（包括头光），均稍侧向中间塑像。形象、动态基本对称，身穿交领窄袖绿色长袍，黑色圆形头光。其中东侧侍者左臂屈肘，左手于腹前半握；右臂伸直，向右上方高举过头，右手食指指向上方，内着黑色内衣。西侧侍者右手半握于腹部右侧，左手高举半握。壁面空间以薄粉满绘忍冬、流云，并点缀白茎绿色小花。

龛内东、西两侧壁以薄粉绘一枝单叶波状忍冬、点缀流云和白茎绿色小花，与北壁纹饰连成一片。上段忍冬花有白色花蕊。

龛顶在白地色上以土红色画出12根纵向平行的椽子，在龛沿处椽子前端浮塑乳钉状椽头，椽间望板装饰以绿黑两色绘波状蔓枝星云纹（多已褪色）。

2）龛外

龛外东西两侧贴壁浮塑子母双阙及屋顶（详细尺寸见表一"第275窟各龛结构尺寸表"）。母阙高，居于内侧；子阙低，附于外侧。错落并峙，左右对称，均由阙身和阙顶结构组成。阙身上端渐呈弧形外侈，承托挑出的阙顶屋檐。母阙高122～128.4厘米，子阙高95.8～96厘米。阙形建筑结构，包括阙身、屋面、屋脊、鸱尾、瓦陇、屋檐、椽头，为泥塑；梁、枋、檐板、斗拱、柱、壁带，以及阙身装饰等，施彩绘。西侧母阙上部彩绘剥落，顶部残损。

母阙均塑出单檐庑殿顶（又称四阿式、四注式顶）的正面和两侧面。正面（前屋面）泥塑正脊，正脊两端残存鸱尾痕迹；屋面

图117　第275窟北壁西起第一龛

1　正视　2　塑像侧视（向西）　3　剖视（向西）

0　5　25厘米

瓦陇四道，均匀纵向排列；左右垂脊下端残存反翘痕迹。两侧屋面只塑出前部（表现为后部隐入壁面），略呈三角形，上有瓦陇一至二道。三面屋檐下塑乳钉状椽头6至7个，涂红色。屋檐向前伸出壁面13厘米。檐下阙身上部以土红色线条绘仿木结构的横枋、斗拱、柱和壁带。东侧母阙檐下斗拱自下而上为一斗三升承以短柱、一斗二升承以斜木、一斗三升承以短柱，西侧母阙檐下斗拱仅存下部一斗三升承以短柱。阙身中下部均绘上下两组装饰图案，东侧母阙上段为黑地鳞纹，下段为红地四叶散点棋格纹；西侧母阙上段为黑地鳞纹，下段为绿地鳞纹。

　　子阙形制与母阙基本相同，亦浮塑出庑殿顶。正面泥塑正脊，两端各饰呈弯钩状起翘的鸱尾，瓦陇三至四道，有左右垂脊，西侧垂脊下端反翘；两侧屋面分别有瓦陇一至二道。檐下塑出乳钉状椽头6至7个，涂红色。屋檐向前伸出壁面10厘米。檐下阙身上部土红线绘仿木结构的横枋、斗拱、柱和壁带，斗拱皆为一斗三升承以叉手。阙身中下部均绘两组装饰图案，西侧子阙上段为红地四叶散点棋格纹，下段为黑地鳞纹；东侧子阙上段为绿地鳞纹，下段为黑地鳞纹（图117、136-1）。

　　双阙之间以塑出的单檐庑殿顶相连接，形式与双阙屋顶类同，应表示双阙之间的门屋或菩萨所居之殿堂。屋顶正面泥塑正脊，两端鸱尾已失；瓦陇十三道；左右垂脊下端反翘仅存痕迹。两侧屋面各有瓦陇一道。屋檐下塑出乳钉状椽头残存16个，涂红色。龛

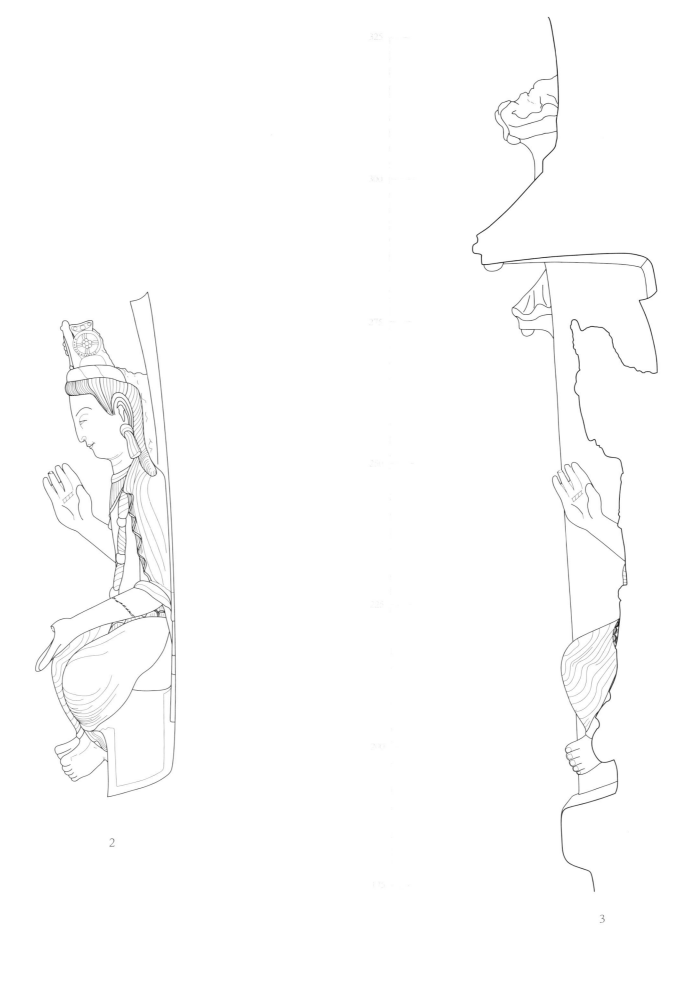

2

3

顶影作椽子、望板。

　（2）北壁西起第二龛

　　方形龛，龛内塑像、绘画，龛外东西两侧浮塑子母双阙，龛上双阙之间连以屋顶。龛口西下角距离地面189.5厘米，距离西起第一龛龛口东下角76.5厘米（图118；图版Ⅱ：194）。

　　1）龛内

　　i　塑像

　　菩萨像1身，交脚坐，通高82厘米（包括宝冠），头微前倾。面型浑圆，眉梢上挑，双目半睁，鼻直，嘴角微上翘。双臂屈起，肘稍外张，双手前后相叠置于胸前，右手在前，左手在后，手心均向里。右手有后代重修痕迹。双腿屈膝外张，膝间距42厘米，两胫内收提起，两踝交于座前，右踝叠于左踝之前（图版Ⅰ：99-2）。衣饰与第一龛内菩萨基本相同，宝冠三珠敷色脱落，正面存二同心圆、黑色画迹及星形装饰，圆心莲花残存红色。簪饰已失。项圈被双手遮挡，未见垂饰。腹前璎珞下端坠饰一朵莲花。黑色帔巾、绿边，剥落处露出打底的红色。土红色长裙，黑边。跣足，双脚距龛底4～6厘米（图118；图版Ⅱ：195）。

图118　第275窟北壁西起第二龛

1　正视　2　塑像侧视（向西）　3　剖视（向西）

坐下方形座，平面略呈梯形，座高17.7厘米，上部宽33.2厘米。方座前面，在白地色上画土红色粗线边框，内残存土红色曲线，似云气纹。

头后浮塑圆形头光，横径35.5厘米，分内外两圈彩绘，内圈黑色，外圈绿色，隐约可见火焰纹。头光浮起及塑像头部与头光相连情况与第一龛塑像相同（图版Ⅱ：198-2）。

交脚菩萨像（详细尺寸见表二"第275窟塑像尺寸表"）大体保存完好，右脚上有接缝，似原物，经重装。除头顶冠饰和残存部分黑发、左侧的一部分项圈、覆于两肩和上臂的帔巾，以及腿部裙上依稀可辨的红色痕迹，敷色几乎全部脱落，呈土色，可能是后代重新妆銮时曾涂刷一层泥浆。

ⅱ　壁画

龛内北壁和东、西壁皆以土红为地绘画（图120）。

塑像身后龛壁绘倒三角形靠背，靠背上宽80.2厘米，上边与塑像双肩齐平，肩部东侧可见长25厘米，西侧可见长24.4厘米；西侧可见斜边长35厘米，东侧可见斜边长29厘米。靠背周围边缘施黑色，以黑色与（在黑色上薄施白粉形成的）深灰色表现出立体的

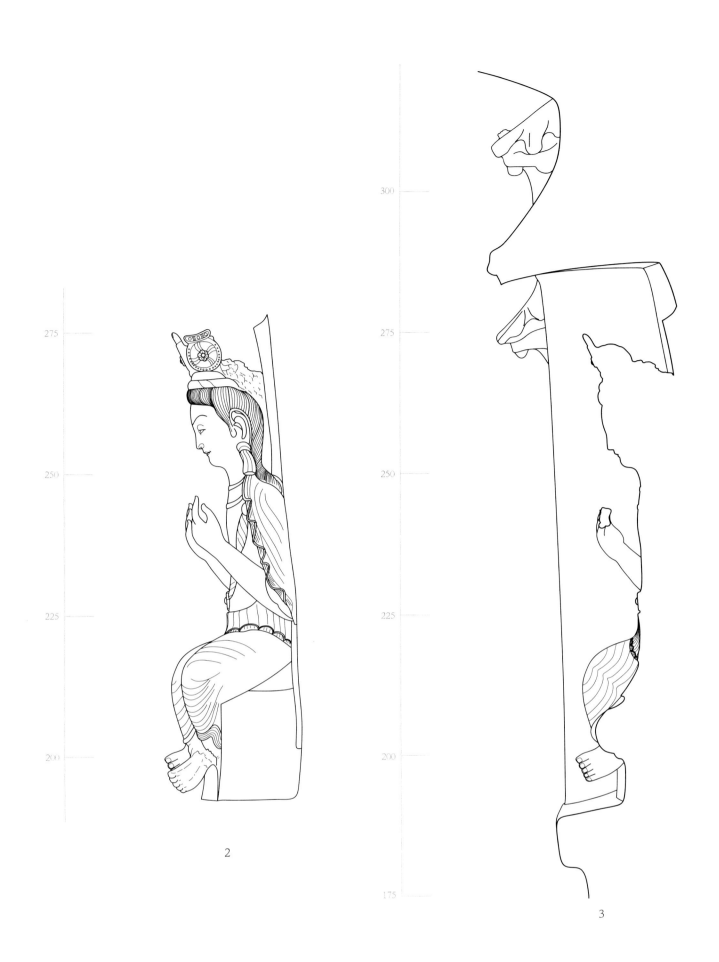

2

3

效果。靠背内在土色地上用黑色粗线草草涂画斜格或染成黑色，罩白粉后呈灰黑色。靠背上边东西两端各有铺覆物折下的一角，黑色，细窄如带状。

龛内北壁靠背以外和东、西壁，均在土红地色上以薄粉绘忍冬、流云，并点缀白茎小花，此外散落大小无序的白点。

龛顶在白地色上画出14根纵向的土红色椽子，椽间望板绘波状蔓枝星云纹（多已褪色）。

2）龛外

龛外东西两侧贴壁浮塑子母双阙及屋顶（详细尺寸见表一"第275窟各龛结构尺寸表"），与第一龛形式基本相同。母阙高128～129厘米，子阙高94.8～98.3厘米。东侧子阙及部分母阙曾被第三层遗迹土坯隔墙墙体遮蔽，现隔墙拆除后恢复原状。

西侧母阙单檐庑殿顶泥塑正脊两端饰鸱尾，东侧母阙仅存正脊西端鸱尾。两侧母阙屋面瓦陇四道，左右垂脊下部饰吻兽，屋檐下塑乳钉状椽头8个。屋檐向前伸出壁面10～12厘米。檐下阙身上部均以土红色线条勾勒仿木结构的横枋、斗拱、柱和壁带。东侧母阙檐下斗拱上下皆为一斗三升承以短柱；西侧母阙画迹剥落，檐下斗拱可辨为一斗三升承以叉手。阙身中下部装饰图案，西侧母阙上段敷色剥落，残存黑色画迹，露出土色地仗，纹饰似为鳞纹，下段为黑地菱格纹；东侧母阙上段为绿地鳞纹，下段为红地四叶散

图119　第275窟北壁西起第一龛龛内展开图

点棋格纹。

　　两侧子阙庑殿顶泥塑正脊东端鸱尾及西侧垂脊反翘残失，正面瓦陇各四道；两侧屋面瓦陇各一道。屋檐下塑乳钉状椽头6至7个。屋檐向前伸出壁面10～12厘米。檐下阙身上部土红色线所绘斗拱皆为一斗三升承以短柱，东侧多已剥落。阙身中下部装饰图案，西侧子阙上段为黑地鳞纹，下段为绿地，纹饰不清；东侧子阙上段为红地菱格纹，下段为黑地鳞纹（图118、136-2,3）。

　　双阙之间塑单檐庑殿顶，与第一龛基本相同。泥塑正脊东端鸱尾尚存，正面瓦陇十六道；东侧垂脊下端反翘尚存，西侧仅存痕迹。两侧屋面各有瓦陇二道。屋檐下塑出乳钉状椽头17个。龛顶以土红色线影作椽子、望板，椽子前端浮塑椽头。

　　（3）北壁西起第三龛

　　圆券形龛，龛内塑像、绘画，龛外两侧浮塑双树，形成龛楣、龛柱。龛口西下角距离地面193.8厘米，距离西起第二龛龛口东下角76厘米（图121；图版Ⅱ：196）。

图120　第275窟北壁西起第二龛龛内展开图

1）龛内

i　塑像

菩萨像1身，半跏趺坐，残高77厘米，头微前倾。面型浑圆，眉棱弯曲，鼻直口小，嘴角微上翘。左臂屈肘，小臂平抬，左手抚于右脚上，指尖残；右臂屈起，右肘置右股上，小臂残断，似作上抬状。左腿屈膝下垂，胫稍内收，左脚踏于龛底；右腿盘起，胫横于前，右脚置于左膝上，脚心向左（图版I：99-3）。头顶束发髻，冠残失，仅存部分冠梁。头发于额际中分梳向头顶，垂发经耳后披至肩上。穗状耳饰下垂及肩。袒上身，颈饰项圈。项圈较宽，绘黑、红、绿、白、灰五色竖道纹饰，下垂三铃形饰物。由圆珠与管珠相间连接而成的璎珞自两肩经胸前垂至腹际裙腰上，下端坠饰一朵莲花形饰物。帔巾披覆双肩，顺上臂垂下，左侧帔巾婉转绕肘部飘垂于身体左侧，下端波状三角皱褶，刻阴线褶纹；右侧帔巾垂至肘部，下段残毁。下身着长裙（现呈黑色），裙腰翻出垂于腹前，由两股间垂下，呈尖角状，皱褶呈波状连弧，刻阴线衣纹。跣足（图121；图版II：197-1）。

图121　第275窟北壁西起第三龛（第一层）
1　正视　2　塑像侧视（向西）　3　剖视（向西）

坐下圆形束腰座（筌蹄），平面略呈半圆形（表现为后部隐入龛壁），横径28.9厘米，高30厘米，其束腰部起凸棱一圈，束腰横径28.5厘米。

头后浮塑圆形头光，横径25.8厘米，厚约1.5～3厘米，上部残损。头光离开壁面，前倾，上端距壁面14.5厘米，下端距壁面2.9厘米，置于肩后。塑像头后部紧贴头光，但亦可看出与头光分离；其与头光、壁面之间均敷泥相连，衔接处出现裂隙，或表明菩萨头光和头部系分别塑造成型后安装上壁（图版Ⅱ：198-3,4）。

半跏坐菩萨像（详细尺寸见表二"第275窟塑像尺寸表"）左脚经后代重修，右臂前部断毁处可见木棍外裹芦苇经细绳捆扎为骨架，加敷合细沙的草拌泥成型，再敷厚约1厘米的细泥雕塑细部。眼珠嵌物，呈绿色，似后代重修。身体、衣饰原有的敷色、彩绘，残损后在属于第三层遗迹的妆銮中被普遍敷粉覆盖，形体基本如旧。

ⅱ　壁画

龛内北壁和东、西壁原有彩绘现已不存，均经后代重绘壁画，属第三层遗迹。表层剥落后，露出底层土红地色及画迹。

2）龛外

2

3

　　龛外上方和东西两侧浮塑对称的双树。龛两侧为树干，相当于龛柱；龛口上方为左右对称的双树树冠，皆呈弧形向内弯曲，形成龛楣。树干（龛柱）与树冠（龛楣）合高126厘米（图121）。东侧树干和树冠部分残毁，西侧树干和树冠保存基本完好。树干横径7～13厘米，上阴刻树木纹理，并塑出凹凸的树节。树冠浮塑出图案化的枝叶，在一条弯曲的主干两边有规律地排列逆向卷曲的花枝，自上而下逐渐收小。左右树冠顶端在龛顶中间上方交会，保留约3厘米的间隔。双树距龛口周边尚有3～5厘米的狭窄壁面，后代重绘火焰纹（详细尺寸见表一"第275窟各龛结构尺寸表"）。将龛以双树装饰，寓义菩萨在树下作思惟修，俗称"思惟菩萨"，推测原状是菩萨在树下半跏趺坐、右手支颐的形象。

　　（4）龛与龛之间壁画

　　北壁龛与龛之间壁画均以土红为地色。西起第一龛西侧下部残存一菩萨，上部残毁，经第三层重绘。第一龛与第二龛之间下部绘一菩萨，以上绘一千佛，上端残毁，经第三层重绘。第二龛与第三龛之间绘一菩萨，以上绘千佛。第三龛以东残毁。

　　1）北壁西起第一龛西侧

　　菩萨1身，立姿，残高66厘米（包括莲台），头部稍侧向左，稍低头，胯稍左出。左臂垂下稍屈，小臂稍抬，左手伸向左下方，掌心向外，拇指与中指、无名指相捻；右臂屈起，肘部外张，右手举至右肩前，仰掌。两脚分开，外撇，立于莲台上。头戴宝冠（残毁，部分被第三层壁画覆盖），冠两侧绿色缯带，右侧婉转飘向头后，左侧婉转高扬后折回垂下。袒上身，饰项圈、臂钏、腕钏，胸前挂对兽形饰物。帔巾白色，在头后呈环状，绕双臂婉转飘下。下身着红褐色长裙，腰带于右侧腰际系结，裙腰翻出。跣足。白色莲台。红色圆形头光染黑色宽边（图122；图版Ⅱ：197-2）。

菩萨以黑褐色（变色后）勾染头部、眉弓、下眼睑、鼻翼、面颊、下颏、颈项、胸廓、腰、腹、脐、肩、臂、手的轮廓；黑色细线勾勒眉、眼、耳、鼻、嘴唇、颈项、胸前对兽形饰物、手指及头部、身躯、两臂的轮廓；白色细线勾勒缯带褶纹、裙边、裙褶、头光轮廓，并对眉、眼、鼻再加勾染，点染额前白毫和下颏。双脚存肉红色。

2）北壁西起第一龛与第二龛之间

i 菩萨

菩萨1身，立姿，通高72厘米（包括头光、莲台），正面。左臂屈肘，小臂平抬向内，左手抚于腹前，掌心向里；右臂屈起，小臂竖立，右手举至右肩外侧，扬掌，手心向左前方。两脚分开，外撇，立于莲台上。头戴三珠宝冠，三珠于土色地上可见红色勾染，绿色冠梁，白色缯带自冠两侧飘出，婉转向上，高高扬起，饰横纹。袒上身，饰项圈、臂钏、腕钏，胸前挂对兽形饰物，二兽各衔珠链之一端，珠链下垂呈"U"字形。黑色璎珞自双肩垂下，环于膝上。绿色帔巾在肩后呈环状，绕双肘于体外两侧婉转飘下。下身着红色长裙。跣足。白色莲座。黑色圆形头光（图123；图版Ⅱ：197-3）。

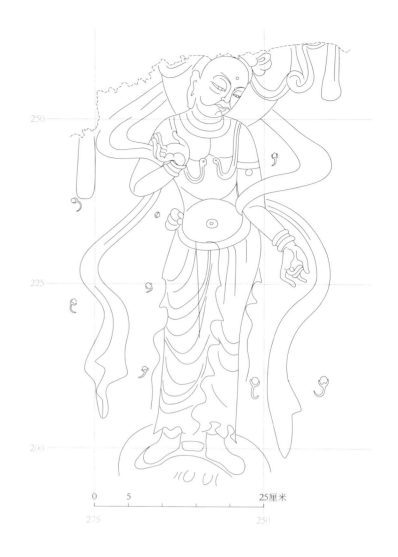

图122　第275窟北壁西起第一龛外西侧菩萨

菩萨勾勒、晕染技法与第一龛西侧菩萨基本相同，以赭色细线勾勒胸前对兽形饰物，以白色细线勾勒冠梁、缯带横纹、颈项、肩、臂、手、裙边、裙褶和帔巾、头光边缘（图124）。

ii 千佛

千佛1身，正面，通高24厘米（包括头光、莲座），双手前后相叠，置于腹前，施禅定印，结跏趺坐，两膝间距13厘米。身着黑色通肩式袈裟。绿色莲座，横径12.5厘米，高2厘米。黑色圆形头光，横径7.5厘米。绿色身光，横径14.7厘米。

千佛面部罩白粉，透出头部轮廓及眼眶、鼻翼、下颏的深色勾染；袈裟、头光黑色剥落处，露出土红色地。绿色身光以白色为地，边缘勒白色细线。

3）北壁西起第二龛与第三龛之间

i 菩萨

菩萨1身，立姿，通高73.8厘米（包括头光、莲台），正面。左臂稍屈，肘稍外张，左手置于腹部左胯上，掌心向前，拇指与中指、无名指相捻；右臂屈起，肘部外张，右手举至右肩前，扬掌。两脚分开，立于莲台上。头戴宝冠，正中白地红圈圆形宝珠，两侧各一朵绿色莲花，红色冠梁，白色缯带自冠两侧束结后婉转飘向外侧，末端回折垂下。袒上身，饰项圈（下垂三圆珠）、臂钏、腕钏。身前挂两条璎珞，一条环于胸前，用黑色扁珠串成，另一条红色璎珞环于腹上。红色帔巾在头后呈环状，向前绕双臂，婉转飘于体外两侧。下身着绿色红边长裙，腰带于右侧腰际打结。白色莲台。黑色圆形头光（图125；图版：197-4）。

由于长期处在被土坯隔墙墙体遮蔽的范围内，壁画敷色接近原状，人体轮廓和结构通常呈现黑色的勾染，在这里保持着原有的红色，使用的颜料显然与不曾变色的土红有所不同。勾染之上敷白粉为肤色。黑色细线勾勒头部轮廓、眼、耳、唇、肩、躯干和双臂轮廓、手，以及冠饰、缯带、项圈、钏饰、裙边、裙褶、帔巾、头光轮廓。未变色的红色细线勾勒头部轮廓，白毫、眉、耳、鼻、颈项。白色细线勾勒帔巾边缘、裙腰及部分裙边。裙褶凹陷部分经黑色勾染，敷绿色后呈现墨绿色。

各龛之间菩萨两侧空隙处点缀白色茎叶小花。

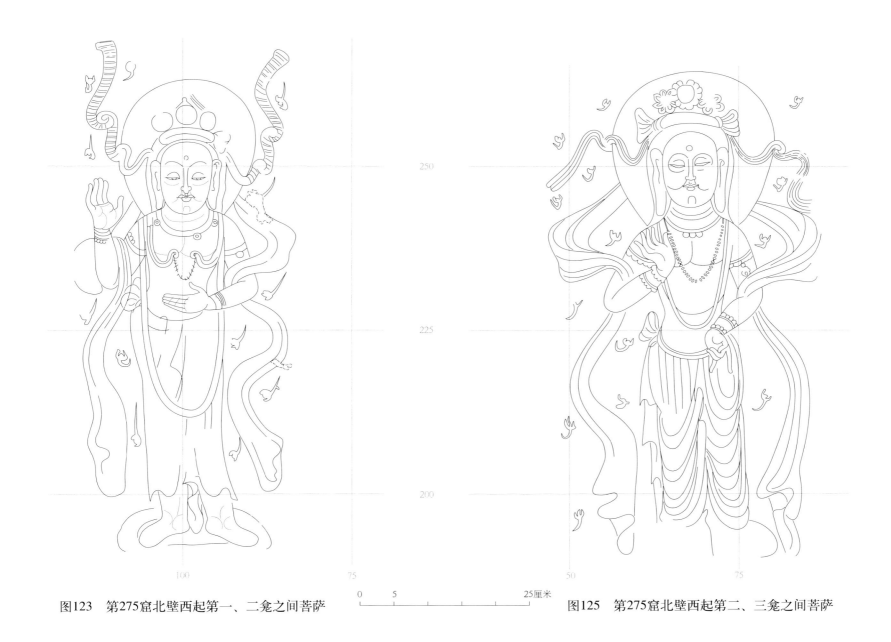

图123　第275窟北壁西起第一、二龛之间菩萨

0　　5　　25厘米

图125　第275窟北壁西起第二、三龛之间菩萨

图124　第275窟北壁西起第一、二龛之间菩萨

ii　千佛

千佛画面共二排，其中上排3身，下排2身。西起第二、第三龛之间绘千佛计5身（图126）。

千佛左右成排，上下成列，上下排之间以白色横线相分隔，且上排上边和下排下边还各有一条白线，白线之间，上排高25～26厘米，下排高23～24厘米。上排千佛通高21.5～22.5厘米（包括头光、莲座），下排千佛通高20～21厘米（包括头光、莲座），造型、姿态相同，均为正面，双手于腹前相叠，施禅定印，结跏趺坐，两膝间距12.5～13.5厘米，不露足。头顶有黑色肉髻，披通肩式袈裟。圆形头光，横径8～9厘米；身光圆形（或略呈椭圆），横径13.7～15.7厘米。坐佛上方华盖与横向白线相接，或稍低于白线，涂两种上下不同颜色的横道，分别示意盖顶和垂幔，横径5～8厘米，高1.5～2.5厘米；下排东侧千佛上方华盖形式不同，在土红地色上以黑色细线勾成伞盖形状，上有圆形盖顶，双线盖沿，垂幔下边呈波折连弧，并稍向两侧外撇。坐下莲座高1～1.2厘米，横径10～11.8厘米，绘有覆莲瓣。千佛与千佛之间上方有白色题榜，共3方。上排西侧题榜高7.5厘米、宽2厘米；上排东侧题榜高9.5厘米、宽2厘米；下排题榜高7厘米、宽1.5厘米，均无字迹。

千佛的描绘，主要由于保存状况的不同，呈现出精粗、工草、详略的差别。上排西起第三身和下排西起第一、第二身千佛保存较好，接近千佛绘制完成后的原状。上排西起第一、第二身则经过剥落、变色，一定程度上显露出绘制的过程。千佛双眉高挑，两眼有神，唇角含笑，大耳垂肩。千佛的头

图126　第275窟北壁西起第二、三龛之间千佛

图127　第275窟北壁西起第二、三龛之间千佛

部、双耳、眉弓、眼眶、鼻翼、面颊、颈项，胸肌和手部轮廓经过肉红色粗线的勾染，加罩白粉，白粉下的勾染隐隐透出，造成肤色的红润色泽并富于立体感。敷粉之后以黑色细线勾勒面庞、眉、眼、耳、鼻、嘴唇、颈项和双手，值得注意的是相叠的双手拇指与食指间刻意描绘的缦网相。黑色细线勾绘出千佛头上的肉髻、发纹和袈裟、莲座、头光、身光，包括袈裟的领缘、胸前、两袖和腿前变化生动的衣纹，以及莲座的覆莲瓣。白色细线勾勒领缘、袖缘和头光、身光的边缘，又以白色圆点表现成串的髻珠（图127）。

　　千佛的敷色因不同程度的变色而存在复杂的情况，现存的颜色大都是变化后的呈色。现存袈裟的颜色有四种，即黑、红、蓝和绿色。黑、蓝、绿色袈裟以黑色勾染领缘和褶襞的凹陷部分，红色袈裟以土色为地，以土红色勾染领缘和褶襞的凹陷部分。头光、身光的颜色均为三种，即绿、红、黑，其中红色头光、身光均以土色为地，以红色勾染外圈。莲座分白、绿二色，绿色莲瓣敷色前先以黑色染内圈。现按其袈裟、头光、身光、莲座颜色的不同搭配情况，列表示意如下。

	上排			下排	
	西起第一身	西起第二身	西起第三身	西起第一身	西起第二身
头光	绿	红	黑	黑	红
身光	红	绿	红	红	黑
袈裟	黑	红	蓝	绿	红
莲座	白	绿	白	白	绿

　　（5）凸棱

　　北壁顶边以下127.4～141厘米、在上段与中段之间，以一道横贯壁面的方棱分隔上下。凸棱上面无画，正面和下面绘边饰图案。

　　凸棱正面残存二种六组纹样，相互交替，组成边饰。纹样的排列组合是，西起第一组为星云纹，是在土红地色上以黑色并薄施白粉绘曲折线条、点白色圆点（表现流动的云气和点点星辰），横长47～48厘米，高7～7.5厘米；西起第二组为单叶波状忍冬纹，在白地色上用墨线勾出波曲形茎蔓，交替描绘两色相背的忍冬叶，叶面分三瓣，叶背一卷瓣，现呈黑色和灰色，横长56～57厘米，高7～7.5厘米；第三组纹样同第一组，横长72.4厘米，高7～7.5厘米；第四组纹样同第二组，惟叶背作三角单瓣，横长70～71.6厘米，高6.6～7.6厘米；第五组纹样同第一组，横长71～71.5厘米，高6.5～7厘米；西起第六组纹样同第二组，色彩不同，地色呈黑色，忍冬叶为绿色和土色，叶背作一尖角，残长42厘米，高6.8～7.7厘米，以东边饰残毁。在每组纹饰之间，有宽1～2厘米的白色竖道作为界隔（图128、136-4、6、7）。

凸棱下面略呈斜面（约宽5厘米，垂直高1～2.5厘米），残存二种二组纹饰。西起第一组为均等平行的竖条纹，绿、白、黑三色自西向东循环排列，横长211厘米；第二组在白地色上以相反方向的黑色、绿色斜条纹相交，组成连续排列的垂角纹，三色搭配与第一组相类，残余横长125厘米。两组之间无界隔。

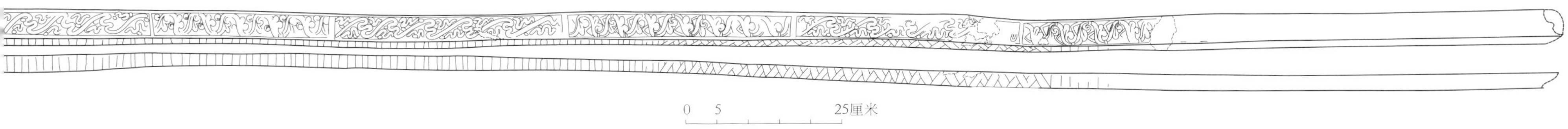

图128　第275窟北壁凸棱纹饰

2．中段

中段高98～103厘米，东端残毁。壁画又可分为上下两段，上段绘故事画，高77～82.3厘米，残宽380～493厘米；下段绘供养人，高22～23厘米，残宽380～381.4厘米。

（1）故事画

壁画构图，由西向东连续排列，现残存佛本生故事画五幅（毗楞竭梨王本生、虔阇尼婆梨王本生、尸毗王本生、月光王本生、快目王本生），均绘于土红地色上，每一幅故事画之间没有明确分界。东端被后代壁画覆盖或残毁不存，是否曾有另一幅本生故事画未可确知。依次叙述如下。

1）西起第一幅故事画（毗楞竭梨王本生）

画面高80.6厘米，宽68.9～76.3厘米。绘一王者、一钉钉人、一眷属（婆罗门？）、二飞天（图129；图版II：199）。分别叙述如下。

王者1身，坐姿，位于图东侧，通高71.5厘米（包括头光、台座），为画中主要人物，即毗楞竭梨王。头部稍侧向右，稍低头，下视，表情平静自若。上身稍倾向左（稍后仰），肤色白。左臂屈肘，稍外张，左手抚于腹前左侧；右臂屈肘外张，小臂向内平抬，右手于胸腹之际折腕扬掌，屈中指、无名指。半跏趺坐，左腿屈膝，左胫内收提起，左脚悬于座前右侧；右腿盘起，右脚压在左胫下。头戴三珠宝冠，白色冠梁，白色缯带在冠两侧飘下，右侧婉转飘向肩后，左侧婉转飘向外侧后方，饰横纹。发际线呈连续的垂弧形。袒上身，饰项圈、臂钏、腕钏，胸前挂对兽形饰物。绿色帔巾在头后呈环状，向前绕双臂婉转飘下。下身着黑色长裙，黑色剥落处可见土色地和边缘红色勾染。跣足。白色座饰三道绿色横线，上有白色铺覆物，宽出座面较多。黑色头光。上身胸、腹、肩上，有多处尖角形绿色点染，示意被钉之钉。钉钉人立于其身前（西侧）。

钉钉人1身，立姿，通高60厘米（包括头光），稍侧向左，面对王者，双目圆瞪，额际正中有山形皱纹暴突，面露凶相，肤色灰。上身稍向前倾，左臂抬起，向前伸直，左手握绿色尖角形的钉，置于王者右胸；右臂高抬，屈肘外张，右手举至头右侧半握拳（有无持物不明），作欲敲击状。双膝稍屈，臀部稍下坐，两腿分开，作用力状。头顶以束髻。袒上身，饰项圈、臂钏、腕钏。帔巾经黑色勾染，薄施白粉，在头后呈环状，婉转绕双臂飘下。下身围腰布，呈土色，双腿裸露。跣足。头光呈红色。

眷属（婆罗门？）1身，于王者左膝前胡跪，通高22.2厘米（包括头光），稍侧向右，稍仰头，眉眼低垂，面容悲戚，肤色白。左臂屈肘，左手置于腰际；右臂平抬，右肘外张，支撑在王者左胫上，小臂屈向内，右手托腮，依偎于王者座侧。左膝跪地，右腿屈起。披绿色护肩。帔巾敷色剥落，自头后呈环状，绕双臂飘下。下身着红色裙。头后有黑色头光，薄施白粉。

飞天2身，分别绘于王者头光两侧，相向飞翔。

西侧飞天（西起第一身），稍侧向左，稍俯视，朝东飞行，肤色灰。上身前倾下俯，双臂伸直，向左右两侧张开，平抬，左手伸向左前方竖起食指；右手伸向右后方，似握帔巾。双腿舒展，向后上方扬起，与上身形成钝角，左脚抬高。腹部和左胯表现为被钉钉人头光遮挡。袒上身，饰项圈、臂钏、腕钏。帔巾经淡黑色勾染，在头后呈环状，右侧绕右臂经右手飘起，左侧绕左臂向上飘扬。下身着绿色长裙，跣足。绿色头光。

东侧飞天（西起第二身），稍侧向右，俯视，朝西飞行，肤色白。上身稍前倾，双臂屈起，双手合掌于面前，拇指伸直向上，余指并拢向前。双腿舒展，向后上方扬起，与上身折成锐角，呈"V"形，右脚抬高。头顶束髻。袒上身，饰项圈、腕钏。黑色帔巾

图129　第275窟北壁故事画之一

在头后呈环状，右侧绕右臂飘在身下，左侧绕左臂，向后上方飘扬。下身着长裙，呈红色（敷色剥落）。跣足。头光呈土色。

　　王者头部西侧有1方白色题榜，高14.5厘米、宽2.1～2.4厘米，未见字迹。

　　此图描绘的是佛本生毗楞竭梨王身钉千钉故事，本故事见录于汉译佛籍，如北魏慧觉等译《贤愚经》卷一〈梵天请法六事品〉（《大正藏》第四卷，第350页）[4]。

　　2）西起第二幅故事画（虔阇尼婆梨王本生）

　　画面高78厘米，宽50～74.2厘米，画一王者、一燃灯人、一眷属（婆罗门？）、二飞天（图130；图版Ⅱ：200）。分别叙述如下。

　　王者1身，坐姿，居中，通高67.2厘米（包括头光、台座），为画中主要人物，即虔阇尼婆梨王。头部稍侧向右，稍低头，面部和上身于近代残毁，经抹泥修补。据1914～1915年奥登堡拍摄照片显示，王者双臂屈肘抬起，双手合掌于面前。袒上身，胸前、腹部和臂上，有数个点燃的脂烛，示意身燃千灯；结跏趺坐，右腿在前，露出右足。头戴白色三珠宝冠，宝珠内画红色小圈，白色缯带自冠两侧束结后飘出，左侧稍外扬后飘下，右侧飘向后方，饰红色横纹。黑色帔巾于头后呈环状，两侧分别绕左、右臂婉转飘下。下身着绿色长裙。跣足。白色座饰三道绿色横线，上有白色铺覆物，宽出座面较多。绿色头光。

　　燃灯人1身，立姿，通高50厘米（包括头光），稍侧向左，白发，白眉，白髭须。上身略向前倾，左臂稍屈，抬起，左手伸向王者（现残）；右臂屈肘，小臂平抬，右手于胸前平托一物（似脂烛或引火物）。袒上身，饰项圈、臂钏、腕钏。红色帔巾经黑色勾

[4]　经云："又复世尊过去世中，于阎浮提作大国王，名毗楞竭梨，典领诸国八万四千聚落，二万夫人婇女、五百太子、一万大臣。王有慈悲，视民如子。尔时大王心好正法，即时遣臣宣令一切：谁有经法为我说者，当随其意给足所须。有婆罗门劳度差，来诣宫门言：有大法谁欲闻者，我当为说。王闻此语，喜不自胜，躬出奉迎，接足为礼，问讯起居。将至大殿，敷地高座，请令就坐，合掌白言：唯愿大师，为我说法。劳度差曰：我之所知，四方追学，劳苦积年。云何大王，直尔欲闻。王又手曰：一切所须。幸垂敕及，于大师所不敢有惜。寻报王言：若能于汝身上斲千铁钉，乃与汝法。王即可之，却后七日当办斯事。尔时大王，寻时遣人乘八万里象，遍告一切阎浮提内：毗楞竭梨大王，却后七日，当于身上斲千铁钉。臣民闻之，悉来云集，白大王言：我等四远，承王恩德，各获安乐。唯愿大王为我等故，莫于身上斲千铁钉。尔时宫中夫人婇女、太子大臣，一切众会，咸皆同时向王求哀：唯愿大王以我等故，莫为一人便取命终，孤弃天下一切众生。尔时国王报谢之曰：我于久远生死之中杀身无数，或为贪瞋恚愚痴，计其白骨高于须弥，斩首流血过于五江，啼哭之泪多于四海。如是种种，唐捐身命未曾为法。吾今斲钉以求佛道，后成佛时当以智慧利剑，断除汝等结使之病，云何乃欲遮我道心。尔时众会默然无言。于时大王语婆罗门：唯愿大师垂恩先说，然后下钉。我命倏终，不及闻法。时劳度差。便说偈言：'一切皆无常，生者皆有苦。诸法空无生，实非我所有。'说是偈已，即于身上斲千铁钉。时诸小王群臣之众，一切大会，以身投地，如大山崩，宛转啼哭，不识诸方。是时天地六种震动。欲色诸天，怪其所以，欻然俱下，见菩萨困苦，为法伤坏其身，同时啼哭，泪如盛雨，天雨天花而以供养。时天帝释来到王前，而问王言：大王，今者勇猛精进，不惮苦痛，为于法故，欲何所求，欲作帝释、转轮王乎？为欲求魔王、梵王？王答之曰：我之所为，不求三界受报之乐。所有功德，用求佛道。天帝复言：王今坏身，乃如是苦，宁悔恨意耶？王言无也。天帝复言：今观王身不能自持，言无悔恨以何为证？王寻立誓：若我至诚心无悔恨者，我今身体还复如故。作是语已，即时平复。天及人民欣勇无量。"故事尚见于失译《佛说菩萨本行经》卷下；鸠摩罗什译《大智度论》卷四十九〈释发趣品〉。较晚出文本从略。

图130　第275窟北壁故事画之二

染，在头后呈环状，向前绕双臂飘下。下身围腰布，略呈橙色。双膝稍屈，臀部稍下坐，两腿分开，作用力状。跣足。白色头光，外圈露出土色地。

眷属（婆罗门？）1身，于王者左膝前胡跪，通高35厘米（包括头光），稍侧向右，抬头仰视，眉眼低垂，面容悲戚，肤色白。左臂屈肘，左手置于腰际；屈右臂，右肘外张，支撑在王者左胫上，小臂屈向内，右手托腮，依偎于王者左膝前。左膝跪地，右腿屈起。头顶缩髻，上身饰项圈、臂钏，披绿色护肩。薄施白粉绘帔巾，自头后绕双臂飘下。下身着黑色长裙。

飞天2身，分别绘于王者头光两侧，相向飞翔。

西侧飞天（西起第三身），稍侧向左，朝东飞行。上身前倾，左臂在左上方高举，左手执曲茎花枝，绿叶绿花；右臂屈肘，小臂抬起向内，右手抚于胸腹之际。双腿舒展，向后上方扬起，与上身折成锐角，呈"V"形，右脚抬高。祖上身，饰项圈、臂钏、腕钏。白色帔巾在头后呈环状，右侧绕右臂飘扬在腿后，左侧绕左臂飘下。下身着黑色长裙。跣足。黑色头光。

东侧飞天（西起第四身），稍侧向右，朝西飞行。上身前倾，双臂伸直，向左右两侧上方张开，高举至头光两侧，左手半握回勾，右手执白色曲茎花枝，绿叶绿花。双腿舒展，向后上方扬起，与上身折成"V"形，呈锐角，左脚抬高。头戴白色宝冠，缯带自冠两侧束结后在双肘前飘垂，左侧飘向后方，均饰红色横纹。祖上身，饰项圈、臂钏、腕钏。黑色帔巾在肩后呈环状，右侧绕右臂垂下，左侧绕左臂飘向身后。下身着土色长裙。跣足。绿色头光。

画面西侧上方有1方白色题榜，高22.3厘米，宽1.5～2.6厘米。燃灯人胯下有1方白色长条题榜，下端及于下方第十身供养人手掌上方，高22厘米，宽1.8～2厘米。题榜均无字迹。

此图描绘的是佛本生虔阇尼婆梨王身燃千灯故事，本故事见录于汉译佛籍，如北魏慧觉等译《贤愚经》卷一〈梵天请法六事品〉（《大正藏》第四卷，第349～350页）[5]。

---

[5]　经云："又复世尊过去久远阿僧祇劫，于阎浮提作大国王，名虔阇尼婆梨，典领诸国八万四千聚落、二万夫人婇女、一万大臣。王有慈悲，矜及一切，人民蒙赖，谷米丰贱，感佩王恩犹视慈父。时王心念：我今最尊，位居豪首，人民于我各各安乐。虽复有是，未尽我心，今当推求妙宝法财以利益之。思惟是已，遣臣宣令，遍告一切：谁有妙法与我说者，当给所须，随其所欲。时有婆罗门名劳度差，来诣宫门云：我有法。王闻喜之，即出奉迎，前为作礼，敷好床褥，请令就坐。王与左右合掌白言：唯愿大王垂矜愚鄙，开示妙法，令得闻知。时劳度差复报王曰：我之智慧，追求遐方，积学不易，云何直耳，便欲得闻。王复报曰：一切所须悉见告敕，皆当供给。劳度差曰：大王今日能于身上剜燃千灯用供养者，乃于说法。王闻此语，倍用欢喜，即时遣人乘八万里象，告语一切阎浮提内：虔阇尼婆梨大国王者，却后七日，为于法故，当剜其身以燃千灯。时诸小王、一切人民，闻此语已各怀愁毒，悉来诣王。到作礼毕，共白之言：今此世界有命之类，依恃大王，如盲依导，孩儿仰母。王薨之后，当何所怙？若于身上剜千灯者，必不全济，云何为此一婆罗门弃此世界一切众生？是时宫中二万夫人、五百太子、一万大臣，合掌劝请，亦皆如是。时王报言：汝等诸人，慎勿却我无上道心。吾为是誓求作佛，后成佛时必先度汝。是时众人见王意正，啼哭懊恼，自投于地。王意不改，语婆罗门：今可剜身而燃千灯。寻为剜之，各著脂炷。众会见已，绝而复苏，以身投地，如大山崩。王复白言：唯愿大师垂哀矜采，先为说

图131　第275窟北壁故事画之三

3）西起第三幅故事画（尸毗王本生）

画面高77.7～78.8厘米，宽约138厘米。此图由两组情节构成。西侧情节绘一王者、一割肉人、一飞天；东侧情节绘一掌秤人、一王者、一鸽子、二飞天（图131；图版Ⅱ：201）。分别叙述如下。

ⅰ　西侧情节

王者1身，坐姿，位于西侧，通高67厘米（包括头光、台座），为画中主要人物，即尸毗王。头部稍侧向左，上身稍前倾，俯视左下方割肉人。右臂屈肘，小臂抬起向内，右手于腹前捧1只绿色鸽子；屈左臂，左手抬起抚于左膝上。半跏趺坐，盘右腿，胫部向内折回平置座上；左腿屈膝，胫部于左侧下垂，向外前伸，任割肉人持刀剜割腿肉，左脚平踏于地。头戴三珠宝冠，白色缯带于冠两侧束结后飘向头后，饰红色横纹。袒上身，饰项圈、臂钏、腕钏，胸前挂对兽形饰物。绿色帔巾于肩后呈环状，左侧绕左臂垂下，右侧绕右臂上扬。下身着黑色短裙，膝、胫部裸露。跣足。白色座身饰四道绿色横线，座面宽出，较厚，土色。黑色头光。

割肉人1身，在王者左胫前（东侧）胡跪，身形较小，通高35.5厘米（包括头光），稍侧向右，头稍前倾。右臂抬起，伸向前方，右手持刀割王者腿肉；左臂屈肘，小臂平抬，左手持盘，于王者膝前作承接状。右腿屈起，左膝跪地。头戴白色三珠宝冠，袒上身，饰项圈、臂钏、腕钏。淡黑色帔巾在肩后呈环状，左侧绕左臂垂下，右侧绕右臂婉转向上飘扬。下身着土色长裙。绿色头光。

飞天1身（西起第五身），在王者头光东侧上方，稍侧向右，朝西飞行。上身前倾，左臂屈肘，小臂向内平抬，左手抚于胸腹之际；右臂伸直，向右上方高举，右手持一枝白茎绿色小花。双腿舒展，向后上方扬起，与上身折成"V"形，呈锐角，左脚抬高。头戴宝冠，薄施白粉绘缯带，自冠两侧飘起，各向外侧上扬。袒上身，饰项圈、腕钏。绿色帔巾在肩后呈环状，右侧婉转绕右臂飘下，左侧绕左臂婉转上扬。下身着黑色长裙。跣足。黑色头光（图版Ⅱ：204）。

在西侧情节东边，飞天下方、割肉人头光上方，有1方薄粉涂刷的白色题榜，高14厘米、宽2.6厘米，未见文字。

法，然后燃灯；我命傥断，不及闻法。时劳度差便唱法言："常者皆尽，高者必堕。合会有离，生者皆死。'说是偈已，而便燃火。当此之时，王大欢喜，心无悔恨，自立誓愿：我今求法，为成佛道。后得佛时，当以智慧光明照悟众生缚黑暗。作是誓已，天地大动，乃至净居诸天，宫殿动摇，咸各下视；见于菩萨作法供养，毁坏身体，不顾躯命，金然供下，侧塞虚空，啼哭之泪犹如盛雨，又雨天华而以供养。时天帝释下至王前，种种赞叹，复问之曰：大王，今者苦痛极理，心中颇有悔恨事不？王即言无。帝释复白：今观王身战掉不宁，自言无悔，谁当知之？王复立誓：若我从始乃至于今心不悔者，身上众疮即当平复。作是语已，寻时平复。时彼王者今佛是也。"故事尚见于鸠摩罗什译《大智度论》卷十一〈释初品〉和卷四十九〈释发趣品〉；失译《大方便佛报恩经》卷二〈对治品〉；失译《菩萨本行经》卷上〈虔阇那谢梨王本生〉。较晚出文本从略。

ii 东侧情节

掌秤人1身，立姿，居画面中央，高70.2厘米，身躯高大健壮，稍侧向右，二目圆睁，眉头紧锁，额际满布皱纹，肤色灰。双臂屈起，双手在面前抱握，作掌秤状，双膊共抬秤杆。双腿分开站立，双脚外撇。头顶束红色发髻，披绿色护肩，黑色披膊，白色胸甲，小臂裸露；下身着黑色战裙，饰以鳞甲纹，土色裙边，束红色腰带。裙下露出黑色束腿裤、长靴。

掌秤人胸前横置秤杆，左右两端各悬挂一秤盘。东侧秤盘内卧绿色鸽子，头西尾东。西侧秤盘上坐王者。

王者1身，通高51厘米（包括头光），侧身向左，朝向东侧。双手于面前合掌，拇指伸直向上，余指合拢向前。双腿相并屈膝，坐于秤盘上，两胫自然下垂。头顶束髻，袒上身，饰项圈（下垂三圆珠）、臂钏、腕钏。薄施白粉绘帔巾，在头后呈环状，绕双臂婉转飘下。下身围绿色腰布，双腿裸露。跣足。红色头光。

图132　第275窟北壁第三幅故事画中飞天

飞天2身，绘于掌秤人上方东西两侧。

西侧飞天（西起第六身），追随于西侧情节飞天之后，稍侧向右，朝西飞行。上身前俯，几如卧姿。双臂屈起，双手于面前合掌。双腿舒展，向后上方扬起，左脚抬高。头顶束发髻，有髻珠三粒。袒上身，饰项圈、臂钏、腕钏。薄施白粉绘帔巾，在背后呈环状，右侧婉转绕右臂向内飘下，左侧绕左臂向后上方飘起。下身着绿色长裙。跣足。绿色头光。

东侧飞天（西起第七身），在西侧飞天身后、掌秤人东侧上方，稍侧向右，朝西飞行。上身前倾，双臂屈起，双手举至面前合掌，拇指伸直向上，余指伸直向前。双腿舒展，向后上方扬起，左脚抬高。头戴宝冠，薄施白粉绘缯带，缯带自宝冠两侧飘出，左侧向外平展上扬，右侧婉转飘下。袒上身，饰项圈、腕钏。绿色帔巾在肩后呈环状，右侧绕右臂向内婉转飘下，左侧绕左臂飘扬向上。下身着黑色长裙。跣足。黑色头光（图132）。

此图描绘的是佛本生尸毗王割肉贸鸽故事，其中西侧画面为割肉图，东侧画面为舍身贸鸽图，本故事见录于汉译佛籍，如北魏慧觉等译《贤愚经》卷一〈梵天请法六事品〉（《大正藏》第四卷，第351～352页）[6]。

4）西起第四幅故事画（月光王本生）

画面高76～78厘米，宽约109.4～147厘米。此图由两组情节构成：西侧画面绘一王者、一托盘人、一飞天；东侧画面绘一王者、一砍头人、一树神（？）、一飞天。部分画面被烟熏黑（图133；图版II：202）。分别叙述如下。

i 西侧情节

王者1身，坐姿，位于西侧，通高58.5厘米（包括头光、台座），为画中主要人物，即月光王。稍侧向左，披白发，头部残，前

[6] 经云："又复世尊过去久远阿僧祇劫，于阎浮提作大国王，名曰尸毗。王所住城号提婆拔提，丰乐无极。时尸毗王主阎浮提八万四千诸小国土、六万山川、八千亿聚落。王有二万夫人婇女、五百太子、一万大臣，行大慈悲，矜及一切。时天帝释，五德离身，其命将终，愁愦不乐。毗首羯摩见其如是，即前白言：何为慷慨而有愁色。帝释报言：吾求终矣，死证已现。如今世间佛法已灭，亦复无有诸大菩萨。我心不知何所归依，是以愁耳。毗首羯摩白天帝言：今阎浮提有大国王，行菩萨道，名曰尸毗，志固精进，必成佛道，宜往投归，必能覆护，解救危厄。天帝复白：若是菩萨，当先试之，为至诚不。汝化为鸽，我变作鹰急追汝后，相逐谐诣大王坐所，便求拥护。以此试之，足知真伪。毗首羯摩复答天帝：菩萨大人，不宜加苦，正应供养，不须以此难事逼也。尔时帝释便说偈言：'我亦非恶心，如真金应试。以此试菩萨，知为至诚不？'说是偈已，毗首羯摩自化为鸽，帝释作鹰，急追鸽后。临欲捉食，时鸽惶怖，飞趣大王，入王腋下，归命于王。鹰寻后至，立于殿前语大王言：今此鸽者，是我之食，来在王边，宜速还我。我饥甚急。尸毗王言：吾本誓愿，当度一切。此来依我，终不与汝。鹰复言曰：大王，今者云度一切。若断我食，命不得济，如我之类非一切耶？王时报言：若与余肉，汝能食不？鹰即言曰：唯得新杀热肉我乃食之。王复念言：今求新杀热肉者，害一救一，于理无益。内自思惟，唯除我身，其余有命皆自护惜。即取利刀，自割股肉，持用与鹰，贸此鸽命。鹰报王曰：王为施主，等视一切。我虽小鸟，理无偏枉。若欲以肉贸此鸽者，宜秤使停。王敕左右，疾取秤来，以钩钩中，两头施盘。即时取鸽，安著一头；所割身肉，以著一头。割股肉尽，故轻于鸽。复割两臂、两胁，身肉都尽，故不等鸽。尔时大王举身自起，欲上秤盘，气力不接，失跨堕地，闷无所觉。良久乃苏，自责其心：我从久远，为汝所困，轮回三界，酸毒备尝，未曾为福。今是精进立行之时，非懈怠时也！种种责己，自强起立，得上称盘，心中欢喜，自以为善。是时天地六种震动，诸天宫殿皆悉倾摇。乃至色界诸天同时来下，于虚空中见于菩萨行于难行，伤坏躯体，心期大法，不顾身命，各共啼哭，泪如盛雨，又雨天花而以供养。尔时帝释还复本形，住在王前，语大王言：今作如是难之行，欲求何等；汝今欲求转轮圣王、帝释、魔王，三界之中欲求何等？菩萨答言：我所求者，不期三界尊荣之乐，所作福报欲求佛道。天帝复言：汝今坏身，乃彻骨髓，宁有悔恨意也耶？王言无也。天帝复曰：虽言无悔，谁能知之。我观汝身，战掉不停，言气断绝。言无悔恨，以何为证？王即立誓：我从始来乃至于今，无有悔恨大如毛发。我所求愿必当果获，至诚不虚如我言者，令吾身体即当平复。作誓已讫，身便平复，倍胜于前。天及世人叹未曾有，欢喜踊跃不能自胜。尸毗王者，今我身是也。"故事尚见于失译《佛说菩萨本行经》卷下；释宝云译《佛本行经》卷五〈忆先品〉；康僧会译《六度集经》卷一〈布施度无极章〉；鸠摩罗什译《大庄严论经》卷十二〈鸽缘譬喻〉；鸠摩罗什译《大智度论》卷四〈释初品·释菩萨〉；道略集，鸠摩罗什译《众经撰杂譬喻》卷上。较晚出文本从略。

图133　第275窟北壁故事画之四

额及眼、鼻均毁。右臂屈肘，小臂向内抬起，右手半握，置于胸腹之前；左臂屈起，左手举至左肩外侧，立掌，掌心向右。双腿并拢屈膝，坐于束腰座（筌蹄）上，两胫下垂，双脚踏于地。袒上身，饰项圈、腕钏。黑色帔巾在肩后呈环状，向前绕双臂飘下。下身围绿色腰布，双腿裸露。白色圆座束腰部上下均饰黑色竖向条纹。土色头光。

托盘人1身，胡跪于王者身前，通高49厘米（包括头光），稍低头，面朝王者。稍侧向右。双臂屈起，双手于面前托盘，盘中盛列三颗人头，面对身前的王者。左膝跪地，右腿屈起，右脚平踏地上。头戴土色宝冠，白色冠梁，白色缯带自冠两侧束结后向上高扬，饰红色横纹。袒上身，饰项圈、臂钏、腕钏，绿色帔巾于肩后呈环状，绕双臂飘下。下身围红色腰布。黑色圆形头光。

飞天1身（西起第八身），位于画面前二人上方，稍侧向右，朝西飞行。上身前俯，左臂屈肘稍外张，小臂向内平抬，左手抚于胸腹之际；右臂高抬，伸向右侧前方。双腿舒展，向后上方扬起，与上身折成“V”形，左脚抬高。头戴白色宝冠，白色缯带自冠两侧束结后飘起，左侧向外平展上扬，右侧婉转飘下，饰红色横纹。袒上身，肤色灰，饰项圈、臂钏、腕钏。绿色帔巾在头后呈环状，右侧绕右臂向内飘下，左侧绕左臂婉转上扬。下身着黑色长裙。跣足。红色头光（图版II：205）。

在王者头前方（东侧）有1方白色长条形题榜，高11厘米、宽2.5厘米，字迹已不存。

ii　东侧情节

王者1身，居画面中央，残高51.7厘米，下部被烟熏黑。稍侧向左，俯首下视。黑色长发聚拢，被挽系在东侧上方的树枝上。肤色白。双臂屈起，双手合掌，举至胸前。袒上身，饰项圈、臂钏、腕钏。绿色帔巾在肩后呈环状，向前绕右臂飘于体侧。下身几乎完全被烟炱覆盖，东侧下部露出绿色画迹，或为左侧帔巾下端。土色头光经红色勾染（图版II：206-1）。

东侧绘一棵大树，多被烟炱污染。树冠郁茂，枝叶向西侧的王者头上弯下，树枝上挽系王者头发。

树神（？）1身，作飞天形，大部残毁。在树冠东侧上方，残存一人物面部和右侧手臂，被烟熏黑，形象模糊。头部稍侧向右，俯首下视。右臂伸向前（西）下方，右手握王者头发，作往树枝上挽系之状。似有黑色头光。身躯多已残毁不存，据画痕依稀可辨向后上方扬起的双腿（图版II：206-2）。

砍头人1身，在画面西侧、王者身后，立姿，通高54.5厘米（包括头光），稍侧向左。二目圆睁，稍仰头。左臂屈肘，小臂向内平抬，左手置于胸前。右臂屈肘高抬，小臂向上，右手握绿色刀，高举至头顶右侧，作欲砍王者头颅状。身躯和左腿残毁，仅见部分臀部和右腿；臀部稍下坐，右膝略屈，右脚平踏于地。袒上身。红色帔巾经黑色勾染，自肩后向前，右侧绕右臂飘下。下身围腰布，腿部裸露。跣足。绿色圆形头光。

飞天1身（西起第九身），位于砍头人上方，稍侧向左，朝东飞行。上身前俯，左臂伸向左前上方；右臂屈起高抬，右手举至头右侧。双腿舒展，向后上方扬起，左脚抬高。头顶束髻，袒上身，饰项圈、臂钏、腕钏。黑色帔巾在头后呈环状，右侧绕右臂向身后舒展飘下，左侧婉转绕左臂下垂。下身着土色长裙。跣足。绿色头光。

此图描绘的是佛本生月光王施头故事，其中西侧情节为发愿施头，东侧情节为砍头施舍。本故事见录于汉译佛籍，如北魏慧觉等译《贤愚经》卷六〈月光王头施品〉（《大正藏》第四卷，第387～390页）[7]。

5）西起第五幅故事画（快目王本生）

画面高76厘米，残宽139.4厘米。绘一王者、一剜眼人。第四幅画面东部及此画面西部曾经被第三层遗迹土坯隔墙墙体遮蔽。据隔墙内侧（西侧）壁面下部烟熏痕迹推知，隔墙修成后曾长时期在该处生火，隔墙与北壁衔接部位的缝隙因烟雾排放而积聚浓厚的烟炱[8]。部分画面受烟炱污染变黑。隔墙以东的画面残损剥落，并被第三层壁画覆盖，仅在表层壁画剥落处露出部分画迹（图134；图版II：203）。

王者1身，坐姿，居中，位于现存画面东侧，残高54厘米（包括头光），为画中主要人物，即快目王。头部稍侧向右。双臂屈起，双手合掌于胸前。结跏趺坐，左腿在前。袒上身，帔巾自身后向前，绕双臂垂于体侧。下身着裙，呈土色。跣足。坐下可见座

---

[7] 经云：“佛告阿难，过去久远无量无数，不可思议阿僧祇劫，此阎浮提有一大国王，名旃陀婆罗脾（晋言月光），统阎浮提八万四千国、六万山川、八十亿聚落。王有二万夫人婇女，其第一夫人名须摩檀（晋言花施）；一万大臣，其第一者名摩旃陀（晋言大月）；王有五百太子，其最大者太子名曰尸罗跋陀（晋言戒贤）。王所住城，名跋陀耆婆（晋言贤寿）；其城纵广四百由旬，金银琉璃颇梨所成，四边凡有百二十门，街陌里巷齐整相当；又其国中有四行树，亦金银琉璃颇梨所成，或金枝银叶，或银枝金叶，或琉璃枝颇梨叶，或颇梨枝琉璃叶；有诸宝池，亦金银琉璃颇梨所成，其池底沙亦是四宝。其王内宫，周四十里，纯以金银琉璃颇梨。其国丰润，人民快乐，珍奇异妙，不可称数。尔时其王坐于正殿，忽生念念：夫人处世，尊荣豪贵，天下敬瞻，发言无违，珍妙五欲应念而至。斯之果报皆由积德修福所致，譬如农夫由春广种，秋夏丰收。春时果到，若不勤种，秋夏何望？吾今如是，由先修福，今获妙果。今复不种，后亦无望。作是念已，告诸群臣：今我欲出珍宝妙藏，置诸城门及著市中设大檀施，随诸众生一切所须，尽给与之。并复告下八万四千诸小国土，悉令开藏给施一切。众臣曰：善。敬如王教。即竖金幢，击于金鼓，广布宣令，腾王慈诏，远近内外，咸令闻知。于时国中沙门婆罗门，贫穷孤老，有乏短者强弱相扶，云趋雨集，须衣与衣，须食与食，金银宝物疗病医药一切所须称意与之。阎浮提一切臣民蒙王恩泽快乐无极，歌颂赞叹盈于衢路，善名远宣，流布四方，无不钦仰，慕王恩化。于王边表有一小国，其王名曰毗摩斯那，闻月光王美称高大，心怀嫉妒，寝不安席。即自思惟：月光不除，我名不出。当设方便请诸道士，慕求诸人，用办斯事。思惟已，即敕请唤国内梵志，供设肴膳百味饮食，恭敬奉事，不失其意。经三月已，告诸梵志：我今有忧，缠绵我心，夙夜反侧，何方能释？汝曹道士，是我所奉，当思方便佐我除雪。诸婆罗门共白王言：王有何忧，可见示语。王即告曰：彼月光王，名德远著，四远承风，但我独卑陋，无比美称。情志所愿，欲得除之。作何方便，能办此事？诸婆罗门闻说是语，各自言曰：彼月光王慈慈惠泽润及一切，悲济穷厄如民父母，我等何心从此恶谋，宁自杀身，不能为此。即各罢散，不顾供养。时毗摩斯那益增愁愦，即出广募，周遍宣令：谁能为我得月光王头，共分国半治，以女妻之。尔时山胁有婆罗门，名曰劳度差，闻王宣令，来应王募。王甚欢喜，重语之言，苟能成办，不违信誓。若能去者，当以何日？婆罗门言：办我行道粮食所须，却后七日便当发引。时婆罗门作咒自护。七日已满，便来辞王。王给所须进路而去。时月光王预有种种变怪兴现，地处坼裂，曳电星落，阴雾昼昏，雷电霹雳；诸飞鸟辈于虚空中悲鸣感切，自拔羽翼；虎豹豺狼禽兽之属，自投自掷，跳踉鸣叫。八万四千诸小国王皆梦大王金幢卒折，金鼓卒裂。大月大臣梦提为鬼夺王金冠。各怀愁忧，不能自宁。时城门神知婆罗门欲乞王头亦用愦愦，遮不听入。时婆罗门，绕城门数匝不能得前。首陀会天知月光王以此施头，于檀得满，便于梦中而语王言：汝誓布施，不逆汝心。乞者在门，无由得前。欲为施主，事所不然。王觉愕然。即敕大月大臣：汝往诸门，敕勿遮人。大月大臣往到城门，时城门神即自现形白大月言：今有婆罗门从他国来，内挟恶心，欲乞王头，是以不听。大臣答言：若有此事，是为大灾，然王有敕，理不得违，当奈之何？时城门神便休不遮。大月大臣即自思惟：若此婆罗门必乞王头，当作七宝头金五百枚，用贸易之。即敕令作。时婆罗门径直顾前，高声唱言：我在遐方闻王功德，一切布施不逆私意，故涉远来，欲有所求。王闻欢喜，迎为作礼问讯；行道不疲极耶？随汝所愿，国城、妻子、珍宝、车乘、辇舆、象马、七宝、奴婢、仆使，所有欲得皆当与之。婆罗门言：一切外物，虽用布施，福德之报未为弘广。身肉布施，其福乃妙。我故远来，欲得王头。若不惠逆，当见施与。王闻是语，踊跃无量。婆罗门言：若施我头，何时当与？王言：却后七日，当持我头施婆罗门。尔时大月大臣担七宝头来用晓谢，腹拍其前，语婆罗门言：此王身者，骨肉血合，不净之物，何用索此。今持尔所七宝之头，以用贸易，汝可取之，转易足得终身之富。婆罗门言：我不用也，欲得王头，合我所志。时大月大臣，种种谏晓，永不回转，即时愤感，心裂七分，死于王前。于时其王敕语臣下，乘八千里象遍告诸国言：月光王却后七日，当持其头施婆罗门。若欲来者，速早驰诣。尔时八万四千诸王络绎而至，咸集大王，腹拍王前：阎浮提人赖王恩泽，今得丰乐，欢娱无患，云何一旦为一人故，永舍众庶，更不矜怜？唯愿垂愍，莫以头施。一万大臣举身投地，腹拍王前：唯哀哀愍，矜恤我等，莫以头施，永见捐弃。二万夫人亦身投地，仰白王言：莫见忘舍，唯垂阴覆。若以头施，我等何怙？五百太子啼哭王前：我等孤幼，当何所怙！愿处愍念，莫以头施。长养我等，得及人伦。于是大王告诸臣民夫人太子：计我从本受身以来，涉历生死，由来长久。若在地狱，一日之中生而辄死，弃身无数，经历灰河、铁床、沸屎、火车、碳坑及余地狱，如是等身烧刺煮炙，弃而复新，永无福报。若在畜生，更相食啖，或人所杀，人供众口，破坏消烂亦复无数，空弃此身亦无福报。或堕饿鬼，火从身出，或为飞轮来截其头，断而复生，如是无数，如是杀身亦无福报。若生人间，诤于财色，瞋目怒盛，共相杀害；或兴军对阵，更相研截，如是杀身亦复无数；为贪恚痴，恒杀多身，未曾为福而舍此命。今我此身，种种不净，会当舍身，不能得久。舍此危脆秽恶之头，用贸大利，何得不与！我持此头施婆罗门，持是功德，誓求佛道。若成佛道功德满具，当以方便度汝等苦。今我心垂欲成满，慎莫遮我无上道意。一切诸王臣民夫人太子闻王语已，默然无言。尔时大王语婆罗门：欲取头者，今正是时。婆罗门言：今王民大众围绕，我独一身，力势单弱，不堪此中而斫王头。欲与我者，当至后园。尔时大王告诸小王太子臣民：汝等若苟爱敬我者，慎勿伤害此婆罗门。作此语已，与婆罗门入于后园。时婆罗门又语王言：汝身盛壮力士之力，若遭斫痛，傥复还悔。取汝头发，坚系在树，尔乃然后，能斫取耳。王用语，求一壮树，枝叶郁茂，坚固欲系。向树长跪，以发系树。语婆罗门：汝斫我头，堕我手中，然后于我手中取去。今我以头施汝，持是功德，不求魔梵及天帝释转轮圣王三界之乐，用求无上正真之道，誓济群生，至涅槃乐。时婆罗门举手欲斫，树神见此，其大慎恼：如此之人，云何欲杀。即以手搏婆罗门耳，其项反向，手脚缭戾，失刀于地，不能动摇。尔时大王即语树神：我过去已来于此树下，曾以九百九十九头以用布施。今施此头，便当满千。舍此头已，檀得满具。汝莫遮我无上道心。尔时树神闻王是语，还使婆罗门平复如故。时婆罗门从地起，还更取刀，便斫王头。头堕手中，尔时天地六反震动。诸天宫殿摇动不安，各怀恐怖，怪其所以。寻见菩萨，为一切故，舍头布施。皆悉来下，感其奇特，悲泪如雨，因共赞言：月光大王，以头布施。于檀波罗密，今便得满，是时音声普遍天下。彼毗摩羡王闻此语已，喜踊惊愕，心擗裂死。时婆罗门担王头去，诸王臣民夫人太子已见王头，自投于地，同声悲叫，绝而复苏，或有愦结吐血死者，或有愕住无识者，或自剪拔其头发者，或复擭裂其衣裳者，或有两手攫坏面者，啼哭纵横，宛转于地。时婆罗门嫌王头臭，即便掷地，脚蹋而去。或复有人语婆罗门：汝之酷毒剧甚乃尔！既不用时，何乃索为。于时婆罗门进道去时，人见便责，无给食者。饥饿委悴，困苦极理。道中有人，问向消息，知毗摩羡王已复命终，失于所望，懊恼愦愦，心裂七分，吐血而死。毗摩羡王及劳度差，命终皆堕阿鼻泥犁。其余臣民思念王恩，感结死者，皆得生天。如是阿难，欲知尔时月光王者，今我身是。毗摩羡王，今波旬是。时劳度差婆罗门者，今调达是。时树神者，今目连是。时大月大臣者，今舍利弗是，当于尔时不忍见我死，而先我前死；乃至今日，不忍见我入于涅槃，而先灭度。”故事尚见于释宝云译《佛本行经》卷五〈忆先品〉；支谦译《菩萨本缘经》卷中〈月光王品〉；失译《大方便佛报恩经》卷五〈慈品〉；康僧会译《六度集经》卷一〈乾夷王本生〉。较晚出文本从略。

[8] 史岩《千佛洞初步踏查纪略》（1943年8月）：“左前隔有烟道，白俄住此。”见本卷附录一之（七）。

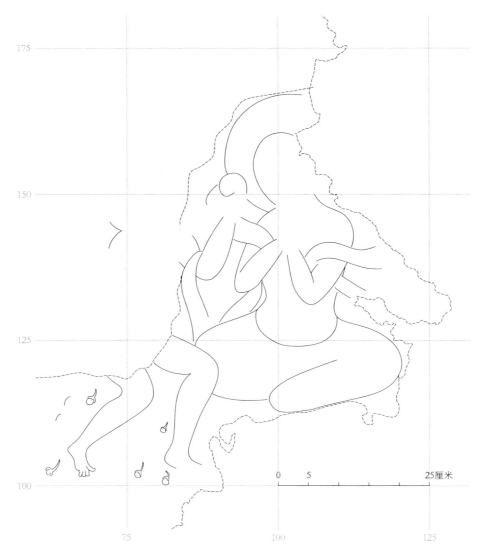

图134　第275窟北壁故事画之五

上的白色铺覆物。土色圆形头光。敷色、线描剥落几尽，残存土红地色、轮廓线，少许黑色线描残痕及为肤色打底的肉红色。

　　剜眼人1身，立姿，在王者西侧，大部残损并受到烟炱污染，残高52厘米，稍侧向左，面向王者。左臂屈起，左手持物举至王者面前，作刺目状。下身可见双腿屈膝，臀稍下坐，左脚在前平踏；右脚在后稍提起，脚趾着地。上身及双腿裸露，跣足。似有绿色帔巾在头后呈环状。

　　此图描绘的是佛本生快目王施眼故事，本故事见录于汉译佛籍，如北魏慧觉等译《贤愚经》卷六〈快目王眼施缘品〉（《大正藏》第四卷，第390～392页）[9]。

[9] 经云："佛告阿难，过去久远无量无数，不可思议阿僧祇劫，此阎浮提有一大城，名富迦罗拔，时有国王名须提罗（此言快目）。所以名之为快目者，其目明净，清妙无比，彻睹墙壁，视四十里，以是故立字号曰快目，领阎浮提八万四千国、六万山川、八十亿聚落。王有二万夫人婇女、一万大臣、五百太子。其第一太子，名尸罗拔陀提（此言戒贤）。王有慈悲，愍念一切，养育民物，犹如慈父。化导以善，民从其度，风时雨顺，四气和适，其国丰乐，群生蒙赖。尔时其王，退自思惟：我因宿福，今为人主。财宝五欲，富有四海，发言化下，如风靡草。今世会用，更无绍续，恐我来世穷苦是分。譬如耕夫，春日多种，秋夏收入，所得必广；复遭春时，若当懒惰，来秋于谷何望。是以我今于诸福田及时广种，不宜懈怠。即告群臣：出我库藏金银宝衣被饮食所须之具，著诸城门及集市中，遍行宣令：一切人民，所有乏者，皆悉来取。并复告下八万四千国，亦令开藏施给一切。时诸群臣奉受王教，即竖金幢，击大金鼓，誉王慈教遍阎浮提。阎浮提人、沙门婆罗门、孤贫困厄、年老疾病，有所欲得，称意而与。一切人情，赖王慈泽，安快自娱，无复忧虑。歌颂赞叹，皆称王德。尔时边裔，有一小国，其王名曰波罗陀跋弥，特远骜慢，不宾王化。又其治政，五事无度，受性仓卒，少于思虑，耽荒色欲，不理国政。国有忠贤，不往谘禀。边镜之土，役使烦倍。商贾到国，税夺过常。彼王有臣名劳陀达，聪明智略，明识道理，睹其违度，前谏王言：王有五事，不能安国，必招祸患，恐是不久。傥不讳也。听臣说之。王曰：便道。寻长跪白王：受性仓卒，少于思虑。事大不当，必致后悔。王耽荒色欲，不理国事，外有枉滞，理情无处。国有忠贤，不往谘禀，则不防虑未然之事。边土之民，役调烦剧，则思违背宾属他国。商贾税夺，违于常度，恶惮行来，宝货猛贵。有此五事亡国之兆，愿王易操，与民更始。须提罗王，恩慈广普，阎浮提人咸蒙慧泽。我曹此国独不恭顺，幽遐之民不蒙其润，愿王降意，还相承奉，便可子孙食禄长久。波罗陀跋弥闻此臣语，心恚作色，不从其言。臣劳陀达亦生瞋愤，能自心念：我见王治政，匡化不周。表贡忠诚，望相扶辅，反更怒盛，不从我言。言既不用，傥复见杀，当就除之，为民去患谋。未及就，事已发露，王合兵众，欲往诛讨。时劳陀达知王欲收，即便乘疾马逃走而去。兵众寻逐。彼劳陀达素善射术，又知人身著射应死处凡有十八，兵众虽逮，不敢能近。迳得彻到富迦罗拔国，见快目王。拜问讯讫，共王谈对，事事得理。王即善之，立为大臣，渐得亲近。具以本事，以用启闻。王闻是已，问群臣言：彼之国土不属我耶？群臣答曰：悉属大王，但特遐远，不来宾附。劳陀达言：彼波罗陀跋弥，顽嚚凶暗，纵逸荒迷，不识礼度，凭远守谬，不承王命。彼民恶厌，视之如怨。与臣兵马，自往降伏。王闻其语，即然可之。告下诸国，选择兵众，克日都集，往彼波罗陀跋弥。尔时波罗陀跋弥，比国之王，遣人语之：阎浮提内，都敕发兵，当集汝国。汝快晏乐，而安坐耶？波罗陀跋弥闻是消息，愁闷迷愦，莫知所如，著垢黑衣，坐黑暗所。有辅相婆罗门来至其所，问其意故，王有何忧，愿见示语。波罗陀跋弥语王：卿不闻乎？前劳陀达逃突至彼快目王边，因相发起，令快目王悉发八万四千诸国兵众，欲来攻我。若当来者，便灭我国。其辅相曰：当令群臣试共议之。即合共议，各各异计，共相谓言：我闻快目王自誓布施，唯除父母不以施耳，其余一切不逆来意。于此国中，有盲婆罗门，当劝勉之往乞王眼。若能得者，军兵足却。王闻是语，即然可之。寻遣辅相，往求晓之。辅相即时遣人往唤，寻使来而告之曰：今有国事，欲相劳苦。愿垂留意，共相佐办。婆罗门言：我今盲冥，竟何所能，而相佐办？辅相又曰：须提罗王，欲合兵众来伐我国。若当来者，我等强壮虽能逃避，犹忧残戮，况汝无目，能得脱耶？彼王有誓，一切布施，随人所愿，不逆人意。往从乞眼，庶必得之。若得其眼，兵众可息。此事苟办，当重募汝。婆罗门言：今我无见，此事云何。王重劝勉：我当遣人将护汝往。即给道粮行道所须，引路而去。时快目王国，种种灾怪悉皆兴现，空中崩声，曳电星落，阴雾霹雳，地处处裂；飞鸟之类悲鸣感切，挫戾其身，自拔羽翼；虎狼师子走兽之属，鸣吼人间，宛转于地；国王臣民怪其所以。时婆罗门渐到大城，迳至殿前，高声唱言：我在他国承王名德，一切布施不逆人意，故涉远来，欲望乞丐。王闻是语，即下问讯：步涉遐道，得无疲倦？若欲所得，一切所须国土、珍宝、车马、辇舆、衣被、饮食、随病医药，一切所须皆当给

在北壁残存的东端，中段壁画的东上角，表层壁画剥落处，露出故事画的一小角，画迹土红色笔触尚清晰，描绘的似为山峦形状，其整体内容不详（图版Ⅱ：208-1）。据此推测，在第五幅快目王本生以东有可能曾绘有第六幅；若是，本生故事情节的环境当与山峦有关。

在每一幅故事画上方及空隙处，皆点缀白色茎叶绿色小花。

上述故事画中各类人物形象的描绘和敷色与上段壁面菩萨、千佛基本相同。以上叙述壁画颜色，均系目前呈现的色相，由于经过漫长年代的褪色、变色，诸多画迹已非壁画当年的原状。人物肤色有白色、灰色的区别，其中由于肉红色打底透出，白肤色多显红润；或者由于肉红色变色为黑，使肤色呈灰色。第一、第二幅故事画中的眷属形象，面部五官和肢体的绘制与其他人物略有不同，未经勾染打底，即于白色铺染后径直以黑色细线勾勒完成。北壁五幅故事画，未加栏线界隔，构图自如，故事情节之间首尾交融，一气呵成，在兼顾叙述性的同时，产生了和谐统一的装饰效果。绘制前显然经过周到的设计和安排，西起第七身飞天位于第三、四幅故事画的交接处，可以看到有起稿的竖直分界线将身体分隔为二。

（2）供养人

在故事画下边有白色界线，白线下，在土红地色上绘供养人行列，东端残毁，高22.5～23.5厘米，东西残长381厘米，现存供养人39身（图135）。

供养人，皆为男性，立姿，身高19～22.5厘米，皆稍侧向右，朝向西侧。西起第一至第八身供养人演奏乐器。其中第一、二身，双臂屈起，双手于胸前执大角，作吹奏状，大角向上，长而稍弧，上端系一穗状饰物；第三至第八身，均双手置于胸前，所持乐器多不清晰，略似笙簧、海螺、排箫、竖笛之类，皆为管乐器。第九身为供养比丘，身形较其他供养人高大，右臂屈起，右手举至面前，作持物之状；身着袒右式土色袈裟（绿色领缘）、绿色裙。比丘身后，自第十身起至第三十九身，均双手合掌于胸前（拇指上翘，余指并拢朝前），夹持忍冬花枝，作礼拜状。除供养比丘外，供养人皆头裹巾帻，身着内衣，外穿交领窄袖裤褶装，腰束带，下着宽腿裤，足蹬履（大部分残损不清，仅东端第三层遗迹隔墙拆除后露出的5身供养人稍清晰）。巾帻土色，少数黑色；内衣为黑、绿两色，从供养人外衣的衣领和袖口露出；外衣和裤均有土色和绿色。衣着颜色搭配排列有序，基本轮次大体如下表所示：

巾	土	土	土	土
内衣	黑	绿	黑	绿
外衣	土	土	绿	土
裤	土	土	土	绿

由敷色脱落的画迹，可以看出供养人的衣着均以土红色起稿，并形成土色外衣的下摆。从东侧较清晰的5身供养人画迹，可见黑色线描，巾帻在土色地上经黑色勾染；黑色线勾领缘、袖缘；黑色细线勾勒衣、裤的衣纹和腰带。肤色涂白粉，未见线描。供养人

与。婆罗门言：外物布施，福德乃妙；内身布施，果报乃大。我久失眼，长夜处冥。承闻大王，故发意来，欲乞王眼。王闻欢喜，语婆罗门：若欲得眼，我当相与。婆罗门言：欲与我者。何时能与？王语之曰：却后七日，便当与汝。王即宣下八万四千小国：须达罗王，却后七日，当剜其目施婆罗门。诸欲来者，悉皆时集。诸王人民闻斯令已，普来奔诣。于大王所，八万四千诸王臣民以身投地，腹拍王前，啼泪交流而白王言：我之等类阎浮提人，蒙赖大王以为荫覆，若当剜眼施婆罗门，一切人民当何恃怙？唯愿回意，勿为一人而舍一切。一万大臣亦皆投地，仰白王言：何不哀愍怜悯我曹等，为一人意舍弃我等，唯愿回意，莫与其眼。二万夫人头脑打地，腹拍王前，亦皆求请：唯愿大王回意易志，莫以眼施，安慰我等。五百太子涕哭王前：唯愿天父具其矜怜，莫以眼施，抚育我等。时戒贤太子重白王言：愿剜我眼，以代父王。所以然者，我虽身死，国无损益；大王无眼，海内靡特。时快目王告诸王臣夫人太子：我受身来，生死长久。设积身骨，高于须弥。斩刺之血，倍于四海。而饮母乳，过四大江。别离悲泪，多于四海。地狱之中，破坏之身，烧煮斫刺，弃掷无数。饿鬼之中，受若干形，火从身出，还自焦然。如是破坏，眼亦无数。畜生之中，更相食啖，种种死伤，复不可计。人间受身，寿多中夭，或争色欲，还相图谋，共相杀害，死非一critical。如是破散，无央数眼。正使生天，命亦不久。计本以来，亦复多形。于此三界，回波五道。以贪恚痴，碎身尘数。未曾给施，用求佛道。如此臭眼，危脆之物，如是不久，自当烂坏。今得用施，不应不与。今持此眼以用布施，求佛无上一切智眼。若我愿成，当与汝等清净慧眼，汝莫遮我无上道意。其在会者，默然无言。正语左右：可挑我眼。左右诸臣咸各言曰：宁破我身，犹如芥子，不能举手向大王眼。王语诸臣：汝等推觅其色正黑谛下视者，即招将来。诸臣求得，将来与王。王即授刀，敕语令剜。剜得一眼，著王掌中，王便立誓：我以此眼，以用布施，誓求佛道；审当得成佛道者。此婆罗门得我此眼，即当用视。作是誓已，王即以眼。安婆罗门眼框之中。寻得用见，得视王身及余众会，欢喜踊跃，不能自胜。即白王言：得王一眼，足我用视。愿留一眼，王自看。王复答言：我言已决，许与两眼，不应违言。便更剜一眼，复著掌中。重复立誓：我持眼施，用求佛道，审成佛，至诚不虚。此婆罗门得我两眼，便当用视。复安一眼，寻得用视。当尔之时，天地震动，诸天宫殿皆亦动摇。时诸天人愕然惊惧，寻见菩萨剜目布施，咸皆飞来，侧塞虚空，散诸华香而用供养。赞言：善哉！大王所作，甚奇甚特。天帝前问：实为奇特能作是事，欲求何报？王答言曰：不求魔、梵、四王、帝释、转轮圣王三界之乐，以此功德誓求佛道，度脱众生，至涅槃乐。天帝复问：汝今剜眼。苦痛如是，颇有悔退瞋恚不耶？王言：不悔，亦不瞋恨。天帝复言：我今观汝血出流离，形体战掉。言不悔恨，此事难信。王即自誓：我剜眼施，无有悔恨意，用求佛道，会当得成。审不虚者，令我两眼平复如故。王誓已讫，两眼平复，明净彻视，倍胜于前。诸天人民，一切大会，称庆喜踊，不能自胜。王语婆罗门：今与汝眼，令汝得视。后成佛时，复当令汝得慧眼见。将婆罗门入宝藏中，恣取一担，发遣去还到本国。波罗陀跋弥自出迎之，已见先问：得眼不耶？答言：得眼，我今用视。复问言曰：彼王今者为存为亡？答言：诸天来下，寻即誓愿，眼还平复，眼好于前。波罗陀跋弥以闻此语，恼闷愤结，心裂而死。佛告阿难：欲知尔时须提罗王，今我身是。波罗陀跋弥，今调达是。时乞我眼婆罗门者，今此会中盲婆罗门得道者是；先世之时，我与其眼，乃至今日，由见我故，既得肉眼，复得慧眼。我为汝曹世世苦行，积功累德。"故事尚见于释宝云译《佛本行经》卷五〈忆先品〉；失译《大方便佛报恩经》卷三〈议论品〉；竺法护译《弥勒菩萨所问本愿经》；失译《大乘悲分陀利经》卷七〈施眼品〉；昙无谶译《悲华经》卷九〈檀波罗蜜经〉；失译《佛说菩萨本行经》卷下；支谦译《撰集百缘经》卷四〈尸毗王眼眼施鹫缘〉。较晚出文本从略。

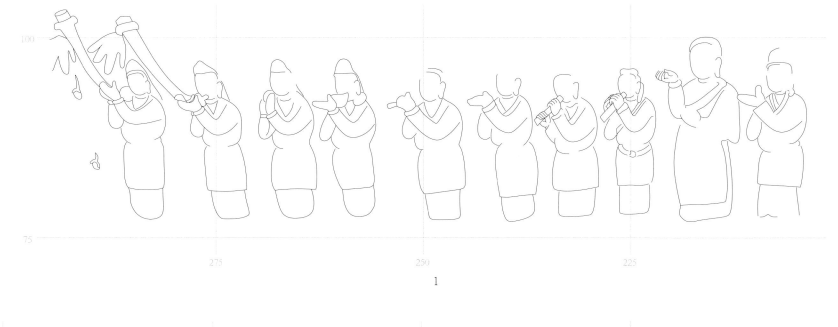

1

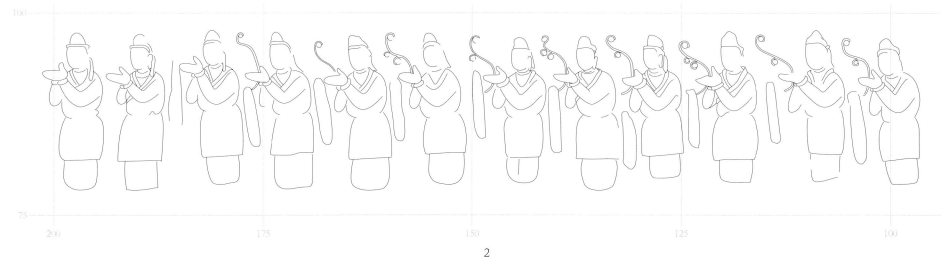

2

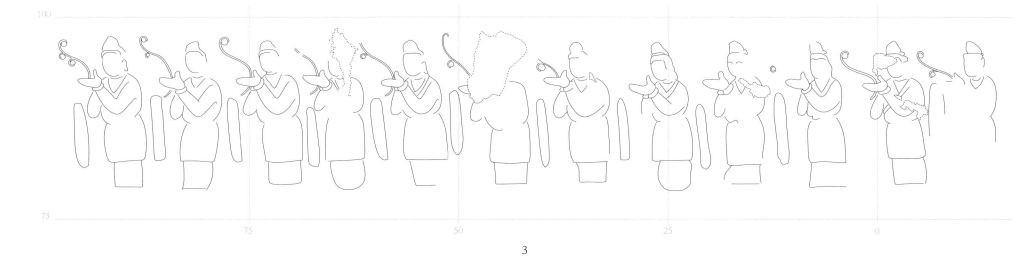

3

4

图135　第275窟北壁供养人

1　北壁供养人之一　　2　北壁供养人之二　　3　北壁供养人之三　　4　北壁供养人之四

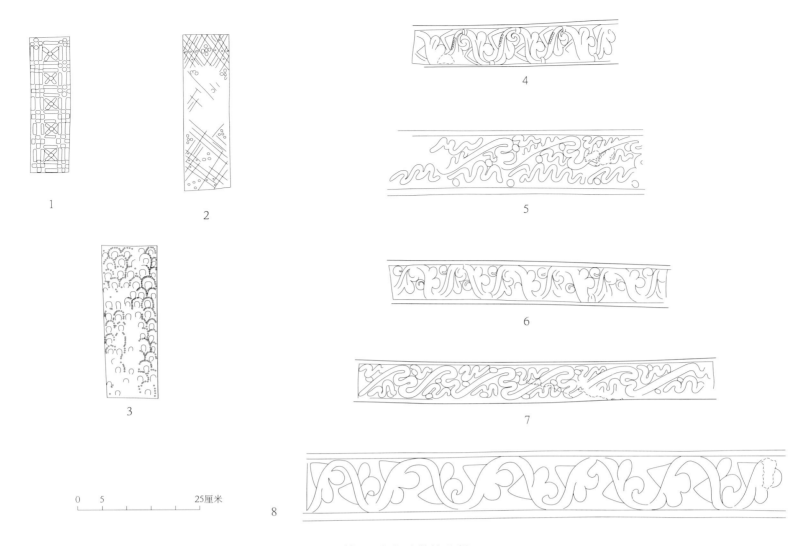

图136　第275窟北壁装饰纹样

1　龛外阙身棋格纹　2　龛外阙身菱格纹　3　龛外阙身鳞纹　4　凸棱忍冬纹之一
5　下段边饰星云纹　6　凸棱忍冬纹之二　7　凸棱星云纹　8　下段边饰忍冬纹

手持花枝，均为白色曲茎，绿色圆形花、叶。行列中的供养比丘，没有像供养人行列的通常情况居于队伍的前端，而排列在第九身的位置。据画痕及与前后供养人形象比较，可看出此身比丘系将供养人队列中的一员加高改绘而成，原构图中的第九身供养人似应为绿色内衣、土色外衣，绿色裤，与前三身组成轮次。第十身供养人比较特殊，不合轮次，且土色外衣上似有黑色披肩（图135；图版II：207）。

供养人与供养人之间，多数有白色题榜，各高7~9厘米、宽1~2厘米，大都位于合掌双手的下方，未见字迹。

3．下段

下段高54~66厘米。下段与中段之间，绘一道横向边饰，高13.5~14.5厘米，东西残长407.8厘米。现存二种四组纹饰，西起第一组，单叶波状忍冬纹，白色地，灰色和白色忍冬，横长84厘米，高14~14.5厘米；西起第二组，星云纹，横长120厘米，高14厘米；西起第三组，纹样与第一组基本相同，白色地，红色忍冬，残长97厘米，高13~14厘米。西起第四组，纹样与第二组相同，残长85厘米，高13厘米。每组纹饰之间，有宽1~2厘米的界隔。东端被第三层壁画覆盖，剥落处露出第一层壁画星云纹边饰（图136-5,8）。

边饰以下，在白地色上绘三角垂帐纹，高约45厘米，东西残长502厘米。垂角上边宽16~19.5厘米，高38~52厘米。图案由红色垂角、白色垂角和红色帐带组成。白色垂角勾红边，红色垂角薄施白粉勾边。自西向东，第一至第四垂角分别为白色、红色、白色、白色，第五垂角直至东端残毁处，其排列组合均依次为红、白、白、白，循环往复。垂角下部尖端均饰一圆珠，多已残损。垂角之间皆有红色帐带垂下（图版II：208-2,3）。

垂角、帐带以下至地面约10~19.6厘米，白壁无画，多已残损。

（三）南壁

南壁呈横长方形，布局与北壁大体对称，以横贯壁面的凸棱和边饰为界，分隔上段、中段和下段（图版I：89；图版II：209~211）。现存南壁东端上部部分坍塌毁坏。在壁面下部，距西壁233~300厘米处，被后代所开穿洞破坏，壁画残毁（图版II：

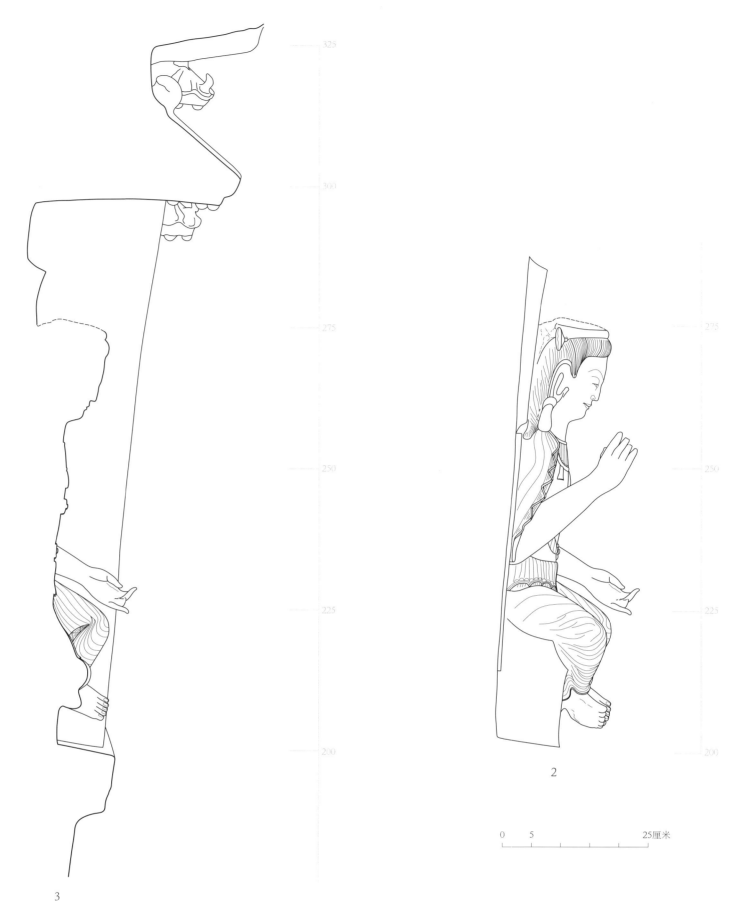

3

2

0 5 25厘米

225-3）。穿洞口上沿有一条纵向裂缝，至上方西起第二龛龛口下沿，长约23厘米，宽约2厘米。

1．上段

上段高130～141.5厘米。横向凸棱之上，自顶边向下123～130厘米的壁面上开凿3个龛，龛内塑像，龛内及龛外壁面绘画，与北壁三龛遥相对称。凸棱施彩绘。龛饰上方、窟顶以下多残。

（1）南壁西起第一龛

方形龛，龛内塑像、绘画，龛外东西两侧浮塑子母双阙，龛上双阙之间连以屋顶。龛口西下角距离地面201厘米，距离西壁69厘米（图137；图版Ⅱ：212）。

1）龛内

i　塑像

菩萨像1身，交脚坐，通高72厘米（包括宝冠，部分残毁）。面相浑圆，眉梢上挑，双眼微启、下视，鼻梁高直，嘴角微露笑意。姿态与北壁西起第一龛内菩萨像基本相同，于左膝上方仰掌的左手，中指、无名指稍屈。双腿外张，膝间距41.8厘米（图版Ⅰ：

图137　第275窟南壁西起第一龛

1　正视　2　塑像侧视（向西）　3　剖视（向西）

99-4）。头上宝冠冠梁以上残毁，残存冠两侧簪饰，左侧簪饰呈三瓣花朵状。头发于额际中分梳理向上，耳后垂发披至肩上。耳饰下垂及肩。祖上身，饰项圈，项圈较宽，塑竖道纹饰，下垂三穗状饰物。与北壁第二龛菩萨相同的璎珞自两肩经胸前环于腹际裙腰上。在胸前正中和两侧腰际，各饰一朵莲花。帔巾披覆双肩，顺上臂垂下，婉转绕肘部飘垂于身体两侧。帔巾残存敷色似为绿色黑边，两端尖角作波状皱褶，刻阴线褶纹。下身着红色绿边长裙，裙腰翻出垂于腹前（呈黑色）。裙前面中间开启，裙边皱褶呈波状连弧，刻阴线衣纹。跣足，双脚距龛底4～4.6厘米（图137；图版Ⅱ：213）。

坐下方形座，平面略呈梯形，前低后高，略向前倾斜，前（北）高13厘米，上部宽30厘米，后（南）高20厘米。方座前面，在白地色上画红色粗线边框，内勾画土红色曲线，似云气纹。

头后浮塑圆形头光，横径30厘米，分内外两圈彩绘，内圈呈黑色，外圈呈土色，残存火焰纹。头光浮起于龛壁1.8～3.3厘米。塑像头部全部浮起于头光之上，其间填充草泥，堆积至后部冠梁上，与头光相连（图版Ⅱ：219-1）

身后贴壁浮塑倒三角形靠背，靠背上宽66厘米，上边与塑像双肩齐平，肩部东侧可见长20厘米，西侧可见长22厘米；两侧斜边可见部分西侧斜边长23.5厘米、东侧斜边长22厘米。靠背周围边缘凸起，施绿色，内呈暗灰色，以黑色线绘斜格纹。靠背上边东西两端各有铺覆物折下一角，绿色。

交脚菩萨像（详细尺寸见表二"第275窟塑像尺寸表"）保存较好，仅宝冠和左、右手指部分残失。头上残存黑色，璎珞右侧，腰、

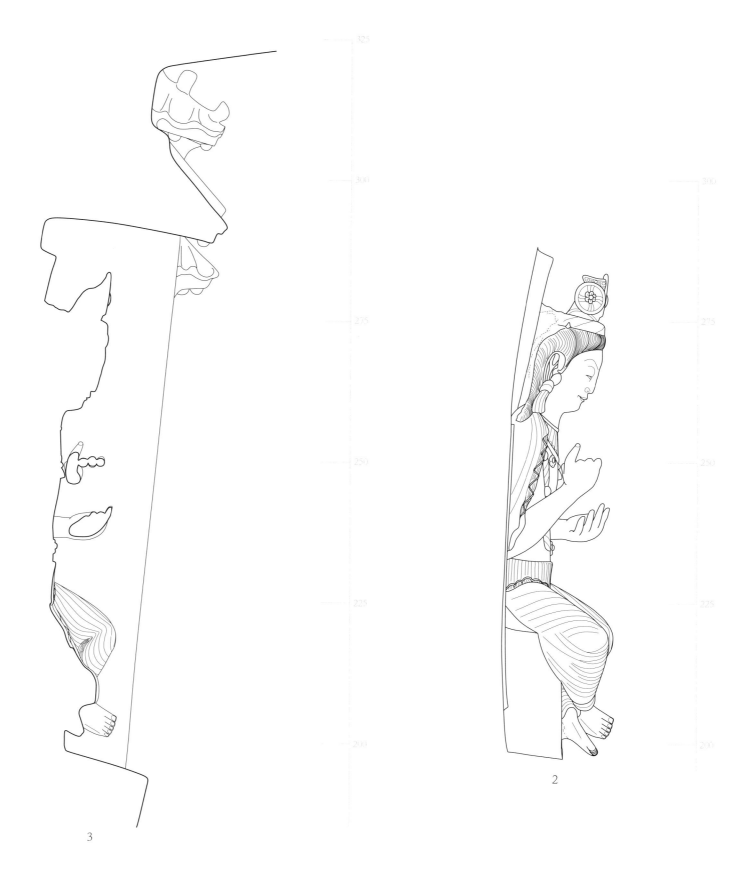

3

2

肋部和左肩下帔巾残存变色后的敷色，长裙敷色尚存，此外面部、身躯、双臂、双脚敷色无存，呈土色，可能后代曾涂刷一层泥浆。

ii 壁画

龛内南壁和东、西壁皆以土红色为地绘画（图139）。

南壁于三角形靠背两端上方各绘立姿侍者（供养天人）1身，其膝以下部分表现为被靠背遮蔽，西侧侍者可见高23厘米（包括头光），东侧侍者可见高26厘米（包括头光），均稍侧向中间塑像，形象、动态基本对称。其中西侧侍者左臂屈肘，左手于胸腹前左侧半握；右臂伸直，向右上方高举过头，右手持一枝白色曲茎绿色花。东侧侍者右手半握于腹前右侧；左手持一枝白色曲茎绿色花，高举过头。均身穿黑色内衣、交领窄袖长袍。薄施白粉绘圆形头光。侍者肤色呈灰白色，头部、面部五官勾染呈黑色，双眼和鼻梁经白色点染。壁面空间以薄粉满绘忍冬、流云，并点缀白茎绿色小花。

龛内东、西两侧壁以薄粉绘一枝单叶波状忍冬，点缀流云和白茎绿色小花，与北壁纹饰连成一片。西侧壁中部内侧有绿色花蕊。

龛顶在白地色上画出16根纵向平行的红色椽子，在龛沿处椽子前端浮塑乳钉状椽头，椽间望板装饰以灰黑两色绘波状枝叶、云气纹（多已褪色）。

2）龛外

龛外东西两侧贴壁浮塑子母双阙及屋顶（详细尺寸见表一"第275窟各龛结构尺寸表"），建筑形制与北壁第一、第二龛基本相

1

0   5   25厘米

图138　第275窟南壁西起第二龛

1　正视　　2　塑像侧视（向西）　　3　剖视（向西）

同。母阙高120～124.4厘米，子阙高95～101.5厘米。阙形建筑结构，包括阙身、屋面、屋脊、鸱尾、瓦陇、屋檐、椽头，为泥塑；

梁、枋、斗拱、檐板、柱、窗、壁带，以及阙身装饰等，施彩绘（图版II：214）。

　　母阙均塑出单檐庑殿顶的正面和两侧面。正面泥塑正脊，正脊两端饰鸱尾；屋面瓦陇五道；左右垂脊下端反翘（西侧垂脊下端

均残）。两侧屋面只塑出前部，略呈三角形，上有瓦陇二道。三面屋檐下塑乳钉状椽头8个，涂红色。屋檐向前伸出壁面12厘米。檐

下阙身上部以土红色线条影作仿木结构的横枋、斗拱、柱和壁带。西侧母阙檐下斗拱自下而上为一斗二升承以短柱、一斗二升承以

短柱、一斗三升承以斜木，东侧母阙檐下斗拱自下而上为一斗三升承以短柱、一斗二升承以叉手、一斗二升承以斜木。阙身中下部

均绘上下两组装饰图案，西侧母阙上段为绿地四叶散点棋格纹，下段为黑地鳞纹；东侧母阙上段为黑地格纹，下段为黑地鳞纹。

　　子阙形制与母阙基本相同，亦浮塑出庑殿顶。正面泥塑正脊，两端各饰鸱尾，瓦陇五至六道，左右垂脊，仅存西侧垂脊下端反

翘；两侧屋面各有瓦陇二道。檐下塑出乳钉状椽头7至8个，涂红色。屋檐向前伸出壁面10～12厘米。檐下阙身上部土红线绘仿木结

构的横枋、斗拱、柱、方窗和壁带。檐下斗拱仅东侧子阙绘一斗二升承以短柱。阙身中下部绘两组装饰图案，西侧子阙上段为黑地

鳞纹，下段为黑地方格纹；东侧子阙上段为黑地鳞纹，下段为绿地四叶散点棋格纹（图137、152-3,4）。

　　双阙之间以塑出的单檐庑殿顶相连接，形式与双阙屋顶类同，表示门屋或殿堂。屋顶正面泥塑正脊，两端饰上翘呈弯钩状的鸱

尾；瓦陇十五道；左右垂脊下端反翘。两侧屋面各有瓦陇二道。屋檐下塑出乳钉状椽头21个，涂红色，龛顶以土红色线影作椽子、

图139　第275窟南壁西起第一龛龛内展开图

望板，椽子前端浮塑椽头（图版Ⅱ：214-3,4）。

（2）南壁西起第二龛

方形龛，龛内塑像、绘画，龛外东西两侧浮塑子母双阙，龛上双阙之间连以屋顶。龛口西下角距离地面197厘米，距离西起第一龛龛口东下角75厘米（图138；图版Ⅱ：215）。

1）龛内

ⅰ　塑像

菩萨像1身，交脚坐，通高85.5厘米（包括宝冠），头微前倾。面型浑圆，眉梢上挑，双眼半睁、下视，鼻梁高直，嘴小。双臂屈起，肘稍外张，小臂向内抬起，双手置于胸前，左手在下，掌心向上，手指微屈；右手在上，掌心向下，约高于左手5厘米，拇指与中指、无名指相捻。双腿屈膝外张，膝间距43厘米，两胫内收提起，两踝交于座前，右踝叠于左踝之前（图版Ⅰ：99-5）。衣饰与北壁第一龛内菩萨基本相同，头戴三珠宝冠，冠高8厘米，正面宝珠现呈黑色，中心作圆形鼓起，外圈点白色连珠，宝珠上有星形装饰，两侧面圆珠作法轮状，上有仰月形装饰。项圈中间被双手遮挡，两侧垂饰二朵绿色小莲花。腹前璎珞下端坠饰一朵小莲花。红

图140　第275窟南壁西起第二龛龛内展开图

色帔巾，黑边。黑色长裙，绿边。跣足，双脚距龛底1～4厘米（图138；图版Ⅱ：216）。

坐下方形座，平面略呈梯形，座高20厘米，上部宽33厘米。方座前面被涂成白色，未见纹饰。

头后浮塑圆形头光，横径34.4厘米，分内外两圈彩绘，内圈呈黑色，外圈呈土色，隐约可见火焰纹。头光于龛壁浮起1.2～3.1厘米。塑像头部全部浮起于头光之上，其间填充草泥，堆积至后部冠梁上，与头光相连（图版Ⅱ：219-2）。

身后贴壁浮塑倒三角形靠背，靠背上宽67厘米，上边与塑像双肩齐平，肩部东侧可见长19.7厘米，西侧可见长20厘米；西侧斜边可见长21.5厘米，东侧斜边可见长22厘米。靠背经塑造，边缘凸起，施黑色；其内敷绿色，可见略按斜格纹的笔触。靠背上边东西两端各有铺覆物折下的一角，绿色。

交脚菩萨像（详细尺寸见表二"第275窟塑像尺寸表"）保存基本完好。惟脸部、颈项、胸前、双臂和手脚经后代涂刷一层薄泥浆，左右手腕和左脚有裂隙。菩萨面部薄泥剥落处隐约可见原来的敷色。

ⅱ　壁画

龛内东、西、南壁皆以土红色为地绘画（图140）。

南壁于三角形靠背两端上方各绘立姿侍者（供养天人）1身，其膝以下部分表现为被靠背遮蔽，西侧侍者可见高21.8厘米，东侧

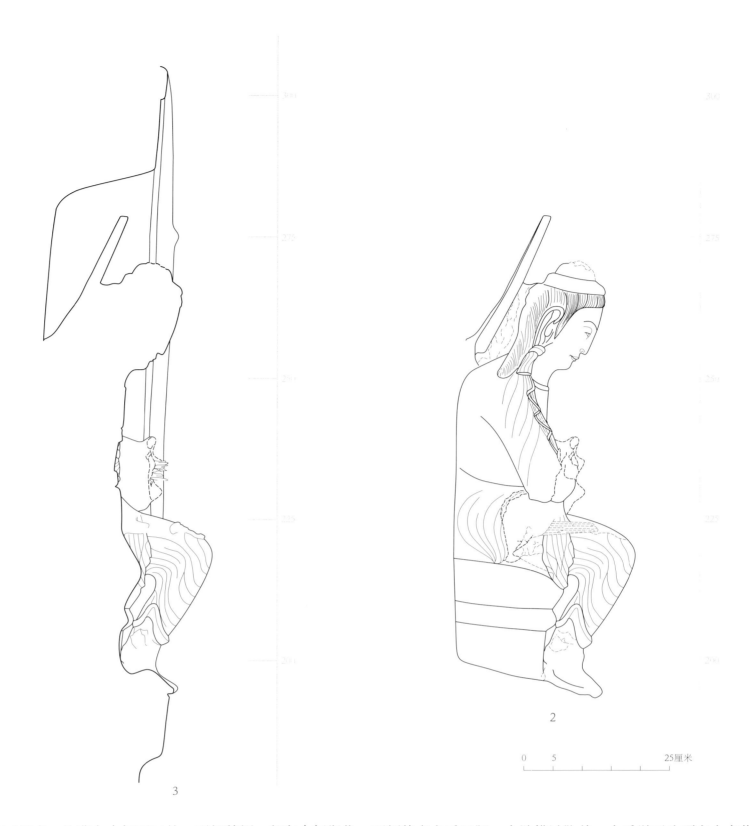

0   5   25厘米

2

3

侍者可见高21.5厘米，均背向中间而回首，面部稍侧，朝向中间塑像。西侧侍者左手叉腰，右臂横过胸前，右手举至头顶左上方作握持状，在右手上方，绘一把斜置黑柄白色拂尘（其柄端延长线应恰入于侍者手中）。东侧侍者右手叉腰，左臂横过胸前，左手执黑柄白色拂尘高举至头顶上方，与西侧对称。均身穿绿色交领窄袖长袍。壁面空间以薄粉满绘忍冬、流云，并点缀白茎绿色小花。

龛内东、西两侧壁以薄粉绘一枝单叶波状忍冬，点缀流云和白茎绿色小花，与南壁纹饰连成一片，忍冬花枝伸入南壁。

龛顶在白地色上画出13根纵向平行的红色椽子，在龛沿处椽子前端浮塑乳钉状椽头，椽间望板装饰以灰黑两色绘波状蔓枝星云纹。

2）龛外

龛外东西两侧贴壁浮塑子母双阙及屋顶（详细尺寸见表一"第275窟各龛结构尺寸表"），建筑形制与前述三个阙形龛饰基本相同。母阙高120～121.4厘米，子阙高92.8～98.3厘米。东侧子母阙及门屋屋顶东端曾被第三层遗迹土坯隔墙墙体遮蔽，现在隔墙已拆除，恢复原状。

母阙单檐庑殿顶泥塑正脊两端饰上翘呈弯钩状的鸱尾。两侧母阙屋面瓦陇四至五道，垂脊下端反翘（东侧母阙西侧垂角反翘已毁）。侧面屋顶只塑出一部分，呈三角形，上有瓦陇二道。屋檐下塑乳钉状椽头8个。屋檐向前伸出壁面10～12厘米。檐下阙身上部均以土红色线条勾勒仿木结构的横枋、斗拱、柱和壁带。东侧母阙檐下斗拱为一斗三升承以叉手；西侧母阙檐下斗拱上下皆为一斗三升承以短柱。阙身中下部均绘上下两组装饰图案，西侧母阙上段为黑地鳞纹，下段为黑地方格纹；东侧母阙上段为红地鳞纹，下段为黑地方格纹。

子阙庑殿顶泥塑正脊东侧子阙西端鸱尾残失，正面瓦陇四至五道，垂脊下端反翘全失；两侧屋面瓦陇一至二道。屋檐下塑乳钉

图141 第275窟南壁西起第三龛（第一层）

1 正视 2 塑像侧视（向西） 3 剖视（向西）

状椽头7至8个。屋檐向前伸出壁面10厘米。檐下阙身上部土红色线所绘斗拱，西侧子阙为一斗三升承以叉手，东侧子阙为一斗三升下承短柱。阙身中下部装饰图案，西侧子阙上段为绿地四叶散点棋格纹，隐约可见被覆盖的线描一串珠纹（应系起稿时所为），下段为黑地鳞纹；东侧子阙上段为绿地（现状泛蓝色）四叶散点棋格纹，下段为红地鳞纹（图138、152-1,2）。

双阙之间单檐庑殿顶，与第一龛基本相同。泥塑正脊仅存东端鸱尾，正面瓦陇十四道；垂脊反翘尽失。两侧屋面各有瓦陇二道。屋檐下塑出乳钉状椽头18个，龛顶以土红色线影作椽子、望板，椽子前端浮塑椽头。

较此窟稍晚，莫高窟第259窟北壁上段阙形龛外泥塑部分均已缺损，子母阙重檐及双阙之间的屋顶残泐脱落，露出里层壁面上的泥层、孔眼和插在孔中的木榫，由此可知构筑阙楼、屋顶时预设骨架的情况[10]。

（3）南壁西起第三龛

圆券形龛，龛内塑像、绘画，龛外两侧浮塑双树，形成龛楣、龛柱。龛口西下角距离地面198厘米，距离西起第二龛龛口东下角83.5厘米（图141；图版Ⅱ：217）。

1）龛内

i 塑像

菩萨像1身，半跏趺坐，残高76.8厘米，头微前倾。弯眉上挑，二目半睁，鼻直口小。双臂屈肘，小臂皆残毁，似左小臂向前

---

[10] 阙楼榫眼纵长方形，较粗大；顶檐木榫较小，上端挑出，其精巧，皆成对设置。屋顶的椽眼一排，较小，圆形，专供插入椽头的骨架。见本卷附录二之（二）。

平抬；右臂屈起，右肘置左股上，小臂上抬。左腿屈膝下垂，胫稍内收，左脚踏于龛底；右腿残断，今左膝上残留草泥粘连应是右踝残存的痕迹。现存迹象表明，此身塑像与北壁西起第三龛中的大致相同，作菩萨思惟相，完好时当以右脚置于左膝之上，右臂屈起，右手支颐（图版Ⅰ：99-6）。头顶束发髻，冠残，头发于额际中分梳向头顶，垂发经耳后垂至肩上。穗状耳饰下垂及肩。袒上身，饰项圈。项圈较宽，下垂一穗状饰物和2朵小莲花，其中右侧小莲花仅存残痕。璎珞下端于腹际坠饰一朵莲花。帔巾覆肩，两侧下端均残。红色长裙，裙腰翻出垂至座面。跣足（图141；图版Ⅱ：218-1）。

坐下圆形束腰座（筌蹄）横径31厘米、高约19厘米，束腰横径29厘米。

头后浮塑圆形头光，残存横径26厘米，厚约1.5厘米。经后代重绘图案，左侧大部残毁。头光离开壁面，前倾，上端距壁面11厘米，下端距壁面约1厘米，其间填充草泥。塑像头部全部浮起于头光之上，其间填充草泥至后部冠梁下，与头光相连（图版Ⅱ：219-3,4）。

半跏菩萨像（详细尺寸见表二"第275窟塑像尺寸表"）残损严重。在两小臂残断处，露出木质骨架和芦苇，下肢左股上有敷加草泥痕迹，右腿残断处也露出木质骨架、芦苇和草泥成型的情况，其表面均经后代涂刷白粉和重妆。眼睛镶嵌物呈绿色。西起第一、第二龛塑像均有镶嵌物，是否原物，不明。在1943年罗寄梅拍摄的照片上，菩萨像残断的右腿被加塑了膝、胫和足部；胫下垂，足踏于龛底。塑工拙劣、粗糙，且改变了原来塑像的姿态，应为近代所为，后被拆除。见本卷附录二之（二）。

ⅱ　壁画

龛内南壁和东、西壁原有彩绘已不存，均经后代重绘壁画，属第三层遗迹。表层剥落后，露出原壁面土红地色。

2）龛外

龛外上方和东西两侧浮塑对称的双树。龛两侧为树干，相当于龛柱；龛口上方为左右对称的双树树冠，皆呈弧形向内弯曲，形成龛楣，与北壁第三龛基本相同。树干（龛柱）与树冠（龛楣）合高120厘米。东侧树冠上部、树干下端残。树干横径5～10厘米。双树距龛口边沿尚有3～4厘米的狭窄壁面，后代重绘火焰纹（详细尺寸见表一"第275窟各龛结构尺寸表"）。

（4）龛与龛之间壁画

南壁龛与龛之间壁画均以土红为地色。西起第一龛西侧下部绘一菩萨，以上残存2身千佛，上端残毁，经第三层重绘。第一龛与第二龛之间下部绘一菩萨，上端残毁，经第三层重绘。第二龛与第三龛之间绘一菩萨，以上绘千佛，菩萨右半身及千佛西起第二身被第三层壁画覆盖。

1）南壁西起第一龛西侧

ⅰ　菩萨

菩萨1身，立姿，通高74.5厘米（包括头光、莲台），正面。头部椭圆形。右臂屈肘外张，小臂抬起，右手举至右肩外侧，扬掌，手心稍向左；左臂屈肘，左手置于左胯上，中指、无名指屈向手心。双脚分开、外撇，立于莲台上。头戴三珠宝冠，绿色冠梁，白色缯带于头两侧束结后婉转向外上旋，又折回飘下，饰红色横纹。袒上身，肤色呈灰色，饰项圈、臂钏、腕钏，胸前挂对兽形饰物；璎珞自双肩垂下，环于左膝上。黑色帔巾在头后呈环状，绕双臂穿肘婉转飘下。下身着黑色长裙，腰带于腰际右侧系结。跣足，肉红色。莲台呈灰色，横径20.5厘米，台面白色。头光敷色剥落，略呈黑色（图142；图版Ⅱ：218-2）。

菩萨头、面部和双耳、颈项、肩、胸、腹、脐、臂、手部的勾染现呈深浅不一的黑色。头部轮廓、眼圈、鼻翼两侧、面颊染色较深。黑色细线勾勒眉、眼、嘴唇、耳轮、手指等。白色染上下眼睑和鼻梁。唇部微红。

在菩萨两侧空间画白茎绿色小花（有白色花蕊），薄施白粉绘忍冬、云气纹。

ⅱ　千佛

南壁西起第一龛西侧壁画上部，菩萨上方原状有可能绘二排千佛，现仅存下排。残毁的壁面顶端现存第三层补绘壁画。

千佛2身，并排，上下各有一条白色横线，白线之间高21.9厘米。千佛均正面，通高19.5～20.5厘米（包括头光、莲座），双手置于腹前，施禅定印，结跏趺坐于莲座上，双膝间距11～11.5厘米。千佛上方华盖与横向白线相接，莲座与下方白线相接。西侧千佛着土色通肩式袈裟；黑色莲座，横径12厘米，高2.5厘米；绿色圆形头光，横径7厘米；黑色身光，横径14.5厘米。东侧千佛着土红色通肩式袈裟；绿色莲座，横径11厘米，高2厘米；土红色圆形头光，横径7.5厘米；土色身光，横径14.5厘米。华盖以两种上下不同颜色（黑、白）横道，分别示意盖顶和垂幔。二佛之间有1方白色题榜，高6厘米，宽2厘米，无字迹（图143）。

千佛头、面、胸、手部可见黑色勾染及眼、鼻的白色点染，肤色薄施白粉仅存痕迹，唇部曾施红色。红色袈裟曾以黑色勾染。袈裟领缘及头光、身光勒以白色细线。

2）南壁西起第一龛与第二龛之间

图142　第275窟南壁西起第一龛外西侧菩萨　　　　　　　　　　　　图143　第275窟南壁西起第一龛外西侧千佛

ⅰ　菩萨

菩萨1身，立姿，通高79厘米（包括头光）。头部稍侧向右，稍低头，上身稍左倾，胯稍右出。左臂屈起，肘稍外张，左手举至左肩前，仰掌，中指、无名指稍屈；右臂垂下，右手垂至右股外侧屈中指、无名指。双脚分开，外撇。头戴白色三珠宝冠。缯带呈黑、灰色，自冠两侧束结后飘出，婉转向外上旋，又折回飘下，饰黑色横纹。袒上身，饰项圈（下垂三圆珠）、臂钏、腕钏，胸前挂对兽形饰物；璎珞自双肩垂下，环于左膝上。绿色帔巾在头后呈环状，绕双臂在两侧自然飘下。红黑两色绘下身长裙，裙腰翻出。跣足，肉粉色。圆形头光，内外分两圈，内圈红色，外圈黑色（图144；图版Ⅱ：218-4）。

菩萨勾勒、晕染技法与第一龛西侧菩萨基本相同，肤色呈灰色，面部色较深。白色细线勒帔巾裙纹。

在菩萨周围点缀白茎绿色小花。

ⅱ　千佛

菩萨上方残存2身千佛莲座残迹，可见东侧一身的绿色莲座底面，西侧黑色莲座已不清晰。莲座下可见白色横线。此处原状应绘一排千佛，仅存残迹，以上至壁面顶端现存第三层补绘壁画。

3）南壁西起第二龛与第三龛之间

ⅰ　菩萨

菩萨残存1身，右半身被第三层壁画覆盖，立姿，通高95厘米（包括头光、莲台），正面。左臂屈肘外张，左手腕部贴于左胯，掌心朝外，屈中指、无名指。双脚分开，外撇。立于莲台上。头戴宝冠，可见左侧白色黑圈宝珠、绿色冠梁，左侧缯带自冠左侧束结后婉转向外上扬，再折回飘下，饰横纹。袒上身，肤色白，饰项圈、臂钏、腕钏，挂璎珞。红色帔巾敷搭左肩向下婉转绕左臂，再婉转飘下。下身着绿色长裙，裙腰翻出，腰带于左侧腰际束结。跣足。白色莲台。黑色头光，敷色脱落（图145；图版Ⅱ：218-3）。

帔巾以黑色勾染，勒以白线。裙褶以黑色、白色细线勾勒。左脚在肉粉色上敷白粉再以黑色细线勾勒。

在菩萨西侧空隙处点缀白茎绿色（蓝色）小花。

ⅱ　千佛

千佛残存2身，并排，下边有一条白色横线，与下方菩萨界隔。此二千佛亦曾长期被第三层遗迹土坯隔墙墙体遮蔽。画面上部受

图144　第275窟南壁西起第一、二龛之间菩萨　　　　　　　　图145　第275窟南壁西起第二、三龛之间菩萨

到烟炱污染。千佛，正面，通高21.5厘米，双手置于腹前，施禅定印，结跏趺坐于莲座上，双膝间距12.5厘米，上方有华盖。西侧千佛着蓝色（？）通肩式袈裟；白色莲座，横径11厘米，高2厘米；红色圆形头光，横径9厘米；土色身光，横径15.5厘米。东侧千佛着红色通肩袈裟；莲座在土红地色上似未加描绘，仅见下部白线下有一点蓝色（？）色斑；绿色圆形头光，浅红（橙）色身光。二佛之间有1方白色题榜，残高7.5厘米，宽2厘米，无字迹。

2身千佛右侧，原状应还有1至2身千佛，因已处于隔墙以东，被第三层壁画覆盖。

千佛线描、勾染情况与第一龛西侧千佛大致相同，面部描绘保存稍好，眉、眼、嘴和衣纹的线描稍见清晰，唇上似有胡髭画痕。第275窟内，北壁、南壁上曾经隔墙墙体长期遮蔽的部位，多处出现了呈蓝色的敷色，其中以上述西侧千佛袈裟（包括其下方附近的小花和东侧千佛莲座下的一点色斑）染色最接近于比较纯粹的蓝色。

（5）凸棱

南壁顶边以下122～129厘米，在上段与中段之间，横贯壁面凸起一道方棱，分隔壁面上下。凸棱上面无画，正面和下面绘边饰图案。

凸棱正面残存二种四组纹样，相互交替，组成边饰。纹样的排列组合是，西起第一组为单叶波状忍冬纹，是在白地色上用黑线勾出茎蔓，叶面分三片裂瓣，叶背为三角单瓣，敷色已变，现呈黑色和灰色，横长82.9厘米，高7～8厘米；西起第二组为星云纹，是在土红地色上薄施白粉绘曲折线条，点白色圆点，横长118～119厘米，高7～8厘米；第三组纹样同第一组，仅叶背为一卷瓣，忍冬叶为黑色和绿色，横长109厘米，高8～9.5厘米；第四组纹样同第二组，为黑色线条、白色圆点，此组大部及以东皆被第三层壁画覆盖，残长48.5厘米，高8厘米，现存部分曾被第三层隔墙墙体遮蔽。在每组边饰之间，有宽1～1.5厘米的白色和黑色的竖道作为界隔（图146、152-5~8）。

凸棱下面呈斜面（约宽5厘米，垂直高度1～2厘米），残存绘二种三组纹饰。西起第一组为均等平行的竖条纹，颜色按白、黑、白、绿次序自西向东循环排列，横长171厘米；第二组在土色地（部分呈黑色）上绘连续排列的绿色垂角纹，横长143厘米；第三组与第一组相同，颜色按黑、白、绿、白次序，残余横长46厘米。以东被第三层遗迹覆盖。各组之间无界隔。

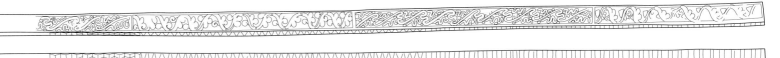

图146　第275窟南壁凸棱纹饰

2．中段

中段高104～120厘米，东端残损。壁画又可分为上下两段，上段绘故事画，高79～83厘米，宽543～548厘米；下段绘供养菩萨和坐佛，高24.5～26厘米，宽551厘米。

（1）故事画

壁画构图，由西向东连续排列，现存佛传故事画一幅（四门出游），由四组情节构成，每组情节之间大致以建筑物为界，均以土红色为地。中部被后代所开穿洞破坏，部分画面残毁不存。依次叙述如下。

1）西起第一情节（四门出游之一）

画面高83厘米，宽约102厘米，绘城门、一乘马王子、三伎乐天、二男子、一老人、一飞天（图147；图版II：221）。分别叙述如下。

城门，在画面东侧，绘带透视角度的城门、门楼和子母双阙。双阙由基座、阙身和阙顶结构组成。母阙高，子阙低，阙身相连，白色。阙顶均为庑殿顶，绿色，作正面，正脊两端饰上翘呈弯钩状的鸱尾。檐下阙身上部以土红色线条绘仿木结构的横枋、斗拱、柱和壁带。檐下斗拱自下而上为一斗三升承以短柱、一斗三升承以短柱和斜木。阙身绘壁带。双阙之间以过梁相连，在下方形成城门，在上方绘门楼，白色。门楼悬山顶，绿色，正脊两端饰鸱尾。门楼檐下以土红色线条绘仿木结构的椽子、横枋、斗拱、柱和壁带等。檐下斗拱为一斗三升承以短柱。

图147　第275窟南壁故事画之一

乘马王子1身，位于城门之下，通高43厘米（包括头光），为画中主要人物，即悉达多太子。稍侧向左，稍低头，下视。左臂屈起，左手于左肩前仰掌；右臂稍屈，小臂抬起，右手伸向前方。头戴三珠宝冠，白色缯带在冠两侧束结后飘出，右侧飘向头右侧，左侧婉转上扬，饰红色横纹。袒上身，饰项圈（下垂三圆珠）、臂钏、腕钏，胸前挂对兽形饰物。黑色帔巾在肩后呈环状，绕双臂飘下。跣足。绿色头光。坐下马土色，头西尾东，备白色鞍鞯，正由城门行进而出，表现为尾部尚在门内，三蹄着地，一腿提起。

老人1身，位于画面西侧下方，立姿，高46厘米，稍侧向右，上身稍前倾，略下视。白发、白眉、白髭须。右臂屈起，右手举至右肩外侧，平托一红色物（？）；左臂屈肘，小臂稍抬，左手抚于胸腹之际。膝稍屈。两脚分开，外撇，右脚在前。袒上身，下身围绿色腰布，腰带于腰际右侧打结，两膝、胫部裸露。跣足（图版Ⅱ：225-2）。

男子2身。其一画于东侧阙身下部，立于门侧；另一身绘于西侧老人身前。

东侧男子，残高17厘米，稍侧向左。此人为王子的侍者，或为门吏。头略上仰，双手举至左肩上方，向正在出城的王子合掌。着红色交领袍，绿色领缘（图版Ⅱ：225-4）。其头前西侧上方阙身上朱书"□子"二字[11]。

西侧男子，残高24厘米，侧身向西，上身略前倾，回首，头部稍侧向右，望向王子。右臂屈起，右手上举，指向前方老人。身着土色交领窄袖袍，腰间束带。

伎乐天3身，位于画面中部、王子前方，其中马前1身，朝西；另2身朝东，一前一后。面向王子奏乐，似作迎迓之状。

第一身伎乐天，立于王子马前，残高23厘米，稍侧向左，怀抱箜篌，双臂屈肘，双手于胸前作弹拨状（模糊不清）。头绾髻，穿土色裤褶装。薄施白粉绘箜篌。

第二身伎乐天，面对乘马王子而立，与第一身伎乐天相向，通高46厘米（包括头光、莲台），稍侧向右，胯稍右出。怀中横抱曲颈琵琶，左手控弦，右手作弹拨状。两脚分开，外撇，立于莲台上。头戴宝冠，白色缯带自冠两侧束结后飘出，左侧婉转飘扬向上，右侧自然下垂。饰红色横纹。袒上身。下身着绿色长裙，裙腰外翻，腰带于腰际右侧打结。跣足。莲台横径14厘米。土色头光，横径11厘米。

第三身伎乐天，在第二身伎乐天后方，立姿，下部表现为被第二身伎乐天遮挡，可见高30厘米，稍侧向右，略下视。胸前挂腰鼓，左臂稍屈，左手置于左侧腰际作拍击状；右臂屈起，右手举至右肩外侧，掌心向上。身着土色交领窄袖衣。绿色头光。

飞天1身（西起第一身），在画面西上角、老人及西侧男子上方，稍侧向左，朝西飞行。上身前倾，双臂屈起，双手于面前合捧一物（似钵形，盛物）。双腿舒展，向后上方扬起，与上身折成"V"形，右脚抬高。宝冠残，白色缯带自头两侧束结后向两侧上方飘扬，饰红色横纹。袒上身，饰项圈、腕钏。薄施白粉绘帔巾，在头后呈环状，左侧绕左臂婉转飘于身体下方，右侧绕右臂向身后上方飘扬。下身着黑色长裙，裙腰翻出，腰带于腰际左侧系结。跣足。黑色头光。

在城门门楼西侧，有1方白色题榜，高23厘米、宽4.5厘米，未见字迹。

此图为佛传四门出游故事中悉达多太子骑马出东城门路遇老人的情景。故事见录于汉译佛籍，如西晋竺法护译《普曜经》卷三〈四出观品〉（《大正藏》第三卷，第502～503页）[12]。

2）西起第二情节（四门出游之二）

画面高80～83厘米，宽约150厘米，绘城门、乘马王子、三伎乐天、一比丘、一天人、三飞天。画面东部因后代开凿穿洞而受到破坏（图148；图版Ⅱ：222）。

---

[11] 前一字不识，有认作"丑"字或"王"字。"丑子"与壁画难以符合。若为"王子"，当指乘马出行的悉达多太子。
[12] 经云："佛告比丘，时诸天人劝发菩萨。父王白净，寐梦睹见菩萨出家，乐于寂然，诸天围绕；又见剃头，身著袈裟。时从梦觉，即遣人问：太子在宫不？侍者答曰：太子在耳。时白净王入太子宫，今观太子必当出家，所以者何，如我今所见变应。心自念言：太子将有欲行游观，当敕四衢严治道路，学调乐伎，普令清净。却后七日，太子当出，使道平正，莫令不净，勿使见非诸不可意。即时受教，皆当如法。严治已竟，悬缯幡盖，兵众围绕，导从前后。尔时菩萨出东城门，菩萨威圣之所建立。于时诸天化作老人，头白齿落，目冥耳聋，短气呻吟，执杖偻步，住于中路。菩萨知之，故复发问：此为何人，头白齿落，羸瘦乃尔？御者答言：是名老人，诸貌已尽，形变色衰，饮食不化，气力虚微，命在西垂，余寿无几，故曰老矣。菩萨即曰：是则世法，而有此难。一切众生皆有斯患。人命速驶，犹山水流，宿夜逝疫，难可再还。老亦然矣，不亦苦乎。一心专精，惟惟正义。御者答言：不独此人，遇老患也，天下皆尔，俗之常法。圣尊父母，亲里知识，皆致此老，咸同是业。菩萨时曰，不解何义。愚人自大，不觉老至。自没尘埃，便可回还。用是五乐，不益于事。自睹如幻，空中之电。还入宫中，思惟经典，惄念十方。宜以法药，必疗治之。菩萨后日，复欲出游。王敕外吏：严治道路，去诸不净。菩萨驾乘出南城门，复于中路见疾病人，水腹身羸，卧于道侧，气息张口，命将欲绝。菩萨知之，故复发问，告御者曰：此为何人？御者曰：此名病人，已至死地，命在须臾，骨节欲解，余寿无复。菩萨即曰：万物无常，有身皆苦，生皆有此，何得免乎？吾身不久，亦当然矣，不亦痛乎！有身有苦，无身无乐。即还入宫。复于异日，报王观游。王敕外吏严治道路。太子乘驾出西城门，见一死人著于床上。家室围绕，举之出城，涕泪悲哭，椎胸呼嗟，头面尘垢，泪下如雨。何为弃我，独逝去而！菩萨知之，而复问曰：此为何人？御者答曰：此是死人。人生有死，犹春有冬。身没神逝，宗家别离。人物一统，无生不终。菩萨答曰：夫死痛矣，精神懃矣。生当有此老病死苦，莫不热中迫而就之，不亦苦乎。吾见死者，形坏体化，而神不灭。是故圣人以身为患，而愚者宝之，至死无厌。吾不能复以死受生，往来五道，劳我精神。便回车还，思度十方。复于异日报王出游，出北城门，见一沙门，寂静安徐，净修梵行。诸根寂定，目不妄视。威仪礼节，不失道法。衣服整齐，手执法器。菩萨问之：此为何人？御者答言：此名比丘。以弃情欲，心意寂然，犹如太山，不可倾动。难污如空，屈伸低仰，不失仪则。心如莲华悉无所著，亦如明珠六通清彻，无一翳碍，慈愍一切，欲度十方。菩萨即曰：善哉！惟是为快，是吾所乐。心意寂静，自愍度彼，善业快利，成甘露果。"故事尚见于竺大力、康孟详译《修行本起经》卷上；支谦译《佛说太子瑞应本起经》卷上；聂道真译《异出菩萨本起经》；马鸣菩萨造、昙无谶译《佛所行赞》卷一。较晚出文本从略。

图148　第275窟南壁故事画之二

　　城门，在画面东侧，绘门楼和子母双阙，大部分被穿洞破坏，仅存西侧子母阙和门上过梁及门楼。西侧子母阙由基座、阙身和阙顶结构组成。母阙高，子阙低，阙身相连，白色。阙身略带透视角度。阙顶均为庑殿顶，绿色，作正面，正脊两端饰上翘呈弯钩状的鸱尾。檐下阙身上部以土红色线条绘仿木结构的横枋、斗拱、柱和壁带。檐下斗拱自下而上为一斗三升承以短柱、一斗三升承以叉手和短柱。阙身绘壁带。阙身下部基座上绘三角垂帐纹。双阙之间以红色过梁相连，在下方形成城门，在上方绘门楼，白色。门楼庑殿顶，绿色，正面，正脊两端饰鸱尾。门楼檐下以土红色线条绘仿木结构的横枋、斗拱、柱和壁带。檐下斗拱为一斗三升承以短柱、一斗二升承以叉手。

　　乘马王子1身，位于城门内、过梁以下、西侧母阙以东，毁于过洞，仅存边缘残痕。

　　比丘1身，位于画面西侧下方，立姿，残高40厘米，稍侧向右，胯稍右出，左臂稍屈，左手半握，贴于左胯；右臂屈起，右手举至右肩前，仰掌，手指向前。身着土色袒右式袈裟，绿色领缘。

　　天人1身，立姿，背靠城阙，残高36厘米（包括头光），稍侧向左，胯稍左扭，上身稍向右倾，回首稍侧向右，朝向城门间的王子。右臂屈起，右手抬至左肩之上，指向画面西侧（三伎乐天以西）的比丘。身着圆领衣（似有交领内衣）。黑色头光。

　　伎乐天3身，位于画面中部，由东向西排列。

　　第一身伎乐天，立姿，通高50.3厘米（包括头光、莲台），稍侧向左，胯稍右出。横抱曲颈琵琶，左手控弦，右手作弹拨状。双脚分开，外撇，立于莲台上。头戴白色宝冠，白色缯带自冠两侧束结后向左右上方高高飘扬，饰红色横纹。肤色灰。袒上身，饰项圈、腕钏。土色帔巾在肩后呈环状，绕双臂于身体两侧婉转飘下。下身着绿色长裙，腰带于腰际右侧打结。跣足。土色莲台，白色台面。土色头光。

　　第二身伎乐天，立姿，通高53.5厘米（包括头光、莲台），稍侧向右，稍低头，胯稍右出，肩稍向左扭。双臂屈起，双手举至左肩上似执横笛，作吹奏状（横笛模糊不清）。两脚分开，外撇，立于莲台上。肤色白。袒上身，饰项圈、腕钏。绿色帔巾在肩后呈环状，绕双臂于身体两侧垂下。下身着长裙，腰带于腰际两侧束结。跣足。绿色莲台，白色台面。圆形头光。头光、长裙似在土红地色上罩以薄粉。

　　第三身伎乐天，立姿，通高54厘米（包括头光、莲台），头部稍侧向左，稍低头，胯稍左出。怀抱箜篌，两臂屈肘，稍外张，双手于胸前作弹拨状。两脚分开，外撇，立于莲台上。头戴白色宝冠，白色缯带自冠两侧束结后，左侧弧转飘下，右侧向右上飘扬，饰红色横纹。肤色灰。袒上身，饰项圈、臂钏、腕钏。土色帔巾自肩后向前绕双臂，在身体两侧飘下。下身着长裙，以土红色勾染，留出土色，似质薄透体，腰带在腰际左侧系结。跣足。红色莲台。绿色头光。

飞天，3身，位于三伎乐天和天人、比丘的上方，均朝东飞行。由东向西叙述如下。

第一身飞天（西起第四身），稍侧向右，俯视。上身前倾，右臂屈肘，右手抚于胸腹之际；左臂屈起外张，左手举至左肩外侧上方，仰掌。双腿舒展，向后上方扬起，与上身折成"V"形，左脚抬高。袒上身，饰项圈、臂钏、腕钏，挂璎珞。薄施白粉绘帔巾，在头后呈环状，左侧绕左臂向后上方飘扬，右侧绕右臂飘在身体下方。下身着黑色长裙，腰带于腰际两侧系结。黑色头光。

第二身飞天（西起第三身），稍侧向右，俯视。上身前倾，双臂屈肘，双手相叠于胸前。头戴白色三珠宝冠，白色缯带自冠两侧飘出，左侧婉转上扬，右侧飘向下方，饰红色横纹。袒上身，饰项圈（下垂一圆珠）、腕钏，挂璎珞。下身着土色长裙。双腿舒展，向后上方扬起，与上身折成"V"形。黑色帔巾在头后呈环状，左侧绕左臂上扬，右侧绕右臂飘在身体下方。绿色头光。

第三身飞天（西起第二身），稍侧向右，俯视。上身前倾，右臂垂下，稍屈，右手稍前探；左臂屈起，左手举至左肩上方，仰掌。头戴宝冠，白色缯带自冠两侧束结后飘起，左侧婉转飘向身后，右侧飘下婉转折回，饰红色横纹。袒上身，饰项圈、臂钏、腕钏，挂璎珞。下身着黑色长裙，腰带于腰际两侧系结。双腿舒展，向后上方扬起。绿色帔巾在肩后呈环状，左侧绕左臂在身后长垂，右侧绕右臂向后婉转飘下又回曲向前。黑色头光。

在阙楼上方，有1方高18厘米、宽4.7厘米的白色题榜，未见字迹。

此图为佛传四门出游故事中悉达多太子骑马出北城门路遇沙门的情景。故事见录于汉译佛籍，如西晋竺法护译《普曜经》卷三〈四出观品〉（《大正藏》第三卷，第502～503页）[13]。

3）西起第三情节（四门出游之三）

画面高78～79厘米，宽约179厘米。画面残存城门、乘马王子、二男子、三伎乐天、二天人、四飞天（图149；图版Ⅱ：223）。此组画面曾部分被后代隔墙遮蔽，保存较清晰；画面西端受到穿洞的破坏，中下部已毁（图版Ⅱ：225-3）；东部处在隔墙外，残损较甚。分别叙述如下。

城门，在画面东侧，隐约可见带透视角度的城门、门楼和子母双阙，阙身下有基座，饰三角垂帐纹。双阙和门楼庑殿顶均施绿色（大部剥落），屋面有黑色线描瓦陇，正脊两端饰有鸱尾。阙身、门楼皆白色，以土红色线条绘仿木结构的横枋、斗拱、柱和壁带。檐下斗拱可见一斗三升承以短柱、一斗三升承以叉手。颜色剥落几尽，画迹模糊。

乘马王子1身，位于城门之下。通高44.5厘米（包括头光）。侧身向左，稍下视。左臂屈起，左手举至左肩前仰掌；右臂稍屈，小臂平抬，右手向前伸出。肤色呈肉红色。袒上身。帔巾呈橙色，在肩后呈环状，右侧绕右臂飘下。下身着绿色长裙。跣足。头光呈土色。坐下马土色，头西尾东，备红色鞍鞯，正由门内行进而出，表现为尾部尚在门内。

男子2身，其一画于东侧阙身下部，立于门侧，甚残；另一身绘于城阙西侧，甚模糊。

门东侧男子，身形较小，残高14.3厘米，大部残，头部和身体左侧剥落严重，其身份应与第一情节东侧男子一致。头部稍侧向右，仰望出城的王子，拱手。着红色交领袍，绿色领缘。

门西侧男子，立姿，残高36厘米，模糊不清，稍侧向左，朝向西。黑发，面部染肉粉色。着裤褶装，红色褶，土色裤。

伎乐天3身，位于画面中部，并立奏乐（图版Ⅱ：225-1、226）。由东向西分别叙述如下。

第一身伎乐天，立于门西侧男子以西，通高44厘米（包括头光、莲台），头部稍侧向左，稍下视。横抱曲颈四弦琵琶，左手控弦，右手作弹拨状。双脚分开，外撇，立于莲台上。头戴宝冠，白色缯带自冠两侧束结后飘向两侧，左侧上扬，右侧向外平展，又折回头后，饰红色横纹。肤色白。袒上身，饰项圈、腕钏。红色帔巾在头后呈环状，绕双臂婉转飘下。下身着黑色长裙，裙腰翻出，腰带于腰际左侧打结。跣足。绿色覆莲台，白色台面。绿色头光。

第二身伎乐天，立姿，通高41厘米（包括头光、莲台），上身稍左倾，双肩稍侧向左，胯稍右出，回首稍侧向右。双臂屈起，双手举至左肩上执横笛，低头作吹奏状。两脚分开，外撇，立于莲台上。头顶束发髻，饰白色连珠等。袒上身，饰项圈、臂钏、腕钏。绿色帔巾在肩后呈环状，绕双臂在身体两侧婉转飘下。下身着红色长裙，裙腰翻出在腹前垂下。跣足。绿色覆莲台，白色台面。红色头光。

第三身伎乐天，立姿，通高38厘米（包括头光、莲台），稍侧向左，胯稍左出。怀抱箜篌，左手在上，右手在下，于胸前作抚弦状。两脚分开，外撇，立于莲台上。头戴白色三珠宝冠，白色缯带自冠两侧束结后飘出，左侧飘向左方，右侧垂至右肩后，饰黑色波折横纹。袒上身，饰项圈、腕钏。红色帔巾在肩后呈环状，左侧绕左臂高高上扬，右侧绕右臂婉转飘下。下身着绿色长裙，腰带在腰际两侧系结。跣足。红色覆莲台，白色台面。

天人2身，一身位于第二、第三身伎乐天上方，另一身位于第三身伎乐天西侧（图版Ⅱ：225-1、226）。

---

[13] 同注12。

图149　第275窟南壁故事画之三

　　上方天人，表现为腹部以下被第二、三身伎乐天遮挡，可见高26厘米（包括头光），稍侧向右。双臂屈起，双手在面前合掌，作向王子行礼状。头顶束发髻，饰白色连珠等。袒上身，饰项圈、臂钏、腕钏。红色帔巾于肩后呈环状，向前绕双臂婉转飘向后方。下身着绿色长裙，腰带于腰际两侧束结。灰色头光。

　　西侧天人，残高37厘米（包括头光），毁于近代穿洞，仅存右侧少许头部、头光、帔巾、右肩部分。头顶束高髻。肤色白。帔巾呈土色，在头后呈环状，绕臂婉转飘下。土色头光。

　　飞天4身，位于阙楼以西、门西侧男子和伎乐天、天人上方，均朝东飞行（图版Ⅱ：226）。由东向西叙述如下。

　　第一身飞天（西起第八身），稍侧向右，俯视。上身前倾，双臂屈肘，小臂均向左侧平抬，左手扬掌，及于第二身飞天头光。双腿舒展，向后上方扬起，与上身折成"V"形。肤色呈肉红色。袒上身，饰项圈、腕钏。土色帔巾，红边，在头后呈环状，左侧绕左臂，右侧绕右臂向下，飘在身体下方。下身着绿色长裙，腰带于腰际两侧束结。土色头光。

　　第二身飞天（西起第七身），稍侧向右，俯视。上身前倾，右臂屈起，右手举至右肩上方半握；左臂屈肘，左手抚于胸腹之际。双腿舒展，向后上方扬起，与上身折成"V"形，右脚抬高。头戴宝冠，白色缯带自头两侧束结后飘向两侧，饰红色横纹。肤色灰白。袒上身，饰项圈、臂钏、腕钏。帔巾在头后呈环状，左侧（呈土色）绕左臂向上飘扬，右侧（黑色）绕右臂婉转飘下。下身着红色长裙，腰带于腰际右侧系结。红色头光。

　　第三身飞天（西起第六身），稍侧向右，俯视。上身前倾，右臂屈肘，右手半握置于右侧腰际；左臂屈起，左手举至左肩上方仰掌。双腿舒展，向后上方飘起，与上身折成"V"形，左脚抬高。头顶束发髻，饰连珠。袒上身，饰项圈、臂钏、腕钏。红色帔巾在肩后呈环状，左侧绕左臂上扬，右侧绕右臂婉转飘在身体下方。下身着土色长裙，腰带于腰际右侧系结。绿色头光（图版Ⅱ：226）。

　　第四身飞天（西起第五身），稍侧向右，俯视。上身前倾，胸以下毁于穿洞，后部尚可见扬起的双脚。头戴白色宝冠，白色缯带自头两侧束结后飘出，在左右扬起，饰红色横纹。袒上身，肤色灰。饰项圈（下垂三圆珠）、臂钏。下身着红色长裙。绿色帔巾在头后呈环状，向前绕双臂。黑色头光。

　　在门楼东侧，有1方高11厘米、宽2厘米的白色题榜，未见字迹。

　　此图为佛传四门出游故事中悉达多太子乘马出城的情景，因残损较多，具体情节难以确认，疑为出南城门遇病人的情景。故事见录于汉译佛籍，如西晋竺法护译《普曜经》卷三〈四出观品〉（《大正藏》第三卷，第502～503页）[14]。

[14]　同注12。

图150　第275窟南壁故事画之四

4）西起第四情节（四门出游之四）

画面高77～80厘米，东西宽约114.5厘米。画面残存城门、乘马王子、一男子，三伎乐天，大多漫漶。画层剥落，露出草泥壁面。现存画面，仅隐约可见东侧绘城门阙楼、乘马王子、一男子，西侧残存上方三伎乐天（图150；图版Ⅱ：224）。

城门，在画面东侧，绘城门、门楼和阙。隐约可见子母双阙的白色基座、阙身、过梁，以土红色线条描绘。

乘马王子1身，位于城门之下，通高约30厘米（包括头光）。王子稍侧向左，袒上身，头后有圆形头光。

男子1身，在东侧阙身下部，立于门侧，身形较小，残高6厘米，朝西，稍侧向左，仰视。双臂屈起，双手于面前合掌。着红色袍。应与第一、第三情节东侧男子身份一致。

伎乐天，残存3身，在画面西侧上部，由西向东分别叙述如下。

第一身伎乐天，立姿，残高35厘米（包括头光），稍侧向左，胯稍右出，回首稍侧向右。横抱琵琶，左手控弦，右手作弹拨状。头戴冠。袒上身。帔巾呈土色，在头后呈环状，绕双臂婉转飘下。下身着绿色长裙。头光呈土色。

第二身伎乐天，立姿，残高50厘米（包括头光），稍侧向左。双臂屈起，双手举至面前持乐器，作吹奏状。袒上身。头光呈土色。

第三身伎乐天，仅见部分黑色头光，余皆不存。

此图为佛传四门出游故事中悉达多太子乘马出城的情景。因残损过甚，具体情节难以确认；据残存画迹，画面下部似有横向物体置于地上，疑为出西城门遇死人的情景。故事见录于汉译佛籍，如西晋竺法护译《普曜经》卷三〈四出观品〉（《大正藏》第三卷，第502～503页）[15]。

在每一幅故事画上方及空隙处，皆点缀白茎绿叶小花。

上述故事画中各类人物形象，其面部、身体、四肢以及肤色、衣饰的描绘、染色均与西壁、南北两壁上段菩萨、千佛基本相同。与北壁、南壁上段第二、第三龛之间情况类似，第三情节（四门出游之三），由于曾经长期处在第三层遗迹土坯隔墙墙体遮蔽下，变色程度与其他画面有所不同，敷色脱落较少，数身伎乐天、天人、飞天肢体和五官的红色勾染尚未变黑，涂敷白粉之后的肤色透出红润，并颇具立体感。此外，人物的发际、白毫、眉、眼、鼻、嘴和手、脚，以及冠饰、项饰、钏饰、乐器、帔巾、长裙乃至台座的莲瓣，从轮廓到细部，黑色的线描多清晰可见。另有染红的双唇，双眼和鼻梁施白而呈现的"小"字形。故事画中建筑物的结构描绘，与上段浮塑彩绘的阙形龛饰一致。

（2）供养菩萨

在故事画下边有白色界线，白线下，在土红地色上绘供养菩萨行列，高26厘米，东西长约539厘米，现残存供养菩萨39身。东端

[15]　同注12。

残存坐佛2身。因其在壁面上位置较低，年久磨损，故形象、服饰大多漫漶。画面中部，因后代开穿洞，数身供养菩萨被毁。穿洞以东，除1身大部残毁外，有6身供养菩萨曾被隔墙墙体遮蔽。隔墙以东，因第三层遗迹重绘壁画，供养菩萨被覆盖其下。现代将重绘壁画大部剥除，露出以东画面，画迹模糊，未剥除部分尚覆盖供养菩萨2至3身（图151；图版Ⅱ：226、227-1、228-1）。

供养菩萨，皆立姿，通高23～26厘米（包括头光、莲台），冠著、服饰基本相同，惟姿态、手式各异。身躯略呈曲线。两脚分开，脚尖外撇，立于莲台之上。头顶束发髻，长发披肩。袒上身，饰项圈、臂钏、腕钏。帔巾在头后或肩后呈环状，向前绕双臂飘下，垂于体外两侧。下身着长裙，裙带多在腰际两侧打结。跣足。足下有绿、红等色莲台。头后有圆形头光。自西向东略述如下。

西起第一身，上身稍侧向左。双臂屈起，双手举至面前合掌持花枝。绿色帔巾。红色裙。红色头光。

第二身，上身稍侧向左，稍向左出胯。双臂屈起，双手举至面前合掌持花枝。黑色帔巾。土色裙。绿色头光。

第三身，上身稍侧向左，略微后仰，稍向左出胯。双臂屈起，双手举至面前合掌持花枝。薄施白粉绘帔巾。黑色裙。红色头光。

第四身，上身稍右倾，回首，头部略侧向右，俯视，向左出胯。双臂屈起，双手举过左肩合掌持花枝。黑色帔巾。绿色裙。土色头光。

第五身，头部稍侧向左，稍向左出胯。双臂屈起，右手在胸前扬掌，左手置于胸腹间。绿色帔巾。红色裙。土色头光。

第六身，上身稍侧向左，稍向左出胯。双臂屈起，双手举至面前合掌持花枝。红色帔巾。红（土）色裙。绿色头光。

第七身，上身稍侧向左，稍向左出胯。双臂屈起，双手举至面前合掌持花枝。红（？）色帔巾。土（红）色裙。白色头光。

第八身，上身稍侧向左，稍向左出胯。双臂屈起，双手举至面前合掌持花枝（花枝残）。薄施白粉绘帔巾。绿色裙。红色头光。

第九身，上身稍侧向左，回首稍侧向右，略下视。双臂屈起，双手举至右肩前似持物。绿色帔巾，红色裙。黑色头光。

第十身，上身稍侧向左。双臂屈起，双手于左肩前合掌持花枝。红色帔巾。土色裙。绿色头光。

第十一身，上身稍侧向左。双臂屈起，双手举至面前合掌。黑色裙。红色头光。

第十二身，上身向右倾，头部稍侧右，下视，向左出胯。左臂稍屈，左手置于腹前；右臂垂下稍外张，右手折腕竖起，作推掌状。黑色帔巾。绿色裙。红色头光。

第十三身，上身稍侧向左，稍下视，稍向左出胯。左臂垂下，左手垂于腿左侧；右臂屈起，右手抬至右肩前。绿色帔巾。红色裙。黑色头光。

第十四身，上身稍向右倾，头部稍侧向右，下视。右臂屈肘外张，小臂稍抬，右手伸向右方；左臂稍屈，左手置于腹前。红色帔巾。土色裙。绿色头光。

第十五身，上身稍侧向左，上身后仰，稍向左出胯。右臂屈肘，小臂向内平抬；左臂屈起，左手举至左肩外侧扬掌。薄施白粉绘帔巾。土色裙。红色头光。

第十六身，上身稍侧向左，稍向左出胯。左臂垂下；右臂屈起，右手抬至右胸前。薄施白粉绘帔巾。绿色裙。红色头光。

第十七身，上身稍侧向左。左臂垂下；右臂屈起，右手于右肩前扬掌。薄施白粉绘帔巾。红色裙。绿色头光。

第十八身，上身稍侧向右，向左出胯。左臂稍屈，左手置于腹前；右臂屈起，右手举至右肩外侧。绿色帔巾。红色裙。黑色头光。

第十九身，上身稍侧向左，稍后仰，向左出胯。右臂屈起，右手抬至右肩前；左臂自然垂下。白色帔巾。红色裙。绿色头光。

第二十身，上身右倾，头部稍侧向右，略下视。左臂屈肘，左手置于腹前；右臂屈起，右手举至面前。绿色帔巾。黑色裙。红色头光。

第二十一身，上身稍侧向左，稍向左出胯。左臂屈起，左手举至面前扬掌；右臂屈肘，右手置于腹前。薄施白粉绘帔巾。绿色裙。红色头光。

第二十二身，大部残毁，仅见头部和左侧肩、臂、帔巾、头光，甚模糊。

由此以东数身（约7身）被穿洞破坏。

第二十三身（位于穿洞东侧、隔墙西侧），大部残毁，仅见右臂、右侧帔巾、下身长裙、两胫以下双脚、莲台。黑色帔巾。绿色裙。

以东的6身（第二十四至第二十九身）曾在隔墙墙体遮蔽下，保存状况较好，黑色线描尚较清晰，敷色相对完整，接近原状（图版Ⅱ：227-1）。

第二十四身，稍侧向左，上身右倾、后仰，回首稍侧向右，下视。左臂屈肘，小臂向内平抬，左手置于腹前；右臂屈起外张，右手举起执花枝。头顶束发髻，饰连珠。绿色帔巾（右侧呈蓝色）。黑色裙。黑色头光。

图151　第275窟南壁供养菩萨

1　南壁供养菩萨之一　　2　南壁供养菩萨之二　　3　南壁供养菩萨之三　　4　南壁供养菩萨之四

第二十五身，上身稍侧向左，稍向左出胯。右臂屈肘，小臂向内平抬，右手置于腹前；左臂屈起，左手举至左肩外侧，扬掌。头顶束发髻。绿色帔巾（呈蓝色）。黑色裙。红色头光。

第二十六身，上身稍侧向左，右倾，微低头，稍下视，向左出胯。左臂屈肘，左手置于胸腹之际半握；右臂外张屈起，右手举至右肩外侧，平托一红色莲花。头顶束发髻。红色帔巾。黑色裙。绿色头光（呈蓝色）。

第二十七身，上身稍侧向左，右倾，稍向左出胯。左臂屈肘，左手抚于腹前；右臂外张屈起，右手举至右肩外侧，平托一绿色莲花。头顶束发髻，饰连珠。绿色帔巾（呈蓝色）。红色裙。黑色头光。

第二十八身，上身稍侧向左，稍向左出胯。左臂屈肘，左手抚于腹前；右臂外张屈起，右手举至右肩外侧半握。红色帔巾。绿色裙。黑色头光。

第二十九身，上身稍侧向左，稍向左出胯。左臂下垂，左手垂至左股外侧，手心向内；右臂屈起，右手举至右胸前。红色头光，黑色帔巾，红色裙。

以东约2至3身被第三层壁画覆盖。

第三十身（自此以东9身，曾被第三层壁画覆盖，表层壁画剥除后露出，仅残存土红地色、勾染和少许黑色勾染、线描，敷色大都剥落难辨），稍侧向左，向左出胯，手姿不清。

第三十一身，稍向左出胯，上身转向右，头部稍侧向右，作回身前俯状。左臂屈肘，左手抚于胸腹之际；右臂外张屈起，右手举至面前。

第三十二身，上身稍侧向左，向左出胯。右臂屈起，右手举至右肩前；左臂屈肘，左手置于腹前。红色帔巾。

第三十三身，上身稍侧向左。双臂屈肘，向内平抬，右手在上，置于胸前；左手在下，置于腹前。红色帔巾。

第三十四身，上身稍侧向左，下视。左臂伸直下垂；右臂屈起，右手抬至右胸前。

第三十五身，上身稍侧向左，稍俯首，右臂屈起，右手举至右肩前。红色帔巾。

第三十六身，上身稍侧向左，向左出胯，右臂屈起。红色头光。

第三十七身至第三十九身均残，姿势不明。

东端（第三十九身以东）画坐佛2身，通高19～20厘米（包括头光、莲座），双手置于腹前，施禅定印，结跏趺坐，双膝间距11～11.5厘米。均身着黑色通肩式袈裟。红色圆形头光。绿色身光。绿色莲座。二佛之下保存土红地色。二佛以东至南壁东端，残损过甚，几无画迹。

画面西端供养菩萨两侧空隙处，点缀白茎绿色小花。

3．下段

下段高58～62厘米，下段与中段之间，绘一道横贯全壁的边饰，高12.5～14.5厘米，中间部分毁于穿洞，东侧部分被第三层壁画覆盖。现存三种五组纹饰，西起第一组，单叶波状忍冬纹，地色呈土色，红色和绿色（现呈灰色）忍冬，横长105厘米。西起第二组，星云纹，残长116厘米，土红地色上薄施白粉绘纹样。西起第三组，纹样与第一组基本相同，系单叶波状忍冬纹，白色地，黑、灰两色忍冬，间以墨线涡纹，残长39厘米（图152-9）。西起第四组，纹样与第二组相同，横长96厘米（部分被第三层壁画覆盖），云纹以黑色加罩薄粉，星纹白色。西起第五组，纹样约略与第一组相同，横长118厘米，多已漫漶，可见红色画迹。每组纹饰之间，有宽1.5～2厘米的竖道为间隔。穿洞以东一部分（第三组东端和第四组西端）系拆除隔墙后露出，较清晰。

边饰以下，在白地色上绘三角垂帐纹，高40～50厘米，与边饰相同，中间部分毁于穿洞。垂角上边宽13～18厘米，高40～49厘米。图案与北壁下段三角垂帐纹基本相同，颜色排列稍有不同；穿洞以西垂角一一作红、白相间排列，穿洞以东则作红、白、白、白的组合排列（图版II：227-2）。

垂角、帐带以下至地面约20厘米，白壁无画，多已残损。

（四）东壁

东壁现仅存窟口甬道南侧下部壁画，残高206～214厘米，宽102～114厘米，大约相当于南壁、北壁的中段和下段。其中中段被后代改绘（第二层遗迹）。下段则续接南壁绘边饰和三角垂帐纹（图版I：90；图版II：230、231）。

下段高23～53厘米，残宽80～104厘米。其上边，与中段之间，绘一道边饰，高约11厘米，残长79～83厘米。残存部分绘单叶波

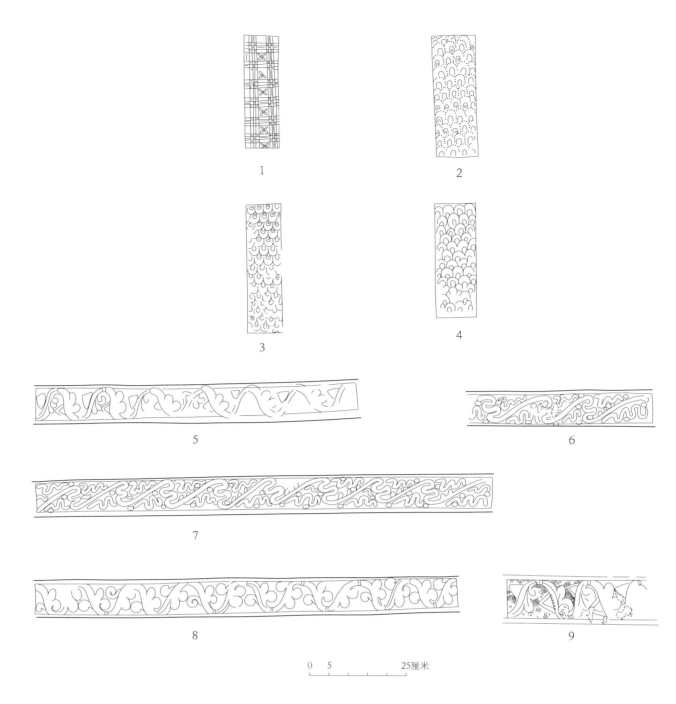

图152　第275窟南壁装饰纹样

1　龛外阙身棋格纹　2　龛外阙身鳞纹之一　3　龛外阙身鳞纹之二　4　龛外阙身鳞纹之三　5　凸棱忍冬纹之一
6　凸棱星云纹之一　7　凸棱星云纹之二　8　凸棱忍冬纹之二　9　下段边饰忍冬纹

状忍冬纹，白色地，红色和黑色忍冬。

边饰以下，在白地色上绘三角垂帐纹，高约40厘米，残宽90～104厘米。垂角上边宽18～20厘米，残高35～40厘米。图案与北壁、南壁下段三角垂帐纹相同，颜色排列为白、红、白、白、白、红。

垂角、帐带下部至地面多已残毁。

（五）窟顶

窟顶部残存北侧纵枋，北披椽子、望板和南披椽子、望板上的彩绘装饰图案（图版I：91）。

1．北披

1）纵枋

残存纵枋东端，由西边起向东300厘米至347厘米，残存装饰图案水涡花朵纹，即在土红地色上绘圆形的白色水涡纹和花朵，以西被第三层覆盖。花朵以白色圆点为花心，黑、红、粉各色花瓣。空间点缀有三个白色小点组成的花纹。纵枋内侧（南侧）斜面，在土红色地上绘星云纹，薄施白粉绘云纹，白色圆点绘星纹。纹饰均有绿色边线。

2）椽子

北披残存6根椽子，其中西起第五、第六根未经改绘。第五根长74厘米，保存较好，于土红地色上绘星云纹。薄施白粉绘云纹，

图153　第275窟窟顶北披椽间纹样（第一层）

白色圆点绘星纹。第六根长73厘米，残存土红地色，西侧边沿残存星云纹。

3）望板

第四、第五、第六椽间望板均绘莲花忍冬图案，在白地色上绘曲茎向上，曲茎两侧绘忍冬叶；曲茎下部和上端绘两朵莲花，分别作圆环形或勾勒莲瓣；曲茎上方绘云气纹（图153；图版II：228-2）。

2．南披

1）纵枋

由西边起向东约300厘米至345厘米，第三层壁画漫漶处，露出原壁画土红地色。

2）椽子

椽子彩绘大多已不见，其中西起第十一、第十二根残存部分星云纹画迹。

3）望板

西起第十一、第十二椽间残存望板装饰图案，南北长48厘米，宽19～20厘米，绘曲茎莲花忍冬，与北披望板的一致，惟变色较剧（图版II：228-3）。

上述顶部的第一层壁画均因被第三层隔墙遮蔽而得以保存。

此外，从南披椽间第三层壁画坐佛之下，均隐约透出第一层壁画的零星痕迹。

二　第二层壁画

本窟第二层壁画，仅见于窟室东壁南侧中段。曾经被第三层壁画覆盖。1991年，敦煌研究院保护研究所在剥离、搬迁第三层隔墙壁画时将东壁南侧中段的第三层壁画一并剥离。由此，第二层壁画得以揭露。壁画现状斑驳，画面模糊，很少有完整的形象，残存高85～101厘米，残宽80～102厘米（图154；图版I：92；图版II：230、231）。

图154　第275窟东壁中段壁画（第二层）

现存画面，以白粉层为地仗。白粉层剥落处露出较粗的草泥层，未见重层壁画。白粉层与下段第一层壁画衔接自然，未见叠压打破关系。按其绘画内容，自下而上可大致分为三部分。

第一部分，画面下部，绘一道边饰，与下段边饰、上段主题画面以土红色边线界隔，南北残长93厘米，高12～12.5厘米。纹样作绿色波曲带状结构，上下有白色边沿，绿色中隐约可见黑色线描圆形涡纹，似表现蜿蜒曲折的流水。波峰下模糊难辨，波谷处各绘一身着红色或黑色袒右僧衣的人物，原状应有5身，残存4身。

南起第一身，坐于水边，高7厘米，面北，稍侧向右，稍低头，左臂屈起，左手于胸前持物；右臂伸直，右手探入前方水中。黑色衣。

南起第二身，或跪或坐，高7厘米，面南，稍侧向左，微俯下视，左臂屈起，左手抬至胸前；右臂稍屈，右手伸向水边。黑色衣。

第三身，似胡跪，高6厘米，面北，稍侧向右，手姿不清。红色衣。

第四身，面南，甚模糊。

第二部分，边饰以上，为画面的主体部分，内容丰富，高85～89厘米，残宽92～102厘米，其上方表现建筑。建筑物之下为分上下两排列坐的人物。

建筑物为正立面构图，可分上下两层。屋檐下均绘横枋、一斗三升斗拱下承立柱等。上层檐下残存红色双扇式门6个，门扉半启。上下两层红色檐口下边均可见连弧线描，或许与屋面瓦作有关。上层上沿有贯通壁面的绿色横道，与上方第三部分相界隔。上下层之间有密集排列的竖直线段横贯壁面，究属下层建筑檐上屋面的瓦陇，抑或上层建筑门前的栏干之类，尚未可知。上下建筑是同座重层，还是分属前后两进，亦难以确定。

下层建筑之下的二排人物，上排9身，下排约10身，约共19身，其中残存14身。

上排居中一人，正面，头部和身体右侧残毁，坐姿（似结跏趺坐），穿黑色衣，绿色边缘，覆左肩，外披浅红色衣，似为图中主尊。

上排两侧和下排人物，均为僧形，稍侧身，分别朝向中间。跪于坐榻上，高约17厘米。双手于胸前合掌，或作其他手姿。身着袒右式红色或黑色袈裟，绿色领缘、衣边。均未见头光。坐榻方形，坐面四角有圆形饰物，下有四柱足。自上而下、由北向南略述如下。

上排北起第一身（第一至第四身在主尊北侧），残毁；第二身，面南，稍侧向左，左臂屈起，红色袈裟；第三身，面南，稍侧向左，两臂屈起，黑色袈裟，绿边；第四身，红色袈裟；第五身（第五至第八身在主尊南侧），红色袈裟；第六身，面北，稍侧向右，左臂屈起，左手抬至左胸前，黑色袈裟，绿边；第七身，面北，稍侧向右，左臂屈起，左手抬至左胸前，红色袈裟，绿色领缘；第八身，面北，稍侧向右，右臂屈起，黑色袈裟。

下排北起第一、第二身，残毁，略见绿色衣边残痕；第三身，红色袈裟；第四身，面南，稍侧向左，左臂屈起，红色袈裟；第五身，残毁；第六身，黑色袈裟；第七身，残损；第八身，面北，稍侧向右，红色袈裟；第九身，残损；第十身，残毁。下排残损较上排更甚，部分画迹难以辨识，人物可能多达12身。

僧形人物头前皆有白色榜题，高5～7厘米，宽1～1.5厘米，字迹大多漫漶。惟上排北起第一、四身榜题残存："比丘道……"，"比丘道……"，下排南起第一、二身榜题残存："比丘……像"，"……像"。

第三部分，在画面上部、第二部分建筑物上绿色横道上方，绘丛山峻岭，以黑色线勾画山体轮廓，填以红色或绿色，现仅残存少许画迹，残高3～10厘米，南北残宽95厘米。

三　第三层洞窟改造、塑像彩绘和壁画

窟内第三层遗迹，包括对窟室形制的改造。在窟室中部偏前砌筑通连第一层地面、窟顶和南北壁的土坯隔墙。对部分塑像重修和重新妆銮。隔墙以西，在主室西、南、北壁上段以及窟顶补绘、改绘壁画，并在隔墙西向面和门道内绘制壁画。隔墙以东，在北壁、南壁和东壁、窟顶全面进行补绘、改绘并对两壁上段西起第三龛塑像、龛饰重新妆銮，改绘龛内外壁画。上述遗迹，明显叠压在第一、第二层壁画遗迹之上。以下分别叙述。

（一）隔墙以西（后室）

1．西壁
1）塑像
对主尊塑像重新彩绘，包括头部、胸饰、裙、帔巾、头光的敷色、改绘，并对南侧狮子加以彩绘（图155；图版Ⅰ：93）。

主尊交脚菩萨像，双耳敷色鲜艳，似非原色，当为重妆。

胸前项圈、璎珞均施绿、黑两色。长裙施土红色，胫部勾二道绿色边线，填绘团花、半团花图案，黑地，红、绿、白三色团花，黑、白二色半团花，胫上部膝下较为清晰，其余多模糊不清。腹下两股内侧绘花朵，左侧可辨识，右侧已不明显。翻出的裙腰施绿色，勾黑色边线，下缘绘半团花图案，现状黑地白花，花心黑色或红色。

披覆两肩的帔巾边缘，波状三角皱褶施绿色，绘云气、花朵纹饰。肘下、两胫下露出的帔巾均施绿色。

靠背在两腋之下露出的部分，被按身光形式绘出三圈纹饰，内圈白色，红边；中圈黑地白色半团花纹，绿边；外圈黑白两色团花纹，模糊。

头光经重绘，由内而外分为三圈：内圈涂绿色；中圈宽出9厘米，绘半团花纹，黑地白花；外圈宽出12～17厘米，绘火焰纹。火焰颜色为白、黑、绿色，以土红色线勾勒，黑色以土红色打底。

北壁西起第二龛及南壁西起第一、二龛内交脚菩萨像表面大部加以极薄的泥层（涂刷泥浆），覆盖了大部分服饰原色及肤色。

图155 第275窟西壁塑像妆銮（第三层）

对于西壁南侧的狮子，涂刷了白粉并尝试进行彩绘，仅在狮子胸前作红色点染，自颔下至前胸，在白色地上密集分布直径约0.8～2.5厘米的红色圆点，未作进一步描绘（图156）。

2）壁画

在西壁上部，主尊靠背上方，于第一层壁画残损部位，补绘、改绘壁画（部分壁画已脱落），大体位于塑像头光两侧和上方，与顶部壁画相连接（图版I：93；图版II：186、232-3），南侧高23～83厘米，北侧高82～113厘米，头光上方高20厘米。在修补残损壁面后涂刷白粉（包括在第一层壁画脱落处涂刷白粉），在白色地上重绘壁画。

壁面上端中间及南侧，可见窟顶9身坐佛延伸至此的腿部和莲座，黑色莲瓣，红色袈裟。其下绘云气纹和飞天。北侧云气纹之上的飞天大部剥落残毁，仅存部分帔巾和下半身的一部分，衣裙、帔巾施黑色、绿色。南侧飞天略有残损，保存较好，稍侧向左，朝北飞行。两臂屈起，双手于胸前托花盘。两腿向后方扬起。袒上身，饰项圈、臂钏、腕钏。下身着黑色长裙。绿色帔巾于肩后呈环状，右侧绕右臂向身后飘扬，左侧绕左臂婉转向下，于身体下方向后飘扬。黑、红、绿、白四色绘云气。

在云气纹和飞天之下，绘一道半团花纹边饰，高11厘米，土红色地，白、绿、黑色绘花瓣，上、下有绿色边线。

边饰下为垂帐纹带，高约20厘米，系由双重垂角、帷幔、帐带、璎珞、垂铃等构成，黑、绿、白色相间搭配。半团花边饰和垂帐纹带，均南北通贯全壁（中间被第一层主尊头光隔断），与南、北两壁顶部同样图案的纹饰带相连续。

垂帐纹带下方，又绘有云气纹和飞天，仅见于北侧。飞天朝南飞行，头部稍侧向右。头顶束髻，上身前俯，双臂外张，双手向两侧高举，左手在左上方握帔巾，右手举花枝。双腿在后方腾空。左肩斜披红色络腋，胸前饰花。饰项圈、腕钏。下身着白色长裙，裙腰向外翻出，腰带于腹前系结。绿色帔巾在头后呈环状，绕双臂向身后飘扬。云气纹与边饰上方云气相似。

2．北壁

北壁上段上部，在第一层壁画上方（第一层壁画残损部位）涂白粉，重绘壁画（图版I：94）。

壁面上端，由西壁、北壁转角处以东，可见窟顶5身坐佛延伸至此的莲座画迹，黑色莲瓣，红色袈裟。其下绘一道半团花纹边饰，高11～12厘米，红色地，黑、白、红、绿色绘花瓣，残存于西起第一龛西侧、第一、第二龛之间、第二龛上方，其中仅西端残存部分上、下有绿色边线。

边饰下为垂帐纹带，高13～23厘米，残存于第一龛西侧及第一、第二龛之间，施黑、绿、红、白色。

垂帐纹带下方，绘有花卉（红花、绿叶）和西壁延伸而来的云气纹，以绿、红、黑三色描绘。边饰和垂帐纹均与西壁同样图案的纹饰带相连续。

3．南壁

南壁上段上部，在第一层壁画上方（第一层壁画残损部位），涂白粉，重绘壁画（图版I：95）。

壁面上端绘一道半团花纹边饰，高10～12厘米，纹样与西壁、北壁边饰基本相同，上、下有绿色边线，见于西起第一龛西侧、第一龛上方、第一、第二龛之间、第二龛上方，保存较好。

边饰之下，第一、第二龛之间绘垂帐纹带，高5～13厘米，与北壁第一、第二龛之间垂帐纹基本相同，其下对第一层壁画千佛稍有覆盖。第一龛西侧边饰下，仅绘出垂帐纹上边的垂角。

4．东壁

即隔墙的西向面。壁画为隔墙砌成后所作，分上中下三段布局。上段位于门上，中段和下段位于门的南北两侧[16]（图157；图版I：96[17]；图版II：233）。全壁作画之前，均铺白粉层为地仗。分别叙述如下。

（1）上段

上段高126～160厘米。壁面上端绘一排坐佛，其两侧绘云气纹。其下以边饰、垂帐纹带为界，绘左、中、右3铺佛说法图，南铺说法图南侧又绘1身菩萨。

坐佛，并列5身，正面，残高28～29厘米。顶有肉髻，黑发，面方圆。双手置于胸前，手姿不同。其中，北起第一、第五身合掌，余3身似作说法印。结跏趺坐于莲座上，双脚外露。均着红色敷搭双肩式袈裟，里面白色或绿色。佛头光和身光圆形，三至四圈，头光由白、绿、黑、红四色，身光由白、绿、黑三色搭配。莲座绘红色莲瓣或黑色莲瓣。第一、第三身头光两侧有黑色描绘的树枝，第五身头光左侧有红色一道，如树枝状。坐佛两侧有白色或绿色题榜，计6方，高21～26厘米，宽3～5厘米，未见字迹，题榜间距为22～25厘米（图158；图版II：236）。绘于壁面顶端的坐佛，实际为窟顶相仿高度椽间千佛的组成部分。

坐佛的画法，应在白地色上起稿后，以黑色晕染额头、面部两颊和颈、臂、手、脚，然后敷粉，最后以黑色细线勾勒五官，唇

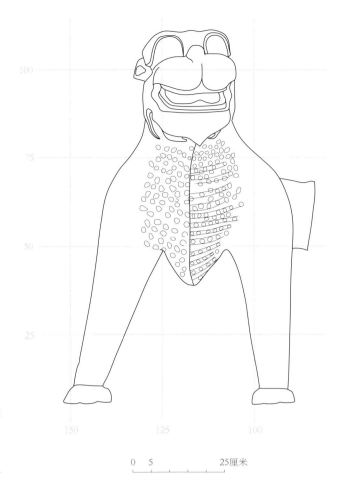

图156　第275窟西壁塑像南侧狮子妆銮（第三层）

[16]　第275窟第三层隔墙西向面壁画，于隔墙拆除后，粘贴在新筑的砌体墙面上；上段壁画的上端部分（5身坐佛）位于今北壁东端（原北壁延长部分）顶部，上段中间壁画位于今东壁门上，北侧上中下三段壁画位于今东壁门北侧，南侧上中下三段壁画位于今南壁东端。详情见第三节"洞窟内容"之四"近现代遗迹"。
[17]　隔墙于1991年被拆除，西向面壁画被移至新筑北壁和东壁的砌体。此图依本卷测绘所得原隔墙西向面之框架，将准确绘制的西向面各幅壁画线图复原其中，拟为隔墙西向面立面图。此图及本节三"第三层洞窟改造、塑像彩绘和壁画"插图中隔墙西向面组成部分，均以第275窟原隔墙部位横剖面方格网给予参照。与本卷其他测绘图中为遗迹准确定位的方格网不同，上述各图中的方格网具有模拟、复原的性质，提供"近似"的定位参照。

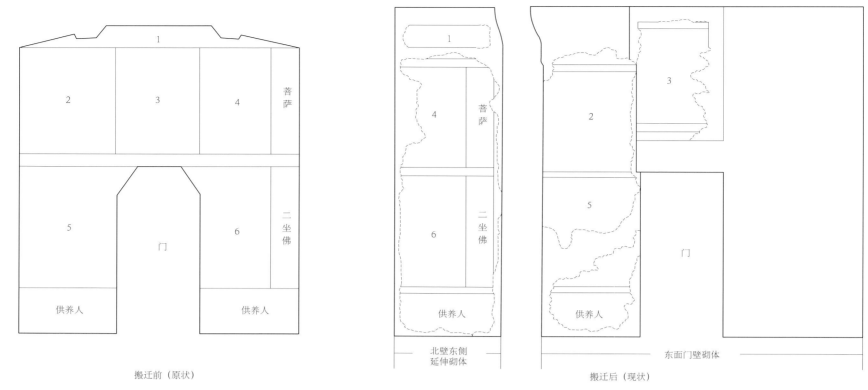

搬迁前（原状）　　　　　　　　北壁东侧　　　　　　　　东面门壁砌体
　　　　　　　　　　　　　延伸砌体　搬迁后（现状）

1.五坐佛　2.北铺说法图　3.中铺说法图　4.南铺说法图　5.如意轮观音变　6.不空绢索观音变

图157　第275窟隔墙西向面壁画位置示意图

图158　第275窟隔墙西向面顶端千佛

上涂红色。红色袈裟上衣纹用白色细线勾勒。

　　云气纹，位于坐佛南北两侧、边饰上方，现残，白色地，以黑、红、绿色勾绘（据敦煌研究院藏壁画剥离搬迁之前照片，原来画面云气纹之上均绘火焰宝珠）。位于隔墙西向面顶端的坐佛行列和云气纹，应属第三层窟顶壁画装饰的组成部分，与顶部西边、北披、南披壁画坐佛、云气相呼应。

　　坐佛和云气纹之下的半团花纹边饰和垂帐纹带，高30～33厘米，南北通壁长。

　　半团花纹边饰，高12～13厘米，与西壁、北壁、南壁基本相同，且与南北两壁东端的边饰相连接。边饰下垂帐纹带，高约18～20厘米，与西壁、北壁、南壁基本相同，且与南北两壁东端垂帐纹带相连接，与边饰一起，形成环绕窟室四壁顶边的整体装饰带。隔墙西向面的半团花纹边饰和垂帐纹带，与其下方并排3铺说法图有机结合，组成完整的构图。

　　1）说法图

　　i　中铺

　　中铺说法图高95～97厘米、宽68～73厘米，图中残存一佛二弟子二胁侍菩萨一天王二供养菩萨。南侧部分残毁，上抹石灰泥修补（图159；图版Ⅱ：234）。

　　佛，正面，坐姿，通高43厘米（包括头光），居中。头顶有白色肉髻。左臂下垂，左手置于左膝上，掌心向下；右臂屈起，右手抬至胸前扬掌，拇指、中指相捻，作说法状。结跏趺坐，双足外露。身着红色敷搭双肩式袈裟，里面白色。坐下仰莲座，绿、红、白、黑色绘莲瓣。圆形头光，横径20厘米，绘绿、黑、白等色波状纹。圆形身光，横径30厘米，二圈，内圈横径21厘米，绿色，外缘白色，以红色线勾边；外圈宽出4.5厘米，以黑、绿、白色绘半花三角莲瓣纹。上方高悬华盖，盖顶中心饰莲瓣火焰宝珠

图159　第275窟隔墙西向面上段中铺说法图

（绿色珠、黑色火焰），伞盖连弧状边沿之上饰云气纹及火焰宝珠五颗（绿色或白色珠、红色火焰），下垂黑色和红色帷幔、流苏、璎珞、垂铃等。佛前置长方案，案上中间置香炉，左右净瓶一对，案前垂幔，案中间有绿色铺覆物。铺覆物边缘饰黑地绿白两色半团花纹，上有1方白色题榜，高14厘米，宽7.2厘米，未见字迹。香炉圆形莲盖，火焰宝珠组，直腹，平底，莲花形高足。净瓶细颈，圆腹，莲花形高足。

　　左侧（南侧）弟子，肩以下表现为被佛、菩萨头光、身光遮挡，可见高17厘米（包括头光），稍侧向右，朝向坐佛。身着袈裟，黑色领缘。圆形头光，横径12厘米，三圈，由内向外施白、黑、绿色。

　　右侧（北侧）弟子，肩以下表现为被佛、菩萨身光遮挡，可见高16厘米（包括头光），稍侧向左，朝向坐佛。身着黑、红两色袈裟。圆形头光，横径11厘米，三圈；由内向外施绿、黑、白色。

　　左侧胁侍菩萨，坐姿，可见高37厘米（包括头光），稍侧向右，朝向坐佛，上身左侧残毁。双臂屈肘外张，双手合掌于胸前。袒上身，斜披红色络腋，饰耳环、腕钏。绿色帔巾披覆双肩，向下环于腹前，向上绕双臂飘下。圆形头光，横径约15厘米，二圈，内圈绿色，外圈饰白、绿、黑色三角莲瓣纹。身光二圈，内圈绿色，外圈饰莲瓣，黑边。

图160　第275窟隔墙西向面上段北铺说法图

0　5　25厘米

　　右侧胁侍菩萨，坐姿，可见高38厘米（包括头光），稍侧向左，朝向坐佛。双手合掌于胸前。头戴宝冠，白色缯带在冠两侧垂下。袒上身，斜披黑色络腋，饰耳环、项圈、腕钏。绿色帔巾披覆双肩，向下环于腹前，向上绕双臂飘下。圆形头光，横径约15厘米，二圈；内圈绿色；外圈饰莲瓣，黑边。身光二圈，内圈绿色，外圈饰莲瓣，黑边。

　　右侧天王，在胁侍菩萨身后，表现为肩以下被遮挡，可见高15厘米（包括头光），稍侧向左，昂首仰视，两眼圆睁。头戴宝冠，身着铠甲。饰耳环、项圈。头光三圈，内圈白色、中圈黑色、白边，外圈绿色，外缘绘黑色火焰纹。画面南侧残毁处应原有左侧天王。

　　左侧供养菩萨，高32.5厘米（包括头光、莲座），稍侧向右。双手于胸前合掌。胡跪，跪左膝，右腿屈起。头戴宝冠，红色缯带自冠两侧垂下。斜披红色络腋，饰耳环、项圈、腕钏。绿色帔巾披覆双肩，绕双臂婉转飘下。下身着黑色裙，裙腰翻出，呈浅绿色。莲座呈浅绿色。头后有头光，横径约12厘米，二圈，内圈白色、黑边，外圈绿色。

　　右侧供养菩萨，高32厘米（包括头光），稍侧向左。双手于胸前合掌。胡跪，跪右膝，左腿屈起。头戴宝冠，红色缯带自冠两侧垂下。斜披红色络腋，饰耳环、项圈、腕钏。绿色帔巾在肩后呈环状，绕双臂婉转飘下。下身着黑色裙，裙腰翻出，呈浅绿色。圆形头光，横径15厘米，三圈，施绿、黑、白色。圆形身光，横径约21厘米，二圈，饰白、黑、绿色。

在说法图人物上方、华盖周围，绘宝树、花卉，枝繁叶茂。

ii　北铺

北铺说法图高95厘米、宽89.5厘米。图中一佛二弟子二胁侍菩萨一天王四供养菩萨（图160；图版Ⅱ：235）。画面作稍侧向南的透视角度，人物大体稍侧向左。

佛，坐姿，高48厘米（包括头光），居中。头顶有白色肉髻。双臂屈起，左手抬至左肩外侧扬掌，屈无名指、小指；右手抬至右肩前扬掌，屈食指、中指。身着浅绿色僧祇支，外披土红色袈裟。坐下仰莲座，绿、红、白、黑色绘瓣。圆形头光，横径21.5厘米，饰绿、白、黑等色波状纹。圆形身光，横径35.7厘米，二圈，内圈横径24厘米，绿色，白色边；外圈宽出4.5厘米，以黑、绿、白色绘半花三角莲瓣纹。上方高悬华盖，盖顶中心饰莲花、火焰宝珠（绿色珠、红色火焰），伞盖连弧状边沿饰云气纹及火焰宝珠五颗（绿色或白色珠、红色火焰），下垂黑色和红色帷幔、流苏、璎珞、垂铃等。佛前置长方案，案上中间置香炉，左右净瓶一对。案前饰垂幔，案上中间有绿色铺覆物垂下。铺覆物边缘饰黑地绿白二色半团花纹。香炉圆形莲盖，火焰宝珠纽，直腹，平底，莲花形高足。净瓶细颈，圆腹，莲花形高足。

左侧（南侧）弟子，肩以下表现为被佛、菩萨头光遮挡，可见高约19厘米（包括头光），稍仰视。身着黑色袈裟。圆形头光，横径12.5厘米，三圈，由内向外施绿、黑、白色。

右侧（北侧）弟子，肩以下表现为被佛、菩萨身光遮挡，可见高19厘米（包括头光）。身着黑、白二色袈裟。圆形头光，横径12厘米，三圈，由内向外施白、黑、绿色。

左侧胁侍菩萨，下身表现为被左下方供养菩萨和长方案遮挡，可见高39.5厘米（包括头光）。双手于胸前合掌。头戴宝冠，白色缯带由冠两侧垂下。袒上身，斜披红色络腋，饰耳环、项圈、腕钏。绿色帔巾披覆双肩，向下环于腹下，向上绕双臂飘下。圆形头光，横径约18.5厘米，二圈，内圈绿色，白边，外圈饰白、绿、黑色三角莲瓣纹。上方高悬华盖，盖顶中心饰火焰宝珠（绿色珠、红色火焰），伞盖边沿饰云气纹及火焰宝珠四颗（绿色或白色珠、红色火焰），下垂黑色和红色帷幔、流苏、璎珞、垂铃等。

右侧胁侍菩萨，高42厘米（包括头光）。双手于胸前合掌。结跏趺坐，右脚在前。头戴宝冠，白色缯带由冠两侧垂下。袒上身，饰耳环、项圈、腕钏。绿色帔巾披覆双肩，右侧向下环于腹前，向上绕左臂垂下；左侧向下在左胫前呈环状向上，绕右臂垂下。下身着黑色长裙。圆形头光，横径约18厘米，二圈，内圈绿色，外圈饰白、绿、黑色三角莲瓣纹。椭圆形身光，二圈，内圈绿色，外圈饰莲瓣，黑边。上方高悬华盖，盖顶中心饰莲瓣火焰宝珠（绿色珠、红色火焰），伞盖边缘上饰云气纹及火焰宝珠三颗（绿色或白色珠、红色火焰），下垂黑色帷幔、流苏、璎珞、垂铃等。

右侧天王，在胁侍菩萨身后，表现为胸以下被遮挡，可见高27厘米（包括头光）。头戴宝冠，身着铠甲，饰耳环、项圈。圆形头光，二圈，内圈白色，外圈绿色，外缘饰红色火焰纹。

左侧上方供养菩萨，在胁侍菩萨左侧、下方供养菩萨身后，表现为右侧及胸以下被遮挡，可见高25厘米（包括头光）。双手于胸前合掌。头戴宝冠，缯带由冠两侧垂下。袒上身，饰耳环、项圈、腕钏。绿色帔巾披覆双肩，绕臂垂下。圆形头光，横径15.5厘米，三圈，施绿、黑、白色。

左侧下方供养菩萨，在胁侍菩萨左侧下方，跪姿，高46厘米（包括头光、莲座）。双手于胸前合掌。头戴宝冠，红色缯带由冠两侧垂下。袒上身，斜披红色络腋，饰耳环、项圈、腕钏。绿色帔巾于肩后呈环状，向前绕双臂婉转飘下。下身着黑色长裙，浅绿色裙腰翻出。绿色覆莲台，淡红色莲瓣。圆形头光，横径14.5厘米，三圈，施绿、黑、白色。身光二圈，内圈白色、黑边，外圈绿色。

右侧下方第一身供养菩萨，在坐佛右下方，跪姿，高31.5厘米（包括头光、莲台）。双臂屈起，双手于胸前合捧莲花。头戴宝冠，缯带于头两侧垂下。袒上身，斜披红色络腋，饰耳环、项圈、腕钏。绿色帔巾自身后绕双臂婉转飘下。下身着黑色长裙，浅绿色裙腰翻出。莲台红色莲瓣。圆形头光，横径12厘米，三圈，施绿、黑、白色。身光二圈，内圈白色、黑边，外圈绿色。

右侧下方第二身供养菩萨，在第一身供养菩萨身后，跪姿，高35厘米（包括头光、莲台）。双臂屈起，双手于胸前合掌。头戴宝冠。袒上身，斜披红色络腋，饰耳环、项圈、腕钏。绿色帔巾绕双臂环于腹下。下身着黑色长裙。莲台红色莲瓣。圆形头光，横径11.5厘米，三圈，施白、黑、绿色。

在说法图人物上方、华盖周围，绘宝树、花卉，枝繁叶茂。

在说法图南、北两边绘菱格纹边饰，北边高94厘米（上端残）、宽8厘米，南边高93厘米、宽8厘米，均勾红色边线，内填一整

图161　第275窟隔墙西向面上段南铺说法图

二半菱格图案，敷黑、绿、白色。

　　iii　南铺

　　南铺说法图高98厘米、残宽60～96厘米，北部残，经现代以水泥修补。残存一佛一弟子一天王一胁侍菩萨四供养菩萨（图161；图版Ⅱ：236）。画面作稍侧向北的透视角度，人物均稍侧向右，与北铺说法图作对称组合。

　　佛，高53厘米（包括头光、莲座），居中。头顶有白色肉髻。双臂屈起，左手于左肩前扬掌，拇指与食指相捻。结跏趺坐。红、白二色袈裟敷搭双肩。绿、白、黑色绘坐下仰覆莲座。圆形头光，横径20厘米，饰绿、白、黑等色波状纹。圆形身光，二圈，内圈绿色，白边；外圈宽出3.5厘米，以黑、绿、白色绘三角莲瓣纹。上方高悬华盖，盖顶中心饰火焰宝珠（绿色珠，红色火焰），伞盖边沿饰云气纹及红色火焰宝珠五颗（绿色或白色珠、红色火焰），下垂黑色和红色帷幔、流苏、璎珞、垂铃等。佛前置长方案

（右侧残毁），中间置香炉，左侧一净瓶。案前饰垂幔，中间有绿色铺覆物垂下。铺覆物边缘饰黑地绿白两色半团花纹。香炉圆形莲盖，直腹，平底，莲花形高足。净瓶细颈，圆腹，莲花形高足。

左侧（南侧）弟子，肩以下表现为被佛、菩萨身光遮挡，可见高约19厘米（包括头光），身着袈裟。圆形头光，横径13.5厘米，三圈，施绿、黑、白色。

右侧（北侧）弟子，残毁，仅见黑色袈裟和圆形头光一角，头光三圈，施绿、黑、白色。

左侧胁侍菩萨，坐姿，腿部表现为被佛座和下方供养菩萨遮挡，可见高41.5厘米（包括头光）。双手于胸前合掌。头戴宝冠，白色缯带由冠两侧垂下。袒上身，斜披红色络腋，饰耳环、项圈、腕钏。绿色帔巾披覆双肩，向下环于腹下、腿前，上旋绕双臂飘下。下身着黑色长裙。圆形头光，横径16.7厘米，二圈，内圈绿色，外圈饰绿白二色莲瓣、黑边。身光圆形，横径27厘米，二圈，内圈横径20.5厘米，绿色，白边；外圈宽出3.5厘米，白、绿、黑、红色绘尖角莲瓣纹。上方高悬华盖，伞盖边缘上饰云气纹及火焰宝珠（绿色珠、红色火焰），下垂黑色和红色帷幔、流苏、璎珞和垂铃等。

左侧天王，立于胁侍菩萨身后，表现为肩以下被遮挡，可见高22厘米（包括头光）。头戴宝冠，身着铠甲，饰耳环、项圈。圆形头光，横径13厘米，二圈，内圈绿色，黑边；外圈白色，外缘饰黑色火焰纹。

左侧上方供养菩萨，在胁侍菩萨左侧，表现为身体右侧被遮挡，坐姿，可见高39厘米（包括头光）。双手于胸前合掌。头戴宝冠。袒上身，斜披红色络腋，饰耳环、项圈、腕钏。绿色帔巾环于腹际。圆形头光，三圈，施白、黑、绿色。

左侧下方第一身供养菩萨，在坐佛左下方，胡跪，高35厘米（包括头光、莲座）。双臂屈起，双手于胸前合捧花盘。右腿屈起，跪左膝。头戴宝冠。袒上身，斜披红色络腋，饰耳环、项圈、腕钏。绿色帔巾自身后绕双臂婉转飘下。下身着黑色长裙，绿色裙腰翻出。绿色莲台。圆形头光，横径12.7厘米，三圈，施白、黑、绿色。圆形身光，横径21厘米，二圈，内圈绿色，黑边，外圈白色。

左侧下方第二身供养菩萨，在第一身供养菩萨身后，跪姿，高36厘米（包括头光、莲座）。双臂屈起，双手于胸前合掌。头戴宝冠。袒上身，斜披红色络腋，饰耳环、项圈、腕钏。绿色帔巾自双肩搭下，向下环于腹下、腿前，上旋绕双臂垂下。下身着黑色裙。绿色莲座，红色莲瓣。圆形头光，横径12厘米，三圈，施绿、黑、白色。身光横径约17厘米，三圈，施绿、黑、绿色。

右侧下方供养菩萨，残存腿部，跪姿，黑色勾染长裙。

在说法图人物上方，华盖周围，绘宝树、花卉，枝繁叶茂。

在说法图北边绘菱格纹边饰，仅存下端部分，残高21厘米，宽7厘米，可见白色、黑色、绿色菱格，红色边线。

2）菩萨

在南铺说法图以南，以土红色竖线为界，高98厘米，宽26～28厘米，画1身菩萨。

菩萨，立姿，通高80.7厘米，头部稍侧向左。右臂屈起，右手抬至右胸前，拇指食指相捻；左臂屈肘，小臂平抬，左手在腹前仰掌。双脚分开，外撇，立于莲台上。头戴宝冠（模糊）。袒上身，斜披黑色络腋，饰项圈、腕钏。帔巾自双肩下垂，环于膝前，上旋绕双臂飘下。下身着黑色长裙。跣足。莲台浅绿色台面，红色莲瓣。圆形头光，横径20厘米，三圈，施绿、黑、白色。

菩萨图南边绘半团花纹边饰，仅存下半部，残长80厘米，宽10厘米，红色地，黑、白、绿色绘花瓣，左、右有红色边线。

在三铺说法图和菩萨图的下边，通壁宽绘横向半团花纹边饰，以此与中段壁画分界。边饰高10～11厘米，与菩萨图南边边饰相同，在红色地上画半团花，其敷色以绿、黑、白色搭配，上下有红色边线。

菩萨图和三铺说法图，画法相同，表面白粉层下透出人物面部、肌肤的晕染情况，均以黑色染额头、两颊（包括眼窝）、下颏、颈项两道、小臂两边、手掌，点染红唇，描绿眉，此外未见再作线描勾勒的痕迹，线描仅见于莲座、头光、身光、华盖和衣饰、供案等器物。中铺主尊坐佛面部透出起稿的黑色细线。敷色以黑、绿、红色和白色平涂为主。绿色使用两种深浅不同的颜料。染黑色多以土红色打底。

（2）中段

壁面中、下段壁画分居隔墙门的北侧和南侧。

门北侧中段高93～94厘米，宽101～104厘米，绘如意轮观音变；门南侧中段高94～98厘米，宽154～157厘米，绘不空绢索观音变、坐佛2身。

1）如意轮观音变

位于门北侧中段，宽97厘米，画面残毁部分自右上至左下，现代以水泥修补。残存如意轮观音、二菩萨二天王一明王二龙王（图162；图版Ⅱ：237）。

如意轮观音菩萨，胸部以下大部残毁，残高30厘米（包括头光），为图中主尊，居中，正面。绿眉，细眼，红唇。多臂，现仅

图162　第275窟隔墙西向面北侧中段如意轮观音变

见两上臂屈起外张，两上手举至头两侧，右上手无名指与拇指相捻；左上手，手心向上托如意轮。头戴宝冠，浅红色冠梁。冠前正中有一化佛。化佛结跏趺坐，施禅定印，着黑色双领下垂式袈裟，坐黑色覆莲座，圆形头光和身光。白色缯带自冠两侧束结后垂下。袒上身，饰耳环、项圈。圆形头光，横径19.5厘米，饰绿、白、黑等色波状纹。宝珠形身光（部分残毁），二圈，内圈绿色，半花纹外缘；外圈绘黑、白、绿等色半花三角莲瓣纹，外缘黑、红两色勾火焰纹。背光周围饰红、绿、黑、白色曼陀罗花组成的花环（下部残）。上方高悬华盖，盖顶边沿饰莲瓣、火焰宝珠五颗（白色或绿色珠、红色火焰），下垂黑色帷幔、流苏、璎珞、垂铃等。

主尊身前、画面下部残存绿色水池。水池边沿饰斜方格纹、方胜纹。水池内绘莲花、二龙王。北侧龙王大部残毁，南侧龙王立水中，稍侧向右，上身略后仰，抬头仰视。左手于左侧握帔巾，右手上举。袒上身，下着黑色短裙。黑色帔巾于头后呈环状，绕双臂婉转飘于两侧。黑色圆形头光。

左侧（南侧）菩萨，头以下残毁，残高16厘米（包括头光），头部稍侧向右。右手在右肩前半握，执花枝。头戴宝冠，白色缯带垂下。饰耳环、项圈。圆形头光，横径16厘米，二圈，内圈绿色，外圈黑色地上绘白色、绿色三角纹。

右侧（北侧）菩萨，表现为胸以下被花环及下方菩萨头光遮挡，可见高26厘米（包括头光），稍侧向左。双手于胸前合掌。头戴宝冠，白色缯带由冠两侧下垂。饰耳环、腕钏。黑色帔巾披覆双肩。圆形头光，横径16.5厘米，纹饰与左侧菩萨相同。

右侧菩萨右下方残存一人物头部和头光。头部可见眉、眼，余难辨。头光绘绿、白、红色波状纹。

明王，位于左侧下方，通高35厘米（包括头光、莲座），正面，头稍左倾。四臂，可见左右两上臂张开抬起，双手举至头两侧；左右两下臂屈起，双手置于胸前。结跏趺坐，右脚外露，脚掌向上，跣足。头戴火焰宝冠，白色冠梁，红色火焰。袒上身，斜披黑色络腋，绿色帔巾自肩后绕臂婉转垂下。饰耳环、项圈、腕钏。下身着黑色长裙，绿色裙腰翻出。坐下莲座，红色莲瓣。绿色圆形头光，横径16厘米，饰云头纹。红、黑两色绘火焰身光。

左侧天王，位于上方菩萨身后（南侧上方），头以下残毁，可见高22厘米（包括头光）。双目圆睁，肤色灰黑。右手持杵。头戴宝冠，饰耳环、项圈。头光二圈，横径15厘米；内圈宝珠形，绘白色、绿色波状纹，外圈黑色描火焰纹。

右侧天王，位于上方菩萨身后（北侧上方），表现为左肩被菩萨、胸以下被下方人物头光遮挡，面部右侧在画面之外，可见高21厘米（包括头光），头侧向左。头上戴宝冠。饰项圈。头光二圈，内圈黑色，外圈绿色，外缘绘黑色火焰纹。

画面人物上方、华盖周围，绘宝树，树上有淡红色花朵，黑色、白色花蕾（黑色晕染）和绿色、浅绿色枝叶。

图南边绘菱格纹边饰（大部残毁），残高80厘米，宽7厘米，可见白色、黑色、绿色菱格，红色边线。

图下边绘斜方格纹边饰，残长67厘米，高7厘米，每格中央饰二同心圆圈，格分黑、绿两色，上下红色线勾边。

2）不空绢索观音变

位于门南侧中段，宽100厘米，画面部分残毁。现代以水泥修补。绘不空绢索观音、四菩萨二天王二明王（图163；图版Ⅱ：238、239）。以下分别叙述。

不空绢索观音菩萨，头光、左肩以南部分残毁。通高50厘米（包括头光、莲座），为图中主尊，居中，正面。八臂，其中二臂屈肘向内，双手拇指与食指相捻，于胸前各拈一枝曲茎莲花。其余六臂，右上臂张开，小臂向上，右上手举至头右侧半握，持物不明；左上臂、手残毁；右中臂屈起，手托一宝珠；左中臂屈起，手残毁。右下臂伸向右下方，右下手置于右膝上，持串珠（数珠）；左下臂伸向左下方，左下手置于左膝上，提一净瓶。净瓶细颈，鼓腹，尖底，圈足。结跏趺坐，两脚外露，脚心向上，跣足。坐下绿色仰莲座。头戴宝冠，冠前正中有一化佛。化佛结跏趺坐，施禅定印，着黑色袒右式袈裟，坐红色覆莲座，圆形头光和身光。上身着红色白点纹鹿皮衣，覆搭左肩，向右侧斜下。饰耳环、项圈、腕钏。帔巾绕胸前二小臂飘下。下身着黑色裙，绿色裙腰翻出。圆形头光，横径17.5厘米，饰绿、白、黑色波状纹。宝珠形身光，横径42厘米，二圈，内圈绿色，白边；外圈黑白两色绘半花三角纹，外缘红、绿、白等色绘火焰纹。背光周围饰白、绿、红色曼陀罗花组成的花环。上方高悬华盖，盖顶边沿饰莲瓣、火焰宝珠五颗（白色或绿色珠、红色火焰），下垂黑色帷幔、流苏、璎珞、垂铃等。

主尊身前、画面下部残存绿色水池。莲座花茎即自水池中长出。水池呈梯形，下边长54厘米，右边长20厘米，左边长21厘米。水池边沿饰斜方格纹、方胜纹。水池内绘莲花、二龙王等。龙王大部模糊不清，均立于水中，仰头，黑色帔巾在头上呈环状，绕双臂婉转飘下，下身着黑色裙。北侧龙王稍侧向左，似左手上举，右臂屈肘垂于右侧；南侧龙王稍侧向右，似右手上举，左臂伸向左下方。

左侧（南侧）上方菩萨，表现为被花环和下方菩萨头光、身光遮挡，可见高25厘米（包括头光），正面。右手抬至右肩前，食指上指。头戴宝冠，黑色缯带自冠两侧垂下。袒上身，斜披黑色络腋，饰耳环、项圈（上饰七黑色圆珠），绿色帔巾。圆形头光，横径15厘米，两圈，内圈绿色，外圈绿、白、红色绘莲瓣。身光横径21厘米，二圈，内圈白色，外圈绿色。

右侧（北侧）上起第一身菩萨，表现为被花环和下方菩萨头光、身光遮挡，可见高27厘米（包括头光），正面。双手置于胸前，掌心向上（手指画反），似托物状。头戴宝冠，黑色缯带自冠两侧垂下。袒上身，斜披黑色络腋，饰耳环、项圈（下垂四黑色圆珠）、腕钏。黑色帔巾。圆形头光，横径16.5厘米，两圈，内圈绿色，外圈红色地绘绿、白二色莲瓣。身光横径21.5厘米，二圈，内圈绿色，白边，外圈饰白、绿、黑色三角莲瓣纹。

左侧下方菩萨，表现为被下方明王火焰背光遮挡，可见高27厘米（包括头光），坐姿，稍侧向右，身形较大、肥胖，似光头（或头顶绾髻），粗眉长眼，高鼻，阔口厚唇，皱纹横于额际。右臂屈起，右手举至头右侧，肘部筋腱暴突；左臂屈肘，左手于左肩前拈一灰色曲茎状物。袒上身，斜披黑色络腋，饰臂钏、腕钏。下身着浅绿色裙。圆形头光，横径14.5厘米，饰绿、白、红等色波状纹。身光横径20厘米，饰绿、白二色尖角莲瓣纹。

右侧下方菩萨，被下方明王火焰背光遮挡，可见高28厘米（包括头光），稍侧向左。双臂屈起，双手于胸前托盘，盘中盛莲花。头戴宝冠，黑色缯带自冠两侧垂下。穿铠甲，戴护臂，饰耳环、项圈（下垂三黑色圆珠）、腕钏。绿色帔巾。圆形头光，横径15.5厘米，二圈，内圈绿色，白边；外圈饰绿、白二色莲瓣，黑边。身光二圈，内圈绿色，白边；外圈饰绿、白二色尖角莲瓣纹。

左侧明王，高40厘米（包括头光、莲座），正面。六臂（仅见五臂），两上臂张开，小臂向上，左、右手在头两侧持物不明；右中臂伸向右下方，手半握持物；左中臂、手未画出；两下臂屈起，双手在胸前结印，皆立掌，拇指、食指相捻。结跏趺坐，右脚在前，脚心向上，跣足。头戴宝冠，黑色缯带在冠两侧垂下。袒上身，斜披黑色络腋，饰耳环、项圈、腕钏。绿色帔巾绕臂。下身着黑色长裙，浅绿色裙腰翻出。坐下莲座，浅绿色座面，红色莲瓣。圆形头光，横径17.5厘米，二圈，内圈白色、土色边；外圈绿色，饰云头纹。红色勾染火焰身光。

图163　第275窟隔墙西向面南侧中段不空绢索观音变

　　右侧明王，高32厘米（包括头光、莲座），正面。六臂（二臂残毁），两上臂张开，小臂向上，左上手持花枝，右上臂残；两中臂屈起，两手在胸前结印；左下臂伸向左下方，手提净瓶；右下臂残损，右下手残毁。结跏趺坐。头戴宝冠，黑色缯带在冠两侧垂下。袒上身，斜披黑色络腋，饰耳环、臂钏、腕钏。下身着黑色长裙。坐下莲座，红色莲瓣。圆形头光，横径13.5厘米，二圈，内圈白色、土色边；外圈绿色，饰云头纹。黑色勾染火焰身光。

　　左侧天王，在菩萨身后（上方），表现为胸以下被遮挡，可见高30厘米（包括头光），稍侧向右，两眼圆睁，隆鼻奋髯。右手置于胸前立掌，拇指、食指相捻。头戴缨盔，护耳外张。身着红色条纹铠甲，饰绿色项圈。头光二圈，内圈白色，黑边；外圈绿色，外缘绘红色火焰纹。

　　右侧天王，在菩萨身后（上方），表现为胸以下被遮挡，可见高25厘米（包括头光），稍侧向左，两眼圆睁，胡须奋张。右手于胸前半握。戴冠，身着黑色铠甲，饰绿色项圈、耳环、腕钏。头光二圈，内圈绿色，黑边；外圈白色，外缘绘黑色火焰纹。

　　画面人物上方、华盖周围，绘宝树，树上有红色花朵、花蕾和绿色、浅绿色枝叶。

　　中段不空绢索观音变和如意轮观音变与上段画法基本相同，但更显工细，人物面部、肌肤，从五官到手指，均认真以线描勾勒；除二图的主尊双眼加染黑色外，全部以红色细线定稿。人物的唇部，与上段壁画不同，红色点染多数变黑，另有数身未加点染。

　　图南边、北边绘菱格纹边饰，北边残高86厘米、宽9厘米，南边高97厘米、宽7厘米。可见白色、黑色、绿色、红色菱格，红色边线。

图下边绘斜方格纹边饰，高7厘米，按绿、黑、红、黑顺序排列，上下红色线勾边。每格中央现存白色圆点。

3）坐佛

在不空绢索观音变以南，以菱格纹边饰为界，高102厘米，宽33厘米，在白地色上绘上下2身坐佛（图163；图版Ⅱ：239），均正面，白色肉髻，肤色浅红，手姿、衣着不一，结跏趺坐于莲座上，两脚外露，脚心向上。跣足。莲座浅绿色座面，黑色莲瓣，勾红色边。圆形头光、身光。

上方坐佛，通高44厘米（包括头光、莲座），右臂屈起，右手抬至右肩前扬掌；左臂屈肘，左手于胸前托物。红色袈裟敷搭双肩，里面白色。头光横径20.5厘米，四圈，施白、红、白、绿色。身光残横径25厘米，四圈，施绿、红、绿、红色。

下方坐佛，通高50厘米（包括头光、莲座），右臂屈起，右手抬至右肩前扬掌；左臂稍屈，左手抚于左膝上。绿色内衣，外披红色袈裟。头光横径21厘米，三圈，施绿、黑、白色。身光横径约32厘米，六圈，施白、黑、白、黑、白、绿色。

二身坐佛面部、肌肤均敷以肉色，未见其下预作晕染痕迹，亦未作线描勾勒，五官、手指等细节均未表现。

图下边接续不空绢索观音变绘斜方格纹边饰，合计残长138厘米，与门北侧中段如意轮观音变下的斜方格纹边饰相同，均作为与下段壁画的分界。

中段北侧如意轮观音变南侧上端和南侧不空绢索观音变北侧上端，在盝形顶门道两侧形成南北对称的两块三角形壁面，各绘有莲花、飘带纹饰，今已不存。

（3）下段

隔墙西向面下段，门北侧和门南侧均绘女供养人行列。

1）门北侧

下段残高53～60厘米，残宽98～100厘米，地面向上约34厘米残毁。残存2身女供养人，其颜色大多脱落，形象漫漶模糊（图164；图版Ⅱ：237、240-1）。

南起第一身女供养人，立姿，残高47厘米（包括冠），稍侧向左（南）。双手于胸腹之际捧物（花），模糊不清。头饰剥落，似戴凤冠。身着襦裙，外搭披肩，颈饰瑟瑟珠、项链。南侧刷1方绿色题榜，残高34厘米，宽6厘米，顶端残存火焰宝珠、莲瓣纹装饰，字迹漫漶。

南起第二身女供养人，立姿，残高57厘米（包括冠），稍侧向左。双手拢于胸腹之际捧带盖香炉，盖顶饰火焰宝珠，覆莲足。头顶束发髻，戴桃形立凤冠，插步摇，两鬓包面，脸部不清，饰花钿。挂耳环，颈饰绿色瑟瑟珠、项链。身着翻领大袖襦裙，领缘饰莲花纹，衣着华丽，图案繁缛。南侧刷1方绿色题榜，残高47厘米，宽6.5厘米，顶端饰火焰宝珠（五颗）、莲瓣纹，字迹漫漶。

2）门南侧

下段高77～83厘米，宽158～160厘米，地面向上约17厘米残毁。残存3身比丘尼、1身女供养人、4身侍女，画面斑驳、漫漶，仅见大致轮廓（图165；图版Ⅱ：238、240-2）。

图164　第275窟隔墙西向面北侧下段女供养人

图165　第275窟隔墙西向面南侧下段女供养人

比丘尼（北起第一、二、三身），均立姿，高70厘米左右，稍侧向右，姿态、服饰相同。双手于胸前捧物（花盘）。身着交领大袖衣，领缘饰半团花纹，下身漫漶。其前北侧均残存1方绿色题榜；北起第一方题榜残；北起第二方题榜高45厘米、宽3.5厘米；北起第三方题榜高30厘米、宽3厘米，未见字迹。

女供养人（北起第四身），立姿，残高68厘米（包括冠），稍侧向右（北）。双手于胸前捧物（花盘）。头顶束发髻，戴凤冠，髻上插簪、钗花饰。两鬓包面，面饰花钿或花子。颈饰瑟瑟珠、项链。身着白色翻领大袖襦，上饰花卉图案，袖缘饰半团花纹，黑绿相间竖条纹裙摆长垂曳地，肩挂帔巾，衣着华丽，装饰繁缛。其前北侧有1方绿色榜题，高48厘米，宽5厘米，文字漫漶。

侍女（北起第五至第八身），居女供养人之后，分为前后两排，每排2身。前排（下排）侍女残高40厘米，皆立姿，稍侧向右，下部多漫漶。后排（上排）侍女表现为胸以下被前排遮挡，可见高12～14厘米。侍女头顶束发髻，插簪、钗花饰，面饰花钿或花子。戴项圈，身着交领大袖襦裙（大多残），袖手于胸前，肩挂帔巾。画面残存上排北侧侍女的红色襦、下排南侧侍女的红色大袖，头顶绿色冠饰，以及黑色线描额前花子、项饰、胸饰和面部两颊的晕染。

5．窟顶

窟顶隔墙以西经过修补，涂白粉，进行重绘、补绘，壁画按覆斗形窟顶布局，中央部位残存藻井图案，其周围装饰可分两个层次，分别环绕飞天和千佛，残毁过半（图版I：97；图版II：243～245）。

（1）藻井图案

藻井图案井心部分已残毁（现代修补石灰面），仅最外三圈残存。由内而外叙述如下。

第一圈仅存西南角边框，东西残长2～10厘米，南北残长3～24厘米。边框两重，内重白色，外重绿色，勾红色边线。

第二圈宽出约19厘米，为卷瓣纹饰带，残存西南角和东南角少许，北边东端残存少许边框。饰带纹样红色地，以土红色线勾卷瓣纹，施绿、白、黑色。边框两重，内重白色，外重绿色，勾红色边线。

第三圈宽出约20厘米，绘垂帐纹带，残存西南角、南边、东南角及北边东端少许，绘垂角、帷幔、帐带、流苏、璎珞、垂铃等。垂角两重，绿色、白色，帷幔黑色，帐带白色、绿边，绿、黑、白、红色绘流苏，垂铃白色，以灰色铺地。

（2）飞天

飞天及云气纹，绘于藻井图案周围，残存于西南角、南边、东南角及北边东端少许，高约30厘米。飞天形象模糊，残存6身，飞天或双手置于胸前，或演奏乐器。皆袒上身，绿色帔巾于头后呈环状，绕双臂向身后婉转飘扬；下身着长裙。下方均绘云气纹，黑、红两色描边，绿、灰两色勾绘。分别叙述如下。

西边（北起）第一身飞天，较漫漶，朝北飞行。上身前俯，双手似在面前合掌，双腿舒展。穿白色裙。绿色、灰色帔巾。

西边第二身飞天，朝北飞行。回首，稍侧向右。上身稍前倾，双手于胸前似托盘。双腿在后方扬起。黑色裙飘入南披。红色、灰色帔巾。

北边东端飞天，朝西飞行。上身端直，稍侧向右，双手执笙，作吹奏状。斜披红色络腋，饰耳环、项圈、臂钏、腕钏。灰色裙。绿色帔巾（图166）。

南边（西起）第一身飞天，朝西飞行，稍侧向左。上身前倾，双手于面前两掌相对，若击钹状。右腿舒展，左腿屈起。黑色裙。浅绿色、灰色帔巾。

南边第二身飞天，朝西飞行，稍侧向左。上身稍前倾，双手于面前合捧排箫，作吹奏状。双腿舒展。黑色裙。绿色帔巾。

南边第三身飞天，朝西飞行，稍侧向左。上身前倾，双手于胸前执竖笛，作吹奏状，双腿舒展，在后方扬起。黑红两色裙飘入东披。绿色、灰色帔巾。

东边残存南端部分云气纹及南披第三身飞天的后部。

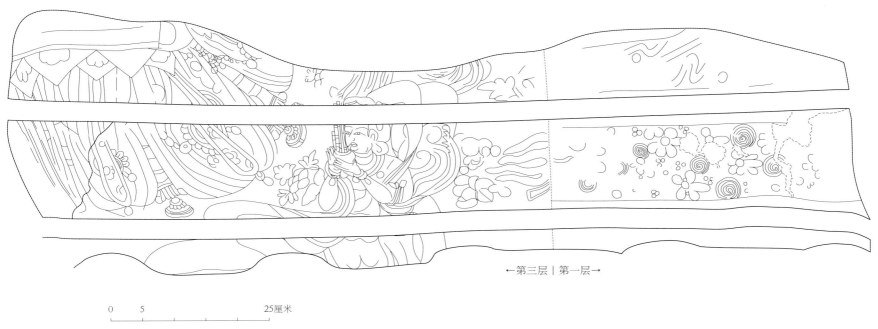

←第三层 | 第一层→

0 5   25厘米

图166　第275窟窟顶北披纵枋纹样展开

（3）千佛

千佛，残存西边10身、北边（披）12身、南边（披）10身、东边6身（包括隔墙西向面上端5身坐佛）。窟顶千佛计38身，均绘于白色地上。千佛通高约30～35厘米（包括头光、莲座），均正面。

西边和东边千佛，左右成排，略同于隔墙西向面上端坐佛，但画工较简率、粗糙。西边千佛均内着僧祇支（大多为绿色），外披土红色双领下垂式袈裟；头光、身光配色依次交替为（由内而外）绿、黑、白、灰四色和灰、黑、白、绿四色。头光两侧以绿、黑、灰色点绘树叶、花朵。东边千佛仅1身绘于顶部，但头北足南，与南边千佛方向相同，位于南边东端千佛上方，着红色敷搭双肩袈裟，里面绿色。其头光、身光均为绿、黑、白、灰四色。东边另5身已见前述。

北边和南边千佛，主要绘于窟顶第一层遗迹北披、南披椽间望板部位，但北披残损较剧，原有椽子结构大部不存，现存西起第一至第九身亦左右成排，与西边千佛描绘、配色基本相同。第十至十二身绘于原结构椽间望板。第十身千佛施禅定印，着绿色僧祇支，外披红色双领下垂式袈裟，绿、红、灰色头光，灰、红、灰、绿色身光。第十一、十二身千佛均双手置于胸前，着敷搭双肩袈裟，里面白色或黑色；白、黑、灰、绿色头光，绿、黑、灰色身光和绿、黑、白、灰色头光，白、黑、白、黑色身光。头光上方各绘3朵莲花以示华盖和双树。两侧椽子施红色，其上绘绿色或白色题榜，均受烟炱污染，头尾两端绿白二色绘束莲纹。题榜高15～20厘米。北披第九、第十身千佛东侧（第一、第二椽子上）榜题墨书"南无佛眼佛"、"南无□□佛"。

南披千佛均绘于椽间望板，与北披第十至十二身千佛基本相同，除第一、第九身双手置于胸前、着敷搭双肩袈裟（里面绿色）外，均施禅定印，着绿色僧祇支，外披双领下垂式袈裟。头光与身光配色不同，分别排序为绿、黑、白、灰和灰、黑、白、绿，相邻之间，顺次交替。除第六至八身以外均于头光上方绘3朵莲花以示华盖和双树。第六、第七身上方以绿、黑、灰色点绘花叶。表层之下透出第一层画迹。椽子上题榜施绿色或白色，白色题榜多被熏黑。第七身千佛西侧（第七椽子上）榜题墨书"南无日面佛"。

6. 门道

隔墙门道盝形顶，残存部分壁画，1991年隔墙拆除后，实物现已不存。平顶中央残存菩萨1身，坐姿，头戴宝冠，袒上身，斜披络腋，圆形头光、身光。上方绘华盖、宝树，左右上角绘花叶等。南北两披上边绘半团花纹边饰，其下绘垂角、帷幔，大部残[18]。

（二）隔墙以东（前室）

1. 西壁

即隔墙的东向面，壁画剥落，几无所存，仅见零星残迹，南、北两边似绘边饰。

2. 北壁

原窟室前部，隔墙以东，在第一层壁面上涂敷泥层并刷一层白粉，再行绘画，龛内壁面则涂刷白粉后改绘。壁画在长期日晒风蚀下褪色，部分残损，中段壁画部分被剥除，露出曾被叠压的第一层壁画。

北壁重妆上段龛内塑像和龛形装饰，重绘龛内、外壁画和龛下凸棱，中段绘经变画，下段略存残迹（图版I：94）。

（1）上段

1）龛（北壁西起第三龛）

i 龛内

（i）塑像

北壁西起第三龛内半跏趺坐思惟菩萨像，经全身重妆（图167）。

塑像全身肌肤部分敷白粉。描红色发际线。面部用黑色勾描眉、眼、下唇、胡髭和耳饰。白粉剥落处露出底层的红色。胸部以黑、绿、红、白色染项圈竖道纹饰，项圈边沿、穗形饰物和璎珞均覆盖白粉。胸部白粉剥落处露出底层肉红色。敷搭两肩的帔巾边缘施黑色，浮塑在西侧龛壁上的帔巾左端施绿、黑两色。下身长裙均于两腿右侧涂纵向黑、白色宽道，其中填绘纹样。绿色裙边。翻出的裙腰施浅绿色，黑色边缘。部分绿色变色，呈墨绿色。

束腰座（筌蹄）表面白地上以土红色绘仰莲瓣，绘蓝、土、绿三色彩带束腰，下部以土红色竖线表示覆莲瓣。头光绘团花、半团花图案。经变色，团花花瓣黑色，花心略呈绿色；半团花花瓣呈蓝灰色，花心红色。圆形图案以红色线勾边，留出外周白色边沿。

（ii）壁画

北壁西起第三龛龛内涂白粉覆盖第一层壁画，在壁面白色地上，于塑像两侧各绘1身胁侍菩萨，皆立姿，通高约74厘米（包括头光、莲台），左侧胁侍菩萨稍侧向右，右侧胁侍菩萨稍侧向左，面部均模糊，右侧胁侍菩萨漫漶更甚。左侧胁侍菩萨肤色白，黑红二色描眉眼，点染红唇。双臂屈起，两手置于胸前。头戴宝冠，缯带于冠两侧下垂。袒上身，斜披络腋，饰耳环、腕钏。身挂璎珞于胸腹之际交叉穿壁，分开绕两腿至身后。绿色帔巾在肩后呈环状，绕双臂婉转飘下。下身着黑色长裙，衣褶呈条纹状，灰色裙腰翻出。跣足，踏莲台。圆形头光，二圈，内圈灰色，外圈白色。上方龛顶绘花叶，组成塑像和胁侍菩萨的华盖，有璎珞、流苏等垂饰。壁面空间绘花卉。侧壁各绘一株花（图169）。壁画地仗白粉剥落处露出下层土红色（图版II：232-2）。

ii 龛外

龛外边沿和双树形龛楣、龛柱经彩绘。

沿龛口周边的狭窄壁面敷白粉后以土红色描绘火焰纹。龛楣浮塑树形经敷白粉，枝叶间残存黑色。敷粉脱落处或因底层红色地透出而泛红。

2）凸棱

龛下凸棱涂薄泥层加施白粉，正面彩绘半团花纹边饰，东西长75厘米，模糊，纹样与隔墙西向面上段说法图下边边饰相似，应作为中段经变画上边的边饰（图168）。

---

[18] 参见本卷附录二之（三），图30。

图167　第275窟北壁西起第三龛（第三层）

1　正视　2　塑像侧视（向西）

中段经变画上端延伸至凸棱下面。

（2）中段

在底层壁画上涂泥层，厚约0.3～0.5厘米，加施白粉层，绘经变画1铺（图170）。

弥勒经变，绘于壁面中段，残高112厘米，残宽66～85厘米。画面因褪色而漫漶，西侧上部被剥除，露出第一层第四幅故事画；东侧磨损，模糊；东上角和下边西部各剥落一角，分别露出第一层故事东端部分和下段边饰星云纹（图版Ⅱ：241）。

画面上部绘云气之上正中一座宫城（兜率天宫）。宫城四面围合，前有庑殿顶城门，城内四座宝台上供摩尼宝珠，旁立四菩萨。后方中央庑殿顶宫殿下绘一菩萨（弥勒）交脚坐于束腰莲座上，座前宝池中莲花盛开。城外周围云气缭绕，两侧云上均有屋宇

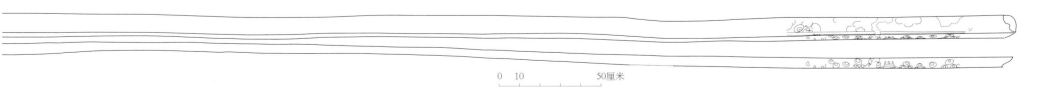

图168　第275窟北壁凸棱纹饰（第三层）

图169　第275窟北壁西起第三龛龛内展开图

建筑。城后方（上方）密布莲花，绘至凸棱下面。

画面中下部绘三组佛说法会；中间一组前方（下方）表现水池，水池左右各一组，左侧一组残毁。中间一组绘一佛二弟子二胁侍菩萨四天王十二供养菩萨（残存11身）。

主尊佛（弥勒）1身，正面。双手抬至胸前施说法印，坐于仰覆莲座上。头顶有白色肉髻，肤色红润，身披黑色敷搭双肩袈裟，里面白色。圆形头光，饰波状纹。圆形身光，二圈，内圈绿色，白边；外圈饰半花三角莲瓣纹。上方高悬华盖，盖顶中心三层伞幢形台上饰火焰宝珠。伞盖边沿饰莲瓣、火焰宝珠五颗，下垂黑色和红色帷幔、璎珞、垂铃等。佛前置长方案，案上中间置香炉，左右净瓶一对。中间有绿色铺覆物垂下。铺覆物边缘饰半团花纹。

胁侍菩萨2身，均坐姿，稍侧向佛。左侧胁侍菩萨，仅残存部分圆形头光和身光及少许画痕。头光内圈绿色，外圈饰三角莲瓣纹；身光外圈莲瓣纹，黑边。上方悬华盖，模糊，形制与佛华盖相同，周围宝树花叶。右侧胁侍菩萨，头部和身体右侧剥除，可见左手臂、胸前、下身和头光、身光、华盖的一部分，左手抬至胸前仰掌。祖上身，肤色白，饰腕钏。绿色帔巾。黑色裙。头光内圈绿色，外圈饰三角莲瓣纹；身光二圈，内圈绿色，白边；外圈饰莲瓣纹，黑边。上方悬华盖，与佛、左侧胁侍菩萨华盖相同，周围宝树花叶。

弟子2身，位于佛头光两侧，表现为胸以下被佛身光、下方菩萨遮挡，稍侧向佛。肤色灰。披袈裟，左侧弟子袈裟浅色，泛黄；右侧弟子袈裟左侧黑色，右侧浅色，泛黄。头光二圈，左侧弟子头光内圈黑色，外圈灰色；右侧弟子头光内圈灰色，外圈白色。

天王4身，分列二弟子外侧，表现为胸以下被下方菩萨遮挡，稍侧向佛。自左（东）至右（西），第一身天王，头部较大，模糊不清。头光二圈，内圈黑色，外圈呈灰色。第二身天王，模糊不清。头光二圈，内圈绿色，外圈白色。第三身天王，头戴冠，面部模糊，双眉高耸，双眼圆睁，肤色白。黑色头光，二圈，外圈稍浅。第四身天王，头戴冠，白色缯带自冠两侧垂下，面部模糊，仅双眉清晰，肤色灰。头光二圈，内圈绿色，外圈百色。

供养菩萨11身，其中佛身光两侧各2身，佛座两侧各2身，案左侧残存1身、右侧2身。自左至右、自上而下，第一、第二身，位于佛身光左侧，模糊不清，仅残存头光，略呈绿色。第三、第四身，位于佛身光右侧，表现为腹部以下被下方菩萨遮挡，均戴宝

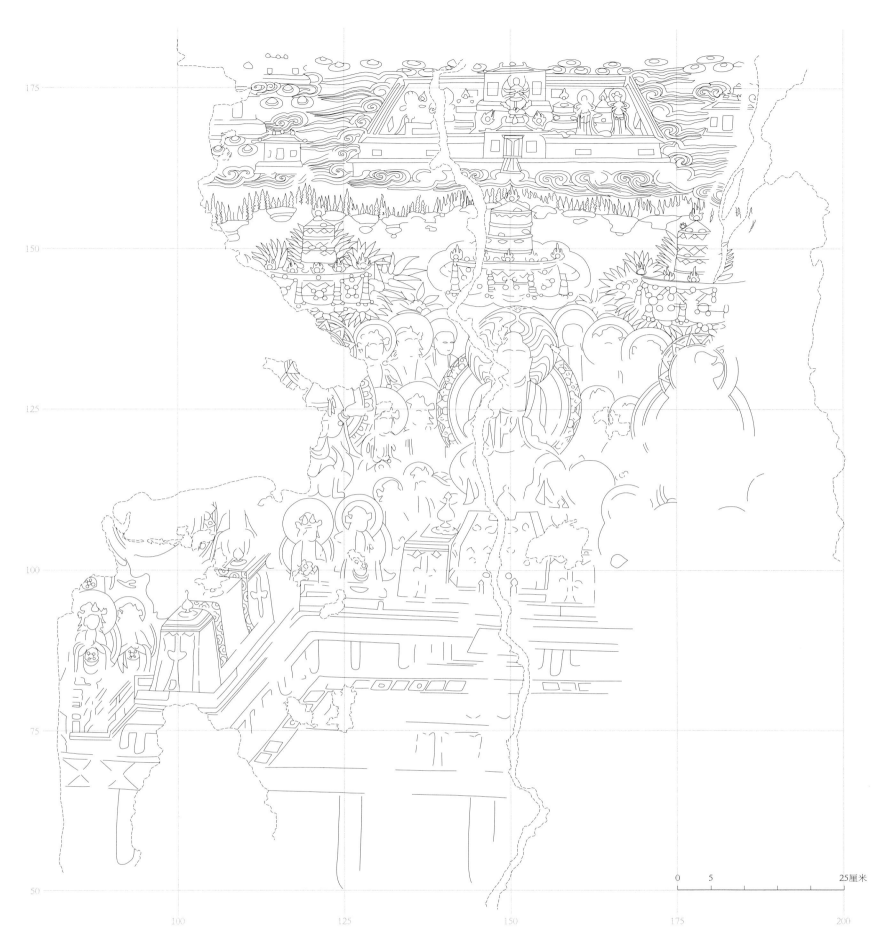

图170　第275窟北壁东端弥勒经变

冠，白色缯带自冠两侧垂下，面部模糊，仅见双眉，第三身肤色白、绿色头光，第四身肤色灰、黑色头光。第五、第六身，模糊，仅残存头光，均二圈，分别为内圈黑色、外圈灰色和绿色。第七、第八身，坐姿，模糊，均戴宝冠，白色缯带自冠两侧垂下；第七身肤色灰，第八身肤色白；头光均二圈，内圈绿色，外圈白色。第九身位于案东侧，仅残存头光部分黑色边线。第十、十一身，位于案西侧，坐姿，腿前被水池边栏杆遮挡，均头戴宝冠，白色缯带自冠两侧垂下，面部模糊，祖上身，帔巾披覆双肩；第十身肤色灰，绿色帔巾，头光内圈黑色、外圈灰色（黑边），黑色裙，白色身光（绿色边）；第十一身肤色白，灰色帔巾，绿色头光，绿色身光（勾黑线，灰色边）。

　　画面下部水池东西两边各绘一组佛说法会。东边一组因壁面磨损，几无痕迹可寻。西边一组上部被剥除，残存下部佛下身的袈裟、莲座、身光及身前长案，身侧残存4身供养菩萨。人物稍侧向左，作带有透视角度的构图，均漫漶。

　　佛（弥勒）1身，坐姿，黑色袈裟，仰莲座。身光二圈，内圈绿色，白边；外圈饰半花三角莲瓣纹。佛前置长案，斜向，作透

图171　第275窟南壁西起第三龛（第三层）

视角度，形制及案上铺设、置物与正面主尊供案相同。

供养菩萨4身，其中佛左侧1身，右侧3身，腹前均有花形饰物（璎珞交叉穿璧？）。自左至右、自上而下，第一身，位于佛身光左侧，仅残存头部以下，肤色白，黑色帔巾披搭双肩，绕臂垂下。第二身，位于佛身光右侧，仅存腹前花形饰物。第三、第四身，坐姿，腿前被水池边栏杆遮挡，均头戴宝冠，白色缯带自冠两侧垂下，面部模糊，袒上身，帔巾披覆双肩；第三身肤色白，黑色帔巾，绿色头光，绿色身光；第四身肤色灰，绿色帔巾，黑色长裙，黑色头光，身光内圈灰色（黑边）、外圈绿色。

佛说法会均列置于水中平台上，台下以柱架空，台面边沿设栏杆，池边饰方胜纹。

佛说法会上方，华盖之上，绘远景山岳林木，上接上部云气。

经变构图，上部绘弥勒菩萨上生兜率天宫；中、下部为弥勒下生成佛之三会说法，残存中间和右侧二组，左侧一组残损无存。

经变图敷色在长期日光暴晒下，变化较大，原有色彩，除白、黑、土红和残存的石绿外，大多变黑或减退，致使黑白二色和浅淡的绿色成为画面主调。

（3）下段

经变画下边及边饰延伸至下段，覆盖第一层壁画边饰。经变画下边横向边饰一道，高约5厘米，自隔墙转角处以东15厘米一段稍清晰，饰方胜纹。其以东模糊的画迹可追寻至向东约52厘米处。

覆盖底层壁画的薄泥层和白粉层继续铺设下段壁面，现存残迹至离地面51～53厘米处。边饰以下壁画几已无存，仅从残存的白粉层上依稀可见5方题榜痕迹，高11.7～15厘米，宽2.7～3.5厘米，分别位于西起8.6厘米、41.9厘米、61.6厘米、77厘米、93厘米处。由题榜排列情况看，应该是供养人行列的壁画遗迹。

图172　第275窟南壁西起第三龛龛内展开图

3．南壁

北壁重妆上段龛内塑像和龛形装饰，重绘龛内、外壁画和龛下凸棱，中段绘经变画，下段略存残迹。凸棱和中段、下段壁画、泥层已被大部剥除（图版I：95）。

（1）上段

1）龛（南壁西起第三龛）

i　龛内

（i）塑像

南壁西起第三龛内半跏趺坐思惟菩萨像，经全身重妆（图171）。

菩萨像全身肌肤部分敷白粉。面部用黑色勾描眉、眼、唇、髭，较模糊。白粉剥落处露出底层的红色。胸部项饰、璎珞敷色呈黑灰色。胸部白粉剥落处露出底层红色。帔巾边缘敷色已变黑。下身长裙于左腿上涂纵向红、黑、白色宽道。翻出的裙腰施红色。

束腰座表面白地色多已剥落，束腰彩带呈黑、灰色，下部在白色地上以土红色粗线画圆圈。头光纹饰两圈，内圈黑色，外圈黑色地上绘白绿二色半团花图案，以红色线勾边。经变色，绿色花瓣呈蓝灰色。两圈外周均留出白色边沿。

（ii）壁画

南壁西起第三龛龛内壁面白色地上，于塑像两侧各绘1身胁侍菩萨，皆立姿，通高约70厘米（包括头光、莲台）。左侧胁侍菩萨较完整，稍侧向右，肤色白，面部模糊，仅见红唇，双手置于胸前，上下相对，右手在下，仰掌；左手在上，手指稍屈。头戴宝冠，缯带于头侧下垂。袒上身，斜披红色络腋，饰耳环、项圈（下垂五圆珠）、腕钏。璎珞于胸腹之际交叉，分开绕两腿至身后。帔巾在身后呈环状，绕双臂婉转飘下。下身着黑色长裙，衣褶呈条纹状，灰色裙腰翻出。跣足，立于莲台上。右侧胁侍菩萨残毁过半，头、面部、身躯模糊，仅见右臂屈向胸前。头戴宝冠。袒上身，饰项圈（下垂六圆珠）、腕钏，帔巾于右侧绕右臂婉转飘下。下身着裙，立于莲台上。二胁侍菩萨均有圆形头光，二圈，内圈绿色（现呈灰色），外圈白色，均有黑边。上方龛顶绘花叶，组成塑像和胁侍菩萨的华盖，有璎珞、流苏等垂饰。壁面空间绘花卉。侧壁各绘一株花（图172）。

ii 龛外

龛外边沿和双树形龛楣、龛柱经彩绘。

沿龛口周边的狭窄壁面敷白粉后以土红色描绘火焰纹。龛楣浮塑树形经敷白粉后，加施黑色。龛柱树干敷白粉后用黑色线条勾勒木纹，西侧龛柱保存较完整，东侧龛柱大半剥落，仅存上下约4.2厘米宽的一道。

龛外西侧白色地上绘1身菩萨、1身供养菩萨，一上一下，以一道红色横线分隔（图173）。上方菩萨，立姿，高62厘米（包括莲座、头光），稍侧向右。右臂屈起，右手举至右肩前执花枝；左手垂至左胯。头戴宝冠。袒上身，饰耳环、项圈、臂钏、腕钏。璎珞在腹前交叉穿璧，帔巾披覆双肩，于腿前呈环状两道向上，分别绕左、右臂垂下。下身着黑色长裙。头光二圈，内圈绿色（已呈灰色）、黑边，外圈白色。头光上方似有华盖。下方供养菩萨，跪姿，高35厘米（包括莲座、头光），稍侧向右。两手持物（花盘？）捧于胸前。右腿屈起，左膝跪于莲台上。隐约可见头戴宝冠，袒上身，斜披红色络腋，饰项圈。下身着黑色长裙，灰色裙腰翻出。圆形莲台，黑色台面，灰色莲瓣。圆形头光，自内而外，施红、灰、黑、白色。圆形身光，施白、黑、白、灰色。

二菩萨周围壁面空间绘花卉。

龛外东侧仅上部残存少许画迹，树形龛楣东侧有部分云气纹，为黑、红、绿、白等色横向波纹，应与西壁、北壁上部边饰、垂帐纹带下方所绘的飞天、云气相呼应。云气之下，可见残存一头光，外圈饰莲瓣纹，上方绘花树。上述头光东侧稍低，可见另一头光残迹，饰波状纹，其上残存2朵莲花（原状应有3朵）。画迹均已模糊。

2）凸棱

龛下凸棱加施白粉，正面彩绘半团花边饰，高9厘米，残长75厘米，隔墙以东近50厘米保存稍好，在黑色地上以土红色细线勾勒半团花，白色瓣或灰色瓣，上下以红线勾边，实为中段经变画上边的边饰。其下尚余1.5厘米的窄边包括凸棱下面，已开始描绘经变内容，有竖向的边饰分隔主体画面与西边的条幅形式画面，边饰以西为条幅形式画面的顶端。竖向边饰与凸棱正面横向边饰纹样略同而稍简，均为黑地半团花纹。以东多已剥落，露出底层残存画迹（图174）。

（2）中段

在底层壁画之上抹厚约0.2厘米的泥层，加施白粉层，绘经变画1铺，据残迹判断当为天请问经变。

天请问经变，绘于壁面中段，上端延伸至凸棱，原高约119厘米，与北壁弥勒经变相对称，现大部被剥除，仅残存延伸至凸棱的经变西部上端和画面的西下角。西下角残存部分残高34～48厘米，宽26厘米。包括凸棱画迹在内，可见经变西边条幅形式画面中的三组说法（佛为诸天说法）场面及部分边饰（图版II：242）。自上而下分述三组说法场面。

图173 第275窟南壁西起第二、三龛之间菩萨（第三层）

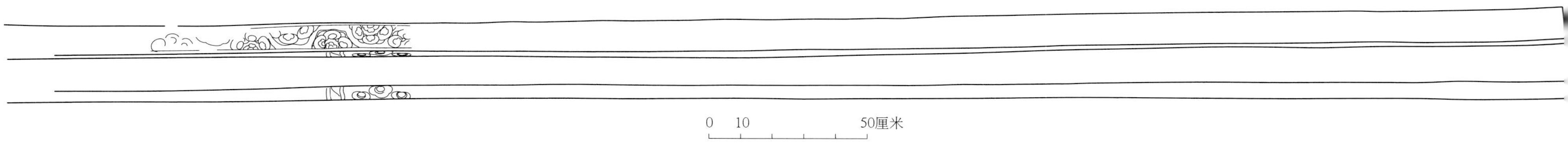

图174 第275窟南壁凸棱纹饰（第三层）

第一组说法场面，凸棱下部画迹的西端，为经变西部条幅形式画面最上一组说法场面的顶端，黑地色上绘三朵白色莲花，依据相对完整的第三组画面，应该也是表现佛尊上方的华盖和双树。东侧亦有土色题榜，宽3厘米，残高约5厘米，与下端画面形制相同。

第二组说法场面，见于西下角画迹的上部，残高约20厘米，残存一佛、一菩萨、一天人。坐佛胸以上残毁，面西，稍侧向左，结跏趺坐，着黑色袈裟，绿色身光。佛右侧一菩萨坐束腰莲座上。佛、菩萨之前设案。西侧，一天人跪于案前，拱手，身穿黑色大袖袍，白色衣边。

第三组说法场面，紧接第二组，高约21厘米，居条幅式画面的底端，残存一坐佛、二菩萨、一天人。佛面东，稍侧向右，结跏趺坐，着黑色袈裟，黑色头光，绿色身光，前置一案。两侧各有菩萨一身，甚模糊。案前立一天人，拱手，身穿黑色大袖袍，白色衣边（模糊）。坐佛上方绘绿色云霭，其中三朵莲花表示华盖和双树。东侧有一方题榜，呈土色，高21厘米、宽3厘米，未见文字。

在残存的三组说法场面东边和第三组下边，各存部分边饰。东侧边饰宽6厘米，自下部底端向上延伸至凸棱，与第一组东侧边饰相连接，但下端边饰纹样为菱格纹，其中绿色画迹较清晰，与上方第一组场面东边的半团花纹不同。边饰自45厘米以上模糊，但仍有踪迹可循。

天请问经变的构图布局，通常以大型佛说法会场面居中，作为主体画面，左右两侧以条幅形式分组绘诸天九问各情节，均为小型的简单法会场面。南壁中段残存条幅的局部，大约涉及九问中的三问[19]。莫高窟自盛唐末，天请问经变与弥勒经变分居两壁相互对应的布局逐渐成为比较固定的形式。

（3）下段

第三组场面下边边饰残长24厘米、高6厘米，纹样与北壁经变画下边边饰相对应，亦为方胜纹，均以土红色线勾边。中段经变画延伸至第一层壁画的下段，经变画下边边饰已低至第一层下段边饰之下。

覆盖底层壁画的薄泥层和白粉层因被剥除，残存较少，现存残迹至离地面33厘米处。白粉层上似残存壁画题榜1方，高10厘米，残宽2厘米。

4．东壁

在原窟室东壁门南侧下部（中、下段）残存壁面上，在第二层壁画上敷薄泥层和白粉层绘第三层壁画，今已剥除。剥除前残高62～65厘米，残宽32厘米，仅存上下趺坐佛2身，均高约23厘米（包括头光）。上佛可见头部、头光、身光、双腿和莲座轮廓残线，下佛仅见头部、头光、施禅定印的双手和衣饰残线（据1962年测绘图补记，见图175）。

5．窟顶

隔墙以东，窟顶仅南披西端残存部分壁画，南北长36～90厘米，东西宽16～42厘米，所绘部位包括南披北端残存的纵枋一段，1根椽子（原西起第十三根）及其两侧望板。纵枋饰一整二半团花纹。椽子与隔墙以西窟顶南披椽子基本相同，饰束莲纹，其中省略了题榜。两侧望板残存千佛3身，西侧上下2身，东侧残存1身。千佛高约22.5厘米（包括头光），结跏趺坐，施禅定印，身着红色双领下垂式袈裟。圆形头光和身光，皆二圈。坐下覆莲座，红色莲瓣。

隔墙以东北披残存少许第一层土红色画迹，残存的椽子南端被第三层改绘束莲纹。

0 5   25厘米

图175　第275窟东壁南侧中段第三层壁画
（1962年）

四　近现代遗迹

窟内南壁下部近代开凿一穿洞，通向第272窟，于1964年维修加固工程时被封堵。

1948年至1962年，敦煌文物研究所（原国立敦煌艺术研究所）在调查记录统计洞窟壁画和塑像时，在窟室各壁面用阿拉伯数字编号，墨书于每壁或每幅壁画和塑像的下边，各高2厘米、宽3.5～5厘米。在本窟的题写现存有30处，具体位置如下表。

[19]　大致相同的完整实例可见莫高窟第55窟北壁经变画东起第一铺。

序　号	类　别	位　　　置	题写内容（编号）	备　注
1	塑像	西壁主尊像座前面北侧下部	1—1	
2		南壁第二龛内像座前面西侧下部	2—1	
3		南壁第一龛内像座前面西侧下部	3—1	
4		北壁第一龛内像座前面东侧下部	4—1	
5		北壁第二龛内像座前面东侧下部	5—1	
6	壁画	南壁上段第二龛内西壁北侧上部	1—3	
7		南壁上段第一、二龛之间菩萨下部	1—4	
8		南壁上段第一龛内西壁北侧下部	1—5	
9		南壁上段第一龛外西侧菩萨下部	1—6	
10		南壁中段故事画西侧下方	2—3	
11		南壁中段供养菩萨西侧下方	3—2	
12		西壁南侧三角靠背上边北端	1—7	
13		西壁北侧靠背上方供养菩萨北端	1—8	
14		西壁南侧胁侍菩萨下方	2—4	
15		西壁北侧供养菩萨北侧下方	2—5	
16		北壁上段第一龛西侧东下部	1—9	
17		北壁上段第一龛内东壁南侧下部	1—10	
18		北壁上段第一、二龛之间菩萨下部	1—11	
19		北壁上段第二龛内东壁南侧下部	1—12	
20		北壁中段故事画中部下方	2—6	隔墙西侧边
21		北壁中段供养人中部下方	3—3	隔墙西侧边
22		隔墙西向面上段南铺说法图南侧下边	1—1	即隔墙西向面壁画，现搬迁至北壁东侧砌体壁面
23		隔墙西向面上段南铺说法图外南侧菩萨下边	1—2	同上
24		隔墙西向面中段门南侧不空绢索观音变南侧下边	2—1	同上
25		隔墙西向面中段门南侧不空绢索观音变南侧坐佛下边	2—2	同上
26		隔墙西向面下段供养人南侧下部	3—1	同上
27		隔墙西向面上段北铺说法图南侧下边	1—13	同上，但现搬迁至东壁门北砌体壁面
28		隔墙西向面中段门北侧如意轮观音变南侧下边	2—7	同上
29		隔墙西向面下段供养人南侧下部	3—4	同上
30		隔墙西向面上段中铺说法图南侧下边	1—14	同上，但现位于东壁门上砌体壁面

从表中编号情况看来，塑像和壁画分别编号。塑像先编主尊菩萨，再编南北壁诸菩萨。壁画按照东、南、西、北壁，自上而下分段进行编号。其东壁此处仅指重修隔墙西向面壁画。

20世纪50年代初，敦煌文物研究所曾在东壁南侧壁面上部加筑了高158～167厘米、宽100厘米的土坯墙，将东壁门南上端和南壁东端坍塌残毁部分与窟顶东端南侧相互连接封堵。

又在东壁南侧前方不到100厘米处筑一堵土坯墙向北，直达北壁东部第三龛下。土墙南端与东壁南侧北端之间安装木门，木门朝北开。土筑门顶连接东壁和土墙，并与二者相垂直，门前下方筑十余级台阶[20]，形成窟室唯一的出入口。此外，在窟内顶部东段，南、北侧壁东端残破处，皆用水泥或石灰进行了修补。

---

[20] 有关此情况，可参见本卷附录二之（三）。

20世纪60年代，国家对莫高窟进行了全面维修与加固，其中对第275窟前部东端实施了加固，拆除敦煌文物研究所砌筑的土坯墙、窟门和台阶，代之以砖石水泥结构，封堵南壁穿洞。1976年，对窟内塑像进行了局部修复与加固。

1991年3～5月，敦煌研究院保护研究所拆除了窟内第三层遗迹土坯隔墙。另外，鉴于原窟室东壁北部已毁，在原东壁前方的崖面位置筑砖石结构的砌体，作为洞窟的前壁，将崖面修补完整，又在北壁东端构筑延长砌体，以连接砌筑的前壁。与此同时，将隔墙西向面的壁画进行了技术性剥离搬迁处理，重新粘贴在加固之后的北壁东端延长部分和前壁门上及门北侧的墙面上；原隔墙西向面门南侧上、中、下段壁画粘贴于北壁东端延长砌体上；隔墙西向面门上顶端的5身坐佛粘贴在北壁东端延长砌体的顶端；隔墙西向面门北侧上、中、下段壁画粘贴于现今前壁窟门北侧砌体上；隔墙西向面门上（即上段中间）的一铺说法图粘贴于现在前壁铝合金门上方的墙面上。此次还重新修缮了窟顶东部，修补了各壁面及塑像上的裂缝与残破部分，剥去了南壁东端和东壁南侧第三层已经残损的壁画，露出了原来属于第一层和第二层的壁画，并在地面上铺设了水泥方砖。

第四节　小结

第275窟，平面纵长方形，仿木构作成纵向的盝形顶。窟内西壁塑大型交脚坐菩萨像为主尊，两侧壁上段开列龛塑交脚坐和半跏趺坐的菩萨像，中段壁画分别以本生故事和佛传故事为题材，故事画之下绘供养人和供养菩萨（天人）行列表现人天供养，下段与第272窟同样为环绕窟室四壁的三角垂帐纹。此窟与第272窟均属礼拜窟，但礼拜对象无疑是兜率天上的弥勒菩萨。值得注意的是两侧壁的龛饰，阙形龛和双树龛特点鲜明，以双阙的建筑形式象征弥勒菩萨所居的天宫，双阙之间以屋顶相连，檐下的交脚菩萨表现在天宫待机的弥勒菩萨。将屋顶凸出于双阙之前，强调菩萨说法的殿宇，而将本应在建筑空间最前方的双阙退居后方，仅起"标表宫门"的象征意义。

第275窟洞窟形制特殊，纵长方形的"一脊两披"的盝形顶窟，在中国石窟寺遗存中尚属孤例，表明未被后世所采用。在正壁未经开龛，直接依壁造主尊双狮座交脚弥勒菩萨像，也是十分独特的作法。两侧壁上段开列龛和中段通壁宽横卷式作连环画构图的故事画，均开北魏时代诸窟的先河。

据对第275窟窟内遗迹及叠压层次的观察，第一层为开窟时的原作，包括西壁、南壁、北壁，以及东壁和窟顶残存部分。洞窟建造完成后，历史上可能经过两次重修。第一次仅限于对东壁中段壁画的改绘。现存于东壁甬道口南侧中段的第二层壁画，似与第一层壁画有所区分，其绘画时代一般推定为隋代，内容尚不明确。第二次重修之前，窟前崖面经过了大范围的坍塌，第275窟的东壁大部和窟顶前部残毁，洞窟的残损甚至波及窟顶后部、西壁上部和南、北侧壁的顶端，形成了一个窟前敞开、失去保护的窟室。针对这种情况，进行了第二次相当全面的重修。第二次重修，规模较大，在原洞窟前部坍塌之后，首先在窟内中部偏东砌筑一堵土坯隔墙，把窟室分隔为前后两个部分，大体形成前后两室的格局，为后部保存程度较好的塑像、壁画营造了相对封闭的空间。重修者对窟室后部窟顶、壁面进行了补绘，对塑像加以妆銮彩绘；在隔墙西向面绘制的壁画保存至今；在窟室前部（隔墙以东部分），妆銮彩绘上段龛像，重绘中段壁画。在窟顶和西壁、北壁、南壁上均可见到第三层与第一层的叠压关系。东壁南侧的第二层壁画，也一并被第三层壁画覆盖。第三层营修和绘画的时代，可以推定为曹氏归义军统治敦煌时期，即五代、宋时期。

以往文献（如《敦煌莫高窟内容总录》）推定为北宋时代的隔墙西向面和窟室前部南、北壁的表层壁画，以及推定为西夏占领时代的主尊交脚菩萨妆銮和头光彩绘，由编写本报告的调查工作中收集的现象显示，应均属于第三层遗迹。

第三层遗迹中，对窟室的改建、壁画的绘制和塑像的妆銮，都经过周密的设计，注意到对原作内容的配合和补充，后室东壁（隔墙西向面）上段以三铺说法图组合而成的弥勒下生经变、中段的两幅观音经变以及前室两侧壁的弥勒经变、天请问经变，均与原创塑绘围绕弥勒上生的主题密切呼应。后室东壁绘有回鹘装女供养人，身份地位贵为公主，显然有归义军政权身居高位的人物主持工程。迹象表明，第三层壁画的绘制，对第一层壁画的原创具有足够的尊重。无论对第一层壁画残毁剥落处进行补绘、重绘，或者在原壁画模糊漫漶处进行改绘，并不刻意追求绘画形象的完整，很少有对第一层完好壁画的覆盖。第二层壁画的绘制也有类似情况，其下边边饰与第一层壁画边饰的衔接十分自然。仔细观察第二层壁画，竟没有发现叠压的痕迹。

第275窟是本卷中龛像最多的洞窟。从塑像残破处可以了解塑像的骨架和胎质，以及塑造工艺和制作过程的一些情况。此外，从塑像头部和头光与壁面的关系，可以判断这7身菩萨的头部及头光都是塑成之后安装到位的，其制作过程中特别注意与壁面牢固的粘接。由此推知，在第266、268、272窟的塑像，有可能采取了同样的方法。

曾经长期在第三层隔墙遮蔽下的北壁、南壁及窟顶的第一层壁画，为我们保留了较少变色与磨损而接近原状的壁画遗迹，弥足珍贵。这些壁画中的人物肤色，敷粉之下透出的红色勾染，说明同窟同层壁画人物肤色呈现出的黑色勾染实际上是颜料变色的结果。同理可推及第272窟、第268窟及相关洞窟壁画的变色情况。第275窟壁画敷色中出现了蓝色，有意见认为是莫高窟最早期洞窟的孤例，考察中发现，这部分壁画全部处于隔墙遮蔽处，曾受到严重的烟炱污染，呈现蓝色或者偏蓝的绿色是否属烟炱污染所致尚有待研究，同样内容的描绘，在窟内未受烟熏的部位都表现为正常的绿色。相对而言，第275窟画风稍显自由奔放，但曾有议论所谓"散乱粗野"[21]，则是一种误解；隔墙拆除后令壁画原作精细的线描和工致的晕染重见天日，可以充分说明，千年之后"粗犷"的表象，实为细节泯灭所致。这提醒我们，观察古代文物，切不可忽略历史造成的变化。对于年代久远的早期遗迹，尤其要注意分辨现状与原貌的区别。

东壁南侧原有三层壁画，第一、二层均被第三层覆盖。20世纪90年代初，敦煌研究院保护研究所将表层第三层壁画层剥离之后，显露出下层第一、二层壁画。被剥出的壁画漫漶严重，画面模糊。

第275窟的开凿无明确纪年，但据学者研究公认，此窟和第268窟、第272窟，系敦煌莫高窟时代最早的三个洞窟。据敦煌研究院对莫高窟北朝洞窟的分期，认为本窟属于莫高窟北朝第一期洞窟[22]。

隔墙以东的燃灯台底部，保存有木芯灯柱残迹。较完整的灯台形态保存在第274窟，此外，第266、268窟都有遗迹。灯台遗迹集中表现在上述数窟中，附近其他洞窟发现较少，一般仅限于放置龛内的灯盏之类。各窟灯台设置的时间不详。敦煌石窟遗书中有关燃灯的文献（《腊八燃灯分配窟龛名数》）记载燃灯活动的年代（北宋大中祥符四年，公元1011年）值曹氏归义军时期，应与上述遗迹有关，与此窟第三层遗迹可能也有一定的关系。

在近现代，第275窟受到开凿穿洞的破坏。20世纪60年代，敦煌文物研究所将穿洞封堵，恢复了与第272窟的隔离。90年代，敦煌研究院将第三层遗迹的隔墙拆除，恢复洞窟初建时的空间布局，在窟室前加筑砌体，安置窟门，重新构建封闭的窟室，把隔墙西向面的壁画搬迁到新砌的东壁和延长的北壁上，可以视为第三次重修。

---

[21] 张大千《漠高窟记》称："窟内诸画，殆为北魏初期画，粗野散乱，无有过此者。"谢稚柳《敦煌艺术叙录》亦云："窟内诸画，率野之极，其他魏窟画，无有过此者，当为莫高窟最早之魏画。"见本书附录一之（三）、（四）。

[22] 樊锦诗、马世长、关友惠《敦煌莫高窟北朝洞窟的分期》，《中国石窟·敦煌莫高窟》第一卷，文物出版社、平凡社，1980年。

表一　第275窟各龛结构尺寸表

单位：厘米

位置					南壁			北壁		
					西起第一龛	西起第二龛	西起第三龛	西起第一龛	西起第二龛	西起第三龛
龛形					阙形龛	阙形龛	双树龛	阙形龛	阙形龛	双树龛
通高					121.5~126.4	122.5	122	130	129	126
通宽					140	147.6	112	137	149	111（残）
龛内	高				94.5~97.5	90~95	92	94~95	95~97	94
	宽				75~83	83~86	82~85	72~78	81.5~85	82~85
	深				20~21	26	22	20	22	20
龛楣（屋顶）	高				23	21.6	30	21.8（残）	22.4	33
	宽	上宽			55.8	53（残）	9~29	50.4（残）	62.4（残）	8~28
		下宽			102.9	98.3		91.4	104.6	
东阙	母阙	通高			120	120		128.4	129	
		顶	高		12	14		14.6	12	
			上宽		13.2	16.7		12.6	16	
			下宽		25	29		30	27.5	
		阙身	阙楼	高	44.6	50		48.4	52	
				宽	13.7~18.9	10.7~18		11.3~22.5	11.6~19	
			上段	高	33	30.7		32	33	
				宽	11.7~13	10.5		11	11.4	
			下段	高	31.5	27.8		34	34	
				宽	11.8	11.5		11.8	11.5	
	子阙	通高			95	92.8		96	98.3	
		顶	高		14	15		15	15.3	
			上宽		12	12（残）		13	15.5	
			下宽		24.7	27.4		27.5	29.6	
		阙身	阙楼	高	17.3	19.7		15.2	16.5	
				宽	12.8	10.4~12		11~15.7	11~17.5	
			上段	高	32.8	31.4		32.8	33.8	
				宽	10.4	10.4		10.9	11	
			下段	高	32	27.8		34.3	33.4	
				宽	11.5	10.5		10.8	12	
西阙	母阙	通高			124.4	121.4		122	128	
		顶	高		11.4	13.4		13（残）	14.5	
			上宽		16	16.4		12.8（残）	13.7	
			下宽		29.8	29		30	30	

位置					南壁			北壁		
					西起第一龛	西起第二龛	西起第三龛	西起第一龛	西起第二龛	西起第三龛
龛形					阙形龛	阙形龛	双树龛	阙形龛	阙形龛	双树龛
西阙	母阙	阙楼		高	42	44.8		49	52.5	
				宽	12.6	12.4~17.6		11.7~20.7	10~18.6	
		阙身	上段	高	32.6	32.8		30	29.7	
				宽	12	12		10.4	10.3	
			下段	高	38.9	31.6		36	32.5	
				宽	12.2	11.4		10.6	10.5	
	子阙	通　高			101.5	98.3		95.8	94.8	
		顶		高	12	15		15	15.3	
				上宽	11.7	10.8		10.3	11.4	
				下宽	25.4	27		24	28	
		阙身	阙楼	高	17	19		16.8	17.4	
				宽	10.3	10.5~12.3		9.7~14	10.5~14.7	
			上段	高	35	32.5		29.3	32.3	
				宽	12.5	10.8		9.5	10.6	
			下段	高	37.9	32.6		35.8	30	
				宽	10.2~11.5	10		9.2	10.8~12.6	

说明：表中空格，表示无此项。

表二　第275窟塑像尺寸表

单位：厘米

位置			西壁	南壁			北壁		
				西起第一龛	西起第二龛	西起第三龛	西起第一龛	西起第二龛	西起第三龛
名称			交脚菩萨	交脚菩萨	交脚菩萨	半跏菩萨	交脚菩萨	交脚菩萨	半跏菩萨
通高			337	72	85.5	76.8	81	82	77
头	高（包括冠）		84	18（残）	24.6	19.5	24.3	24.7	18.9（残）
	宽		33.3～66.6	15.7	15.9	15.8	16.7	16	15.5
	围		102	42	44	43	38	37	37
	面	长	47.7	13	12	11.6	11.5	12.4	10.7
		宽	48	11.6	11	10.7	11	11.6	11
	白毫	径	3.5						
		深	0.5						
	目	长	左11 右10.8	2.9	2.7	2.9	2.8	2.8	2.5
		宽	左2.2 右2.4	0.6	0.6	0.5	0.5	0.5	0.5
	鼻	长	16.6	3.7	3.8	3.9	4	4	3.3
		宽	9.4	2.5	2.3	2	2	2.5	2.3
		高	3.7	1	1	1	1	1	1
	嘴	长	15	3.5	3.5	3.7	3.5	3.6	3.4
		宽	2.5	1	1	1	1	0.9	0.6
	耳	长	左39 右38.5	6.5	6.5	5.6	6	6	5.3
		宽	10～11	2.3	2	2	2.3	2.5	2.3
	发 高		8.8	3	2.7	2.6	2.4	2.5	2.6
	冠	高	28.8	3.6（残）	10.6	6（残）	10.7	10.5	6（残）
		宽	41.6	11.5	9.8	11.7	15.4	9.3	11.7
颈	长		16.7	3.9	2.8	2.6	3	2.8	2
	宽		44.6	10.4	10.8	10	10	9.8	10
躯干	长		91	35	36	33	34	34	33
	肩 宽		110	25	27.3	23.4	28	28.5	23
	胸	宽	72.8	19.5	21.2	16	17.9	18	15.6
		围	113	31	30	31	29	30	28
	腰	宽	64	15.9	15.8	12.7	16	16.6	14
		围	107	29	30	32	31	28	29
四肢	上臂	长 左	90	20	24	22	19.2	23.7	20.8
		长 右	95	21	23.7	22	19.2	23.6	20.9
		宽 左	27.6	6.4	7	6.5	8	7	6
		宽 右	31.6	6	7	6.5	7	7	6.2

位置				西壁	南壁			北壁		
					西起第一龛	西起第二龛	西起第三龛	西起第一龛	西起第二龛	西起第三龛
名称				交脚菩萨	交脚菩萨	交脚菩萨	半跏菩萨	交脚菩萨	交脚菩萨	半跏菩萨
四肢	上臂	围	左	55	12	12	17	14	14	13
			右	54	13	13	23	14	14	21
	前臂	长	左	62.8	18	19	9(残)	15.5	16.6	16.5
			右	62	19.5	16	6(残)	16	14.7	毁
		宽	左	18~25	5.5	5.5	5.5	3.6	5.5	4.7
			右	18~24.5	5	4.5	5.5	4.3	5.7	毁
		围	左	61~75	14	19	19	14~18	18	15~17
			右	57~77	14	18	残	14~18	20	毁
	手	长	左	20	9	7	残	9	11	4（残）
			右	50（连指）	10	7.6	残	10.5	13	毁
		宽	左	25~27	7	7	残	7	7.3	6
			右	15~37	5	6.6	残	6.8	6.4	毁
	大腿	长	左	80	22	21	23	21	20	20
			右	80	22	20	20（残）	21	18	22
		宽	左	38~41	10.5	11	10	10	10	9
			右	37~41	10.5	11	10	10	10	9
		围	左	74~78	21	21	38	25	21	21
			右	75~78	22	22	37	25	20	30
	两膝间距			163.8	41.8	43		45.8	42	
	小腿	长	左	107.9	26.7	25.6	19.7	29	26.8	22.6
			右	104.8	27	24	毁	28.5	27.6	25.9
		宽	左	30	8.6	8.8	8.4	8.7	7.8	7.8
			右	30.5	9.5	9.3	毁	7.6	8.5	8.3
		围	左	33~60	10~15	10~15	29	16	15	12~20
			右	30~55	10~15	10~15	毁	16	14	18~24
	脚	长	左	38	8	8	10	8.8	8.2	9
			右	42	9	9.3	毁	8.5	9.5	7（残）
		宽	左	18.5~22	5	4.7	5.4	5.4	5.5	6
			右	17.3~22.5	4	4.6	毁	5.1	5.3	6
		趾长	左	11	2.3	2.7	残	3.7	3.3	残
			右	10	2	3	残	3.4	3.3	残

说明：1. 头围、胸围、腰围、臂围、腿围，因大多为贴壁塑像，故仅量得凸出于壁面的部分，无法量出通围。

2. 空格，表示无此项。

第七章　结　语

第一节　洞窟概况

一　洞窟结构

（一）窟外立面

本卷洞窟开凿在莫高窟南区中部偏北的摩崖上，距离现地面高约6米（海拔高程约1337米），所处崖面相对向前凸出，属于开窟造像比较理想的位置。而且，此处岩质在酒泉系砾岩中相对较为坚固，在南北两端及上方崩塌之后益显前凸。鸣沙山东麓石窟开凿伊始，选择此处当非偶然。此后，北朝石窟的开凿由此向南延伸。以北的山崖经过了不止一次的大规模崩塌，影响所及，处于本卷洞窟北端的第275窟前部坍塌严重。崖面南端也经过一定程度的崩塌，第266窟的东南角因而坍毁。本卷洞窟上方的崖体，或因唐代的造窟活动而损毁，第268窟前部，第272窟甬道前部、窟门顶部以及第272A、273窟的顶部均有残损。

本卷第266窟、第268窟（含第267、269、270、271窟）、第272窟（含第272A、273窟）、第274窟、第275窟，为5个独立的洞窟，其中第266、268、272、275窟平面布局紧凑，窟口和地面高度相仿，据各窟下方的岩孔遗迹可知，窟外由构建在崖体的栈道联系交通，可推测至少第268、272、275三窟在历史上或许有过一定的规划。只有第274窟是另外添加的小窟。

本卷洞窟的前部均有不同程度的残损，外壁大多无存，仅第272窟（包括第272A、273窟）保存了相对完整的外壁。尽管如此，通过现存遗迹，包括各窟下方的岩孔，可以了解到各窟的大体结构：无前室，有甬道通向崖面，第272窟甬道较长，且相对完整，第275窟次之，第268窟甬道很短。前部坍塌最严重的是第266窟，窟前的岩孔亦不存（现存窟口左、右的岩孔可能为后来所凿），现存前部崖面相对以北数窟有所后退，其原有甬道应也较长。各窟残留的外立面都经过敷泥修整，抹平，涂刷白粉，现均已掩盖在加固维修工程所建的砌体之下。

（二）窟室结构

本卷洞窟与现存北魏洞窟一般规模相比，尺度明显较小，洞窟形制特异。虽然一些洞窟经过一次或多次的重修，保存着不同时代的遗迹，但基本形制和功用并未改变。

其中，第268窟为一纵长甬道式的主室、后壁开龛造像、两侧壁对称开4个小窟，小窟可供一名僧人于其内打坐修禅，"才容膝头"[1]。

第272窟平面方形，正壁开大龛、造主尊像，顶部作披面圆转的穹窿形，中心有上凹的方井，为殿堂式的礼拜窟，其外壁于窟口两侧对称开2个小龛，造禅僧像，与主室形成完整的组合。

第275窟在本组洞窟中规模最大，是另一种类型的礼拜窟，平面纵长方形，正壁不开龛而依壁塑造大像，两侧壁上部对称开6个龛，作列龛的形式，龛内造像，顶部作两披的盝形，即所谓的"平脊斜披顶"，南北两披仿木构塑作纵枋、椽条和望板。

第266窟紧邻第268窟，处于本卷洞窟的南端，其洞窟形制有如对第272窟的模仿，同为平面方形、正壁开大龛的礼拜窟，顶部亦披面圆转呈穹窿形，有可能是与第272窟同一时期的构建。造像则分别位于龛内外。

第274窟开凿在第275窟外壁南侧，规模很小，容身一人尚嫌促迫，平面略方，正壁上部开龛造像，人字披形窟顶，亦属礼拜窟性质。

---

[1]　唐道宣《续高僧传》卷二十〈释法忍传〉。

二　洞窟内容

鉴于不同时期的建造和重修，本卷洞窟遗迹存在不同程度的叠压打破关系。第268窟第二层壁画叠压在南北两侧壁第一层壁画之上，并绘于4个小窟中。第272窟第二层壁画覆盖四壁下段的第一层壁画，并重绘甬道壁面和顶部。第275窟内情况更为复杂，晚期（第三层）在窟内修筑隔墙，在隔墙以东第一层壁画和龛像上重施彩绘，在隔墙以西补绘窟顶及正壁、两侧壁的上端，并在隔墙的东、西两面绘制壁画；而在东壁残存部分的上部则似有较早时期（第二层）的重绘。第266窟窟内的塑像、壁画遗存似晚于洞窟的构建。第274窟南北两侧壁面上留下同时期两次起稿的画迹。

根据上述叠压关系，可将本卷洞窟内容大致分为三期。第268、272、275三窟第一层的绘塑普遍认为是同一时期的遗迹，可视为本卷洞窟遗迹的第一期，当首先予以综述。其次，各窟上层遗迹分属不同的时代，第268窟、第275窟的第二层壁画与第266窟、第274窟壁画应属于本卷洞窟的第二期；最后，在第275窟内，与隔墙同时进行的重修、重绘和补绘，以及第272窟四壁下段和甬道的重绘，应属于本卷洞窟的第三期。

（一）第一期

第一期是第268（含267、269、270、271窟）、272（含272A、273窟）、275窟的原创期，塑像、壁画内容见于第268、272、275窟第一层和第272A、273窟。

1．塑像

三窟中的塑像，第268窟正壁上部圆券龛内塑交脚坐佛像，第272窟正壁大型穹窿顶龛内塑善跏坐（倚坐）佛像，第275窟正壁前塑高达3.4米的大型交脚坐菩萨像，分别为三窟的主尊。此外，第275窟两侧壁列龛，4个阙形龛内均塑交脚坐菩萨像，2个双树龛内塑半跏坐思惟菩萨像；第275窟主尊座侧塑双狮；第272窟外壁二龛即第272A、273窟内各塑一禅僧像。

善跏坐（倚坐）佛像1身。所知十六国、北朝有题铭可考的倚坐佛像，除个别优填王释迦瑞像之外，几乎都是下生成佛说法的弥勒佛像。隋唐以降，倚坐弥勒佛像更为普遍，甚至各地遗存数十米高的巨像。由此，认为第272窟的主尊倚坐佛像为弥勒佛像的看法是有一定依据的。

交脚坐佛像1身。据考证，第268窟的主尊交脚坐佛像应该也是下生成佛的弥勒[2]。

交脚菩萨像5身。三窟内外属于第一层的11身塑像，交脚菩萨近半数，集中于最大的第275窟，其主尊是敦煌所见最大的交脚坐姿菩萨像。交脚菩萨像，据铭文题识或依造像组合推断，多认为是弥勒菩萨上生兜率天的形象[3]。主尊头冠饰化佛，坐狮子座，两侧壁上的交脚菩萨像均处于塑造成阙形的龛内，可对应于经文的描述[4]。

半跏坐思惟菩萨像2身。在第275窟内位列5身交脚坐弥勒菩萨之后，龛楣、龛柱浮塑为双树形，树冠叶片细长，作忍冬卷草造型，可以视为成佛前"修无常想，出家学道，坐于龙华菩提树下"的弥勒菩萨[5]。

禅僧像2身。二像分列第272窟门外两侧第273、272A窟内，姿态、衣着皆同，均结跏趺坐，双手结禅定印，穿覆头袈裟。二像的时代，曾被认定为北魏[6]，本报告认为该像与第272窟室内容联系紧密，为洞窟初建时的原创，应归入第一期。

另有狮子2身，以圆雕技法塑造而成，与主尊台座相连，构成双狮座。

2．壁画

三窟内的壁画，种类可分尊像画、经变画、故事画、供养人画像和装饰图案。

（1）尊像画

坐佛，其中绝大多数是千佛。千佛共约300身。在第272窟中，北壁、南壁、东壁的上段绘千佛，并延伸至窟顶北披、南披、东

---

[2]　贺世哲《敦煌图像研究——十六国北朝卷》，甘肃教育出版社，2006年，p. 17。

[3]　温玉成〈龙门北朝小龛的类型、分期与洞窟排年〉，《中国石窟·龙门石窟》第一卷，文物出版社、平凡社，1991年。另据北凉石塔，与七佛组合的弥勒均为交脚坐姿的菩萨像。

[4]　北凉沮渠京声译《佛说观弥勒菩萨上生兜率天经》。

[5]　后秦鸠摩罗什译《佛说弥勒下生成佛经》。参见贺世哲《敦煌图像研究——十六国北朝卷》，甘肃教育出版社，2006年，p. 24；东山健吾〈敦煌莫高窟第275窟交脚菩萨像〉，《2004年石窟研究国际学术会议》，上海古籍出版社，2006年，p. 353。

[6]　敦煌文物研究所《敦煌莫高窟内容总录》，文物出版社，1982年。

披。另见于第275窟南、北壁上端。第272窟千佛形象划一，排列规整，运用颜色的规律变化产生韵律感。千佛排列为八身一组，分别着通肩和双领下垂式袈裟，后者可见内着僧祇支。头光、身光、袈裟、莲座的颜色，使用红、黑、绿、土、白五色搭配。千佛行列的两端有时以莲蕾、化生甚至菩萨代替坐佛，似表明千佛与化生佛之间存在某种联系。关于千佛图像的定名，意见不一，但对敦煌早期石窟壁画千佛，多数认为是贤劫千佛，有的作出论证[7]，但尚无榜题佛名为依据。另有坐佛2身。见于第275窟南壁供养菩萨行列的末尾，与供养行列的关系有待研究。

胁侍菩萨6身。见于第268、272窟正壁龛内两侧和第275窟正壁主尊两侧，均立姿。

菩萨6身。见于第275窟南、北壁上段龛与龛之间，均立姿。

供养菩萨114身。分坐姿、跪姿、立姿。坐姿、跪姿者主要围绕在主尊的左右，变化颇多，有结跏趺坐、半跏坐、交脚坐、跪坐、胡跪等，形态较自由、活泼，主要表现诸天人、菩萨对于佛陀神迹的赞叹，并非都具有菩萨的尊格。见于第268窟正壁龛内外，第272窟西壁龛内外及窟顶西披、东披，第275窟西壁主尊两侧。立姿则见于第275窟南壁中段横贯壁面的行列，残存39身。排列在第272窟正壁龛外两侧壁面上的40身菩萨（还应包括窟顶西披的8身），姿态各异，栩栩如生，研究者或以为是诸天人以伎乐舞蹈供养主尊，或以为是聆听主尊说法而欣喜万状。

弟子10身。分列第272窟正壁龛内主尊两侧，均胡跪。僧形，着袒右式袈裟（其中一身左袒），或为十弟子。

飞天44身。见于第268窟正壁、北壁、南壁及窟顶平棋，第272窟正壁龛内主尊身光及窟顶北、南、东披。

伎乐天22身。见于第272窟顶部四披。绕顶一周绘天宫栏墙，栏墙上为圆拱形天宫建筑，建筑内各绘一伎乐天，东披北端建筑内为一比丘头像，研究者多称之为"大头仙人"[8]；北披西端伎乐天深目高鼻、身形高大，与众不同。

力士6身。见于第268窟南、北壁下部。

侍者6身。见于第275窟北壁上段西起第一龛内和南壁上段西起第一、二龛内。

坐姿人物6身。见于第268窟南、北壁，残损较甚，图像模糊。位于两小窟之间稍清晰者着袒右式袈裟，似结禅定印，为坐禅僧人。此外，南壁西端一身情况不明，其余均作僧形，且有某些情节表现。

（2）经变画

说法图2铺[9]。见于第272窟北壁、南壁上段。图中绘一佛二菩萨四弟子四飞天，主尊各于狮子座上结跏趺坐，结说法印。在千佛壁中央绘说法图的形式十分普遍。关于此窟两铺说法图在洞窟内容组合中的意义，其与正壁大龛的关系，所论不一，或云三世佛，或认为是弥勒下生成佛后的说法三会。

（3）故事画

故事画有本生图、佛传图，均见于第275窟。

本生图，五种。均见于第275窟北壁中段，以连环画形式作通壁的横卷式构图，自西向东依次为：毗楞竭梨王本生，绘毗楞竭梨王身钉千钉故事；虔阇尼婆梨王本生，绘虔阇尼婆梨王剜身燃千灯故事；尸毗王本生，绘尸毗王割肉贸鸽故事；月光王本生，绘月光王施头故事；快目王本生，绘快目王施眼故事。

佛传图，一种。见于第275窟南壁中段。绘太子四门出游，四个情节以连环画形式作通壁长的横卷式构图。残存画面可辨识出东城门路遇老人、出北城门路遇沙门。

上述本生图和佛传图，经专家考证，分别属于禅观中的法身观和生身观[10]。

（4）供养人画像

供养人51身。见于第268窟正壁龛下、第275窟北壁中段，为出资开窟造像施主的画像，并无肖像意义，惟表现不同的性别和身份。除男、女供养人外，有作为前导的比丘和比丘尼。男供养人身着游牧民族的"胡服"，具有作为时代和地域的表征意义。

---

[7] 例如陈慧宏将公元5世纪上半叶至中叶划分为"贤劫千佛期"（〈敦煌莫高窟早期的千佛图〉，台湾大学艺术史研究所·硕士论文，1994年），另水野清一、长广敏雄认为围绕一佛单坐龛的千佛是贤劫千佛（京都大学人文科学研究所研究报告《云冈石窟》第八、第九卷序章〈云冈图像学〉，1953年）。

[8] 多称大头仙人，见《法苑珠林》卷五〈六道篇·修罗部〉感应缘，引《西国志》云："中印度在瞻波国西南山石洞中，有修罗窟。有人因游山修道遇逢此窟，人遂中见有修罗宫殿处。妙精华乍类天宫，园池林果不可述尽。阿修罗众既见斯人希来到此，……施一桃与食讫。修罗语言，汝宜急出，恐汝身大窟不得容。言讫走出，身遂增长形粗大，人头才出，身大孔塞。遂不出尽。自尔已来年向数百，唯有大头如三硕瓮。人共语具说此缘，……时人号为大头仙人。"万庚育认为：如果是大头仙人，"与兜率天毫无关系"，"早期壁画天宫伎乐中的大头人像既非大头仙人，也非苏莫遮。……它应该是《佛说观弥勒上生兜率天经》里所说的'令我额上自然出珠'的兜率天宫大神劳（牢）度跋提和发愿所化现的奇观，其内容与经文完全吻合，由此证明早期壁画中天宫伎乐是依据《佛说观弥勒菩萨上生兜率天经》的部分内容创作的"（万庚育〈敦煌早期壁画中的天宫伎乐〉，《1987年敦煌石窟研究国际讨论会文集》石窟考古编，辽宁美术出版社，1990年）。

[9] 所谓说法图，表现佛在某特定场合说法的场面，一般有经典依据可寻。其画面内容与经变中的说法会内容相类似，但由于画面缺乏鲜明的特点，难以判定主题内容；或只作单一场景的表现，未穿插经文诸品内容情节，不宜以经变定名，但仍归入经变画类。

[10] 贺世哲《敦煌图像研究——十六国北朝卷》，甘肃教育出版社，2006年，pp. 30-32, 39-40；赖鹏举《敦煌石窟造像思想研究》，文物出版社，2009年，pp. 97-98。

（5）装饰图案

装饰图案在窟内大量出现。各窟上、下段之间的图案饰带，起着分隔画面的作用。此外用于窟顶藻井、平棋、椽条、望板，尊像的头光、身光、靠背，以及佛龛构造上，纹样有波状忍冬纹、星云纹、火焰纹、莲花纹、几何纹、垂幔纹等。千佛壁画实际上已经图案化，在洞窟中明显具有装饰作用。另有莲花（花朵或花蕾）和莲花化生，有时占用千佛的空位。

（二）第二期

第二期见于第266窟、第267窟、第268窟第二层、第269窟、第270窟、第271窟、第274窟、第275窟第二层。第266、267、269、270、271窟，是在凿就的空窟内或留出的素壁上施以绘、塑。第268窟第二层，是在窟室的南北两侧壁以较薄的白粉层覆盖第一层壁画，进行改绘。第275窟东壁南侧中段壁画，一般认为是晚于窟内原创的作品，但未发现重层现象，存在疑问。或可假设，因原壁面残损，重新制作了较粗的草泥壁面，直接于其上刷薄层白粉为壁画的地仗。

1．塑像

善跏坐（倚坐）佛像1身。即第266窟正壁龛内主尊1身，经后代重修，面目全非，原状应为下生成佛说法的弥勒佛，与第272窟主尊一致。第274窟正壁龛内主尊残失，但据20世纪初奥登堡记录："在清理沙土时发现一弥勒座佛"，推测同为善跏坐弥勒佛像。

胁侍菩萨像2身。分别塑在第266窟正壁左右两侧的像台上，立像，为窟内主尊的左、右胁侍，经后代重修，面目全非。第274窟正壁龛内两侧的2身胁侍菩萨像也已残失，仅见龛壁残痕。

2．壁画

种类可分尊像画、经变画、供养人画像和装饰图案。

（1）尊像画

千佛2070身。见于第266窟南、北、东壁上段及窟顶；第268窟南、北壁上段及第267、269、270、271四小窟壁面上段；第274窟南、北、东壁上段及窟顶。千佛形象、排列状况及颜色搭配与第一期相似但有所不同。千佛均着通肩式袈裟。头光、身光、袈裟、莲座的颜色搭配和排列组合，四身为一组，较第一期呈现简化的趋势；用色上则增加了蓝色，颜色组合呈现多样化，既有红、白、黑、土、蓝五色（第266窟），又有蓝、黑、绿、红、白五色（第268窟），红、绿、黑、土、白五色（第271窟），红、土、黑、蓝、白五色（第270窟），以及红、土、黑、白四色（第267、274窟）和红、蓝、黑、绿四色（第269窟）。

弟子16身。见于第266窟和第274窟正壁龛内外，均立姿。其中第266窟正壁为十弟子，龛内两侧各4身、龛外两侧各1身；第274窟龛内4身、龛外2身，为六弟子。

仙人2身。见于第266窟正壁龛内主尊两侧壁面下部，应为婆薮仙和鹿头梵志[11]，系皈依佛陀的外道。

飞天23身。见于第266窟正壁龛内及窟顶四披。

药叉位于第266窟东、南、北壁下段，形象模糊，数量不明，其性质应与早期第268窟两侧壁的力士相近。

禅僧1身。见于第271窟南壁坐禅图。

（2）经变画

说法图10铺。见于第268窟主室南壁西侧下部、第271窟北东西三壁及窟顶、第270窟北东西三壁、第267窟南壁、第269窟南壁。较早期数量增多，多数仅绘一佛二菩萨，但第270窟顶部说法图绘一佛四菩萨，第267窟说法图绘一佛二菩萨二弟子二飞天，第269窟说法图绘一佛二菩萨十二弟子。

此外，第275窟东壁南侧中段残存壁画1铺，描绘众多僧人列坐于山峦、楼阁建筑之下、流水之间，画面模糊，内容不详，应属经变类。

（3）供养人画像

供养人164身。见于第268窟南壁西侧、第271窟四壁、第270窟四壁、第267窟南西东三壁、第269窟南西东三壁、第274窟南北壁的下段和第266窟北、南、东壁中段。男、女供养人分列左右，有比丘和比丘尼为前导，以及跟随的侍者和侍女，以形体大小区别主仆关系。

---

[11] 据贺世哲《敦煌图像研究——十六国北朝卷》，第二章〈北朝洞窟图像研究〉六，婆薮仙、鹿头梵志分别见于北凉法众译《大方等陀罗尼经》卷一〈初分〉、后秦鸠摩罗什译《大智度论》卷三和东晋瞿昙僧伽提婆译《增一阿含经》卷二十〈声闻品〉，均为皈依佛门的外道，多绘于佛座的左右两侧。壁画婆薮仙和鹿头梵志在莫高窟见于北魏至初唐的洞窟，《敦煌莫高窟内容总录》（文物出版社，1982年）记录了其中的24窟，第266窟被漏记。另见谢生保〈试论敦煌石窟壁画中的婆薮仙和鹿头梵志〉，《2000年敦煌学国际学术讨论会论文集》石窟考古卷，甘肃民族出版社，2003年。

（4）装饰图案

装饰图案分布于壁（披）面、经变图周边，窟顶藻井、尊像的头光、身光及龛饰。纹样有忍冬纹、卷草纹、莲花纹、火焰纹、联珠纹、垂幔纹等。

（三）第三期

第三期对第272、275窟进行了重修。

1．塑像

第三期没有新的造像塑作，只对第一期塑像进行彩绘妆銮，见于第272窟主尊善跏坐佛像、第275窟主尊交脚坐菩萨像和两侧壁前部上段双树龛内半跏坐思惟菩萨像。

2．壁画

（1）尊像画

立佛1身。见于第272窟甬道顶部。右手垂下，左手于胸前握衣角，披袒右式袈裟。

坐佛2身。见于第275窟隔墙西向面中段南端，上下相叠，均结跏趺坐，结说法印，披双领下垂式袈裟。

千佛46身。见于第275窟顶部藻井外周，披面椽间望板及西壁和隔墙西向面的顶端。结跏趺坐，结说法、禅定等印相，披双领下垂式袈裟。相比前期在排列上较为自由，描绘粗糙，不再有丰富的颜色组合变化，无法比拟早期生动典雅的装饰意匠。

胁侍菩萨4身。均立姿，见于第275窟左右两壁前部双树圆券龛内塑像两侧。

菩萨2身。其中一身见于第275窟隔墙西向面上段南端，另一身见于同窟南壁上段第三龛西侧，均为立姿。

供养菩萨1身。见于第275窟南壁上段西起第三龛西侧，居立姿菩萨下方，胡跪。

飞天11身。见于第275窟窟顶、西壁和隔墙西向面的上部。

（2）经变画

说法图3铺。见于第275窟隔墙西向面上段。三铺说法图形成组合，与经变似有融合；中间一铺作正面，左右两铺对称构图，南侧一铺人物稍侧向右，北侧一铺人物稍侧向左，均朝向中铺主尊，三铺中的坐佛身前均有供案，周围弟子、菩萨、天王、供养菩萨（天人）簇拥，与弥勒下生经变中三会场景相同。

弥勒经变1铺。见于第275窟北壁隔墙以东中段，顶端表现弥勒菩萨上生兜率天，以下主体画面为弥勒三会说法。

天请问经变1铺。见于第275窟南壁隔墙以东中段，仅存少许边沿和一角。

不空绢索观音变2铺。其中一铺见于第272窟甬道北壁，画面较残。另一铺见于第275窟隔墙西向面南侧中段。

如意轮观音变2铺。其中一铺见于第272窟甬道南壁，画面较残。另一铺见于第275窟隔墙西向面北侧中段。

（3）供养人画像

供养人21身。见于第272窟四壁下段，以及第275窟隔墙西向面下段门两侧。前者男、女供养人分列南北，其模糊。后者均为女供养人，门北侧的一身作回鹘公主装束，门南侧一身以3身比丘尼为前导，后随4身形体较小，或为侍女或年幼的晚辈眷属。

（4）装饰图案

装饰图案分布于壁（披）面、经变图周边，窟顶藻井、尊像的头光。纹样以团花、半团花纹为主，另有菱格纹、卷云纹、束莲纹、垂幔纹等。

三　内容综述

据上述，第一期的第268窟、第272窟、第275窟，南北比邻，联系紧密，无论洞窟形制或题材内容在莫高窟早期洞窟中都具有其特殊性。三窟规模大小不同，形制各异，但都与禅修密切相关。位置居中的第272窟，外壁在甬道口两侧对称开2个圆券形浅龛（第272A、273窟），内各塑一禅僧像，在外立面上即已宣示禅修的主题。第268窟则在主室南北两侧壁对称地开有4个小禅室（第267、269、270、271窟），原素壁无画，供修禅者坐禅，并在主室侧壁描绘了坐禅僧人的形象。第275窟内外虽未发现禅窟或禅龛，但作为礼拜窟，与第272窟一样，以塑像和壁画表现了坐禅观想的对象。

第268、272、275的主尊分别为交脚坐佛像、善跏坐佛像和交脚坐菩萨像。交脚或垂脚而坐的佛像，应该都是下生成佛的弥勒。这些佛陀形象和菩萨形象的弥勒造像是十六国晚期、北朝早期弥勒信仰盛行的反映，与僧人禅修时观佛，见弥勒，请弥勒菩萨决疑有关。第268、272、275窟的禅窟、禅僧龛和描绘在壁上的禅定僧，都表达了"凿窟以居禅"的内容。坐禅时需要观洞窟中的弥勒像，还要请菩萨决疑。《付法藏因缘传》云："尔时罗汉即入三昧，深谛思惟，不能解了，便以神力，分身飞往兜率陀天，至弥勒所，具宣上事，请决所疑。"[12]《观佛三昧海经》观相品则称："命终之后生兜率天，面见弥勒菩萨色身端严。"[13]信仰弥勒的僧人、信徒身处密室，通过禅定可通达兜率天[14]；由禅定而获阿罗汉果，即能谒见弥勒菩萨[15]；第275窟南、北两侧壁上段有四个阙形方龛，龛内塑弥勒菩萨交脚像。阙形建筑"标表宫门"，无疑象征了弥勒菩萨所居兜率天宫。第272窟顶部伎乐天所在的天宫，则是巴米扬石窟、龟兹石窟所见表现兜率天的传统方式。

对于第275窟侧壁列龛中的交脚坐菩萨像和半跏坐思惟菩萨像的认识，尽管存在不同意见，但普遍认为与弥勒上生、下生的表现有关。殿宇中交脚坐结说法印和双树之下半跏坐思惟的菩萨，分别是上生兜率天在天宫说法和下生阎浮提在龙华树下修"无常想"的弥勒。以三窟塑造的弥勒尊像为标识，表明对于弥勒的崇拜是石窟图像的核心，弥勒信仰无疑是这一时代佛教传播的主流。依据弥勒信仰，形成了石窟图像的组合。

第272窟中，正壁龛内造主尊弥勒佛说法像，龛外两侧诸天、菩萨分坐于绿色水池中的莲花上，象征弥勒佛在净土世界说法，与正壁弥勒佛龛相呼应的南北两壁说法图，似应考虑属于弥勒三番说法会的内容。与此相配合的是说法场面周围布满壁面的贤劫千佛。《大悲经》讲述"贤劫"云："如此劫中当有千佛出兴于世。以是因缘，遂名此劫号之为贤。阿难，我灭度后此贤劫中，当有九百九十六佛出兴于世。拘留孙如来为首，我为第四，次后弥勒当补我处，乃至最后卢遮如来。如是次第汝应当知。……于此贤劫弥勒为首，乃至最后卢遮如来。"[16]当弥勒下生，贤劫千佛将随之出现。正如《观弥勒菩萨上生兜率天经》所说："众生，若净诸业，行六事法，必定无疑当得生于兜率天上，值遇弥勒，亦随弥勒下阎浮提，第一闻法，于未来世值遇贤劫一切诸佛"；三窟中的禅定僧形象、坐禅的小窟、佛陀形和菩萨形的弥勒造像、壁画贤劫千佛、供观想而绘制的本生、佛传故事画，以及众多菩萨、天人、伎乐礼拜、赞叹，人天供养，所表现的内容由这一段经文作了完整的诠释。

由西北印度经中亚传播而来，弥勒信仰曾在河西地区盛极一时。自3世纪"敦煌菩萨"竺法护译出《佛说弥勒下生经》，至5世纪初，重要的弥勒下生经陆续在长安、凉州等地问世；稍后，弥勒上生经从高昌传到了凉州。

弥勒信仰的主题同样受到后代重修施主和工匠的认同，在重绘、改绘中给予强调和补充。第二期的第266窟整体因循第272窟的格局，仅仅省略了侧壁的说法图，窟顶天宫伎乐改成栏墙和飞天，但依然是善跏坐弥勒佛像、壁面千佛与兜率天宫的组合。在第268窟，配合主尊交脚坐弥勒佛像，第二期施主在侧壁和小窟中大量绘制千佛。4个小窟中的壁画也都是佛陀说法与千佛的内容。开凿在第275窟外壁的第274窟，表现的仍然是弥勒佛坐像与千佛。在铺排禅观内容的第275窟中，前壁上被视为第二期补绘的画面列坐比丘，竟与吐峪沟早期石窟壁画禅观颇多相似。第275窟的第三层壁画，对弥勒上生的洞窟主题进行了重要的补充，在面对主尊的隔墙西向面画出由3铺说法图组成的弥勒下生三会说法。在隔墙以东则有1铺完整的弥勒经变。值得注意的是，第275和272窟都表现了不空绢索和如意轮两铺观音变相。在犍陀罗发现的佛三尊造像，通常以弥勒和观音为二胁侍。弥勒与观音的组合，在菩萨的尊格上分别体现着"上求菩提"和"下化众生"两个侧面[17]。作为担负"下化众生"的使命，在窟室入口的两侧描绘不空绢索和如意轮两尊行法的观音形象无疑是十分恰当的，很好地配合了弥勒菩萨"上求菩提"的主题。显然重修者对早期图像有着深刻的理解。第三期重修者对早年信徒的功德满怀敬意。在第275窟修筑隔墙对残损较少的窟室后部起到很好的保护作用。在隔墙以西，补绘的画迹悉心避开原有壁画，不论原画面完整与否都避免加以覆盖，补绘笔触遇到原画残存处即戛然而止。隔墙下段供养人画像中回鹘公主的形象表明，主持重修的是归义军政权的上层人物。

第二节　洞窟特征

我们认为，本卷洞窟具有以下值得注意的特征。

---

[12] 北魏吉迦夜、昙曜译《付法藏因缘传》卷六。

[13] 东晋佛陀跋陀罗译《观佛三昧海经》观相品第三之二。

[14] 梁僧祐《高僧传》卷二佛陀跋陀罗条："常与同学僧伽达多共游罽宾，同处积载。达多虽伏其才明，而未测其人也。后于密室闭户坐禅，忽见贤来。惊问：'何来。'答云：'暂至兜率致敬弥勒。'言讫便隐。达多知是圣人，未测深浅，后屡见贤神变，方敬心祈问，方知得不还果。"

[15] 东晋法显《佛国记》陀历条、《名僧传抄》录梁宝唱《名僧传》第二十六法盛条、唐玄奘《大唐西域记》卷三乌仗那国条关于陀历弥勒大佛的记述中，都提到了罗汉以神通力上至兜率天，观弥勒容貌，"写佛真形"而造弥勒菩萨像的传说。

[16] 北齐那连提耶舍译《大悲经》礼拜品第八。卢遮如来，又译作楼至。

[17] 宫治昭《涅槃と弥勒の图像学——インドから中央アジアへ》，吉川弘文馆，1992年，pp. 263-274。书中引山田明尔的论述"'菩萨'的概念在发展过程中，对于想努力从迷妄中寻求解脱的修行者来说，理想的造像是'上求菩提'的菩萨；对于祈愿通过强有力的他人将自己从苦厄中拯救出来的在家信徒来说，需要的是现实的救济者即'下化众生'的菩萨，由此区分为两种不同形象。"（山田明尔〈中央アジアとイーシュヴァラ〉，《展望アジア考古学——樋口隆康教授退官记念论集》，新潮社，1983年，pp. 589-597）。译文见李萍、张清涛译《涅槃和弥勒的图像学》，文物出版社，2009年，p. 223。

洞窟组合

第268、272、275窟的洞窟形制虽各不相同，但在石窟的内涵和功用方面表现出不同的侧重，相辅相成，以不同的建筑空间、不同的尊像和壁画内容，比较充分地满足信仰者礼拜和修禅的需要。在印度、中亚，包括龟兹，礼拜窟与禅窟组合的情况并不少见，但在中国内地十分稀少，这样三种特异窟形的组合尚别无他例。

禅窟

第268窟的禅窟形制与北魏第487窟和西魏大统四年（538年）第285窟两个较晚的禅窟相比，明显较简率而表现出建筑形式的初级状况。这种窟形，源于古代印度石窟的毗诃罗窟[18]。在莫高窟北区石窟清理中发现数量众多的禅窟。莫高窟第268窟这种狭长的甬道式主室、两侧壁对称开凿小禅窟的形制还见于较晚的新疆库车苏巴什石窟第5窟[19]、吐鲁番崖儿湖石窟第4窟[20]、吐鲁番吐峪沟石窟第42窟[21]、酒泉文殊山后山的多室禅窟[22]等，但后者多加开后室。这种多室的禅窟形制几未见于河西以东地区。

斗四平棋顶

第268窟的斗四平棋顶，反映的是叠涩天井的作法。这种作法应用较早且具普遍性，在我国东汉以来的一些墓葬[23]乃至中亚、西亚时代更早的宫殿、石窟遗址中都有所发现（图176）[24]。在莫高窟，这种斗四平棋作为壁画装饰铺设在北魏以降中心塔柱四周的平顶上，相比在第268窟的滥觞，浮塑的仿木构形式大都被简化为壁画的影作。浮塑的斗四叠涩结构也见于同期相邻的第272窟窟顶藻井的井心，从西魏开始大量出现的覆斗顶礼拜窟的藻井形式，由此首开先河。

向覆斗式过渡的穹窿顶

第272窟的窟顶形制表现为覆斗式窟顶的初级状况，四披与四壁、四披之间均无明显分界，转折圆缓，受到西域穹窿顶洞窟形制的影响，似处于早期穹窿形顶向方正规整的覆斗式顶过渡的阶段。第266窟窟顶表现与此相同。与建筑构造相比，窟顶壁画似已先期具备覆斗式窟顶壁画的基本格局。覆斗式顶的洞窟与寺庙殿堂建筑形式有关，大体在北魏以后发展为石窟的主要建筑形式。

穹窿顶龛

第272窟正壁佛龛的穹窿形顶，在阿富汗巴米扬石窟和新疆龟兹石窟实例颇多，但在莫高窟仅此一例。龛顶和前壁入口的甬道顶都开得很高，分别打破了窟顶西披和东披的下部。穹窿顶和甬道圆券顶的建筑样式在古代中亚随处可见。

平脊斜披的盝顶

第275窟纵长方形两披盝形的窟顶，似保留着印度建筑梯形断面构造的余意，但其残存塑造而成的纵枋、椽条、望板，均表明是对汉式建筑结构的模仿。此类形制曾见于中原汉墓，例如洛阳烧沟西汉壁画墓、西汉卜千秋壁画墓和浅井头西汉壁画墓的平脊斜披顶[25]。

西方柱式

第268窟西壁佛龛龛柱为希腊爱奥尼亚柱式（Ionia）。希腊文化对古代印度文明影响深远，这种柱式曾见于著名的阿伊哈努姆宫殿遗址（Ai khanum，今阿富汗昆都士东北）[26]以及塔克西拉的绛迭尔神殿遗址（Jandial，今巴基斯坦拉瓦尔品第西北约35公里），充分体现出希腊建筑艺术在中亚传播的盛况。第272窟佛龛龛柱的兽首柱头也是来自西域的样式[27]。

顶部的天宫伎乐

第272窟窟顶壁画天宫伎乐中，描绘了圆拱形天宫和凹凸栏墙相结合的建筑形式。圆拱形的宫殿是印度、巴基斯坦古老的建筑形式。栏楯构造经过图案化的艺术加工，成为壁画中美丽的栏墙。圆拱门、栏墙和装饰在栏墙上的几何形网纹，其原型出自犍陀罗。众多伎乐天人在高阁之上凭栏，对佛陀发出赞叹，是石刻图像上常见的形象。就近则见于巴米扬和龟兹石窟壁画[28]，示意兜率天。壁画天宫伎乐，以后北朝的洞窟中固定绘制在窟室四壁的顶端，作为装饰洞窟的重要手段，不再如第272窟描绘于窟顶四披的中段。

[18] 如纳西克石窟（Nasik）第3、10、19窟和阿旃陀第12窟，窟室均为方形，左、右、后三壁开禅室；窟室纵长的如贝德萨石窟（Bedsa），但其后部作圆形。见佐藤宗太郎《インド石窟寺院》第二分册，东京书籍株式会社，1985年，pp. 27, 129, fig. 22, 189, 190。

[19] 李丽〈新疆龟兹地区中小石窟调查〉，《汉唐之间的宗教艺术与考古》，文物出版社，2000年，p. 168, fig. 10。

[20] 《中国美术分类全集·中国新疆壁画全集·6·吐峪沟、柏孜克里克》，辽宁美术出版社、新疆人民出版社，1990年，p. 7, fig. 7。

[21] 贾应逸〈鸠摩罗什译经和北凉时期的高昌佛教〉，《敦煌研究》1999年第1期；贾应逸〈吐峪沟第44窟与莫高窟北凉洞窟比较研究〉，《1987年敦煌石窟研究国际讨论会文集》石窟考古编，辽宁美术出版社，1990年，pp. 184-197。

[22] 暨远志〈酒泉地区早期石窟分期试论〉，《敦煌研究》1996年第1期。

[23] 其东汉至公元5世纪的实例，可参见南京博物院、山东文物管理处〈沂南古画像石墓发掘报告〉，文化部文物管理局，1956年；山东济宁市博物馆〈山东济宁发现一座汉墓〉，《考古》1994年第2期；吉林省文物工作队〈集安长川一号壁画墓〉，《东北考古与历史》，文物出版社，1982年。

[24] 如巴米扬的弗拉第石窟（Foladi）第2～4窟，主室、前室和小室顶均为斗四叠涩方井（樋口隆康《バーミヤーン》第II卷，同朋舍，1983年，pl. 184-191）；其中前室两方小平棋合为一组的形式（pl. 185,1,2）与莫高窟第268窟顶部平棋第二组非常相像。更早的实例则见于土库曼斯坦阿什哈巴德公元前3世纪尼萨古城（Nisa）的帕提亚宫殿建筑遗址。

[25] 河南省文化局文物工作队〈洛阳西汉壁画墓发掘报告〉，《考古学报》1964年第2期；洛阳博物馆〈洛阳西汉卜千秋壁画墓发掘简报〉，《文物》1977年第6期；洛阳市第二文物工作队〈洛阳浅井头西汉壁画墓发掘简报〉，《文物》1993年第5期。

[26] 参见林梅村《丝绸之路考古十五讲》，北京大学出版社，2006年，pp. 77-78。

[27] 萧默《敦煌建筑研究》，文物出版社，1989年，pp. 217-218。

[28] 如克孜尔石窟第38窟（《中国石窟·克孜尔石窟》第一卷，文物出版社、平凡社，1984年，pl. 99）。

图176　巴米扬弗拉第石窟第4窟顶部斗四平棋

（樋口隆康《巴米扬》Ⅱ，图版篇（石窟构造），同朋舍，1983年，图版185）

图177　塔克西拉绛迭尔（Jandial）神殿遗址爱奥尼亚柱式遗迹

至北朝晚期，伎乐天腾空而起，飞翔在栏墙之上，成为天宫伎乐的新样式。

阙形龛与壁画阙形城门

第275窟两侧壁上段后部对称分布的四个阙形龛，母阙、子阙庑殿顶下以壁画影作仿木构的斗拱、柱、壁带。双阙之间连接庑殿式屋顶。屋顶都塑作有正脊、垂脊、鸱尾、吻兽和瓦陇、椽头，檐下影作椽条、望板。建筑结构纯然汉式。在外来的佛教题材中出现汉代以来的传统建筑形象，属于中国佛教艺术本土化的早期范例。以后各地北朝石窟中普遍雕造中国式的屋形龛，但除莫高窟之外几乎没有出现过阙形龛[29]。在莫高窟，双阙加屋顶的龛形一直流行到北魏晚期[30]，但檐下仿木结构的描绘趋于简略，不再有如第275窟清晰而具体的表现。

与阙形龛相仿的是南壁中段佛传图中的四座城门，也表现为汉式的城阙，左右子母双阙之间过梁上架设门楼，屋顶形式和檐下的木构斗拱等，绘画表现与立体的阙形龛异曲同工，壁画在犍陀罗的构图形式中加入了本土元素，进行了巧妙的改造。

双树龛

第275窟两侧壁上段前部塑造半跏思惟菩萨像的双树龛，亦属独创。双树龛在莫高窟延续至北魏晚期[31]，殊少见于其他地区。敦煌以东，龛上以树形为装饰者有之，大多着重情景描写，似此将双树与龛楣结构有机结合的实例尚未发现。

图178　犍陀罗石雕交脚坐菩萨像

（东京国立博物馆藏，栗田功《犍陀罗美术·佛陀的世界》Ⅱ，二玄社，1990年，第57页）

交脚弥勒菩萨

第275窟正壁高3.4米的交脚弥勒菩萨大像，依壁而塑，高可及顶，似乎受到了龟兹大像窟的影响，也是陀历大佛[32]以来造弥勒大像风气所使然。此窟交脚菩萨头戴化佛冠，坐双狮座，结说法印。交脚坐式的弥勒菩萨像，在犍陀罗雕刻中早有先例。14座北凉石塔中11座刻有弥勒交脚像。莫高窟第275窟一窟之中，交脚弥勒菩萨像即达5身。北朝以降，这种姿态几乎成为弥勒上生兜

---

[29]　莫高窟之外仅知一例。酒泉文殊山万佛洞中心柱正面上段佛龛，似原为阙形龛，经后代（西夏？）改造并重绘壁画。表层壁画剥落后，露出龛外侧沿塑作的子母阙和龛口上方屋顶的残迹，其阙身装饰纹样与莫高窟第275窟阙形龛相似，也许是受到莫高窟的影响的北魏晚期之作。

[30]　即北朝第二期，据调查，敦煌北魏第251、254、257、259、260、435、437等7个窟内有阙形龛21个，北魏以后不再出现。见王洁、赵声良〈敦煌北朝石窟佛龛形式初探〉，《敦煌研究》2006年第5期。

[31]　即北朝第二期，据调查，敦煌北魏第248、251、254、257、260、437等6个窟内各有1个双树龛，但作法相对简率，仅在塑出的树形上彩绘枝叶，且龛内塑像为苦修佛。见王洁、赵声良〈敦煌北朝石窟佛龛形式初探〉，《敦煌研究》2006年第5期。

[32]　陀历，即今达丽尔（Darel），位于克什米尔西北部印度河北岸，法显称"陀历国"，经此西行入印度的路线在唐道宣《释迦方志》中称"陀历道"。此处曾造有可能是时代最早的弥勒佛大像，《法显传》称"刻木作像"，"像长八丈，足趺八尺，斋日常有光明，诸国王竞兴供养，今故现在"。《名僧传抄》宝云条记"于陀历国见金薄弥勒成佛像，整高八丈"；法盛条记"忧长国东北，见牛头旃檀弥勒像，身高八寻"。《大唐西域记》记云："达丽罗川中大伽蓝侧有刻木慈氏菩萨像，金色晃昱，灵鉴潜通，高百余尺"。东晋至唐代，不同的记述稍有出入，小异而大同。

率天宫标志性的形象。敦煌以外，在克孜尔、麦积山、云冈、龙门等地交脚弥勒都是常见的题材。第275窟交脚菩萨三角靠背的坐具亦始于犍陀罗。

交脚坐姿

第268窟主尊交脚佛塑像的坐姿、交叉的双脚脚尖触地，脚趾内弯，与犍陀罗所造交脚像如出一辙（图178），亦同于北凉石塔中岷州庙塔、白双且塔、索阿后塔和程段儿塔上的交脚菩萨像。

立姿的力士

第268窟南北壁下部的力士像与北凉石塔中敦煌出土王翼坚塔及酒泉出土程段儿塔基座上的神王像相似。这样护法兼赞叹的天神，与以后时代壁面下部被称为力士、药叉、地神、神王的形象相比，取立姿，相对高大，与众不同。力士、神王之属在洞窟中出现与修禅密切相关[33]。

菩萨身后的侍者

第275窟3个阙形龛中交脚弥勒菩萨身后着长袍、手执拂尘或持花枝的侍者，可见于犍陀罗雕刻[34]（图179）。在莫高窟，以后仅见于北魏第435窟，敦煌以东各大石窟中难寻踪迹，惟造像碑、造像塔中偶有所见。

本生故事画

第275窟北壁本生故事画，以连环画式构图描绘五六个故事，每个故事以最富有特点的一两个典型情节表现故事的主题，故事与故事没有明确的分界，浑然一体，组成长卷式的完整画面。所表现的毗楞竭梨王身钉千钉、虔阇尼婆梨王身燃千灯、尸毗王割肉贸鸽、月光王施头、快目王施眼等舍生取义的本生故事，曾以一图一景或一图二景的菱格构图形式出现在克孜尔石窟4世纪建造的第38、91、114等窟[35]。

图179　犍陀罗石刻兜率天上的弥勒菩萨
（欧洲个人藏，栗田功《犍陀罗美术·佛传》I，二玄社，1988年，第25页）

图180　犍陀罗石刻尸毗王本生
（大英博物馆藏，栗田功《犍陀罗美术·佛传》I，二玄社，1988年，第277页）

吐峪沟石窟第44窟壁画中也出现过身钉千钉、割肉贸鸽等故事。这种震撼人心的悲剧性故事，不见于中印度而源自犍陀罗地区（图180），经由中亚传入中国，行于龟兹和敦煌。以上的五个故事似不再东行，除割肉贸鸽见于北魏第254窟之外，仅在莫高窟隋代第302窟再次集结出现。敦煌以东的石窟中流行的本生故事图像，除萨埵饲虎外，一般如儒童敬佛、睒子孝亲、须大拏施舍等，故事情节相对平和。

佛传故事画

第275窟南壁的本行故事画"四门出游"，以四座城门为标志展开四个情节，构图形式与犍陀罗的浮雕故事图多有相似，惟城门改成汉式建筑。佛传中的重大题材无过于降魔、成道、转法轮、涅槃等，似此将四门出游的情节，绘成通壁的大幅面，实属特例。

早期供养人的服饰

第268窟男供养人像身着交领大袖长袍，女供养人像身着交领右衽长衫和长裙。其中女供养人双手拱于腹前的动态和衣纹形式，与炳灵寺第169窟西秦壁画以及北凉石塔岷州庙塔上的供养人像相似。第275窟男供养人像头裹巾帻，身着交领窄袖衣，腰束带，宽腿裤，足蹬靴。这种裤褶装是游牧民族典型的常服[36]，通常称之为"胡服"。一般也将此视为北魏孝文帝太和改制以前的特征。

湿壁画技法

本卷洞窟壁画绘制的技法值得特别注意。第一、二期壁画都经过起稿、勾染，然后罩以白粉，再作勾勒的四个步骤，欲取得

[33]　类似的力士形象在北凉石塔题记中称"天神王"。东晋帛尸梨蜜多罗译《佛说灌顶经》中，佛陀告诸神王护佑比丘、比丘尼，"令得安隐，离诸恐怖，得定意，得定行。令诸小鬼退散驰走"，"不得作害"，强调神王、力士护禅的作用。

[34]　例如法国巴黎集美博物馆藏兜率天宫的弥勒菩萨，见山本智教《ィンド美术史大観》（写真篇），每日新闻社，1990年，pl. 22-44, 45, 47。

[35]　据宿白先生克孜尔石窟排年。见宿白〈克孜尔部分洞窟阶段划分与年代等问题的初步探索〉，《新疆克孜尔石窟考古报告》，文物出版社，1997年，pp. 151-164。

[36]　例如吐鲁番阿斯塔纳北凉承平十三年（455年）沮渠封戴墓出土的陶俑（《新疆出土文物》，文物出版社，1975年，pl. 54）。

1

2

3

181 敦煌地区西晋十六国墓地建筑遗迹
1 城南鸣山古墓群之阙
（向达摄，1943年，台北·中央研究院历史语言研究所档案）
2 城西祁家湾二号墓区双阙（吴健摄，2008年）
3 城西祁家湾一号墓区双阙（吴健摄，2008年）

图182　敦煌城东佛爷庙湾一号画像砖墓照墙
上砖雕双阙（殷光明摄，1991年）

整齐排列效果的千佛还要先以弹线定位。从壁面残破或壁画表层剥落处可以清楚看到，第一期壁画大都直接在制成的壁面泥层上作画，施弹线，起稿并勾染。然后以白粉铺罩。白粉薄厚不一，薄粉下透出预先的勾染，产生凹凸的立体效果。面部五官及手指等细部用细线在白粉之上勾勒。千余年后至今，细线的勾勒大多随白粉剥落，而土红色的起稿线和变成黑色的勾染仍历历在目，壁画人物的面容多只剩下令人印象深刻的大小黑圈，因为这些颜色都已沁入泥层，漫漶处多为磨损所致。干燥的泥面地仗，颜色附着力差，运笔难以流利，有效的办法是加胶（在泥浆中加入胶，或在泥面上刷胶水），但据悉在莫高窟早期洞窟壁画地仗检测分析中从未化验到胶的成分[37]。更大的可能是在泥面未曾干燥时完成起稿和勾染，既可流畅运笔，颜色也才会沁入泥层中。壁画上的起稿线相当简率，画圈的勾染也是粗线条，显然都是疾速运笔而就。壁画史研究表明，这种湿壁画（Fresco）的技法，用以水调和的颜料作画，沁入泥层，使壁画能够持久保存。但学界一般认为湿壁画是西方的技法，不见于古代中国，唯一的特例为莫高窟元代第3窟。对照本卷第268、272、275窟第一期壁画的实际情况，这种观点看来需要予以修正。第一期壁画至少在绘制过程开始的步骤，应该是使用了湿壁画的技法；由于湿壁画无法修改，所以后期的调整和人物形象的深入刻画，都在敷罩白粉后从容进行。第二期壁画，基本上都以白粉层为地仗，便是纯然的干壁画（Tempera）了。

石窟寺是外来的事物，理所当然受到外来的影响，从内容到形式都表现出来自佛教文化的源头以及传播路线上各地区的因素。尤其在初创阶段，会有较多的借鉴和模仿。与此同时，石窟的营造者在自身传统文化的基础上吸收外来因素，不免加以取舍、改造和创新。

佛教石窟寺源自印度，中国石窟寺的建造始于东晋十六国时期。敦煌早期石窟显然受到随佛教传播而来的强烈影响。从本卷洞窟的洞窟组合、形制，塑像和壁画的内容以及形象表现，无不显示出西北印度和中亚各地文化的印迹。禅窟的形制即直接源于印度毗诃罗窟，但显然因地制宜进行了必要的改造；根据鸣沙山的石质情况，没有贸然营建宽阔的窟室，狭窄如甬道的主室有利于禅修

---

[37]　关晋文《敦煌石窟早期壁画绘制方法小议》，《敦煌壁画艺术继承与创新国际学术研讨会文集》，上海辞书出版社，2008年，p. 367。

空间的安全。斗四方井的窟顶形式一路西来，在甬道式禅窟中形成了莫高窟独特的平顶装饰样式。

以上列举的特征中，礼拜窟的设计一开始就试图取法中国式的殿堂，但由长期流行中亚的穹窿形、梯形结构改造成覆斗式窟顶，看来经过一个渐变的过程。从洞窟形制到塑像、壁画的内容与形式，佛、菩萨、天人的造型、坐姿和服饰，故事画的构图、凹凸画法、图案纹样，西域的影响随处可见；最说明问题的是，盛行于犍陀罗、迦毕试、巴米扬、龟兹、于阗的弥勒信仰，在本卷洞窟中竟得到如此纯粹而完备的图像学表现，实为莫高窟早期石窟最重要的特征。

除吸收外来因素并加以改造外，还直接注入了中原传统的因素，最具标志性意义的便是第275窟的阙形龛，及其下方壁画上的阙形城门建筑形象。阙这种建筑形式盛于两汉，故多称"汉阙"。汉以后渐趋式微，中原地区文物中阙的形象难得一见，但地处边远的敦煌地区却依然延续。敦煌自西汉武帝建河西四郡，中原文化扎下了深厚的根基，在西晋以后中国北方陷于分裂割据的形势下，始终坚守着汉文化的传统。在甘肃河西走廊的敦煌、瓜州，西晋至十六国墓葬茔圈前的神道多竖立有第275窟内出现的这种双阙[38]（图181），敦煌、瓜州以至嘉峪关、酒泉、武威等地，壁画墓中的照墙上也屡见砖雕的双阙[39]（图182）。由此，阙形龛在敦煌莫高窟中出现绝非偶然，可谓"土生土长"的本土元素。以阙形城门造成的环境氛围，将异域的故事移到了中国。石窟寺在敦煌营建之始，便已伴随着汉化的进程。

此外，湿壁画技法的运用，未见于巴米扬、龟兹等地以及中国内地石窟、墓葬的报道，有可能是莫高窟早期独特的创造。

第三节　洞窟时代

一　第一期

本卷洞窟的时代问题，焦点在于第一期。

本卷洞窟均无明确开窟纪年题记，对于第一期的洞窟时代，学术界根据其洞窟形制、题材内容、壁画布局、佛经依据、人物造型、衣冠服饰、绘画技法、使用材料、图像学比较以及相关的历史背景材料等，从不同的角度进行了研究，对于第268、272、275这组早期洞窟的建造年代提出了各种不同的看法，20世纪80年代以来，对这一问题的讨论尤其活跃，研究仍在继续深入。其中具有代表性的观点如下。

1．北魏说

此说始于20世纪40年代张大千先生[40]。至70年代末，包括敦煌文物研究所在内，学术界均持此说[41]。其中，宿白先生运用考古学的方法，参证历史背景材料，自1956年以来经过不断深入、细化研究，考定第268、272、275窟开凿于北魏，相当于云冈第二期洞窟，即公元471～494年，为"北魏说"做了进一步论证[42]。

诚然，在"北魏说"中，还有从不同角度进行的研究，对三窟的具体年代提出了多种不同的意见[43]。

2．北凉说

此说以20世纪80年代初敦煌研究院对莫高窟北朝洞窟的分期所持观点为代表。在对莫高窟早期洞窟进行考古调查的基础上，进行分期、排年，将莫高窟北朝石窟分为四期，其中第268、272、275窟排定为第一期，确认相当于北凉统治敦煌时期，即公元421～439年左右[44]。此说发表后，使用于敦煌研究院的多数学术成果之中，并为外界广泛接受。

3．西凉说

此说主张第268、272、275窟一组洞窟的开窟时代为西凉，即相当于公元400～421年西凉统治敦煌期间[45]。

[38]　例如敦煌城西孟家桥乡墓区、祁家湾墓区，至今还有十余座大小不等的双阙遗存；在城南鸣山墓区、城东佛爷庙湾墓区也有双阙，虽皆已倒塌，但遗迹尚存。
[39]　例如敦煌佛爷庙湾M1（殷光明〈敦煌西晋墓出土的墨书题记画像砖をめぐる考察〉，《佛教藝術》二八五号，2006年）、敦煌祁家湾76DQM3（敦煌县博物馆考古组，北京大学考古实习队〈记敦煌发现的西晋十六国墓葬〉，《敦煌吐鲁番文献研究论集》（4），北京大学出版社，1987年）、敦煌翟宗盈墓（阎文儒〈河西考古简报〉，见于《国学季刊》第七卷第一期，1950年；夏鼐〈敦煌考古漫记〉（1），《考古通讯》1955年创刊号，照墙实物现藏敦煌研究院）。
[40]　张大千〈漠高窟记〉，台北故宫博物院，1985年；谢稚柳《敦煌艺术叙录》，上海古典文学出版社，1957年。
[41]　敦煌文物研究所〈敦煌千佛洞各家编号对照表〉，《文物参考资料》第2卷第5期，1951年；福山敏男〈敦煌石窟编年试论〉，《佛教藝術》第19期，《中央アジア特集》1953年；水野清一〈敦煌石窟ノート・北朝窟について〉，《佛教藝術》第34期，1958年，后收入水野清一《中国の佛教美術》，平凡社，1968年。
[42]　宿白〈参观敦煌莫高窟第285窟札记〉，《文物参考资料》1956年第2期；〈敦煌莫高窟早期洞窟杂考〉，《大公报在港复刊三十周年纪念文集》卷上，香港大公报社1978年；〈莫高窟现存早期洞窟的年代问题〉，香港中文大学《中国文化研究所学报》第20卷，1989年；三文均辑入《中国石窟寺研究》，文物出版社，1996年。
[43]　例如，水野清一〈敦煌石窟ノート・北朝窟について〉，《佛教藝術》第34期，1958年；黄文昆〈麦积山的历史与石窟〉，《文物》1989年第3期；〈十六国的石窟寺与敦煌石窟艺术〉，《文物》1992年第5期。
[44]　樊锦诗、马世长、关友惠〈敦煌莫高窟北朝洞窟分期〉，《中国石窟·敦煌莫高窟》第一卷，文物出版社、平凡社，1980年。敦煌文物研究所《敦煌莫高窟内容总录》，文物出版社，1982年。杜斗城〈关于河西早期石窟的年代问题〉，《敦煌学辑刊》1994年第2期。
[45]　王泷〈甘肃早期石窟的两个问题〉，《1983年全国敦煌学术讨论会文集》石窟·艺术编上，甘肃人民出版社，1985年；金维诺〈敦煌窟龛名数考补〉，

此外，有人认为莫高窟第268、272、275窟开凿于西凉至北凉[46]；也有人推测第268、272窟的洞窟开凿更早，有可能是前秦僧人乐僔、法良所开之窟[47]；还有人认为第268、272、275窟的上限为公元433年，下限不晚于460年[48]，等等。

尽管在具体年代上目前仍然存在分歧，但是，无论哪一种观点，都承认它们是敦煌石窟中时代最早的，其下层（第一层）遗迹是莫高窟最早的石窟寺遗存[49]，习称"早期三窟"。

我们认为，迄今的考察仍然无法确切判定第一期遗迹具体的年代，尚有待今后进一步的发现和研究。

需要注意的是，第一期的层位关系尚存在一些复杂因素，诸如，第268窟南壁和北壁东侧小窟内，在下层（第一层）遗迹之下可见另有一层壁面，其表面敷白粉层，光洁，素面，无画痕。此外，第268、272、275三窟，尽管具备一系列共同特征，大体归属同期，它们之间的差异也是难以忽略的，甚至一窟之中呈现不同的面貌，某些因素已经导致对年代早晚的不同判断[50]，至少没有充分理由断定三个洞窟是一次完成的。因此，对于第一期时代的认识，在学术上的复杂性显而易见，以上三种说法的主要论述中都还没有触及相关的问题。

但可以肯定的是，本卷洞窟遗迹的第一期，可与敦煌研究院北朝石窟分期的第一期同义。前面列举第一期的一部分特征，延续至北朝第二期洞窟，其中某些特征同见于云冈石窟第二期。敦煌莫高窟北朝第二期与云冈第二期诸多特征适相对应。

二　第二期

第二期为第274窟的开窟时代，包括对第266～271窟及第275窟的重修，据敦煌文物研究所《敦煌莫高窟内容总录》和樊锦诗、关友惠、刘玉权〈莫高窟隋代石窟分期〉[51]，定为隋代（581～618年）。第二期也存在壁画层位上的复杂性，例如在第269窟的西壁，在千佛画层之下似隐约可见说法图以及人、马等重层画迹，又如第274窟南北两壁的千佛壁画均为重层，经分析研究，归入于同一时代。第272窟西壁龛内下部供养人画迹与窟内现存第一、二层壁画的关系不明。第275窟东壁壁画因残破过甚，既然没有发现叠压的迹象，层次的划分自然存在不确定因素。

三　第三期

第三期包括第272窟的第二层和第275窟的第三层，其中第275窟隔墙上身着回鹘装的女供养人，与明确为曹氏归义军时代开凿的第98、61窟所见回鹘装女供养人服饰相同，又据《敦煌莫高窟内容总录》等资料，其时代应为五代至北宋的曹氏归义军时期（914～1036年）。此外，据考古调查，在莫高窟南区中段崖面第三层，曾发生过较大范围的洞窟坍塌，波及到本卷各洞窟。在此范围之内，曹氏归义军时期曾进行过相当规模的重修、重建，其中第454窟即建成为归义军节度使曹延恭及其夫人慕容氏的功德窟，时值宋开宝九年（976年）。重修时间，包括第275窟内修筑隔墙、补绘壁画及第272窟甬道的重绘，应都与第454窟建成的时间相去不远[52]，至于其具体年代，仍然是今后的研究课题。

本卷各窟窟室地面均见有灯台残迹，应为曹氏归义军时期经常进行的佛事活动燃灯所遗留。

本卷各窟所在崖面下方的一排岩孔，是为解决洞窟之间交通而架设栈道所留下的遗迹，在归义军时期于附近大规模修缮洞窟、构筑窟前建筑时，应曾加以利用并进行过维修[53]。

《1987年敦煌石窟研究国际讨论会文集》石窟·考古编，辽宁美术出版社，1990年。

[46] 史苇湘〈关于敦煌莫高窟内容总录〉，敦煌文物研究所《敦煌莫高窟内容总录》，文物出版社，1982年。

[47] 贺世哲〈从供养人题记看莫高窟部分洞窟的营造年代〉，敦煌研究院《敦煌莫高窟供养人题记》，文物出版社，1986年；马德《敦煌莫高窟史研究》，甘肃教育出版社，1996年。乐僔、法良，见莫高窟武周圣历元年（698年）《李君莫高窟佛龛碑》和莫高窟晚唐第156窟《莫高窟记》（另见于敦煌石窟遗书P.3720卷背）中的记载。

[48] 殷光明〈从北凉石塔看莫高窟早期三窟的建造年代〉，《2000年敦煌学国际学术讨论会文集》石窟考古卷，甘肃民族出版社，2003年。又殷光明《北凉石塔研究》，台北·觉风佛教艺术文化基金会，2000年。

[49] 有关论述参见：李浴：张编第233窟（即敦编第275窟）"以时代而论，当为莫高窟现存壁画最早者。"《莫高窟各窟内容之调查》，手稿，藏敦煌研究院资料中心，1944～1945年。阎文儒："此窟（即敦编第275窟）可断为莫高窟北魏最初期之代表窟。"《洞窟内容说明》手稿，藏敦煌研究院资料中心，1946年。谢稚柳："以窟而论，第二百三十三窟（即敦编第275窟）为最古"（第5页）。又，张编第233窟（即敦编第275窟）"窟内诸画，率野之极，其他魏窟画，无有过此者，当为莫高窟最早之魏画"（第309页），见《敦煌艺术叙录》上海出版公司，1955年。樊锦诗、马世长、关友惠：〈敦煌莫高窟北朝窟分期〉，以考古学方法排比、分期，确定第268、272、275窟为莫高窟北朝第一期洞窟，相当于北凉统治敦煌时期。载《中国石窟·敦煌莫高窟》第一卷，文物出版社、平凡社，1980年。宿白：〈敦煌莫高窟早期洞窟杂考〉认为第275、272、268属于莫高窟现存最早的洞窟；又，〈莫高窟现存早期洞窟的年代问题〉："敦煌莫高窟第268（包括267、269、270、271四个禅窟）、272（包括273和另一个未编号的小龛）、275三窟左右毗连，是大家公认莫高窟现存最早的一组洞窟。"二文均辑入《中国石窟寺研究》，文物出版社，1996年。

[50] 参见注43、44。

[51] 《中国石窟·敦煌莫高窟》第二卷，文物出版社、平凡社，1981年。

[52] 樊锦诗、彭金章、王旭东〈从莫高窟的历史遗迹探讨莫高窟崖体的稳定性〉，《宿白先生八秩华诞纪念文集》下，文物出版社，2002年。

[53] 潘玉闪、马世长：《莫高窟窟前殿堂遗址》，文物出版社，1985年。

Summary

In 1961, the Mogao Grottoes, the Western Thousand-buddha Grottoes and the Yulin Grottoes were listed as nationally protected key cultural relics sites by the State Council. In 1987, the Mogao Grottoes were added to the World Cultural Heritage List by UNESCO's World Heritage Committee.

For over 1,000 years, the architecture, painted sculptures and wall paintings of the Mogao Grottoes have been afflicted with many kinds of deterioration caused by natural factors and human activities. Although scientific conservation can lengthen their life, it is hard to stop their gradual deterioration and impossible to preserve them permanently. Since the 20th century, there have been many achievements in research on the Dunhuang Caves, but so far, there has been no single publication which documents the Dunhuang Caves in a scientific, comprehensive, and systematic way. Without doubt, it is essential to have a timely plan to compile multi-volume documentary archaeological reports to permanently preserve the archives of the heritage sites — the Dunhuang Caves.

This plan was proposed as early as the 1950s. In 1994, the Dunhuang Academy again drafted a plan to compile and publish this collection, and made a series of efforts to explore writing styles, mapping and photographing methods. This collection will comprehensively and systematically document the architecture, painted sculptures and wall paintings of the Dunhuang Caves, including the inscriptions on the wall paintings and steles.

The Dunhuang Caves were basically constructed sequentially. Caves of the same period were arranged in rows, forming a specific grouping. This collection, expected to consist of 100 volumes, will present the caves in chronological order in conjunction with their layout. Each volume will focus on some representative caves, as well as caves in their vicinity from various periods and of different configurations.

Chapter I: Introduction

This volume mainly documents 11 caves, respectively numbered 266, 267, 268, 269, 270, 271, 272, 272A, 273, 274 and 275. Among them, the main chamber of cave 268 is numbered 268, while the four meditation cells on its north and south walls are numbered 267, 269, 270 and 271. Cave 272 also includes two small caves numbered 272A and 273 respectively along the north and south walls outside the cave. In other words, this volume focuses on the three earliest caves in the Dunhuang region, namely caves 268, 272 and 275, and also includes the two adjacent caves 266 and 274.

I. Summary of caves in this volume

The 11 contiguous caves included in this volume, nos. 266-275, are located on the third level of the middle section in the southern area of the Mogao Grottoes, facing west. The sections of cliff face to the south of cave 266 and to the north of cave 275 had collapsed at different times, and the upper parts of these caves had also been severely damaged, resulting in varying degrees of damage to the front and top parts of these caves. In the late Qing dynasty, holes were cut in many sidewalls to allow passage between caves without plankways.

The caves described in this volume underwent different degrees of repair at different historic times. Large-scale repairs and reinforcement were carried out in the modern era. From 1963 to 1966, an extensive restoration project was carried out to reinforce the cliff with national funds. At that time, the ceilings of the caves in this volume were given added support and the connecting holes were filled in. The Dunhuang Cultural Relics Research Institute installed wooden doors for each cave which were replaced by aluminum doors in 1987. There are holes remaining in the cliff outside caves 266~275, indicating the previous existence of a plankway. There is now a concrete walkway in front of the caves which is slightly lower than the floor level of the caves.

II. How this volume was compiled

This volume is the result of recent archaeological studies of each cave based on previous investigation, records and research. The genesis of this report can be traced back to the early 1960s, and its publication took almost half a century.

In the late 1980s, the Dunhuang Academy attempted to produce archaeological records for caves 268, 272 and 275. In 2002, an Academy-level project to produce archaeological reports on the three earliest caves was approved by the Dunhuang Academy. Fan Jinshi and Cai Weitang undertook the writing and editing of the first volume. In August 2004, the Academy established a committee composed of the heads of concerned departments and specialists, and laid out the style guide for the multi-volume collection. A first draft was distributed in late 2006 to solicit feedback. In July 2007, the Academy decided to utilize 3D laser scanning technology and computer drawings to remap all the measured drawings, and to rewrite the text to incorporate the suggestions of experts.

III. Style guide

1. Text

This report consists of seven chapters, each chapter covering a single cave except for the first and last chapters, which are the Introduction and Conclusion. In other words, caves 266, 268, 272, 274 and 275 are respectively discussed in Chapters II-VI. Because caves 267, 269, 270 and 271 are part of cave 268, they are discussed in Chapter III. Similarly, caves 272A and 273 are part of cave 272 and are dealt with in Chapter IV. Chapter VII is the Conclusion.

Each chapter is divided into sections on the façade, structure, content and summary of each cave.

Only a brief description of the façades based on early records can be given because these have been almost covered up by reinforcing brickworks.

The structure of the caves is primarily a description of cave interiors in the following order: flooring, west wall, north wall, south wall, east wall, ceiling, corridor and cells.

The contents are described in the chronological order of the different layers, and each layer is recorded in structural sequence.

The summary presents an analysis by summarizing the cave conditions in terms of different layers, historical changes and contents.

In addition to narrating the entire volume, Chapter VII offers classifications and statistics for the sculptures, wall paintings, contents and themes of the caves, analyzes the features and art traditions, both indigenous and exogenous, exhibited in the caves, and attempts to date the caves.

The appendices at the end of this volume include excerpts of both texts and drawings from previous research records which supplement the current study. A bibliography, related materials on ^{14}C dating results and chemical analyses of the wall paintings and painted sculptures are also included for reference.

2. Mapping

The drawings in Plates I of this volume include plans, sections, elevations, façade relation drawings, bottom views, and unfolded ceiling drawings. Perspective drawings are also provided for each cave to help illustrate its shape.

Front views, side views and sections of the niches and sculptures, unfolded drawings of the niches, and local drawings of the remains within the caves are used for text illustrations.

These drawings were all made from point cloud images acquired by 3D laser scanning, except for the unfolded, perspective and local drawings, which have been done within grids for precise locating.

3. Plates of photos

Plates II in this volume were photographed with color reversal film. Exteriors and interiors were shot with both panorama and local views in order to recreate the overall appearance of the extant caves and various noteworthy remains.

Following the plates are digital panorama views of the caves produced by the Digital Center of the Dunhuang Academy, which use digital technology to minimize the perspective distortion of camera lenses.

Selections of historical photos are also attached as an important supplement to the plates.

Chapter II: Cave 266

I. Façade

Cave 266 faces east at an angle of 11 degrees southeast, and lies at an elevation of 1336 meters. The southeast corner was destroyed during earlier collapses of the cliff. Only part of the northern section of the corridor survives, and this was covered during a major reinforcement project in the 1960s by a masonry supporting wall built to reinforce the cliff. Before reinforcement, the south side of the front of the cave was wide open, forming an entrance 205 cm high by 194 cm wide.

II. Structure

Cave 266 consists of a corridor in front and a main chamber in the rear. The south wall and top of the corridor are lost, and only the broken north wall remains. The south side of the east wall, the east end of the south wall, the lower part of the east slope, the east side of the south slope, and the southeast corner of the floor of the main chamber are all lost. The north wall was partially destroyed when a hole was cut through it in more recent times. The lower parts of the four sidewalls are severely abraded, but the remaining portions are basically well preserved. The main chamber is a rectangular hall, 264.8 cm high, 199.3 cm wide from south to north, and 237.7 cm deep from east to west.

In the southwest and northwest corners of the floor there are two rectangular platforms for sculptures which are 14-15 cm high, 42-47.7 cm wide from south to north, and 25.5-29.5 cm deep from east to west.

The west wall is a rough rectangle with a big arched niche in the center. The latter is 162.6 cm high and has a Buddha sculpture against its inside wall. The pointed top of the niche extends as far as the west slope of ceiling.

The north wall is a sideways rectangle. In a more recent period, its center was pierced by a hole cut for access to cave 267. This has now been filled in.

The extant top edge of the south wall is only 208.2 cm long due to a collapse on its east side, and a broken portion on its west side reveals the gravel layer on the cliff. Here one can see clearly that the surface of the gravel was first covered with a layer of rough mud plaster about 0.05 to 1.2 cm thick, and then with a layer of fine clay which served as the ground for painting.

Of the east wall, only the north side adjacent to the entrance remains now, with a surviving 49.6-cm long top edge.

The ceiling is shaped like a truncated pyramid and has a central recess decorated with *lanterndecke* motifs. The four slopes transition smoothly without any delineating bends.

III. Contents

The murals appear to be from the same period because there is only one layer of paintings. The sculpture is of the same period as the paintings since they share a consistent composition and layout, but it was obviously redone much later.

The west niche contains a 132.5-centimeter high sculpture of a Buddha sitting with legs pendent. Its head, hands and kasaya were all later resulted and repainted. The head has been greatly changed, but the torso remains basically original. The west wall behind the Buddha in the niche is filled with a halo and an aureole, while the north and south sidewalls are covered respectively with four disciples in two rows. Above the disciples are two *apsaras*. To either side of the Buddha's throne is a celestial being. The pillars on both sides of the niche are decorated with a lotus at the bottom and an inverted lotus on the top. The niche beam over the pillar is decorated with colorful bands. The lintel is covered with motifs of intertwined honeysuckles interspersed with images of newborn children and birds, while its outer edge is covered with a pattern of flames. A protruding section below the niche is painted with waves of honeysuckles. On the west wall, there is a platform on each side of the niche upon which stands an attendant bodhisattva. Though these were later resulted and repainted, their lower bodies retain their original form. Between the feet one can see a section of the wooden core, one end of which is inserted into the platform. Both sides above the niche are painted with a disciple, for a total of ten disciples along the west wall, including the eight in the niche.

The north and south sidewalls are divided into three registers, with the thousand-buddha motif on the top register, donor figures in the middle and *yaksas* in the lower one. The upper registers are 140-142 cm high and filled with eleven rows of thousand-buddha images, with 36 figures in each row on the north wall. The Buddha images are about 9.5-10 cm high (including the halo) and arranged in neat horizontal and vertical rows. The middle registers are about 24-25 cm high. On the north wall there are rows of male donor figures in what appear to be round-collared narrow-sleeved robes and pleated pants, while on the south wall there are rows of female donor figures in wide (or narrow)-sleeved robes, long skirts, capes and cloaks. The lower registers are 30-40 cm high and covered with barely discernible *yaksa* figures.

The north side of the west entrance wall is roughly similar to the north and south sidewalls in both composition and contents. A few male donor figures remain on the middle register, and on the lower register, traces of paintings remain only in the lower northern corner.

The central recess of the ceiling has a *lanterndecke* motif decorated with four sets of lotuses and honeysuckles, while the four slopes are covered with a neat composition of (from the top down) hanging curtains, thousand-buddha images, *apsaras*, heavenly palaces (symbolized by crenellations) and hanging curtains. There are two rows of thousand-buddha images. There are 6 *apsaras* on the west slope, 6 on the north, 5 on the south and 4 on the east. The rows of crenellations below the *apsaras* indicate that they are flying over heavenly palaces. The curtains below the heavenly palaces are composed of triangles and valances, and extend to the tops of the four walls.

IV. Summary

The ceiling of this cave approximates the shape of a truncated pyramid, and is decorated with paintings with the same layout as in caves with truncated pyramidal ceilings. Around the tent-like ceiling center are thousand-buddha images, *apsaras*, heavenly palaces and hanging curtains, but closer examination shows that the smooth transitions between the four slopes are similar to those of the ceiling in cave 272, and can be regarded as an evolution of the barrel-vaulted ceiling. The shape of the cave and the wall paintings inside are of different periods.

No multi-layer wall paintings and construction inscriptions have been found in this cave. According to earlier studies at the Academy on dating the Sui Dynasty caves, this cave should be regarded as one of the first-phase caves of the Sui Dynasty, equivalent to a period from the founding of the Sui Dynasty to the defeat of the Chen Dynasty, namely 581-589 CE. The sculptures, wall paintings, compositions, and figures, clothes, decorative motifs, painting techniques and color rendering are consistent with the caves of that era. However, the features of its ceiling structure might date it back to an earlier time, perhaps the same time as cave 272.

Chapter III: Cave 268 (including caves 267, 269, 270 and 271)

I. Façade

Cave 268 faces east at an angle of 8 degrees southeast, and lies at an elevation of 1337 meters. The façade was damaged during earlier collapses of the cliff, and was covered by masonry during reinforcement work done in the 1960s. Only a tiny part of the south corridor survives.

II. Structure

The cave consists of cave 268 (main chamber) and caves 271, 270, 269, and 267 (four cells in the sidewalls), which should all be regarded as parts of a single cave.

The paintings on the north side of the east (entrance) wall are lost, and the east part of the ceiling is severely damaged. The other sections are basically intact. The section of the chamber is a vertical rectangle 166-183 cm high, 85-120 cm wide from south to north, and 323 cm deep from east to west.

The floor of the main chamber (cave 268) was altered in later periods. The only remaining section of the original floor lies approximately 15 cm below the corridor. It runs 37-46 cm from west to east and forms a raised platform at the western end of the chamber, 10-13.5 cm higher than the present floor. The original floor can also be seen at the corner between the east and south walls and at the lower portion of the south wall. The vestiges indicate that the original floor was as high as the raised platform, about 13 cm above current ground level.

The west wall of the main chamber is shaped like a vertical rectangle, and an arched niche, 93 cm high with a clay figure against its wall, is located at its center.

Both south and north walls are rectangular. The north wall has two cells numbered 271 and 270 from west to east, and the south wall has two cells numbered 267 and 269 from west to east.

The entrance wall is lost except for a portion to the south of the corridor, about 12.5-16 cm wide by 168 cm high.

The ceiling is flat with painted *lanterndecke* motifs, and the east side is damaged.

The four cells all have floors that are roughly square in shape and flat ceilings. Their floor level is 12-15 cm higher than that of the main chamber. Among them, cave 271 is on the west side of the north wall of the main chamber. It faces south and is 160-164 cm high, 99-100cm wide from east to west, and 83 cm deep from south to north. In recent times, a hole was cut through the west half of the north wall to connect cave to 272. Cave 270 is on the east side of the north wall and faces south. It is 160 cm high, 91-99 cm wide and 84-92 cm deep, with an earthen doorsill. The east half of the ceiling had collapsed and was reinforced by the Dunhuang Academy. Cave 267 is on the west side of the south wall and faces north. It is 175 cm high, 97-106 cm wide from east to west, and 100-109 cm wide from south to north. In recent times, a hole was cut through the west half of the south wall to connect to cave 266. The door frame of the north wall was molded with a wooden frame and mud plaster, and there was originally a sill below the doorway. Cave 269 is on the east side of the south wall and faces north. It is 163 cm high, 94-106 cm wide, and 80-91 cm deep. A door frame of molded mud is visible on the east side above the doorway in the north wall, and the west side of the door frame is likewise molded from mud. There is an earthen doorsill.

III. Contents

The west niche and its sculpture, the paintings outside and inside the niche and on the ceiling of cave 268 are all of the same period. There are clear overlapping layers on the paintings of the north and south walls, and the bottom layer can be seen in the places where the top layer has fallen off. The bottom layer was covered with a coat of plaster on which the top layer was painted. The east wall is severely damaged, and no vestige of paintings can be found there. The paintings in the four cells are of the same period as the second layer of wall paintings in the main chamber.

1. Sculptures and wall paintings of the first layer

The west wall consists of two sections. The upper section is 102.5 cm high and contains a niche with a cross-ankled Buddha statue 79 cm high. The top of the head and the feet were repaired in modern times. The wall surface behind the statue is painted with a halo, an aureole and a parasol. On each side there are paintings of an attendant bodhisattva and a worshipping bodhisattva. The top of the niche pillar is slightly arched, while the bottom is shaped like an inward whorl. The upper part looks like a sideways rectangle, and the lintel is decorated with flames. The two sides adjacent to the niche are painted, from the top down, with an *apsara* and two worshipping bodhisattvas on an earthen red ground. Observation shows that the upper section was painted on a mud layer in its original color, and the earthen red ground was filled in after the main paintings were finished. The lower section is 60 cm high with six donor figures in two rows on a white ground, three in each row, facing the center. The north side shows male donors in cross-collared loose-sleeved robes and the south shows female donors in cross-collared loose-sleeved garments and long skirts. Most of the figures are blurred. Below the upper row of female donor figures on the south side there are vestiges of earthen red human figures which are too indistinct to identify.

The paintings on the south and north walls are not clearly divided into registers. A row of three to four *apsaras* is depicted on each side below the top of the ceiling, and the middle sections depict three seated figures. The west end of the north wall is rather complex, and there appears to be a kneeling figure there. Three guardian warriors are painted on each of the lower sections, between the west ends of the wall and the two small niches. In addition, door lintels and pillars were painted directly onto the mud plaster at the entrances to the small cells.

The ceiling has a total of five molded *lanterndecke* motifs with decorative patterns arranged in four panels and laid out west to east. The first and third panels consist of five or three different squares laid catercorner one above the other to form a large *lanterndecke* design, with lotus, flame and *apsara* motifs between them; the second panel can be divided into two smaller *lanterndecke* designs on the north and south, each consisting of three squares laid catercorner one above the other. The fourth one was severely damaged and only a tiny part remains.

2. The second painting layer

The second (top) layer of the wall paintings can only be seen on the north and south walls and inside the side cells of the front chamber.

On the north and south walls of the front chamber, the first (lower) painting layer was coated with a 0.1 cm thick layer of white plaster, on which the later wall paintings were painted. Most of the white plaster has fallen off, and the surviving wall paintings are divided into two sections vertically. The upper sections are 103-106 cm high with eight rows of thousand-buddha images, each about 10-12 cm tall including the halo and throne; the lower sections were covered with donor figures, but vestiges of donors only remain in the area near the west wall. In addition, there is a preaching scene on the south wall,

In the four cells, the paintings are made on a bottom layer of mud plaster. Most of them are in two vertical registers, with the upper registers showing preaching scenes and thousand-buddha images, and the lower registers showing donor figures. The ceiling is decorated with tent-like patterns. In cave 271, the west part of the north wall was pierced by a hole made at a later date, and only half of the preaching scene and the five rows of thousand-buddha images above it are preserved on the east side. The upper sections of the east and west walls are each covered with a preaching scene and ten rows of thousand-buddha images above and on both sides. The south side of the lower section of the east wall has only three male donor figures in earthen red robes, while the north side has four female donor figures in cross-collared loose-sleeved garments, long skirts and cloaks. The east side of the south wall shows five rows of thousand-buddha images and a meditation scene. Its ceiling is painted to resemble a flat-topped tent, with a preaching scene at the center. On the upper sections of the north, east and west walls of cave 270, there are four rows of thousand-buddha images and a preaching scene. The area below the thousand-buddha images on the south wall is white and appears to not have been painted. The lower registers are painted with rows of male and female donors. There is a square cartouche for votive inscriptions in the middle of the lower sections of the north, east and west walls, and the cartouches are flanked by rows of donors, the women in loose or narrow-sleeved robes and long skirts, and the men in round-collared narrow-sleeved red robes. On the lower register of the south wall, only one male donor figure to the west of the entrance survives. The ceiling is almost completely destroyed except a few decorative tent-top patterns at the southwest corner and the west portion of the north edge. In cave 267, the west part of the south wall is pierced by a hole made at a later date, and on its upper register, only three rows of thousand-buddha images and the east part of a preaching scene remain today. The upper registers of the west, east and north walls are each painted with nine rows of thousand-buddha images. Above the arched door to the entrance on the north wall is a square inscription cartouche. Donor figures are painted on the lower registers of the four walls. Those on the west wall appear to be male donors in red robes, while those on the east wall are female donors in jackets, long skirts and cloaks. The ceiling is painted like the top of a tent with a lanterndecke motif at the center, consisting of two squares laid cater-corner one above the other, and with painted curtains hanging from all four sides. In cave 269, the upper register of the south wall shows a preaching scene. The upper register of the west wall shows eleven rows of thousand-buddha images, and there are traces of uncompleted paintings under the top layer. The upper registers of the east and north walls are covered with ten rows of thousand-buddha images. The lower registers are painted with rows of donor figures except that of the north wall, where there are no traces of paintings on the white ground. There is a cartouche for votive inscription in the middle of the south wall, flanked by male donor figures to its west and female figures to its east. The lower register of the west wall is painted with male donor figures in earthen red narrow-sleeve clothes and pleated pants, and that on the east wall with female donors in loose-sleeved jackets, long skirts and cloaks. Behind the last male donor on the west wall is a black horse.

The four walls and ceilings of these cells were first coated with a thin layer of white powder and then painted, similar to the wall paintings of the surface layer on the south and north side walls of the main chamber. The ceiling was painted to resemble a square tent top, but most of it has been damaged except for a small portion on its west side and at its southwest corner.

IV. Summary

Cave 268 has four cells, two in each side wall placed symmetrically. They were originally unadorned and could be used by monks for meditation. While the Buddha statue in the niche of the front wall of the main chamber could be worshipped, the hall is a long rectangle which forms a narrow space and which feels cramped in both depth and height. Although it has a Buddha statue for worship, it distinctly exhibits the features of a meditation cave and resembles an Indian Vihara.

There are at least three layers on the walls in this cave. The bottom layer, which is the earliest remnant, consists of mud coated with white powder, with no visible paintings. Later, the mud or the white-coated mud was covered with a 1.0-cm thick mud plaster, on which the lower, or first, layer of painting was done. This is the earliest surviving painting in this cave, and it was done at the same time as the Buddha statue on the west wall, the wall paintings, the lanterndecke motif on the ceiling, and the lower layer of paintings on the south and north sidewalls. At that time, the four (meditation) cells only had plain walls with no decoration except on the exteriors of their lintels. Still later, generally believed to be during the Sui Dynasty, the lower registers on both south and north sidewalls were plastered with a white powder layer about 0.1 cm thick and then covered with the top (second) painting layer, and the walls of the cells were also painted at that time. These are the later artifacts in this cave. In addition, there are still later artifacts, including changes to the flooring, doorsills of the cells, and the placing of lamp stands as in other caves.

Among the bottom layer of remains in the cave, the central cross-ankled Buddha statue in the niche of the west wall and the whorls on the side pillars of the niche are reminiscent of Greek Ionian style. The figures of meditating monks and guardians, and the arrangement of four panels of lanterndecke motifs on the ceiling are all very eye-catching.

Chapter IV: Cave 272 (including caves 272A and 273)

I. Façade

Cave 272 faces east at an angle of 5 degrees southeast, and lies at an elevation of 1337 meters. It includes caves 273 and 272A, which are the two cells on the north and south sides outside the entrance. In location, shape and size they are roughly symmetrical. Each has a square opening with an arched top and a slightly U-shaped floor. The bottom of the cell is about 60 cm from that of the door to cave 272. The remnant of cave 273 is 84 cm high, 70 cm wide and 43 cm deep. The remnant of cave 272A is 87 cm high, 70 cm wide and 35 cm deep. The façade of cave 272 is generally intact except for the top of its doorway and the collapsed cliff face above the tops of caves 272A and 273. The tops of the door and the two cells were repaired in modern times with wooden planks covered with a mud plaster. The cliff exterior was plastered with mud to form a mud wall and then whitewashed. It was covered by a protection wall built in the 1960s as part of a cliff reinforcement project for the Mogao Grottoes. There is a 5-cm wide gap between the cliff exterior of cave 275 and the protection wall, which can be reached by hand from the extant doorframes of caves 272 and 273.

II. Structure

The corridor in front of cave 272 is the only relatively intact one recorded in this volume. It is 185-189 cm high, 76-89 cm wide from south to north, and 127-131 cm deep, and has a barrel-vaulted ceiling, the west end of which turns upwards smoothly to gently transition into the arc on the east slope of the ceiling.

The chamber is square in shape, 230 cm high, 290-313 cm wide from south to north, and 269-274 cm deep from east to west.

From the soil visible in places where the floor around the four walls has not been paved with concrete bricks, we can see that the original floor was mud paved on a gravel surface. The joints between the four walls and ceiling are coved, with no obvious boundaries.

The west wall is a horizontal rectangle. In the center is a large niche 179 cm high with an arched ceiling and round opening which partly extends into the west slope of the ceiling. A statue of Buddha is located against its rear wall.

The north and south walls are similar rectangles. The west part of the north wall and the east part of the south wall were pierced with holes in more recent times and had once been connected to caves 275 and 271.

The east wall is also rectangular, with the corridor in its middle. On either side of the corridor entrance are wall niches cut in the modern era. Their wall surfaces were damaged in some areas, purportedly by White Russians when they lived in this cave in 1920. Fires were also lit beneath the niches, and some of the paintings were blackened by smoke.

Both widthwise and lengthwise cross-sections of the ceiling are slightly arc-shaped, and the horizontal section is slightly rounded. In the center of the ceiling is a concave recess decorated with *lanterndecke* motifs, with arc-shaped slopes on all four sides. There is a concave indentation in the middle of the bottoms of both the west and east slopes as the entrances of the west niche and of the east wall were cut through to the west and east slopes respectively.

III. Contents

Except for the corridor, the four walls, ceiling and two side cells on the exterior wall of cave 272 have basically retained the appearance they had at the time the cave was first carved out. Only the four walls and lower part of the niche have been repainted. The bottom painting layer has been revealed in places when the top layer has fallen off, and the corridor was repainted at the same time that the top layer was painted. The garments of the Buddha figure in the west wall niche were partially redecorated, and the head was repaired in the modern era. The remains in the cave can be divided into two layers.

1. The first layer of sculptures and paintings

The statues and wall paintings of the first layer are divided into two vertical registers, and were laid out according to an overall plan.

There is a seated Buddha statue with legs pendent in the west niche at the center of the west wall. It is 139 cm high (and seated with two legs pendent) and is almost intact except for the two hands, which have fallen off, and a portion on the shoulders which was repainted. The breaks in the hands reveal their construction. The wall surfaces of the niche are also divided into two registers, one above the other. The upper register shows the halo and aureole. In the annular halo are 17 transformation images of Buddha arranged in rows, and in the aureole there are 10 *apsaras*. On both side walls of the niche are two attendant bodhisattvas, ten disciples and three worshipping bodhisattvas. The ceiling is covered by a painted round parasol. The lower register is a white ground with no paintings. On each side of the niche entrance is a pillar topped by the head of a beast. The crossbeam above the niche pillars is decorated with colorful bands, while the lintel is decorated with flames. A cartouche for votive inscriptions can be seen below the niche. The walls outside the niche are arranged symmetrically facing south and north. The upper registers are 126-134 cm high, and both sides are painted with four rows of worshipping bodhisattvas in a variety of lively postures, with 18 bodhisattvas remaining on the north side and 20 on the south side. As with the north, south and east walls, the lower register of the west wall is 38-40 cm high and painted with horizontal decorative patterns and triangular curtains that had been covered by a surface layer of white powder, and traces of which are visible in areas where the white powder has fallen off.

The upper registers of the paintings on the south and north walls are 119-136.7 cm high. There is a preaching scene in the center, with five rows of thousand-buddha images above and on both sides. These are each 18-21 cm high (including the halo and lotus throne). The lower registers are 51-53 cm high, and painted with horizontal decorative patterns and triangular curtains.

The south and north walls of the corridor along the east wall are also divided into two registers. The upper ones are 116-124 cm high, and each is painted with five rows of thousand-buddha images 19-21 cm in height (including haloes and aureoles), while the lower registers are 47-53 cm high, and painted with horizontal decorative patterns and triangular curtains.

The paintings on the ceiling are laid out in the shape of a truncated pyramid with four slopes and a central recess with a molded *lanterndecke* motif decorated with lotuses, flames and *apsaras*. The four slopes around the recess are decorated, from the top down, with heavenly musicians, *apsaras*, worshipping bodhisattvas and thousand-buddha images. The heavenly musicians form a circle around the ceiling. The upper portions of the heavenly buildings are dense rows of arched doors, 24 in all. Below them is a crenellated wall symbolizing heavenly palaces. In 22 of the arched doorways there are paintings of standing heavenly musicians performing music or dancing, while the other two that are filled with paintings of the head of an *apsara* and of a lotus. On the west slope below the heavenly palace is a row of eight worshipping bodhisattvas which adjoin those painted on the west wall. The north, south and east slopes are filled with 17 *apsaras* and rows of thousand-buddha images, two rows each on the north and south slopes and one row on the east slope, adjoining the thousand-buddha images on the sidewalls below.

Of the two small niches outside the cave, cave 273 has a sculpted meditating monk against the back wall whose arm, hands, and shin are broken, revealing the clay mold inside. None of the paintings inside have survived. Cave 272A also has a sculpted figure against the back wall. Its head has been destroyed; much of the upper body is corroded, and the arms and lower body are badly damaged. Judging from the remains, it was similar to the statue in cave 273 and would also have been a meditating monk.

2. The second painting layer

The remains of the second painting layer include the color decoration added to the kasaya of the central Buddha statue in the west wall niche and the male and female donor figures on a white ground in the lower registers of the south and north side walls inside the niche. Paintings were redrawn on the lower registers of the four walls in the main chamber and on the whitened surfaces of the ceiling and sidewalls of the corridor. Among them, the south and north sides of the west wall niche are respectively painted with male and female donor figures; the south wall and the south side of the entrance to the east wall corridor are painted with male donor figures; and the north side of the west wall niche, the north wall and the north side of the entrance to the corridor are painted with female donor figures. All are peeling badly. On the male donor figures one can only see the vestiges of flower leaves and the edges of collars and belts, while on the female donor figures one can see black flowers, collar edges, and loose sleeves with wavy edges that drop down in front of the chest. A standing Buddha is painted on the corridor ceiling, while the south and north walls are respectively painted with images of *Cintamanicakra* and *Amoghapasa*.

IV: Summary

Though the cliff face of cave 272 was covered up during a modern reinforcement project, its façade can be seen and is basically intact. The two cells outside the cave are partly damaged, but the corridor is still relatively intact structurally. These are rare remains of early Mogao Grottoes. The barrel-vaulted ceiling of the corridor and the way its rear portion turns upward smoothly and joins with the east slope of the ceiling of the main chamber are worthy of notice.

Structurally, in cave 272 the transitions between the four ceiling slopes are rounded without any obvious bends and slightly arced. The paintings on the ceiling are laid out on the slopes of the truncated pyramid ceiling. This form is generally regarded as an early version of the caves with truncated pyramidal ceilings, which are thought to be based on the coved ceiling caves of the Western Regions. It is a "transitional form" which appeared as coved ceilings evolved into truncated pyramidal ceilings. Cave 266 described above has similar structural features. The completely coved ceiling of the west wall niche in cave 272 has even more elements from Central Asian caves, and it is the only one of this shape among the Dunhuang Caves.

Of the extant wall paintings in the cave, those of the first (bottom) layer are rigorous in style, orderly yet still lively, and among the most artistic of the early paintings. Most of them were relatively undamaged in later periods. Cave 272, like cave 268, belongs to the first-phase Northern Dynasties caves at the Mogao Grottoes. The outside cells, namely caves 272A and 273, form part of a whole with cave 272, and were built as part of the same overall plan. Visitors would first call on meditating Zen masters, and then worship the Buddha statue in the cave. The (leaning) seated central Buddha statue with legs pendent in the cave shows Maitreya preaching after he was born in Jampudvipa and became Buddha. The worshipping bodhisattvas on both sides of the west wall represent heavenly beings listening to Buddha's preaching. The thousand-buddha images extending from the north, south and east walls to the thousand-buddhas on the ceiling should be the thousand-buddhas from the *bhadrakalpa* who followed Maitreya Buddha upon his birth. Cave 266 also has similar images.

The second (top) painting layer only added donor figures to the lower registers of the walls, and the top of the corridor as well as its two sidewalls were repainted at the same time. The relation between the two layers is very clear since the top layer was completely painted over the bottom layer. It is believed that the repainting was done in the Guiyijun (Return-to-Allegiance-Army) period of the Cao Clan (914-1036 CE). The date of the donor figures on the lower registers of the walls inside the west wall niche is unclear. Further research is needed to determine if they are from the same period as the top layer or from an earlier period.

Chapter V: Cave 274

I. Façade

Cave 274 faces east at an angle of 4 degrees southeast, and lies at an elevation of 1338 meters. The floor level is 55 cm above that of cave 272 and 275. The front of the cave is damaged.

II. Structure

Most of the entrance of cave 274 is damaged, and the ground level of its doorway is 9-14 cm higher than that of the cave. The south side of the doorway is 70-80 cm high, while the north side is not extant.

The main chamber is rectangular in shape, 134 cm high, 91-92 cm wide from south to north, and 69-70 cm deep from east to west.

The floor in the cave is uneven, with a raised part in the middle which gradually slopes toward the bottoms of the four walls. The northeast and northwest corners are broken, revealing a mud layer on gravel. Remains of a lamp stand are in the middle of the floor.

A horizontal ridge in the middle divides the west wall into two vertical registers. A 60-cm high arched niche is cut in the upper register.

Both north and south walls are slightly tapered. The east side and the upper east corner of the north wall and the upper east corner of the south wall are damaged.

Most of the east wall is damaged. Its remaining south end is 81-90 cm high, and the remaining north end is 32 cm high.

The ceiling is gabled with two rectangular slopes, and the front of the east slope is damaged.

III. Contents

The gravel surfaces of the four walls and ceiling were first plastered with mud and then painted. The upper register of the west wall is 77-79 cm high, and the west niche originally contained three sculptures which are now lost. The back wall of the niche is painted with halos and four disciples. The niche beam and lintel are respectively painted with decorative bands and flames. To either side of the niche is a painted disciple. The lower register of the west wall is 43-44 cm high, with a cartouche in the middle flanked by two kneeling worshipping heavenly beings.

The paintings on the north and south walls are divided into upper and lower registers. The upper registers are 104-105 cm high, and show ten rows of thousand-buddha images, each 7-8.5 cm tall (including the halo), and the lower registers are 25-27.5 cm high, with rows of donor figures. The male donors on the north wall are in pleated pants, and the female donors on the south wall are in long skirts and cloaks. Traces of the thousand-buddha images on the bottom layer are revealed in the areas of the south and north walls where the thousand-buddha images (of the top layer) had not been colored or where the colors had fallen off.

The east wall has been damaged. From the six rows of thousand-buddha images which remain on the upper register of its southern end, we may deduce that its contents and layout are similar to those of the south and north sidewalls.

On each slope of the ceiling there are two rows of thousand-buddha images. There is no structural ridge where the west and east slopes meet at the top, and instead there is a painted ridge with a white powder ground painted with waving single-leaf honeysuckle motifs. Most of the lower rows of thousand-buddha images on the east slope have been destroyed.

IV. Summary

Cave 274 is a small one with a severely damaged front part. The extant wall paintings are obscured and flaking off to varying degrees due to wind erosion and exposure to sunlight. Parts of the lower registers of the wall paintings were once covered by piles of sand which had drifted into the cave. A lamp stand was later built in the middle of the original mud floor, resulting in an accumulation of grease and burnt soil which has destroyed the evenness of the floor.

The Buddha statue in the west wall niche is lost. Traces of three statues can still be seen at the back wall and bottom of the niche, but no piles of shards from the statues are visible, only a few spots where they had been attached to the wall. Judging from these traces, the statues had all been detached at the same time. According to the research notes made by Oldenburg at Dunhuang in 1914-1915, a seated Maitreya statue was found while clearing away the piled-up sand in cave 274. This provides some information on how the statues were detached. Scraps of wooden wedges remain where the statues once stood on the south side of the niche, indicating that the completed statues may have been fixed against the back wall with wooden wedges and clay adhesives, which proved insufficiently strong.

The thousand-buddha images on the south and north walls had been painted twice. The bottom layer was not finished, but the thousand-buddha images of the top layer were completed. This suggests that the bottom layer was directly painted onto the mud plaster and only preliminary line drawings had been made, with no actual painting and coloring. Later it was coated with white powder and then the top layer was painted on it. No double layering of paintings can be seen on the west and east walls or on the ceiling. Judging from the cave's layout, overall style, detailed decoration and use of colors, the extant wall paintings on the west and east walls and the ceiling form a unified composition together with those on the upper registers of the north and south walls, and they should be regarded as the same painting layer. Both painting layers on the south and north walls show identical painting techniques and should be considered to have been finished in the same period.

Researches on dating the Mogao Grottoes carried out by the Dunhuang Academy suggest that cave 274 belongs to the first phase (581~589) of the Sui Dynasty caves.

Chapter VI: Cave 275

I. Façade

Cave 275 faces east at an angle of 2 degrees northeast and is 1337 meters in elevation. The outside cliff face has collapsed, and only a 203-212cm high portion at the south end of the corridor remains now. Its upper and northern parts are no longer extant, leaving the front part almost completely open to the outside. On the south side of its exterior is cave 274, a small Sui Dynasty cave. At a much later time, an earthen partition was built to divide the chamber into front and rear sections. This still left the portion east of the partition exposed to the outside. The partition was removed in the 1990s.

II. Structure

The front of the main chamber of cave 275 is badly damaged. The ceiling and front part of the floor are damaged. The upper parts of the north and south ends of the front (east) wall have been damaged or destroyed. The east end of the north wall and the upper east corner of the south wall are damaged. The main chamber is rectangular in shape, about 344-358 cm high, 334-355 cm wide from south to north and 556-560 cm deep from east to west.

There is a square platform against the center of the west wall. This is about 95 cm high, 161-176 cm wide from south to north and 73-78 cm deep from east to west. It is flanked by two low platforms, each 5 cm high, about 90-96 cm wide and 76-87 cm deep. In front of the high platform are two semicircular foot platforms 56-58 cm wide. There is a statue on the main platform.

The upper end of the west wall joins with the south and north slopes and the middle flat portion of the ceiling, forming a slightly trapezoidal shape. The top two sides are slanted, and the middle flat part reveals wooden structural elements which would be components of the ceiling's construction.

On the upper portions of the north and south walls, there are ridges which run the entire length of the walls. Above each ridge there are three niches which are 92-97.5 cm high. The center of the south wall was pierced by a hole which connected it to cave 272.

The east wall is badly damaged, and only a section south of the corridor entrance survives. The remaining portion is about 175-180 cm high.

The center of the ceiling is flat and elongated, and its north and south ends form slopes. The north and south sides of the flat ceiling are decorated with molded *fang* (square wooden structures), and the north and south slopes are decorated with molded rafters, semicircular in section. The rafters link at the top with the *fang* and at the bottom with the top edges of the four walls. Because of the extensive damage, most of the ceiling was repaired and rebuilt in later times, and its east end has collapsed.

III. Contents

The remaining walls and statues indicate that cave 275 has undergone several repairs of varying degrees. The overlapping is clear and distinct, and there are three discernible layers.

1. Statues and paintings of the first layer

On the high platform in front of the west wall sits a cross-ankled statue of Buddha with a molded round halo behind its head. Its total height is 337 cm (including the halo and foot platforms). On each of the low platforms stands a sculptured lion. The wall is divided into upper and lower registers. The upper one is 179-231 cm high and has a sculpted triangular seat back flanked by painted images of 2 attendant bodhisattvas and 19 worshipping bodhisattvas. The lower register, as delineated by the ornamental border, is 55-57 cm high and painted with a pattern of triangular hangings.

The north and south walls are divided into three registers. The upper ones are 130-151 cm high and occupied with rows of niches. Counting from the west, the first two niches each contain a cross-ankled Bodhisattva 72-85.5 cm high, and their walls are decorated with attendants, honeysuckles, and floating clouds. There is a molded double *que* (Chinese style city gate) outside each of these niches. The third niche, whose lintel and pillar are sculpted as two trees, houses a pensive bodhisattva. Paintings of three bodhisattvas and one or two rows of thousand-buddha images remain on the walls between the niches. The middle registers are the ones below the ridges. These are 98-120 cm high and painted with narratives and rows of donor figures. There are five extant *jataka* tale paintings on the north wall: the Byi-lin-gar-li jataka, the King Qian-he-li jataka, the Sibi jataka, the Candra-prabha jataka, and the Sudhīra jataka. Below them are 39 extant male donor figures arranged in rows, wearing headbands, cross-collared narrow-sleeved clothes and pleated or loose pants. The south wall shows four episodes of the Four Encounters, and below are 39 extant worshipping devas in rows, and two seated buddhas at the east end. The lower registers of the north, south and east walls are 54-66 cm high, and decorated with triangular curtains which form a continuous pattern with those on west wall.

Fragments of decorative painted patterns survive on the vertical *fang* on the ceiling, and on the rafters and rafter boards (*wangban*) on the north and south slopes.

2. Paintings of the second layer

Paintings of the second layer only appear on the south end of the middle register of the east wall. These were once covered by paintings of the third layer, and were discovered in 1991, when conservators of the Dunhuang Academy were separating and removing the third layer paintings on the earthen partition. In the process, they removed the third layer of the south end of the east wall, thereby revealing the second layer paintings. The remnants (of the second layer) are 85-101 cm high and spotty, with features obscured and almost no intact complete images. The extant painting was done on a ground of white powder. In places where the powder has fallen off, the rough mud plaster below was revealed, and no paintings of another (lower) layer were found. The thin coat of white powder joins naturally with the first painting layer on the lower register, with no disruption due to layering. The contents of the paintings are divided into three parts from the bottom up. The first part is a decorative border below the main picture, consisting of a pattern of green waving bands which represent a winding river. In the troughs of the waves can be seen five figures with bared right shoulders. The second part, above this border, is the main picture. Its upper portion shows grand buildings, below which are about 19 extant monks seated in two rows. The third part consists of undulating mountains beyond the roof of the building.

3. The third layer renovation of the caves and paintings on the statues and walls

The remnants of the third layer in this cave include the earthen partition, the repainted parts of the central Buddha statue, the paintings added to fill in damaged areas in the upper part of the west wall, the upper part of the seat back of the central Buddha statue, and the remnants on the upper areas of the north and south walls and the ceiling. They also include paintings on the east and west sides of the partition and the doorway, on the niche figures to the east of the partition, alterations to the paintings on the remnants of the first painting layer of the south and north walls, and repainting on the south side of middle register of the east wall. The abovementioned remnants were clearly made on top of the first and second painting layers.

The east-facing side of the partition has no paintings now, while those on its west-facing side, which are arranged in three registers, have been removed and installed on newly built brick surfaces on the east and north walls. The upper register of the west-facing side (above the entrance) is 126-160 cm high, and shows three preaching scenes from left to right. The middle scene shows a frontal seated Buddha, while the seated buddhas on the north and south sides lean slightly toward the central one. Together, they symbolize the Three Assemblies of Maitreya's Preaching. There is also a painted bodhisattva on the south side of the preaching scene. The middle register is 93-98 cm high, and there are paintings of *Cintamanicakra* and *Amoghapasa* respectively on the north and south sides of the entrance. South of the latter image are two seated buddhas. The lower register is 53-83 cm high and shows rows of female donor figures on both sides of the entrance. Only two donor figures survive on the north side, while on the south side there are three bhiksunis, one female donor, and four attending maids. The female donor appears to be wearing a phoenix coronet with ornaments. Her cheeks are decorated with appliqués and she is wearing earrings, a necklace and pearls. She is luxuriously attired in a loose-sleeved jacket with turned-down collar, a long skirt, a cape and a shawl.

To the east of the partition, the middle register of the north wall was painted with a Maitreya Sutra illustration that has faded away due to long-term exposure to light, while the middle register of the south wall is painted with an illustration of the *Sutra of Brahma's Question*, most of which has been removed, with only a remnant in the west corner. The lower registers of the north and south walls and the south end of the east wall were originally occupied by rows of donor figures, but now only a few traces of cartouches are discernible.

The portion of the ceiling to the west of the partition was once repaired, whitened, and then repainted in the form of a truncated pyramidal ceiling. Remnants of the patterns in the ceiling recess show two concentric circles of *apsaras* and thousand-buddha images respectively, but over half have been destroyed. The *apsaras* and thousand-buddha images in the front and back of the ceiling extend to the west wall and the west-facing side of the partition, where they join with the remnants of decorative motifs of half-medallions, hanging curtains, clouds, and *apsaras* from the first layer on the upper parts of the west, north and south walls. Thousand-buddha images are painted on the rafter boarding between the early-period molded rafters on the north and south slopes of the ceiling, and the rafters are decorated with lotus motifs.

IV. Summary

Cave 275 has an unusual shape. The rectangular ceiling with a flat spine and two slopes is the only one of its kind among the extant cave temples in China. It is also unique to have the central cross-ankled Buddha statue with two lions placed directly against the main (west) wall instead of cutting a niche for it. The arrangement of cutting a row of niches in the upper sidewalls and arranging narrative paintings horizontally in the middle registers is a precursor of the Northern Wei caves. Like cave 272, cave 275 is also a Chaitya hall for worship, but undoubtedly the object of worship is Maitreya Bodhisattva in the Tusita Heaven. The statues and wall paintings meet the need for visualization in meditation practice. The long rows of worshiping bodhisattvas and donors below the narrative paintings represent worship by both heavenly and human beings. The decorations on the side niches is noteworthy, particularly the *que*-shaped niches and the double- tree niches, which are very rare outside Dunhuang. The use of the architectural form of the double *que* to symbolize the Tusita heaven as the abode of Maitreya Bodhisattva, and the use of the two trees to symbolize the mediation of Maitreya under the dragon-flower tree are both unique creations of the Dunhuang area, which was influenced by belief in Maitreya.

It is not clear when this cave was constructed, but the third layer of remains can generally be assumed to date back to the Guiyijun (Return-to-Allegiance-Army) period of rule by the Cao Clan, namely the Five Dynasties and Song periods. This is corroborated by the Uighur style clothes of the female donor figures on the lower register of the west-facing side of the partition, and by the painting styles and techniques of this period when the cave was quite completely renovated. Among the remains of the third layer, the remodeling of the main chamber and the painting of the walls and statues were carefully designed to match and complement the original contents. The status of the female donor in Uighur clothes is that of a princess, suggesting that people in high political or social positions were in charge of the work. The making of the third painting layer fully respected the original works, and avoided covering over the intact paintings of the first layer.

The first painting layers on the north and south walls and ceiling, which had long been sheltered by the partition, are very rare because their colors have remained relatively unchanged and they are less worn down, hence their appearance is close to the original.

Chapter VII: Conclusion

I. Façade

The caves covered in this volume were cut into in the middle section of the southern area of the cliff, slightly toward the north. They are 6 meters above the present ground level (at an elevation of 1337 meters). The cliff projects outwards at their location, providing an ideal site for digging caves, so it was no accident that the earliest caves were excavated here. Later, the Northern Dynasties caves were dug out southwards from this area. Subsequently, there were major collapses of the cliff which further separated this group of caves from the others.

This group of caves, numbers 266, 268, 272 and 275, has compact layouts and similar floor levels. From the remaining holes in the cliff below each cave, we can tell that there was originally a plank road built for access between them, and that there had been a master plan for their construction.

II. Structure

Compared with extant medium-size Northern Wei caves, the ones in this volume are relatively small in size and distinctive in shape. Most of them have been renovated one or more times, and so they contain remains from different periods. However, their basic shapes, functions and contents have not changed.

Cave 268 (including caves 267, 269, 270 and 271) has a corridor-shaped main chamber longer than it is wide, with two cells for meditation cut in each sidewall. This is a Vihara cave, which is rare among the Dunhuang caves. The cross-ankled seated Buddha in the niche of the main wall is the central Buddha.

Cave 272, which is a Chaitya hall, has a square hall with a large niche in the main wall housing a seated cross-ankled Buddha statue. Its ceiling, however, is slightly arched and has rounded slopes. The two cells cut on either side of the cave exterior with a statue of meditative monk inside form an integral whole with the main chamber.

Cave 275, the largest of this group of caves, is another kind of Chaitya hall. With a lengthwise rectangular hall, it has a statue of Buddha against its main wall, rather than inside a niche. Both side walls have a row of niches in their upper sections, and the ceiling has a flat spine with slanting slopes.

Cave 266, immediately adjacent to cave 268, is on the southern end of the group of caves in this volume. Though it was repainted at a later period, its shape is similar to that of cave 272, and it is very likely that they were constructed during the same period.

While the three earliest caves have different forms, and while there were different emphases in their contents and functions, they are mutually complementary. With different architectural spaces, different Buddhist statues and paintings, they fully met the needs of both worship and meditation practice. The combination of Vihara and Chaitya is common in India, Central Asia and Kizil, but rare in the interior of China.

III. Contents

The remains of these caves can generally be divided into three periods. Caves 268, 272 and 275 belong to the first phase.

Of the central statues, that in the main wall niche of cave 268 is a seated cross-ankled Buddha, that in the main wall niche of cave 272 is a seated Buddha with legs pendent, and that in front of the wall of cave 275 is a 3.4 meter-high cross-ankled Bodhisattva. Opinions differ on the cross-ankled and one-leg-crossed bodhisattvas in the niches on the sidewalls of cave 275, but they are generally considered to be representations of *Maitreya Bodhisattva's Rebirth Above (in the Tusita Heaven) and Below (in Ketsumati)*. The Buddha statues seated with ankles crossed or legs pendent should be Maitreya Buddha, while the cross-ankled bodhisattvas in *dharmacakra mudra* (the gesture of teaching) or seated under two trees with one leg crossed respectively represent Maitreya's Preaching in the Tusita Heaven and practicing meditation on impermanence under the dragon-flower tree. Because the worship of Maitreya formed the focus of the images in these first phase caves, undoubtedly belief in Maitreya was the mainstream in Buddhist dissemination at that time, and it was the basis for the combination of images in the caves.

The two cells with meditative monks outside the entrance of cave 272 reflect the theme of meditation. There are four cells for practicing meditation in cave 268, and the paintings also show images of meditating monks. As a Chaitya hall, cave 275 also provides statues and paintings for visualization during meditation, just as cave 272 does. A meditating monk's looking at the Buddha images and seeing images of Maitreya was associated with the teaching that Maitreya could help resolve questions and problems. The large-sized pictures of jataka tales and stories from Buddha's life respectively represent *dharmakaya* (truth body) and *nirmanakaya* (physical body). By practicing meditation, one could ascend to meet Maitreya in the Tusita Heaven, and be "reborn into the world along with Maitreya, to listen to Maitreya's preaching at the first instance, and to gaze upon the thousand-buddhas from *bhadrakalpa* (the present era)" (The *Sutra on Maitreya Bodhisattva's Rebirth up in the Tusita Heaven*). This is a path specified in Buddhist sutras for Buddhist believers. Cave 272 (including caves 266 and 274) has large areas painted with thousand-buddha images, and the caves of this volume contain a total of almost 2500 thousand-buddha images.

In addition, the main theme is given added prominence by all the worshipping *devas* in a variety of forms (worshipping bodhisattvas, heavenly musicians and *apsaras*) flanking the central Buddha statues or around the heavenly palaces on the ceiling, by the wall paintings of rows of secular donors with flowers in their hands, and of dancing *yaksas* (guardian warriors). From heaven to earth, they all sing the praises of the central Buddha or Bodhisattva through their songs and dances.

Introduced from northwest India via Central Asia, Maitreya belief was once extremely popular in the Hexi region. (This happened) from the 3th century, when Dharmaraksa, known as the "Bodhisattva of Dunhuang", translated the *Sutra on Maitreya Buddhisattva's Rebirth Below in Ketsumati*, to the early 5th century, when important sutras on Maitreya's Rebirth below came out successively in Chang'an and Liangzhou. Later, sutras on Maitreya's Rebirth in the Tusita Heaven spread from Gaochang to Liangzhou.

The themes of Maitreya belief also found recognition among the donors and artisans who later patronized or redecorated the caves. In cave 275, the Three Assemblies of Maitreya's Preaching from the third painting layer on the back side of the partition, and the Maitreya Sutra illustration east of the partition echoed and supplemented the original theme of Maitreya's rebirth in the Tusita Heaven. It is obvious that the people who renovated the cave had a deep understanding of the earlier images. In cave 268, in order to complement the central cross-ankled Maitreya Buddha, thousand-buddha images were painted in large numbers on the sidewalls and in the cells during the second phase. The statue and paintings of the second phase in cave 266, though a little simpler, are similar to those in cave 272. Cave 274, which was dug out of the sidewalls outside cave 275, still depicts Maitreya Buddha and thousand-buddha images.

IV. Origins of the grottoes

Cave temples originated in India, and construction of cave temples in China began in the Eastern Jin during the Sixteen Kingdoms period. The earliest caves in Dunhuang were obviously influenced greatly by the dissemination of Buddhism. The combination of caves in this volume, the cave shapes, statues, paintings, and rendering styles all exhibit elements from northwest Indian and Central Asian cultures. Examples include the molded *lanterndecke* motifs (including the square ceiling center in cave 272), the Ionian pillars of the main wall niche in cave 268 (including the beast-headed pillars in cave 272), cave 272's barrel-vaulted ceiling (including the ceiling in cave 266), and the Tusita heaven represented by an arched building with walls (seen in caves 272 and 266). Some details are identical to those of Gandharan sculptures. For example, in cave 275 there are the compositions of the Sibi Jataka and the Four Encounters, and the attendants holding whisks behind the cross-ankled Bodhisattvas in the rows of niches; there is even the posture of the cross-ankled central Buddha statue in cave 268, with its toes touching the ground and bent inward.

Construction of the cave temples in Dunhuang would inevitably have undergone a process involving the assimilation and blending of outside cultures and then re-creation. As one of the "Four Counties of Hexi", Dunhuang had a deep rooted Han Chinese tradition. The niches with Chinese city gates (*que*) in cave 275 are representative of influences from Central Plains, and are often compared to the house-shaped niches of caves in Central Plains. Actually, the *que*-shaped niches in Dunhuang are a special example in the history of cave construction and hardly appear in any other places. The architectural form of the double *que* gradually fell out of use after the (Eastern and Western) Han dynasties, and is rarely seen in cultural relics from Central Plains. However, it continued to appear in the architecture of the Wei, Jin and Northern Dynasties, and became a distinctive feature of the Hexi region. It often appears in architectural elements, brick reliefs or wall paintings in front of the approaches to burial sites or on the screen walls of tombs of the period from the Wei and Jin to the Sixteen Kingdoms which can be found in Dunhuang and Guazhou, and even in Jiayuguan and Jiuquan. In fact, the early *que*-styled niches in Dunhuang represent local elements, showing that Sinicization had begun from the very beginning of cave construction in Dunhuang.

The creativity of the builders of the three earliest caves can be also recognized in their painting techniques. Most of the first-phase paintings were made directly on mud plasters. First, a quick draft was made and colored in with thick strokes. This was then covered with white powder, on top of which the details of faces and fingers were drawn with thin strokes. Over a thousand years later, most of the thin lines have fallen off together with the white powder, while the earthen red drafting lines and thick strokes of color which have turned black are still visible today. Hence only impressive black circles of different sizes are now left on the faces of the human figures, because these colors have infiltrated into the mud plaster. Lines could be drawn fluidly only if the drafting and coloring was completed before the mud plaster dried, and only in this way could the colors infiltrate into the mud plasters. This is a form of fresco painting which allows paintings to last much longer. Academic circles generally regard fresco painting to be a western technique which was not found in ancient China. However, the paintings in caves 268, 272 and 275 tell us that it is necessary to change this view. This fresco technique was used at least at the beginning of the painting process in the earliest caves. It is not found in Bamiyan, Kizil, and Central Plains, nor in Dunhuang after the Northern Dynasties. It was a unique creation of the early Dunhuang painters.

V. Construction Date

The crux of the problem of dating the caves in this volume lies in the first-phase.

There has been much research and discussion in scholarly circles about the construction dates of the three earliest caves, and opinions differ greatly. There are three main views: the "Northern Wei view," the "Northern Liang view," and the "Western Liang view." There is no consensus among those of the Northern Wei view. Among them, Professor Su Bai of Beijing University regards these three caves to have been constructed at approximately the same time as the second-phase Yungang Caves, namely 471-494 CE. Other scholars have many different opinions about the specific dates of these three caves. The Northern Liang view is based on archaeological studies conducted by the Dunhuang Academy, and regards the three caves to have been constructed during the period when Dunhuang was ruled by the Northern Liang (421-439 CE). The Western Liang view argues that they were constructed when Dunhuang was ruled by the Western Liang (400-421 CE).

Given the lack of specific written documentation, there have been lively discussions about this issue since the 1980s. It has received a lot of attention, and research is still ongoing. Despite the differences of opinions on the exact date of these caves, they are generally acknowledged to be the earliest ones in Dunhuang. In addition, there are more complex problems in dating the first phase. For example, were the three caves constructed at different times? There has already been some noteworthy research on this question. Another example can be found in cave 268, where there are earlier paintings under the first-phase paintings. None of the three views can explain this.

The second-phase is generally considered to be the first period of the Sui Dynasty (581~589 CE), when cave 274 was constructed, the statues and paintings in cave 266 were made, and cave 268 was renovated. There are few differences of opinions, but some problems remain. For example, there are still questions about the date of the paintings on the middle register of the east wall in cave 275, because they have been obscured.

The third-phase remains include the second painting layer in cave 272 and the third painting layer in cave 275, and might even include the renovated floor in cave 268. These are considered to date back to the period from the Five Dynasties to the Northern Song, namely the Guiyijun (Return-to-Allegiance Army) period of rule by the Cao Clan (914-1036 CE). According to archaeological studies, after an extensive collapse of the cliff to the north of this group, large-scale repairs and renovations were carried out during the Guiyijun period. In particular, cave 454 was constructed in the ninth year of the Kaibao era of the Northern Song (976 CE). It is believed that the renovation date of these caves was close to this date.

附录一　本卷洞窟调查记录文献摘录

（一）伯希和著，耿昇、唐健宾译《伯希和敦煌石窟笔记》摘录

第118h号洞〔敦编第266窟〕

该洞很小，属于101号洞风格，具有披椽，洞顶有绘画内容。

第118h（乙）号洞〔敦编第267窟〕

它仅仅是属于第101号洞风格的一个普通通道，位于第118h和118i号洞之间。它具有披椽，洞顶具有绘画内容。

第118i号洞〔敦编第268窟〕

洞子很小，属于第101号洞风格。

它具有一个带藻井的顶洞，有3度披椽，上面真正画有相当浅的凸形图案，其洞顶仅仅有画。

侧壁的小千佛属第101号洞风格，画在精灵之上，精灵们身体都相当大，半赤裸，身体发黑，它们属于更为古老的时代。在一个似乎是古老风格末期的时代，于其中一侧的下半部又增画了一些供养人，在另一侧的下部增画了站立着的神灵。这些神灵有一部分画在第101号洞风格的千佛之上，因而比千佛要晚。前壁祭坛之下的供养人像相反却显得是最早期的。但在中央部分，于看起来似乎是相当厚和略呈凸形的新画层上又增画了一座窣堵波，完全属于吐蕃的佛塔一类。

第118i（乙和丙）号洞〔敦编第269、270窟〕

它们都属于第101号洞风格的小龛，位于第118i号洞的两侧。

第118l〔按：误，应为118i〕（丁）号洞〔敦编第271窟〕

该洞仅仅是一个属于第110〔按：误，应为101〕号洞风格的过道，位于第118i和118j号洞之间。

第118l〔按：误，应为118j〕号洞〔敦编第272窟〕

除了在近代以常见风格重修的过道、在葱形装饰之下的原有画层上以常见风格增画的一行供养人之外，整个洞子完全属于第101号洞风格。属于第101号洞风格的祭坛上的彩塑佛陀（大部分都于近代重塑）坐在一种长软凳子上，双脚平放在小凳子上。相反，我们将会发现第118h号洞中的佛陀也以基本相同的姿态跌坐着，但却是跌坐在安乐椅上。最后，不应忘记，属于第101号洞风格的耳龛中的菩萨常常是两腿对称地于腿肚之下交叉。洞顶于此在天窗上是凸出的披椽，圆顶上有绘画内容。

第118k号洞〔敦编第273窟〕

该洞仅仅是属于第101号洞风格的一个普通小龛，不太深。在每一侧都有位于另一个龛中的跌坐佛。这些带披幔的彩塑都重塑过。

第118l号洞〔敦编第275窟〕

该洞很小。需要在此洞中拍摄少量照片，它具有非常古老的气派。

该洞的古老部分纯粹属于第101号洞风格。但由于近代重修的一道常见风格的横墙而几乎使它丧失了一半体积，其洞顶也于同时代重修过。但重修却未能使这一洞顶完全失去其独特之处。它有一个画得很精美的中心天窗，但在凸起部分却没有（原文如此。译

者注：伯希和无疑是想说天窗不呈凸形，而仅仅是画在一个平顶上，如同这个时代的洞子中经常出现的那样）。相反，这个洞顶从前向后的中部是一个宽平台，在平台的两侧一般都突出了那些呈凸形的椽子，椽子以30度的倾斜度与侧壁的上部相连。总而言之，当洞子包括一个平台和没有中央祭坛时，那就属于第97号洞风格，但沿纵向而不是横向变化。

背屏上的大菩萨在腿肚之下交叉，肯定是处于符合第101号洞风格的一般姿态，但它大部分已被重修，既有古代重修的身体，又有近代重修的手，其头部也大都遭重塑。位于其两侧的是狮子，位于右手的狮子在常见风格时代重修过。位于左手者是最近期重修的，但所有这二者都保持了最早期的常见风度。侧壁龛中的菩萨在翻修层之下仍保留了第101号洞风格中的很特殊的姿态。位于右壁和最靠近底壁中的菩萨几乎未受触动，无论如何也没有在近代重修过。供这些菩萨的龛均呈方形，同时具有柱廊和大烟阁的外貌。如果尚未拍摄的话，应拍摄这一切。

洞子的前半部被一堵属于常见风格的横断墙分隔开了，它完全是在这一风格的最后时代重修的。两个龛中的菩萨虽然作了修缮（而且还是非常拙劣的修缮），但却提供了趺坐在鼓上的这种引人注目的现象。这里的菩萨不象〔像〕他们那画在洞子后半部的教友一样坐在小凳子上。此外，他们不是把脚交叉起来，而其中之一的两只脚是平放在地上的，其二将右脚放在左膝盖部并把左手放在其右脚上。最后，这些龛都变成椭圆形并带有叶状涡饰图案，而不是那种带有一行行瓦片装饰的矩形龛。

说明：1）摘自：〔法〕伯希和著，耿昇、唐健宾译《伯希和敦煌石窟笔记》，甘肃人民出版社，1993年，第220～222页。

2）文中洞窟编号为伯希和自己的编号。摘录时增注今敦煌研究院正式编号，简称"敦编"。

3）原文照录，仅对书中个别排印错误作了修正，在"〔〕"号内加注按语。

4）伯希和《笔记》中的文字记录与其测绘图，在洞窟编号上有所出入，详情参见本附录之（十二）樊锦诗、蔡伟堂《重订莫高窟各家编号对照表》。

（二）奥登堡著，季一坤译《敦煌千佛洞叙录》摘录

118号窟 ［D.266］

［按目录当为118g号窟——译注］

与邻窟相同，为唐代旧窟。

前面部分已剥落，所以没有D1及部分B墙。

B、C、D2为小千佛（四种），下为供养人，更下有力士（？），看不清楚。上边为布帛垂饰、椽木［凭栏］、飞天（从垂幔起已是窟顶）。上有两排千佛，又是垂幔、小盂或准确说是花瓣，一般型窟顶〔如附图a〕。

佛龛：弥勒座佛，两手皆放在椅背的扶手上。塑像是新的或是重妆的。两个菩萨的塑像〔在〕龛外，似乎仅是重绘了一下（右边菩萨的头部及左手都是新的）。佛龛有浮塑边框：莲花柱，莲花叶子缠成辫状图案［龛梁］，火焰镶边［龛楣］（中间有一画像［化生］，自莲中露出半身）。在辫状图案和佛龛之间是……号［卷草花卉］图案。［A1、A2］菩萨下〔上〕方各画有一比丘。

里面［龛内］画有火焰佛光，其浮塑的火苗伸出龛外。〔佛光两侧画〕八比丘，两飞天。凸檐［龛下座］上有……号［卷草］图案，白底红画。

a

118号窟 ［D.268附267、269、270、271］

［按目录当为118h号窟——译注］

唐代窟，前面已毁，结构独特。大部分已经过重绘，故无法准确确定壁画。［D.268］在正对甬道的佛龛中有交脚佛（头部重妆），无畏印，与愿印，绘画佛光，华盖。四莲花苞，四菩萨。龛框是画的，一条红色图案。火苗呈尖形，……莲花做得很差。左右两边的A1、A2各有两菩萨，膝盖［跪姿］，合十，于莲上。上有两飞天，龛前有一约三指高的佛坛，用途不明。A4〔西壁龛下〕经重绘过，中间有塔。

其下方为"题板"及两排供养人，原来是怎样的已不清楚。佛龛之间的〔B、C〕墙壁皆有千佛（四种），但以前［窟口］上边曾有马蹄形火焰［窟楣］和某些立姿画像。B墙近A1屏风处有莲华座佛的残迹，两边各有一菩萨，令人不解。C墙近A2处有两个大像，此外有一部分是千佛，一部分为供养人。

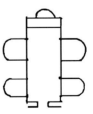

P.117-118f（*D.061-005*）P.000-118j（*D.267-272*）P.118h（*D.460*）〔莫高窟第55～61、267～272、460窟外景〕

壁龛1和2，3和4之间亦有些大的画像，在他们上边有莲华座佛，中等大小。

在主佛龛里两边［B、C］上方及龛3的左边似有飞天。总的说来要准确确定这些画，即使是有可能确定，也要花费大量的时间，且未必有效。

窟顶中间有浮塑［斗四］莲花，有两种形式：〔如附图b〕，第一种的有三处，第二种的有一处，位于A处。四角有飞天。

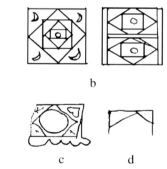

b

龛1［D.267］：B、C、D皆有千佛，供养人。A处曾有一佛（为开通道而取掉）。右一弟子、一菩萨，上有飞天，其余皆毁，龛顶为〔附图c〕。甬道［窟口］现为拱形，但角上是空的，里面［D3］有画〔附图d〕，花布帛。

c　d

龛2［D.269］：同上，但A为莲华座佛，右手看不清，左手结与愿印，十比丘，两菩萨，宝树，华盖，不见飞天。

窟顶另是一种，但几乎全毁，只见垂幔及莲瓣（见……）。

龛3［D.270］：A、B、C为莲华座佛，两菩萨，A处的结说法印，B处的手置腹上，C处的看不清楚。上有小千佛，下有供养人，龛顶全毁，画为另一种，似是过渡型的。

龛4［D.271］：同3，但是旧画。A处佛陀已不见，B、C处的结转法轮印，龛顶和其它龛中的一样，为平顶，但这里四角方向［边］皆有［边饰］图案，里面［内］为莲华座佛，说法印，四菩萨。

四个龛中皆有支撑甬道的木料，都直放在那里，这是否意味着，甬道原来都是平顶，而不是拱形的。

118号窟 ［D.272附273］

［按目录当为118i号窟——译注］

与相邻的118m窟一样，魏代窟，绘画粗劣。此窟的特点是覆斗顶，略带拱形，佛龛形式亦独特。所有这一切似乎并不是有意识造成这一形式，而是令人感到是和此窟开凿的材料有直接关系，即和砾岩有关。

主室中正对甬道的佛龛只一塑像，弥勒座佛（双手是重修的，其手势是随意作成，无宗教意义），头部亦重新修过。甬道两边的壁龛［窟外西壁门两侧小龛：门南，D未编号〔现编D.272A〕；门北，D.273］中同样各有一坐姿比丘的塑像，头上裹巾。这一形象此处常见。

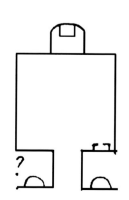

前室除壁龛外均已剥落。甬道中E、F各有一观自在，几乎都被擦掉，F处的甚至已剥落过半。按照F［E］墙上的头戴佛冠左手执轮的情况，可以推测出E［F］墙是六手观自在，而F［E］则为八手观自在，一般类型。d1、d2、d仅靠墙泥改建成拱顶的样子；d1、d2各有五莲花座佛，d处为某一佛，右手结与愿印，左手于胸前提衣。绘画粗劣，为新红—绿色。

某些地方可透出下层的某旧画，但内容不可辨。

B、C、D为褐红底色上的千佛（四种）。B、C各有一幅小画［说法图］：莲华座佛，转法轮印，华盖。下边佛座边有两狮子，侍者：两菩萨，四比丘，四飞天。

A1、A2各有四排，每排五个提婆［菩萨］（20＋20），坐姿，使劲打着什么手势。

B、C、D下边曾有一条图案，现已看不清楚，更下有力士。A1、A2过去曾有什么，现在只能按新画残迹估计：一条绿色，下面为供养人。

菩萨［千佛］上方，窟顶开始处，有飞天，垂幔及立方体图案，椽木［凭栏］，一条诸天［天宫伎乐］，有的持各种乐器。在α和γ披的角上有一画像，略大，而在β和δ披的角上有一很大的头部和部分肩部（见133d），然后是图案，更上为［斗四］莲花藻井，角上有四飞天。

龛中画有佛光，里面的［项光］有千佛，外面的［背光］有飞天。底下［佛光两侧］各有一提婆［供养菩萨］。左右各有一大菩萨。［上］右边六比丘［供养菩萨］，左边五比丘［供养菩萨］，跪［姿］，皆合十。

……

118m号窟 ［D.275］

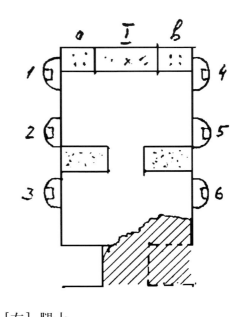

唐代旧窟，绘画粗劣，有一部分重绘成红—绿色，主室前部分略有坍塌，所以将其隔断，以保护起来，并重新作画。主室墙中间有塑像三身。在四方形佛台上坐一大菩萨，双脚交叉，踩于两莲花上，头戴佛冠，约有一人半高，大概是观自在，右手结无畏印，左手结与愿印。身后是一个倒三角形的背屏，很有意思（比较：吐蕃……）。两边，在一约两指高的低台座上各有一很难看的狮子（见照片）（a、b）。主室中另有六个塑像在靠近窟顶的［B、C］壁龛中，龛下有浮塑的凸檐，上面绘有花纹。有四个做成像小屋一样［阙形龛］（1、2、4、5），［另］两个（3、6）的边框是模式化的［双］树（见照片）。每一龛内有一交脚菩萨，只手势不同，1龛和6龛的右手结无畏印，左手结与愿印；2龛和5龛结转法轮印；4龛的右手结无畏印（已折，装上个什么新的），左手置膝上。很清楚［6龛的］其右腿放在左腿之上，［双手已折断。］3龛的腿已折，现已放了个断腿，好像是另一个下垂的腿，双手已断，左［右］腿（可能是原有的）放在右［左］腿上。

3龛和4［6］龛连同现在的前室，以前曾都是主室的一部分，它们被重绘成黑—绿色，［二］龛内各有两菩萨，有高茎花卉［按附图此处4龛可能为6龛之误，前面6龛可能为4龛——译注］。

Ⅰ、Ⅱ都是以前B、C墙的一部分，现各有一幅黑—绿色佛陀画。Ⅰ处右边的画是纵列的。在原来的D1同样有黑—绿色画，全部保存不好。Ⅲ、Ⅳ、Ⅴ除墙皮外，一无所存。

室顶所保留的跟里面的一样：椽木之间有新的小千佛。甬道：按极少的残迹估计：E、F处曾有过红色的供养人。d1、d2为一般图案。d处为某一菩萨，只留有头部及双肩。新的D1、D2处保留有新画的八手的观自在和六手的观自在，下有供养人。除D1及上端外皆保存不好。

D1处与观自在并排的还有两个莲华座佛，一个在另一个上面。D3有佛陀及侍者。D1、D2上皆填满菩萨及侍者，上方为一般的上端图案，再上为千佛。［B、C］约一人高以上有浮塑凸檐↗，下［上］面乂［交脚菩萨龛］，垂幔，棋格，图案［半团花边饰］（是一种唐代的一般类型）。壁龛之间画有立姿菩萨。里面［龛内项光］两边各有一提婆，抬手，其余皆为连茎花卉，背屏上有画。

龛5中只有连茎的花卉。［A上］有大塑像的圆光，两边各有两排五个坐姿提婆［菩萨］，部分已涂上新画，特别是A1的云彩，飞天和上端图案。窟顶上有云彩和千佛。［下］菩萨的背屏有图案（见……）。右边［左右各］画有立姿菩萨一身，坐姿的，［右］四身，左三身，连茎的花卉。下有一条图案，更下边还有一些白色和红色的大垂幔饰。窟顶改动很多，现在是覆斗［盝］顶，以前似乎是人字披顶（披向B、C两边），所以还留有椽木的残迹。那时中间要宽些，椽间是千佛，然后有一条纵向浮塑带，上有图案，在近C处、近中间和B处，这条图案是很清楚的。现在中间是四方形，四周是上端图案及某种带花的四方形，现已连同藻井

P.118h乙（D.266)-1　隋　窟顶藻井

P.118j（D.272)-1　北凉　北壁中央说法图主尊佛局部

P.118j（*D.272*)-2　北凉　西壁龛外南侧供养菩萨

P.118L (*D.275*)-1　北涼　西壁

P.118L（*D.275*)-2　北凉　西壁交脚菩萨局部

P.118L（*D.275*)-3　北凉　南壁西侧佛传局部、供养菩萨

P.118L（D.275)-4　北凉　南壁西侧佛传局部、供养菩萨

P.118L（D.275)-5　北凉　北壁中层西起第一铺毗楞竭梨王本生

P.118L (*D.275*)-6　北凉　北壁中层西起第二铺尸毗王本生

P.118L (*D.275*)-7　北凉　北壁中层西起第四铺月光王本生

立面测绘图（水彩，局部）

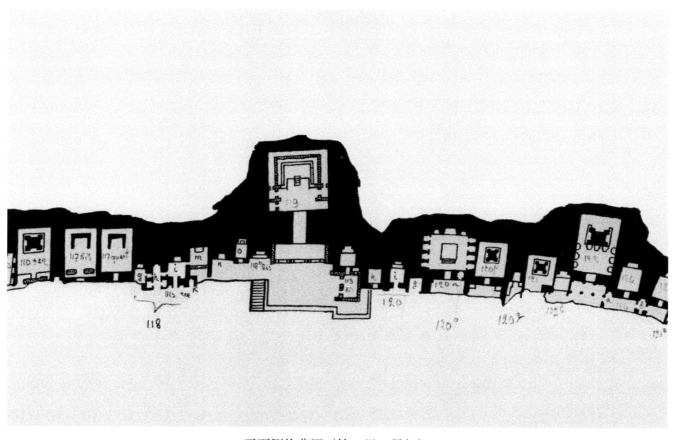

平面测绘草图（第二层，局部）

一起剥落了。图案之下有一条飞天。

B、C中间的一条画很有意思，遗憾的是被新墙弄毁了，然后涂上了黑—绿色画，分成两组：B墙下面是一组菩萨［列供养人］（比较屏风处的菩萨），保存有二十二身，而总共曾有多少，就不清楚了；C墙剩有三十四身〔供养人〕，除A处［西端］的前面两个有很长的喇叭［吹角］外，其余皆双手合十。上面［B］大概是某本生经（见照片）；楼阁、乐器、演奏、老人相会。［供养人上方］C墙：菩萨让人切割自己的指头，好像他竖着九个指头，而第十个指头为一个婆罗门人拿着。可能这是个关于Kancanapala的神话故事，两幅。尸毗王本生故事，一个鸟的故事，两幅。从菩萨腿上割肉，他拿着鸟。第二幅在下边……第三幅本生经，菩萨坐着，有一个男人跪着向他献上一个有三个顶子［头］的盒子；接着有一人挥舞着刀或剑，这是另幅画，可能与此有关。上有飞天。〔B〕房子前有一个人正向房中张望，并用手指指点着。接着有四人物，数伎乐，提婆持箜篌［琵琶］，提婆？菩萨，一正和菩萨说话的比丘。又是房子在……后面是菩萨在房中或是房边，有某个小比丘……有些伎乐提婆正在迎接他，另有两个人物，接着是某人跪着，他面前一老婆罗门，正说着什么（他旁边有两红色汉字）。

……

118k号窟 [D.274]

［当补在118i号窟之后——译注］

唐代旧龛，前面已毁。

佛龛中曾有一佛的塑像，尚留有支撑的遗迹，绘画佛光，左右各有两比丘，上方有飞花。顶部［龛上］有"辫状"图案［龛梁］及火焰［龛楣］。

A1、A2各一比丘，其上方有树。在略微凸出的佛坛上［龛沿］有一条图案。

B、C及窟顶（覆斗［人字披］）处皆有千佛，顶部在斜披之间皆有图案条。

佛龛受严重风蚀并埋满沙土。在清理沙土时发现一弥勒座佛，有一块贴墙的砖已裂成两块。已取。

说明：1）摘自：〔俄〕奥登堡著，季一坤译《敦煌千佛洞叙录》，《俄藏敦煌艺术品》第6册，上海古籍出版社，2005年，第147～152页。

2）文中使用洞窟编号为伯希和编号，但又不尽相同，亦有奥氏自编窟号。译者加注敦煌研究院编号。以"D."表示。

3）文中使用拉丁字母、希腊字母及罗马数字表示窟内的不同部位，例如以A、B、C、D表示西南北东四壁，E、F表示甬道南、北壁，α、β、γ、δ表示窟顶四披，d表示甬道顶的正脊，d1、d2表示甬道顶的南北两披，罗马数字表示前室的壁面，等等。详见该书中的洞窟部位示意图及方位代号说明。

4）原文中叙述多有缺漏、不完整或含义不清之处，译者尽量在"［］"号内加以说明和补充。"〔〕"号内为本卷编者说明。

（三）张大千《漠高窟记》摘录

第二百三十三窟〔敦编第275窟〕　北魏　宋人重修

窟分前、后两窟，前窟已崩毁，南、北、残壁尚存。深五尺四寸，广九尺七寸。原窟、初无前后之分、后经宋人于洞口另砌一墙，始划分为二。壁上六朝画，前后连画，了无分隔，可证也。南、北、壁上，有佛龛各一，高二尺八寸，深五寸，广二尺七寸。塑像、一区，高二尺一寸。中、坐龛，两旁塑两树，枝叶纷披，绕于龛楣。二龛内、五代人补画菩萨、各二区。又南龛旁两区，北龛下、经变一铺，南龛下、尚有六朝人画。剥落。

洞口　高五尺三寸，深一丈有七寸，广二尺四寸。六角顶。宋人修。

洞内　高九尺七寸，深九尺六寸，广一丈。顶、崩毁。东壁上及北角，崩毁。南壁、东端凿一洞，以为通道。

佛龛　南、北壁佛龛各二，高二尺九寸，深六寸半，广二尺六寸。龛如屋，前有檐。

塑像：

佛、一区，倚西壁坐。高九尺，左、右二狮子，高三尺二寸。

四龛内、佛各一区，高二尺六寸。原塑，经重修。

画记：

六朝人画佛经故事　　西、南、北三壁

北壁上、自西至东

　　第一、一菩萨坐旁一人，扭其胸，作殴击状。

　　第二、残毁。

　　第三、一菩萨坐，旁一人，以刀割其股。

　　第四、一人跪菩萨前，献三人头，头函一匣中。

　诸菩萨

　　南壁、二龛内、各二区　　　　北壁、西龛内、二区

　　南龛、左、右帐门、四区　　　北龛、左、右帐门二区

　小菩萨、二十二区　高七寸半　南壁中

　宋人画佛、三铺　东壁、洞口上

　八手菩萨、等二铺　东壁、左、右

　贤劫千佛　残顶上

供养人像：

　六朝男像、卅四身，高五寸半，双手和南〔合掌〕。捧花一枝，西向挺立。视西魏时像为肥短。

　宋人女像、七身，高三尺一寸。剥落　东壁、左右下

　东壁一身，回鹘天公主像。

窟内诸画，殆为北魏初期画，散乱粗野，无有过此者。

第二百三十四窟〔敦编第272窟〕　北魏

洞口　高五尺，深三尺六寸，广二尺六寸半。圆顶。

洞内　高五尺七寸，深八尺一寸，广八尺九寸。顶上，藻井。南、北壁凿一洞，以为通道。东壁、左、右有二小方洞。左、高一尺五寸，深一尺四寸，广二尺四寸。右、高九寸，深一尺，广一尺六寸。洞内仅涂泥，无画。此二小方洞，盖为后人打开者。

佛龛　高五尺，深二尺，广三尺四寸，顶圆，半出龛外。

塑像：本尊一区，高四尺一寸。原塑。头及手，经修补。

画记：

　贤劫千佛　东、南、北壁　背光内

　释迦、树下说法像二铺　高二尺三寸，广二尺二寸。南、北，壁中。

　菩萨、二身　龛内

　小菩萨

　　龛内、十三身

　　背光内、西龛左、各十身

　　西壁、右十七身　壁、北角毁

　　窟顶四周、廿九身

　五代画接引佛、一区　残毁　洞口、上

　不空绢索、等二铺　洞口、南、北壁

　飞天、十七身　窟顶、四周

　顶砌四方格、中莲花、四角隙处，四飞天　藻井

供养人像：

　西壁下、隐约可见宋人画像。

第二百三十五窟〔敦编第268窟〕　隋

洞口　崩毁

洞内　如窄巷，高五尺二寸，深九尺六寸，广三尺二寸。平顶。上砌三叠方格。

西壁龛下，有一小洞，盖为后人打开者。

佛龛　高二尺六寸，深八寸，广二尺一寸。

塑像：本尊，高二尺二寸。原塑，头，经补。

画记：

贤劫千佛　南、北壁

诸菩萨　龛内、龛旁、左右，各四身　剥落

飞天、二身　左、右帐门

夜叉　剥落　南、北壁下。

方格莲花、四角隙处、四飞天　窟顶

供养人像：

女像，十二身　剥落　佛龛下。

耳洞一〔敦编第269窟〕　**南壁、东端**　**隋**

洞口　高二尺九寸，广一尺八寸。顶、崩毁。

洞内　半为沙掩没。深二尺七寸、广三尺二寸。

画记：

释迦、树下说法像　剥落　南壁

贤劫千佛　东、西、北三壁

耳洞二（敦编第267窟）　**南壁、西端**

洞口　尺寸、同耳洞一

洞内　高五尺一寸，深三尺，广三尺二寸。平顶。南壁、凿一洞，以为通道。

画记：

贤劫千佛　四壁。

释迦、树下说法像　残毁　南壁

莲花　窟顶

供养人像：

女像，九身　剥落　东壁、下

耳洞三〔敦编第270窟〕　**北壁、东端**

洞口、洞内、同耳洞一

画记：

释迦、树下说法像　剥落　东、西、北壁各一铺

贤劫千佛　四壁上半

耳洞四〔敦编第271窟〕　**北壁、西端**

洞口、洞内、同耳洞二。北壁凿一洞，以为通道。

画记：

释迦、树下说法像

东、西、北壁，三铺　窟顶、一铺　北壁、一铺　残毁

贤劫千佛　四壁、上半

供养人像：

四壁下、男像、剥落。

第二百三十六窟〔敦编第266窟〕　　**隋**

洞口　崩毁。

洞内　高六尺三寸，深七尺五寸，广六尺三寸。顶上、藻井。北壁凿一洞，以为通道。

佛龛　高四尺六寸，深一尺九寸，广一尺三寸。

塑像：本尊，高三尺九寸，龛旁胁侍二身，高四尺一寸。后塑。

画记：

　　十大弟子　龛内、四身，左、右帐门二区。

　　贤劫千佛　东、南、北壁

　　飞天　龛内、二身。窟顶、四周廿一身。

　　莲花　藻井

供养人像：

　　南、北壁下男、女像　剥落

说明：1）摘自：张大千《漠高窟记》，台北·国立故宫博物院，1985年，第475～482页。

　　　2）文中使用洞窟编号为张大千编号。摘录时增注敦煌研究院编号，简称"敦编"。

（四）谢稚柳《敦煌艺术叙录》摘录

第二百三十三窟〔敦编第275窟〕　北魏、五代、宋

窟分前后洞，前洞崩毁，南、北残壁尚存，深五尺四寸，广九尺七寸，原窟初无前后之分，后经五代人于洞内另砌一墙，始划分为二，壁上北魏画像，前后连画，绝无分隔也，南、北壁上，有佛龛各一，高二尺八寸，深五寸，广二尺七寸，塑佛一区，高二尺一寸，中坐。龛两旁塑两树，枝叶纷披绕于龛楣，二龛内五代人补画菩萨各二区，又南龛旁两区，北龛下经变一铺，南龛下尚有北魏画剥落。

后洞

　　洞口：高五尺三寸，深一丈有七寸，广二尺四寸，六角顶（宋人砌）。

　　洞内：高九尺七寸，深九尺六寸，广一丈，顶已崩毁，东壁上及北角崩毁，南壁东端凿一洞以为通道。

　　佛龛：南、北二壁，各有二龛，高二尺九寸，深六尺六寸半，广二尺六寸，龛顶如屋有檐。

　　塑像：佛一区，倚西壁坐，高九尺，左右二狮子，高三尺二寸。四龛内佛各一区，高二尺六寸。原塑，经重修。

　　画记

　　东壁

　　　　五代画八手菩萨等二铺（左右壁）。

　　　　宋人画佛三铺（东壁洞口上）。

　　南壁

　　　　佛传图。

　　　　小菩萨二十二区，高七寸半（壁中）。

　　　　菩萨四区（二龛左右帐门）。

　　　　菩萨四区（二龛内）。

　　西壁

　　　　佛传图。

　　北壁

　　　　佛传图四图，自西至东。

　　　　第一，中菩萨坐，旁一人扭其胸，作殴击状。

　　　　第二，残毁。

　　　　第三，中菩萨坐，旁一人以刀割其股。

　　　　第四，中菩萨，一人跪献一匣，匣内三人头。

　　　　菩萨二区（二龛左右帐门）。

菩萨二区（二龛内）。

窟顶

五代画贤劫千佛（残顶）。

供养人像

东壁

五代女像七身，高三尺一寸，剥落（左右壁下）。

（内一身为回鹘天公主像，此窟当系曹氏所修。）

南、西、北三壁

男像三十四身，高五寸半，合掌顶礼，持花一枝，西向立（壁下）。

（诸像视西魏、隋时画像为肥短。）

（窟内诸画，率野之极，其他魏窟画，无有过此者，当为莫高窟最早之魏画。）

第二百三十四窟〔敦编第272窟〕　北魏、五代

洞口：高五尺，深三尺六寸，广二尺六寸半，圆顶。

洞内：高五尺七寸，深八尺一寸，广八尺九寸，顶上藻井，南、北壁凿一洞以为通道。东壁左右，有二小方洞，左高一尺，深一尺四寸，广二尺五寸，右高九寸，深一尺，广一尺六寸，洞内用泥涂，无画，原为泥壁封闭后经打开者。

佛龛：高五尺，深二尺，广三尺四寸，圆顶，半出龛外。

塑像：本尊，高四尺一寸，原塑，头及手经修补。

画记

东壁

贤劫千佛。

五代画接引佛一区，残毁（东壁洞口上）。

南壁

贤劫千佛。

释迦树下说法像，高二尺三寸，广二尺二寸（壁中）。

西壁

小菩萨十区（左帐门）。

小菩萨十七区（右帐门）。

菩萨二区（龛内）。

小菩萨十三区（龛内）。

小菩萨十区及贤劫千佛（背光内）。

北壁

贤劫千佛。

释迦树下说法像，高二尺三寸，广二尺二寸（壁中）。

窟顶

小菩萨二十九区（顶四周）。

飞天十七身（顶四周）。

顶砌四正方形内外相接，内正方形内，作莲花，外正方形四角内，作四飞天（藻井）。

洞口

不空绢索观音二铺（南北壁）。

供养人像

西壁下隐约可见五代人画像。

第二百三十五窟〔敦编第268窟〕　隋

洞口已崩毁，洞内如窄巷，高五尺二寸，深九尺六寸，广三尺二寸，平顶，上砌三正方形内外相接，西壁龛内有一小洞，原为泥壁封闭，后经打开者。

佛龛：高二尺六寸，深八寸，广二尺一寸。

塑像：本尊，高二尺二寸，原塑，头后补。

画记

　　南壁

　　　　贤劫千佛。

　　　　夜叉，剥落（壁下）。

　　西壁

　　　　菩萨四区，剥落（左右帐门）。

　　　　飞天二身，剥落（左右帐门上）。

　　　　菩萨四区，剥落（龛内）。

　　北壁

　　　　贤劫千佛。

　　　　夜叉，剥落（壁下）。

　　窟顶

　　　　正方形中作莲花，四角内四飞天。

　　供养人像

　　　　西壁佛龛下女像十二身，剥落。

耳洞一〔敦编第269窟〕（南壁东端）　隋

洞口：高二尺九寸，广一尺八寸。

洞内：半为沙没，深二尺七寸，广三尺二寸。

顶崩毁。

画记

　　东壁

　　　　贤劫千佛。

　　南壁

　　　　释迦树下说法像。

　　西壁

　　　　贤劫千佛。

　　北壁

　　　　贤劫千佛。

耳洞二〔敦编第267窟〕（南壁西端）　隋

洞口：高二尺九寸，广一尺八寸。

洞内：高五尺一寸，深三尺，广三尺二寸，平顶，南壁凿一洞以为通道。

画记

　　东壁

　　　　贤劫千佛。

　　南壁

　　　　贤劫千佛。

释迦树下说法像。

　　西壁

　　　贤劫千佛。

　　北壁

　　　贤劫千佛。

　　窟顶

　　　莲花。

供养人像

　　东壁下女像九身，剥落。

耳洞三〔敦编第270窟〕（北壁东端）　隋

洞口及洞内，同耳洞一。

画记

　　东壁

　　　释迦树下说法像（剥落）。

　　　贤劫千佛（壁上）。

　　南壁

　　　贤劫千佛（壁上）。

　　西壁

　　　释迦树下说法像，剥落。

　　　贤劫千佛（壁上）。

　　北壁

　　　释迦树下说法像，剥落。

　　　贤劫千佛（壁上）。

耳洞四〔敦编第271窟〕（北壁西端）　隋

洞口洞内，同耳洞二，北壁凿一洞以为通道。

画记

　　东壁

　　　释迦树下说法像。

　　　贤劫千佛（壁上）。

　　南壁

　　　贤劫千佛（壁上）。

　　西壁

　　　释迦树下说法像。

　　　贤劫千佛（壁上）。

　　北壁

　　　释迦树下说法像，剥落。

　　　贤劫千佛（壁上）。

　　窟顶

　　　释迦树下说法像。

供养人像

　　四壁下男像，剥落。

第二百三十六窟〔敦编第266窟〕 隋

洞口：已崩毁。

洞内：高六尺二寸，深七尺五寸，广六尺三寸，顶上藻井，北壁凿一洞以为通道。

佛龛：高四尺六寸，深一尺九寸，广一尺三寸。

塑像：本尊，高三尺九寸，龛旁胁侍二区，高四尺一寸，旧塑。

画记

东壁

贤劫千佛。

南壁

贤劫千佛。

西壁

二大弟子，左右帐门。

四大弟子，龛内。

飞天二身，龛内。

北壁

贤劫千佛。

窟顶

飞天二十一身（顶四周）。

莲花（藻井）。

供养人像

南、北壁下男女像剥落。

说明：1）摘自：谢稚柳《敦煌艺术叙录》，上海出版公司，1955年，第307～313页。

2）书中洞窟编号，使用张大千编号。摘录时增注敦煌研究院编号，简称"敦编"。

（五）石璋如《莫高窟形》摘录

C233窟（T275）

测期：民国三十一年（1942），八月十五日。

座向：东偏南5度，在C231窟之下与C229同层之南。

时代：十六国

（一）何：魏　　　　　　（二）谢：北魏、五代、宋　　　　　　（三）张：北魏 宋人重修

（四）录、宁：十六国（宋重修）　　　　（五）史：十六国　　　　　　（六）窟、表：北魏

一、窟室

形制：丁中，现横方，原纵方，纵拱凸顶两壁多龛式（见图一九五〔本卷插图105〕）。

前室：将原窟加一隔墙，东首隔出而为前室，东北隅已残毁。东西（南）1.8公尺，南北3.35公尺，计6.03平方公尺，合1.82坪。

门洞：原有门洞已残毁。仅存前室门洞南壁1.1公尺，窟室隔墙之门洞，东西深0.6公尺，南北宽0.8公尺，计0.48平方公尺，合0.15坪。高1.9公尺。

主室：现存形式，东西3.25公尺，南北3.5公尺，计11.38平方公尺，合3.44坪。如果依原洞形式则为东西5.65公尺，南北3.5公尺，计19.78公尺，合5.98坪。南壁东侧龛下穿一洞通邻窟。

窟高：墙高3.2公尺，顶高3.5公尺，脊高3.6公尺。脊为纵槽形，即宽脊人字形顶，平均高3.4公尺。

图版叁壹柒　C233主室西壁

窟顶：东西纵长形，宽1.5公尺，南北有坡，坡长1.0公尺。即横断面呈平拱形，画飞天及千佛。

容积：主室容积38.69立方公尺，原窟容积67.25立方公尺。

二、龛坛

类别：多龛式

形制：主室内西壁设一佛座。南、北二壁各开二阙形龛。前室南、北二壁各开一圆券龛，各浅龛南北深0.3公尺，东西宽0.8公尺。

龛高：南、北各龛高依次为1.0、0.9、0.9等公尺。

龛顶：平顶。

容积：南北壁龛容积依次各为约0.24立方公尺、0.21立方公尺、0.21立方公尺。

塑像：七尊式。主室西壁佛座上塑交脚弥勒菩萨，座下两侧各塑一狮（见图版叁壹柒）。主室南、北二壁共有四阙形龛，每龛内塑交脚菩萨一身。前室南、北壁共有二圆券龛，每龛内塑思惟菩萨一身。

三、画题

画记：南、北二壁阙形龛，下为佛故事。北壁下之一为割肉换鸽故事（见图版叁壹捌），之二（之一西）为婆罗门向王胸钉钉故事（见图版叁壹玖）。东壁门南、门北均画观音。前室圆券龛内画供养菩萨。

图版叁壹捌　C233主室北壁龛下画佛故事之一（割肉赎鸽）

供人：四十余像，多不清楚。

题记：不清。

四、附洞

附洞A：

　　位于C233窟之南，座西向东（见图一九五），张、谢无编号（敦煌研究所编为274窟）。

时代：隋

　　（一）何：？　　　　（二）谢：？　　（三）张：？

　　（四）录、宁：隋　　（五）史：隋　　（六）窟、表：隋

形制：丁下，近方，为前人字顶后龛式。

门洞：南北宽0.70公尺，东西深0.10公尺，高1.00公尺。

主室：东西0.95公尺，南北0.95公尺，计0.90平方公尺，合0.27坪。

窟高：壁高1.15公尺，人字脊高1.40公尺。底距地面5.0公尺。

窟顶：人字顶。

容积：约1.15立方公尺。

龛坛：壁龛

形制：匣形。西壁开龛；东西深0.15公尺，南北宽0.50公尺，计0.07平方公尺，合0.02坪。

龛高：龛身高0.60公尺。底平，高0.50公尺。

龛顶：漫圆顶。

图版叁壹玖　c233主室北壁龛下画佛故事之二（钉胸求法）

容积：约0.04立方公尺。

塑像：无。

画记：各壁画千佛。窟顶亦千佛。

供人：不清。

题记：无。

五、窟积

本窟前室面积：6.03m²，合1.82坪，容积约21.70立方公尺。

甬道面积：0.48m²，合0.15坪，容积约0.91立方公尺。

窟室面积：11.38m²，合3.44坪，容积约38.69立方公尺。

南、北壁小龛共计面积为1.44m²，合0.44坪，容积约1.32立方公尺。

C233附洞A窟室面积：0.90m²，合0.27坪，容积约1.15立方公尺。

甬道面积：0.07m²，合0.02坪，容积约0.07立方公尺。

龛室面积：0.07m²，合0.02坪，容积约0.04立方公尺。

残龛a：0.16m²，合0.05坪，容积约0.11立方公尺。

洞窟总面积：20.53m²

坪数：6.21坪

容积：约63.99立方公尺

注：C233窟附洞A之南另有一残龛a，南北0.80公尺，东西深0.20公尺，高0.70公尺，各家均未给号，其中无塑无画。

注：本窟之形式甚少见，塑画亦特殊，大家均认为最早之窟。

C234窟（T272）

测期：民国三十一年（1942），八月十五日。

座向：东偏北5度，与C233窟同层之南。

时代：十六国

    （一）何：魏   （二）谢：北魏、五代   （三）张：北魏

    （四）录、宁：十六国（五代重修）   （五）史：十六国   （六）窟、表：北魏

一、窟室

形制：丁下，近方（横），漫圆，大浅井，横方龛（见图一九五〔本卷插图65〕）。

前室：无存。

门洞：东西1.3公尺，南北0.9公尺，计1.17平方公尺，合0.35坪，高1.0公尺。

主室：东西2.8公尺，南北（前）2.9公尺、（后）3.1公尺，平均3.0公尺，计8.4平方公尺，合2.54坪。西北及东南隅均被穿洞通邻窟。东南隅之洞破坏一小窟。

窟高：壁高2.0公尺，连顶井高2.2～2.3公尺，平均高2.15公尺。

窟顶：漫圆顶。藻井方形各边均1.0公尺，深0.1公尺，井心为二套方，中一圆，黑白红三色图案。

容积：主室容积约18.06立方公尺。

二、龛坛

类别：壁龛

形制：西壁开一圆券门横龛，东西深0.65公尺，南北宽1.00公尺，计0.65平方公尺，合0.20坪。

龛高：1.5～1.8公尺。底平，高0.2公尺。

龛顶：漫圆顶。龙首龛梁。

容积：约1.07立方公尺。

塑像：龛内一倚坐佛，无胁侍。

三、画题

画记：南北二壁各画千佛，中央"说法图"。东壁门南北千佛。西壁龛内顶为星形宝盖，背光绘小佛一周，小佛外为舞人，旁各一菩萨立像。龛南、北两侧各为供养菩萨四层，每层五人（见图版叁贰零〔该图模糊重影，已无参考意义，略去，同一画面可见本卷图版II：120、124及附录二之（二）7、8〕）。

供人：不清。

题记：不清。

四、附洞

C234窟门前南、北两侧，各有一圆券龛。分别A、B两个附洞，其窟室东壁北端亦有一附洞C，列述如下：

附洞A：

    位于C234窟南侧（见图一九五），座西向东。深约0.40公尺，宽约0.70公尺；计0.28平方公尺，合0.08坪，容积0.25立方公尺，洞内塑一坐像。此洞张、谢无编号（敦煌研究所未予编号）。〔按，今敦煌研究院编为第272A窟〕

附洞B：

    位于C234窟洞外北侧，座西向东（见图一九五）。张、谢无编号（敦煌研究所编为273窟）。

时代：北魏

（一）何：？　　　　　　（二）谢：？　　　　（三）张：？

（四）录、宁：北魏　　　（五）史：？　　　　（六）窟、表：魏

形制：丁下，横方，东西0.40公尺，南北宽0.70公尺，计0.28平方公尺，合0.08坪。

龛高：本身高0.90公尺。距地面1.00公尺。

龛顶：漫圆顶。

容积：约0.25立方公尺。

塑像：内有一袈裟裹头之"禅定像"。

画记：无。

供人：无。

题记：无。

附洞C：

位于C234窟主室东壁北端，座东向西（见图一九五），东西深0.50公尺，南北宽0.90公尺，计0.45平方公尺，合0.14坪。高0.50公尺，距地面1.00公尺。内无塑。此洞张、谢无编号（敦煌研究所亦未编号）。〔按，此系D.272窟主室东壁北侧壁龛，现已封堵〕。

五、窟积

本窟甬道面积：1.17m²，合0.35坪，容积约1.17立方公尺。

窟室面积：8.4m²，合2.54坪，容积约18.06立方公尺。

龛室面积：0.65m²，合0.20坪，容积约1.07立方公尺。

C234附洞A窟室面积：0.28m²，合0.08坪，容积约0.25立方公尺。

C234附洞B窟室面积：0.28m²，合0.08坪，容积约0.25立方公尺。

C234附洞C窟室面积：0.45m²，合0.14坪，容积约0.22立方公尺。

洞窟总面积：11.23m²

坪数：3.39坪

容积：约21.02立方公尺

C235窟 （T268）

测期：民国三十一年（1942），八月十五日。

座向：东偏北5度，与C234窟同层之南。

时代：十六国

（一）何：魏　　　　　　（二）谢：隋　　　　（三）张：隋

（四）录、宁：十六国（隋、宋重修）　　（五）史：十六国　　　（六）窟、表：隋

一、窟室

形制：丁下，纵长平顶，后龛及壁龛式（见图一九六〔本卷插图28〕）。

前室：无存。

门洞：门深0.20公尺，门宽0.70公尺，计0.14平方公尺，合0.04坪。门高1.35公尺。

主室：东西长3.10公尺，南北宽1.20公尺，计3.72平方公尺，合1.12坪。南、北壁上均设洞窟，西侧均凿穿洞壁通邻窟。

窟高：顶高1.85公尺。

窟顶：平顶。二方套圆连续图案。

容积：主室容积约6.88立方公尺。

二、龛坛

类别：壁龛

形制：西壁开一圆券龛。横匣形；东西深0.30公尺，南北宽0.80公尺，计0.24平方公尺，合0.07坪。

龛高：龛身高0.80公尺。底平，距地面0.70公尺。

龛顶：漫圆顶。

容积：约0.19立方公尺。

塑像：龛内交脚佛一身，无胁侍。

三、画题

画记：南、北二壁千佛，中央"说法图"。西壁龛内佛光两侧画供养菩萨各二身，龛外画飞天及供养菩萨各二身。

供人：西壁龛下供养人二排。惟不清。

题记：不清。

四、附洞

附洞A、B、C、D四座均在C235窟主室南、北壁间，均无塑像（见图一九六）。乃系僧室，分述如下：

附洞A：

在主室北壁西端，座北向南。此窟东西1.0公尺，南北0.85公尺，计0.85平方公尺，合0.26坪。底距地面0.35公尺，本身高1.00公尺。北壁被凿穿，门通C234窟，四壁画千佛。张、谢列为C235耳洞四（敦煌研究所编为271窟）。

时代：十六国

（一）何：？　　　　　（二）谢：隋　　　　　（三）张：？

（四）录、宁：十六国、隋　　（五）史：十六国　　（六）窟、表：隋

附洞B：

在主室北壁东端，座北向南。窟室东西0.97公尺，南北0.85公尺，计0.82平方公尺，合0.25坪。底平，距地面0.35公尺，本身高1.00公尺，四壁画千佛。张、谢列为C235窟耳洞三（敦煌研究所编为270窟）。

时代：十六国

（一）何：？　　　　　（二）谢：隋　　　　　（三）张：？

（四）录、宁：十六国、隋　　（五）史：十六国　　（六）窟、表：隋

附洞C：

在主室南壁西端，座南向北。窟室东西1.05公尺，南北1.1公尺，计1.15平方公尺，合0.35坪。底平，距地面0.35公尺，本身高1.00公尺，四壁画千佛。南壁凿洞可通C236窟。张、谢列为C235窟耳洞二（敦煌研究所编为267窟）。

（一）何：？　　　　　（二）谢：隋　　　　　（三）张：？

（四）录、宁：十六国、隋　　（五）史：十六国　　（六）窟、表：隋

附洞D：

在主室南壁东端，座南向北。窟室东西1.00公尺，南北0.95公尺，计0.95平方公尺，合0.29坪。底平，距地面0.35公尺，本身高1.00公尺，四壁画千佛。张、谢列为C235耳洞一（敦煌研究所编为269窟）。

时代：十六国

（一）何：？　　　　　（二）谢：隋　　　　　（三）张：隋

（四）录、宁：十六国、隋　　（五）史：十六国　　（六）窟、表：隋

五、窟积

本窟甬道面积：0.14m²，合0.04坪，容积约0.18立方公尺。

窟室面积：3.72m²，合1.12坪，容积约6.88立方公尺。

龛室面积：0.24m²，合0.07坪，容积约0.19立方公尺。

C235附洞A窟室面积：0.85m²，合0.26坪，容积约0.85立方公尺。

C235附洞B窟室面积：0.82m²，合0.25坪，容积约0.82立方公尺。

C235附洞C窟室面积：1.15m²，合0.35坪，容积约1.15立方公尺。

C235附洞D窟室面积：0.95m²，合0.29坪，容积约0.95立方公尺。

洞窟总面积：7.87m²

坪数：2.38坪

容积：约11.02立方公尺

注：此窟形式与千佛洞北部的许多僧舍窟相同。惟僧舍窟内无壁画。

C236窟 （T266）

测期：民国三十一年（1942），八月十五日。

座向：东偏北10度，与C235窟同层之南。

时代：隋

（一）何：魏　　　　　　　　（二）谢：隋　　　　（三）张：隋

（四）录、宁：隋（清重修塑像）　　（五）史：隋　　　（六）窟、表：隋

一、窟室

形制：丁下，近方（纵），斗单横方龛（见图一九六〔本卷插图7〕）。

前室：残毁无存。

门洞：残毁，仅存北壁东西0.7公尺。

主室：东西2.5公尺，南北2.05公尺，计5.13平方公尺，合1.55坪。北壁中部穿洞通邻窟。

窟高：壁高2.0公尺，连顶井高2.6～2.7公尺，平均高2.43公尺。

窟顶：覆斗式。藻井方形0.55公尺，深0.10公尺；井心为二方相套，中圆心，下二层千佛，飞天六身及云气。窟顶穹形，正顶亦不平。

容积：主室容积约12.46立方公尺。

二、龛坛

类别：壁龛

形制：匣形。圆券门横长方；东西深0.7公尺，南北宽1.1公尺，计0.77平方公尺，合0.23坪。

龛高：后高1.2公尺，前1.5公尺。底平，距地面0.4公尺。

龛顶：斜平顶（略漫圆）。

容积：约1.03立方公尺。

塑像：三尊式：龛内一倚坐佛。龛外两侧各一菩萨立像。

三、画题

画记：南、北二壁千佛。东壁门北亦千佛。西壁龛内云光飞天，两侧画四弟子。

供人：南北壁下均有供养人。惟剥落不清。

题记：不清。

四、附洞

附洞：无。

五、窟积

本窟窟室面积：5.13m²，合1.55坪，容积约12.46立方公尺。

龛室面积：0.77m²，合0.23坪，容积约10.3立方公尺。

洞窟总面积：5.9m²

　　　坪数：1.78坪

　　　容积：约13.49立方公尺。

说明：1）摘自：石璋如《莫高窟形》上册，台北·中央研究院历史语言研究所，1996年，第452～461页。

　　　2）文中使用洞窟编号为张大千编号，以"C"表示，后随括弧内为敦煌研究院编号，以"T"表示。

　　　3）各窟时代下皆注明各家不同意见，其中：何正璜《敦煌莫高窟现存佛洞概况之调查》，简称"何"；谢稚柳《敦煌石窟艺术叙录》，简称"谢"；张大千《漠高窟记》，简称"张"；敦煌文物研究所《敦煌莫高窟内容总录》，简称"录"；史苇湘《关于敦煌莫高窟内容总录分期》，简称"史"；《中国石窟·敦煌莫高窟》第一至五卷及敦煌文物研究所，各家编号对照表（1982），分别简称"窟"、"表"，合为"窟、表"；宁强《敦煌佛教艺术》，简称"宁"，因其与《总录》相同，则简称"录、宁"。凡六种。

（六）何正璜《敦煌莫高窟现存佛洞概况之调查》摘录

第二三三窟（伯氏118M号）〔敦编第275窟〕

魏式小型窟。窟内有神龛二，龛前有类似门楼之建筑，形式奇特，可为建筑上之参考。窟内有魏塑佛像，壁画除窟口有五代所绘者外，余均魏作。

第二三四窟（伯氏118J号）〔敦编第272窟〕

魏式小型窟。有魏塑佛坐像一，壁画多为佛和菩萨，除窟口有宋代残迹，余均魏作。

第二三五窟（伯氏120L号）〔敦编第268窟〕

此窟为魏小窟组成，有魏塑像，大多残缺，壁画已脱落，无可观。

第二三六窟（伯氏120R号）〔敦编第266窟〕

魏式小型窟。窟前壁已塌，塑像已经后代修补，壁画及藻井装饰均为魏作。

说明：1）摘自：何正璜《敦煌莫高窟现存佛洞概况之调查》，《说文月刊》第3卷第10期，1943年。

　　　2）文中使用洞窟编号为张大千编号，加注伯希和编号，在括号内以"伯氏"表示。摘录时增注敦煌研究编号，简称"敦编"。

（七）史岩《千佛洞初步踏查纪略》摘录

第二三三窟 P.118m〔敦编第275窟〕

壁画：魏作，佛传等，稍残；前壁及天井均宋画。

造像：正面三尊，左右壁间各三小龛，龛各一像，大体完好。

前左隅崩失，宋世于第一小龛与第二小龛之间筑墙以庇之。

右壁有洞与第二三四窟通。

左前隅有烟道，白俄住此。

以梯上达，至危。

第二三三窟耳洞 P.118k〔敦编第274窟〕

壁画：魏作，小千佛。

造像：窟前部崩落。位于第二三三窟前右方，口向前，非耳洞。

第二三四窟 P.118f〔敦编第272窟〕
壁画：魏作，说法图及小千佛，窟口为宋画。
造像：一尊，原作，后经补修。
白俄住入，前壁左右均被凿壁橱。
左右壁间各有洞以通邻窟。

第二三四窟耳洞 P.118k〔敦编第273窟〕
壁画：不存。
造像：一尊，时代不明。
窟之前部崩落。
位于第二三四窟左前方，向前，非耳洞。

第二三五窟 P.118u〔敦编第268窟〕
壁画：魏作，全体小千佛，左壁二小龛右壁二小龛亦各画小千佛。
造像：正龛一尊。原作，后世修治，四小龛均空。
前右部（即左方第一小龛）稍崩，左右第二窟各有洞通邻窟。

第二三六窟 P.118y〔敦编第266窟〕
壁画：魏作，小千佛图，稍剥落。
造像：凡三，后世增造，劣。
前右角崩落。左壁有洞可通第二三五窟。

说明：1）摘自：史岩《千佛洞初步踏查纪略》手稿，1943年8月记录，现藏敦煌研究院信息资料中心。
2）文中使用洞窟编号为张大千编号，随后伯希和编号以"P."表示，摘录时增注敦煌研究院编号，简称"敦编"。

（八）李浴《莫高窟各窟内容之调查》摘录

C233窟 P.118m〔敦编第275窟〕 乙式小型 无中柱 北魏
塑像 菩萨七躯。
壁画 东壁：五代、宋初画不空绢索、如意轮观音二铺，说法图各一铺，供养人。
　　　南壁：菩萨二躯，本生故事一带，下供养人。
　　　西壁：菩萨二躯，供养菩萨十四躯。
　　　北壁：菩萨二躯，尸毗王本生一带，下供养人。
　　　窟顶：宋初画贤劫千佛、飞天等。
　　　佛龛：南北壁各有三佛龛，龛内各画执拂尘人二身。
浴案 此窟壁画古拙自由，千佛洞各窟无出其右者。中央一带本生故事，虽极简单而生动无比。以时代论，当为莫高窟现存壁画之最早者。

C234窟 P.118i〔敦编第272窟〕 乙式小型 北魏
塑像 佛一尊。
壁画 东壁：贤劫千佛。

南、北壁：贤劫千佛，说法图一铺。

西壁：各姿菩萨三十七躯。

窟顶：飞天一排，菩萨一排。

佛龛：观音二躯，供养天人十三躯。

窟口：五代、宋初画接引佛一尊。

C235窟 P.118h 〔敦编第268窟〕 乙式小型 北魏

塑像　佛一尊。

壁画　南、北壁：贤劫千佛。

西壁：飞天二躯，供养天人四身，供养人一排。

C235北一耳〔敦编第270窟〕 小型　隋

壁画 东、北、西壁：贤劫千佛，一佛二菩萨一铺。

C235北二耳〔敦编第271窟〕 小型　隋

壁画　东、北、西壁：贤劫千佛，一佛二菩萨一铺。

窟顶：说法图一铺。

C235南一耳〔敦编第269窟〕 小型　隋

壁画　东、西、北壁：贤劫千佛。

南壁：说法图一铺，残破。

C235南二耳〔敦编第267窟〕 小型　隋

壁画　东、西、北壁：贤劫千佛。

南壁：说法图一铺（残半）。

C236窟 P.118g 〔敦编第266窟〕 乙式小型　隋

塑像　一佛二菩萨。

壁画　南、北壁：贤劫千佛，供养人。

西壁：佛弟子二躯。

窟顶：飞天一排，贤劫千佛。

佛龛：佛弟子八躯，飞天二身。

说明：

1）摘自：李浴《莫高窟各窟内容之调查》手稿，1944年4月～1945年8月记录，现藏敦煌研究院信息资料中心。院信息资料中心另藏民权、子青《敦煌壁画内容调查报告》，记载有关内容与此稿基本相同，无可供补充者，从略。民权，前敦煌艺术研究所职工张民权笔名。子青，系李浴别名。

2）文中使用洞窟编号为张大千编号，以"C"表示；后随伯希和编号以"P."表示，摘录时增注敦煌研究院编号简称"敦编"。

（九）阎文儒《洞窟内容说明》摘录

第266窟　隋　乙式小窟

南壁：贤劫千佛，供养人。

西壁：佛弟子二躯。

北壁：贤劫千佛，供养人。

藻井：飞天一排，贤劫千佛。

神龛：佛弟子八躯，飞天二身。

塑像：一佛二菩萨。

第267窟　隋　小型

东壁：贤劫千佛。

南壁：说法图一铺（残半）。

西壁：贤劫千佛。

北壁：贤劫千佛。

第268窟　〔按：误，应为270窟〕　隋

东壁：贤劫千佛，一佛二菩萨一铺。

西壁：贤劫千佛，一佛二菩萨一铺。

北壁：贤劫千佛，一佛二菩萨一铺。

第269窟　〔按：误，应为268窟〕　北魏　乙式小窟

南壁：贤劫千佛。

西壁：飞天二身，供养天人四身，供养人一排。

北壁：贤劫千佛。

第270窟　〔按：误，应为271窟〕　隋　小型

东壁：贤劫千佛，一佛二菩萨。

西壁：同上。

北壁：同上。

藻井：说法图一铺。

第271窟　〔按：误，应为269窟〕　隋　小型

东壁：贤劫千佛。

南壁：说法图（残）。

西壁：贤劫千佛。

北壁：贤劫千佛。

第274窟　〔按：误，应为272窟〕　北魏　乙式小窟

入口：五代初、宋画接引佛一尊。

东壁：贤劫千佛。

南壁：贤劫千佛，说法图一铺。

西壁：各姿菩萨三十七躯。

北壁：同南壁。

藻井：飞天一排，菩萨一排。

神龛：观音二躯，供养天人十三躯。

第275窟　北魏　乙式小窟

东壁：五代、宋初画不空绢索、如意轮观音二铺，说法图各一铺，供养人。

南壁：菩萨二躯，本生故事一带，下供养人。

西壁：菩萨二躯，供养菩萨十四躯。

北壁：菩萨二躯，尸毗王本生一带，下供养人。

藻井：宋初画贤劫千佛、飞天等。

神龛：南北壁各有三佛龛，龛内各画执拂尘人二身。

备注：按：莫高窟北魏艺术，承源于印度、希腊风之健陀罗艺术。此窟内外神龛龛楣及藻井装饰，均保持立体型之健陀罗之原始形式，加之壁画作风之古朴雄健，均大异于其他北魏洞窟，故可断为莫高窟北魏最初期之代表窟。

说明：

　　1）摘自：阎文儒《洞窟内容说明》手稿，1961年记录，现藏敦煌研究院信息资料中心。

　　2）原文照录。仅个别编号错误在"〔〕"号内加按语订正。

（十）敦煌文物研究所《敦煌莫高窟内容总录》摘录

第266窟

修建时代：隋（清重修塑像）

洞窟形制：覆斗形顶，西壁开一龛

内容：**窟顶**藻井画斗四莲花井心。西披画莲花化生龛楣，两侧画千佛二排、飞天二身；南披上画天宫栏墙、垂幔，下画千佛二排、飞天五身；北披上画天宫栏墙、垂幔，下画千佛二排、飞天六身；东披上画天宫栏墙、垂幔，下画千佛二排、飞天四身。

　　西壁圆券龛内隋塑一倚坐佛，龛外两侧各塑一菩萨（清修）。

　　龛壁画火焰佛光，两侧各画一飞天、四弟子。

　　浮塑龛楣、忍冬龛梁、莲花龛柱。两侧画弟子各一身。

　　龛沿画忍冬卷草边饰。

　　南壁画千佛，下画比丘尼、女供养人（模糊）。下画药叉（模糊）。

　　北壁画千佛（中部凿一穿洞，壁画毁去一部），下存供养比丘一身，男供养人二身。下画药叉（模糊）。

　　东壁存门北千佛一部，下男供养人存三身。余全毁。

第267窟

修建时代：十六国、隋

洞窟形制：平顶

内容：**窟顶**画斗四莲花、火焰、垂幔藻井。

　　南壁上画千佛，中画说法图一铺（清代凿穿洞被毁去大半，存飞天、比丘、菩萨各一身），下模糊。

　　东、西壁画千佛，下供养人（模糊）。

　　北壁门上、门东、门西画千佛。

　　注：此窟为第268窟南壁西侧之禅窟，坐南朝北，窟内现存隋代画。

第268窟

修建时代：十六国（隋、宋重修）

洞窟形制：纵长平顶，西壁开一龛，南、北壁各开二禅窟

内容：**窟顶**斗四莲花、火焰、化生、飞天平棋图案四方。

　　西壁圆券龛内塑交脚佛一身（宋补塑头部）。

龛顶画华盖。

龛壁画佛光，两侧各画二供养菩萨。

龛沿画火焰龛楣、希腊式龛柱。

龛外南、北侧各画飞天一身，供养菩萨二身。

龛下北魏画供养比丘二身，男女供养人四身。

南壁表层隋画千佛、说法图，底层北魏画药叉、飞天。西起第267、269窟口上画火焰龛楣。

北壁表层隋画千佛、说法图，底层北魏画药叉、飞天。第270、271窟口上画火焰龛楣。

注：此窟与第267、269、270、271窟同为一窟，第268窟为主室，其余为禅窟。

第269窟

修建时代：十六国、隋

洞窟形制：平顶

内容：**窟顶**存图案一角。

南壁画说法图一铺（残）。下画供养人（模糊）。

东、西壁画千佛，下画供养人（模糊）。

北壁门上、门东、门西各画千佛。

注：此窟为第268窟南壁东侧之禅窟，坐南朝北，窟内现存隋代画。

第270窟

修建时代：十六国、隋

洞窟形制：平顶

内容：**北壁**上画千佛，中画说法图一铺，下画供养人（模糊）。

东、西壁上画千佛，中画说法图各一铺，下画供养人（模糊）。

南壁存千佛一部，门西存男供养人一身。

注：此窟为第268窟北壁东侧之禅窟，坐北朝南，窟内现存隋代画。

第271窟

修建时代：十六国、隋

洞窟形制：平顶

内容：**窟顶**隋画说法图一铺（一佛四菩萨），四周交枝忍冬边饰。

北壁隋画千佛，中央画说法图一铺（清代凿穿洞被毁去大半，现存菩萨一身）。

东、西壁隋画千佛，中画说法图各一铺。下供养人（模糊）。

南壁门上、门东、门西隋画千佛，门东下供养人一身。

注：此窟为第268窟北壁西侧之禅窟，坐北朝南，窟内现存隋代画。

第272窟

修建时代：十六国（五代重修）

洞窟形制：覆斗形顶，西壁开一龛

内容：甬道**顶**五代画接引佛。

南壁五代画不空绢索观音（残）。

北壁五代画如意轮观音（残）。

主室**窟顶**藻井浮塑斗四莲花火焰飞天井心。西披画天宫伎乐六身，供养菩萨一排；南披画天宫伎乐五身，飞天六身，千佛、化生一排；北披画天宫伎乐五身，飞天六身，千佛一排；东披画天宫伎乐五身、大头仙人一身，飞天五身、供养菩萨一身，千佛一排。

西壁穹窿顶龛内塑倚坐佛一身（清修头部）。

龛顶画莲花垂角纹圆盖。

龛壁画化佛火焰佛光。南侧画菩萨一身、供养菩萨七身，下画供养人（模糊）；北侧画菩萨一身，供养菩萨六身。下画供养人（模糊）。

龛上画火焰龛楣、龙首龛梁。

龛外南侧画供养菩萨二十身，下五代画供养人（模糊）。

龛外北侧画供养菩萨十七身，下五代画女供养人（模糊）。

南、北壁各画千佛，中画说法图各一铺，下模糊。南壁东端、北壁西端各凿一穿洞，壁画部分被毁。

东壁门南、北画千佛（损毁一部），下模糊。

第273窟

修建时代：北魏

洞窟形制：圆券龛

内容：龛内塑跏坐禅定像一身，袈裟裹头，面貌清癯。

　注：第272窟前室西壁，门南、北各有一禅定像龛，此为门北一龛。

第274窟

修建时代：隋

洞窟形制：人字披顶，西壁开一龛

内容：主室**窟顶**东、西披画千佛（模糊）。脊枋画波状忍冬（模糊）。

西壁圆券浅龛内壁画佛光、四弟子。

龛上画龛楣。

龛下存供养菩萨一身（残）。

龛外南、北侧各画菩提树，弟子各一身。

南壁画千佛，下女供养人（模糊）。

北壁画千佛，下男供养人（模糊）。

第275窟

修建时代：十六国（宋重修）

洞窟形制：纵向盝顶，西壁塑像，南、北壁上部各开三龛

内容：甬道顶中央、南披、北披存宋画残迹。

主室**窟顶**西披存宋画飞天二身，千佛七身；南披存宋画飞天三身，千佛十五身；北披存宋画飞天一身，千佛五身。

西壁塑交脚弥勒菩萨一身。浮塑项光、三角靠背。座下两侧塑二狮子。

两侧各画菩萨立像一身，南侧菩萨坐像九身，北侧菩萨坐像存三身，上宋画飞天。

南壁上东侧一圆券龛内塑思惟菩萨一身。

龛壁两侧宋画供养菩萨二身。

浮塑双树龛楣。龛沿画火焰。

西侧二阙形龛内各塑交脚菩萨一身。

龛壁三角靠背上画侍者各二身。

龛外西侧各画菩萨立像一身。

龛下画佛传故事太子出游四门（被宋代修隔墙及清代凿穿洞破坏一部分）。

下画供养菩萨一排，下边饰、垂角幔帷。

北壁上三龛及塑像、壁画与南壁相同（仅西起第二龛内不画侍者）。

龛下西起画毗楞竭梨王、虔阇尼婆梨王、尸毗王、月光王等本生故事。

下北魏画供养人三十三身，下边饰、垂角幔帷。

东壁（宋修隔墙）门上宋画说法图三铺、坐佛五身；门南〔应作门北〕画如意轮观音一铺、坐佛二身，下女供养人九身；门北〔应作门南〕画不空绢索观音一铺，女供养人二身（残）。

注：宋重修此窟时于窟室中加一隔墙，将南、北壁东侧双树圆券龛隔入前室。

说明：

1）摘自：敦煌文物研究所《敦煌莫高窟内容总录》，文物出版社，1982年，第96～99页。

2）录文依旧，仅对照敦煌研究院《敦煌石窟内容总录》（文物出版社，1996年）作个别订正。

（十一）樊锦诗、蔡伟堂《重订莫高窟各家编号对照表》

D 敦研所	P 伯希和	O 奥登堡	C 张大千	S 史岩	备注
266	118g	118g	236	200	伯希和编号从伯《图》，伯《笔记》为P.118h。
267	118h bis	118h	235耳二	201	伯希和编号从伯《笔记》，伯《图》无此号。张大千编号从张《记》，窟内书235南耳洞。
268	118h	118h	235	201	伯希和编号从伯《图》，伯《笔记》为P.118i。
269	118i bis	118h	235耳一	201	伯希和编号从伯《笔记》，伯《图》无此号。张大千编号从张《记》，窟内书235南耳洞。
270	118i ter	118h	235耳三	201	伯希和编号从伯《笔记》，伯《图》无此号。张大千编号从张《记》。
271	118i quat	118h	235耳四	201	伯希和编号从伯《笔记》，伯《图》无此号。张大千编号从张《记》，窟内书235北耳洞。
272	118j	118i	234	202	伯希和编号从伯《图》；伯《笔记》为P.118l，误。
272A	□	118i bis	234A	△	张大千编号，据石《形》，谢《录》张《记》均无此号。
273	118k	118i ter	234耳洞	△	张大千编号，书于窟外；石《形》作234B，谢《录》张《记》均无此号。
274	△	118k	233耳洞	203	张大千编号，书于窟外；石《形》作233A，谢《录》张《记》均无此号。
275	118m	118m	233	204	伯希和编号从伯《图》，伯《笔记》为P.118l。

说明：

1）原文载《俄藏敦煌艺术品》第6册（上海古籍出版社，2005年）现经笔者修订。

2）D代表敦煌研究所编号；P代表伯希和编号；O代表奥登堡编号；C代表张大千编号；S代表史岩编号。

3）伯希和编号：伯希和"敦煌石窟测绘图"（略称"伯《图》"）洞窟编号（另可参见本卷正文图1）和《伯希和敦煌石窟笔记》（略称"伯《笔记》"）洞窟编号不尽相同。

4）奥登堡编号，使用的是伯希和编号，却又与伯希和编号不完全相同，有如上表。

5）张大千编号：使用张氏编号记录洞窟者有数家，其中张大千《漠高窟记》，略称"张《记》"；谢稚柳《敦煌艺术叙录》，略称"谢《录》"；石璋如《莫高窟形》，略称"石《形》"。在窟号使用上，各家略有出入。

6）□，表示伯希和测绘图中未绘出此窟；△，表示伯希和、史岩在测绘图中绘出此窟但均未编号。

附录二 本卷洞窟历史照片选辑

(一) 李约瑟敦煌摄影*

1　第272、274、275窟外立面

2　第268、272、274窟外立面

3　第272、274窟外立面

4　第268、272、274窟外立面

5　第266窟外立面

*李约瑟，Joseph Needham (1900-1995)，英国人，科学技术史专家，1943年9月30日至10月30日滞留敦煌期间拍摄风光、人物和文物照片。

（二）　罗寄梅敦煌摄影

1　第272窟内景（西北角，通过穿洞可见第275窟北壁）

2　第272窟西壁佛龛　　　　　　　　　　　　　　　　　　　　3　第272窟西壁佛龛

4 第272窟西壁佛龛顶部

5 第272窟西壁龛内南侧胁侍菩萨

6 第272窟西壁龛内北侧胁侍菩萨

7　第272窟西壁南側供養菩薩

8　第272窟西壁北側供養菩薩

9 第272窟窟顶西南角

10 第275窟西壁交脚菩萨像

11　第275窟北壁西起第一龛

12　第275窟南壁西起第二龛

14 第275窟北壁西起第三龛

13 第275窟南壁西起第三龛

15 第275窟北壁本生故事画西起第一幅

17 第275窟北壁本生故事画西起第三、第四幅

1　第265～274窟外景（1962年12月29日）

2　第266～275窟外景（1962年12月29日）

3 第275窟外景（1963年）

4 第266～274窟下方洞窟
（1962年12月29日）

5 第275窟北側下方洞窟
（1963年）

6　第272、275窟及上下洞窟（1962年11月）

7　第275窟外景（1956年7月）

8　第272窟西壁（北侧穿洞未封堵时）

9　第272窟内景（西北角，通过穿洞可见第275窟交脚菩萨像）

10 第275窟附近洞窟加固施工情况（1964年4月29日）

11 第272窟南壁穿洞，依次通向第271、268、267、266窟

13　第272窟甬道顶部（1962年12月28日）

12　第272窟甬道北侧，可见北壁和顶部

14　第272窟甬道南壁

15　第272A窟

16　第272A窟（1965年12月12日）

17　第275窟北壁西起第二龛与后代所修隔墙（1990年5月9日）

18　第273窟（1965年12月12日）

19　第273窟禅僧像（1984年3月）

20　第275窟隔墙以西，东北角上方　　　　　　　　　　21　第275窟隔墙以西，东南角上方

22　第275窟南壁西起第二龛　　　　　　　　　　　　23　第275窟北壁西起第三龛（隔墙以东，1956年2月6日）

24　第275窟东南角上方

26　第275窟南壁隔墙以西穿洞，通向第272窟

25　第275窟北壁西起第三龛下方壁画（隔墙以东）

27　第275窟隔墙西向面（1985年8月7日）

29　第275窟隔墙西向面南侧

28　第275窟隔墙西向面北侧

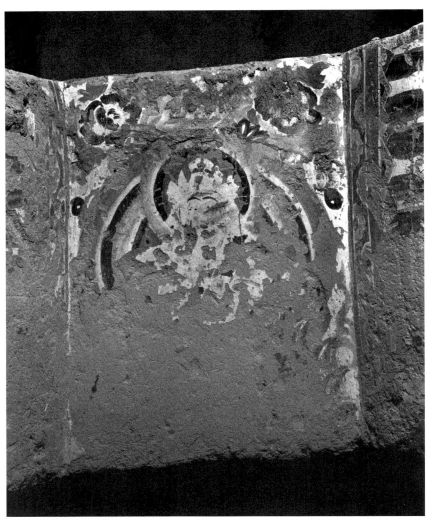

30　第275窟隔墙门顶（1985年8月7日）

31　第275窟隔墙东向面南侧（1990年5月9日）

32　第275窟隔墙东向面北侧（1990年5月9日）

33　第274窟窟顶（1986年8月）

34　第274窟内景（南侧，1986年8月）

35　第274窟内景（西壁，1986年8月）

36　第274窟西壁（1965年12月8日）　　　　　　　　　　　　　　37　第274窟内景（北侧，1986年8月）

附录三　本卷洞窟相关论著、资料目录

P. Pelliot, *Les Grottes de Touen-Houang*, I～VI, Paris, 1920-1924.

贺昌群〈敦煌佛教艺术的系统〉，《东方杂志》第28卷第17号，1931年。

松本榮一《燉煌画の研究》，同朋舍，東京，1937年。

何正璜〈敦煌莫高窟现存佛洞概况之调查〉，《说文月刊》第3卷第10期，1943年。

阎文儒〈莫高窟的石窟构造及其塑像〉，《文物参考资料》第2卷第4期，1951年。

向达〈莫高、榆林二窟杂考〉，《文物参考资料》第2卷第5期，1951年。

敦煌文物研究所〈莫高窟各家编号对照表〉，《文物参考资料》第2卷第5期，1951年。

常书鸿〈敦煌艺术的源流和内容〉，《文物参考资料》第2卷第4期，1951年。

福山敏男〈敦煌石窟編年試論〉，《佛教藝術》一九号，1953年。

赵正之、莫宗江、宿白、余鸣谦、陈明达〈敦煌石窟勘察报告〉，《文物参考资料》1955年第2期。

谢稚柳《敦煌艺术叙录》，上海出版公司，上海，1955年。

宿白〈参观敦煌第285号窟札记〉，《文物参考资料》1956年第2期。

O. Siren, *Chinese Paintings*, Leading Masters and Principles, New York and London, 1956.

金维诺〈佛本生图的内容与形式〉，《美术研究》，1957年第3期。

敦煌文物研究所编《敦煌壁画集》（临摹本），文物出版社，北京，1957年。

敦煌文物研究所编《敦煌莫高窟》，甘肃人民出版社，兰州，1957年。

水野清一〈敦煌石窟ノート・北朝窟について〉，《佛教藝術》三四号，1958年。

Alexander C. Soper, *Northern Liang and Northern Wei in Kansu*, Artibus Asiae, vol. XXI, No. 2, Ascona, Switzerland, 1958.

潘絜兹《敦煌壁画服饰资料》，中国古典艺术出版社，北京，1959年。

常书鸿〈敦煌莫高窟壁画〉，《敦煌壁画》，文物出版社，北京，1959年。

敦煌文物研究所编《敦煌壁画》，文物出版社，北京，1960年。

陈祚龙〈新校重订莫高窟重要公私诸家编号对照表〉，《亚洲学报》，1962年。

佐和隆研〈敦煌石窟の壁画〉，《西域文化研究・中央アジァ仏教美術》，法蔵館，京都，1962年。

北川桃雄《敦煌美術の旅》，雪華社，東京，1963年。

敦煌文物研究所〈新发现的北魏刺绣〉，《文物》1972年第2期。

李浴〈敦煌莫高窟〉，《中国美术史纲》，中华书局，北京，1973年。

Marylin M. Rhie, *Some Aspects of the Relation of 5th-Century Chinese Buddha Images with Sculpture from N. India, Pakistan, Afghanistan and Central Asia*, EAST AND WEST, ISMEO, Via Merulana 248, Rome, 1976.

桑山正進〈サ一サ一ン冠飾の北魏流入〉，《オリェント》20−1，1977年。

刘慧达〈北魏石窟与禅〉，《考古学报》1978年第3期。

宿白〈敦煌莫高窟早期洞窟杂考〉，《大公报在香港复刊三十周年纪念文集》上册，香港大公报社，香港，1978年。

段文杰〈敦煌早期壁画的民族传统和外来影响〉，《文物》1978年第12期。

敦煌文物研究所编《敦煌彩塑》，文物出版社，北京，1978年。

敦煌文物研究所编《敦煌的艺术宝藏》，生活・读书・新知三联书店香港分店，香港，1980年。

阎文儒〈莫高窟的创建与藏经洞的开凿及其封闭〉，《文物》1980年第6期。

中国旅游出版社编《敦煌飞天》，中国旅游出版社，北京，1980年。

敦煌文物研究所编《中国石窟・敦煌莫高窟》第一卷，文物出版社・平凡社，东京，1980年；北京，1981年。

常书鸿〈《中国石窟·敦煌莫高窟》序〉，《中国石窟·敦煌莫高窟》第一卷，文物出版社·平凡社，东京，1980年；北京，1981年。

段文杰〈早期的莫高窟艺术〉，《中国石窟·敦煌莫高窟》第一卷，文物出版社·平凡社，东京，1980年；北京，1981年。

樊锦诗、马世长、关友惠〈敦煌莫高窟北朝洞窟的分期〉，《中国石窟·敦煌莫高窟》第一卷，文物出版社·平凡社，东京，1980年；北京，1981年。

冈崎敬〈四、五世纪的丝绸之路与敦煌莫高窟〉，《中国石窟·敦煌莫高窟》第一卷，文物出版社·平凡社，东京，1980年；北京，1981年。

万庚育〈谈谈莫高窟的早期壁画及其装饰性〉，《敦煌研究》1981年第1期。

孙纪元〈敦煌早期彩塑〉，《敦煌研究》，1981年第1期。

萧默〈敦煌莫高窟的洞窟形制〉，《中国石窟·敦煌莫高窟》第二卷，文物出版社·平凡社，东京，1981年；北京，1984年。

樊锦诗、关友惠、刘玉权〈莫高窟隋代石窟分期〉，《中国石窟·敦煌莫高窟》第二卷，文物出版社·平凡社，东京，1981年；北京，1984年。

高田修〈佛教故事画与敦煌壁画——专论敦煌前期的本缘故事画〉，《中国石窟·敦煌莫高窟》第二卷，文物出版社·平凡社，东京，1981年；北京，1984年。

阎文儒〈莫高窟研究〉，《科技史文集》第6、7辑合辑，1981年。

邓健吾〈敦煌莫高窟彩塑的发展〉，《中国石窟·敦煌莫高窟》第三卷，文物出版社·平凡社，东京，1981年；北京，1987年。

吴曼英、李才秀、刘恩伯〈从敦煌壁画中的舞姿看古代西域与内地的乐舞补充〉，《敦煌舞姿》，上海文艺出版社，上海，1981年。

Grottes de Touen-Houang Carnet de Notes de Paul Pelliot, I～VI, Paris, 1981-1992.

关友惠〈敦煌莫高窟早期图案纹饰〉，《甘肃工艺美术》，1982年第1期。

段文杰〈十六国、北朝时期的敦煌石窟艺术〉，《敦煌研究文集》，甘肃人民出版社，兰州，1982年。

敦煌文物研究所编《敦煌莫高窟内容总录》，文物出版社，北京，1982年。

史苇湘〈关于敦煌莫高窟内容总录〉，《敦煌莫高窟内容总录》，文物出版社，北京，1982年。

段文杰〈敦煌壁画中衣冠服饰〉，《敦煌研究文集》，甘肃人民出版社，兰州，1982年。

史苇湘〈丝绸之路上的敦煌与莫高窟〉，《敦煌研究文集》，甘肃人民出版社，兰州，1982年。

贺世哲〈敦煌莫高窟北朝石窟与禅观〉，《敦煌研究文集》，甘肃人民出版社，兰州，1982年。

王伯敏〈敦煌莫高窟壁画变色记略〉，《新美术》1983年第2期。

宿白〈两汉魏晋南北朝时期的敦煌——"敦煌两千年"之一〉，《丝路访古》，甘肃人民出版社，兰州，1983年。

沈以正《敦煌艺术》，雄狮图书公司，台北，1983年。

苏莹辉〈中国彩塑艺术之特征〉，《敦煌论集》，学生书局，台北，1983年。

周国信〈古代壁画颜料的X射线衍射分析〉，《美术研究》1984年第3期。

苏莹辉《敦煌绘画》，台北·行政院文化建设委员会，台北，1984年。

万庚育〈敦煌壁画中的技法之一——晕染〉，《敦煌研究》1985年第3期。

顾森〈交脚佛及有关问题〉，《敦煌研究》1985年第3期。

张大千《漠高窟记》，台北·国立故宫博物院，台北，1985年。

王泷〈甘肃早期石窟的两个问题〉，《1983年全国敦煌学术讨论会文集》石窟·艺术编（上），甘肃人民出版社，兰州，1985年。

段文杰〈莫高窟早期壁画的风格特点和艺术成就〉，《中国美术全集》绘画编·敦煌壁画（上），上海人民美术出版社，上海，1985年。

王逊〈两晋南北朝时代的美术〉，《中国美术史讲义》，上海人民出版社，上海，1985年。

敦煌研究院编《中国美术全集》绘画编·敦煌壁画（上），上海人民出版社，上海，1985年。

邓健吾《敦煌行》，新潮社，东京，1985年。

樊锦诗、马世长〈莫高窟北朝洞窟本生、因缘故事画补考〉，《敦煌研究》1986年第1期。

宿白〈凉州石窟遗迹和凉州模式〉，《考古学报》1986年第4期。

董玉祥、杜斗城〈北凉佛教与河西诸石窟的关系〉，《敦煌研究》1986年第1期。

万庚育〈珍贵的历史资料——莫高窟供养人画像题记〉，《敦煌莫高窟供养人题记》，文物出版社，北京，1986年。

贺世哲〈从供养人题记看莫高窟部分洞窟的营建年代〉，《敦煌莫高窟供养人题记》，文物出版社，北京，1986年。

萧默〈阙史小议——从莫高窟的阙形龛谈起〉，《向达先生纪念论文集》，新疆人民出版社，乌鲁木齐，1986年。

樋口隆康《敦煌から日本へ》，法藏館，京都，1986年。

李遇春〈浅淡敦煌石窟艺术和新疆石窟艺术的历史关系〉，《1983年全国敦煌学术讨论会文集》石窟·艺术编（下），甘肃人民出版社，兰州，1987年。

阎文儒著《中国石窟艺术总论》，天津古籍出版社，天津，1987年。

金维诺〈敦煌窟龛名数考补〉，《敦煌研究》1988年第2期。

古正美〈再谈宿白的凉州模式〉，《1987年敦煌石窟研究国际讨论会文集》石窟考古编，辽宁美术出版社，1990年。

宁强〈敦煌早期图案研究〉，《新疆艺术》1988年第5期。

段文杰〈八十年代的敦煌石窟研究〉，《中国文物报》第40期，1988年第7期。

東山健吾〈敦煌莫高窟にぉける仏樹下説法図形式の受容とその展開〉，《成城大学文芸学部創立35周年紀念論文集》，成城大学文芸学部，東京，1988年。

宁强〈《历代名画记》与敦煌早期壁画——兼论南朝绘画与敦煌早期壁画的关系〉，《敦煌研究》1988年第4期。

黄文昆〈麦积山的历史与石窟〉，《文物》1989年第3期。

赵声良〈敦煌早期故事画的表现形式〉，《敦煌研究》1989年第4期。

苏莹辉〈莫高窟早期壁画源流新论（上）——敦煌艺术系列〉，《故宫文物月刊》第7卷第9期，1989年12月。

宿白〈莫高窟现存早期洞窟的年代问题〉，《香港中文大学中国文化研究所学报》第20卷，1989年。

萧默《敦煌建筑研究》，文物出版社，北京，1989年。

王逊〈莫高窟的北魏洞窟壁画〉，《中国美术史》，上海人民出版社，上海，1989年。

苏莹辉〈敦煌早期壁画源流新论（下）——敦煌学术系列〉，《故宫文物月刊》第7卷第10期，1990年1月。

肥塚隆〈莫高窟第275窟交脚菩萨像与犍陀罗的先例〉，《敦煌研究》1990年第1期。

马德〈莫高窟崖面使用刍议〉，《敦煌学辑刊》1990年第1期。

段文杰〈莫高窟早期壁画的时代风格探讨〉，《1987年敦煌石窟研究国际讨论会文集》石窟艺术编，辽宁美术出版社，沈阳，1990年。

樋口隆康著，蔡伟堂译〈敦煌石窟系谱〉，《敦煌研究》1990年第4期。

傅天仇〈敦煌彩塑与环境艺术〉，《1987年敦煌石窟研究国际讨论会文集》石窟艺术编，辽宁美术出版社，沈阳，1990年。

关友惠〈敦煌北朝石窟中的南朝艺术之风〉，《1987年敦煌石窟研究国际讨论会文集》石窟艺术编，辽宁美术出版社，沈阳，1990年。

贾应逸〈吐峪沟第44窟与莫高窟北凉洞窟比较研究〉，《1987年敦煌石窟研究国际讨论会文集》石窟考古编，辽宁美术出版社，沈阳，1990年。

万庚育〈敦煌早期壁画中的天宫伎乐〉，《1987年敦煌石窟研究国际讨论会文集》石窟艺术编，辽宁美术出版社，沈阳，1990年。

张学荣、何静珍〈论莫高窟和麦积山等处早期洞窟中的交脚菩萨〉，《1987年敦煌石窟研究国际讨论会文集》石窟艺术编，辽宁美术出版社，沈阳，1990年。

杨泓〈敦煌莫高窟与中国古代家具史研究之一——公元5至6世纪中国家具的演变〉，《1987年敦煌石窟研究国际讨论会文集》石窟考古编，辽宁美术出版社，沈阳，1990年。

王静芬〈弥勒信仰与敦煌"弥勒变"的起源〉，《1987年敦煌石窟研究国际讨论会文集》石窟考古编，辽宁美术出版社，沈阳，1990年。

郑汝中〈敦煌壁画乐器分类考略〉，《1987年敦煌石窟研究国际讨论会文集》石窟考古编，辽宁美术出版社，1990年。

何山《西域文化与敦煌艺术》，湖南美术出版社，长沙，1990年。

史苇湘〈敦煌佛教艺术新思维〉，麦积山石窟艺术研究所《石窟艺术》，陕西人民出版社，西安，1990年。

敦煌研究院编《敦煌》，甘肃人民出版社，兰州；江苏美术出版社，南京，1990年。

孙国璋《敦煌——丝路文化瑰宝》，万卷楼图书有限公司，台北，1990年。

东山健吾著，贺小萍译〈敦煌莫高窟树下说法图形式的外来影响及其变迁〉，《敦煌研究》1991年第1期。

赵秀荣〈试论莫高窟275窟北壁故事画的佛经依据——附275窟等年代再探讨〉，《敦煌研究》1991年第3期。

荣新江《话说敦煌》，山东教育出版社，济南，1991年。

郑汝中〈新发现的莫高窟275窟音乐图象〉，《敦煌研究》1992年第2期。

黄文昆〈关于十六国时代的敦煌石窟艺术——敦煌石窟艺术之一〉，《文物》1992年第5期。

贺世哲〈关于十六国北朝时期的三世佛与三佛造像诸问题（一）〉，《敦煌研究》1992年第4期。

宁强《敦煌佛教艺术》，复文图书出版社，高雄，1992年。

庄壮〈敦煌壁画乐伎形式〉，《音乐研究》1993年第3期。

孙儒僴〈敦煌莫高窟的建筑艺术〉，《敦煌研究》1993年第4期。

国家文物局教育处编《佛教石窟考古概要》，文物出版社，北京，1993年。

耿昇、唐健宾译《伯希和敦煌石窟笔记》，甘肃人民出版社，兰州，1993年。

李最雄〈莫高窟壁画中的红色颜料及其变色机理探讨〉，《敦煌研究论集》石窟保护篇（上），甘肃人民出版社，兰州，1993年。

李铁朝、向晓梅〈敦煌壁画中部分红色颜料的变色及稳定性〉，《敦煌研究论集》石窟保护篇（上），甘肃人民出版社，兰州，1993年。

高金荣《敦煌舞蹈》，敦煌文艺出版社，兰州，1993年。

苏远鸣〈敦煌石窟中的瑞像图〉，《敦煌学论文选集》，中华书局，北京，1993年。

古正美《贵霜佛教政治传统与大乘佛教》，允晨文化实业股份有限公司，台北，1993年。

杜斗城〈关于河西早期石窟的年代问题〉，《敦煌学辑刊》1994年第2期。

贺世哲〈关于敦煌莫高窟的三世佛与三佛造像〉，《敦煌研究》1994年第2期。

王惠民〈敦煌早期故事画的内容与艺术特征〉，《雄狮美术》1994年第12期。

胡同庆、罗华庆《敦煌学入门》，甘肃人民出版社，兰州，1994年。

樊锦诗〈简谈佛教故事画的民族化特色〉，《敦煌研究》1995年第1期。

暨远志〈敦煌早期供养人服饰〉，《敦煌研究》1995年第1期。

宫治昭著，顾虹译〈敦煌美术与犍陀罗·印度美术——早期敦煌美术受西方影响的三个问题〉，《敦煌研究》1995年第3期。

王军虎、宋大康、李军、Michel Schilling〈莫高窟十六国时期洞窟的颜料使用特征及颜色分布〉，《敦煌研究》1995年第3期。

金维诺〈甘肃十六国时期的造像与壁画〉，《国际敦煌吐鲁番学术讨论会文集》，香港，1987年。

杜斗城〈从转轮王到龙王〉，《1990年敦煌学国际研讨会论文集》石窟考古编，辽宁美术出版社，沈阳，1995年。

释依淳〈克孜尔与莫高窟的本生画之考据〉，《1990年敦煌学国际研讨会文集》石窟考古编，辽宁美术出版社，沈阳，1995年。

董玉祥〈甘肃其他石窟与敦煌莫高窟十六国时期的窟龛比较〉，《1990年敦煌学国际研讨会文集》石窟考古编，辽宁美术出版社，沈阳，1995年。

张学荣、何静珍〈莫高窟第275窟内容初探〉，《1990年敦煌学国际研讨会文集》石窟考古编，辽宁美术出版社，沈阳，1995年。

柳洪亮〈由吐峪沟第44窟佐证莫高窟早期三窟的年代〉，《1990年敦煌学国际研讨会文集》石窟考古编，辽宁美术出版社，沈阳，1995年。

杜斗城〈试论北凉佛教对高昌的影响〉，《北凉译经论》，甘肃文化出版社，兰州，1995年。

Roderick Whitfield, *Dunhuang Buddhist Art from the Silk Road*, Textiles and Art Publication, Vol.2, London, 1995.

马德〈莫高窟与敦煌佛教教团〉，《敦煌吐鲁番研究》第1卷，中华书局，北京，1995年。

董玉祥〈十六国时期甘肃境内佛教石窟寺的出现及其艺术特色〉，《敦煌佛教文化研究》，《社科纵横》编辑部，1996年。

暨远志〈酒泉地区早期石窟分期试论〉，《敦煌研究》1996年第1期。

马德《敦煌莫高窟史研究》，甘肃教育出版社，兰州，1996年。

石璋如《莫高窟形》（一～三），台北·中央研究院历史语言研究所，台北，1996年。

敦煌研究院编《敦煌石窟内容总录》，文物出版社，北京，1996年。

王惠民〈十年来敦煌石窟内容的考证与研究〉，《敦煌石窟内容总录》，文物出版社，北京，1996年。

王素〈敦煌出土前凉文献所见"建元"年号的归属——兼谈敦煌莫高窟的创建时间〉，《敦煌吐鲁番研究》第2卷，北京大学出版社，北京，1997年。

刘永增〈"千佛围绕式说法图"与观佛三昧海经〉，《敦煌研究》1998年第1期。

季羡林主编《敦煌学大辞典》，上海辞书出版社，上海，1998年。

杜斗城《北凉佛教研究》，新文丰出版公司，台北，1998年。

索伯著，殷光明译，李玉珉校〈北凉和北魏时期的甘肃〉，《敦煌研究》1999年第4期。

松村哲文著，李如译〈中国南北朝菩萨像胸饰之研究〉，《美术史研究》1999年第12期。

常书鸿〈敦煌莫高窟〉（1959年手稿），《中国敦煌学百年文库》综述卷（二），甘肃文化出版社，兰州，1999年。

敦煌文物研究所〈敦煌莫高窟概述〉，《中国敦煌学百年文库》综述卷（二），甘肃文化出版社，兰州，1999年。

久野美樹《中國の仏教美術–後漢代から元代まで》，東信堂，東京，1999年。

石松日奈子〈敦煌莫高窟北朝时期的弥勒像〉，《敦煌研究》2000年特刊。

樊锦诗〈辉煌灿烂的敦煌石窟〉，《敦煌——纪念藏经洞发现一百周年》，朝华出版社，北京，2000年。

阿部贤次著，台建群译〈北凉石塔与莫高窟早期三窟的年代问题〉，《1994年敦煌学国际研讨会文集——纪念敦煌研究院成立五十周年》石窟考古卷，甘肃民族出版社，兰州，2000年。

卢秀文〈敦煌莫高窟早期的背光〉，《1994年敦煌学国际研究讨论会文集——纪念敦煌研究院成立五十周年》石窟考古卷，甘肃民族出版社，兰州，2000年。

孟嗣徽〈敦煌早期艺术的图象与结构空间〉，《1994年敦煌学国际研讨会文集——纪念敦煌研究院成立五十周年》石窟艺术卷，甘肃民族出版社，兰州，2000年。

张宝玺〈河西北朝石窟编年〉，《1994年敦煌学国际研讨会文集——纪念敦煌研究院成立五十周年》石窟考古卷，甘肃民族出版社，兰州，2000年。

殷光明《北凉石塔研究》，觉风佛教艺术文化基金会，台北，2000年。

李永宁《敦煌石窟全集》（3）本生因缘故事画卷，商务印书馆，香港，2000年。

敦煌研究院、甘肃省博物馆编《武威天梯山石窟》，文物出版社，北京，2000年。

俄罗斯国立艾尔米塔什博物馆、上海古籍出版社编《俄藏敦煌艺术品》III、IV，上海古籍出版社，上海，2000年。

张元林〈莫高窟275窟故事画与主尊造像关系新探〉，《敦煌研究》2001年第4期。

刘永增〈"贤愚经"的集成年代与敦煌莫高窟第275窟的开凿〉，《敦煌研究》2001年第4期。

荣新江《敦煌学十八讲》，北京大学出版社，北京，2001年。

李玉珉《中国佛教美术史》，台北图书有限股份有限公司，台北，2001年。

王克芬《敦煌石窟全集》（17）舞蹈画卷，商务印书馆，香港，2001年。

孙儒僩、孙毅华《敦煌石窟全集》（21）建筑画卷，商务印书馆，香港，2001年。

王进玉《敦煌石窟全集》（23）科学技术画卷，商务印书馆，香港，2001年。

马世长《中国佛教石窟考古文集》，觉风佛教艺术文化基金会，台北，2001年。

赵声良〈敦煌壁画说法图中的圣树〉，《艺术史研究》第4卷，2002年。

袁德领〈试释莫高窟第272窟的内容〉，《敦煌研究》2002年第5期。

谢成水〈从栖霞山石窟看南方文化对敦煌艺术的影响〉，《敦煌研究》2002年第5期。

郑汝中、台建群《敦煌石窟全集》（15）飞天画卷，商务印书馆，香港，2002年。

史苇湘《敦煌历史与莫高窟艺术研究》，甘肃教育出版社，兰州，2002年。

刘进宝《敦煌学通论》，甘肃教育出版社，兰州，2002年。

郑汝中《敦煌壁画乐舞研究》，甘肃教育出版社，兰州，2002年。

罗华庆《敦煌石窟全集》（2）尊像画卷，商务印书馆，香港，2002年。

施萍婷《敦煌石窟全集》（5）阿弥陀经画卷，商务印书馆，香港，2002年。

王惠民《敦煌石窟全集》（6）弥勒经画卷，商务印书馆，香港，2002年。

赖鹏举〈北凉的弥勒净土思想惯用语其禅窟造像〉，《丝路佛教的图像与禅法》，台湾印，2002年。

卢秀文《中国石窟图文志》（上、中、下），敦煌文艺出版社，兰州，2002年。

俄罗斯国立艾尔米塔什博物馆、上海古籍出版社编《俄藏敦煌艺术品》V，上海古籍出版社，上海，2002年。

简婉《论北朝的思惟菩萨》，元智大学，台北，2003年。

赵声良〈敦煌飞天〉，《敦煌与丝路文化学术讲座》，北京图书出版社，北京，2003年。

关友惠《敦煌石窟全集》（13、14）图案卷，商务印书馆，香港，2003年。

孙毅华、孙儒僩《敦煌石窟全集》（22）石窟建筑卷，商务印书馆，香港，2003年。

裴珍达〈敦煌莫高窟编年试论——以佛光形式为中心〉，《2000年敦煌学国际学术讨论会文集——纪念敦煌藏经洞发现暨敦煌学百年》石窟考古卷，甘肃民族出版社，兰州，2003年。

殷光明〈从北凉石塔看莫高窟早期三窟的建造年代〉，《2000年敦煌学国际学术讨论会文集——纪念敦煌藏经洞发现暨敦煌学百年》石窟艺术卷，甘肃民族出版社，兰州，2003年。

刘永增《敦煌石窟全集》（8）塑像卷，商务印书馆，香港，2003年。

王惠民〈敦煌净土图像研究〉，《中国佛教学术论典》，佛光出版社，台北，2003年。

李裕群《古代石窟》（20世纪中国文物考古发现与研究丛书），文物出版社，2003年。

卢秀文〈敦煌莫高窟第275窟研究综述〉（一），《敦煌学国际联络委员会（ILCDS）通讯》2004年第2期。

刘永增〈莫高窟北朝期的石窟造像与外来影响——以第275窟为中心〉（上），《敦煌研究》2004年第3期。

刘永增〈莫高窟北朝期的石窟造像与外来影响——以第275窟为中心〉（下），《敦煌研究》2004年第4期。

胡同庆、张元林〈莫高窟第275窟中的外道人物及相关问题研究〉，《敦煌研究》2004年第5期。

樊锦诗《敦煌石窟全集》（4）佛传故事画卷，商务印书馆，香港，2004年。

马德〈论敦煌石窟崖面上的"王公窟"现象〉，《麦积山石窟艺术文化论文集》下，兰州大学出版社，兰州，2004年。

敦煌研究院编《常书鸿文集》，甘肃民族出版社，兰州，2004年。

胡同庆、张元林〈莫高窟第275窟外道人物及相关画面的艺术特色与美学特征〉，《敦煌研究》2005年第1期。

蔡伟堂〈敦煌佛教造像的汉族化与世俗化的形成〉，《敦煌学辑刊》2005年第1期。

赵声良〈敦煌北朝菩萨头冠〉，《敦煌研究》2005年第3期。

蔡伟堂〈莫高窟早期三窟佛像比例探讨〉，《敦煌研究》2005年第3期。

蔡伟堂〈重订莫高窟各家编号对照表说明——兼谈莫高窟各家编号及其对照表〉（一），《敦煌研究》2005年第6期。

赵声良〈敦煌石窟北朝菩萨裙饰〉，《敦煌研究》2005年特刊。

谭蝉雪《敦煌石窟全集》（24）服饰画卷，商务印书馆，香港，2005年。

李最雄《丝绸之路石窟壁画彩塑保护》，科学出版社，北京，2005年。

俄罗斯国立艾尔米塔什博物馆、上海古籍出版社编《俄藏敦煌艺术品》VI，上海古籍出版社，上海，2005年。

石松日奈子《北魏仏教造像史の的研究》，ブリュッケ，东京，2005年。

余明泾〈敦煌莫高窟北朝时期佛陀造像袈裟色彩分析〉，《敦煌研究》，2006年第1期。

扬明芬〈莫高窟早期净土思想表现——以北凉三窟为中心〉，《敦煌学辑刊》2006年第4期。

赵声良〈敦煌北朝石窟形制诸问题〉，《敦煌研究》2006年第5期。

王洁、赵声良〈敦煌北朝石窟佛龛形式初探〉，《敦煌研究》2006年第5期。

李静杰〈敦煌莫高窟北朝隋代洞窟图像构成试论〉，《2005年云冈国际学术研讨会论文集》研究卷，文物出版社，北京，2006年。

贺世哲《敦煌图像研究——十六国北朝卷》，甘肃教育出版社，兰州，2006年。

刘华金〈敦煌莫高窟早期壁画绘画风格的启示〉，《美术界》2008年第1期。

赵声良〈敦煌早期壁画中中原式人物造型〉，《敦煌研究》2008年第3期。

王洁〈敦煌早期覆斗顶窟形式初探〉，《敦煌研究》2008年第3期。

李敏〈敦煌北凉、北魏壁画装饰图案〉，《敦煌研究》2008年第3期。

卢秀文〈敦煌莫高窟早期三窟供养人服饰研究〉，《敦煌学辑刊》2008年第4期。

赵声良〈天国的装饰——敦煌早期石窟装饰艺术研究之一〉，《装饰》2008年第6期。

马玉华〈敦煌北凉北魏石窟壁画的制作〉，《敦煌研究》2008年第6期。

霍秀峰〈莫高窟早期图案中的忍冬纹样〉，《敦煌壁画艺术继承与创新国际学术研讨会论文集》，上海辞书出版社，上海，2008年。

关晋文〈敦煌石窟早期壁画绘制方法小议〉，《敦煌壁画艺术继承与创新国际学术研讨会论文集》，上海辞书出版社，上海，2008年。

林伟〈从交脚弥勒菩萨造像的流行看中国传统文化对佛教的影响〉，《江苏社会科学》2009年第1期。

赵声良〈敦煌早期壁画中"西域式"人物造型〉，《民族艺术》2009年第1期。

马玉华〈北凉北魏时期敦煌壁画的技法及色彩构成〉，《敦煌研究》，2009年第3期。

吴亮〈敦煌莫高窟北朝时期造像的服饰特点〉，《西北美术》，2009年第3期。

彭建斌〈北凉时期敦煌民间杂密信仰问题考察——以北凉石塔为中心〉，《敦煌学辑刊》2009年第4期。

王洁〈莫高窟早期建筑图像的记号解读〉，《敦煌研究》2009年第5期。

赖鹏举《敦煌石窟造像思想研究》，文物出版社，北京，2009年。

宿白《中国古建筑考古》（宿白未刊讲稿系列），文物出版社，北京，2009年。

宫治昭著，李萍、张清涛译《涅槃和弥勒的图像学——从印度到中亚》，文物出版社，北京，2009年。

沈淑萍〈试论敦煌早期壁画的线描艺术〉，《敦煌研究》2010年第2期。

竺小恩〈莫高窟早期三窟世俗人物服饰研究〉，《浙江纺织服装职业技术学院学报》，2010年第3期。

徐玉琼〈论传统绘画技法在莫高窟北朝佛教壁画中的运用〉，《美与时代》2010年第3期。

董云志〈敦煌莫高窟之北凉石窟天井图样初探〉，《大家》2010年第19期。

宿白《中国佛教石窟寺遗迹——3至8世纪中国考古学》（宿白未刊讲稿系列），文物出版社，北京，2010年。

宿白《汉唐宋元考古——中国考古学（下）》（宿白未刊讲稿系列），文物出版社，北京，2010年。

李敏〈敦煌北凉、北魏石窟图案的装饰风格〉，《大众文艺》2011年第3期。

附录四 本卷洞窟碳十四（^{14}C）年代测定报告

北京大学加速器质谱（AMS）碳—14测试报告

送样单位 敦煌研究院
送 样 人 苏伯民
测定日期 05-11

实验室编号	样品	样品原编号	碳十四年代（BP）	树轮校正后年代（BC）	
				1o（68.2%）	2o（95.4%）
BA05515	芦苇	C272-1	1580±40	430AD(68.2%)540AD	400AD(95.4%)570AD
BA05516	芦苇	C272 S-1	1590±50	420AD(68.2%)540AD	390AD(95.4%)570AD
BA05517	芦苇	C275-1	1590±50	420AD(68.2%)540AD	390AD(95.4%)570AD
BA05518	芦苇	C268-1	1565±40	430AD(68.2%)540AD	410AD(95.4%)590AD
BA05574	芦苇	C275-2	1615±40	400AD(36.1%)470AD 480AD(32.1%)540AD	340AD(95.4%)550AD
BA05575	芦苇	C275-3	1565±40	430AD(68.2%)540AD	410AD(95.4%)590AD
BA05576	芦苇	C275-4	1580±40	430AD(68.2%)540AD	400AD(95.4%)570AD
BA05577	芦苇	C275-5	710±40	1260AD(59.6%)1300AD 1360AD(8.6%)1380AD	1220AD(77.2%)1320AD 1350AD(18.2%)1390AD
BA05578	芦苇	C275-6	1075±40	890AD(16.5%)920AD 950AD(51.7%)1020AD	890AD(95.4%)1030AD
BA05579	芦苇	C272-2	1590±40	420AD(68.2%)540AD	390AD(95.4%)570AD
BA05580	芦苇	C272-3	1590±40	420AD(68.2%)540AD	390AD(95.4%)570AD
BA05581	芦苇	C268-2	1505±60	400AD(15.9%)490AD 530AD(52.3%)640AD	420AD(95.4%)650AD
BA05582	芦苇	C268-3	1615±40	400AD(36.1%)470AD 480AD(32.1%)540AD	340AD(95.4%)550AD
BA05583	芦苇	C268-4	1650±50	260AD(2.3%)280AD 330AD(55.4%)440AD 480AD(10.5%)530AD	250AD(9.0%)300AD 310AD(86.4%)540AD
BA05584	芦苇	C266-1	1550±60	430AD(68.2%)570AD	390AD(95.4%)640AD

注：所用碳十四半衰期为5568年，BP为距1950年的年代。

树轮校正所用曲线为IntCal04（1），所用程序为OxCal v3.10（2）。

1. Reimer PJ, MGL Baillie, E Bard, A Bayliss, JW Beck, C Bertrand, PG Blackwell, CE Buck, G Burr, KB Cutler, PE Damon, RL Edwards, RG Fairbanks, M Friedrich, TP Guilderson, KA Hughen, B Kromer, FG McCormac, S Manning, C Bronk Ramsey, RW Reimer, S Remmele, JR Southon, M Stuiver, S Taiamo, FW Taylor J van der Plicht, and CE Weyhenmeyer. 2004 Radiocarbon 46:1029-1058.

2. Christopher Bronk Ramsey 2005, www.rlaha.ox.ac uk/orau/oxcal.html

北京大学 加速器质谱实验室

第四纪年代测定实验室

2005年11月30日

样品说明

编号BA05518，样品C268-1，第268窟主尊佛左肩裂缝草屑（第268窟第一层）

编号BA05581，样品C268-2，第268窟南壁东端裂缝地仗草屑（第268窟第一层）

编号BA05582，样品C268-3，第268窟南壁东端裂缝地仗草屑（第268窟第一层）

编号BA05583，样品C268-4，第268窟窟顶西侧裂缝地仗草屑（第268窟第一层）

编号BA05515，样品C272-1，第272窟主尊佛左手芦苇（第272窟第一层）

编号BA05579，样品C272-2，第272窟南壁东侧裂缝泥层草屑（第272窟第一层）

编号BA05580，样品C272-3，第272窟甬道北壁西侧地仗草屑（第272窟第二层）

编号BA05515，样品C272S-1，第272A窟禅僧左手芦苇（第272A窟第一层）

编号BA05517，样品C275-1，第275窟主尊菩萨左手芦苇（第275窟第一层）

编号BA05574，样品C275-2，第275窟东壁门南下部地仗草屑（第275窟第二层）

编号BA05575，样品C275-3，第275窟东壁门南中部地仗草屑（第275窟第二层）

编号BA05576，样品C275-4，第275窟北壁西侧下部裂缝地仗草屑（第275窟第一层）

编号BA05577，样品C275-5，第275窟北壁东侧地仗草屑（第275窟第三层）

编号BA05578，样品C275-6，第275窟隔墙下部地仗草屑（第275窟第三层）

编号BA05584，样品C266-1，第266窟北壁东端裂缝地仗草屑（第266窟第一层）

附录五　三维激光扫描技术在敦煌石窟考古测绘中的应用

概述

本卷报告中的考古测绘工作是在敦煌研究院多年测绘工作的基础上，与北京戴世达数码技术有限公司合作完成的。我们采用了多种测绘技术方法，既有传统的方格网和近景摄影，亦有先进的全站仪（Total Station）以至三维激光扫描技术（3D Laser Scanning Technology）。报告中所有的测绘图都是在微工作站（MicroStation）和AutoCAD软件环境中完成的。

三维激光扫描技术始于西方。该技术在大型物体上面的应用，至多不过20年的历史。世界上最初几代三维激光扫描设备几乎都是为工业厂矿研制的，例如化工厂、炼油厂、钢铁厂和海上钻井平台等。三维激光扫描技术真正在交通设施、建筑物和古代建筑遗迹上的应用，不过10年左右。

三维激光扫描仪利用激光测距的原理，结合对横向和纵向转角的精确记录，推算出被测点与扫描仪的相对位置。扫描仪或其内置部件在横纵两个方向上旋转，与此同时，激光发射器以高频率不断发光，完成对实物的扫描工作。扫描数据通过线缆传入电脑（野外工作一般利用笔记本电脑）并记录在硬盘上，或直接记录在扫描仪的内置硬盘上。高密度的扫描数据点，有序地排列于三维的虚拟空间中，成为带有坐标的影像图，被称为"点云"。

从激光应用技术上讲，三维激光扫描仪可分为脉冲激光仪（Pulsed Laser, Time of Flight）和相位激光仪（Phase Shift）两种。脉冲三维激光扫描仪准确记录脉冲激光从发出到反射回来的往返飞行时间，依据光速计算距离。这种扫描仪的数据噪音低，扫描距离范围较大，受环境干扰较小，但速度较慢。多数中距离和长距离的扫描仪采用这种技术。相位三维激光扫描仪通过比较和记录反射光和发射光的相位差，计算距离。它属于短距离三维激光扫描仪。相位三维激光扫描仪最大的优点是速度快。一般来说，它比脉冲三维激光扫描仪要快十几倍，乃至几十倍。

在使用三维激光扫描技术的过程中，有三个关键点。首先是扫描和拼接方案，第二是数据管理和保存，第三是数据的后期处理和成果的表达形式。这三个关键点均对三维激光扫描技术应用的成败有决定性的影响。扫描方案是指如何以最少的扫描站点全面完成扫描纪录的任务；拼接方案是指如何将多站扫描数据以最小误差拼合成为一个三维的点云模型。运用三维激光扫描技术，我们可以在较短的时间内获取大量的数据。数据量之大，与传统测绘方法相比，何止千百倍。有效地管理和保存如此大量的数据是三维激光扫描项目成败的关键，其中包括电脑及局域网的硬件配置和软件选用，扫描原始数据的保存，数据处理过程中间的管理和最终成果的控制。在数据处理流程中，数据调用和格式转换方面亦须先作评估和方案。三维激光扫描数据的后期处理和成果表达方式，不仅是运用该技术的目的的体现，而且是该技术本身优越性的体现。点云数据成果的应用十分广泛，诸如三维模型的建立以及二维平、立、剖面图的绘制等。

在本卷报告中的测绘工作，通过试验，我们最终采用了法如（FARO）LS 880扫描仪。鉴于莫高窟特有的洞窟形态，我们发现LS 880设备可以高效率地完成任务。扫描纪录的点间距在1～2毫米左右。所获得的数据不仅反映了洞窟的结构形态，还反映洞窟中的雕塑和壁画。利用丰富的点云数据，辅之于数码照片，我们可以在微工作站（MicroStation）的绘图环境中准确地描绘出考古测绘的图件。这不仅在国内前所未有，在世界考古界也是先进的考古测绘方法。

考古测绘的控制

考古测绘的控制建立，运用了工程测绘的方法。平面控制运用导线，引入了"敦煌莫高窟永久性基础控制网（GPS）点"。这套网点依据1954年北京坐标系。全球定位系统 GPS（Global Positioning System）利用卫星对地面上的物体进行定位。这样不仅可以确定地面物体之间的相对位置，还可以将被确定的地面物体置于更大的空间。例如，我们可得到被测洞窟在敦煌地区、甘肃省、全中国，乃至在地球上的准确位置。在每一个导线点正反观测四回，距离前后各观测一次，然后利用最小二乘法平差（StarNet 6.0），在每一个被测洞窟前和洞窟中，建立了控制点。

考古测绘的高程，依照1956年黄海高程系，用水准仪导入。水准测量起始于水准点，闭合于另一水准点，然后平差，在洞窟前和洞窟中的导线点建立了高程。这样，被测洞窟不仅在位置上可以和大地接轨，也在高程上与黄海海拔相连。

水平和高程控制点的误差控制在5毫米以内。

洞窟扫描

洞窟中扫描的控制基于通过导线和水准建立的控制点。一般每个洞窟有两个可相互通视的控制点，一个在洞窟中央位置，另一个在洞窟外面。由这两个控制点形成该洞窟的中轴线。莫高窟的崖壁呈南北走向，因此洞窟的中轴线大致为东西走向。中轴线的走向依洞窟形状而定，一般采用佛龛、佛坛的中分线或主尊佛像鼻梁与洞口的中分线。不同洞窟的中轴线一般不会平行。

洞窟的扫描要求全面、完整，尽可能不留死角，因此需要几站，甚至几十站，依洞窟复杂程度而定。由于LS 880的速度极快，几乎所有站点都采用了全景扫描，即水平扫360度，竖直扫320度。一站的扫描时间不到10分钟。由于洞窟狭小，且窟壁上不可贴标靶。如何控制和拼接扫描变成了一个难题。

利用洞窟中的特征点，我们先用全站仪，依据洞窟的控制点将其定位，定位点数在5至10个点之间。每一站扫描我们至少要扫到4个洞窟特征点。以这些特征点来定位、拼接。这样我们既可以不在壁面文物遗迹上贴标靶，又免除了三角架架设标靶所造成的遮拦，还提高了工作效率。洞窟扫描数据的拼接是在法如的FARO Scene和徕卡（Leica）的Cyclone环境下完成。拼接精度控制在7毫米内。

考古测绘制图的投影关系

我们这次考古测绘完成了不同高程的洞窟平面图、纵剖图和横剖图，窟顶的平面投影图、仰视图和展开图，四壁的立面图，塑像的正视图、侧视图、剖视图以及佛龛的立面图和展开图。

在测绘数据采集工作中，我们在每一洞窟中建立了东西向的基线，即洞窟的中轴线；在此基线上处于洞窟中央的位置选一点为南北向的基点。依据绘图的比例尺，在平面图上绘制50厘米至200厘米不等的网格。南北方向网格线的零线是洞窟的中轴线；东西方向网格线的零线基于洞窟中央的基点。由于洞窟的不规则形状，我们需要在绘制洞窟四壁的立面图时，为每一壁分别选择投影面。投影面是一铅垂面，且通过空间一条直线。该直线的两个端点选择在壁面与地面相交线的两端。这样定义的投影面与平面图中的网格线一般不存在平行或垂直关系。也就是说平面图中的网格与四壁立面图的网格不可能全部保持一致。为了表示立面图与平面图的关系，我们做了如下定义：南、北壁立面图纵向网格的零线与平面图中南北向网格的零线一致；东、西壁立面图纵向网格的零线与平面图中东西向网格的零线（即基线）一致；并且我们为每一洞窟绘制了平、立面关系图。图中标示出了东、西、南、北各壁立面投影面与洞窟平面图的位置关系和夹角。立面图和剖面图的高程取洞窟中控制点为基点，一般订为100，且在图中给出与敦煌控制网点高程的关系。

洞窟的纵剖图和横剖图均依平面图中的网格线方向绘制。塑像的正视图、侧视图和俯视图各有独立的投影面。佛龛和窟顶的展开图依壁面和雕塑的形态，在尽量保持壁画和雕塑完整的前提下，用近似方法展开。

考古测绘的制图方法

这次考古测绘工作所绘制图形包括洞窟结构图、壁画图和佛龛图。绘图的基本方针是由简到繁、由粗到细和由概括到细部，这些与一般的传统手工绘图并无区别。然而，这次所有的考古测绘图都是在电脑中完成的。除了借鉴手工绘图的一般性方针，还利用了电脑绘图的诸多功能，如线型、线的粗细、图层的定义和参考文件（reference file），等等。

评价测绘图优劣的一个重要标准是图形外观的一致性。电脑绘图恰恰在这一点起到了手绘很难达到的效果。手绘中，绘图员须有良好的培训和多年的经验才可达到的效果，利用电脑可以比较轻易地实现。然而，达到良好的效果是与初始的完善定义分不开的。为绘制考古测绘图，我们通过摸索定义了一套线型、线的粗细和图层。使用图层的功能可以将不同比例的多张图在电脑中的一个图件上完成，还可以反复修改，极大地降低了绘图的劳动强度，有效地利用了资源。比如说，绘制洞窟中相同部位1∶5、1∶10和

1 : 20的图，一般来说，手绘须要绘制三张图，且内容上有不少的重复性。利用电脑，只需绘制一张1 : 5的图即可。依靠图层，可将特定内容的图纸中不需要的细节关掉，便可打印成图。如是，甚至可以生成1 : 200的图。

　　参考文件是电脑绘图中又一强大功能。一张图可以由几个、几十个，乃至几百个文件参考叠加而成。这样，一张图就可以由多人同时绘制完成；有人画结构，有人画壁画，同时还有人画雕塑。每人在自己的文件中工作，同时可以参看他人的成果或半成品。在局域网的支持下，还可实时共享他人工作的进展。遇到问题时，能够真正做到早发现并及时沟通交流。

　　考古测绘图中的结构部分，主要是靠扫描点云切片生成。壁画部分，是在结构图的基础上，利用点云影像图（正投影）勾画出大轮廓，再依据点云影像图和照片绘制。佛龛也是利用点云，勾画轮廓，再依点云影像图和照片绘制。

结束语

　　三维激光扫描技术在考古测绘中能够发挥关键性的作用。它将外业数据采集工作由大约一年一个洞窟缩减到两三天一个洞窟。所取得的海量数据将洞窟较完整地记录在案，可以即时处理绘图，亦可保留存档待日后使用，还可为进一步开发三维多媒体成果提供数据依据。随着三维激光扫描技术的发展，特别是处理软件技术的日趋成熟，一定会在考古测绘和古建筑保护工作中发挥更大的作用。

附录六　莫高窟早期三窟壁画和彩塑制作材料分析

摘要

莫高窟"早期三窟"属于敦煌石窟保存有壁画和彩塑的最早期洞窟，包括第275、272和268等窟。在文献调查的基础上，本文采用无损多光谱分析技术和介入性的剖面分析与X射线衍射分析技术，对这些洞窟的壁画和彩塑制作材料进行了调查和研究，以揭示莫高窟早期佛教壁画和彩塑制作技术。

一　前言

20世纪70年代开始，敦煌研究院的学者与国内科研机构合作对敦煌莫高窟壁画和彩塑进行了较长期的科技考古研究，取得了众多的成果[1]。徐位业等通过对莫高窟44个洞窟壁画的293个颜料样品进行X射线衍射分析（XRD），揭示了莫高窟不同时期壁画和彩绘泥塑所用颜料的主要种类，以及不同时期使用颜料的特点。

80年代末，李最雄等结合壁画和彩塑保护研究课题，又对莫高窟50多个洞窟中的300多个壁画和彩塑的颜料样品进行了分析。主要做了X衍射分析、傅立叶红外分析（FTIR）、偏光显微镜鉴定（PLM），扫描电镜（SEM）分析以及颜色色度监测等。对部分洞窟壁画变色的颜料层做了剖面分析（Cross-Section）和扫描电镜分析，研究了敦煌壁画中红色颜料变色的机理，取得了一些突破性成果[2]。

90年代，李实和日本学者合作研究了敦煌莫高窟不同时代的11个洞窟壁画颜料中所添加的胶结材料，其中利用高效液相色谱（HPLC）分析了莫高窟早期第272窟红、绿、白、黑4种不同色彩颜料所含的胶结材料，发现所分析样品中均含有动物胶，并推测很可能是牛皮胶。不同颜色样品中胶结材料的含量不同：红色：0.11%(m/m)，绿色：0.011%(m/m)，白色：0.077%(m/m)，黑色：0.60%(m/m)[3]。

莫高窟"早期三窟"，即第268（包括267～271）、272（包括272A、273）、275窟，其中的壁画和彩塑除洞窟开凿时的原创之外，曾经在后代有过几次不同程度的重绘、重修，敦煌研究院的考古学者通过对这些洞窟的长期调查和研究，基本搞清了不同时期壁画和彩塑的层位关系。确认现存有三层不同时期的遗迹，分别属于早期（现有西凉/北凉/北魏等不同观点），中期（隋）和晚期（归义军时期）。在考古调查的基础上，针对这些洞窟重层壁画的特点，采用无损多光谱分析技术和介入性的壁画剖面分析与X射线衍射分析技术，在上述洞窟逐层调查和取样分析，研究莫高窟早期佛教壁画的制作材料和技术。

二　实验

2.1　仪器和分析条件

理学D/MAX 2500V X射线衍射仪，测定条件：Cu转靶Kα1，电压40KV，电流100mA，$\theta/2\theta$连续扫描，扫描速度6.000deg/min，扫描范围3.000-70.000度。用于地仗、粉层和颜料层物相分析。

[1]　徐位业、周国信、李云鹤〈莫高窟壁画、彩塑无机颜料的X射线剖析报告〉，《敦煌研究》（创刊号），1983年，pp. 187-197。

[2]　李最雄、Stefan Michalski〈光和湿度对土红、朱砂和铅丹变色的影响〉，《敦煌研究》1989年第3期，pp. 80-93；李最雄〈敦煌壁画中胶结材料老化初探〉，《敦煌研究》1990年第3期，pp. 69-83；李最雄〈铅丹、朱砂和土红变色研究的新进展〉，《敦煌研究》1992年第1期，pp. 89-118；李最雄〈莫高窟壁画中的红色颜料及其变色机理探讨〉，《敦煌研究》1992年第3期，pp. 41-55；李最雄〈敦煌壁画中混合红色颜料的稳定性研究〉，《敦煌研究》1996年第3期，pp. 149-163；段修业〈对莫高窟壁画制作材料的认识〉，《敦煌研究》1988年第3期，pp. 41-59。

[3]　李实〈高效液相色谱技术在壁画胶结材料分析中的应用〉，《敦煌研究》1995年第3期，pp. 29-46。

徕卡偏光显微镜，带透射光和反射光，最大63X物镜。透射光用于颜料和粉层物质的辅助鉴别，反射光用于壁画剖面样品的分析。

尼康实体显微镜，最大5X物镜，用于样品的预处理和观察。

上海民用电机厂晶相制样机，用于壁画剖面样品的制备。

美国Cargille实验室偏光显微镜薄片分析专用胶（n=1.662（25℃））

UV-II便携式紫外灯：有长波（主波长约365nm）和中波（主波长约254nm）两个可调波段，用于壁画内容的初步无损调查。

多光谱摄影系统用于选定壁画画面的调查。仪器参数：尼康D200相机，尼康17-55/2.8镜头和60mm/2.8微距镜头，f=2.8－5.6；快门速度B门，ISO400。f=2.8时曝光1分钟，f=4时曝光2分钟，f=5.6时曝光4分钟，依次类推伴随光圈缩小曝光时间以2倍倍增。紫外激发可见荧光摄影滤光系统选用Kodak公司Wratten No.2E滤膜

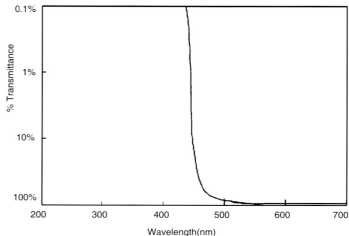

图1 Kodak公司Wratten No.2E滤膜对不同波长光线的透过率

（图1），日本JEB BR-150BL高压紫外光源，Broncolor Grafit A2闪光灯辅助光源系统，Kodak标准色卡用于调节正常光拍摄中的光度及色度，Kodak18度灰卡用于定义白平衡和测定曝光量。

反射光谱分析系统采用AvaSpec-2048TEC-FT热电致冷型光纤光谱仪，可测光谱范围200-1100nm，分辨率4.3nm；光源采用AvaLight-HAL10W卤钨灯光源（高功率型），波长范围360-2500nm；标准反射探头FCR-7UV200-2-ME包括6根200微米芯径照明光纤，1根200微米芯径探测光纤；标准白参考瓦WS-2用以反射率校准。

基恩士VHX-600K数码显微镜用于壁画和彩塑的现场观察，带有VH-Z20R变焦物镜（20X-200X），具有211万像素正常模式。观察范围19.05-1.14mm，景深34-0.44mm，工作距离25.5mm，内置卤素灯光源垂直照明。

2.2 样品制备

X射线衍射分析对样品的粒度有一定要求。用玛瑙研钵研磨样品，使样品粒度小于44微米。对样量较大的地仗样品，采用玻璃样品片制样；对样量很少的粉层和颜料层样品则使用无反射单晶硅样品片制样。

壁画剖面样品先用聚合物包裹，用晶相制样机研磨出清晰的壁画剖面，在偏光显微镜的反射光下进行拍照。

偏光显微镜薄片样品加胶后制备，选择适当的放大倍数进行鉴定和拍照。

三　结果与讨论

考古学者经过调查和研究，确认莫高窟早期三窟现存有早、中、晚三层不同时期的壁画和彩塑。根据此研究结果，分别对莫高窟早期三窟壁画和彩塑的早期层位、中期层位和晚期层位进行讨论。

3.1 早期层位壁画和彩塑研究

3.1.1 早期彩塑骨架制作

莫高窟开凿于沙砾岩崖体之中，岩体表面粗糙，无法直接雕凿石像。樊锦诗调查了莫高窟早期洞窟彩塑的结构和制作方法，确认是以木料搭制骨架，其外用芨芨草或芦苇捆扎出大体结构，然后再依次敷抹泥层和颜料层[4]。

从第275窟主尊手臂破损部位可以观察到制作塑像所用的木骨架、草茎和麻绳。证实这些彩塑都是根据塑像肢体的大小和粗细，用不同粗细和长度的树棍作骨架，树棍外裹草茎，并用麻绳缠绕固定，制作出稳固的彩塑骨架后，其外再涂抹泥层。

3.1.2 早期层位壁画和彩塑的地仗层

李最雄对莫高窟不同时期壁画和彩塑地仗有过深入研究，通过对早期洞窟壁画和彩塑地仗的调查与分析，认为早期洞窟壁画和彩塑地仗主要有三层，底层为粗泥层，中层为细泥层，表层为粉层。制作地仗的泥中添加有沙子和植物纤维材料，壁画泥层中观察到有麦草秸，塑像泥层中观察到有麻丝[5]。早期三窟早期层位地仗泥层的分析结果见表1。

---

[4] 樊锦诗，〈敦煌莫高窟的保存、维修和展望〉，《敦煌研究文集》石窟保护篇上，甘肃民族出版社，1993年，p.5。

[5] 李最雄《丝绸之路石窟壁画彩塑保护》，科学出版社，2005年，pp.15-17,33。

表1　早期层位地仗层分析结果

窟号	层位	取样位置	地仗层厚度（厘米）			粉土 %	沙 %
			粗泥层	细泥层	粉层		
268	早期	西壁下部	3厘米左右	0.3-0.4	0.01-0.02	59	41
272	早期	东壁下部	3厘米左右	0.3-0.4	0.01-0.03	43	57
275	早期	北壁下部	3厘米左右	0.1-0.2	0.01-0.03	56	44

　　莫高窟第268、272、275等洞窟早期层位壁画和彩塑地仗沙土的X射线衍射分析结果列在表2中。图2是第275窟北凉时期壁画地仗沙土的X射线衍射谱图，图3是莫高窟窟前河流沉积半黏土（当地称为澄板土）的X射线衍射谱图。从第275窟早期层位壁画地仗土与莫高窟窟前河流沉积半黏土的分析结果对比可以看出，两者组成相近，这和李最雄的研究结果一致，证明制作壁画和彩塑地仗使用了当地的澄板土，并添加有一定比例的沙和植物材料。

　　通过对第275窟主尊左手破损部位的调查和分析，发现在木骨架上涂抹了三层泥层和一层粉层。先涂抹了混合有麻丝的粗泥，然后涂抹了混合有麻丝的细泥，第275窟主尊塑像较为特殊的是除了通常的粗泥和细泥层外，在破损部位观察到细泥层上还涂抹了一层红色的泥土（样品275-3，见表2）。根据地仗粗泥层和细泥层土样的X射线衍射分析结果（见图4），制作塑像地仗所用的土也是当地的澄板土。红色泥层厚度约为1毫米，在红色泥层表面涂抹了白色颜料层。结合X射线衍射和偏光显微镜薄片分析的结果，确认红色泥

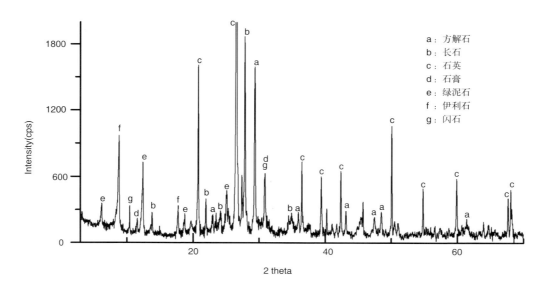

图2　莫高窟第275窟壁画早期层位地仗土的X射线衍射谱图（样品275-27）

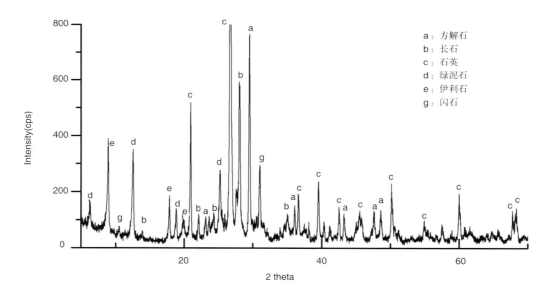

图3　莫高窟窟前河流沉积半黏土的X射线衍射谱图

层是天然的红土，显红色的物质为土状赤铁矿(Fe_2O_3)。

对第272窟主尊塑像右下角破损部位的早期层位地仗土进行了调查，图5是该彩塑地仗层沙泥的X射线衍射分析结果，同样是用当地的澄板土和沙子等材料混合制作成的。

表2　早期层位壁画和彩塑地仗土的X射线衍射分析和偏光显微镜分析结果

样品编号	颜色	窟号	层位	取样位置和样品描述	主要显色物质	其他物相
268-10	土色	268	早期	南壁东侧,距地面162厘米，距东壁10厘米，该处壁画破损，从裂开缝隙边取样，最早期的底层土样	伊利石绿泥石	石英、方解石和长石，少量的石膏和角闪石
268-11	土色			南壁紧靠东侧处，距地面148厘米，破损壁画上层土样	伊利石绿泥石	石英、方解石和长石，少量的滑石、石膏和角闪石
272-16	土色	272	早期	主尊右下角飘带破损处，距佛床26厘米同，距佛龛南壁30厘米，壁画破损边缘土样	绿泥石伊利石	大量石英、方解石、长石、少量角闪石
272-18	土色			南壁下部，距地面4厘米，距东壁131厘米，壁画破损处表层地仗土样，地仗厚度1厘米	绿泥石伊利石	大量石英、方解石、长石、少量闪石
275-21	土色	275	早期	主尊塑像破损左手的食指和中指部位。取食指部位的表层土	绿泥石伊利石	方解石、长石和石英，少量的石膏、闪石和滑石
275-22	土色			主尊塑像破损左手的食指和中指部位。取中指部位的地仗土样	绿泥石伊利石	方解石、长石和石英，少量闪石
275-27	土色			北壁下部，距地面12厘米，距西壁138厘米的壁画破损处，该处颜料层和粉层脱落，仅存地仗层，取土样，并测量地仗层厚度（1.8厘米）	绿泥石伊利石	方解石、长石和石英，少量的闪石和石膏

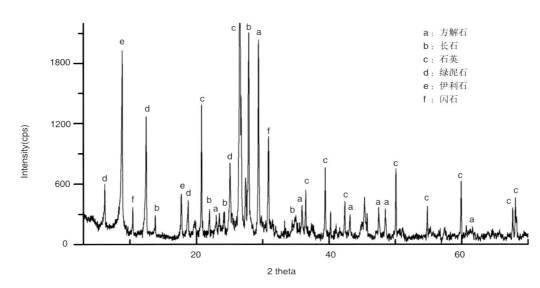

图4　莫高窟第275窟主尊彩塑早期层位地仗中沙土的X射线衍射分析谱图（样品275-22）

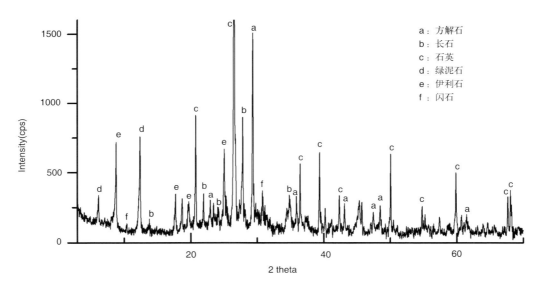

图5　莫高窟第272窟主尊彩塑早期层位地仗中沙土的X射线衍射分析谱图(样品272-16)

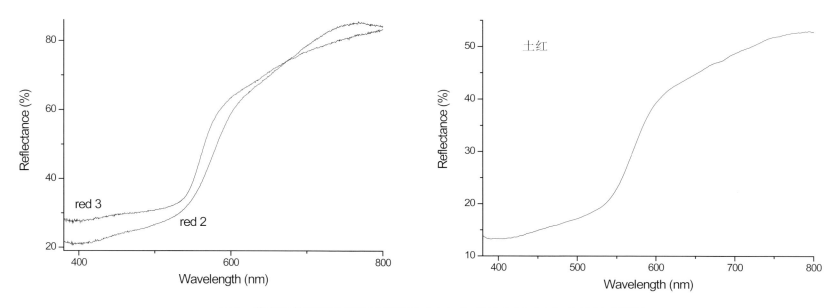

图6　莫高窟第275窟南壁红色颜料（左）和天然土红（右）的反射光谱图

3.1.3　早期层位壁画和彩塑的土红色

段文杰认为莫高窟早期洞窟壁画和彩塑多用土红涂地，以形成浓重醇厚的色调和静谧的境界[6]。莫高窟第275窟南壁早期层位壁画土红色的无损反射光谱分析结果见图版2和图6。X射线衍射分析结果见表3。其中土红色颜料的反射光谱分析结果和天然红土的反射光谱类似。

从表3中第275窟土红地色样品275-32的分析结果可以看出，X射线衍射分析出的主要晶体矿物成分都不显红色。在偏观显微镜下观察该红色样品，单光镜下显色矿物为红褐色和黄褐色，无多色性（图版3）；正交镜下不显光性。这些特点和天然红土中显色的土状褐铁矿（FeO(OH)·nH$_2$O）及赤铁矿（Fe$_2$O$_3$）的特性相吻合，而且由于天然红土中的褐铁矿为非晶质或隐晶质，所以在X射线衍射分析时无明显衍射信号[7]。

表3　早期层位洞窟壁画和彩塑的土红地色X射线衍射分析和偏光显微镜分析结果

样品编号	颜色	窟号	层位	取样位置和样品描述	主要显色物质	其他物相
268-2	红色	268	早期	红地色，西壁南侧，距地面62厘米，距南壁3厘米	偏光显微镜薄片鉴定为土红颜料（显色物质为土状褐铁矿和土状赤铁矿）	长石，石英，伊利石，绿泥石，石膏，蛇纹石
272-5	红色			红地色，佛龛南侧下部，距佛床地面140厘米，距离东边19厘米	偏光显微镜薄片鉴定为土红颜料	大量方解石，一些石英、长石、硬石膏、石膏、伊利石、绿泥石
272-14	粉红色	272	早期	西壁南侧，距地167厘米，距南壁95厘米	偏光显微镜薄片鉴定为土红颜料	大量的滑石，少量的蛇纹石、绿泥石和长石，微量的石英和角闪石
272-17	红色			南壁东侧，距东壁48厘米，距地面151厘米，壁画裂缝处粉末样	偏光显微镜薄片鉴定为土红颜料	大量石英，微量硬石膏、云母、长石和绿泥石
275-31	深红色			北壁中部，距地面128厘米，距西壁247厘米，该处有和周围不同的深红色，表面破损处粉末样	偏光显微镜薄片鉴定为土红颜料	大量长石，少量绿泥石、伊利石、石膏和硬石膏
275-32	红色	275	早期	北壁中部，距地面128厘米，距西壁247厘米，浅红色绘画背景破损处粉末样	偏光显微镜薄片鉴定为土红颜料	大量长石和石英，少量的绿泥石、伊利石、闪石、方解石、石膏和硬石膏

对第272、268窟早期层位洞窟壁画土红色样品的X射线衍射分析，同样未见显红色的晶体矿物（见表3的样品268-2，272-5，272-14和272-17），借助偏光显微镜分析技术，证实这两个洞窟早期层位壁画的土红色也使用了天然的土红颜料，分析结果见图版4、5。

为了解莫高窟第275、272、268等窟早期层位壁画土红色和地仗层的层位关系，制作壁画的剖面样品，使用偏光显微镜拍照分析，结果见图版6～9。从偏光显微镜的剖面照片可以了解到，土红色直接涂抹在地仗层上，未发现有白粉层；从图版7中菩萨腿部黑

---

[6]　段文杰〈北凉、北朝时期的敦煌石窟艺术〉，《段文杰敦煌艺术论文集》，甘肃人民出版社，1994年，pp. 29-30。

[7]　北京大学地质学系岩矿教研室编《光性矿物学》，地质出版社，1979年，pp. 419-426。

色线条破损处取样作偏光显微镜剖面分析，证实绘画时先将土红色涂抹在局部画面的地仗上，然后在土红色上绘画。其中表层的黑色对应菩萨腿部白色服装上的黑色线条，中层的白色对应整个腿部的白色服装，而最下层的红色对应壁画的土红色；图版9中土红色层表面上还有一层属于后代重绘壁画的白色粉层（中期层位，隋代）。

考古学者认为第275窟主尊彩塑整体为早期原作，但经后代部分重妆；第272窟和第268窟主尊彩塑主体亦为早期原作，经后代部分重修。图版10是第272窟主尊彩塑早期层位土红色剖面样品的偏光显微镜照片，以及相应的取样位置照片。该结果同样说明早期彩塑底层直接涂抹土红颜料，未发现白色粉层。图版11是第275窟主尊彩塑绿色样品的偏光显微镜分析结果，剖面样品的层位关系映出了该塑像早期和晚期相互叠加的两层彩绘的状况。其中表层是晚期重妆时涂抹的绿色颜料层，其下是晚期重妆时制作的较厚白色粉层，粉层下是早期层位的土红色以及地仗层。

根据对早期层位土红色颜料的多光谱无损分析与介入性剖面分析和X射线衍射分析结果，一方面了解到早期层位的土红色就是使用了天然红土制作的颜料，另一方面也认识到早期层位壁画中既有局部画面使用土红作背景色，也有局部以土红填色作背景，同时洞窟下部早期层位壁画也有使用白色颜料制作的粉层。

3.1.4　早期层位壁画和彩塑颜料层分析

徐位业等对莫高窟44个洞窟的293个壁画颜料样品进行过分析研究，根据X射线衍射分析的结果，认为早期洞窟壁画和彩塑主要使用土红和铅丹（Pb_3O_4）做红色颜料，绿色颜料大量使用氯铜矿($Cu_2Cl(OH)_3$)，白色颜料大量使用滑石（$Mg_3Si_4O_{10}(OH)_2$）、石膏（$CaSO_4 \cdot 2H_2O$）和高岭石($Al_4(OH)_8(Si_4O_{10})$)[11]。

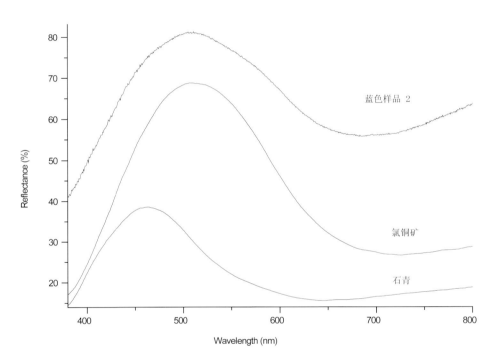

图7　第275窟南壁早期层位淡蓝色样品点2的无损反射光谱图与石青和氯铜矿颜料反射光谱图

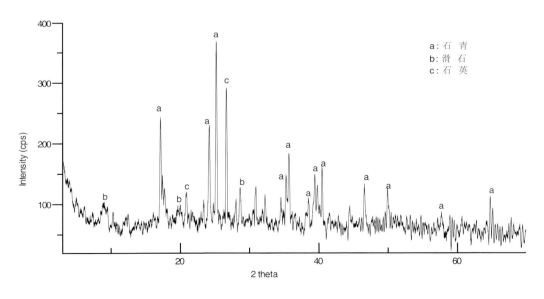

图8　莫高窟第275窟南壁早期层位壁画中蓝色颜料X射线衍射分析谱图

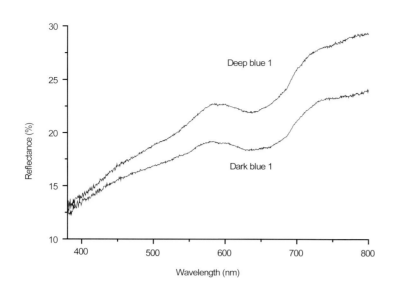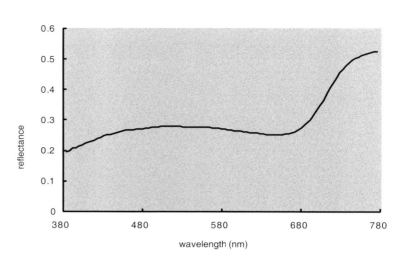

图9　莫高窟第275窟北壁深浅不同黑蓝色颜料的反射光谱图（左）及第285窟靛蓝颜料的反射光谱图（右）

　　李最雄通过对莫高窟早期洞窟壁画颜料的综合分析，认为早期壁画中红色颜料主要使用天然土红颜料和铅丹，同时存在大量已经由铅丹变为黑铅矿的黑色画面；蓝色颜料使用了石青($Cu_3(CO_3)_2(OH)_2$)；绿色颜料主要使用了氯铜矿（一些绿色颜料中含有少量石青）；白色颜料主要使用了滑石和石膏[5]。

　　李实和日本学者合作，对敦煌莫高窟不同时代的11个洞窟壁画颜料中所添加的胶结材料进行过深入研究，并对莫高窟早期第272窟红、绿、白、黑4种不同色彩的颜料进行了X射线衍射分析。结果发现红色样品在X射线衍射中显色物相无信号，绿色样品为氯铜矿，白色样品为滑石，黑色样品中含有大量氯铅矿($PbCl_2$)和铅丹，但未见黑色物相[3]。王军虎等对莫高窟早期壁画颜料也作过详细分析[8]。

　　上述学者的研究比较全面地反映了莫高窟早期洞窟壁画所用颜料的种类和特点，在此基础上，采用无损多光谱分析技术和介入性的剖面分析与X射线衍射分析技术，对第275、272、268等窟早期层位壁画和彩塑的色料进行了研究。

3.1.4.1　早期层位壁画中蓝色色料的分析

　　莫高窟第275窟中部原来存有归义军时期加修的隔墙，在20世纪莫高窟的加固工程中隔墙被拆除。而南北壁局部壁画受墙体的遮盖，壁画色彩和保存状况与未受遮盖的壁画明显不同。因此采用多光谱分析和摄影体系对南北壁最初隔墙遮盖处进行了研究，同时利用数码显微镜对局部壁画进行了表面观察，以便确认第275窟早期层位壁画是否使用过蓝色颜料（图版12和13）。

　　从显微镜照片（图版12和13）中可以观察到壁画淡蓝绿色颜料层表面多有薄的白色覆盖物，在白色覆盖物脱落部位显示出了大颗粒状的蓝色颜料，以及部分细颗粒的绿色颜料。该部位反射光谱测定结果（图7）显示出了510纳米（nm）的反射峰，而通常认为可见光波长约400-450nm为紫光，波长约450-520nm为蓝光，波长约520-560nm为绿光，因此该淡蓝色样品的反射光谱介于蓝绿色之间。通过取样进行X射线衍射分析，证明淡蓝绿色壁画颜料中确实存在有大量石青和少量氯铜矿（图7），因此可以认为第275窟使用的蓝色石青矿物颜料中有少量绿色氯铜矿颜料。

　　第275窟北壁隔墙遮盖部位上层千佛的袈裟由深浅不同的黑蓝色绘制，对该部位同样进行了无损多光谱调查（图版14、15和图9）。

　　图9中黑蓝色壁画的无损光谱分析结果与目前已知靛蓝色颜料的光谱图类似，而图版15中的现场显微镜分析照片揭示了黑蓝色色料的微观状况，其中未见明显的晶体矿物。根据第275窟北壁深黑蓝色和浅黑蓝色颜料的无损反射光谱分析和显微镜分析结果，可以认为该千佛黑蓝色袈裟绘制时使用了靛蓝类的颜料，这是敦煌石窟壁画中目前已知最早的有机色料。

3.1.4.2　早期层位壁画和彩塑颜料的分析结果

　　从表4的分析结果可以了解到早期层位壁画和彩塑中使用颜料的特点。早期层位壁画主要使用的颜料有：红色为土红和铅丹（大部分铅丹都变为黑色或黑褐色），绿色目前只发现使用了氯铜矿（一些绿色颜料中含有少量石青），白色主要使用了滑石（伴生有大量蛇纹石（$A_3Si_2O_5(OH)_4$，A=Mg，Fe，Ni），蓝色只在第275窟个别壁画部位发现使用了石青（蓝色石青颜料中混有部分绿色氯铜矿颜料）和靛蓝。X射线衍射分析结果见图10～14。

---

[8]　王军虎、宋大康、李军、Michel Schilling《莫高窟十六国时期洞窟的颜料使用特征及颜色分布》，《敦煌研究》1995年第3期，pp. 87-99。

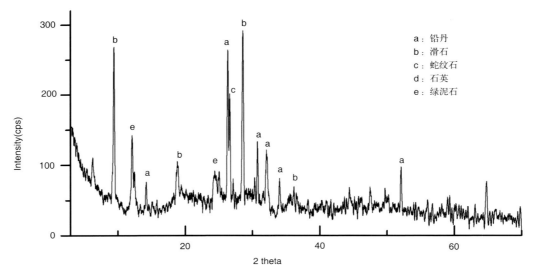

图10　莫高窟第275窟主室北壁早期层位壁画中红色颜料X射线衍射分析谱图（样品275-2）

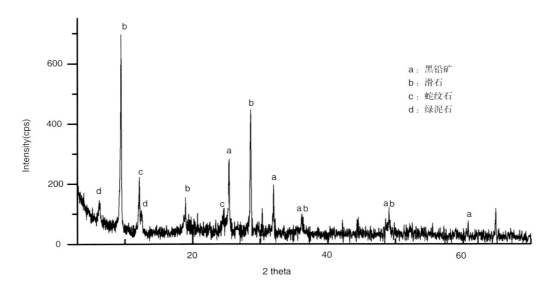

图11　莫高窟第272窟主室西壁南侧早期层位壁画中灰黑色颜料X射线衍射分析谱图（样品272-3）

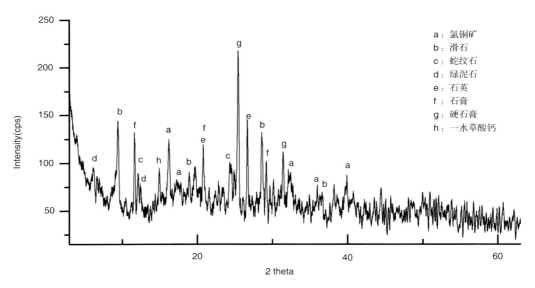

图12　莫高窟第268窟主室顶部早期层位壁画中绿色颜料X射线衍射分析谱图（样品268-1）

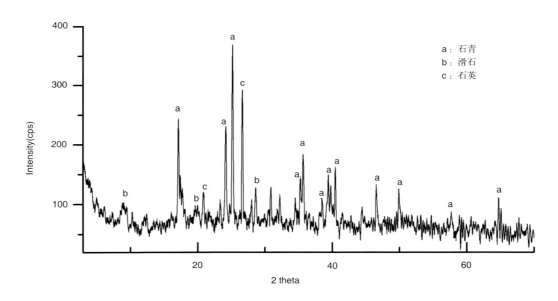

图13　莫高窟第275窟南壁早期层位壁画中蓝色颜料X射线衍射分析谱图(样品275-7)

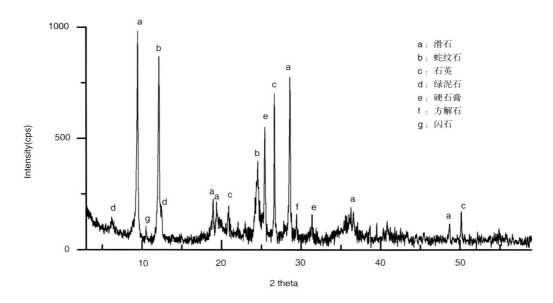

图14　莫高窟第268窟主室顶部早期层位壁画中白色颜料的X射线衍射分析谱图(样品268-3)

表4　早期层位壁画和彩塑颜料层的X射线衍射和偏光显微镜分析结果

样品编号	颜色	窟号	层位	取样位置和样品描述	主要显色物质	其他物相
268-1	绿色	268	早期	主室顶部，距西壁266厘米，距北壁28厘米	氯铜矿	石膏，硬石膏，滑石，石英，蛇纹石，绿泥石，一水草酸钙，
268-3	白色			顶部西侧，距西壁60厘米，距北壁5厘米	滑石，蛇纹石	石英，硬石膏，少量方解石，微量长石和闪石
268-4	黑色			顶部，距西壁130厘米，距北壁5厘米	黑铅矿(PbO$_2$)	微量石英和方解石
268-12	白色			南壁紧靠东侧处，距地面148厘米，破损壁画旁白色颜料样	滑石，蛇纹石	少量的伊利石和绿泥石
268-14	白色			西壁佛床边缘，距地面61厘米，距南壁59厘米，破损部位边缘最底层白色样	滑石，蛇纹石	少量的石英、绿泥石，微量的伊利石和角闪石
272-2	棕色	272	早期	西壁南侧佛龛边沿，距地面168厘米，距南壁91厘米	黑铅矿	
272-3	灰色			西壁南侧中部小佛，距地面141厘米，距南壁69厘米	黑铅矿，滑石和蛇纹石	微量石膏和绿泥石
272-4	黑色			西壁北侧飞天飘带处，距地面168厘米，距北壁91厘米	X射线衍射分析未见黑色物相，偏光显微镜薄片分析有未知黑色物	大量氯铅矿、铅丹和铅黄，一些石英
272-6	绿色			主室西壁南侧，距地面53厘米，距南壁47.5厘米	氯铜矿	大量滑石和石英，少量蛇纹石、伊利石、绿泥石、方解石和硬石膏
272-8	白色			西壁南侧，距地173厘米，距南壁97厘米	石膏、伊利石和石英	少量的长石、绿泥石和硬石膏，微量的角闪石
275-1	白色	275	早期	主室北壁中部菩萨肩肘部，距地面135厘米，距东壁413厘米	滑石和长石，少量的蛇纹石	石英和绿泥石
275-2	红色			主室北壁中部菩萨肩肘部，距地面132厘米，距东壁412厘米	铅丹	滑石，少量的蛇纹石、石英和绿泥石
275-4	棕黑色			主室北壁西侧菩萨，距地面159厘米，距东壁502厘米	黑铅矿PbO$_2$	滑石和蛇纹石，少量的石膏、石英、绿泥石、方解石和云母
275-5	灰黑色			主室北壁西侧菩萨，距地面134厘米，距东壁505厘米	黑铅矿PbO$_2$	滑石和蛇纹石，少量的石英、石膏和绿泥石
275-6	绿色			南壁中部下沿，距地面179厘米，距东壁240厘米	氯铜矿	滑石、石膏、石英，少量的石青、绿泥石和伊利石
275-7	蓝色			南壁上部柱子处，距地面233厘米，距东壁205厘米	石青	少量的石英，微量的滑石、绿泥石、蛇纹石和伊利石
275-24	白色			主尊塑像南侧狮子右腿外侧，距地50厘米破损处白色样	滑石和蛇纹石	少量的绿泥石和石英，微量的闪石
275-33	白色			北壁中部，距地面128厘米，距西壁263厘米，菩萨腿部白色样	滑石和蛇纹石	少量石英和绿泥石，微量角闪石
275-34	黑色			北壁中部，距地面128厘米，距西壁263厘米，菩萨腿部黑色样	黑铅矿	

3.2 中、晚期层位壁画和彩塑

根据敦煌研究院考古学者的调查和研究，认为第268窟主室顶部和西壁上部为早期层位壁画，南北壁多被中期层位（隋代）的重绘壁画覆盖；第267、269、270和271窟为中期层位（隋代）的壁画。第275窟壁画也有部分重新彩绘，其中主室东壁南侧壁画似中期层位（隋代）的重绘；主室窟顶、南、北壁局部壁画，以及窟室中间隔墙均为晚期层位（归义军时期）；第275窟主尊彩塑为早期原作，但塑像在晚期有过重妆。第272窟主室四壁上部和顶部壁画为早期原作，甬道表层壁画为晚期层位（归义军时期），其下层还有壁画，年代不详；第272窟主室四壁下部表层为晚期层位（归义军时期）壁画。

3.2.1 中期层位的重绘壁画

中期层位壁画的分析结果列在表5中。为进行比较研究，也对与第268窟相邻的隋代第266窟进行了分析。

表5 中期层位壁画的X射线衍射和偏光显微镜分析结果

样品编号	颜色	窟号	层位	取样位置和样品描述	主要显色物质	其他物相
266-1	红色	266	中期	南壁东侧，距地面157厘米，距东壁88厘米	偏光显微镜薄片鉴定为土红颜料（褐铁矿和土状赤铁矿）	大量石英、硬石膏，少量石膏、伊利石和绿泥石
266-2	蓝色			南壁东侧，距地面139厘米，距东壁55厘米	青金石	大量石膏和石英，少量硬石膏、滑石、伊利石和绿泥石
266-3	白色			南壁东侧，距地面151厘米，距东壁96厘米	石膏、硬石膏、滑石、蛇纹石	少量方解石、石英、伊利石和绿泥石和闪石
266-4	黑色			南壁东侧，距地面163厘米，距东壁94厘米	黑铅矿 PbO_2	一些石英，少量绿泥石
266-5	绿色			南壁东侧，距地面99厘米，距东壁5厘米	氯铜矿	一些石英和硬石膏，少量石青、滑石、伊利石和绿泥石
266-7	土色			北披，距地面216厘米，距东壁47厘米	伊利石、绿泥石、长石	石英，少量闪石和一水草酸钙
268-2	红色	268	中期	西壁南侧，距地面62厘米，距南壁3厘米	偏光显微镜薄片鉴定为土红颜料（褐铁矿和土状赤铁矿）	长石，石英，伊利石，绿泥石，石膏，蛇纹石
268-5	灰色			西壁南侧，距南壁21厘米，距地面151厘米	黑铅矿 PbO_2	少量滑石、石膏和蛇纹石，微量石英和云母
268-7	土黄			西壁下部，距地面45厘米，距南壁34厘米	滑石，蛇纹石	石膏，长石和石英
268-8	棕黑			北壁下部，距地面67厘米，距西壁61厘米	黑铅矿 PbO_2	大量硬石膏，一些石英，少量绿泥石、长石、云母和方解石
268-12	白色			南壁紧靠东侧处，距地面148厘米，破损壁画粉层粉末样	滑石，蛇纹石	少量的伊利石和绿泥石
268-13	蓝色			南壁中上部，距地面167厘米，距离西壁171厘米，破损壁画处取蓝色粉末样	青金石	大量的伊利石和长石，少量的绿泥石、石膏和硬石膏
269-2	蓝色	269	中期	北壁上部，距上沿17，距西壁26厘米	青金石	一些伊利石、滑石和蛇纹石，少量绿泥石和硬石膏
269-3	绿色			西壁中部，距地面103厘米，距南壁30厘米	氯铜矿	一些滑石和蛇纹石，少量石青、绿泥石、伊利石、石英和硬石膏
269-4	白色			西壁中部，距地面70厘米，距南壁34厘米	滑石，蛇纹石	绿泥石、石英、石膏和硬石膏，微量伊利石
269-6	黑色			西壁中部，距地面82厘米，距南壁40厘米	黑铅矿 PbO_2	一些滑石、蛇纹石、绿泥石、铅丹和石英
269-8	灰黑			西壁，距地面133厘米，距北壁49厘米	黑铅矿 PbO_2	一些滑石、蛇纹石和石英，微量绿泥石
269-9	红色			西壁，距地面67厘米，距北壁25厘米	偏光显微镜薄片鉴定为土红颜料	一些硬石膏、滑石、绿泥石、伊利石、石英，
270-1	青灰	270	中期	西壁，距地面75厘米，距北壁15厘米处，佛头光上层粉色，下层似有蓝色	黑铅矿和滑石	少量的蛇纹石、绿泥石和石膏，微量的角闪石

275-13	红色			东壁南侧，距北沿26厘米，距地面142厘米	偏光显微镜薄片鉴定为土红颜料	大量的滑石和蛇纹石，少量的绿泥石、石英、角闪石和方解石
275-14	白色			东壁南侧，距北沿8厘米，距地面133厘米	滑石和蛇纹石	少量的绿泥石、石英、角闪石和石膏
275-15	绿色	275	中期	东壁南侧，距北沿15厘米，距地面168厘米	氯铜矿	滑石、石英和蛇纹石，少量的石青、方解石和绿泥石
275-16	黑色			东壁南侧，距北沿29厘米，距地面152厘米	偏光显微镜薄片鉴定为土红颜料	大量的滑石和蛇纹石，少量的绿泥石
275-37	红色			东壁南侧，距北沿26厘米，距地面142厘米，壁画破损边缘取红色粉末	偏光显微镜薄片鉴定为土红颜料	滑石、蛇纹石、方解石、绿泥石、伊利石，少量石英

在中期层位重绘壁画中，使用了与早期层位壁画近似的白色颜料——滑石矿物，滑石中也伴生有蛇纹石，如第275窟中期层位壁画（图15），以及第269窟中期层位壁画（图16）。

图版16是第268窟中期层位重绘壁画蓝色样品的偏光显微镜剖面分析照片，其中显示了六层重叠的颜料层、粉层和地仗层，从表面开始第一层是大颗粒的蓝色颜料层，第二层是白色颜料层（对应千佛的白色底座），第三层是红色层（对应千佛画面的红色背景），第四层是中期层位重绘壁画的白色粉层，最下层是早期层位壁画的红地色和地仗层。

从莫高窟第269窟中期层位重绘壁画黑色样品的偏光显微镜剖面分析照片中（图版17），也可见中期层位重绘壁画的下面有早期层位壁画很薄的红色颜料层，其中夹有隋代重绘壁画时制作的白色粉层。

根据以上分析结果，中期层位重绘壁画既和早期层位壁画有一定的相似之处，如同样使用伴生有蛇纹石的滑石矿物作白色颜料；也开始融入新的绘画元素，包括颜料层下制作有白色粉层，大量使用青金石作蓝色颜料等（见图版18和图17）。

3.2.2　晚期层位重绘壁画

敦煌研究院的考古学者研究认为第275窟在归义军时期有过重修。对重修壁画中绿色颜料进行了调查，发现其中只含有绿色的氯

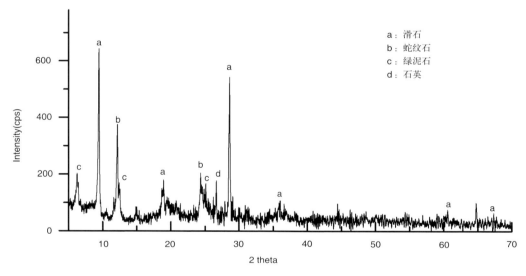

图15　莫高窟第275窟中期层位重绘壁画白色粉层的X射线衍射分析谱图（样品275-14）

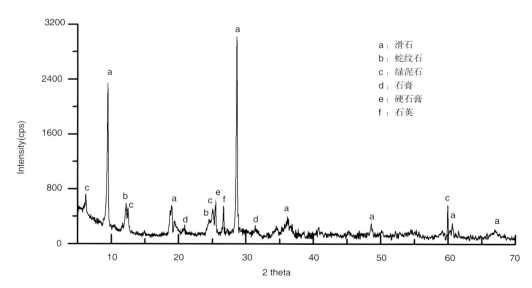

图16　莫高窟第269窟中期层位重绘壁画白色粉层的X射线衍射分析谱图（样品269-4）

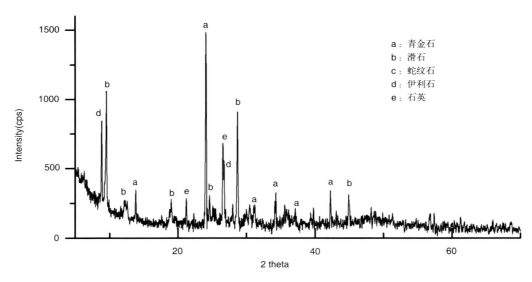

图17　莫高窟269窟中期层位重绘壁画蓝色颜料的X射线衍射分析谱图（样品269-1）

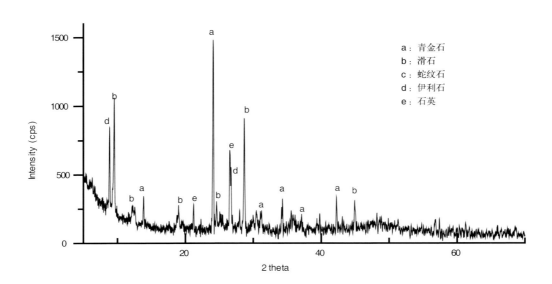

图18　莫高窟第275窟晚期层位绿色颜料的X射线衍射分析谱图

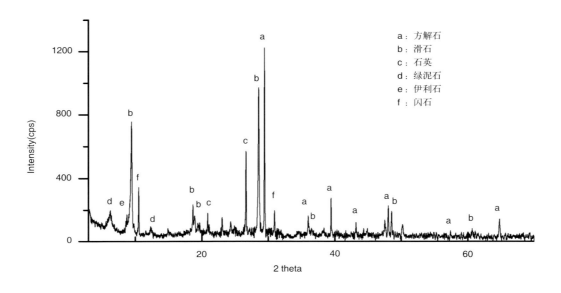

图19　第275窟晚期层位重绘壁画粉层的X射线衍射分析谱图（样品275-35）

铜矿（图版19和图18）

　　晚期层位重绘壁画地仗、粉层和颜料层的分析结果见表6（第275窟晚期层位样品275-8—275-12、275-35、275-36为窟室中部原隔墙两边的壁画，表中标注的是经过搬迁和粘贴后现在所处的位置），其中白色颜料也使用了滑石，但与早期层位壁画伴生有大量蛇纹石的滑石矿物不同，这种滑石的主要伴生矿物是方解石等。如第275窟晚期层位壁画（图19，20），以及第272窟晚期层位壁画（图21）。

表6　晚期层位重绘壁画的地仗、粉层和颜料层的分析结果

样品编号	颜色	窟号	层位	取样位置和样品描述	主要显色物质	其他物相
272-7	粉红色	272	晚期	甬道南壁，距西沿29厘米，距地面138厘米	偏光显微镜薄片鉴定为土红颜料	大量长石和滑石，少量的角闪石、伊利石、方解石、石膏和石英
272-10	红色			甬道北壁上部，距西沿9厘米，距地面163厘米	偏光显微镜薄片鉴定为土红颜料	大量的滑石和方解石，少量的石英、石膏和角闪石，微量的和硬石膏
272-11	白色			甬道北壁中部，距西沿2厘米，距地面130厘米	滑石和方解石	少量石膏、角闪石，微量硬石膏、石英、伊利石、绿泥石和长石
272-12	绿色			甬道北壁上部，距西沿32厘米，距地面153厘米	氯铜矿	滑石和方解石，少量硬石膏、石英、石膏和角闪石，微量伊利石和绿泥石
272-13	棕色			甬道北壁上部，距西沿3厘米，距地面154厘米	滑石、方解石和黑铅矿PbO_2	少量的角闪石和石膏，微量的石英、伊利石和绿泥石
272-20	白色		晚期	甬道北壁西侧，距地面159厘米，距西沿9厘米，壁画破损，露出两层粉层，取上层粉层	方解石和滑石	少量石膏、石英和闪石，微量绿泥石和长石
272-21	白色		不详	甬道北壁西侧，距地面159厘米，距西沿9厘米，壁画破损，露出两层粉层，取下层粉层	方解石和滑石	少量石英和角闪石，微量绿泥石、伊利石、石膏和长石
272-22	浅红色		不详	甬道北壁中上部，距西沿36厘米，距地面153厘米，壁画破损，露出底层的粉红色壁画，取下层粉红色粉末样	偏光显微镜薄片鉴定为土红颜料	大量的滑石、方解石、石英和长石，少量的绿泥石、伊利石、石膏、蛇纹石和角闪石
275-8	绿色	275	晚期	东壁北侧，距地面76厘米，距北壁55厘米	氯铜矿	滑石、方解石和长石，少量角闪石、石英、石膏、硬石膏和绿泥石
275-9	白色			东壁北侧，距地面61厘米，距北壁50厘米	方解石，少量滑石	石盐、石膏、硬石膏、绿泥石和闪石
275-10	红色			东壁北侧，距地面88厘米，距北壁55厘米	滑石和方解石	少量石英、角闪石、石膏、硬石膏和铁红
275-11	黑色			东壁北侧，距地面92厘米，距北壁74厘米	黑铅矿PbO_2	少量滑石、长石、石英、方解石、闪石和石膏
275-12	棕色			东壁北侧，距地面86厘米，距北壁45厘米	黑铅矿PbO_2	大量方解石、滑石和，少量石英、闪石和石膏
275-35	白色			北壁东侧下部，距地面16厘米，距东壁111厘米，壁画破损处的边缘取白色粉末	滑石和方解石	少量石英、角闪石、绿泥石和伊利石，微量石膏
275-36	土色			北壁东侧下部，距地面14厘米，距东壁111厘米，该处颜料层和粉层脱落，用微钻孔取样法取土样	绿泥石、伊利石、长石	方解石和石英，少量闪石和石膏
275-17	红色			北壁中部，距地面182厘米，距东壁216厘米	滑石、角闪石、方解石、石膏和石英	少量的绿泥石和伊利石
275-18	绿色			北壁中下部，距地面84厘米，距东壁231厘米	滑石、方解石、石英和硬石膏，	少量氯铜矿、角闪石、绿泥石和伊利石
275-19	白色			北壁中下部，距地面82厘米，距东壁239厘米	滑石和方解石	少量石英、和角闪石，微量长石和石膏
275-20	黑色			北壁中下部，距地面153厘米，距东壁208厘米	黑铅矿PbO_2	大量滑石、方解石，少量石膏和石英
275-38	土色			北壁中部,距东壁295厘米,距地面103厘米，在两层壁画接缝处取破损的上层地仗，平均厚度2-3毫米，其中加有麻丝	大量绿泥石、伊利石和长石	方解石和石英，少量硬石膏
275-39	白色		不详	甬道南壁灰地仗，距地面20厘米，距门边40厘米，白色地仗样的里层	方解石	少量的文石、石英，微量的一水草酸钙和滑石
275-40	白色			甬道南壁灰地仗，距地面20厘米，距门边40厘米，白色地仗样的表层	方解石	少量的文石、石英，微量的一水草酸钙和云母

晚期层位重绘壁画样品的偏光显微镜剖面分析结果见图版20、21和22。其中图版20显示了第272窟甬道处重层壁画的状况，表层壁画被认为是晚期层位；而下层壁画只在个别破损处可以观察到，其制作时代不详。

第275窟甬道南壁壁画绘制在白色石灰地仗表面（样品275-39和275-40）。根据李最雄对莫高窟崖面现存露天壁画的调查和研究，这种石灰地仗壁画多附属于窟前建筑，属于殿堂建筑壁画的类型[5]。对该壁画石灰地仗样品的分析结果见图22，壁画样品的偏光显微镜剖面分析结果见图版23。该样品所处的第275窟主室前部历史上曾坍塌，处在露天环境之中，样品中所含草酸钙应是这种环境下微生物活动的产物。

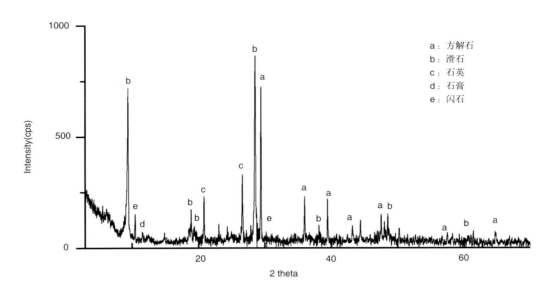

图20　第275窟晚期层位重绘壁画粉层的X射线衍射分析谱图（样品275-17）

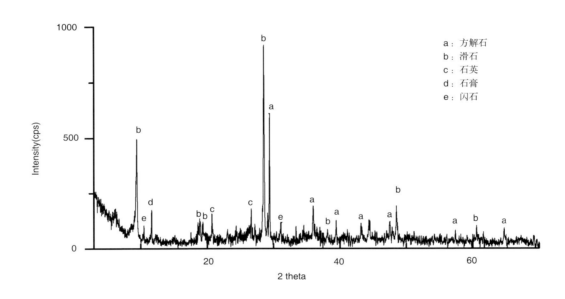

图21　第272窟晚期层位重绘壁画粉层的X射线衍射分析谱图（样品272-20）

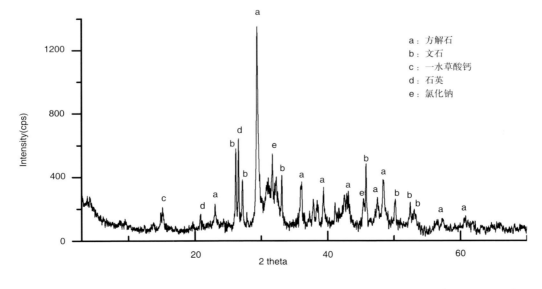

图22　第275窟甬道南壁壁画白色石灰地仗的X射线衍射分析谱图（样品275-39）

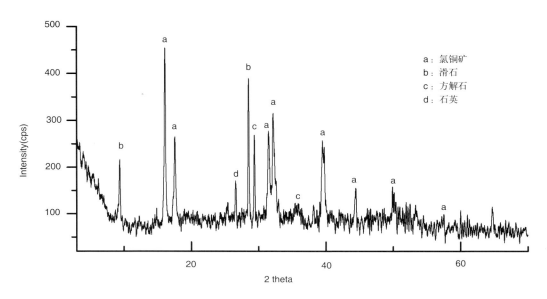

图23　莫高窟第275窟主尊塑像表面晚期重妆绿色颜料的X射线衍射分析谱图（样品275-26）

3.2.3　晚期重妆的彩塑

对第275窟主尊塑像表面晚期重妆的颜料层及粉层进行了分析。图23是彩绘中绿色颜料的X射线衍射分析谱图，该表层绿色颜料使用了氯铜矿，其下是伴生有方解石的滑石矿物制作的粉层。伴生有大量方解石的滑石矿物在同一洞窟的晚期层位壁画中被大量用做白色颜料，以及用来制作白色粉层（见图17）。这种用伴生有方解石的滑石制作粉层的技术，既与第272窟及第268窟早期层位彩塑制作技术不同，也与第275窟早期层位壁画的制作技术不同，因此推测该彩塑在晚期有过重妆。局部残留在地仗表面的土红色，与同一洞窟早期层位壁画的土红色相同。分析结果揭示了该彩塑最初的绘制技术——早期层位的红地色，以及晚期重绘的状况（图版11）。

第275窟主尊塑像两侧狮子表面涂抹了伴生有蛇纹石的白色滑石矿物（见表4，样品275-24的分析结果），该制作技术和主尊塑像表面晚期重妆的彩绘有区别，而与同一洞窟中早期层位的壁画技术类似，推测为早期或中期时代。

3.3　第274、273、272A等窟壁画和彩塑

学者根据考古调查和研究的结果，认为第274窟现存为中期层位壁画；第273窟塑像为早期原作，经后代重妆；第272A窟残存塑像泥胎制作为早期原作。第274、273、272A等窟壁画和彩塑的分析结果列在表7中。

表7　第274、273、272A等窟壁画和彩塑的分析结果

样品编号	颜色	窟号	层位	取样位置和样品描述	主要显色物质	其他物相
272A-1	土色	272A	早期	残存塑像下部观察到有多层地仗，分别取里层，中层和表层的土样，并调查其中纤维。先作木柱上的底层土	绿泥石和伊利石	大量石英、方解石、长石、少量闪石，微量石膏
272A-2	土色			残存塑像下层地仗，沙砾岩上带草的底层土	绿泥石和伊利石	大量石英、方解石、少量长石，微量闪石和石膏
272A-3	土色			残存塑像下部地仗，中层土	绿泥石和伊利石	大量石英、方解石、长石、少量石膏，微量闪石
272A-3	土色			残存塑像地仗，挂在木棍上的带红色颜料的表层土样	绿泥石和伊利石	大量石英、方解石、少量石膏，硬石膏和长石
273-1	土色	273		南壁下部掉落的带白色粉层的残块，底层土样	绿泥石，伊利石	石英和方解石
273-2	土色			南壁下部掉落的带白色粉层的残块，表层土样	大量的滑石、长石、方解石和石英	少量的绿泥石、伊利石、角闪石
274-1	白色	274	中期	人字披西披南侧，距南壁5厘米，距西壁30厘米	滑石	大量的闪石，少量石英和绿泥石
274-2	绿色			西壁龛内南侧，距龛南壁8厘米，距龛底39厘米	石绿和氯铜矿	少量的云母、闪石、滑石、绿泥石，石英、石膏和硬石膏
274-3	红色			西壁龛内南侧，距龛南壁10厘米，距龛底29厘米	偏光显微镜薄片鉴定为土红颜料	伊利石、绿泥石和长石，少量的石英、硬石膏和方解石
274-4	蓝色			西壁龛内南侧，距龛南壁3厘米，距龛底35厘米	青金石	大量的伊利石、闪石、少量的石英、绿泥石和石膏

274-5	黑色			西壁龛内南侧，距龛南壁9厘米，距龛底17厘米	黑铅矿PbO_2	少量的方解石和滑石，微量的角闪石、石英和绿泥石
274-6	灰色			西壁龛内南侧，距龛南壁5厘米，距龛底27厘米	黑铅矿PbO_2	少量的滑石和角闪石，微量的绿泥石和伊利石
274-7	土色	274	中期	北壁东侧壁画破损边缘，取不同层的地仗土样，并调查其中的纤维。底层有石头的土样	绿泥石、伊利石和长石	方解石和石英
274-8	土色			北壁东侧壁画破损边缘，取不同层的地仗土样，并调查其中的纤维。中层有草的土黄色	绿泥石、伊利石、长石，少量角闪石	方解石和石英
274-9	土色			北壁东侧壁画破损边缘，取不同层的地仗土样，并调查其中的纤维。表层显红色带麻的土样	绿泥石、伊利石和长石，	石膏、石英、方解石，少量闪石

3.4　讨论

根据多年考古研究的成果，将多光谱无损分析技术与介入性的壁画剖面分析和X射线衍射分析技术相结合，研究了早期三窟不同层位壁画的制作材料和技术。早期层位壁画和彩塑颜料使用动物胶作胶结材料[3]；主要画面大量使用土红色作背景，四壁下部也有使用白粉层绘制的装饰画面；红色颜料主要使用了天然土红颜料和铅丹；蓝色颜料只发现在很小范围使用的石青颜料和靛蓝；绿色颜料只发现了氯铜矿（绿色样品多混有少量石青[5]）；白色颜料主要使用了伴生有蛇纹石的滑石矿物，个别白色颜料样品含有石膏（见表4样品272-8）。

早期层位壁画和彩塑中所用的滑石是中国蕴藏量较大的矿产，产量和出口量位居世界前列。根据地质专家的研究，中国滑石矿分布于15个省、市、自治区，但在东、西部分布不平衡，西部的新疆、西藏等地区目前尚未发现滑石矿藏，只在临近新疆的青海茫崖矿西田矿区有较大的储量（全国六大矿之一）。滑石矿石通常不纯，伴生有其他矿物，其伴生物在我国以碳酸盐矿物为主，如方解石、白云石、菱镁矿，其次有绿泥石、石英、透闪石，还有蛇纹石以及云母等。而青海茫崖矿西田矿区的滑石正是超铁镁质蛇绿岩在强烈的自变质作用下形成的[9]。青海茫崖临近敦煌和丝路南道，在早期层位壁画中发现的含有大量滑石和蛇纹石等矿物的白色颜料，可能与此矿有一定的联系。

苏伯民等对新疆克孜尔石窟的古代壁画有过详细研究，认为克孜尔石窟的古代壁画中蓝色颜料主要使用了青金石，红色颜料使用了朱砂、铅丹和土红，绿色颜料使用了氯铜矿，白色颜料和白粉层主要使用了石膏。因此莫高窟早期三窟早期层位壁画和彩塑所用颜料与克孜尔石窟有一定的区别，特别是缺少蓝色青金石颜料，以及使用大量白色滑石颜料[10]。Gettens最早研究了阿富汗巴米扬石窟的佛教壁画，也发现大量使用蓝色青金石颜料，以及使用石膏制作白色颜料和白粉层[11]。中国和中亚地区青金石矿物通常被认为是原产自阿富汗，因此可以认为新疆克孜尔石窟和阿富汗巴米扬石窟的佛教壁画在制作材料和技术上有一定的关系，但这并未影响到莫高窟早期三窟早期层位壁画的制作。对比李最雄对甘肃马蹄寺、天梯山和炳灵寺等石窟壁画颜料的研究成果，发现这三者与莫高窟早期三窟早期层位壁画所用颜料也有差别。这三处石窟早期壁画中大量使用石膏和硬石膏做白色颜料，与克孜尔石窟近似，个别使用了方解石和长石作白色颜料[12]。

中期层位重绘壁画既和早期层位壁画有一定的相似之处，如同样使用伴生有蛇纹石的滑石矿物作白色颜料；也开始融入新的绘画元素，包括颜料层下制作有白色粉层，大量使用青金石作蓝色颜料等。因此可以认为在中期层位壁画的制作时期，莫高窟佛教壁画的制作材料和技术开始通过一定途径与阿富汗有了联系。

晚期层位重绘壁画和彩塑中大量使用伴生有方解石的滑石矿物作白粉层和白色颜料，与早期层位壁画和彩塑中所用滑石的来源不同。

莫高窟早期三窟早期层位壁画的制作材料和技术与巴米扬、克孜尔、马蹄寺、天梯山和炳灵寺等石窟均有区别，从其中所使用的伴生有蛇纹石的滑石矿物来看，可能与丝路南道有一定联系。

后记：本文中，X射线衍射由范宇权和于宗仁完成，偏光显微镜薄片分析由郭清林和赵林毅完成，壁画剖面样品分析由范宇权和赵林毅完成，多光谱调查由范宇权、柴勃隆、张文元和王小伟完成。参加分析工作的还有李燕飞、汤爱玲。

[9]　朱训主编《中国矿情第三卷—非金属矿产》，科学出版社，1999年，pp. 1-749。

[10]　苏伯民、李最雄、马赞峰、李实、马清林〈克孜尔石窟壁画颜料研究〉，《敦煌研究》2000年第1期，pp. 65-75。

[11]　R. J. Gettens, The Materials in the Wall Paintings of Bamiyan, Afghanistan, Technical Studies, Vol. 6, 1938, pp. 186-193。

[12]　于宗仁、赵林毅、李燕飞、李最雄〈马蹄寺、天梯山和炳灵寺石窟壁画颜料分析〉，《敦煌研究》2005年第4期，pp. 67-70。

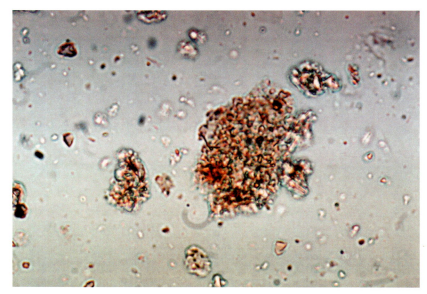

图版1　莫高窟第275窟主尊彩塑早期层位地仗中红土层的取样位置照片（左）及偏光显微镜薄片分析照片（右，单偏光，50X物镜）

图版2　莫高窟第275窟南壁土红背景色图片

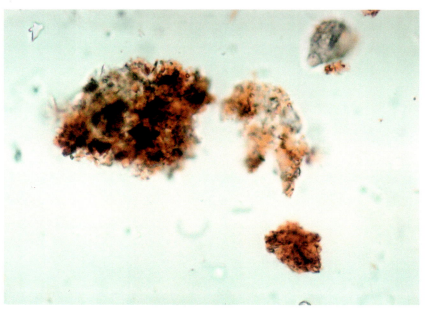

图版3　莫高窟第275窟早期层位壁画土红色取样位置照片（左）及偏光显微镜薄片分析照片（右，单偏光，63X物镜）

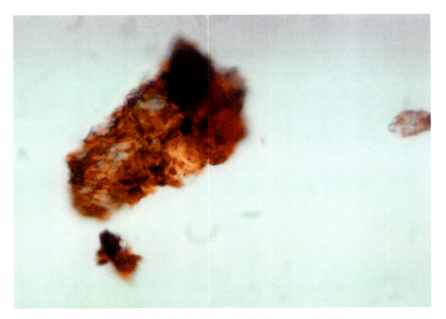

图版4　莫高窟第272窟早期层位壁画土红色取样位置照片（左）及偏光显微镜薄片分析照片（右，单偏光，63X物镜）

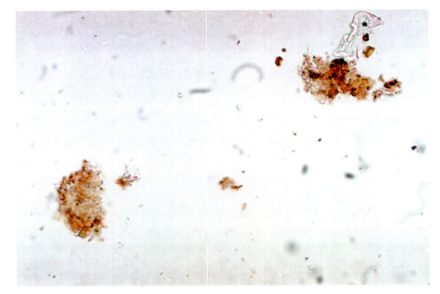

图版5　莫高窟第268窟早期层位壁画土红色取样位置照片（左）及偏光显微镜薄片分析照片（右，单偏光，63X物镜）

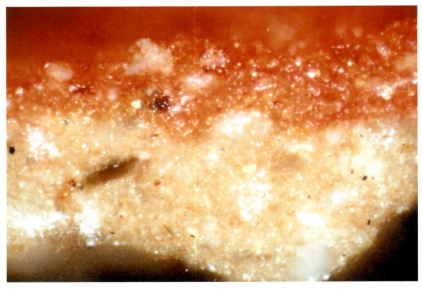

图版6　莫高窟第275窟早期层位壁画土红色取样位置照片（左）及偏光显微镜剖面分析照片（右，20X物镜，表面红色层厚度约120微米）

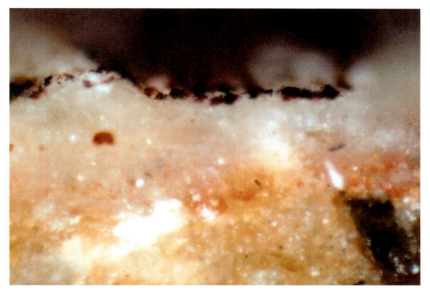

图版7 莫高窟第275窟早期层位壁画黑色样品位置照片（左）及偏光显微镜剖面分析照片（右）

（20X物镜，表面色层厚度约12微米，中间白色层厚度约100微米，最底层土红色厚度约16微米）

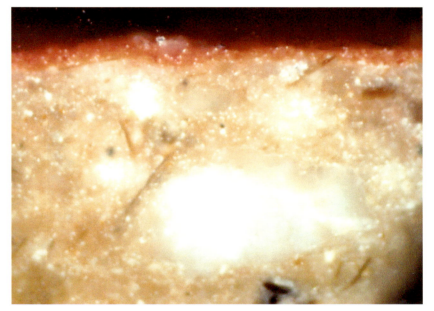

图版8 莫高窟第272窟早期层位壁画土红色取样位置照片（左）及偏光显微镜剖面分析照片（右，20X物镜，表面红色层厚度约28微米）

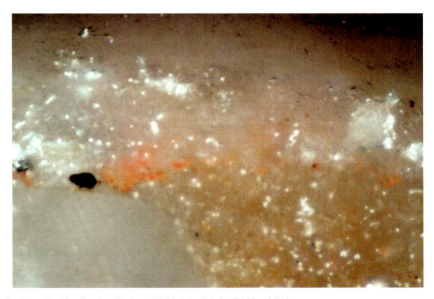

图版9 莫高窟第268窟早期和中期层位壁画土红色取样位置照片（左）偏光显微镜剖面分析照片（右）

（50X物镜，表层粉层厚度约40微米，中间红色层厚度约20微米）

图版10　第272窟主尊早期层位红地色取样位置照片（左）及偏光显微镜剖面分析照片（右，50X物镜，表面红色层厚度约12微米）

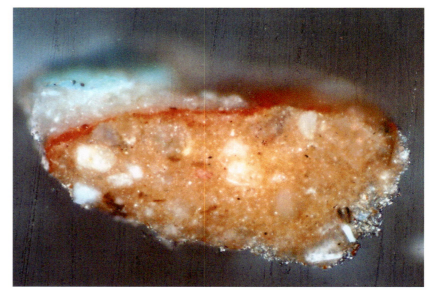

图版11　第275窟主尊彩塑早期和晚期重叠层位取样位置照片（左）及偏光显微镜剖面分析分析照片（右）

（10X物镜，表层绿色层厚度约28微米，中间粉层厚度约120微米，底层红色层厚度约28微米）

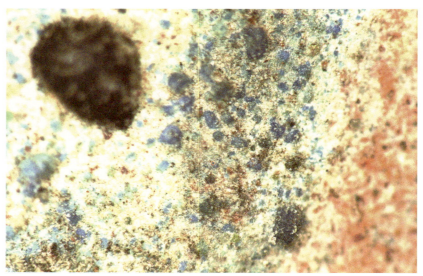

图版12　第275窟南壁早期层位蓝绿色壁画照片（左）及2号点显微镜现场分析图片（右，200倍）

图版13　第275窟北壁早期层位淡蓝色样品点7的壁画图片（左）及显微镜现场分析图片（右，200倍）

图版14　第275窟北壁黑蓝色壁画图片（左）及紫外荧光图片（右）

图版15　第275窟北壁深黑蓝色（左，200倍）和浅黑蓝色（右，20倍）显微镜图片

图版16　莫高窟第268窟中期层位（叠压在早期层位上）壁画蓝色样品取样位置照片（左）及偏光显微镜剖面分析照片（右，20X物镜，表层蓝色层厚度约12微米，下接白色颜料层厚度约40微米，中间红色层厚度约40微米，下接粉层厚度约80微米，最底层红色层厚度约20微米）

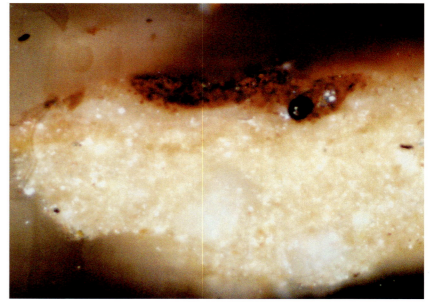

图版17　莫高窟第269窟中期层位（叠压在底层红色马的图案上）重绘壁画黑色样品取样位置照片，及偏光显微镜剖面分析照片（20X物镜，表层黑红色层厚度约30微米，中间粉层厚度约40微米，底层红色层厚度约20微米）

图版18　莫高窟269窟中期层位重绘壁画蓝色颜料样品取样位置照片

图版19　莫高窟第275窟归义军时期壁画取样位置照片（左）及显微测试照片（右）

图版20　莫高窟第272窟甬道晚期层位重绘壁画红色样品位置照片（左）及偏光显微镜剖面分析照片（右）
（20X物镜，表层红色层厚度约4微米，下接白色粉层厚度约220微米，中间红色层厚度约4微米，底层白色粉层厚度约120微米）

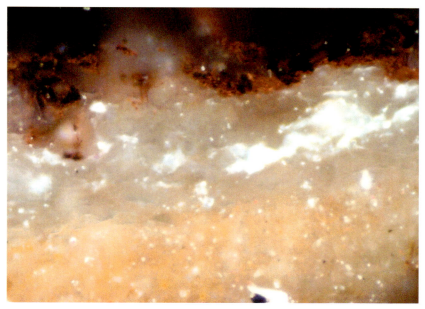

图版21　莫高窟第275窟晚期层位重绘壁画白色粉层取样位置照片（左）及偏光显微镜剖面分析照片（右）
（50X物镜，表面黑红色层厚度约20微米，中间白色层厚度约60微米）

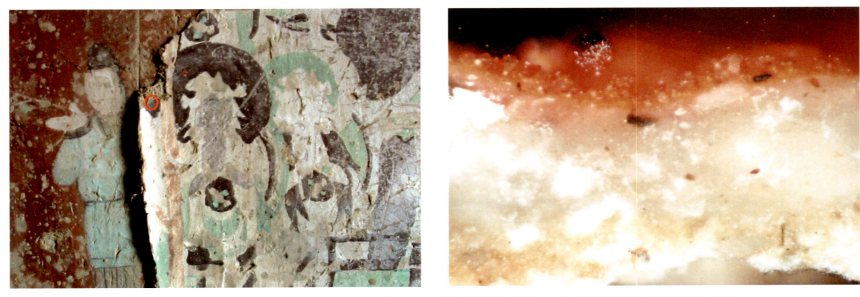

图版22　莫高窟第275窟晚期层位重绘壁画白色粉层取样位置照片（左）及偏光显微镜剖面分析照片（右）

（20X物镜，表面红色层厚度约40微米，涂抹在地仗上的白色粉层厚度约180微米）

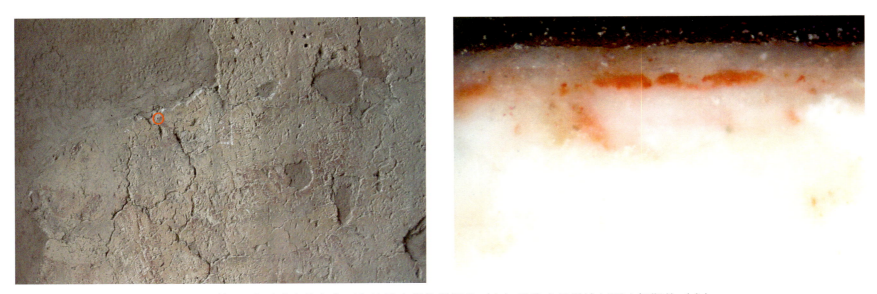

图版23　第275窟甬道南壁白色石灰地仗取样位置照片（左）及偏光显微镜剖面分析照片（右）

（50X物镜，表面透明层厚度约16微米，红色层厚度约8微米）